1 MONTH OF
FREE
READING

at

www.ForgottenBooks.com

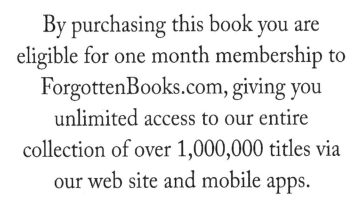

By purchasing this book you are eligible for one month membership to ForgottenBooks.com, giving you unlimited access to our entire collection of over 1,000,000 titles via our web site and mobile apps.

To claim your free month visit: www.forgottenbooks.com/free395888

ISBN 978-0-266-34778-1
PIBN 10395888

HISTOIRE

DE

L'ÉGLISE DE CORÉE

PRÉCÉDÉE D'UNE

INTRODUCTION

**Sur l'histoire, les institutions, la langue, les mœurs
et coutumes coréennes**

AVEC CARTE ET PLANCHES

PAR CH. DALLET

Missionnaire apostolique

DE LA SOCIÉTÉ DES MISSIONS-ÉTRANGÈRES

TOME SECOND

PARIS

LIBRAIRIE VICTOR PALMÉ, ÉDITEUR

Rue de Grenelle-Saint-Germain, 25

—

1874

HISTOIRE DE L'ÉGLISE DE CORÉE

DEUXIÈME PARTIE

De l'érection de la Corée en Vicariat Apostolique, au
martyre de Mgr BERNEUX et de ses confrères.|
1831-1866

LIVRE I

**Depuis la nomination du premier Vicaire Apostolique de
Corée, jusqu'à la persécution de 1839.**
1831-1839

CHAPITRE I.

Le Saint-Siége confie la mission de Corée à la Société des Missions-
Étrangères. — Mgr Bruguière, évêque de Capse.

Tous les peuples doivent entendre la bonne nouvelle; tous les
enfants d'Adam sont appelés à être les enfants de Jésus-Christ, à
devenir les pierres vivantes de cet édifice qui se construit dans
les siècles, et aura son couronnement dans l'éternité ; mais chaque
partie ne peut se soutenir que si elle est appuyée sur la pierre
fondamentale établie par Dieu lui-même. Aussi, voyons-nous que
toutes les Églises particulières ne vivent que par leur union avec
l'Eglise romaine, et leur vie est d'autant plus active, d'autant
plus puissante que cette union est plus intime. L'histoire de
l'Église de Corée est une nouvelle preuve de cette vérité.

L'Évangile avait à peine pénétré dans ce pays, que l'évêque de Péking en écrivit au Souverain Pontife. Le pape Pie VI reçut cette heureuse nouvelle en 1792, au moment où commençaient les terribles épreuves de la Révolution. Il rendit grâces à Dieu, envoya aux néophytes la bénédiction apostolique, et confia à l'évêque de Péking lui-même le soin de la chrétienté naissante.

Vingt ans après, en 1812, les chrétiens de Corée ne pouvant obtenir de prêtres, à cause du triste état auquel les persécutions avaient réduit l'Église de Péking, écrivirent au pape Pie VII la lettre que nous avons citée, suppliant dans les termes les plus touchants celui qu'ils appellent le Père très-haut, très-grand et très-saint, de compatir à leur abandon et de leur envoyer des pasteurs. Cette lettre fut remise au vicaire de Jésus-Christ, dans sa prison de Fontainebleau. Il ne pouvait rien alors que prier et attendre de la miséricorde de Dieu des circonstances plus favorables.

Quand le calme eut enfin succédé aux épouvantables secousses, qui pendant vingt-cinq ans avaient bouleversé l'Europe, quand le Pape fut rentré triomphant à Rome, des jours meilleurs se levèrent pour l'Église. Non-seulement elle sortit des ruines sous lesquelles on avait cru l'ensevelir, mais, afin de consoler son cœur maternel, l'Esprit de Dieu suscita dans son sein une nouvelle et plus puissante explosion de zèle apostolique, pour la conversion du monde entier. Les vocations de missionnaires commencèrent à se multiplier. La Révolution avait détruit toutes les ressources réunies par la piété des âges précédents pour l'œuvre des missions ; les rois et les gouvernements ne prenaient nul souci de les reconstituer ; l'Association de la Propagation de la foi fut chargée par Dieu d'en créer de nouvelles, et de trouver dans la foi des pauvres, des ouvriers, des gens du peuple, des trésors plus considérables que n'en donnèrent jamais les rois chrétiens à l'époque où ils se croyaient tenus en droit et en honneur de fournir aux dépenses de l'apostolat. La Sacrée Congrégation de la Propagande s'occupait activement de régulariser ces généreux efforts. Nos lecteurs savent qu'on nomme ainsi la Congrégation des Cardinaux, chargée par le Pape de tout ce qui concerne la prédication de l'Évangile dans les pays hérétiques, schismatiques ou infidèles. C'est cette Congrégation qui envoie les ouvriers évangéliques, qui présente les évêques et vicaires apostoliques au choix du Souverain Pontife, qui résout les questions et juge les difficultés qui peuvent s'élever dans les missions. Elle est le centre qui relie toutes les œuvres particulières, et les rattache au Saint-Siége.

Dans ce travail général de réorganisation, la Corée ne pouvait être oubliée. Plusieurs fois déjà, la Sacrée Congrégation avait discuté le meilleur moyen de venir au secours de ces pauvres chrétiens délaissés, et privés de tout secours religieux. Mais la position déplorable de la mission-mère de Péking, les prétentions surannées du Portugal à un patronage dont jamais nation chrétienne n'est devenue si indigne, avaient empêché de donner à cette question une solution définitive, lorsque, en 1827, arriva à Rome une nouvelle lettre des néophytes de Corée, suppliant instamment le Souverain Pontife de leur envoyer des prêtres. C'était la lettre écrite vers 1825, par Augustin Niou Iong-sim-i, et, comme il est d'usage en pareil cas chez les chrétiens, signée, par mesure de prudence, d'un nom peu connu ou complétement imaginaire. Nous en donnons ici la plus grande partie.

Au Pape, notre Souverain Pontife, les Coréens chrétiens, Ambroise et les autres, salut et vénération profonde.

« Depuis dix-huit cents ans que le Sauveur Jésus, s'étant incarné, a racheté le monde, est ressuscité et est monté au ciel, toujours il s'est trouvé des saints et des docteurs pour porter l'Évangile jusqu'aux extrémités de la terre, et éclairer ceux qui étaient assis dans les ténèbres. Notre pays a eu, lui aussi, malgré son abjection, le bonheur d'entendre la parole de vie, de recevoir la grâce de la réconciliation, et de participer aux mérites de la passion et aux trésors de la miséricorde dix mille fois infinie du Seigneur. N'est-il donc pas de notre devoir de lui rendre d'incessantes actions de grâces ? Néanmoins nous sommes sous le poids de souffrances et de tribulations qu'il est nécessaire d'exposer humblement à Votre Sainteté, afin qu'elle daigne y pourvoir.

« Après la mort du prêtre Jacques Tsiou, dans le royaume de Kaoli (Corée), des persécutions continuelles ayant arrêté les progrès de la doctrine chrétienne, il ne se trouve plus guère que mille fidèles qui se la transmettent dans l'ombre, et continuent à la professer (1). Cependant les dogmes de la religion, quelque vrais qu'ils soient, deviennent inutiles ; la doctrine, par suite de

(1) Il y a évidemment ici une erreur de chiffres, soit dans la copie chinoise, soit dans la traduction latine, puisque, pendant la persécution de 1827, deux ans après la date probable de cette lettre, nous avons vu qu'il y eut cinq cents arrestations de chrétiens dans deux provinces seulement. D'ailleurs on lit, quelques lignes plus bas, que les chrétiens étaient aussi nombreux qu'au temps du P. Tsiou.

la lourdeur de notre esprit, reste inefficace, et la grâce divine
est entravée. Ceux qui dorment du sommeil de la vieillesse ou de
la maladie, descendent au tombeau, emportés par le chagrin ;
et nous, leurs survivants et successeurs, dans notre affliction,
nous sommes fatigués de vivre ; la tristesse et l'angoisse oppres-
sent de plus en plus nos cœurs. C'est pourquoi, au mépris de
tous les périls, nous avons envoyé maintes requêtes à l'évêque
de Péking, notre pasteur, qui, bien que touché de nos supplications, n'a pu nous donner des prêtres, pour ranimer et réchauffer nos âmes pécheresses par l'exercice du ministère de la religion. Hélas ! ces malheurs sont la peine de nos péchés, et c'est à
nous-mêmes, non pas aux autres, que nous devons nous en
prendre ; nous ne le savons que trop.

« Cependant les fidèles de notre royaume ne sont pas moins
nombreux qu'au temps du prêtre Jacques ; les calamités qui nous
pressent au dehors sont extrêmes, les besoins de nos âmes sont
inexprimables, et des missionnaires de Macao nous peuvent être
d'un singulier secours dans une si grande détresse. Mais il est
absolument impossible de communiquer directement, librement et
promptement avec notre royaume par la voie de terre. C'est pourquoi nous osons proposer humblement au Souverain Pontife deux
choses qui nous semblent également nécessaires ; l'une ne peut se
séparer de l'autre. Qu'un homme passe plusieurs jours sans manger,
il est réduit à mourir d'inanition. Quand même il devrait obtenir
de la nourriture dans un mois, pourra-t-il en profiter si quelques
aliments ne viennent promptement soulager la faim qui le dévore ?
D'un autre côté, si on ne lui doit fournir aucune nourriture le
mois prochain, celle qu'il prendra aujourd'hui ne lui sera-t-elle
pas inutile ? De même, l'envoi de prêtres serait certainement pour
nous une grande faveur, et nous causerait une bien vive joie ;
mais ce serait insuffisant, si l'on ne prend en même temps le
moyen de subvenir d'une manière permanente à nos besoins, et
d'assurer à nos enfants des secours spirituels pour l'avenir. Si
nous devons toujours être abandonnés, ne vaudrait-il pas mieux
qu'on n'eût jamais eu pitié de nos malheurs ?

« Pour arriver à un bon résultat, il faut d'abord envoyer des
prêtres qui, après avoir pourvu aux nécessités les plus urgentes,
iront à la rencontre du vaisseau que l'on devra expédier plus tard ;
c'est le meilleur moyen d'obtenir le libre exercice de la religion.
Les Coréens sont pour la plupart grossiers et timides, enclins à
mépriser et à maltraiter ceux qu'ils voient plus grossiers et plus
impuissants qu'eux. Mais ils sont grands amateurs de nouveautés,

et comme une renommée constante a fait parvenir à nos oreilles le bruit de la sagesse et de la puissance des Européens, on les regardera comme des esprits. Si donc un navire européen apparait tout à coup, les nôtres stupéfaits ne sauront d'abord quel parti prendre. Admirant ensuite la force et la vertu des hommes de l'Occident, ils les accueilleront avec humanité et avec joie. S'ils étaient animés de quelque mauvaise intention contre eux, ils n'oseraient rien faire avant d'en avoir référé à l'empereur de Chine, lequel faisant réflexion qu'un navire européen, sur un littoral étranger, ne peut nuire à son propre royaume, jugerait probablement qu'il ne doit pas s'en inquiéter. Il est donc évident que la voie de mer doit être employée pour soutenir et répandre la religion. Notre royaume dépend, il est vrai, de la Chine, mais les mœurs et le pays sont différents, et notre roi n'est pas soumis à l'empereur de la même manière que l'étaient jadis les petits rois chinois. Que si notre évêque (celui de Péking) se contente d'envoyer simplement des prêtres pour l'exercice du saint ministère, ils ne pourront que très-difficilement échapper à la vigilance des mandarins et aux défiances du peuple, et l'on verra s'évanouir tout espoir de propager le christianisme.

« Si nous jetons les yeux sur les livres de religion, nous y lisons qu'on s'est servi de la navigation pour porter l'Évangile dans les contrées éloignées, chez les peuples barbares, chez les Japonais par exemple, et jusqu'aux extrémités du monde. Mais, ô douleur ! notre royaume, oublié dans ce coin de terre, reste seul dans les ténèbres ; les cieux sont pour lui sans lumière. Que d'âmes dans ce vaste pays se précipitent inévitablement dans l'abime de la perdition ! Nous ne sommes que des gens grossiers et des enfants ; mais du fond de notre misère, nous fixons nos regards sur le sang divin que Notre Seigneur Jésus-Christ a répandu pour nous, et sur les miettes qui tombent de la table du Maître. Daigne Votre Sainteté, dont la prudence est souveraine, trouver le moyen de nous secourir dans un péril si imminent, et de nous retirer de l'abime qui commence à nous engloutir ! »

Viennent ensuite d'assez longs détails sur la meilleure manière d'armer ce navire dont les Coréens sollicitent l'envoi, sur la composition de l'équipage, sur les dangers que l'on pourrait courir près des côtes, sur le lieu le plus favorable au débarquement, sur le plan à suivre pour entrer en rapport avec les autorités, sur les précautions à prendre contre leur mauvaise foi, etc., etc.

Cette nouvelle instance d'enfants abandonnés qui demandaien du pain, et qui n'avaient personne pour le leur rompre, toucha vivement le cœur du Souverain Pontife et des cardinaux de la Propagande. Il n'y avait plus à songer à l'Église de Péking pour les secourir, car cette Église se trouvait elle-même dans le dénûment le plus absolu. Les derniers établissements des Pères Lazaristes français et portugais venaient d'être supprimés quelques mois auparavant. Il fut donc résolu qu'on établirait en Corée une mission séparée, relevant directement du Saint-Siège, et que l'œuvre serait confiée à la Société des Missions-Étrangères.

La Société des Missions-Étrangères a été fondée à Paris, vers le milieu du xviie siècle, lorsque le pape Alexandre VII envoya des vicaires apostoliques français en Chine, en Cochinchine, au Tong-king et au Canada, avec mission, non-seulement de prêcher l'Évangile, mais d'établir dans ces nouvelles églises un clergé indigène séculier. En quittant l'Europe, ces zélés prélats, afin d'assurer l'avenir de leur entreprise, confièrent à quelques-uns des missionnaires qui s'étaient joints à eux le soin de demeurer en France et de leur procurer des collaborateurs, en formant des ouvriers apostoliques aussi capables et aussi nombreux que possible. Pour cela, il fallait fonder un séminaire spécial, ayant pour but unique et exclusif les missions lointaines. Louis XIV favorisa la nouvelle œuvre, et octroya les lettres patentes nécessaires à son existence légale; le Souverain Pontife donna son approbation par le cardinal Chigi, légat *a latere*, et le séminaire fut établi, le 27 octobre 1663, dans la maison qu'il occupe encore aujourd'hui. A la fin du xviiie siècle, il avait déjà envoyé dans l'extrême Orient deux cent cinquante-cinq missionnaires, qui se firent remarquer par leur zèle apostolique, et surtout par leur fidélité scrupuleuse à obéir aux ordres du Saint-Siège et à suivre sa direction, dans les questions alors controversées en Chine et ailleurs. Pendant la grande révolution, le séminaire des Missions-Étrangères eut le sort de toutes les institutions religieuses. Les directeurs ayant refusé le serment à la constitution civile du clergé, furent forcés de quitter la France et se réfugièrent, les uns à Rome, les autres à Londres, d'où ils entretinrent la correspondance avec les missions, et purent même expédier quelques missionnaires. Le séminaire avait été vendu comme bien national. Napoléon, par un décret du 2 germinal an XIII (mars 1805) rendit à la société son existence légale. Supprimé de nouveau en 1809, par suite de la lutte impie de l'empereur contre le Saint-Siège, le séminaire fut rétabli en 1815 et, depuis lors, ne cesse d'envoyer dans les missions des ouvriers apostoliques de plus en plus nombreux.

La Sacrée Congrégation écrivit donc, en date du 1ᵉʳ septembre 1827, aux directeurs du séminaire des Missions-Étrangères pour leur demander s'ils pourraient pourvoir promptement, et d'une manière stable, aux besoins de l'Église coréenne, en se chargeant d'y envoyer désormais des missionnaires. Cette lettre mit les directeurs du séminaire dans une grande perplexité. Anciens missionnaires eux-mêmes, ils comprenaient mieux que personne l'état déplorable de cette pauvre mission depuis si longtemps délaissée, et leur zèle les poussait à accepter immédiatement la proposition. D'un autre côté, à un moment où les vocations étaient encore si peu nombreuses, les ressources si peu considérables, la prudence ne leur faisait-elle pas un strict devoir de ne point se charger de missions nouvelles, quand ils pouvaient à peine suffire aux besoins des anciennes ? N'est-ce pas Notre-Seigneur lui-même qui a dit : *Volens turrim ædificare prius sedens computat sumptus qui necessarii sunt, si habeat ad perficiendum* (Luc, xiv, 28) : Celui qui veut construire un édifice, calcule d'abord soigneusement les frais, pour voir s'il a de quoi mener l'œuvre à bonne fin ?

En conséquence, sans accepter ni refuser positivement, ils exposèrent à la Sacrée Congrégation leurs doutes et leurs difficultés. Pour le moment ils avaient bien peu de sujets, et ils pouvaient craindre, en se chargeant de la Corée, d'entreprendre une œuvre au-dessus de leurs forces. Les revenus du séminaire, les aumônes de l'association naissante de la Propagation de la foi, ne donnaient que des sommes insuffisantes pour les missions anciennes ; en entreprendre d'autres en pareil cas, ne serait-ce pas tenter Dieu ? De plus, par quelle voie pénétrer en Corée ? comment conserver des relations avec ce pays ? puisque les seules missions que la Société avait alors en Chine étaient à l'ouest de l'empire, dans la partie la plus éloignée de la Corée, et que d'un autre côté, les Coréens n'ayant aucun commerce par mer avec les autres nations, il fallait nécessairement, pour arriver chez eux, traverser toute la Chine et une grande partie de la Tartarie. Presque tous les missionnaires européens de Péking venaient d'être obligés de quitter cette capitale, et de se retirer à Macao : n'était-il pas nécessaire que la Sacrée Congrégation écrivît d'abord à son procureur en Chine, pour savoir si, dans un pareil moment, il était humainement possible de faire pénétrer des Européens jusqu'en Corée ? Enfin, dans le cas où la Sacrée Congrégation ne trouverait pas ces motifs suffisants pour autoriser leur hésitation, les directeurs déclaraient qu'ils étaient tous prêts à obéir, mais qu'il leur resterait à obtenir l'assentiment des autres membres de la Société, vicaires apostoliques et missionnaires, attendu que d'après le règlement, à moins d'un ordre du Saint-Siége, on ne pouvait accepter une nouvelle mission que d'un commun consentement.

La Sacrée Congrégation, dans une lettre du 17 novembre de la même année, loua le zèle et la prudence des Directeurs, leur témoigna la joie qu'elle éprouvait en voyant qu'aucun obstacle insurmontable ne s'opposait à l'exécution du projet relatif à la Corée, et, pour faciliter l'établissement de la mission, s'offrit à en supporter les premières dépenses. Les directeurs du séminaire écrivirent donc dans les diverses missions pour faire connaître le désir de la Sacrée Congrégation. Dans le cours des deux années suivantes, arrivèrent les réponses de la plupart des vicaires apostoliques et des missionnaires. Ces dignes ouvriers de l'Évangile, au cœur véritablement apostolique, semblaient oublier un instant les immenses besoins de leurs propres églises, pour ne songer qu'à cette pauvre chrétienté plus infortunée encore, et consentaient avec joie à la proposition du Saint-Siége. Toutes les difficultés cependant n'étaient pas levées. Restait à choisir les missionnaires capables de faire réussir une telle entreprise, à leur assurer pour l'avenir des ressources suffisantes; restait surtout à trouver une voie pour les faire pénétrer en Corée. C'était là le point le plus difficile. Les directeurs du séminaire hésitaient. Avant de transmettre à la Sacrée Congrégation une acceptation définitive, ils écrivirent de nouveau dans les missions pour demander de plus amples renseignements, et les choses menaçaient de traîner en longueur, lorsque la courageuse initiative prise par M. Bruguière vint en hâter la solution. Il était alors dans la mission de Siam, sur le point d'être sacré coadjuteur. Il ne se contenta pas d'écrire au séminaire des Missions-Étrangères pour appuyer de toutes ses forces l'acceptation de la mission de Corée, il s'adressa directement au Souverain Pontife pour s'offrir lui-même à faire la première tentative.

Disons ici quelques mots de ce saint missionnaire qui fut le premier Vicaire apostolique de la Corée, et qui, par son zèle, sa fermeté et sa patience dans les épreuves, a si bien mérité de cette mission, quoiqu'il ne lui ait pas été donné d'y pénétrer jamais.

M. Barthélemy Bruguière naquit à Reissac, près de Narbonne, pendant la Révolution, en l'année 1793. Ses parents étaient des cultivateurs propriétaires, et jouissaient d'une certaine aisance. Il commença ses études à Narbonne, et vint plus tard les terminer au petit séminaire de Carcassonne, où il se fit remarquer par ses talents, son application au travail, sa piété sincère, et surtout par son intrépide franchise. Devenu diacre, il fut quelque temps professeur de troisième dans ce même petit séminaire, puis passa au grand séminaire, et, pendant quatre ans, y enseigna successivement la philosophie et la théologie avec un rare succès. Un de ses anciens amis traçait de lui, il y a quelques années, le portrait suivant : M. Bruguière était d'une taille au-dessous de la moyenne, corps un peu grêle, cheveux blonds, teint basané. Nous admirions son zèle, sa haute intelligence, son grand bon sens. Il avait une telle énergie, une telle indépendance de caractère que son supérieur disait de lui en riant : Si jamais il est évêque, sa devise sera : « Quoi qu'on en pense et quoi qu'on en dise, j'irai de l'avant. » Joignez à tout cela une mortification extraordinaire, car la dernière année qu'il passa dans son pays, il ne vécut guère que de pain et d'eau, et nulle remontrance ne put lui faire changer ce régime d'anachorète,

M. Bruguière quitta son pays secrètement, sans avertir sa famille, et vint à Paris au séminaire des Missions-Étrangères, en 1825. De là il écrivit à son père, pour lui faire connaître sa résolution, et le consoler de son départ. Ce père, homme de foi et véritable chrétien, accepta le sacrifice que Dieu lui imposait, et souvent depuis, quand on lui parlait de son fils, il disait les larmes aux yeux : « Que voulez-vous? il a préféré le bon Dieu à moi, il a eu raison. »

Après quelques mois de séjour au séminaire, M. Bruguière s'embarqua à Bordeaux, en mars 1826, et arriva à Bang-kok, capitale du royaume de Siam, le 4 juin 1827. Le Vicaire apostolique de Siam, Mgr Florent, évêque de Sozopolis, vieillard vénérable, blanchi dans les travaux de l'apostolat et accablé d'infirmités, n'avait alors auprès de lui que quelques prêtres indigènes. Aussi, reçut-il avec la joie la plus vive le secours que Dieu lui envoyait. M. Bruguière fut chargé immédiatement du séminaire de la mission composé d'une vingtaine d'élèves, et en même temps s'appliqua avec ardeur à l'étude des langues du pays. Dès qu'il put prononcer quelques mots, il commença à exercer le saint ministère. Son œuvre de prédilection était le baptême des enfants infidèles en danger de mort. Il aurait bien voulu aller lui-même à la recherche de ces pauvres petites créatures; mais, obligé par ses fonctions de séjourner à Bang-kok, il dut se contenter de presser et de favoriser, de toutes manières, l'envoi de baptiseurs expérimentés. Dans les six premiers mois de son séjour, il con-

tribua ainsi à faire baptiser plus de 1,600 enfants moribonds. Il
comptait sur les prières de ces petits anges pour attirer des grâces
de conversion sur leurs apathiques compatriotes, car le zèle de la
maison de Dieu le dévorait, et il ne pouvait sans frémir voir
autour de lui tant de contrées où l'Évangile n'était pas annoncé.

« L'ile de Nias, Padang, le royaume d'Ava, Quéda, le Laos,
Achen, Lygor, voilà, écrivait-il, voilà bien des endroits où il faudrait des missionnaires, mais où les prendre? Nous avons besoin
d'un puissant renfort pour nous tirer de l'embarras où nous
sommes. Envoyez-nous donc des missionnaires, mais envoyez-
en de saints plutôt que de savants. Pour ce qui me concerne, je
voudrais bien pouvoir aller évangéliser ces pauvres peuples ; mais
il est inutile d'en parler à Monseigneur qui resterait seul ici, et
son état d'infirmité ne me permet guère de le quitter, au moins
avant que j'aie un remplaçant. Je suis maintenant chargé du soin
de notre collége, où j'ai à faire deux classes de théologie par jour,
quatre classes de latin, et deux conférences sur l'Écriture sainte,
par semaine ; je suis obligé en outre d'exercer les fonctions
curiales auprès de notre troupeau à Bang-kok. Je vous dis tout
ceci pour vous faire sentir le besoin où nous sommes de collaborateurs. Si j'avais au moins un remplaçant, je pourrais suivre mon
goût en allant prêcher aux idolâtres. »

Ces occupations multipliées n'empêchaient pas M. Bruguière
d'écrire souvent en Europe pour réchauffer le zèle des associés de
la Propagation de la foi, et faire naître des vocations. Les *Annales*
de l'Œuvre ont publié à cette époque plusieurs lettres très-inté-
ressantes de ce pieux et savant missionnaire. L'érudition, la
finesse d'observation y sont jointes à une simplicité et à une ferveur apostolique qui en rendent la lecture aussi agréable qu'ins-
tructive. C'est dans une de ces lettres, que se trouve ce cri du
cœur : « Depuis le martyre du prêtre envoyé en Corée, les chrétiens de ce royaume sont privés des secours de la religion. Il vient
tous les ans une députation de ces fervents néophytes pour solliciter l'évêque de Péking de leur donner un missionnaire... Ils
viennent d'écrire à Rome pour le même objet. C'est, si je ne me
trompe, pour la seconde fois. Pourquoi dans toute l'Europe ne
s'est-il pas encore trouvé un prêtre qui ait eu pitié de ces infortunés? »

Il y avait deux ans que M. Bruguière travaillait à Bang-kok,
lorsque Mgr Florent, par l'autorisation du Saint-Siége, le choisit
pour son coadjuteur avec le titre d'évêque de Capse. Son premier
mouvement fut de refuser ce fardeau, mais les circonstances étaient

telles à Siam, que la résistance aux désirs du vicaire apostolique eût été inexcusable. Ce fut à ce moment-là même, qu'on reçut à Bang-kok la lettre des directeurs du séminaire, rendant compte et de la proposition de la Propagande relative à la mission de Corée, et de la réponse qu'ils y avaient faite. M. Bruguière, qui plus d'une fois déjà avait voulu voler au secours des Coréens, ne pouvait rester indifférent à une semblable nouvelle. Il se fit aussitôt leur avocat dans une lettre que nous donnons ici presque en entier, car ce chaleureux plaidoyer pour la Corée est en même temps un pressant appel au zèle des missionnaires.

« MESSIEURS ET CHERS CONFRÈRES,

« J'ai appris, par une lettre commune envoyée à toutes les missions, que la Sacrée Congrégation vous avait offert la Corée, et que vous hésitiez à accepter cette offre, au moins pour le moment. Le défaut d'argent, le petit nombre des missionnaires, les besoins des autres missions, la difficulté presque insurmontable de pénétrer dans cette contrée, l'insuffisance des moyens que ces malheureux néophytes indiquent pour introduire les missionnaires, vous ont paru des motifs suffisants pour remettre cette affaire à des temps plus favorables... Mgr de Sozopolis désire, de tout son cœur, que notre Société se charge au plus tôt de cette nouvelle mission ; il se propose de vous en parler dans sa lettre. Quelque grand que soit son zèle pour la réussite de cette affaire, je doute qu'il égale le mien. C'est l'ardent désir d'être utile à ces infortunés chrétiens qui m'engage à vous écrire en leur faveur. Je suis persuadé d'avance que vous êtes portés de la meilleure volonté à leur égard, et que c'est seulement l'impossibilité de faire mieux qui vous a engagés à attendre encore quelques années. Ces motifs sont louables et fort prudents ; la Sacrée Congrégation a paru y applaudir, mais la question est-elle tellement terminée qu'elle ne puisse plus être remise en litige et être soumise à un nouvel examen ? je ne le pense pas. Ce n'est point par un motif de suffisance ridicule, et pour avoir l'air de donner des avis à ceux qui en savent plus que moi, mais uniquement pour obéir à ma conscience, que je prendrai la liberté de rappeler en détail les différents motifs mentionnés plus haut, et d'y joindre quelques réflexions que je vous prie d'examiner au pied des autels, et de peser au poids du sanctuaire.

« 1° Nous n'avons pas d'argent. — Mais n'est-il pas vrai que, grâce à l'association de la Propagation de la foi, la recette couvre la dépense ? D'ailleurs la Sacrée Congrégation offre des aumônes pour quelques années. Ces secours peuvent manquer, dites-vous ; tout est précaire dans une association d'où chacun peut se retirer quand il lui plaira ; cela est vrai, mais c'est là une œuvre toute récente. A peine la moitié des diocèses de France l'ont-ils adoptée ; le zèle pour les missions ne fait que de naître, par cela même il se soutiendra pendant quelques années ; plus tard il se refroidira peut-être, car tel est le sort des institutions humaines, et en France encore plus qu'ailleurs. Mais, en attendant, on aura eu le temps de se prémunir par de sages économies contre les cas fortuits, et Dieu, qui défend à ses ministres de s'occuper du lendemain avec une anxiété qui ferait injure à sa Providence, fournira de nouvelles ressources.

« Notre séminaire a-t-il auparavant refusé de faire l'impossible ? A-t-il abandonné aucune de nos missions, dans ces temps où tout paraissait désespéré ? non, sans doute ; on s'est tourné vers Dieu ; on a cru tout possible à celui qui sait tirer le bien du mal, et on n'a pas été trompé dans ses espérances ; Dieu a fait un miracle pour venir au secours des missions. Or, dans les circonstances présentes, notre Dieu serait-il devenu moins puissant ? ou bien notre foi et notre confiance auraient-elles diminué ?

« 2° Nous n'avons pas de missionnaires. — Il me semble que c'est là le plus faible motif que l'on puisse alléguer. Et en quel temps a-t-on vu un plus grand nombre de jeunes prêtres se destiner aux missions ? On lit dans la lettre commune que vous en avez eu jusqu'à quinze ou dix-huit à la fois ; vous en attendez tous les jours un grand nombre d'autres. Quelques-uns, il est vrai, de ceux qui étaient au séminaire, sont retournés chez eux pour cause de maladie ; mais aucun, dites-vous, n'a renoncé à revenir un jour. Du reste, supposons pour un moment que vous manquez de sujets ; eh bien ! voici un moyen infaillible pour en avoir autant que vous en voudrez. Faites imprimer tout ce qui se trouve dans l'article : Corée, des *Nouvelles lettres édifiantes,* joignez-y les lettres que ces fervents chrétiens ont écrites à différentes époques à notre Saint-Père le Pape, vous pourrez facilement vous en procurer des copies ; envoyez-en des exemplaires aux petits et aux grands séminaires de France ; faites un appel généreux à la charité et au zèle de tous ces jeunes élèves du sanctuaire et bientôt vous aurez des missionnaires. Je connais les Français ; la perspective des dangers de toute sorte que présente cette périlleuse mission, ne fera qu'aiguillonner leur zèle et leur inspirer un nouveau courage ; pour un sujet vous en aurez dix.

« 3° Les besoins des autres missions. — Ces besoins sont grands sans doute, mais ils ne sont pas aussi extrêmes que ceux des malheureux Coréens. Si la charité impose aux hommes la stricte obligation de prendre même sur leur nécessaire, pour aider l'infortuné qui ne pourrait point sans ce secours prolonger sa malheureuse existence, cette obligation ne devient-elle pas tout autrement rigoureuse quand il s'agit de tendre une main secourable à tant de fervents néophytes qui ont si bien mérité de la religion, à tant de milliers de chrétiens encore faibles dans la foi, et environnés de tous les genres de séduction ? Ces infortunés, placés à l'autre extrémité du globe, élèvent depuis plusieurs années leurs mains suppliantes vers le Père commun des fidèles pour implorer son secours. Celui qui a la sollicitude de toutes les Églises nous fait l'honneur de choisir notre Société ; par deux fois il a appelé à notre charité et vous croyez devoir attendre encore ! La Corée, dira-t-on, n'est pas au nombre de nos missions, nous n'en sommes point chargés ; j'en conviens, mais on conviendra aussi qu'un père charitable se fait un devoir de retrancher quelque chose du repas frugal destiné à ses enfants pour secourir le malheureux étranger qui est près d'expirer à ses pieds. Un ou deux prêtres de moins dans la totalité de nos missions ne font point un vide sensible, mais ces deux prêtres seront un bienfait inestimable pour une mission entièrement abandonnée. Quelque intérêt que je porte à la mission de Siam, je verrais sans peine qu'on en retirât un missionnaire pour l'envoyer dans cette chrétienté désolée.

« 4° La difficulté de pénétrer dans ce pays. — C'est, je l'avoue, ce que l'on peut opposer de plus plausible ; mais après tout, un projet, pour être difficile, n'est pas pour cela impossible et les enfants du siècle ne sont jamais rebutés par les difficultés, quand il s'agit de leurs intérêts. N'y aurait-il donc que les enfants de lumière qui se montreraient timides et réservés quand il y va de la gloire de Dieu et du salut du prochain ?

« Un prêtre, parti de Péking et Chinois de nation, est entré en Corée, y a exercé le saint ministère pendant plusieurs années quoique la persécution fût très-violente, et a couronné ses travaux par un glorieux martyre, et un prêtre européen, rendu au Su-tehnen ou au Chan-si, ne pourra pas en faire autant ! Les Coréens ont pu faire parvenir en peu d'années plusieurs lettres jusqu'à Rome, et ils ne pourront pas introduire un prêtre chez eux ! Je prévois la réponse que vous allez faire ; c'est par Péking que les lettres passent, c'est le seul point de communication ; eh bien ! on fait avertir les chrétiens coréens en adressant les lettres à Péking, qu'il y a un missionnaire qui les attend dans telle ou telle autre ville du Chan-si ou du Su-tchuen ; les chrétiens étant avertis, on avise aux moyens de continuer la route vers la Corée; on voit si on doit se rendre jusqu'à la grande muraille sous la conduite des courriers chinois ; on a un rendez-vous, des signes convenus ; on use de tous les moyens que la sagacité jointe à la prudence peut suggérer ; enfin on réussit. Mais admettons que les difficultés sont insurmontables, qu'il est impossible de pénétrer dans ce pays. Eh bien ! il faut tenter l'impossible ; ce qui est impossible aux hommes ne l'est pas à Dieu. On observe que le moyen suggéré de s'y rendre par mer est impraticable, soit parce que les Européens ne font aucun commerce avec la Corée, soit parce qu'il est trop dangereux de s'abandonner à la bonne foi des Chinois, qui seuls vont quelquefois trafiquer sur les côtes de Corée ; mais, je le demande, ces considérations ont-elles empêché saint François Xavier de monter à bord d'un corsaire chinois? Et nos premiers vicaires apostoliques ne se sont-ils pas livrés à la bonne foi des Chinois lorsqu'il a fallu visiter les chrétiens confiés à leurs soins qui se trouvaient dispersés dans tant de royaumes différents? Ce n'est pas, je l'avoue, un moyen fort sûr : les Chinois égorgent souvent leurs passagers quand ils soupçonnent qu'ils portent de l'argent, mais que faire quand on ne peut trouver mieux? D'ailleurs on a quelque droit à une providence plus particulière de Dieu lorsqu'après avoir pris toutes les précautions que suggère la prudence, on s'expose généreusement à un danger probable, par le seul et unique désir d'exécuter ses ordres! J'ai dit : pour exécuter les ordres de Dieu. Cette expression m'a échappé, mais je ne crois pas devoir l'effacer ni même y apporter la moindre modification. En effet, quand Dieu a fait un commandement exprès à tous ses apôtres et leurs successeurs d'aller enseigner toutes les nations, a-t-il excepté la Corée? Mais ce commandement devient tout autrement rigoureux en faveur de cette intéressante chrétienté dans les circonstances présentes. Eh quoi ! Dieu aurait-il permis qu'un pauvre Coréen devenu chrétien dès que la lumière de l'Evangile a lui à ses yeux, et transformé aussitôt en apôtre, ait converti en très-peu de temps plusieurs milliers de ses compatriotes, afin que cette bonne œuvre ne pût plus être continuée? La lumière de la foi n'aurait-elle brillé un instant à leurs yeux que pour disparaître aussitôt et les replonger dans de plus épaisses ténèbres? Cette nouvelle Église formée pour ainsi dire par elle-même, qui a donné à Jésus-Christ dès son berceau tant d'intrépides martyrs, tant de chastes vierges comparables à ce que les siècles apostoliques ont offert de plus grand et de plus merveilleux, cette Église qui possède encore tant de courageux confesseurs, lesquels, après avoir souffert l'exil, l'esclavage, la perte de leurs biens, prêchent encore l'Évangile sous la hache de leurs bourreaux et augmentent d'une manière indéfinie le nombre des prosélytes, cette Église sera-t-elle donc abandonnée? Quoi! le Dieu des miséricordes est-il devenu tout à coup un Dieu sévère et inexorable à l'égard des Coréens qui l'ont adoré, qui l'ont aimé, qui l'ont servi dès qu'ils l'ont connu? Se plaira-t-il à multiplier les difficultés, à environner leur pays d'une barrière impénétrable afin qu'aucun de ces ministres ne puisse parvenir jusqu'à eux? Je croirais blasphémer contre la Providence, si jamais une semblable pensée se formait dans mon esprit.

« 5° Reste ce motif: qui trop embrasse mal étreint. — Mais un vieux proverbe n'est pas toujours une démonstration. Encore faudrait-il montrer qu'il est applicable à la circonstance présente. Je crois avoir prouvé plus haut que notre Société pouvait encore embrasser davantage et bien étreindre. On a observé, comme je l'ai entendu dire plusieurs fois, que les diocèses dont les évêques se montrent les mieux disposés pour favoriser les vocations de missionnaires, ont toujours un plus grand nombre de sujets qui se destinent au sacerdoce: ne peut-on pas espérer qu'une faveur analogue sera accordée à une Société qui fait de généreux sacrifices pour soutenir une chrétienté abandonnée?...

« Quoi qu'il en soit, si après un mûr examen vous jugiez encore que la prudence et l'intérêt de la religion exigent que l'on ajourne cette affaire, je vais vous proposer un projet fort simple, dont l'exécution ne peut qu'être très-utile aux néophytes coréens, et ne compromettra ni le temporel ni le spirituel des missions, dont nous sommes actuellement chargés. Sans prendre aucun engagement pour l'avenir, proposez à la Sacrée Congrégation d'envoyer, en attendant, un ou deux prêtres. Ils tenteront, pour pénétrer dans le pays, tout ce que le zèle aidé de la prudence pourra leur suggérer. Si jamais ils réussissent à s'introduire, ils pourront trouver, soit par eux-mêmes, soit par le secours des néophytes, des moyens de faire entrer les missionnaires qui viendraient après eux, moyens qu'il est impossible, en Europe, de bien connaître et même de soupçonner. Le prêtre, parvenu sur les lieux, soutiendrait cette mission qui peut à chaque moment être anéantie pour jamais, faute de pasteurs. En attendant, la Providence ménagerait de nouveaux secours. Si le premier prêtre envoyé dans cette contrée ne pouvait pas y pénétrer, ou était mis à mort, ce serait un gain pour lui, sans être une perte sensible pour les autres missions. On aurait encore la satisfaction d'avoir tout tenté, et on n'aurait rien à se reprocher.

« Mais quel sera le prêtre qui voudra se charger de cette périlleuse entreprise ? — votre serviteur. Quelque désir qu'ait Mgr de Sozopolis de voir un grand nombre de missionnaires dans son vicariat, il fera avec joie le sacrifice d'un de ses prêtres en faveur des malheureux Coréens. J'en ai déjà parlé à Sa Grandeur ; elle a manifesté le désir que je vous en écrivisse. Elle a lu ma lettre, et est résolue à tout, si le Saint-Père approuve ma demande. Car je ne dois pas vous laisser ignorer que j'ai écrit à Rome à ce sujet, pour ce qui me concerne seulement, sans faire aucune mention de la décision que vous semblez avoir prise.

« Je ne vois pas que ma destination présente doive faire rejeter ma proposition. Monseigneur a reçu du Souverain Pontife des brefs qui l'autorisent à se choisir un coadjuteur sous le titre d'évêque de Capse, et m'a donné à entendre qu'il avait des vues sur moi, quoique j'espère qu'il n'en sera rien. Mais je suppose que, malgré toutes les raisons que je puisse apporter, Monseigneur exige que je donne mon consentement, je ne vois pas quel obstacle cette nomination pourrait apporter à mon projet. Un évêque n'est ni moins robuste, ni moins apte aux fonctions du saint Ministère ; il n'a au contraire que plus de grâces et un pouvoir plus étendu pour faire le bien. Il est possible que le missionnaire envoyé dans ces contrées éloignées, ne puisse de longtemps avoir des communications avec l'Europe, et se trouve très-souvent fort embarrassé s'il n'est que simple prêtre ; mais s'il est évêque, il peut, quoique seul, lever bien des difficultés, il peut ordonner prêtres de pieux néophytes, après s'être assuré de leurs talents et de leur piété, en attendant que la divine Providence donne la facilité de former un établissement durable pour élever de jeunes ecclésiastiques. L'exemple d'une translation d'un évêque d'une mission dans une autre n'est pas rare. Je vous prie donc instamment d'appuyer de tout votre crédit ma proposition auprès du Saint-Siége. Monseigneur connaît mes intentions et les approuve. Si le temps le permet il se propose d'en écrire lui-même à la Sacrée Congrégation.

« Je finis en vous rappelant les paroles de saint Vincent de Paul :
« Or sus, mesdames, la compassion et la charité vous ont
« fait adopter ces petites créatures pour vos enfants, vous avez
« été leurs mères selon la grâce depuis que leurs mères selon
« la nature les ont abandonnées ; voyez maintenant si vous

« voulez aussi les abandonner. Cessez d'être leurs mères pour
« devenir leurs juges. Leur sort est entre vos mains ; ils vivront
« si vous continuez d'en prendre un charitable soin. Au con-
« traire, ils mourront infailliblement si vous les abandonnez. »
De même, le Père commun des fidèles sollicite notre Société de
devenir la mère et l'appui de ces fervents et malheureux
néophytes, depuis que leur mère l'Eglise de Péking, sans les avoir
abandonnés, se trouve dans l'impossibilité absolue de leur
donner du secours ; leur destinée est en quelque sorte entre vos
mains. Si vous acceptez l'offre que vous fait la Sacrée Congrégation, cette chrétienté intéressante existera, et de là peut-être
la foi s'étendra dans les provinces immenses de la Tartarie. Son
voisinage avec le Japon, le commerce que ces deux nations font
ensemble, la conformité de mœurs et de caractère, tout semble
promettre que les chrétiens coréens seront l'appui et les nouveaux apôtres des infortunés Japonais et des habitants des
Iles de Yesso, etc., etc. Si, au contraire, vous renoncez à cette
mission, ces malheureux néophytes désespérés, sans secours,
sans consolation, pourront perdre courage et retomber dans
leurs anciennes superstitions, et l'espoir d'étendre le royaume
de Jésus-Christ dans ces contrées éloignées sera perdu pour
toujours !

« Je suis, messieurs et très-chers confrères, votre très-humble
et très-respectueux serviteur.

« BRUGUIÈRE, *miss. ap.*

« Bang-kok, 19 mai 1829. »

M. Bruguière avait donc fait plus que de plaider la cause des
Coréens, il s'était offert lui-même au Vicaire de Jésus-Christ
pour être envoyé dans cette mission périlleuse. Il eut cependant
quelque scrupule de s'être si fort avancé, et il écrivit au Saint-
Père une seconde lettre dans laquelle il disait : « Je suis dans
les mêmes dispositions par rapport à la mission de Corée ; mais
il est des désirs qui ne sont pas toujours inspirés par le Saint-
Esprit ; il est une voie qui semble droite à l'homme, et qui néanmoins conduit à la mort. Vous êtes constitué le vicaire de celui
qui a dit : Allez, enseignez toutes les nations, je conjure donc
Votre Sainteté d'examiner ma vocation ; si Elle l'approuve,
qu'Elle me commande de partir. En attendant la déclaration de
ses intentions, je m'efforcerai de remplir ma tâche dans la mission où je me trouve, comme si je devais y rester toujours, et

cependant je me tiendrai prêt, comme si je devais la quitter à l'instant même. »

La démarche de M. Bruguière était approuvée par Mgr Florent. Ce vénérable évêque, qui venait de le choisir pour son coadjuteur et qui s'était écrié : « Je suis au comble de la joie ; j'aurai un successeur en mourant, » consentait généreusement à le laisser partir. Voici ce qu'il écrivait à ce sujet aux directeurs du séminaire : « M. Bruguière s'offre de tout cœur, si la chose est nécessaire, pour aller au secours des pauvres Coréens, et moi, de mon côté, si c'est pour la plus grande gloire du Seigneur, je le céderai volontiers. Ceci vous surprendra sans doute, et vous fera peut-être penser et dire que le vicaire apostolique et son coadjuteur ont perdu la tête. Grâces à Dieu, je crois qu'elles sont encore saines. Mais quelle conduite ! dira-t-on ; il demande un successeur, il l'a, et il le lâche aussitôt. Mais puis-je craindre que le Seigneur se laisse vaincre en libéralité ? J'approuve, ainsi que l'a fait la Sacrée Congrégation, vos raisons de sagesse et de prudence, mais si nous faisons une réflexion sérieuse sur ce qui se passe tous les jours sous nos yeux, toutes vos raisons pourront perdre une partie de leur force. Vous voyez comment dans le temps où tout semblait perdu, et où toutes nos missions paraissaient tendre à leur fin, faute d'ouvriers et faute de revenus, la Providence est venue à notre secours d'une manière bien admirable et qu'on pourrait dire tenir du miracle. Quand est-ce, en effet, qu'on a vu plus de missionnaires et plus d'aumônes pour les missions qu'à présent ? Pourrions-nous, sans faire injure à la Providence divine, n'avoir pas la confiance qu'elle viendra à notre aide quand sa 'plus grande gloire y sera intéressée ? Le salut d'un grand nombre d'âmes sera un titre puissant pour exciter la miséricorde de Dieu en notre faveur. Je supplie le Seigneur d'exaucer le vœu des pauvres Coréens, et de leur envoyer bon nombre de missionnaires vraiment apostoliques. »

En attendant la décision du Souverain Pontife, M. Bruguière continua ses travaux dans le royaume de Siam. Il reçut la consécration épiscopale à Bang-kok en 1829, le jour de la fête des bienheureux apôtres Pierre et Paul, et cette augmentation de grâce ne fit qu'accroître son zèle. Envoyé dans l'île de Poulo-Pinang, pour y fixer sa résidence, non-seulement il travailla lui-même avec une ardeur infatigable, et, en moins d'un an, parvint à retirer de leurs désordres beaucoup de pécheurs publics, mais il réussit encore à établir des prêtres à Badang, à Nias et dans l'île importante de Singapour. Tout en se livrant corps et

âme aux fonctions du ministère pastoral, Mgr Bruguière conservait toujours au fond du cœur l'espérance secrète d'être
chargé de la Corée, lorsque des lettres lui apprirent que cette
mission avait été donnée à une autre congrégation. Il remercia
Dieu d'avoir exaucé une partie de ses vœux, il envia le sort
de ceux qui devaient être envoyés dans cette malheureuse et
intéressante mission, et il pria plus que jamais pour le succès de
l'entreprise. Cette nouvelle toutefois était sans fondement. Un
bref du Pape, en date du 9 septembre 1831, avait érigé la
Corée en vicariat apostolique, et un autre bref, du même jour,
l'avait nommé lui-même premier vicaire apostolique de cette
mission (1).

(1) Voici le texte de ces deux pièces importantes :

GREGORIUS PP. XVI.

AD PERPETUAM REI MEMORIAM.

1. Ex debito pastoralis officii superna Dei providentia humeris
Nostris impositi onus ferentes totius gregis Dominici, illis præcipue
ovibus, quæ regiones à Sede hac Apostolica, ubi catholicæ centrum
est unitatis, longe dissitas incolunt, majori consulendum sedulitate
censemus, ut in adventu pastoris æterni repertæ sicut oportet, per
apostolicam curam intra verum ovile, ad pascua cœlestia vocari
valeant, feliciterque perduci.

2. Quum non minima spes fulgeat, ut tandem aliquando in
Coreæ regnum missionarii apostolici ingredi queant, qui Christianorum illic degentium necessitatibus subveniant, eamque vineæ
Domini partem catechesibus excolant et sacramentorum adminis-
tratione; quumque præfati regni incolæ nonnisi rarò et difficillime
cum cæteris Sinarum regionibus communicare possint, Nos, de vene-
rabilium fratrum Nostrorum Sanctæ Romanæ Ecclesiæ Cardinalium
negotiis Propagandæ Fidei præpositorum consilio, opportunum duci-
mus regnum Coreanum, nunc pro tunc in novum vicariatum apostolicum erigere, et in eum vicarium apostolicum constituere ab
episcopo Pekinensi omnino independentem.

3. Motu igitur proprio atque ex certa scientia et matura delibe-
ratione Nostris, deque apostolicæ potestatis plenitudine, vi præsentium litterarum apostolicarum, Coreanum regnum in novum vicariatum apostolicum nunc pro tunc erigimus, et in eo vicarium
apostolicum constituendum ab episcopo Pekinensi omnino independentem declaramus, ac hujusmodi vicario ab hac Sancta Sede
eligendo omnes et singulas facultates vicariis apostolicis in regionibus
Sinarum, vel Sinis adjacentibus concedi solitas dicta Nostra auctoritate concedimus et impertimur.

4. Decernentes has præsentes litteras firmas, validas et efficaces

Mgr Bruguière fut bientôt instruit de cette décision du Saint-Siége. En même temps l'évêque de Nanking, qui alors administrait le diocèse de Péking, lui écrivait : « J'ai annoncé aux chrétiens de Corée, venus cette année à Péking avec l'ambassade, qu'un missionnaire européen avait le désir d'aller chez eux. A cette nouvelle, ces bons néophytes ont pleuré de joie ; ils se sont prosternés et ont salué de loin ce prêtre qui avait compassion de leur misère. Ils ont avoué qu'il était difficile

existere et fore, suosque plenarios et integros effectus sortiri et obtinere, ac iis ad quos spectat ac in futurum spectabit plenissime suffragari, et ab omnibus inviolabiliter observari; sicque in præmissis per quoscumque judices ordinarios et delegatos etiam causarum palatii Nostri Apostolici auditores judicari et definiri debere, ac irritum et inane si secus super his à quoquam quavis auctoritate scienter vel ignoranter contigerit attentari.

5. Non obstantibus constitutionibus et sanctionibus Apostolicis, cæterisque etiam speciali et expressa mentione et derogatione dignis, contrariis quibuscumque.

Datum Romæ apud Sanctam Mariam Majorem sub annulo Piscatoris die nona septembris millesimo octingentesimo trigesimo primo, pontificatus Nostri anno primo.

VEN. FRATRI BARTHOLOMÆO BRUGUIÈRE EPISCOPO CAPSENSI.

GREGORIUS PAPA XVI.

VENERABILIS FRATER, SALUTEM ET APOSTOLICAM BENEDICTIONEM.

Pastorale officium Nobis ex alto commissum nihil Nos magis sollicitat quam Christi fidelibus ut in viam mandatorum Dei dirigantur, atque ad æternam animarum suarum assequendam salutem opportunis præsidiis adjuventur, omni quo cum Deo possumus studio providere. Qnum itaque tu,Ven. Frater, qui coadjutor Episcopi Sozopolitani vicarii apostolici Siamensis, humiliter petieris, ut tibi liceat Coreanum regnum ingredi, et Coreanorum neophytorum curam suscipere, Nos perpensis Coreanorum christianorum necessitatibus, habitaque insuper ratione quod vicarius apostolicus Siamensis facili negotio alium idoneum presbyterum invenire possit, quem in coadjutorem sui eligat, de consilio Ven. Fratrum Nostrorum S. R. E. Cardinalium tuis precibus benigne annuentes, tibi permittimus, ut, si nihil obstet, ad novam missionem proficiscaris, qua quidem ad exitum prospere feliciterque perducta, etiam nunc te in vicarium apostolicum pro regno Coreæ cum omnibus facultatibus vicariis apostolicis in regionibus Sinarum, vel Sinis adjacentibus concedi solitis, ad Nostrum et Sedis Apostolicæ beneplacitum, auctoritate Apostolica tenore præsentium eligimus, et deputamus, facimus et

d'introduire un Européen dans leur royaume. Ils n'ont pas dit cependant que ce fût impossible. » A la réception de ces nouvelles, Mgr Bruguière n'hésita pas un moment, et, sans attendre l'arrivée des pièces officielles, n'ayant aucune ressource pécuniaire, il se mit en route pour la Corée accompagné seulement d'un jeune Chinois.

Un missionnaire de la mission de Siam aurait voulu suivre l'évêque de Capse : c'était M. Jacques-Honoré Chastan, du diocèse de Digne, qui, depuis quelques années, travaillait avec beaucoup de zèle dans l'île de Pinang. On lui avait fait espérer que si la mission de Corée était confiée à la Société des Missions-Étrangères, il pourrait y être envoyé, et, depuis cette époque, ce poste dangereux était l'objet de tous ses désirs. Il fut convenu que, quand les circonstances seraient favorables, il se mettrait en route au premier appel.

En attendant, le seul auxiliaire de Mgr Bruguière devait être · un prêtre chinois envoyé directement par la Propagande. Il avait été élevé à Naples, dans un collége fondé pour instruire des Chinois et les préparer aux saints Ordres. Lorsqu'on apprit, dans ce collége, que la Sacrée Congrégation désirait envoyer des prêtres en Corée, deux élèves s'offrirent d'eux-mêmes pour cette mission. On les accepta avec joie, et ils furent placés sous l'autorité de l'évêque de Capse. Mais l'un d'eux renonça bientôt à son dessein. L'autre, nommé Pacifique Yu, eut plus de persévérance ; il quitta l'Europe immédiatement, et lorsque Mgr Bruguière se mit en route, le P. Pacifique était déjà arrivé en Chine, et cherchait les moyens de pénétrer en Corée.

Nous allons maintenant laisser l'évêque de Capse nous raconter lui-même les épisodes divers de son long voyage, les difficultés sans nombre qu'il rencontra, et ses négociations avec les

constituimus, salva tamen semper in præmissis Congregationis eorumdem Cardinalium auctoritate. Mandamus propterea omnibus et singulis ad quos spectat ac spectabit in posterum, ut tibi in præmissis prompte pareant et obediant, tuaque salubria monita et mandata humiliter suscipiant, et efficaciter adimplere procurent, alioquin sententiam sive pœnam, quam rite tuleris, seu statueris in rebelles ratam habebimus, et faciemus auctorante Domino usque ad satisfactionem condignam inviolabiliter observari. Non obstantibus, etc. quibuscumque.

Datum Romæ apud S. M. M. sub annulo Piscatoris die 9 septembris 1831, pontificatus Nostri anno primo.

Th. card. BERNETTI.

Coréens envoyés à Péking. Tous ces détails sont consignés dans une relation très-intéressante qu'il adressa aux directeurs du séminaire des Missions-Étrangères. Il ne se contente pas d'y parler de son voyage : il donne beaucoup de notions historiques, géographiques et scientifiques sur les pays qu'il eut à parcourir, et on s'étonne, en le lisant, qu'un homme malade, affaibli par les privations, absorbé par des préoccupations de tout genre, n'ayant presque aucun livre sous la main, ait pu écrire ces pages pleines d'érudition et d'observations curieuses. Les *Annales de la Propagation de la Foi* ont imprimé, en 1837, la plus grande partie de cette relation. Nous ne donnerons ici que les passages qui se rapportent au voyage du missionnaire et à l'histoire de l'Église de Corée.

CHAPITRE II.

« Le 25 juillet 1832, j'appris que j'étais nommé vicaire apostolique de la Corée. Je ne songeai plus dès lors qu'à un départ très-rapproché.

« Cependant la saison était avancée ; un vaisseau sur lequel j'avais compté d'abord et qui devait me prendre gratis, ne paraissait pas ; tous les capitaines me demandaient mille et même douze cents francs pour mon passage de Singapour à Macao seulement, encore fallait-il payer d'avance. Où prendre une somme aussi forte ? je ne possédais pas un centime, et ne trouvais personne pour me prêter. Cependant M. Dorat, un des chrétiens qui me servaient avec un grand zèle, se donna tant de soins, qu'il obtint d'un capitaine anglais de me prendre à son bord jusqu'à Manille pour cent piastres. M. Clémenceau, mon confrère, en se gênant beaucoup, me les avança. J'avais pour compagnon de voyage un jeune Chinois, élève du séminaire de Pinang. Comme ce jeune homme joue un grand rôle dans ma relation, il est bon que je le fasse connaître : son nom est Joseph. Avant qu'il fût question de la Corée, il était sorti du collége pour cause de maladie. M. Chastan me l'avait proposé pour être catéchiste des Chinois de Pinang. Il était pieux, connaissait bien les caractères et pouvait m'être très-utile ; mais je n'aurais point osé penser qu'il se décidât à me suivre. Cependant, quand je partis de Singapour, il voulut absolument m'accompagner. Etonné d'une pareille résolution : « Savez-vous où je vais ? lui dis-je ? — Oui, je le sais. — Il parait bien cependant que non : car je ne vais point en Chine, je suis envoyé dans une contrée plus éloignée et bien plus dangereuse encore. Si vous vous obstinez à venir, il est très-probable que dans peu de temps on vous mettra à mort ; faites là-dessus vos réflexions. — Je suis instruit de tout, me répondit-il, vous allez en Corée ; et je suis disposé, avec la grâce de Dieu, à m'exposer aux périls qu'offre cette mission. Après tout, donner sa vie pour Dieu est une destinée plutôt à désirer qu'à craindre. » Charmé d'une telle réponse, je voulus cependant l'éprouver ; je fis examiner sa vocation par différentes personnes, soit à Singapour, soit à Macao ; il ne changea jamais de langage : dès lors, je lui permis de me suivre. Ce jeune homme m'a été très-utile ; il est d'une activité et d'une résolution peu ordinaires parmi ses compatriotes. A pied ou sur une mauvaise monture, il a déjà fait plus de chemin, pour m'être utile, qu'il n'y en a de Péking à Paris ; et cependant il est d'une santé très-frêle. Quand mes affaires furent terminées à Singapour, je pris congé des chrétiens ; je les exhortai à conserver la paix et la concorde avec tout le monde ; je laissai à M. Clémenceau le soin de leur construire une église dont, peu de temps après, j'appris l'érection ; et je partis.

« Le 12 septembre, nous fîmes voile pour Manille ; mais à peine étions-nous en mer, que le vaisseau qui devait me porter gratuitement à Macao, arriva. Il m'en coûta donc près de mille francs, pour m'être un peu trop pressé.

« Notre capitaine était un homme simple et religieux ; il était toujours en prières, pour obtenir du bon Dieu qu'il lui conservât son vaisseau ; il avait une peur terrible des typhons. Comme j'avais éprouvé, quelques années auparavant, une affreuse tempête dans ces parages, il me consultait avec une confiance qui m'étonnait. « Que pensez-vous de ce temps-ci ? me disait-il. Quels sont les signes avant-coureurs des typhons ? Quelle manœuvre fait-on quand on en est menacé ? » Je lui disais ce dont je pouvais me souvenir. Toutes les fois que nous avions du gros temps, il était fidèle aux instructions que je lui avais données : il n'avait jamais voyagé sur les mers de Chine. Le bon Dieu nous accorda une navigation heureuse. Le typhon nous avait devancés à Manille, où il avait fait du dégât ; nous en fûmes quittes pour la peur.

« Nous arrivâmes dans la baie de Manille un lundi 1er octobre ; mais quand nous fûmes à terre, nous nous trouvâmes encore au dimanche 30 septembre. Les Espagnols ont découvert les Philippines en faisant voile d'orient en occident, par l'Amérique et l'océan Pacifique. Aujourd'hui, l'on va dans ces îles en naviguant d'occident en orient, en doublant le cap de Bonne-Espérance et par la mer des Indes : c'est l'unique cause de ce phénomène singulier.

« Quand on eut jeté l'ancre, je ne savais comment faire pour descendre à terre et retirer mes effets ; je n'avais point d'argent pour payer le transport. Une heureuse circonstance me tira d'embarras. Le capitaine espagnol qui vint reconnaître le navire, ayant su que j'étais ecclésiastique, me pria de lui faire l'honneur d'accepter sa chaloupe ; je n'eus garde de refuser. Il me traita avec distinction, et me donna la première place. Pendant le trajet, qui ne fut pas long, on m'examina de la tête aux pieds. On trouva que j'étais habillé trop simplement. On me fit quelques questions, dont voici les principales : « Etes-vous religieux ? — Non, je suis prêtre séculier. — Où allez-vous ? — En mission. — Combien vous donne votre gouvernement ? — Rien du tout. — Quelles rentes avez-vous donc ? — Aucune, nous n'avons que ce que nous donnent volontairement nos pieux et charitables compatriotes. — Que venez-vous faire à Manille ? — Rien, mon dessein est d'aller aussitôt à Macao. — Mais n'était-il pas plus simple d'aller directement de Singapour à Macao ? — Sans doute, si j'avais eu de l'argent pour payer mon passage. — Mais n'en avez-vous pas eu pour venir ici ? — J'en ai eu, parce que l'on m'en a prêté ? — Pourquoi ne vous en a-t-on pas prêté pour aller en droiture à Macao ? — Parce qu'il aurait fallu une plus forte somme, et que je n'aurais pu la trouver. J'espère rencontrer à Manille quelque généreux Espagnol, qui me rendra le même service pour continuer ma route jusqu'à Macao. » On me fit entendre que je ne serais pas trompé dans mon attente. Cependant on était un peu étonné de voir un ecclésiastique s'exposer à de si longues courses, sans avoir des rentes fixes et assurées. Lorsque nous eûmes débarqué, un officier me donna sa voiture pour me conduire à l'archevêché, et retourna à pied chez lui : en aurait-on fait autant en France ? Mgr Ségui, de l'ordre des Augustins, archevêque de Manille, me reçut comme il reçoit tous les missionnaires français : il a été lui-même missionnaire dans la province de Canton en Chine.

« Je passai peu de jours à Manille. Le 12 octobre au soir, je montai à bord d'un navire américain qui faisait voile pour Canton. Monseigneur l'Archevêque me donna l'argent nécessaire pour payer mon passage ; je ne l'acceptai qu'à titre de prêt : il lui fut exactement remboursé à Macao. Je lui demandai le secours de ses prières. « Dans quelque temps, me répondit-il, je pourrai aider les missionnaires autrement que par des prières. » Il me dit pour dernier adieu : « Vous ne réussirez pas dans votre entreprise. » Je ne crus pas alors qu'il fût prophète ; car, pour moi, j'ai toujours pensé qu'il fallait espérer même contre toute espérance.

« Le 13 au matin, nous sortîmes de la baie de Manille ; et le 17, malgré le courant et les vents contraires, nous fûmes en vue de Macao. Le 18, je descendis à terre ; j'allai directement chez M. Umpières, procureur de la Sacrée Congrégation de la Propagande.

« Le 21, je reçus les brefs de Rome qui me transféraient au vicariat apostolique de la Corée. On aurait dit qu'ils étaient tombés du ciel : qui les avait envoyés ? qui les avait apportés ? je n'en sais rien. J'écrivis à Mgr de Sozopolis que je n'étais plus son coadjuteur, et qu'il était libre à Sa Grandeur d'en choisir un autre.

« Le 11 novembre, M. Langlois, supérieur de notre séminaire de Paris, m'annonça que l'Œuvre de la Propagation de la foi m'avait alloué cinq mille six cents francs : je fus très-sensible à une action si généreuse. Il est vrai que ce secours vint fort à propos : M. Umpières et moi nous en avions grand besoin. Que le Dieu de bonté, qui juge digne de ses récompenses un verre d'eau donné en son nom, daigne combler de bénédictions ces pieux fidèles qui n'oublient point, devant le Seigneur, un pauvre missionnaire transporté à l'autre extrémité du monde. Dociles à l'invitation du divin Maître, ils obtiennent, par leurs prières, que le Père de famille envoie des ouvriers à sa moisson. Les ouvriers évangéliques plantent et arrosent ; mais Dieu, favorablement disposé par les humbles supplications de tant d'âmes saintes, donne l'accroissement à nos travaux. La reconnaissance, et en quelque sorte la justice, commandent la réciprocité ; je me fais un devoir de prier pour ces associés, soit pendant leur vie, soit après leur mort, quand j'offre le saint Sacrifice. A Siam, nous célébrions pour eux une messe toutes les semaines : si le ciel, favorable à nos vœux et à leurs prières, m'ouvre enfin les portes de la Corée, nous espérons, mes confrères et moi, faire quelque chose de plus...

« Le 18, la barque du Fokien, qui devait nous porter à Fougan, arriva. Mgr du Fokien, qui réside dans ce district, avait expressément recommandé au capitaine de me réserver une place, dans le cas que je fusse arrivé à Macao. Cette barque devait venir quelques mois plus tôt. Le bon Dieu permit qu'elle fût attaquée par des pirates, à la hauteur de Canton ; elle fut obligée de gagner le large, et, à la faveur d'un bon vent, elle revint au Fokien. Elle ne put reprendre la mer que trois mois après ; sans ce contre-temps, j'aurais manqué une occasion si favorable. La Providence, qui dirige tout pour notre bien, permit peut-être exprès pour moi un accident qui me fut très-favorable, et qui ne fit tort à personne, pas même au capitaine de cette barque.

« Le 23, j'envoyai Joseph à Péking porter des lettres à Mgr de Nanking, qui réside dans cette ville ; au prêtre chinois (le

P. Pacifique Yu) qui devait me précéder en Corée, et aux députés coréens eux-mêmes, qui vont à Péking tous les ans, à la 12ᵉ lune, saluer l'empereur au nom de leur roi. Il y a toujours quelques chrétiens parmi eux. Je disais à ces derniers en substance : « Le ciel a exaucé vos prières, il vous envoie des missionnaires et un évêque ! C'est moi qui ai obtenu cette faveur. Je pars incessamment pour aller vivre et mourir au milieu de vous; ne soyez pas effrayés par les difficultés que présente l'introduction d'un Européen dans votre royaume. Recommandez cette grande affaire à Dieu, priez ses Anges et ses Saints; mettez-vous surtout sous la puissante protection de la Mère de Dieu : le Seigneur, qui a commencé son œuvre, la terminera heureusement. » Je m'efforçai, tant que je pus, de ranimer leur zèle; j'ai toujours été persuadé que le plus grand obstacle qui s'opposerait au succès de mon voyage serait la timidité des Coréens. Je redoutais aussi que l'entrée du P. Pacifique ne fût pour moi un nouvel obstacle : il y avait lieu en effet de craindre que les Coréens, satisfaits d'avoir un prêtre chinois, ne montrassent plus une aussi grande ardeur à introduire des Européens.

« Je recommandai à Joseph d'user d'une grande diligence pour pouvoir rencontrer les députés coréens. Il devait les encourager, convenir avec eux du lieu où je me rendrais, et des signes pour nous reconnaître mutuellement sans causer de soupçon. Il remplit sa commission aussi bien qu'il lui fut possible. Il partit en assez triste équipage, avec un peu d'argent, au commencement d'un hiver rigoureux; il était même malade. Son premier coup d'essai, en fait de voyages, fut de douze cents lieues; car, dès qu'il fut arrivé à Péking, il dut accompagner le P. Pacifique en Tartarie; de là il vint me joindre à Nanking. Depuis ce moment jusqu'à ce jour, il a été toujours en course. A quelques journées de Péking, il n'eut plus d'argent; il fut obligé de vendre une de ses couvertures, qui lui était plus nécessaire que jamais (les Chinois en voyage portent toujours leur lit; on n'en trouve point dans les auberges). A trente lieues de son terme, il se trouva encore sans ressource. Il était fort embarrassé de sa personne; il promenait son inquiétude dans une petite ville, lorsqu'il fut accosté par un Chinois, qui lui demanda pour quelle cause il était si mélancolique : « Je suis triste, dit-il, parce qu'il faut que je me rende incessamment à Péking, et je n'ai plus d'argent pour continuer ma route. — N'ayez pas de chagrin, lui dit cet inconnu, moi aussi je veux aller à Péking, je cherche un compagnon; nous ferons voyage ensemble, et je fournirai aux frais de la route. » Quand ils furent arrivés à Péking, cet homme entendit parler pour la première fois de la religion chrétienne ; il voulut se faire instruire, et dès lors il manifesta le désir de l'embrasser. Le bon Dieu lui rendit ainsi au centuple le prix de sa bonne action.

« Le 17 décembre, à dix heures du soir, nous montâmes sur une barque de Macao, pour aller joindre celle du Fokien, qui devait nous attendre à quelque distance de la rade : nous concertâmes fort mal nos mesures, on eût dit que nous n'avions d'autre dessein que de nous faire prendre. Nous fûmes deux jours à explorer et à louvoyer de côté et d'autre, sans pouvoir rencontrer notre barque ; nous étions déjà en route pour revenir à Macao, lorsqu'elle parut. Quelques matelots profitèrent de cette circonstance pour nous voler. On se plaignit, on fit des recher-ches, mais tout cela inutilement. Les matelots se plaignirent à leur tour. Ils exigèrent réparation d'honneur ; ils voulaient qu'on leur donnât un billet en bonne forme, certifiant qu'ils étaient d'honnêtes gens et que l'on était content d'eux. Il fallut absolu-ment en passer par là, de crainte qu'il ne nous arrivât pis encore par la suite. La difficulté était de les satisfaire, sans cependant blesser la vérité. Il fut convenu que l'un de nous, qui n'avait point été volé, témoignerait en son privé nom qu'il n'avait point à se plaindre de la probité de l'équipage ; l'affaire fut ainsi terminée.

« Le 19 ou le 20, nous montâmes à bord de notre frêle esquif. Nous étions six missionnaires : deux français, M. Maubant, du diocèse de Bayeux, missionnaire de notre Société, destiné pour le Su-tchuen ; M. Laribe, du diocèse de Cahors, lazariste français, envoyé au Kiang-si ; deux lazaristes portugais, du diocèse d'Evora, qui allaient au Kiang-nan ; un franciscain italien, du diocèse de Naples, missionnaire de la Propagande, pour le Chang-si ; et moi qui allais je ne sais où, car je n'étais guère sûr de mon fait. Il y avait un autre ecclésiastique chinois de la province de Canton ; il prit sa route par terre jusqu'à Fougan.

« Notre barque était fort incommode ; mais l'équipage nous traita avec beaucoup d'égards et d'honnêteté : le capitaine, le subrécargue, le pilote et quelques matelots étaient chrétiens ; les autres païens.

« Notre voyage fut long, ennuyeux, pénible et quelquefois dangereux. La distance de Macao à Fougan, résidence de l'évè-que du Fokien, n'est pas de deux cents lieues : on crut que l'on pourrait faire ce voyage en quatre semaines ; assurément ce n'était pas beaucoup promettre. Un navire européen aurait fait ce trajet en trois jours : pour nous, nous en employâmes soixante-quinze. Nos fournisseurs, trompés par la promesse du capitaine, ne nous donnèrent des vivres que pour un mois. Nos gens aussi quelquefois nous volaient nos petites provisions ; nous fûmes bientôt réduits à un jeûne très-rigoureux : de telle sorte qu'un d'entre nous devint si faible, qu'au sortir de la barque il ne pouvait plus marcher ; il tomba trois ou quatre fois, sans pouvoir ni parler, ni respirer ; mais, quand on eut de quoi manger, les forces revinrent.

« Nous restâmes à l'ancre du 19 au 26 : cela nous arriva fréquemment. Le capitaine disait que le vent était contraire ; on aurait voulu du vent du sud, et nous entrions dans la mousson du nord-est, qui dure plusieurs mois. Les Chinois ne peuvent ou ne savent naviguer par un vent contraire ; la mauvaise construction de leurs barques, la crainte qu'ils ont de s'égarer, ne leur permettent jamais de gagner le large ; ils ne perdent pas la terre de vue : c'est ce qui rend leur navigation longue et dangereuse. Ils ont, il est vrai, la boussole, mais ils n'en font pas grand usage ; je doute même qu'ils connaissent les différentes déclinaisons de l'aiguille aimantée, connaissance si nécessaire pour les voyages de long cours. Il me paraissait que nos pilotes ne savaient point distinguer les différents rumbs du vent. Cependant on doit avouer, à l'honneur de la Chine, que la boussole y était connue bien des siècles avant qu'elle ne l'ait été en Europe...

« Le 24, le capitaine et le subrécargue vinrent me prier de leur dire la messe, la nuit de Noël. Après avoir pris conseil de tous mes confrères, je consentis à leur désir. Quoique nous eussions pris toutes les précautions que les circonstances exigent en pareil cas, il arriva un léger accident, qui me dégoûta pour jamais de l'envie de célébrer sur un navire.

« Le 25, jour de Noël, la barque du mandarin du poste vint nous visiter. Elle enleva deux caisses d'opium dans la jonque qui était à côté de nous et passa outre. Le bon Dieu nous préserva d'un danger imminent ; on aurait trouvé chez nous autre chose que de l'opium. Le 26, on se mit en route ; mais après quatre heures de navigation on jeta l'ancre parce qu'il faisait trop froid ; nous n'étions cependant qu'au 22° degré de latitude. C'est pour de pareilles raisons que nous fûmes deux mois et demi en route. Le vent, la pluie, la marée, la crainte des pirates ; tout interrompait notre navigation. Tous les soirs nous allions passer la nuit dans une anse, sous le canon d'un fort, si toutefois on peut donner un pareil nom à une vieille masure qui n'avait pour toute défense qu'un pauvre mandarin et ses domestiques. Au bas de la forteresse il y avait ordinairement une barque armée en guerre, pour protéger, dit-on, les jonques marchandes des pirateries des forbans, qui infestent ordinairement ces mers dans la onzième et la douzième lune.

« Le 24 janvier 1833, un petit mandarin fut épris de la beauté de notre barque ; il lui prit envie de la mettre en réquisition pour transporter des troupes à Formose. Les Chinois étaient alors en guerre avec les insulaires, qui s'étaient révoltés et avaient égorgé le gouverneur. Heureusement notre mandarin n'avait pas encore reçu l'ordre formel du vice-roi de la province. Nos gens lui donnèrent plusieurs raisons bonnes ou mauvaises ; il eut l'air de s'en contenter. Que serions-nous devenus s'il eût persisté ? Nous priâmes pour avoir un bon vent. Le bon Dieu nous l'accorda ; nous nous échappâmes à la faveur de la nuit.

« Le 25, nous arrivâmes à un poste où deux sommes (1) chinoises avaient été volées la nuit précédente. Les soldats du poste eurent la bonté de nous prévenir et de nous exhorter à faire bonne garde ; mais ils ne promirent pas de nous secourir, ils se contentèrent de faire payer l'ancrage, et se retirèrent.

« Le 26, quelques soldats mutins vinrent à bord visiter notre barque, ils voulaient absolument descendre dans l'endroit où nous étions cachés ; après un long débat, ils parurent persuadés qu'il n'y avait point de marchandise de contrebande ; on s'empressa de leur donner une forte étrenne, ce qui les persuada encore mieux, et ils se retirèrent. Comme il était à craindre qu'ils ne revinssent le lendemain, le capitaine vint nous demander du bon vent, nous nous mîmes en prières, le vent devint favorable, et dès la pointe du jour nous abandonnâmes ce mauvais poste.

« Le 27, nous avions fait justement les deux tiers du voyage, nous fûmes plus d'un mois à faire le reste ; les soldats du poste furent plus honnêtes et moins curieux.

« Le 28, plusieurs barques de pirates, bien armées, nous attaquèrent. Ils commencèrent par enlever deux petites jonques qui s'étaient trop avancées. Comme les gens de l'équipage ne firent point de résistance, ces forbans se contentèrent de leur

(1) On sait que c'est le nom que l'on donne à certaines barques, en Chine et au Tong-king.

enlever leurs habits, et les laissèrent dans un état de nudité complète, mais sans leur faire aucun mal. Ces pauvres malheureux, transis de froid, vinrent le lendemain implorer la charité de notre équipage; pour nous, il nous fut défendu de contribuer à la bonne œuvre, de crainte de trouver des ingrats qui nous auraient vendus au mandarin pour prix de notre assistance. Après ce coup de main, les pirates s'adressèrent à nous. Notre capitaine donna le signal de détresse, il héla toutes les barques voisines; elles se réunirent au nombre de six, et marchèrent de front. Le capitaine et le subrécargue vouèrent plusieurs messes : nos gens, quoique transis de peur, faisaient bonne contenance. Toutes nos barques réunies donnaient à peine un contingent de cent quarante hommes sans armes : je ne sais si ce nombre est exact; c'est le rapport du subrécargue. Les pirates étaient au nombre de plus de trois cents, bien armés : car en Chine il est défendu d'avoir des armes à bord des navires, sous peine d'être déclaré voleur et puni comme tel; les pirates seuls se dispensent de cette loi.

« Le bon Dieu eut pitié de nous; ces forbans se retirèrent sans avoir jamais osé en venir à l'abordage. Nous récitâmes le *Te Deum*, mais à voix basse, par crainte d'être entendus des matelots des barques voisines. A la nuit tombante, nous entrâmes dans une rade où se trouvaient réunies plusieurs centaines de barques. Les soldats vinrent, selon l'usage, visiter et faire payer l'ancrage; on s'empressa de leur donner ce qui était dû et de leur raconter, fort au long, notre aventure. Ils parurent sensibles au rapport des dangers que nous avions courus. Cependant la nuit survint, ils se retirèrent sans avoir fait la visite : c'était précisément ce que nous voulions. Peu de temps après, les pirates reparurent à l'entrée de la rade; mais ils n'osèrent rien entreprendre. Nous les revîmes encore pour la troisième fois, lorsque nous étions en route; mais nous étions accompagnés alors d'environ cinquante barques qui marchaient de conserve : ils n'étaient pas les plus forts, ils prirent sagement le parti de se retirer. Depuis ce temps-là ils ne nous molestèrent plus. Nous étions dans la 12ᵉ lune chinoise : à cette époque, les vols sont fréquents et la justice peu sévère; les mandarins, par crainte, par faiblesse et peut-être par une espèce de superstition, ferment les yeux sur ces excès.

« Cependant le mauvais temps continuait; nous faisions des vœux pour voir enfin le terme d'un si ennuyeux voyage, pendant que Mgr du Fokien priait de son côté pour que nous n'arrivassions pas si tôt. Il craignait que notre barque ne fût arrêtée au port de Fougan et envoyée à Formose, par ordre du vice-roi. Enfin nous entrâmes au port, le 1er de mars, lorsqu'on annonça officiellement que les troubles de Formose étaient apaisés.

« Rien n'égale la charité que Mgr du Fokien a montrée pour nous et pour moi en particulier. Nous nous sommes trouvés chez lui jusqu'à quatorze, en y comprenant les courriers ; quelques-uns y ont passé plusieurs mois. Il a pourvu généreusement à tous nos besoins, il s'est donné des soins pour nous faire continuer sûrement notre voyage. Du reste, ce n'est pas envers nous seulement qu'il s'est montré si généreux, il a rendu les mêmes services aux missionnaires qui nous ont précédés et à ceux qui nous ont suivis ; il les invite même à passer par son vicariat. Une conduite si noble et si digne d'un évêque catholique, lui a mérité les éloges et les remercîments de la Propagande ; il est cependant peu riche, mais, malgré ses faibles ressources, il donne beaucoup aux pauvres. Quelquefois nous lui manifestions la peine que nous éprouvions en voyant les dépenses qu'il faisait, soit pour nous, soit pour les autres ; il nous répondait seulement : *Deus providebit :* le Seigneur y pourvoira.

« Le 9 mars, M. Maubant vint m'annoncer qu'il renonçait à la mission du Su-tchuen, pour m'accompagner en Corée. « Il « y a longtemps, me dit-il, que j'ai cette pensée ; mais j'ai voulu, « avant de la déclarer, l'examiner sérieusement. » Surpris de cette démarche, mais ne voulant rien prendre sur moi, je convins avec lui que nous irions ensemble consulter Mgr du Fokien. Ce prélat ayant entendu les raisons pour et contre, pensa que non-seulement il était bon, mais même nécessaire, en quelque manière, que M. Maubant allât en Corée. Nous écrivîmes à l'instant à Mgr du Su-tchuen pour le prier de consentir à ce changement de destination ; nous confiâmes nos lettres à un courrier qui allait partir pour cette province, et, le même jour, M. Maubant s'achemina vers Hing-hoa, petit district du Fokien confié à notre Société. De peur que l'arrivée soudaine de plusieurs Européens dans la province du Kiang-nan, qui n'en avait pas vu un seul depuis bien des années, n'excitât une persécution, il fut convenu que M. Maubant me laisserait prendre les devants, et me suivrait quelque temps après. Quinze mois plus tard, je reçus une lettre de Mgr de Sinite, vicaire apostolique du Su-tchuen. Ce prélat me disait : « La Corée a encore plus besoin de « missionnaires que nous. Nous aurions bien désiré que M. Mau-« bant fût venu exercer son zèle dans notre mission ; cependant

« nous ne voyons pas avec peine qu'il vous suive. Quant à Joseph
« Taon, je vous l'accorde bien volontiers. »

« Le 12 avril, on nous annonça qu'il fallait se préparer au départ
pour le Kiang-nan. Quand je voulus faire mes malles et compter
mon argent, je me trouvai avoir juste deux cent soixante francs
d'argent monnayé; tout le reste ne passait pas. Avec cette modique somme, il me fallait entreprendre un voyage de sept à huit
cents lieues. Je renvoyai mon courrier à Macao, pour changer
les pièces qui n'avaient pas cours et m'en apporter de nouvelles.
Depuis ce temps-là, je n'ai revu ni courrier ni argent.

« Le 23, nous allâmes à bord de la barque qui devait nous
conduire à Nanking, et nous levâmes l'ancre le 27. Notre navigation fut plus agréable que la précédente; cependant nous eûmes
souvent des brouillards si épais, qu'on ne distinguait rien à deux
ou trois encâblures de distance. Les barques qui marchaient de
conserve se hélaient à l'aide d'un bambou, pour qu'on ne s'écar-
tât pas trop, et qu'on ne tombât point au pouvoir des pirates.
On était quelquefois obligé de jeter l'ancre, de crainte d'aller se
briser contre des rochers que l'on n'aurait point aperçus à temps
dans l'obscurité. Depuis le mois de février jusqu'au mois de mai
inclusivement, ces mers sont souvent couvertes d'une brume
épaisse; mais, lorsqu'elle se dissipe, l'air devient très-pur, et
l'on distingue fort bien les objets à une grande distance : c'est
l'observation de La Peyrouse. Il me semble que j'ai observé quelque chose de semblable.

« Le 6 mai, un peu avant le lever du soleil, nous fûmes jetés
sur un banc de sable. Heureusement le vent était faible, et les
pirates n'étaient pas là pour s'apercevoir de notre embarras.
Nous parvînmes enfin à sortir de ce mauvais pas; on sonda, on
ne découvrit aucune voie d'eau.

« Le 10 et le 11, nous fûmes vus et probablement reconnus
comme Européens par trois individus qui vinrent à bord. L'un
d'eux, pour nous voir plus à son aise, ouvrit la porte de la
cabane dans laquelle un de mes confrères s'était caché. Celui-ci
fut un peu offensé de cette curiosité intempestive; mais notre
subrécargue, homme intrépide, nous assura qu'il n'y avait rien à
craindre. Comme nous continuâmes notre route, ils n'eurent point
le temps d'exécuter leurs mauvais desseins, s'il est vrai toutefois
qu'ils en aient eu de mauvais.

« Le 12, nous arrivâmes au port d'Hia-pou, dans la partie
septentrionale de la province de Che-kiang. Peu après nous
descendîmes à terre, nous louâmes un bateau qui nous trans-

porta à Chang-nan-fou, une des villes les plus méridionales du Kiang-nan. Le patron de notre barque nous reconnut ; *notre étrange figure, notre silence affecté, le soin que nous prenions de nous cacher, lui firent naître des soupçons.* Quand nous fûmes près de la ville, il ne voulut plus ramer : « Vous avez introduit dans ma barque, disait-il au docteur foquinois qui nous aecompagnait, des Anglais marchands d'opium ; votre imprudence me fera prendre. » Le docteur soutenait le contraire, mais le patron persistait à croire que nous étions des contrebandiers européens. On lui fit glisser dans la main quelques centaines de sapèques (1), moyennant quoi nous ne fûmes plus ni Anglais, ni marchands d'opium. Nous descendîmes, en plein jour, dans la maison d'un pharmacien chrétien ; nous étions trois : un jeune missionnaire portugais, un jeune prêtre chinois qui avaient été ordonnés au Fokien, et moi. Comme mes yeux sont d'une couleur bleue inconnue dans ces pays, je les couvris d'un bandeau de gaze noire, qui me masquait en partie les sourcils et le nez : les voyagenrs s'en servent pour préserver leurs yeux de la poussière. Les yeux bleus, les grands nez, les cheveux blonds, les visages ovales, le teint fortement coloré, sont suspects en Chine. Un missionnaire qui aurait la tête grosse et ronde, le visage aplati, des sourcils peu fourrés et peu saillants, de petits yeux noirs, durs et plats, pourrait voyager sûrement, surtout s'il parle passablement la langue mandarine. Cependant, comme la forme physique et les traits du visage ne donnent point la vocation, il vaut mieux consulter l'Esprit-Saint et avoir égard aux qualités morales du missionnaire, que de s'en tenir à un pareil signalement. Il faut s'abandonner à la Providence, sans toutefois négliger les règles de la prudence. Le bon Dieu sait aussi, quand il veut, jeter un bandeau sur les yeux des infidèles, afin qu'ayant des yeux, ils ne voient pas. Il peut même arriver que l'on soit reconnu, sans qu'il en résulte des suites fâcheuses, surtout si l'on a de l'argent pour fermer la bouche au délateur.

« A minuit, nous rentrâmes dans le canal ; et le 15, à cinq heures du matin, nous arrivâmes à une ferme où il y avait une chapelle. Les chrétiens nous prièrent de rester pour célébrer la messe le jour de l'Ascension, qui était le lendemain. Mes deux confrères voulurent continuer leur route ; je restai pour satisfaire aux vœux des chrétiens. Un catéchiste chinois observa que j'étais habillé trop simplement ; je l'étais mieux cependant qu'à

---

(1) Monnaie chinoise de la valeur d'un demi-centime environ.

Siam. « Excellence, me dit-il (on donne ce titre aux évêques portugais), vous ne pouvez pas célébrer la messe avec une telle robe, les chrétiens en seraient scandalisés. — Que faire ? je n'en ai pas d'autre. — Il faut en acheter. — Je n'ai pas d'argent. — On vous fera crédit. — Et quand pourrai-je restituer ? — Plus tard. — Je crois que je ne le pourrai jamais ; je réserve le peu d'argent qui me reste encore, pour des besoins plus pressants. J'aime mieux être mal habillé que de mourir de faim. » On n'agréa pas mes excuses ; le catéchiste du lieu me prêta ses habits de cérémonie.

« Le 18, M. Castro, vicaire général du diocèse de Nanking, vint à ma rencontre dans le domicile où je venais de me fixer. Je le priai de me procurer un courrier. Il me répondit. « Cela m'est impossible, je ne peux pas en trouver pour moi-même. Je dois aller dans le Chang-tong, j'ai déjà envoyé mes effets dans cette province, mais je ne puis trouver un homme qui veuille m'accompagner. Je suis obligé de faire venir mes guides du Che-ly. » Un saint vieillard qui avait voyagé dans toute la Chine, me promit de m'accompagner si je pouvais trouver un autre courrier qui entendît mon langage. J'écrivis donc à Péking pour rappeler Joseph auprès de moi.

« Le 23, je me séparai de M. Castro. On craignait, non sans fondement, que la réunion de plusieurs missionnaires européens ne fît naître des soupçons aux paysans qui étaient dans le voisinage. Je fus avec un prêtre chinois dans un hameau où il y avait quelques chrétiens...

« Le 1er juin, je reçus la visite d'un prêtre ; il venait pour me prier, au nom d'une dame chinoise, de ressusciter la fille de celle-ci, morte depuis deux mois, ou du moins de prier pour le repos de son âme. Je répondis que je promettais bien de prier pour la défunte, mais que je ne pouvais point promettre de la ressusciter. Dieu seul fait les miracles ; les hommes, quelque saints qu'ils soient, ne sont que ses instruments.

« Le 26, Joseph arriva au Kiang-nan ; il avait vu à Péking le seul Coréen chrétien qui se trouvât à la suite de l'ambassadeur. Il lui remit ma lettre, qui apprenait aux Coréens qu'ils avaient des missionnaires, un évêque, et que j'étais déjà en route pour aller à eux. Ce chrétien fut frappé d'une nouvelle si peu attendue, il dit quelques mots qui montraient sa satisfaction particulière ; mais, dans le fond, il témoigna moins de contentement que de surprise. Il ajouta, en terminant la conférence, que, pour lui, il favoriserait mon entrée ; mais qu'étant seul, il ne pouvait rien promettre avant d'avoir pris conseil de ses compatriotes. Il partit quelque temps après.

« Mgr de Nanking voulut que Joseph accompagnât le P. Pacifique en Tartaric. « Tu connaîtras, lui dit-il, le chemin ; tu prendras des arrangements avec les chrétiens du Leao-tong, afin que l'évêque de Capse puisse loger chez eux en sûreté jusqu'à son entrée en Corée. Ensuite tu iras le prendre au Fokien ; et tu le conduiras, par le même chemin, jusqu'au lieu destiné. »

« Le P. Paeifique et Joseph s'acheminèrent donc, après Pâques, vers la Tartaric. Quand ils furent arrivés à la grande muraille, ils n'osèrent point passer par la porte ; ce pas est, en effet, difficile à franchir ; ils escaladèrent le mur par une des brèches que le temps a faites. Celles qui sont le plus près de la porte sont gardées par des patrouilles, qui font la ronde à certaines heures du jour : ils furent assez heureux pour ne pas rencontrer la garde. Mais ce n'était pas tout que d'entrer soi-même, il fallait encore faire entrer les malles ; elles contenaient plusieurs objets de religion, qui auraient pu grandement compromettre les porteurs. Ils engagèrent trois femmes chrétiennes à monter sur un chariot avec les effets, et à tenter le périlleux passage ; ils étaient convenus d'avance du lieu où ils devaient se rencontrer. La tentative réussit heureusement. Arrivés en Tartarie, le P. Pacifique devait commencer la mission dans le Leao-tong, et Joseph me chercher un asile parmi les chrétiens. Les premiers auxquels il s'adressa parurent désirer de me recevoir ; ils dirent quelques paroles flatteuses à ce jeune homme : celui-ci prit ces compliments pour des témoignages sincères de dévouement. Sur cela, il vint en toute hâte à Nanking, pour me rejoindre.

« Il était porteur de quelques lettres de l'évêque de cette ville. Ce prélat donnait ordre à ses missionnaires de me fournir toutes les choses dont j'aurais besoin, et de me procurer des courriers pour passer en Tartaric. On jugea nécessaire que j'en eusse trois ; j'en avais déjà deux. Joseph s'adressa à un homme d'une quarantaine d'années, qui savait parler latin ; il le harangua avec tant d'éloquence, et d'une manière si pathétique, qu'il eut le malheur de le persuader. Ce troisième courrier s'appelait Jean ; le chef et le principal guide était un vieillard appelé Paul.

« J'avais peu d'argent, et le peu que j'avais ne passait pas dans la province de Nanking ; je perdais vingt pour cent au change. Dans le Kiang-nan, il n'y a guère que les piastres frappées au coin de Charles IV qui aient cours, encore faut-il qu'elles soient bien gravées. Les particuliers ne veulent point recevoir celles

qui sont au coin de Ferdinand : « C'est, disent-ils, la figure
d'une femme. Il a les cheveux courts, et partant nous n'en voulons pas. » Pour ne pas faire une si grande perte, je donnai une
partie de ces piastres à un marchand chinois. Il s'obligea à nous
rendre la même valeur en lingots, quand nous serions parvenus
à Péking. Cet argent nous a été fidèlement rendu.

« Quand il fallut partir, on délibéra si l'on irait en Tartarie
par mer ou par terre. J'aurais désiré voyager par mer ; mais un
prêtre chinois, qui se mêlait de cette affaire, me dit qu'il n'avait
aucune confiance aux matelots et au capitaine qui devaient me
prendre à leur bord. Joseph, par une affection mal entendue,
m'en détournait aussi : « Nous ferons naufrage, disait-il ; et
quand l'évêque sera noyé, c'en sera fait de la Corée. » Il fut donc
résolu que nous irions par terre.

« Nous nous mîmes en marche le 20 juillet : c'était précisément au commencement des grandes chaleurs. Elles sont insup-
portables dans le Kiang-nan pendant les mois de juillet et d'août ;
il n'y a que les pauvres qui voyagent dans cette saison, on court
risque quelquefois d'être asphyxié ; je doute qu'il fasse jamais
plus chaud entre les tropiques. Dans les appartements où le soleil
n'entre jamais, le bois des tables et des chaises est aussi chaud
que si on l'avait approché du feu. Heureusement ces chaleurs
ne durent pas ; après trois, quatre ou cinq jours, les orages sur-
viennent ; les vents ou d'autres causes en diminuent l'intensité,
mais elles reprennent bientôt après avec la même violence. Ces
variations durent jusqu'en septembre exclusivement. Dans ces
jours de crise, il m'a paru qu'il faisait aussi chaud à minuit
qu'à midi à l'ombre : ce n'est que vers les deux ou trois heures
après minuit que l'on commence à respirer. Les chrétiens, qui
craignaient pour ma vie, me détournaient de me mettre en route
par un temps si chaud. Je ne pus consentir à leur désir : plus
tard, je n'aurais pas eu mon principal guide ; il devait aller à
Macao, dans la huitième lune. Joseph réfutait ces objections à sa
manière : « Quand on a passé plusieurs années sous le soleil de
la ligne, et quand on est disposé à souffrir le martyre, on peut
bien braver les chaleurs de la Chine. »

« Nous partîmes donc le 20 juillet. Mes trois guides étaient
tous d'une timidité et d'une incapacité à peine concevables ; j'ai
bien souffert pendant tout le temps que j'ai été sous leur tutelle.
J'ai cru plusieurs fois que j'expirerais en route de fatigue et de
misère ; le bon Dieu ne l'a pas permis. Nous voyageâmes quelques
jours en barque, sur les petits canaux qui aboutissent au Kiang.

« Le 26, nous rencontrâmes une douane. Les préposés dormaient, et ceux qu'ils avaient constitués à leur place ne nous dirent rien, ni nous non plus. Je regardai ce petit événement comme un bon augure pour le reste de mon voyage.

« Le 28, nous entrâmes dans le fleuve Kiang, et le 29, nous passâmes près de Nanking, mais sans y pénétrer.

« Le 31, nous descendîmes à terre. Paul, mon premier courrier, voulait s'en retourner ; il avait observé que je montais trop souvent sur le pont de notre barque. « Les rameurs des barques voisines et les gens de la campagne auront pu le voir, disait-il, et le reconnaître pour un Européen ; ce qui nous suscitera de mauvaises affaires. Pour moi, je ne suis point d'humeur à m'exposer à un danger évident, par l'imprudence des autres. » Joseph lui fit un petit discours, il lui promit que je serais plus réservé à l'avenir ; enfin, il fit si bien que le vieillard resta. Quand cette bourrasque fut apaisée, on délibéra sur la manière de voyager : tout le monde convenait qu'il fallait économiser ; la traite était longue et nous avions bien peu d'argent. Joseph pensait qu'il fallait aller à pied et en train de mendiant. Je réclamai contre ce projet : « Il m'est impossible, leur dis-je, de faire cinq cents lieues à pied par un temps si chaud, surtout si nous devons faire dix ou douze lieues par jour, selon notre premier plan. » Jean déclara qu'il avait des vertiges, que de plus il était menacé d'apoplexie : par conséquent il lui fallait une monture. La conclusion fut que nous ferions notre route comme nous pourrions. Paul, comme premier courrier, se chargea d'organiser la caravane. On m'apprit cependant à boire, à manger, à tousser, à me moucher, à marcher, à m'asseoir, etc., à la chinoise ; car les Chinois ne font rien comme nous. Peu après Paul nous amena deux brouettes, l'une pour porter nos effets, l'autre pour traîner un ou deux voyageurs. Je montai sur ma brouette avec un courrier ; les deux autres, assis sur deux ânes, faisaient l'office d'écuyers. Comme on craignait toujours que je ne fusse reconnu, on m'habilla en pauvre chinois, on me donna seulement un pantalon et une chemise sales, un vieux chapeau de paille à grands bords ; on me couvrit les yeux d'un large bandeau noir : on aurait pu me prendre pour un masque. Un costume si bizarre, au lieu d'écarter les curieux, attirait davantage leur attention ; les enfants et d'autres aussi venaient s'agenouiller devant moi pour contempler cette si étrange figure.

« Nous commençâmes donc notre voyage en ce triste équipage ; heureux si nous avions pu le conserver longtemps ! Mais le bonheur de ce monde est de courte durée, et bientôt il fallut renoncer à tout ce train. Les pluies, les mauvais chemins, les bourbiers que nous rencontrions à chaque pas, nous forcèrent à mettre pied à terre. Au lieu d'être portés par nos brouettes, ce fut nous qui dûmes alors les porter : restait, il est vrai, la poste aux ânes ; mais notre guide, par une trop grande économie, ne voulait pas en louer ; et quand, harassé de fatigue, il en cherchait, souvent il n'en trouvait pas. Je demandai que l'on me procurât une monture, à quelque prix que ce fût ; on me loua un âne pour une demi-journée, ce fut la première et la dernière fois. J'eus le malheur de donner une fois mon avis, il fut mal reçu ; l'on me condamna au plus rigoureux silence. Quelqu'un me fit observer que c'était faire injure au chef de la caravane : c'est à lui de tout prévoir et de tout régler dans sa sagesse. Une réflexion intempestive pouvait l'offenser, et lui faire rebrousser chemin.

« Il fallut donc marcher comme les autres. Les patins chinois et leurs bottes en guise de bas me blessèrent bientôt les pieds : j'enlevai cette singulière chaussure, et j'allai nu-pieds. Mes courriers virent cela avec peine : « *Pou haou kan*, me disaient-ils ; cela n'est pas beau à voir. » Il est rare, en effet, de rencontrer un Chinois sans souliers ; un mendiant peut mourir de faim, mais il ne peut point mourir déchaussé. Mon vieux guide tenait si fortement à sa chaussure, qu'il passait les rivières avec ses souliers.

« J'étais parti de Nanking mal guéri de la fièvre ; dès le premier jour de marche, je me trouvai plus mal. La fatigue, la chaleur, la privation de nourriture et de boisson, les vexations de tout genre que j'eus à essuyer, me causèrent de violentes douleurs d'entrailles, accompagnées d'une maladie qui avait tous les symptômes de la dyssenterie. La fièvre, qui se déclara aussitôt, me réduisit dans un tel état de faiblesse, que j'étais obligé de me coucher ou de m'asseoir à chaque moment. J'aurais eu besoin de quelque repos, mais il ne fut pas possible de m'en procurer. Séjourner dans une auberge, c'était, disait-on, dangereux ; faire venir un médecin, c'était s'exposer encore davantage. On aurait pu aller chez les chrétiens, mais personne ne les connaissait ; prendre des informations auprès des gentils, c'était commettre une grande imprudence. Tout cela était vrai. Il n'y avait d'autre moyen que de se rendre au plus tôt dans le Che-ly, se remettant pour tout le reste entre les mains de la divine Providence. Une nourriture abondante et saine aurait pu nous rendre nos forces, mais nous ne trouvions que de la pâte cuite à la vapeur de l'eau. Quelquefois encore le boulanger avait farci ses petits pains de feuilles d'une espèce de porreau fétide, qui les rendait immangeables pour moi. Mes gens, au contraire, étaient fort friands de ces pains. Quelquefois on nous donnait une écuellée de pâte coupée en petits morceaux et nageant dans de l'eau bouillante ; pour la rendre plus agréable au goût, on y jetait à poignées de l'ail, du poivre d'Espagne, de la courge crue, etc. ; puis on assaisonnait cet étrange ragoût d'une huile si rance, que le gosier en était écorché pendant vingt-quatre heures. Quoique je sentisse le besoin de manger, je n'ai pu m'accoutumer à cette bouillie. Après trois ou quatre bouchées, j'étais obligé de m'arrêter, quelques efforts que je fisse pour continuer. L'ail et les autres herbes chaudes m'incendiaient l'estomac et me causaient une soif ardente, que je ne pouvais point satisfaire. Il fallut donc y renoncer ; je me contentai de ces petits pains ; je prenais garde seulement qu'ils ne fussent point assaisonnés au porreau. J'aurais mangé des fruits et des melons, que l'on nous donnait pour un demi-sou la pièce ; mais la maladie dont j'étais menacé ne me le permettait pas.

« Le soir était le moment le plus favorable pour manger et pour me reposer, mais c'était alors que la fièvre était plus forte. Mes gens m'apportaient ma portion sur le lit où j'étais couché. J'avais beau leur dire : « Dans ce moment il m'est impossible de manger, mettez quelque chose dans un coin de mon lit ; lorsque la fièvre sera sur son déclin, je mangerai : — Ce n'est pas l'usage en Chine de manger pendant la nuit, » me répondait-on. Sur cela, ils se retiraient avec l'écuellée. Il n'y avait que le thé chaud et pris en quantité qui me fît du bien, mais on n'en trouvait pas toujours dans ces misérables hôtelleries. Je faisais signe à quelqu'un de mes courriers de venir auprès de moi (il m'était défendu de parler) ; quand il venait (car il ne venait pas toujours), je le priais de me donner du thé : « Il n'y en a pas. — Eh bien, donnez-moi de l'eau. — L'eau fraîche est contraire à votre maladie ; quelque grande que soit votre soif, vous devez vous abstenir de boire de l'eau fraîche. — Donnez-moi donc de l'eau chaude. — En Chine on ne demande jamais d'eau chaude, à moins qu'on n'ait du thé. — Dites au maître d'hôtel que c'est pour un malade. — L'urbanité chinoise ne permet pas de fatiguer l'hôte de tant de demandes importunes. » Le résultat de ce dialogue était que je devais me passer de boire. Quelquefois je cachais, à leur insu, une tasse de thé pour boire pendant la nuit ; la fatigue et la fièvre m'altéraient singulièrement ; quand ils s'en apercevaient, ils me l'enlevaient impitoyablement, et pourquoi ? parce que ce n'est pas l'usage en Chine de boire pendant la nuit. Cette singularité, aperçue dans l'obscurité par des gens qui couchaient ailleurs, aurait pu me faire reconnaître pour Européen. Pourrait-on croire que la peur troublât ainsi le jugement ? C'était cependant la peur qui les faisait agir de la sorte. On craignait, disait-on, que je ne fusse reconnu et pris, et dès lors la mission de Corée serait restée abandonnée. Leur intention était bonne sans doute, et je dois leur en savoir gré ; mais ils auraient pu, ce me semble, user de moyens moins durs pour parvenir à leur but. Ils étaient d'une timidité qui est à peine concevable. Quand nous entrions dans une auberge, je devais me coucher le visage tourné vers la muraille. Si je m'asseyais en face d'une table, ceux qui étaient assis à l'autre table pouvaient m'apercevoir, disait-on ; si je me tournais en diagonale, c'était inouï en Chine ; si je me tournais vers le mur, c'était une singularité qui aurait pu faire naître des soupçons ; si j'étais placé du côté de la porte, les passants auraient pu connaître que j'étais Européen ; enfin, à leur avis, il n'y avait d'autre position favorable que d'être couché. Une fois ils me refusèrent du thé, parce que je ne portais pas mes lunettes ; or il était onze heures de la nuit. Il y en avait un surtout qui aurait voulu me faire pratiquer une mortification que n'ont pas pratiquée bien des saints anachorètes. Lorsque épuisé de fatigue ou presque asphyxié par un soleil ardent, j'allais m'asseoir à l'ombre, il en était scandalisé. Comment, me disait-il, chercher du soulagement ? C'est au soleil et parmi les ordures que vous devez reposer. Si vous entrez en Corée il est probable que vous mourrez martyr. Vous devez donc souffrir la chaleur, la faim, la soif, la fièvre, etc., dussiez-vous expirer en route. Ce qui signifiait en abrégé : vous devez mourir en Chine pour être digne un peu plus tard d'être martyr en Corée. Mais en voilà assez sur cet article ; je reviens à notre voyage.

« Depuis le Tche-kiang jusqu'aux frontières du Chang-si, c'est-à-dire l'espace d'environ trois cents lieues, nous marchâmes toujours dans des plaines vastes et fertiles : on trouve rarement quelques collines isolées. Pendant cinquante lieues, nous ne rencontrâmes pas même une butte ; c'était partout un plan uniforme qui s'étendait à perte de vue...

« Le 2 août, je fus reconnu par un Foquinois ; il dit à qui

voulut l'entendre, que j'étais un *ta si iang jen* (Européen ou
homme de la grande mer occidentale) ; il disputa longtemps avec
son compagnon de voyage : « Cela n'est pas possible, disait
celui-ci, tu es un téméraire ; un Européen aurait-il osé s'avancer
jusqu'ici ? — Je ne suis point un téméraire, reprenait l'autre,
je dis la vérité ; c'est un Européen, je l'ai reconnu à ses yeux
bleus, je suis prêt à parier avec qui que ce soit. » Heureusement
il fut obligé de partir par un chemin bien différent du nôtre ;
cela mit fin à une dispute qui aurait pu devenir tout autrement
sérieuse. Cette petite aventure rendit mes courriers plus intrai-
tables, et ma situation plus pénible.

« Le 4, nous rencontrâmes une douane placée au milieu d'un
lac ; nous la passâmes sans difficulté et sans danger. Notre premier guide commença à trembler de nouveau ; il dit aux deux
autres : « Vous pouvez seuls accompagner l'évêque ; pour moi,
je ne suis plus de la partie. » Une si triste annonce les affligea.
Joseph fut encore obligé de se mettre en frais, pour l'exhorter
à la patience et pour ranimer son courage ; enfin il fit si bien,
qu'il le persuada ; pour la troisième fois, il consentit à m'accompagner.

« Le 5, nous voyageâmes sur la route impériale et centrale
de Péking. Rien n'est plus pitoyable que ce chemin : sur les
montagnes, c'est une échelle ou un escalier ; dans les plaines,
pendant les pluies, ce n'est qu'une couche de boue de quelques
pieds de profondeur ; quelquefois on rencontre des bourbiers
sans fond, dans lesquels le char s'enfonce jusqu'à l'essieu, et les
chevaux jusqu'aux oreilles ; il n'est pavé ni entretenu nulle
part ; on n'y fait des réparations que lorsqu'il est entièrement
impraticable. Les voyageurs marchent de préférence dans les
champs voisins, soit pour abréger (car le chemin fait de très-
nombreuses sinuosités), soit pour n'être pas obligés de battre
continuellement la boue ou la poussière, selon que le temps est
sec ou humide.

« Le 6, je fus reconnu pour la troisième ou quatrième fois.
Mes gens s'étaient arrêtés dans une échoppe placée sur la grande
route, pour prendre le thé. Un mandarin survint ; ses porteurs
voulurent boire avec nous ; ils placèrent la chaise et le mandarin
qui était dedans précisément devant moi, pour que Son Excellence pût contempler tout à son aise un si étrange personnage.
Pendant que tout le monde était à se rafraîchir, il passa un
groupe de Chinois qui allaient, disait-on, à l'audience du mandarin de la province. Un d'eux s'écria : « Voilà un Européen ! »

A ces mots terribles, mes gens consternés donnent le signal de détresse et prennent la fuite. Je les suivis, ignorant quelle était la cause de cette terreur subite. Cet accident nous valut un surcroît de marche et de fatigue, pour mettre entre nous et nos accusateurs un espace considérable ; nous avions cependant marché pendant quarante heures sans interruption. Le bon Dieu ne permit pas que les païens qui étaient à notre suite s'aperçussent de rien ; du moins ils n'eurent point l'air de s'en apercevoir. Cette dernière reconnaissance mit le comble à mes maux. Mes conducteurs ne savaient plus que faire de moi ; et toutes les mesures qu'ils prenaient pour diminuer le danger n'étaient, dans le fond, qu'un surcroît de vexations.

« Le 10, nous nous égarâmes ; il y eut un malentendu dès le commencement de la journée ; les uns prirent une route, les autres une autre ; je me trouvai seul au milieu de la campagne, fort embarrassé de ma personne. Heureusement je fus joint par un de mes courriers, qui n'était guère plus à son aise ; il craignait, à chaque moment, d'être attaqué d'apoplexie. Il mourait de faim, et moi de soif : il y avait près de vingt-quatre heures que nous n'avions ni bu ni mangé. Nous nous amusions à sucer les tiges d'une espèce de millet que les Chinois appellent kiang-liang. A quatre heures du soir, nous rencontrâmes un laboureur qui nous donna de l'eau et un bouillon à l'ail. « Allons, courage ! dis-je à mon compagnon ; si nous avons faim, du moins nous n'avons plus soif. » Nous avions pris nos arrangements pour trouver à souper : il avait sur lui un petit manteau, nous convînmes que nous le vendrions pour avoir de quoi manger ; nous abandonnâmes le soin du lendemain à la Providence, mais nous ne fûmes pas réduits à une telle extrémité. Les habitants d'un hameau voisin nous donnèrent des nouvelles de mes courriers. Nous étions harassés de fatigue ; nous louâmes sans argent un tombereau, auquel on attela un cheval et un bœuf. On nous traîna ainsi jusqu'à l'endroit où nous supposions que se trouvaient nos compagnons : nous promîmes au conducteur de le payer au terme de notre course. Nous entrâmes ainsi dans une petite ville, où nous rencontrâmes nos gens. Personne ne fut étonné de notre équipage : il n'est pas rare en Chine de voir un cheval, un âne, un bœuf et une mule attelés tous ensemble à un même char. Nous déjeunâmes à la hâte (le soleil allait se coucher) ; je croyais que nous allions nous reposer, mais mon premier guide ne fut pas de cet avis : il fallut se remettre en marche. Après une heure de chemin, nous nous égarâmes encore ; enfin nous nous trouvâmes tous réunis, à onze heures du soir, dans la même auberge. Alors on m'apporta à manger ; je demandai à boire : « A cette heure, me dit-on, il n'y a point de thé. — Eh bien ! je ne mange pas. » Je savais par expérience qu'un potage pareil à celui qu'on me servait ne faisait qu'irriter ma soif sans me nourrir, et je me couchai sans souper : ce n'était point la première fois, et ce ne fut pas la dernière. Cette journée me fatigua beaucoup, mon mal ne fit qu'empirer depuis.

« Le 13, nous traversâmes le fleuve Jaune. La barque ou espèce de bac dans laquelle nous passâmes était tellement pleine de monde, que personne ne pouvait s'asseoir, et qu'on avait bien de la peine à se tenir debout. Je me trouvai placé devant un Chinois qui voulait absolument savoir qui j'étais, mais je ne voulus pas le lui dire ; il s'accroupissait comme il pouvait pour me regarder tout à son aise, il était comme en extase devant moi : par bonheur, le timonier qui gouvernait la barque sauta sur mes épaules et sur celles de mes voisins ; ce brusque mouvement, qui dura autant que le trajet, fit cesser cette espèce d'enchantement. Quand nous fûmes près de terre, nous trouvâmes le rivage couvert de barques ; il n'y avait de libre qu'un petit espace, il fallait gouverner bien juste pour aborder heureusement. Le courant, qui était très-fort, nous portait contre l'éperon d'une somme chinoise qui était à l'ancre. Nous courions risque d'être brisés et de périr ; à force cependant de se héler, de crier : « Gouverne à droite, vire à gauche, » nous ne fîmes que frôler notre ennemie ; et puis, d'un seul saut, nous nous trouvâmes à terre, dans la province de Chang-tong.

« Le 17, après avoir marché toute la matinée dans l'eau et dans la boue, comme de coutume, nous rencontrâmes une rivière qui n'était pas guéable ; il fallut s'embarquer. Mes gens dînèrent, et moi je dus jeûner, parce qu'il n'y avait rien de sain dans le bazar : c'est du moins l'excuse qu'ils me donnèrent lorsque je leur demandai à manger. Quand nous fûmes dans la rivière, j'éprouvai un redoublement de fièvre beaucoup plus considérable qu'à l'ordinaire ; j'étais dévoré d'une soif ardente ; mes lèvres était tellement collées l'une à l'autre, que j'étais obligé de porter ma main à la bouche pour les desserrer. Je demandai à boire, personne ne put ou ne voulut me rendre ce service ; nous étions cependant au milieu d'un fleuve. Je m'aperçus, en coulant ma main par-dessous la planche sur laquelle j'étais couché, que l'eau filtrait dans la cale ; je fus ravi d'avoir fait une telle découverte. Je trempai souvent mes doigts dans cette eau, et j'en humectai ma langue et mes lèvres. Je pensai alors au mauvais riche, et je trouvais que ma situation était bien préférable à la sienne. Je n'étais point couché sur un brasier, et j'avais plusieurs gouttes d'eau pour me rafraîchir, au lieu que ce léger soulagement lui sera éternellement refusé. Quand il fallut débarquer, on fut obligé de me porter à bras sur le rivage : je haletais comme un asthmatique à l'agonie. Je fus attaqué d'une si grande suffocation que je crus, pendant vingt minutes, que j'allais expirer : je me roulais dans la poussière, comme un homme en proie à des convulsions. Un spectacle si singulier et un costume si bizarre attirèrent autour de moi une multitude de Chinois : mes courriers épouvantés me firent déménager au plus vite. J'étais à l'ombre d'une cabane : ils m'envoyèrent respirer, en bel air, dans un champ exposé à toutes les ardeurs du soleil. Pour compléter la scène, un d'eux plaça sur mon visage un chapeau chinois, qui fermait si hermétiquement toutes les avenues à l'air extérieur, que peu s'en fallut que je ne perdisse entièrement le peu de respiration qui me restait encore. Enfin le bon Dieu voulut que l'on trouvât du thé ; j'en bus quelques tasses presque bouillantes. Cette boisson me rendit la respiration, mais elle ne me rendit pas les forces : « Allons, me dis-je à moi-même, je ne mourrai point aujourd'hui. » Cependant il fallait partir ; le poste était dangereux. Comme le chemin était sec et uni, je fus dispensé de marcher ; on me jeta sur la brouette. Je pus ainsi jouir de quelque repos jusqu'au gîte. Pendant le trajet, j'étais à rêver sur les moyens que je devais employer pour continuer notre route : le jour suivant, je me voyais dans l'impossibilité de faire un pas. Mais j'aurais dû me rappeler l'instruction que Notre-Seigneur avait faite à ses disciples : « Ne vous mettez pas en peine du lendemain, à chaque jour suffit son mal. » En effet, il plut tant et si longtemps qu'il fallut séjourner. Cet accès de fièvre fut suivi d'une abondante sueur ; quoique je n'eusse pris, dans l'espace de quarante-huit heures, qu'une once de nourriture, il me parut que cette forte transpiration avait un peu rétabli mes forces. Mes courriers, toujours transis de peur, me condamnèrent à passer ces trente-six heures de relâche, couché sur une planche, le visage tourné contre la muraille. Cette position n'était pas commode : je crus qu'en prenant quelques précautions, je pourrais me tourner de l'autre côté ; je me trompai ; ce léger mouvement consterna mes guides, il me procura une forte réprimande. Je ne répondis rien à une correction si charitable ; je me contentais, quand je voulais changer de position, de virer de bord de la tête aux pieds : en faisant ainsi, j'avais toujours le mur en face.

« Le 19, il fallut me remettre en route à jeun et tout trempé de sueur. Les chemins étaient inondés. Après une heure de marche, pendant que j'étais à sonder avec mon bâton l'endroit où il y avait moins d'eau, je me jetai dans un ravin. Je restai enseveli dans ce gouffre, jusqu'à ce qu'au moyen des plantes que je trouvais sous la main, je me hissai à bord : dès lors je fus trempé tout autrement que de ma sueur. Je descendis dans un autre fossé moins profond, pour laver ma courte veste ; car je n'avais rien pour changer. Dans un quart d'heure le soleil sécha tout. Je m'attendais à un redoublement terrible de fièvre ; mais le contraire arriva, l'accès fut moindre que les autres jours. En France, cela eût suffi pour me donner la mort ; ici je me trouvai mieux.

« Le 23, tout le monde tomba malade ; il fallut encore faire séjour.

« Le 24, Joseph m'apporta une grappe de raisin aussi acide que du verjus, et un pot de vin chinois qui ne valait certainement pas de l'eau : je pense qu'il voulut me faire célébrer splendidement la fête de mon saint patron. Depuis mon départ de France, je n'avais jamais eu une grappe de raisin en mon pouvoir ; je la mangeai avec un morceau de pâte mal cuite. Ce repas de mandarin me valut une forte indisposition.

« Ce jour on renvoya une partie de nos gens, et bientôt après on congédia le reste. Ils auraient bien voulu me saluer avant de se retirer ; mais Joseph leur fit entendre que j'étais couché, comme à mon ordinaire, et incapable de recevoir leurs compliments. Il ne paraît pas que ces hommes simples et rustiques se soient jamais doutés de rien : ils croyaient que j'étais sourd, presque aveugle et même un peu fou. On leur laissait croire ce qu'ils voulaient, pourvu qu'il ne leur prît point envie de croire que j'étais Européen. Ils disaient quelquefois à mon élève : « Quel homme est celui-là ? il n'entend rien, il ne parle jamais, il ne sait point marcher, il s'assied partout, comme quelqu'un qui n'est plus dans son sens. Vraiment vous avez là un grand embarras. — Vous avez bien raison, répondait l'autre ; il a voulu venir avec nous visiter nos amis communs ; il faut bien, bon gré, mal gré, que nous ayons soin de lui ; si nous avions pu prévoir combien il nous est à charge, nous n'aurions point consenti à le prendre. » Les uns et les autres disaient vrai, mais dans un autre sens que ces bonnes gens l'entendaient.

« Le 26, j'éprouvrai une fatigue et une faiblesse extrêmes ; il fallait cependant marcher ; nous n'avions plus ni âne ni brouette, tout avait été congédié. Mon guide me conduisit dans un cabaret pour prendre le thé : à peine fus-je assis que je m'endormis. Mon guide épouvanté me fit sortir au plus vite, pour aller me reposer en rase campagne; il craignait, disait-il, qu'une telle incongruité, inouïe en Chine, ne fît naître des soupçons aux autres commensaux.

« Peu après, nous nous remîmes en marche. Je considérais de temps en temps, à mon ordinaire, la hauteur du soleil et la longueur de mon ombre, pour voir s'il serait bientôt nuit; c'était le seul moment où je pouvais jouir de quelque repos. J'en étais là, lorsque nous entrâmes dans un village. Je suivais à pas lents mon vieux guide : tout à coup je me sens saisi par deux hommes qui m'entraînent dans une maison. Je fus un peu surpris d'une si brusque attaque ; cependant je n'eus pas peur, je ne sais pas pourquoi, peut-être n'en eus-je pas le temps. En effet, je m'aperçus, lorsque je les eus un peu considérés, que ce n'étaient point des archers : tout en me faisant violence, ils avaient l'air de s'excuser, ils me disaient en leur langage : « Ne craignez rien, entrez chez nous. » Bon, me dis-je à moi-même ; ce sont des chrétiens, nous voilà arrivés ! Ce qui m'étonnait un peu, c'est qu'ils m'eussent si facilement distingué de la foule. Mais Joseph, qui m'avait précédé, leur avait donné mon signalement. J'avais, en effet, des traits si distinctifs, qu'il était facile de me reconnaître.

« La première chose que je demandai en arrivant chez mes hôtes, ce fut un lit; mais à peine fus-je couché, que la fièvre me reprit. Je devins si faible, que je ne pus, pendant trois semaines, ni marcher ni rester assis ; j'étais obligé de passer les journées entières sur mon lit. Enfin, après un mois de repos, je n'eus plus de fièvre, et les forces me revinrent ; mais un singulier accident, survenu la nuit qui précéda mon arrivée, me procura une autre maladie.

« Le courrier qui m'accompagnait voulut me louer une couverture, malheureusement il en trouva une. Dès que je mis cette courte-pointe sur mon corps, je fus couvert, de la tête aux pieds, d'une vermine fort commune en Chine; car il n'est aucun habitant du grand Empire du milieu, qui n'en soit abondamment pourvu. J'avais su m'en préserver jusqu'alors, à compter du moment que j'étais sorti de la barque du Fokien ; mais enfin j'en fus bientôt délivré. Cette légère incommodité fut aussitôt suivie d'une autre ; j'éprouvai une terrible démangeaison qui dura six mois, j'étais écorché de la tête aux pieds ; je crus que j'avais la gale. Je consultai plusieurs médecins chinois. Après m'avoir tâté le pouls à droite et à gauche et pendant longtemps, ils convinrent que ce n'était pas la gale. Les uns disaient que j'avais eu froid, les autres que j'avais bu trop d'eau ; cependant peu s'en était fallu que je ne fusse mort de chaleur et de soif. Un d'eux attribua la cause de mon mal au chagrin. Il peut se faire que celui-là ait bien jugé. Quoi qu'il en soit, tous me traitèrent comme un galeux, ils ordonnèrent une onction ; il fallut se soumettre. A peine cette onction eut-elle été faite, que ma tête enfla singulièrement ; je ne pus ni boire, ni manger, ni ouvrir la bouche ; le sang coulait de toutes mes gencives ; enfin, après six mois de remèdes et de patience, je fus entièrement guéri.

« Dès le jour de notre arrivée, nous prîmes des mesures pour nous remettre en marche. Comme j'étais malade, mes courriers disposèrent de tout sans me consulter, et un peu différemment que je ne l'aurais désiré. On acheta deux mules, un cheval et un chariot ; le tout coûta environ quatre cents francs. Quand il fallut payer, on n'eut pas assez d'argent ; on emprunta à un païen, à gros intérêt. L'affaire fut entamée et conclue en deux jours, sans que j'en susse rien ; ils crurent qu'il n'était pas nécessaire de me consulter. Il ne manquait plus qu'un conducteur ; le missionnaire chinois dans le district duquel nous séjournions, se chargea de nous en procurer un. Il envoya prendre, à cinq journées de là, un homme qu'il disait être le conducteur le plus capable qu'il connût dans tout le voisinage. Cet homme, consterné à une telle proposition, refusa net : « Je ne veux point, dit-il, exposer ma personne, l'évêque et tous les chrétiens à une mort certaine. » Ce message jeta la terreur dans tout le village. L'excessive timidité de mes guides avait commencé à inspirer des craintes aux chrétiens, la réponse du charretier y mit le comble.

« Le 1er septembre, mes courriers et les notables du village vinrent me trouver pour me faire part du résultat de leurs délibérations. Jean portait la parole : « Excellence, me dit-il, vous ne pouvez plus avancer ; les dangers sont grands et certains, personne ne se hasardera à vous accompagner ; il faut que Votre Excellence revienne sur ses pas, ou bien il faut qu'elle aille ou au Chang-si, ou au Hou-kouang, ou à Macao. Les chrétiens de ce bourg ne veulent plus vous garder. Voilà notre sentiment,

quel est le vôtre ? » Puis il ajouta : « Si Votre Excellence tente
de passer en Tartarie, elle sera certainement prise, mise à mort,
et avec elle les évêques du Fokien et de Nanking, tous les chrétiens de ces missions, et tous les mandarins des provinces par
lesquelles nous avons passé ; de là la persécution s'étendra dans
le Chang-si, dans le Su-tchuen, etc. » Tout le monde applaudit
à l'orateur ; on était persuadé que le massacre allait devenir
général, par l'imprudence d'un seul homme. Joseph seul était
d'un avis contraire : « On peut, disait-il, passer en Tartarie en
suivant la route que j'ai déjà tenue moi-même. » Son avis fut
très-mal reçu : « Tu es un téméraire, lui disait-on ; tu introduis
des Européens dans le sein de l'empire et jusqu'aux portes de
Péking, au risque de causer une persécution générale et de faire
massacrer tous les chrétiens ; si tu persistes à donner de pareils
conseils, nous allons nous retirer ; que pense Votre Excellence ? »
Je jugeai qu'il n'était pas prudent de les contredire. Je leur
répondis seulement : « Je vous dirai ce que je pense quand
j'aurai parlé à mon élève. » Aussitôt on leva la séance. « Eh
bien ! dis-je à Joseph quand les autres furent partis, que pensez-
vous de notre situation ? que faut-il faire ? — Je pense qu'il
faut avancer. — Je pense de même. La Providence nous a
conduits jusqu'ici, elle nous a fait éviter tous les dangers ; c'est
une garantie pour l'avenir, pourvu que nous prenions toutes les
précautions que la prudence peut exiger. Je serais digne de
blâme, et le Souverain Pontife aurait lieu de se plaindre de moi,
si, pour une terreur panique, je rétrogradais ; je suis résolu à
mettre tout en usage pour parvenir au terme de ma carrière.
Je ne reviendrai sur mes pas que lorsqu'il ne sera plus physi-
quement possible d'avancer, ou lorsqu'il n'y aura plus personne qui veuille m'accompagner. » On communiqua ma réponse
au conseil ; elle ne fut point agréée, tout le monde persista dans
le premier sentiment. « Puisqu'il n'y a point d'autre moyen,
ajoutai-je, il faut aller à Péking chercher un guide ; en attendant,
je resterai caché dans la maison de quelque chrétien. » Cet avis
fut adopté.

« Le 3, à minuit, tout le monde disparut ; les uns allèrent à
Péking, les autres revinrent à Nanking, et moi je restai enfermé
nuit et jour dans une chambre. Je ne voyais que deux personnes
qui m'apportaient à manger.

« Le 22, les envoyés arrivèrent de Péking ; ils m'apportèrent
un peu d'argent de la part de Mgr de Nanking ; cet argent servit
à payer mes dettes, et fournit aux frais des voyages que je fus

encore obligé de faire. Joseph était tombé malade de fatigue, et resté à Péking pour rétablir sa santé.

« Le 29, la petite caravane se mit en marche ; elle était composée de quatre individus, savoir : un guide qui ne savait pas le chemin, un bouvier qui remplissait les fonctions de cocher, un interprète qui n'avait que la peur pour partage, et un missionnaire sourd-muet qui ne savait trop où on le conduisait. Mon compagnon était un peu inquiet sur les suites de notre voyage. Je lui dis pour le rassurer : « J'en augure bien. C'est aujourd'hui la fête de saint Michel et de tous les bons Anges ; si les hommes refusent de nous accompagner, nous aurons les saints Anges, ce qui vaut encore mieux. »

« Le 1er octobre, nous rencontrâmes notre guide ; il consentit à nous accompagner, malgré les prières et les larmes de sa femme et de ses enfants, qui s'efforçaient de le retenir ; ils craignaient, disaient-ils, de ne plus le revoir ; il n'y avait que la plus jeune de ses filles qui l'exhortât à avoir bon courage. Du reste, il n'avait pas besoin qu'on l'aiguillonnât, il avait déjà fait ses preuves, l'année précédente ; il avait accompagné un missionnaire italien du Hou-kouang au Chang-si. Cet homme m'a paru bien propre à remplir cette fonction : plût à Dieu que mes premiers guides eussent eu sa fermeté et son expérience !

« Le 6, il fallut franchir ou plutôt passer une douane placée dans une gorge formée par deux montagnes, à l'entrée de la province du Chang-si. Jean était intimidé ; il me fit habiller de soie, plaça sur mon nez une paire de lunettes du poids d'environ six onces, et dont les verres avaient un pouce et demi de diamètre ; il me fit exécuter une espèce d'exercice, m'apprit à m'asseoir comme un mandarin, à porter mon corps et placer mes mains comme un homme d'importance, etc. J'avais l'air d'un mannequin que l'on remue à volonté. Pendant une heure et demie que dura le trajet de l'auberge à la douane, il eut toujours les yeux sur moi, pour voir si j'observais bien la consigne ; il frissonnait lorsqu'il s'apercevait que je m'en écartais. Enfin nous arrivâmes au fatal passage. Mon guide, monté à cheval et habillé en grand uniforme, faisait l'office de premier courrier. Les préposés, placés sur un rang devant la porte de leur bureau, attendaient le noble mandarin qui allait passer ; quand j'arrivai, ils me considérèrent attentivement avec des figures allongées. Après un moment de silence, ils nous firent signe de passer, sans en venir à l'examen. Nous continuâmes

notre route, sans regarder en arrière : je fus un peu étonné
qu'on eût pris tant de mesures pour passer une douane qui
n'avait pas l'air d'être bien difficile. Jean voua trois messes, il
me pria de les acquitter.

« Le 8, je fus témoin d'une scène singulière, et qui ne peut
arriver qu'en Chine. Nous rencontrâmes quelques forçats
enchaînés, que l'on menait en exil. Dès qu'ils nous aperçurent,
les archers qui les conduisaient s'assirent sur un tertre ; un
seul tenait le bout de la chaîne. Aussitôt il s'élève un différent
entre ces malfaiteurs et mes gens : «Nous voulons de l'argent,
disaient les forçats. — Vous n'en aurez pas, répondaient mes
guides. — Eh bien ! nous allons nous faire écraser sous les
roues du chariot (en effet, ils se couchèrent dans le chemin, en
travers des roues). — Retirez-vous. — Nous ne voulons pas ;
nous aurons de l'argent, ou nous mourrons ici. » Des paroles
on en vint aux coups. Mes gens, en les traînant par la chaîne
loin du chariot sous lequel ils étaient couchés, attrapèrent
quelques blessures. Mon guide fit un dernier effort, et resta
maître du champ de bataille. Par malheur, ces galériens ame-
naient avec eux des femmes ; elles prirent leur place, et recommencèrent le combat. Dans ce pays-ci, mettre la main sur une
femme, même pour une juste défense, est une affaire d'état ;
il fallut en venir aux prières et aux compliments. Mon interprète, qui était fort poli, les harangua ; mais rien ne put les
ébranler. Elles déclarèrent qu'elles n'abandonneraient le poste
qu'après avoir reçu de l'argent (elles s'étaient placées sous les
pieds des chevaux) ; il fallut donc en venir à une transaction.
Nous leur donnâmes six francs, moyennant quoi nous eûmes
le passage libre. Nous aurions pu, il est vrai, avoir recours
au mandarin ; mais c'eût été à moi, comme principal personnage de la caravane, de poursuivre la plainte : c'était
tomber dans un nouveau danger. Les soldats eurent l'air d'être
étrangers à ce singulier combat ; au lieu de s'opposer à l'audace de ces malfaiteurs, dont ils étaient responsables, ils restèrent tranquilles spectateurs : ils devaient avoir leur part du
gâteau.

« Nous terminâmes notre course sans aucun fâcheux accident.
Ce voyage, comparé au premier, me parut une promenade de
plaisir ; dans ces montagnes nous avions de quoi manger, tandis
que nous mourions de faim dans la plaine ; et de plus, je n'étais
pas obligé de marcher : cependant tout n'était pas beau. J'étais
fort à l'étroit dans mon chariot ; un gros Chinois s'asseyait, par

charité, sur la moitié de mon corps, afin que la vue d'aucun indiscret voyageur ne pût parvenir jusqu'à moi. A l'approche de chaque ville et de chaque village, et il y en a prodigieusement en Chine, ils étaient deux. Cette précaution ne faisait qu'irriter la curiosité des passants ; ils voulaient absolument savoir qui était au fond du chariot, et ils en venaient à bout plus d'une fois.

« Quand nous eûmes atteint la grande route occidentale, le mauvais chemin commença. Pendant cinquante lieues nous fûmes obligés souvent de marcher sur le roc nu, ou dans les ravins ; quelquefois il fallait grimper sur des collines escarpées, et puis nous devions descendre dans de profondes vallées, marchant toujours sur le rocher sec. La descente était si rapide, qu'à vingt pas de moi je ne distinguais plus le chemin ; il me semblait qu'il se recourbait sous mes pieds. Nos mules étaient renversées par terre à chaque instant ; il y avait toujours trois ou quatre hommes qui tenaient fortement le chariot, de crainte d'accident. Quand la mule de devant voyait ces rochers qu'il fallait gravir, elle commençait à frissonner, à souffler ; puis reculant tout à coup, elle entraînait le timonier et le chariot au risque de les briser contre le rocher, ou de les précipiter au fond du ravin. Ce malheur n'arriva pas, nous ne versâmes que deux fois ; il y eut trois blessés, l'un d'eux s'est ressenti assez longtemps de ses blessures. Dans ces occasions périlleuses, tout le monde descendait ; il n'y avait que moi qui devais courir le hasard ; ils pensaient qu'il y avait moins de danger pour moi d'être froissé dans une voiture que d'être vu des passants.

« Le 10, j'arrivai au lieu où Mgr du Chang-si a sa résidence. Mon guide nous devança, pour prévenir ce prélat de mon arrivée. Cette nouvelle fut un coup de foudre pour son procureur ou maitre d'hôtel. « Hélas ! s'écriait-il, qu'avons-nous fait à Mgr de Nanking pour nous envoyer un évêque qui peut-être causera notre perte ? » Monseigneur le vicaire apostolique tâchait de dissiper ses craintes. Comme je n'arrivai que deux heures après ce cri d'alarme, le majordome eut le temps de reprendre ses esprits ; ainsi je ne me ressentis point de sa mauvaise humeur : il me vit même avec plaisir, et il disait, quelque temps après, aux autres domestiques : « Vraiment, c'est un bienfait signalé de la Providence, que la présence de cet évêque n'ait point encore compromis la sûreté de la mission. »

« Le vicaire apostolique du Chang-si est Italien, ainsi que tous les autres missionnaires européens qui sont dans son vicariat. Je n'ai qu'à me louer de la manière affable avec laquelle ce digne prélat me reçut ; il a eu pour moi des attentions particulières, il m'a donné des preuves non équivoques de sa bienveillance, soit pendant le long séjour que j'ai fait dans sa province, soit même après mon départ.

« Nous commençâmes cependant à prendre des mesures pour tenter un passage en Tartarie par le nord de la province du Chang-si. Je n'attendais plus que Joseph pour reprendre notre route vers le Léao-tong.

« Le 11 novembre, Joseph arriva ; il était allé me chercher jusqu'aux frontières du Chang-tong ; ne m'ayant pas trouvé, il revint à Péking, et de là il repartit pour me joindre au Chang-si. Il m'assura que les chrétiens du Léao-tong n'avaient point refusé absolument de me recevoir, mais avaient dit ou écrit : « Depuis peu il a paru plusieurs navires anglais sur les côtes de la Tartarie, quelques marchands et quelques matelots sont descendus à terre, et l'empereur a fait punir de mort des mandarins qui ne s'étaien point opposés à leur descente. Nous craignons, ajoutaient-ils, de nous compromettre, si l'évêque de Corée est obligé de faire un long séjour au milieu de nous ; cependant si les Coréens consentent à le recevoir chez eux, nous ne refusons pas de lui offrir un asile pour quelque temps. »

« Le 18, je renvoyai Joseph à Péking avec les instructions les plus étendues et des lettres pour les Coréens. Il me semblait que j'avais pris toutes les mesures nécessaires pour entrer dans le courant de l'année suivante ; mais il est écrit que l'homme propose, et le Seigneur dispose ses voies.

« L'année 1834 ne s'ouvrit pas sous des auspices favorables ; j'eus un pressentiment qu'elle ne serait pas plus heureuse que les autres ; cependant je m'occupai de mon affaire comme si j'étais sûr de réussir.

« Le 10 mars, Joseph revint de Péking sans avoir rien fait. Les Coréens chrétiens ne parurent pas ; j'en connus la cause l'année d'après. Celui qui allait à Péking avec les lettres de ses compatriotes, rencontra le P. Pacifique aux frontières ; on crut que l'on ne pourrait l'introduire sans son secours. En conséquence, il revint sur ses pas. Joseph me remit une lettre de l'évêque de Péking qui portait en substance : « Les Coréens n'ont pas paru cette année-ci, ce qui n'est pas de bon augure. L'entrée du P. Pacifique sera probablement un nouvel obstacle à votre introduction. J'ignore si ce prêtre a pu entrer ou non. » Joseph apportait encore une lettre du P. Pacifique, datée du mois de novembre, lorsqu'il était sur le point de tenter d'entrer en Corée. Il y disait : « Je pense qu'il vous sera impossible de pénétrer en Tartarie et de rester avec les chrétiens du Léao-tong, car ils m'ont fort mal reçu. »

« Le 24 avril, je reçus une lettre de M. Maubant : il m'annonçait qu'il était arrivé à Péking le 1er du même mois ; il me disait de lui mander où il devait aller et ce qu'il devait faire. Je me trouvais dans le cas de lui adresser la même question. Il était parti du Fokien vers la mi-décembre : après avoir fait naufrage une fois, il arriva à la capitale, monté sur un âne. Les préposés à l'octroi se contentèrent de lui enlever toutes ses sapèques, et le laissèrent passer ; ils étaient bien loin de croire que ce fût un Européen. Il était en effet si défiguré et si couvert de poussière que Mgr de Nanking le prit pour un Chinois, quoiqu'on lui eût annoncé l'arrivée d'un Européen ; il ne commença à le croire tel, que lorsqu'il se fut convaincu par lui-même que le voyageur ne savait pas parler chinois. Sa présence jeta la consternation dans le palais épiscopal ; on ne pouvait croire qu'un Européen eût pu entrer à Péking sans les passe-ports impériaux et sans l'escorte de

Sa Majesté; on trouvait encore plus de difficulté à le garder. Mgr de Nanking voulait l'expédier de suite pour la Tartarie occidentale; il lui accorda cependant un délai jusqu'à l'arrivée du courrier du Chang-si. Mgr l'évêque lui-même est prisonnier dans son palais, il est sous la surveillance du gouvernement; on ne lui a accordé la permission de rester à Péking que sous prétexte de maladie. Son église, la seule qui existe des cinq qu'il y avait autrefois, est toujours fermée. On y célèbre la messe, mais presque aucun chrétien n'y assiste; on célèbre pour eux dans des oratoires particuliers. Le mandarin, ou plutôt le prince, à qui l'empereur a donné le droit d'acheter l'église, le palais épiscopal et ses dépendances, a promis qu'il ne la ferait point détruire. Ce sera un monument qui conservera en Chine le souvenir des Européens. Après la mort de Mgr de Nanking, il n'y aura plus de missionnaires européens à Péking; il paraît même d'après les mesures qu'a prises le gouvernement qu'ils ne seront jamais rappelés... A mon avis la religion a plus gagné que perdu à l'éloignement des Européens de la capitale. Les missionnaires qui sont dans les provinces seront moins recherchés, ils n'emploieront pas un temps précieux à cultiver des arts et des sciences étrangères à leur vocation, pour complaire à un prince qui ne leur sait nul gré de leurs services, qui les regarde comme des barbares trop honorés d'être ses serviteurs, et tout cela sans que la religion en retire aucun avantage. J'ai hâte de revenir à mon sujet.

« A peine eus-je reçu la lettre de M. Maubant que l'on annonça l'arrestation de quelques rebelles dans la capitale. On avait commencé des visites domiciliaires dans le Chang-si; je ne trouvai personne qui voulût porter ma réponse à Péking. Après un mois d'attente, je pus faire parvenir à M. Maubant un petit billet; je l'engageais à rester à Péking jusqu'au retour des Coréens, ou bien, s'il était impossible de tenir le poste plus longtemps, je lui conseillais d'aller en Tartarie auprès du P. Sué, lazariste chinois qui avait consenti de bon cœur à nous recevoir. M. Maubant partit donc pour la Tartarie. Ce fut le 8 juin qu'il se mit en route.

« Deux chrétiens s'étaient offerts pour me conduire jusqu'aux frontières de la Corée; mais la route qu'ils connaissaient était trop périlleuse pour moi, et celle que je voulais prendre leur était inconnue. Tout ce que la renommée en publiait n'était pas propre d'ailleurs à leur inspirer le désir de l'explorer: tantôt c'étaient des montagnes qu'il fallait gravir, au risque de mourir de froid; tantôt c'étaient des déserts, repaires de voleurs et de bêtes féroces, qu'il fallait traverser. Ce sinistre rapport était exagéré sans doute; il y avait cependant beaucoup de vrai. Après tout, comme je ne voyais aucun autre moyen d'avancer, je me décidai, à quelque prix que ce fût, à faire explorer cette route. Quelques voyageurs allaient à moitié chemin de notre destination ; je résolus d'envoyer au moins deux hommes avec eux : mais où trouver des gens qui voulussent s'aventurer ainsi ? Il n'y eut que Joseph qui se présentât, m'assurant qu'il courrait volontiers les risques de ce voyage pour une si belle cause. Il partit donc seul, n'ayant d'autre guide et d'autre secours que la Providence pour un trajet de neuf cents lieues. J'aurais désiré louer ou acheter une maison sur l'extrême frontière de la Corée et de la Tartarie, près du lieu où se tiennent les foires entre les Coréens et les Chinois ; mais ce jeune homme partant seul, sa mission se borna à me tracer une route jusqu'aux frontières de la Corée.

« Le 31 mai, je reçus une lettre du procureur de la Propagande à Macao. Il me disait de donner cent piastres à M. Maubant, cent à M. Chastan, et quatre-vingt-cinq au P. Pacifique. J'étais de plus autorisé à en garder deux cents pour moi. Je n'avais qu'une légère somme à ma disposition, encore me l'avait-on prêtée. Le même courrier annonçait officiellement à Mgr du Chang-si et à ses missionnaires qu'il n'y avait point de viatique pour eux cette année : les dépenses que l'on avait été obligé de faire pour la Corée et pour l'expédition d'un jeune missionnaire italien, avaient épuisé les finances. Ce fut pour la troisième fois qu'ils ne reçurent point de viatique, et c'était toujours la Corée qui causait du déficit. Ces nouvelles n'étaient pas de nature à me faire plaisir; mais Mgr le vicaire apostolique ne faisait qu'en rire, il était bien éloigné de faire paraître de l'humeur contre moi (1).

(1) Dans une lettre écrite à ses parents pendant son séjour au Chang-si, Mgr Bruguière raconte un fait trop édifiant pour que nous le passions sous silence.

« Je m'occupe un peu à l'étude de la langue de ce pays-ci. J'ai pour précepteur et quelquefois pour valet de chambre, un prince tartare de la famille impériale. Il a perdu son rang, ses dignités et sa fortune pour conserver sa foi. L'empereur, irrité de sa constance dans la profession du christianisme, l'exila dans le fond de la Tartarie, à mille lieues loin de sa patrie. Il a trouvé dans le lieu de son exil un prêtre chinois, confesseur de la foi comme lui, et condamné à la même peine. Ils ont passé dix-huit ans ensemble. Après ce terme, ils ont eu la liberté de retourner chez eux. Le prêtre est mort peu de temps après son arrivée; le prince n'a point voulu revenir dans le sein de sa famille : il a demandé comme grâce à Monseigneur l'évêque du Chang-si d'être admis au nombre de ses catéchistes pour avoir la consolation d'entendre la messe tous les jours, et de fréquenter les sacrements. C'est un plaisir

« Le 29 août, je reçus deux lettres de la part des Coréens. La première de ces lettres portait en substance : « Nous espérons que le bon Dieu, favorablement disposé par les prières de la sainte Vierge et des Saints, vous ouvrira les portes de la Corée. » Mais ils n'indiquaient aucun moyen pour réaliser leurs espérances. Dans la seconde, après un préambule qui exprimait avec toute l'emphase orientale leur admiration, leur joie, leur reconnaissance, ils me disaient, avec toutes les précautions oratoires et toute la politesse tartare, qu'il était très-difficile, c'est-à-dire impossible, de me recevoir, à moins que le roi ne voulût me permettre d'entrer publiquement. Ainsi, à leur avis, il fallait que le Souverain Pontife armât un navire à ses frais, qu'il envoyât un ambassadeur avec de riches présents au roi de Corée, pour obtenir de ce prince l'exercice public de la religion chrétienne. Si la première ambassade ne réussissait pas, le Pape devait en envoyer une autre avec de nouveaux présents, et successivement jusqu'à une parfaite réussite. Du reste, ils étaient disposés à suivre mes avis et ceux du P. Pacifique. Je regardai cette clause comme non avenue, comme une précaution et un détour adroit pour éviter le blâme d'un refus absolu. Quand on a vécu quelque temps avec les Orientaux, on sait apprécier de pareilles formules : l'urbanité asiatique ne permet jamais à un inférieur de donner une réponse négative à un supérieur ; c'est à celui-ci à découvrir une négation dans une proposition affirmative. Mais enfin les Coréens ont changé de sentiment ; l'apparition d'un navire anglais sur leurs côtes, et la terreur que ce navire a inspirée au gouvernement, les ont fait renoncer au projet d'ambassade.

« Le courrier qui m'apporta mes lettres m'apprit encore qu'aucun chrétien du Léao-tong ne voulait me recevoir : « Le P. Pacifique, dit-il, est entré ; neuf ou onze Coréens ont été emprisonnés pour la foi, parmi eux se trouvaient trois femmes ; tous ont généreusement confessé leur religion. « Nous vous prions, disaient-ils aux juges, de ne point user d'indulgence à notre égard, nous désirons mourir pour obtenir la palme du martyre. » Les

pour lui de servir un prêtre. Je frissonne quand je vois un prince, un petit-fils de l'empereur servir à table un pauvre missionnaire tel que moi, qui assurément n'ai pas les mêmes titres de noblesse ; mais je le laisse faire pour ne point le priver du mérite d'une bonne œuvre. Je n'ai pas pu obtenir qu'il s'assît en ma présence. C'est ainsi qu'un homme qui aurait pu aspirer à l'un des premiers trônes de l'univers, s'il n'avait préféré l'humiliation de la croix au sceptre impérial, tient à honneur de servir de ses propres mains un pauvre prêtre : la foi lui fait découvrir Jésus-Christ dans la personne de ses ministres. »

femmes ont été mises en liberté, les hommes ont été condamnés
à mort ; mais le jeune roi, persuadé que la religion chrétienne ne nuit point à la sûreté des États, leur a fait grâce. Ils
étaient encore en prison, quand les Coréens sont venus recevoir
le P. Pacifique. A cette époque, il n'y avait que vingt-quatre
d'entre eux qui sussent qu'ils avaient un missionnaire ; probablement il y en avait encore moins qui eussent appris qu'ils avaient
un évêque. Il y a 40,000 chrétiens en Corée. »

« Tel fut le rapport du courrier qui avait conduit le P. Pacifique sur les frontières : il avait parlé aux Coréens eux-mêmes.
Cependant le nombre de chrétiens désigné me paraît fort exagéré.
Les Coréens qui sont venus cette année ont dit qu'il y en a plusieurs dizaines de mille, ou, pour le moins, plus de vingt mille.
Mais, quand je leur ai fait demander si les catéchistes connaissaient à peu près le nombre des chrétiens qui étaient dans leurs
districts, ils ont répondu négativement. Ainsi il n'y a rien de certain sur ce point. Le jeune prince qui paraissait favorablement
disposé pour le christianisme, est mort ; on en a nommé un
second, qui est mort aussi. L'empereur de Chine vient d'en faire
inaugurer un troisième ; on dit que c'est un enfant : cela n'est
pas de bon augure pour la mission. Sous un roi mineur, il faut
nommer des tuteurs, établir une régence ; mais une malheureuse expérience a prouvé que le temps des régences est une
époque désastreuse pour les néophytes.

« Par ce même courrier, j'appris les aventures de M. Chastan. Quand je partis pour la Corée, ce cher confrère, missionnaire de Siam, voulait me suivre ; je lui fis entendre qu'il n'était
pas prudent de s'exposer deux à la fois, sans trop savoir si même
un seul pourrait réussir. Je lui promis de l'appeler quand cette
mission donnerait des espérances certaines. M. Umpières, qui ne
doutait point de la réussite, trouva à propos de le faire venir à
Macao. Il lui écrivit et à moi aussi. Quand je fus dans le Ché-ly,
j'entrevis les difficultés insurmontables qui allaient s'opposer à
mon voyage. J'écrivis à M. Maubant, que je croyais, d'après toutes
les apparences, à Nanking, de s'arrêter dans cette province, ou
bien de tenter un passage au Léao-tong par mer. J'écrivis aussi
à M. Chastan par la même occasion, le priant de rester à Pinang
s'il était encore dans cette mission, ou de s'arrêter à Macao s'il
était déjà arrivé dans cette ville, jusqu'à nouvel ordre. Le bon
Dieu ne permit pas qu'aucune de ces lettres parvînt à son adresse.
Peut-être la divine Providence a-t-elle voulu que M. Chastan
allât exercer le saint ministère dans une province de Chine qui

avait grandement besoin du secours de la religion. Je sais de science certaine que ce cher confrère y fait beaucoup de bien.

« Ce fut la lettre de Joseph qui donna lieu à tous ces contre-temps. Ce jeune homme, trompé par les fausses espérances que lui avaient données les chrétiens du Léao-tong, écrivit à M. Um-pières que les Coréens étaient disposés à tout entreprendre pour m'introduire chez eux : mon entrée était fixée aux derniers jours de l'année 1833 : j'avais de plus une maison en Tartarie, et les chrétiens consentaient volontiers à me recevoir. Aussitôt M. Um-pières, au comble de la joie, prépare une maison pour servir de séminaire aux jeunes Coréens qui allaient, croyait-il, arriver incessamment à Macao. Il jeta un instant les yeux sur M. Chas-tan pour directeur, mais celui-ci demanda avec tant d'instances d'être exposé au danger, qu'il obtint enfin son congé, non sans beaucoup de peine. La barque du Fokien qui fait la fonction de paquebot de Macao au Fokien, et de Fokien à Nanking, était sur le point de faire voile pour Fougan ; on profita d'une si belle occa-sion. M. Chastan s'embarqua en septembre 1833, et arriva à Fougan en novembre. M. Maubant y était encore; il apprit cette heureuse nouvelle, que tout le monde regardait comme certaine. A l'instant même on prit des mesures pour partir, et dans peu de jours M. Maubant et M. Chastan furent en route pour la Corée. Ce faux rapport vint fort à propos pour débarrasser Mgr du Fokien de deux missionnaires européens, dans un temps où l'un de ses confrères venait d'être arrêté, et où il y avait lieu de craindre que cette arrestation ne causât une persécution générale dans cette province.

« Quand M. Chastan fut parvenu au Kiang-nan, il s'aperçut qu'on l'avait induit en erreur. Alors il forma un autre plan de campagne; il s'embarqua, lui quatrième, sur la mer Jaune, et alla jusqu'aux frontières de la Corée, construire ou acheter une maison. Il se persuada qu'il pourrait bien rencontrer le P. Paci-fique, et entrer avec lui. Quand il eut pris terre en Tartarie, deux de ses courriers, transis de peur à la vue d'une contrée inconnue et presque déserte, s'enfuirent; et ils remontèrent dans leur barque, pour revenir à Nanking. Ils voulaient même entraî-ner M. Chastan avec eux; mais celui-ci tint ferme, il les paya, les congédia, et s'en alla ensuite à la découverte avec un seul Fokinois, qui lui resta fidèle. Après un mois de temps employé à des courses hasardeuses et à des recherches inutiles, il arriva sur les frontières de la Corée ; il en contempla les montagnes à loisir; comme Moïse, il salua de loin cette terre promise ; et comme le législateur du peuple de Dieu, il ne put point y entrer, il ne trouva personne qui voulût l'introduire : il fut donc obligé de rétrograder sans avoir rencontré le P. Pacifique, et sans avoir préparé un logement à ceux qui devaient marcher sur ses traces. Il vint débarquer près de Péking ; par là, il évita une douane que les Chinois eux-mêmes franchissent difficilement. Deux interprètes latins, dont l'un est du Sutchuen et ancien élève de Pinang, et l'autre du Fokien, furent instruits de sa triste situation ; ils prirent sur eux de l'introduire dans Péking, au péril de leur vie ; ils le tinrent caché chez eux, et fournirent généreusement à tous ses besoins. Ne pouvant faire mieux, je les remerciai par lettre. Mgr l'Evêque de Nanking lui offrit alors ou de retourner à Macao, ou d'aller dans le Chang-tong exercer le saint ministère sous la juridiction de M. Castro, son vicaire général ; il accepta ce dernier parti. Il se mit en route vers la fin d'août pour sa nouvelle mission ; il y fut reçu en triomphe et au son des fanfares, on chanta des messes en musique et à grand orchestre, il y eut grand concert pendant son dîner, etc. Cette brillante réception se fit à un quart de lieue du village où j'avais été retenu prisonnier pendant trente-six jours.

« M. Chastan est encore dans le Chang-tong ; il est fort content de se trouver là, en attendant le moment où il sera appelé pour aller en Corée. Il croit pouvoir faire le trajet du Chang-tong en Corée en vingt-quatre heures, si le vent est favorable...

« Le 31 août, je reçus une longue lettre de M. Maubant. Il tâchait de me prouver dans une dissertation assez étendue qu'il fallait aller chercher les Coréens chez eux puisqu'ils ne venaient point à nous. D'après son plan, on devait aller s'établir sur les frontières et, après avoir bien observé les localités, il fallait emporter la place de vive force, si l'on ne pouvait la prendre par composition. Il s'offrait à monter le premier à l'assaut. Il invitait M. Chastan à le suivre, mais celui-ci ne se sentait pas le même courage. Son passage précipité en Tartarie, les dangers qu'il avait courus inutilement, et les désagréments qu'il avait éprouvés à son retour, lui avaient donné de l'expérience et modéré son zèle un peu trop ardent. « Je viens, lui répondit-il, des lieux où vous voulez aller ; je sais ce que je dois en penser. N'enjambons pas sur la Providence, pour me servir de l'expression de saint Vincent de Paul, attendons le retour des Coréens ; ils doivent venir bientôt à Péking. S'il y a quelque

espoir de réussir, je serai le premier à me remettre en marche. »
Je consultai Mgr du Chang-si et un de ses missionnaires, pour
connaître leurs sentiments sur le plan proposé. Ce prélat me
répondit que, dans une affaire de cette importance, il fallait
suivre la voie ordinaire et qu'on ne devait employer des moyens
extraordinaires que lorsqu'ils étaient commandés ou approuvés
par l'autorité ecclésiastique, ou lorsqu'on se sentait évidemment
inspiré de Dieu. Cet avis me parut sage : j'écrivis donc à Rome
pour savoir ce qu'il fallait faire dans une circonstance si critique.
Les mesures proposées par M. Maubant me paraissaient être
une résolution désespérée, qu'on ne devait employer tout au
plus que lorsque l'on aurait employé inutilement tous les
moyens que dicte la prudence. Plus tard il m'a expliqué son
projet : il m'a paru praticable...

« Le 8 septembre, Joseph, que l'on croyait mort, arriva ; il
avait été cent vingt jours en route, il avait rempli sa commission
aussi bien qu'il lui avait été possible. Voici son rapport : « Il
y a un chemin pour aller de la Tartarie orientale en Corée ; on
peut passer la grande muraille, soit par les portes, quoiqu'elles
soient toujours gardées, soit par les brèches que les injures du
temps y ont faites. J'ai trouvé dans la Tartarie occidentale des
lieux où vous pouvez être en sûreté ; les chrétiens consentent
à vous recevoir (ces districts appartiennent à MM. les lazaristes
français) ; mais dans la Tartarie orientale (Léao - tong), je
doute qu'aucun chrétien veuille agir de même. Dans la Tartarie
occidentale, on trouve de grands déserts ; ce sont des lieux
presque inhabités et dangereux pour les voyageurs ; ils courent
risque d'être dépouillés par des bandes de voleurs qui infestent
ces contrées. Deux petites caravanes qui nous précédaient ont
été volées ; le bon Dieu nous a préservés de ce malheur, ces
maraudeurs ne nous ont point aperçus. On peut aller facilement
jusqu'aux frontières de la Corée sans être reconnu, on peut
même entrer furtivement dans ce royaume ; j'ai parlé à des
Chinois qui l'avaient fait. J'ai été jusqu'à la porte chinoise qui
est à l'extrême frontière de la Tartarie ; on peut tromper la
vigilance des gardes. Entre cette porte et le premier poste
coréen, il y a un désert d'environ douze lieues ; il est traversé
par un grand fleuve, qui est gelé deux mois de l'année. Il est
défendu à qui que ce soit de former des établissements dans ce
désert. Les Chinois et les Coréens peuvent pêcher dans le
fleuve, c'est un moyen de plus pour s'introduire. Il y a trois
foires qui se tiennent régulièrement tous les ans : la première,

à la troisième lune ; la seconde, à la neuvième lune ; et la troisième, à la onzième lune. Ces foires se tiennent en deçà de la porte chinoise ; les deux nations peuvent s'y rendre, et trafiquer librement pendant quelques jours. Il y a encore quelques autres foires, mais le nombre et l'époque n'en sont pas fixés ; elles ne s'ouvrent que sur la demande du roi de Corée, agréée par le gouvernement chinois. »

« Joseph ayant passé par Péking à son retour, à l'entrée de la ville on lui vola le peu de hardes qu'il apportait. Le 17, je le renvoyai à Péking. Le courrier qui avait accompagné le P. Pacifique jusqu'aux frontières, m'assura que les Coréens viendraient très-probablement à la neuvième lune, et non point à la onzième. Cette nouvelle et d'autres raisons m'engagèrent à hâter mon départ pour Sivang en Tartaric : là, j'étais plus près de Péking, et plus à même de traiter avec les Coréens.

« Le 22, je me séparai de Mgr du Chang-si et du révérend P. Alphonse, dont j'avais reçu des preuves signalées de charité et de bienveillance. Ce prélat voulait emprunter une somme considérable pour me la donner ; je n'eus garde d'accepter une offre si généreuse, de crainte d'augmenter encore l'état de gêne où il se trouvait. Je lui dis seulement : « Quand je serai dans la nécessité, j'aurai recours à Votre Grandeur. » Cette occasion s'est bientôt présentée, et le digne prélat a tenu sa promesse. Autant mes précédents voyages avaient été pénibles et fatigants, autant celui-ci fut agréable et facile. Je rencontrai sur ma route quelques chrétiens ; ces bonnes gens firent un effort de charité, ils me donnèrent plus que je ne dépensai dans le trajet. Le 7 octobre, nous arrivâmes à la grande muraille, tant vantée par ceux qui ne la connaissent pas, et décrite avec tant d'emphase par ceux qui ne l'ont jamais vue. Ce mur et les autres merveilles de Chine ne doivent être vus qu'en peinture, pour que leur réputation reste intacte...

« Le 8 octobre, j'arrivai à Sivang, en Tartaric, où je trouvai M. Mauhant, que je n'avais pas vu depuis mon départ du Fokien. Sivang est un village assez considérable et presque tout chrétien. Les néophytes de Sivang sont pieux, ils aiment les prêtres, ils paraissent nous voir avec plaisir... Le 13 novembre, Joseph arriva de Péking sans avoir rien fait. C'était la quatrième ambassade coréenne qui était envoyée depuis le départ du P. Pacifique ; aucun chrétien de cette nation n'avait paru.

« Le 9 janvier 1835, je fus encore obligé d'envoyer Joseph à Péking pour traiter avec les Coréens qui devaient arriver avec une autre ambassade, dans le courant de la douzième lune. Il était urgent de les prévenir avant qu'ils fussent circonvenus par quelques personnes peu disposées en notre faveur. Joseph seul pouvait traiter cette affaire avec succès, mais il était malade de froid et de fatigue. Le thermomètre se soutenait de 20 à 30 degrés au-dessous de zéro. Il n'hésita pas à se mettre en route par ce froid terrible auquel il n'était pas accoutumé. Je lui donnai des lettres de créance pour traiter en mon nom ; je l'établissais mon plénipotentiaire. « Je vous envoie, disais-je aux Coréens, maître Joseph Ouang, ne pouvant pas aller moi-même vers vous ; traitez avec lui comme vous traiteriez avec moi en personne. Vous le connaissez, il mérite votre confiance ; il est probable qu'il sera un jour votre missionnaire. Répondez clairement *oui* ou *non* à toutes les questions qu'il vous fera, déclarez franchement si vous voulez recevoir votre évêque, ou non. Je regarderai toute réponse équivoque ou conditionnelle, ou toute demande de temps pour délibérer encore, comme une réponse évasive et négative, et à l'instant même j'écrirai au Souverain Pontife que vous ne voulez pas recevoir l'évêque que Sa Sainteté vous envoie, et que vous avez demandé vous-mêmes. Lisez et relisez attentivement la longue lettre que je vous ai écrite ; et donnez votre réponse de suite, avec clarté et simplicité, sans circonlocutions et sans compliments. »

« Je donnai à Joseph une série de questions auxquelles les Coréens devaient répondre par écrit, pour éviter l'équivoque ou la méprise. Les Coréens prononcent mal le chinois, mais ils l'écrivent pour le moins aussi bien que les Chinois eux-mêmes. Je défendis à Joseph de parler d'autre missionnaire que de leur évêque. Cette précaution fut inutile : on leur avait déjà appris, dans le Léao-tong, qu'il y avait à Péking un autre prêtre européen, nommé Jacques, qui voulait aller chez eux ; c'était M. Chastan. Cette nouvelle leur fit plaisir.

« Le 19, Joseph eut sa première conférence avec les Coréens. Dès l'entrevue, il leur présenta ses lettres de créance ; puis il ajouta : «Me reconnaissez-vous pour le légitime représentant de Mgr de Capse, votre évêque? — Oui. — Suis-je nanti de pouvoirs suffisants pour traiter définitivement avec vous?— Oui. — Voulez-vous recevoir votre évêque, Mgr de Capse?— Oui. » On en était là, lorsqu'un importun entre brusquement dans la salle des conférences, et, interrompant les interlocuteurs : «L'évêque de Capse, s'écria-t-il, ne peut point entrer en Corée, il est Européen. — Qui es-tu, pour te mêler de cette affaire? reprit Joseph d'un ton sévère et fronçant les sourcils; retire-toi, tu n'as rien à faire ici. » Cela dit, on reprit les conférences. « Combien y a-t-il de chrétiens en Corée? — Il y en a plusieurs milliers, mais nous n'en connaissons pas exactement le nombre. — Sont-ils réunis ou dispersés? — Les uns sont dispersés, les autres sont réunis. Il y a un bon nombre de villages entièrement chrétiens. — Avez-vous, parmi vos compatriotes, des personnes consacrées à Dieu? — Parmi les personnes du sexe, il y a beaucoup de vierges qui ont fait vœu de continence ; parmi les hommes, il y en a moins. — Pourrait-on trouver quelques jeunes gens propres à l'état ecclésiastique? — On en trouvera, mais le nombre n'en sera pas considérable. — Avez-vous des oratoires? — Non, les chrétiens prient en famille; il y a des catéchistes pour instruire les fidèles et les catéchumènes, et quelques vierges qui tiennent des écoles pour l'instruction des jeunes personnes de leur sexe. — Avez-vous les corps de ceux de vos frères qui sont morts pour la foi? — Nous en avons quelques-uns. — Quelle est aujourd'hui la disposition du gouvernement à l'égard des chrétiens? — Le gouvernement paraît mieux disposé maintenant qu'il ne l'était autrefois. — Le P. Pacifique parle-t-il bien coréen? — Non, il n'entend les confessions que par écrit. — Combien y a-t-il de personnes qui sont instruites de l'arrivée du vicaire apostolique et du P. Pacifique? — Il y a deux cents personnes qui savent que le P. Pacifique est entré, c'est-à-dire, les personnes qui se sont confessées. Six chrétiens seulement, qui sont les chefs de la chrétienté, savent qu'ils ont un évêque; sur ces six, quatre opinent fortement pour son introduction, et deux paraissent être d'un avis contraire. »

« Le parti qui est pour l'évêque se compose d'un homme de lettres, d'un soldat, d'un pauvre paysan et d'une religieuse (il paraît que cette vierge a de l'influence). Charles, c'est-à-dire le soldat, pense que le P. Pacifique quittera bientôt la Corée. Il suit de cet exposé que, sur trente ou quarante mille chrétiens, six seulement savent que j'existe; et sur ces six, quatre sont pour moi : ainsi toutes mes espérances reposent sur les bonnes dispositions de trois ou quatre individus. Le même Charles dit à Joseph que l'on me préparerait un domicile dans la partie sud-est de la Corée, non loin du Japon.

« Le 26 janvier, Joseph revint de Péking ; il me fit part du résultat de ses conférences avec les Coréens; il m'apporta plusieurs lettres, et entre autres la suivante :

« Nous pécheurs, Sébastien et les autres, nous écrivons cette lettre :

« Le grand maître (l'évêque de Capse), par la faveur du Seigneur suprême et de la sainte Eglise, s'est chargé de prendre soin et de paître les brebis de la Corée; il vient pour cela dans cette obscure mission afin de l'honorer et de lui accorder une faveur au-dessus de son mérite. Sommes-nous dignes d'un tel bienfait? Outre cela, voltigeant comme un étendard agité par les vents, et courant comme un char, appuyé sur un bâton, excédé de fatigue, il travaille avec activité depuis des mois et des années, mû seulement par un amour abondant, et par les sentiments d'une compassion miséricordieuse envers nous pécheurs. Mais nos ressources sont minces et modiques; et, parce que les circonstances et les malheurs du temps ne nous permettent point d'aller le recevoir au lieu convenu, nous sommes brûlés de tristesse, nous sommes tout émus, agités et troublés; c'est pourquoi nous ne savons ce que nous faisons. Mais heureusement notre propre prêtre est venu chez nous, il a été reçu peu honorablement (c'est une phrase orientale), il a répandu ses bienfaits et sa faveur, et aussitôt toutes les âmes ont repris une nouvelle vie; il a été pour nous comme un flambeau qui répand la lumière au milieu d'une nuit éternelle, et comme celui qui apporte de la nourriture à des malheureux affamés. Nous pécheurs, semblables à des infortunés qui poussent des gémissements, nous avons obtenu ce spécial bienfait; comment pourrons-nous même partiellement reconnaître un seul bienfait des dix mille que nous avons reçus? Le temps nous ayant empêchés de venir l'année précédente, prosternés à terre, nous sommes en grande sollicitude, désirant savoir si le grand maître s'est toujours bien porté, s'il jouit de toutes les félicités, et si toutes les personnes qui sont à son service le servent avec joie et en bonne santé.

« Nous pécheurs, nous avons obtenu une miséricordieuse compassion. Notre propre prêtre est nourri en paix, il est conservé avec soin dans la mission. Connaissant le bienfait de bénédiction que nous avons reçu, nous en rendons des actions de grâces infinies.

« Quant à l'entrée du grand maître en Corée, le prêtre (le P. Pacifique) a déjà exposé l'état des choses dans la lettre qu'il envoie. Nous pécheurs, nous sommes véritablement incapables de décider s'il est expédient qu'il entre ou non ; mais, outre notre avis, fruit d'un génie borné, nous sommes obligés de faire connaître à Son Excellence une ou deux circonstances, pour la mettre à même de voir s'il lui est expédient d'entrer ou de rétrograder. Le grand maître, ayant un visage et une couleur tout à fait différents de ceux des Coréens, ne pourra point entrer secrètement. Sa forme et son langage le trahiront facilement au milieu de la foule, dans la supposition même qu'il puisse entrer et prêcher la religion. Enfin il sera exposé au danger d'être reconnu. Voilà ce qui nous met dans de grandes angoisses...

« Nous n'osons pas vous forcer à venir à nous, ni chercher des prétextes pour nous dispenser de vous recevoir, dans la crainte de nous priver du plus grand bienfait de l'Eglise. Nous ne savons quelles actions de grâces rendre au grand maître pour sa grande charité, son zèle, ses chagrins, ses peines et ses travaux. Outre cela, nous le prions de voir ou d'imaginer un moyen quelconque pour éclairer notre cécité. Alors nous serons au comble du bonheur, et nous ne pourrons jamais vous en rendre d'assez grandes actions de grâces. Cependant nous prions Dieu de combler le grand maître de toute espèce de félicités. »

« Cette lettre est pour le moins aussi mauvaise que celle de l'année dernière, elle manifeste clairement le désir de me voir revenir dans le lieu d'où je suis parti. Ils me font entendre qu'en prenant cette détermination, je les tirerai d'un grand embarras. Ils ont trouvé, à ce qu'ils pensent, un excellent expédient pour se passer de moi. Ils n'osent pas me l'exposer eux-mêmes, de crainte de me faire de la peine, mais ils parlent plus ouvertement à Mgr de Nanking. Voici la lettre où ils exposent leur projet :

« Sébastien et les autres, pêcheurs, donnent cette nouvelle :
« L'année dernière nous n'avons point envoyé de salutation, faute d'occasion. Prosternés à vos pieds, nous désirons avec toute la sincérité possible que notre grand seigneur (Mgr de Nanking) jouisse de toutes les félicités, et que tous les prêtres de l'église de Péking prêchent la religion avec un continuel succès, et qu'ils se portent toujours bien, par une spéciale faveur du suprême Seigneur du ciel. Notre propre prêtre est venu parmi nous annoncer

l'Evangile. Depuis trente ans nous pleurions, nous gémissions, plongés dans une nuit éternelle, lorsqu'un matin le bienfait d'une lumière immense a brillé à nos yeux, et nos vœux ont été pleinement remplis. Or, nous n'avons reçu tous ces bienfaits que parce que notre grand seigneur (Mgr de Nanking) a exaucé les gémissements des brebis abandonnées, et a tout ordonné et tout disposé par sa sincère miséricorde. Nous pêcheurs, nous lui rendons grâces, nous avons gravé dans nos cœurs la mémoire de tous ses bienfaits, et nous désirons vraiment lui être obéissants de tout notre cœur, de toute notre âme, de toutes nos forces. Mais pour le moment, il y a bien des difficultés ; les fidèles sont pauvres, et ils manquent de ressources pécuniaires. Notre missionnaire loge dans une chambre grossièrement construite avec de l'herbe, et difficilement il peut se procurer quelques légumes et quelques plantes insipides pour se nourrir. Plusieurs chrétiens se réfugient dans les montagnes et meurent de faim. Tous les moyens que nous avons imaginés pour remédier à cet inconvénient ont été inutiles. Les circonstances ne sont pas favorables. Le missionnaire évangélise secrètement en Corée, et quoique pour le présent sa venue soit un bienfait au-dessus de nos mérites, cependant, comme il y a toujours quelques causes de danger, il est difficile que nous puissions jouir longtemps d'une constante tranquillité ; s'il survenait quelque accident, nous ne saurions où aller. Non-seulement ce serait un grand malheur pour la Corée, mais encore pour l'église (de Péking), et de plus tout espoir d'avoir à l'avenir des missionnaires nous serait enlevé pour jamais. N'est-ce pas bien douloureux ? Nous pêcheurs, de concert avec notre missionnaire, nous avons trouvé ou imaginé un moyen de parer à ce malheur. Le voici : nous ferons entrer en Chine un ou deux jeunes gens, afin qu'après avoir été ordonnés prêtres ils rentrent en Corée, et succèdent à la prédication de la sainte grâce, c'est-à-dire, qu'ils prennent la place de notre missionnaire et continuent la prédication de l'Evangile. Si ce projet est adopté, il sera avantageux à nous tous, et l'on pourra ainsi continuer successivement la publication de l'Evangile. Ce plan avait été proposé autrefois par l'église (de Péking), et notre propre prêtre (le P. Pacifique) l'approuve beaucoup.

« Nous demandons donc que Son Excellence prononce sur cette affaire, et daigne nous manifester ses intentions. Si ce projet se réalise, ce sera un très-grand avantage. Quand nous aurons conduit ces jeunes gens jusqu'aux frontières, il est nécessaire qu'il y ait là quelqu'un pour les recevoir. Alors tout sera bien,

mais comme cette affaire va causer des sollicitudes et des chagrins à l'église (de Péking), nous en sommes fort affligés.

« Quant à nous pécheurs, depuis le moment de notre naissance
jusqu'à ce jour, depuis les cheveux du sommet de la tête jusqu'aux talons, nous sommes comblés des bienfaits de la protection de Dieu. Nous lui devons les aliments et même notre existence. En attendant, nous désirons qu'il daigne nous bénir du
commencement jusqu'à la fin, qu'il protège notre grand maitre,
et qu'il le comble de toute espèce de félicités. »

« Ce projet, ce ne sont pas les Coréens qui l'ont imaginé : il
leur a été suggéré par le P. Pacifique pour pouvoir se passer de
moi. Ce prêtre chinois, bien loin de me préparer les voies et
d'être mon précurseur, comme on me l'avait fait espérer, est au
contraire, pour divers motifs que je commence à soupçonner, le
plus grand obstacle à l'accomplissement de ma mission. Il ne me
regarde pas même encore comme son évêque, ainsi qu'il paraît
par les lettres qu'il a adressées à Mgr de Nanking et à moi-
même. Dans la lettre à l'évêque de Nanking, il l'appelle son
supérieur, son pasteur et son père, il lui demande sa bénédiction,
il parle de l'érection d'un séminaire coréen à Péking, où il veut
envoyer des élèves que Son Excellence ordonnera prêtres, etc… Il
lui rend compte de son administration, et le consulte sur tout ce
qui regarde la mission. Dans la lettre qu'il m'écrit, il se contente
de me conseiller de revenir sur mes pas et de renoncer à entrer
en Corée. Joseph donna à son tour aux Coréens une très-longue
lettre que j'avais écrite dans les premiers jours de janvier. J'avais
développé, dans cette lettre, tous les motifs qui devaient les engager à me recevoir ; je faisais valoir toutes les raisons tirées de la
gloire de Dieu, de leurs propres intérêts et de ma propre position. Je leur disais, en terminant : « Quelle que soit votre détermination, je suis résolu d'accomplir la mission qui m'a été confiée
par le Vicaire de Jésus-Christ. Je me rendrai aux frontières de la
Corée dans le courant de la onzième lune ; je frapperai à votre
porte et je verrai par moi-même si, parmi tant de milliers de
chrétiens, il s'en trouvera au moins un qui ait assez de courage
pour introduire l'évêque qu'ils ont eux-mêmes demandé, et que
le Ciel leur a envoyé dans sa miséricorde. »

« Les Coréens lurent cette lettre avec beaucoup d'attention ;
je ne saurais dire au juste quelle impression elle fit sur leur
esprit ; ils dirent seulement qu'elle était forte. Ce qui les frappa
le plus, ce fut un décret du Souverain Pontife qui menace d'ex-

communication encourue par le seul fait quiconque empêchera,
d'une manière active, par parole ou par conseil, ou par tout autre
moyen injuste, un vicaire apostolique d'entrer dans sa mission.
Ils parurent épouvantés quand on leur cita ce décret : cela
prouve qu'ils ont la foi. La constance inébranlable qu'ils ont
montrée jusqu'à ce jour à professer notre sainte religion, en est
d'ailleurs une preuve sans réplique. Pour remplir la promesse
qu'ils avaient donnée de répondre d'une manière précise sur mon
admission, ils m'envoyèrent la lettre suivante :

« Les pécheurs Augustin et autres, saluant avec crainte pour
la seconde fois, écrivent cette lettre au trône de l'évêque :

« Nous pécheurs, entièrement dignes, à cause de nos péchés et
de notre méchanceté, d'être frappés d'excommunication, depuis
trente ans nous n'avions eu aucun missionnaire ; nous attendions
avec plaisir l'arrivée d'un prêtre, de même qu'un enfant soupire
après sa mère. Voilà que tout à coup, contre notre attente, nous
avons obtenu ce grand bienfait du suprème Seigneur. L'année
dernière un pasteur est venu jusqu'à nous, et a franchi la frontière sans danger. Cette année-ci nous avons encore obtenu un
nouveau bienfait : Monseigneur s'est solennellement et courageusement engagé à venir en Corée pour sauver ses brebis, et
ne point rendre inutile le prix du sang de Jésus-Christ répandu
pour nous. Nous rendons de grandes actions de grâces à Dieu
pour un si grand bienfait, à la sainte Vierge et à tous les saints
du paradis. Nous remercions encore l'Empereur de la religion
(le Souverain Pontife) et l'évêque (de Capse). Nous rendons aussi
des actions de grâces à maître Ouang (Joseph), qui ne craint ni
les dangers de la mort ni les travaux de la vie, voulant uniquement pour nous épuiser toutes ses forces, courir et travailler.
Nous ne pouvons concevoir comment de si grands pécheurs tels
que nous sommes avons obtenu de semblables bienfaits ; émus et
attendris, nous versons des torrents de larmes.

« Une des raisons pour lesquelles nous ne sommes point venus
l'année dernière recevoir l'évêque, est celle-ci : nous étions dans
la persuasion que Monseigneur, différant beaucoup des Chinois
par la forme et le visage, ferait certainement naître des soupçons
à ceux qui ne le connaîtraient pas, et pourrait être cause indirectement de quelque fâcheux événement en Corée. C'est ce qui nous a
engagés à inviter Monseigneur à venir en Corée sur un grand
navire, et à aller aborder près de la ville capitale, disant publiquement : « Je suis de telle nation, né en tel endroit ; je suis venu

ici pour publier la religion sainte, je désire prêcher dans votre royaume, etc. » Et comme une telle déclaration aurait certainement pris beaucoup de temps en conférences réciproques, alors nous aurions vu l'état de choses, et nous aurions pris une dernière détermination. En adoptant ce plan, ç'aurait été bien autrement que d'entrer clandestinement et à la dérobée. Voilà le motif qui nous a fait écrire cette lettre. Ce n'est point parce que nous ne voulons point recevoir Monseigneur, ou parce que nous voulons le rejeter, à Dieu ne plaise ! nous craignons trop la peine de la grande excommunication. Mais aujourd'hui, frappés de terreur comme d'un coup de foudre à la lecture de l'avis ou de l'ordre que Monseigneur nous a envoyé, nous avons la confiance qu'il daignera examiner l'état des choses. (Ils ont mal pris le sens de ma lettre, peut-être leur a-t-elle été mal expliquée.) Or, nous obéissons aux ordres que Monseigneur nous a envoyés par maître Ouang. L'année prochaine, à la onzième lune, nous enverrons des chrétiens à Pien-men pour recevoir Monseigneur, absolument de la même manière que nous reçûmes, l'année dernière, le P. Pacifique. Monseigneur et maître Ouang se rendront au lieu convenu quelque temps avant le jour fixé ; ils prendront logement dans une boutique. Les signes de reconnaissance seront les deux lettres ou caractères : *Ouan, Sing* (c'est-à-dire, dix mille félicités, ou bien, avoir une entière confiance). Ils tiendront à leurs mains les mouchoirs dont on est convenu, et tout ira très-bien. Nous recevrons d'abord Monseigneur, et ensuite, l'année prochaine, maître Ouang ; ce qui sera aussi bien. Nous vous rappelons l'état de notre pays : tous les chrétiens sont pauvres, ils n'ont pas de quoi vivre ; comment pourront-ils se procurer l'argent que nous pensons être nécessaire pour recevoir, loger et nourrir un évêque ? Nous dépenserons pour cela au moins la somme de cinq cents taëls (environ 3,500 francs). Si Monseigneur désire que tout soit bien ordonné, en ce cas-là, il faudra mille ou même deux mille taëls (14,000 fr.). Plus il y aura d'argent, mieux on arrangera tout. Mais pourrons-nous ramasser une si grande somme ? Il faut préparer tout selon nos forces et selon les circonstances du temps ; cela se fera peu à peu. Nous espérons que Monseigneur aura égard à l'état misérable de notre pays, et qu'il ne se plaindra point : nous l'espérons et nous l'espérons.

« Il y a, outre ce que nous venons de dire, bien d'autres choses que nous avons confiées à maître Ouang pour être rapportées verbalement à Monseigneur : c'est pour cela que nous ne les mettons pas par écrit. Qu'il donne promptement réponse.

« Toutes les années on peut entrer à la neuvième lune, depuis le 6ᵉ ou 7ᵉ jour jusqu'au 12ᵉ ou 13ᵒ jour. La seconde fois on peut entrer à la onzième lune, depuis le 16ᵉ ou 17ᵉ jour jusqu'au 23ᵉ ou 24ᵒ. A cette dernière époque, on apporte à l'empereur les présents d'usage à l'occasion de la nouvelle année. Nous viendrons probablement dans ce temps-là. Quand vous serez parvenus à la porte chinoise, vous attendrez pendant quelques jours. Mais pourrez-vous attendre sans danger ? Nous espérons seulement que nous traiterons bien cette affaire. Il faut prendre les précautions nécessaires, afin de ne point causer de soupçons.

« L'an de Jésus-Christ 1835, le 23 de la douzième lune. »

« Augustin Liéou, Charles Tchao, François Kin (1). »

« D'après la teneur de cette lettre et les colloques qu'ils ont eus avec d'autres personnes, je crois avoir des preuves certaines que les Coréens désirent m'introduire chez eux, ainsi que les autres missionnaires européens. Ils seraient au comble de la joie, s'ils pouvaient avoir et conserver un évêque sans danger, mais ils craignent de ne pas pouvoir surmonter les difficultés qui s'opposent à mon entrée, ils veulent me voir avant de s'aventurer, et de plus il me semble évident qu'ils ont été influencés. Aussi n'ont-ils donné qu'une promesse conditionnelle. Ce *peut-être* de mauvais augure diminue beaucoup mes espérances.

« Pendant les trois jours que Joseph passa avec nous, je répondis au P. Pacifique à peu près en ces termes : « Vous trouverez dans cette lettre la solution de tous les cas que vous avez exposés à Mgr de Nanking. Je vous envoie cent taëls (environ 700 francs). J'entrerai l'année prochaine en Corée. Je ne veux point que les jeunes élèves qui sont avec vous sortent de la mission avant que je les aie examinés. Le soin de choisir un lieu propre pour ériger un séminaire, me regarde exclusivement. Tâchez de soutenir les Coréens dans leurs bonnes résolutions ; réunissez vos efforts aux miens, pour les engager à remplir leurs promesses. »

« Je tâchai de ranimer encore le courage des Coréens. Je leur disais en substance : « Je suis au comble de la joie de voir que, fidèles aux lumières de l'Esprit-Saint, vous avez enfin ouvert les yeux sur vos propres intérêts. Mettez-vous sous la protection de

---

(1) L'original de cette lettre étant en chinois, les signatures sont transcrites d'après la prononciation chinoise. Ce sont les noms, bien connus de nos lecteurs, d'Augustin Niou, Charles Tsio et François Kim.

Dieu, implorez le secours de sa sainte mère, de vos anges et des saints, et exécutez avec courage et confiance la généreuse résolution que vous avez prise. Il faut se confier en la Providence, mais il faut aussi l'aider ; elle ne fera rien sans nous. Confiez-vous entièrement à sa conduite, assurés que le bon Dieu terminera heureusement l'œuvre qu'il a lui-même commencée. Je vous envoie les cinq cents taëls que vous avez demandés, et les autres objets que Joseph vous remettra. Quant aux deux jeunes gens qui sont confiés au P. Pacifique, je veux qu'ils restent encore, jusqu'à ce que je sois entré. C'est à moi de choisir le lieu convenable pour les préparer au sacerdoce. S'ils sortent de la Corée sans mes ordres, ils ne seront jamais prêtres. Si les chrétiens du Léao-tong vous disaient que l'évêque de Capse ne pourra point entrer en Corée, parce que personne ne veut lui donner asile dans cette province, vous leur répondrez : Notre évêque n'a pas besoin de votre secours pour se rendre aux frontières, il saura se passer de vous. »

« Le 29 janvier, premier jour de l'an chinois, Joseph repartit pour Péking. Nous nous quittâmes, j'allais presque dire pour ne plus nous revoir. Peu s'en est fallu qu'il ne soit devenu victime de son dévouement, car il mit, à son ordinaire, un grand zèle et une activité singulière pour terminer heureusement cette affaire. Il partit au risque de ne trouver à se loger nulle part, car, à cette époque, personne ne se met en voyage, et toutes les hôtelleries sont fermées.

« Pendant son absence, je reçus des lettres de Macao, qui m'annonçaient la persécution du Tong-king et de la Cochinchine, et la mort du vénérable évêque de Sozopolis, Mgr Florent. Cette nouvelle aigrit encore la douleur que j'avais éprouvée quand je dus me séparer de ce respectable prélat, que je regardais comme mon père. Le souvenir de ses vertus et des bontés qu'il a eues pour moi me rendra sa mémoire toujours chère. Les chagrins que me causèrent tant de tristes événements arrivés coup sur coup, et l'inquiétude que me donnait une entreprise qui semblait presque désespérée, furent un peu adoucis par la nouvelle du glorieux martyre de notre confrère M. Gagelin, et par la réception du rescrit de la Propagande qui, daignant satisfaire vos vœux et les miens, confie définitivement la mission de Corée aux soins de notre Société.

« Le 7 février, l'affaire fut entièrement terminée à Péking. Joseph remit entre les mains des Coréens l'argent convenu, avec quelques effets ; et les Coréens lui donnèrent un habillement com-

plet, dont il devait se revêtir à la frontière. Le R. P. Sué, lazariste chinois, me prêta la somme dont je viens de parler. Elle a
été restituée au procureur des PP. Lazaristes à Macao.

« Le 15, les Coréens m'écrivirent la lettre suivante :

• « Après avoir lu la lettre qui nous a été envoyée par maître
Ouang à Péking, nous rendons grâces à Dieu pour le bienfait
spécial accordé à notre royaume. La Corée était autrefois une
contrée couverte des ténèbres de l'infidélité. Il y a un peu plus de
quarante ans, la religion sainte commença à y pénétrer. Dans la
suite, le P. Tcheou (Tsiou) vint en Corée, mais il fut martyrisé;
depuis trente ans, le troupeau a été privé de pasteur. Contre
notre attente, l'année dernière, le prêtre Yu vint pour lui succéder : maintenant encore, il y a un évêque qui a solennellement
promis de venir en Corée pour procurer le salut de mille et mille
personnes.

« Peut-on espérer un si grand bienfait des seules forces humaines ? Vraiment, il faut se presser de l'introduire ; mais le
temps n'est pas encore venu ; il faut attendre jusqu'à l'hiver de
l'année courante, alors nous traiterons de cette affaire. Il n'est
pas nécessaire de prendre encore conseil à la neuvième lune; ce
projet est ajourné certainement à la onzième lune, du 15ᵉ ou
16ᵉ jusqu'au 23ᵉ ou 24ᵉ jour de la même lune, et nous donnons
cette époque comme probable et non point comme certaine, parce
qu'il n'y a point de jour déterminé. Nous espérons que, d'après
nos instructions, vous viendrez d'abord à la ville de Fong-hoang
(la ville de l'aigle) ; et là nous examinerons le temps et les
circonstances favorables, et nous traiterons prudemment cette
affaire suivant que les occasions l'exigeront, et ce sera pour le
mieux.

« Nous remettrons au P. Pacifique Yu les cent taëls qu'on nous
a donnés pour lui ; nous emportons avec nous les cinq cents taëls
que nous avons reçus pour préparer un lieu à l'évêque et pour
l'introduire. Quant aux marchandises chinoises, nous les ven-
drons quand nous serons parvenus en Corée, et le prix sera employé à faire des achats pour l'évêque. Ne soyez pas en sollicitude sur tout cela. De plus nous avons reçu des missels, des
livres et autres objets sacrés ; nous les remettrons à qui de
droit, selon le catalogue qui nous a été donné par le maître Joseph Ouang. Nous espérons cependant que Monseigneur priera le
bon Dieu qu'il daigne nous bénir et nous protéger dans tout notre
voyage, dans tous les chemins et dans tous les lieux, et dans tous

les temps que nous traiterons du moyen de vous introduire. Que
le bon Dieu protége toutes les âmes de la Corée pour la gloire et
la sanctification de son saint nom ! Pour les autres choses, nous
ne pouvons point les rapporter en détail.

« S'il se trouve, dans la suite, des missionnaires européens qui
veuillent venir en Corée, nous les recevrons volontiers, nous ne
manquerons point à notre parole. Nous désirons que Monseigneur soit tranquille et en paix. Ce que nous espérons mille et dix
mille fois.

« L'an 1835 de l'Incarnation, le 18ᵉ jour de la première lune,
à Péking, dans l'église du midi.

« Augustin Liéou (Niou), Charles Tchao (Tsio), François Kin
(Kim). »

« Le même jour, ils écrivirent aussi une lettre au Pape, suivant le désir que j'en avais témoigné. En voici la traduction :

« Au trône du Souverain Pontife,

« Nous pécheurs, Augustin et les autres, osons en tremblant
et en renouvelant plusieurs fois notre humble salutation, adresser
cette lettre au trône par excellence. Nous osons, peut-être avec
trop de liberté, souhaiter à Votre Sainteté une heureuse et constante santé, et la félicité parfaite. Nous n'avons eu dans la
Corée, pendant plus de trente ans, aucun pasteur, depuis que le
P. Tcheou a été mis à mort. Durant ce temps, nous, brebis du souverain pasteur, n'avions point de pâturages, nous étions dans la
tristesse et dans le deuil. Heureusement, par un effet de la miséricorde divine, l'année dernière, à la onzième lune, le prêtre Yu
est venu en Corée, et il est entré tranquillement et sans éprouver
aucun danger ; depuis un an nous le conservons en paix.

« Et voilà que maintenant, par surcroît de bonheur, l'évêque
Sou (1), par les mérites du précieux sang de Notre-Seigneur
Jésus-Christ répandu sur la croix, bravant dix mille fois la mort
quoiqu'il n'ait qu'une seule vie, s'exposant à mille travaux et à
cent malheurs, veut absolument entrer dans notre royaume, pour
glorifier votre nom. Méprisant la vie et la mort, les dangers et les
périls, il a résolu de franchir les frontières. Il n'a d'autre but
que de remplir sa promesse. Son ardeur, son amour et son affection sont semblables à un feu ardent. Émus au-dessus de toute

(1) Nom chinois de Mgr Bruguière.

expression, nous sommes attendris jusqu'aux larmes, convaincus que nous sommes qu'un pareil bienfait ne nous est accordé que par une faveur spéciale de Dieu, qui veut sauver toutes les âmes de notre royaume.

« Le moyen que nous mettrons en usage pour introduire l'évêque sera le même que nous avons employé pour le P. Pacifique. Cette année-ci, à la onzième lune, nons attendrons aux frontières, nous ferons nos efforts pour le faire entrer beureusement. Si le bon Dieu nous protége, ce qui est difficile ne sera point difficile, et ce qui est dangereux ne sera point dangereux.

« Prosternés aux pieds de Votre Sainteté, nous avons la confiance qu'elle daignera avoir compassion de nous, pécheurs que nous sommes, qu'elle priera sans interruption pour la paix de la sainte Eglise, l'extirpation des superstitions et la gloire de son nom dans la Corée, prêtant son secours à nous tous, afin que tous ensemble nous montions au royaume des cieux. Or, ne sera-ce pas là le plus grand des bonheurs? Si, dans le suite, d'autres missionnaires européens désiraient venir en Corée, nous les recevrous volontiers pour glorifier ensemble votre nom. Nous serons fidèles à nos promesses.

« A Péking, dans l'église du midi (la cathédrale), le 19 de la première lune, l'an 1835 de l'Incarnation. Nous pécheurs, Augustin Liéou (Niou), Charles Tchao (Tsio), François Kin (Kim). »

« Quand mes affaires furent ainsi terminées, je m'occupai de celles de mes confrères. J'aurais désiré que nous pussions entrer tous les trois dans la même année : l'un à la neuvième lune, l'autre à la onzième, et le troisième à la troisième lune suivante ; ma demande ne fut point agréée. Joseph, qui était mon interprète, me répondit ainsi : « Les Coréens promettent de recevoir tous les missionnaires européens qui leur seront envoyés, mais ils n'en recevront qu'un à chaque fois, et seulement à la onzième lune, pour les raisons suivantes : 1° parce qu'à cette époque, le grand fleuve qui sépare la Tartarie de la Corée est gelé ; on le passe sur la glace ; 2° parce que c'est le temps où l'on porte le grand bonnet de poil qui couvre presque tout le visage ; 3° parce que dans les grands froids on ferme la porte de l'appartement où l'on loge, quand les voyageurs sont entrés ; par là, on est moins exposé à la vue des curieux et des importuns. Je n'ai point fait d'instances, parce que vous m'avez recommandé de leur laisser pleine liberté ; du reste, Mgr de Nanking m'a chargé de vous prévenir de ne point envoyer de courrier dans le Léao-tong sans avoir reçu une lettre de sa part. »

« Pendant que j'étais au Chang-si, nn catéchiste qui a été long-temps au service de Mgr le vicaire apostolique de cette province, me promit d'aller, quand je voudrais, louer une maison sur les frontières de la Corée. Quand je fus assuré de la bonne volonté des Coréens, je crus devoir accepter cette offre. Sans ce moyen, il me paraissait trop dangereux de passer quelque temps aux fron-tières, logé chez des païens.

« Le 30 mars, j'envoyai donc un courrier au Chang-si pour avertir ce catéchiste et l'amener avec lui.

« Pendant la nuit du 2 au 3 avril, quelques séditieux d'un dis-trict du Chang-si, peu éloigné du domicile de Mgr le vicaire apostolique, égorgèrent le mandarin du chef-lieu, sa famille, ses domestiques, sa garde, et après ce massacre ils mirent le feu à la maison ; deux individus seulement purent se sauver pendant l'obscurité. Bien des personnes sont persuadées que les meur-triers sont de malheureux Chinois poussés à bout par les exactions exorbitantes de leur mandarin. Les confrères de celui-ci, dont la conduite n'était pas meilleure, craignirent d'être recherchés ; ils firent courir le bruit que c'était une conspiration tramée par les Pe-lien-kiao, ou sectateurs du nénuphar blanc, société secrète dont le but est de renverser le gouvernement et la dynastie tartare. Le premier mandarin militaire du district fit aussitôt cerner la ville, plaça des corps de garde dans toutes les avenues, se saisit de tous les gens suspects, et, comme c'est l'ordinaire, fit arrêter tous les chrétiens qu'il put trouver. On sait qu'il n'y a parmi eux aucun Pe-lien-kiao, que leur religion les oblige à rester fidèles à leurs princes et aux magistrats ; mais n'importe, le christianisme est une religion prohibée par le gouvernement, il faut la persé-cuter : il n'arrive point de funeste événement dont les chrétiens n'aient à souffrir. Parmi les chrétiens que ce chef militaire fit arrêter, se trouva un prêtre chinois. Ce malheureux accident mit le Chang-si et les districts voisins en rumeur : le gouverneur général publia un édit foudroyant contre les Pe-lien-kiao et contre toutes les sectes prohibées, parmi lesquelles il comprenait la reli-gion chrétienne, qu'il nommait expressément. Par une contra-diction inexplicable, il défendait d'inquiéter les bonzes, de quel-que secte qu'ils fussent, quoiqu'on en eût arrêté quelques-uns, comme convaincus d'être Pe-lien-kiao. Tout semblait présager une persécution générale dans le Chang-si. A Ta-juen-fou, mé-tropole de la province, on avait commencé à procéder contre les chrétiens : un certain nombre avait été conduit en prison. Mgr du Chang-si et ses prêtres prenaient des mesures pour détourner l'orage qui grondait sur leurs têtes ; il était à craindre que mon courrier et ceux qui venaient de Macao ne fussent arrêtés avec les effets et les lettres qu'on envoyait d'Europe. Un pareil malheur aurait compromis toutes les missions du nord de la Chine et de la Tartarie. Mgr du Chang-si m'écrivit et me manifesta ses craintes ; mais le bon Dieu permit que l'orage se dissipât au moment même qu'il commençait à éclater. L'édit de persécution contre les chrétiens fut révoqué le second ou troisième jour après sa publication ; le missionnaire chinois et les autres chrétiens arrêtés en différents endroits furent relâchés ; mon courrier et ceux de Monseigneur arrivèrent heureusement au Chang-si. Ce prélat, sachant que je n'avais point d'argent, m'en envoya par le catéchiste que j'avais fait appeler. Je lui ai restitué cette somme.

« Le 11 mai, mes gens arrivèrent à Sivang. Le 13, ce catéchiste et deux autres courriers, dont les talents et le mérite consistaient seulement dans leur bonne volonté, se mirent en marche pour la Tartarie orientale. Trois jours après leur départ, ils arrivèrent au chef-lieu de notre arrondissement. Ils voulaient se munir d'un passeport pour passer librement un poste que les Chinois eux-mêmes ne franchissent qu'avec peine, mais les circonstances n'étaient rien moins que favorables. Le mandarin qui devait délivrer ce passeport venait de recevoir ordre du vice-roi d'examiner tous les voyageurs, principalement ceux qui venaient de Chang-si, de garder exactement toutes les avenues qui conduisent à la grande muraille, de peur que quelqu'un d'eux ne s'échappât en Tartarie ; en un mot, de faire des visites domiciliaires dans tous les endroits suspects, principalement dans les hôtelleries. Mes gens firent sonder les intentions du mandarin. Celui-ci répondit qu'il leur accorderait un passeport, mais il voulait au préalable connaître les voyageurs, leurs noms, leur patrie, etc. Comme il y avait parmi eux deux Chang-sinois, ils n'osèrent point s'exposer à subir cet examen, craignant d'obtenir, au lieu d'un passeport, un mandat d'arrêt qui les constituerait prisonniers. Ils m'écrivirent pour me demander mon avis. « Si vous ne pouvez point obtenir de passeport, leur répondis-je, retournez sur vos pas et prenez votre chemin par le nord de la Tartarie. » Il paraît que cet expédient ne leur plut pas : ils partirent sans passeport. Tout semble annoncer qu'ils ont franchi sans danger et sans difficulté le poste dont je viens de parler. Si notre entreprise réussit, les hommes ne seront pour rien dans le succès ; la divine Providence aura tout fait.

« Cependant, l'orage qui s'était formé au Chang-si vint nous atteindre en Tartarie. Le gouverneur du Chang-si avait fait instruire le vice-roi du Tcby-ly du malheureux événement dont j'ai parlé et du soupçon qui pesait sur les Pe-lien-kiao. Celui-ci montra un zèle aussi ardent, pour le moins, que son collègue : il parut bientôt un décret qui ordonnait aux mandarins inférieurs d'informer contre les Pe-lieu-kiao et les chrétiens. Le mandarin de notre arrondissement méprisa cet ordre, et déclara à ses officiers qu'il n'entamerait aucune procédure contre les chrétiens : « Je connais, dit-il, par l'expérience de mes prédécesseurs, qu'il est dangereux d'inquiéter les chrétiens ; de pareils procès ont toujours nui à ceux qui les ont suscités. » Un autre mandarin, duquel nous dépendons en premier ressort, a montré encore plus de fermeté ; il a résisté jusqu'à ce jour aux ordres réitérés plusieurs fois de procéder contre les chrétiens ; il a même fait prévenir ceux de Sivang de donner la bastonnade à tous les satellites qui viendraient les inquiéter, parce qu'ils seraient venus sans ordre. Cependant, à n'en juger que d'après les apparences, dans une persécution, Sivang devrait être le plus exposé : les mandarins et tous les païens du voisinage savent que c'est comme la métropole de tous les chrétiens du district ; plusieurs mandarins n'ignorent pas qu'il y a une église, et qu'actuellement même on en construit une autre plus vaste et plus belle ; ils connaissent les principaux habitants du bourg : on ne doute point qu'il n'y ait des missionnaires. Mais Dieu n'a pas permis qu'aucun malheur nous arrivât. L'affaire des Pe-lien-kiao n'aurait pas eu de suites fâcheuses, sans un autre accident qui faillit causer un embrasement général.

« Le 17 juin, à sept heures du soir, message extraordinaire, dont voici le résumé : « Le vice-roi de la province, prévenu qu'il y a des missionnaires européens cachés à Sivang, a donné ordre au mandarin de l'arrondissement de les faire prendre à l'instant. Prenez la fuite à l'heure même, et cachez-vous où vous pourrez ; peut-être que le mandarin et les satellites sont en chemin pour vous saisir. La nouvelle est certaine ; les officiers du mandarin, instruits de cet ordre, ont averti le chef des chrétiens du district de se tenir sur ses gardes et de prendre des mesures de sûreté. » Cette nouvelle, qui paraissait officielle, jeta l'alarme partout. On serra au plus vite dans de profondes cavernes tous les objets de religion, et ceux qui pouvaient directement ou indirectement faire soupçonner ou réveiller l'idée d'un Européen. Nous travaillâmes jusqu'à une heure après minuit. Cela fait, on nous relégua, à petit bruit, dans une caverne. En attendant le cours des événements, on plaça des sentinelles à certaines distances, pour être prévenus à temps de l'arrivée de l'ennemi : alors nous aurions gravi la montagne. Les deux chefs du bourg nous donnèrent de grandes marques de dévouement. J'admirai leur charité; ils oubliaient leur propre danger pour ne s'occuper que du nôtre ; cependant ils étaient bien plus exposés que nous.

« Le 18 et le 19, nouveaux messages. Ce ne sont point les Européens qui sont l'objet des poursuites du vice-roi ; on ignore même s'il y en a un seul dans toute la province : c'est un mandarin militaire qui est la cause de ce malheureux événement. Cet officier, promu à un grade supérieur, est allé remercier le vice-roi ; celui-ci lui a demandé s'il y avait des rebelles Pe-lien-kiao dans son district : « Non, Excellence, dit-il, il n'y a point de Pe-lien-kiao, mais il y a beaucoup de chrétiens. » Ce méchant homme, ennemi secret des chrétiens, s'est plu par des rapports calomnieux à les rendre suspects et odieux au mandarin ; il a obtenu un ordre adressé au gouvernement de Sueng-ho-fou, pour informer contre eux et contre le missionnaire du lieu désigné. Le prêtre, averti à temps, s'était sauvé à la faveur de la nuit. Pour comble de malheur, l'officier militaire, accusateur et ennemi personnel des chrétiens, a été chargé de faire les recherches : il a arrêté tout ce qu'il en a pu trouver, hommes et femmes, et les a fait traîner à Sueng-ho-fou. Il a même dépassé les limites de sa juridiction, il s'est permis de faire des arrestations dans un district étranger. S'il eût été question d'une affaire purement criminelle, il eût été sévèrement puni ; mais en Chine, comme ailleurs, lorsqu'il s'agit d'une incrimination contre la religion chrétienne, tout est permis ; on peut impunément se moquer du droit et de la justice, et faire violence aux lois. Cependant le mandarin civil, à qui il appartient de porter la sentence, indigné de la conduite irrégulière de l'officier militaire, a fait délivrer toutes les femmes et un bon nombre d'hommes ; il n'a retenu prisonniers que dix à douze chefs de familles.

« Cette injuste inquisition a réveillé la cupidité de quelques autres mandarins civils et militaires. Il y a eu plusieurs chrétiens persécutés en certains districts ; quelques-uns se sont rachetés à prix d'argent ; d'autres ont été cruellement tourmentés, et condamnés à de fortes amendes. Nous apprîmes, il y a peu de jours, qu'un saint vieillard connu de tous les missionnaires a été frappé d'une manière inhumaine. Ce vénérable confesseur, craignant de succomber aux tourments, a offert environ quatre mille francs au mandarin pour n'être pas tourmenté davantage. Ce ministre de l'enfer lui a répondu : « Non, tu apostasieras, et de plus tu me donneras cette somme. » Le saint confesseur a tenu ferme. Plusieurs ont pris la fuite, aimant mieux perdre leurs biens que de s'exposer à perdre la foi. Quelques-uns se sont réfugiés chez nous. Le mandarin duquel nous dépendons immédiatement a encore refusé de faire des informations contre les chrétiens : Dieu veuille le confirmer dans sa bonne résolution !

« Le 23, le catéchiste de Sivang, mû par un motif de compassion excessive, nous fit sortir de notre caverne et nous ramena à notre premier domicile. Nous étions passablement bien dans cette habitation souterraine. Ces cavernes ne ressemblent pas à celles que la nature a creusées dans les montagnes : ce sont des habitations préparées de main d'homme dans le flanc d'une colline ; on y trouve toutes les petites commodités qui sont dans les pauvres cabanes bâties en plein air ; il y a des familles entières qui passent leur vie dans ces obscures retraites. Cependant l'air y est humide et malsain ; comme il n'y a qu'une seule ouverture qui est souvent fermée, il circule difficilement. Le 26, une nouvelle alerte nous obligea de fuir une seconde fois ; nous allâmes chercher un asile dans une vieille baraque, sur une montagne. Le 3 juillet, un nouveau motif de compassion nous fit rappeler à Sivang : peu s'en fallut que nous ne fussions obligés de fuir pour la troisième fois.

« Le 7, un nouveau message nous fit prendre de nouvelles mesures de sûreté. Depuis ce temps jusqu'à ce jour, nous sommes entre la crainte et l'espérance. Le vice-roi est fort mal disposé ; il a répondu à la consultation du mandarin de l'arrondissement qu'il fallait continuer les recherches, ce qui signifie qu'il faut en venir à une persécution générale. Celui-ci a jusqu'à présent éludé cet ordre...

« Vers la fin de juin, j'envoyai un courrier pour aller chercher Joseph, dont je commençais à être fort en peine. Sur la route, cet homme rencontra un prêtre chinois qui lui fit rebrousser chemin pour nous annoncer la prochaine arrivée de M. Mouly, lazariste français. En effet, ce missionnaire parvint à Sivang le 12 de juillet. Il passa sans danger dans tous les lieux où la persécution était le plus violente : le bon Dieu le protégea d'une manière particulière. Chemin faisant, il alla loger chez un chrétien qui avait été visité, ainsi que bien d'autres, par le mandarin du district ; peu après son départ, le mandarin revint et fit conduire en prison tous les chrétiens qu'il trouva dans cette maison et ailleurs. Un peu plus tôt ou un peu plus tard, M. Mouly était certainement arrêté, et un si grand malheur aurait donné à la persécution une intensité terrible.

« Le 6 juillet, j'envoyai, pour la seconde fois, le même courrier sur les traces de Joseph. Le journal impérial avait, dit-on, annoncé que trente barques, du nombre de celles qui apportent le riz à l'empereur, avaient été brûlées. Trois cents personnes avaient péri dans l'incendie ; on crut bientôt que Joseph était de ce nombre. Je ne pus me persuader qu'un tel malheur lui fût arrivé ; je ne pouvais point concevoir d'abord comment trente barques qui naviguent à une distance plus ou moins grande les unes des autres, auraient péri par un même incendie : cependant l'annonce officielle d'un événement qui n'était contredit par personne, me causait les plus vives appréhensions.

« Enfin, le 8 septembre, il arriva à Sivang dans l'état le plus pitoyable ; il était couvert de plaies et de tumeurs. Le froid qu'il avait supporté en Tartarie et sur la route de Péking, ajouté à l'humidité et aux vapeurs malsaines de sa barque, l'avaient mis dans ce triste état ; il est encore dans une impossibilité complète, je ne dis pas de marcher, mais même de voyager à cheval ou dans un chariot. Cependant son courage est toujours au-dessus de ses forces ; il voit bien que, dans la circonstance actuelle, sa présence m'est très-nécessaire.

« Le funeste événement dont j'ai parlé plus haut s'est trouvé vrai, du moins en partie. Plusieurs barques du nombre de celles qui portent le riz à l'empereur, ont été brûlées dans le fleuve Yang ; un grand nombre de matelots et de voyageurs ont péri dans l'incendie ou dans l'eau, en s'efforçant de gagner le rivage. Ces barques étaient à l'ancre, et à côté les unes des autres. On attribue cet accident à la malveillance. L'équipage de plus de cent autres barques s'est révolté contre ses chefs, ils les ont égorgés ainsi que bien d'autres personnes ; les uns sont morts dans cette rixe, les autres ont pris la fuite : ceux qui sont restés sont entre les mains de la justice ; enfin quelques autres barques ont été brisées par le courant, en remontant une cataracte ou chute d'eau. Joseph s'est trouvé dans la bagarre, il a été témoin de tous ces funestes accidents ; mais le bon Dieu l'en a préservé comme par miracle, il en a été quitte pour son infirmité.

« La persécution contre les chrétiens de ce district commence à se ralentir, mais elle n'a point entièrement cessé. Neuf de ces généreux confesseurs ont été condamnés à l'exil perpétuel en Tartarie. Pendant qu'on les conduisait de leur canton au chef-lieu de l'arrondissement, les archers se sont arrêtés dans une auberge pour se rafraîchir. Un prêtre chinois, qui attendait l'occasion favorable, a profité de la circonstance pour les confesser ; trois ont reçu la communion. Le missionnaire aurait bien voulu les communier tous ; mais les satellites ont voulu continuer leur marche, et il n'était pas prudent de se trouver avec les prisonniers à leur arrivée.

« Il paraît que les premiers qui furent arrêtés au mois de juin, au nombre de douze, seront condamnés à un exil de dix ans. On ignore quelle sera la destinée de ceux qui ont été cruellement fustigés dans une petite ville voisine. Le mandarin qui les a fait tourmenter a été appelé par le vice-roi de la province ; on ne sait pourquoi.

« Les habitants de Sivang, et les missionnaires aussi, n'ont pas l'air de craindre. Quoique nous soyons presque au centre des endroits où la persécution est allumée, les chrétiens de ce pays-ci n'ont point interrompu la construction de leur église : elle est enfin achevée ; elle est belle pour un bourg si misérable ; peut-être l'est-elle trop. Un tel édifice, que l'on peut appeler à juste titre la merveille de cette partie de la Tartarie, pourrait bien attirer l'attention de quelque mandarin peu favorable au christianisme, et causer sa ruine et celle des chrétiens. Après Péking, Macao et le Fo-kien, je ne connais que Sivang qui ait un édifice public consacré au culte divin. Depuis quelques jours, nous nous trouvons huit missionnaires réunis à Sivang, savoir : un évêque européen, deux missionnaires aussi européens, cinq prêtres chinois, non compris bon nombre de catéchistes et quelques élèves du sanctuaire. En voilà plus qu'il n'en faut pour tenir un synode en forme.

« Aucun des courriers que j'ai envoyés au Léao-tong, pour me préparer un logement, n'est encore de retour ; cependant, à moins de quelque fâcheux accident, l'affaire devrait être terminée depuis longtemps, et mes courriers devraient être arrivés depuis plus de cinquante jours. L'argent qu'on m'avait envoyé par le Chang-si est parvenu heureusement entre les mains du vicaire apostolique de cette province. Ce prélat a eu la bonté de m'en prévenir ; il m'a fait dire de lui indiquer le moyen de me le faire remettre à Sivang. J'ai envoyé des gens pour le prendre et me l'apporter. Personne ne paraît encore. Un mois ou quarante jours auraient suffi pour aller et pour revenir : il y aura bientôt deux mois qu'ils sont en route sans que je puisse avoir de leurs nouvelles. Que la volonté de Dieu soit faite !

« Joseph va mieux, mais il n'est pas entièrement guéri ; son courage ne l'a point abandonné. Nous partons mercredi prochain, 7 du mois d'octobre. Nous avons acheté un petit chariot qui ressemble assez à une brouette ; il nous coûte sept francs, y compris l'attelage. On nous donne deux chevaux pour la somme de cent quarante francs, et un troisième pour rien : nous formons une petite caravane. Nos gens s'arment de toutes pièces ; nous devons marcher pendant deux cents et quelques lieues à travers les montagnes et des déserts remplis de voleurs et de bêtes féroces ; d'un jour à l'autre on nous annonce quelque nouvelle spoliation. Ordinairement ces voleurs ne tuent point, à moins qu'on ne fasse résistance ; ils se contentent de dévaliser les voyageurs, quelquefois ils leur enlèvent jusqu'à leurs habits. Or, dans la circonstance actuelle, une telle spoliation équivaut à un cruel assassinat ; car, quoique nous soyons encore dans le mois de septembre, il gèle néanmoins bien fort. Le pays que nous allons traverser est encore plus froid que Sivang. Après un mois de marche, nous entrons dans le Léao-tong ; dans cette province, la température est un peu plus douce, mais les habitants ne nous sont guère favorables. Je prévois d'avance qu'aucun chrétien ne voudra nous donner un asile, même en passant. Ils ont une peur terrible des Européens ; si nous ne pouvons pas vaincre leur opiniâtreté, il faudra, bon gré, mal gré, prendre logement chez les païens. Au commencement de la onzième lune, nous irons à l'extrême frontière, où se tiennent les foires ; alors nous serons nécessairement seuls parmi des milliers d'infidèles, et entourés de la gendarmerie chinoise qui se trouve là tout exprès pour faire rançonner les commerçants et examiner les étrangers. Si nous pouvons, nous construirons une petite baraque ; nous aurons l'air de faire le commerce, et nous attendrons avec résignation l'arrivée des Coréens. Quand ils seront venus, supposé encore qu'ils viennent, nous entrerons si le bon Dieu le veut. Notre situation est bien critique ; pour comble d'embarras, mes compagnons de voyage sont sans courage et sans capacité ; heureux encore d'avoir pu trouver trois hommes qui aient voulu courir les chances d'un pareil voyage. Du reste, je m'inquiète peu des suites de cette périlleuse entreprise, j'ai remis ma destinée entre les mains de Dieu, je me jette entre les bras de la divine Providence, et cours tête baissée à travers les dangers, jusqu'à ce que je sois arrivé au terme de ma course.

« *P. S.* — Bonne nouvelle ! il me vient de l'argent du Changsi avec un excellent guide, qui consent à m'accompagner jusqu'aux portes de la Corée. Le Chang-si a un nouvel évêque; Mgr le vicaire apostolique de cette province vient de sacrer pour son coadjuteur le révérend Alphonse, religieux franciscain, né à Naples. C'est un excellent sujet, j'ai l'avantage de le connaître: il a toutes les qualités nécessaires à un grand évêque.

« Pour surcroît de bonheur, les chefs des courriers que j'avais envoyés au Léao-tong arrivent (1er octobre). On m'a loué une maison assez spacieuse à une petite demi-lieue de l'endroit où se tiennent les foires entre les Chinois et les Coréens; le prix du loyer est de cent cinq francs pour l'espace d'une année.

« Je termine ici cette longue relation, dont vous recevrez la suite par le prochain courrier.

« Sivang, Tartarie occidentale, le 5 octobre 1835.

« † BARTHÉLEMY, *évêque de Capse et vicaire apostolique de la Corée.* »

Mgr Bruguière était arrivé aux portes de sa mission. Ce voyage de trois ans, ces fatigues, ces privations, ces contrariétés sans nombre, n'avaient fait que purifier son cœur et augmenter sa charité. Comme l'écrivait son hôte, M. Mouly, alors missionnaire à Sivang ou Si-ouen-tse, et qui fut depuis vicaire apostolique de la Mongolie : « La pusillanimité des Coréens et les nombreux obstacles qui se sont successivement présentés, affligent Mgr de Capse, sans ralentir toutefois son zèle ni son courage. Il a fait, en traversant la Chine, un rude apprentissage de misères et de contrariétés ; l'impéritie de ses courriers lui a fait subir infiniment plus que ne souffrent ordinairement les autres missionnaires ; il a donné les plus beaux exemples de patience, de pauvreté et d'obéissance à ses conducteurs. Des personnes respectables, du nombre desquelles se trouvent trois illustres prélats de ces pays-ci, peuvent désespérer de la réussite de sa noble entreprise ; lui seul, comme un autre Abraham, sait espérer contre toute espérance. Puisse le Dieu tout-puissant, qui bénit ordinairement les bonnes œuvres les plus traversées, bénir celle-ci et faire arriver heureusement le pasteur au milieu de son cher troupeau ! »

Plusieurs autres causes encore avaient contribué à rendre le voyage de Mgr Bruguière aussi pénible et à entraver ses efforts. Il ne connaissait ni la langue ni les coutumes chinoises, et cette ignorance, on peut facilement l'imaginer, multipliait pour lui, à chaque pas, des difficultés que n'eût pas rencontrées un missionnaire habitué à la Chine. De plus, Dieu, qui l'avait enrichi de si belles qualités du cœur et de l'esprit, ne les lui avait pas données toutes dans une égale mesure. Comme beaucoup d'hommes de grande science et de grand talent, il manquait un peu de cette fécondité de ressources, de ce sens pratique, que ni le courage ni la science ne peuvent suppléer. On peut ajouter qu'à part de rares et nobles exceptions, les missionnaires, soit européens, soit chinois, qu'il rencontra sur son passage, devenus d'une timidité excessive à la suite de continuelles persécutions, craignant à chaque minute de voir la Chine en feu et toutes les chrétientés ruinées à son occasion, ne favorisèrent pas assez son généreux dessein.

Mais le plus grand obstacle, sans contredit, fut l'opposition presque manifeste du P. Yu, ce prêtre chinois envoyé directement en Corée par la Sacrée Congrégation de la Propagande, pour préparer les voies au vicaire apostolique. Il désirait rester seul chargé de la mission de Corée sous la juridiction de l'évêque de Péking, et en conséquence avait projeté d'envoyer en Chine de jeunes Coréens pour y être instruits et promus aux ordres sacrés. Revenus dans leur pays, ils auraient pris soin de la chrétienté, sous sa propre autorité. De cette manière, on pouvait se passer de l'évêque et des missionnaires français. Outre ces vues ambitieuses, le P. Yu avait malheureusement, comme nous le verrons, d'autres motifs pour redouter la présence et la surveillance de l'évêque. Il s'efforça donc de faire goûter son plan aux néophytes coréens, leur représenta sous les plus terribles couleurs les persécutions, les désastres qu'entraînerait infailliblement la présence des Européens dans leur pays, persécutions et désastres qu'il devenait inutile de provoquer, puisqu'on pouvait avoir des prêtres autrement. Ces pauvres chrétiens, épouvantés à la pensée d'un pareil danger, heureux d'ailleurs de posséder enfin un prêtre après l'avoir si longtemps demandé et attendu, entrèrent dans les vues du P. Yu. C'est ce qui explique les formules dilatoires et embarrassées de leurs premières lettres à Mgr Bruguière. Mais bientôt, grâce à l'énergique insistance de ce dernier, la foi l'emporta sur la crainte ; ils entrevirent le péril où ils étaient de désobéir au Souverain Pontife, en refusant le pasteur qu'il leur envoyait, et promirent de venir à la onzième lune de 1835 recevoir leur évêque à la frontière.

Tous les obstacles étaient donc levés, et Mgr Bruguière allait entrer enfin dans cette terre promise où, selon son expression, devaient couler pour lui des torrents de tribulations et de souffrances. Il fit ses adieux au bon M. Mouly, et quitta Sivang le 7 octobre. Mais Dieu, qui n'a besoin de personne pour l'accomplissement de ses desseins, se contente souvent de la bonne volonté des fidèles serviteurs qu'il appelle à l'honneur d'y coopérer. Le courrier qui devait apporter la nouvelle de l'entrée en Corée du vicaire apostolique, apporta en échange la lettre suivante de Mgr Donato, coadjuteur de la mission du Chang-si :

« Au Supérieur du séminaire des Missions-Étrangères.
« Révérend Monsieur : C'est avec la plus vive douleur que je vous annonce la mort de Mgr Barthélemy Bruguière. Parti du séminaire de MM. les lazaristes français, en Tartarie, le

7 octobre 1835, pour se rendre en Corée, il arriva le 19 du même mois à une maison de chrétiens, sur la route, pour se reposer et y attendre des lettres de Mgr l'évêque de Nanking, afin de se rendre au Léao-tong. Le 20, après diner, il tomba soudainement malade. Un prêtre chinois, qui l'accompagnait, lui donna l'extrême-onction, et une heure après il mourut. Deux messagers furent aussitôt expédiés : un pour le Chang-si, lequel nous apporta la fatale nouvelle; l'autre pour Sivang, afin de l'apprendre à MM. les lazaristes et à M. Maubant. Nous ne savons pas encore ce que fera ce dernier; nous nous attendons qu'il se dirigera vers la Corée. Mgr Bruguière avait prédit sa mort ; dans une de ses lettres, il nous écrivait : « Je mourrai dans une terre « étrangère, en Tartaric. Que la volonté de Dieu s'accom- « plisse ! » Il avait assez souffert pour Jésus-Christ : il méritait de recevoir sa récompense. Nous avons la ferme espérance qu'il intercède maintenant dans le ciel auprès de Dieu pour la mission dont il était chargé.

« † ALPHONSE DE DONATO, *évêque de Caradre.* »

Le 1er novembre, vingt-quatre jours après le départ de l'évêque de Capse, les courriers qui l'avaient accompagné revinrent à Sivang, et annoncèrent à M. Manhant la nouvelle de sa mort. Le missionnaire était resté dans ce village pour attendre l'occasion favorable d'entrer lui-même en Corée, car il aurait été trop dangereux pour deux Européens de voyager ensemble, et d'ailleurs, d'après les conventions faites par Mgr Bruguière avec les Coréens, ceux-ci ne devaient introduire qu'un missionnaire à la fois. Pénétré de douleur, mais habitué, en vrai missionnaire, à vouloir ce que Dieu veut, M. Manhant prit immédiatement sa résolution. Il était trop tard pour faire venir M. Chastan. Il partit donc seul par le chemin qu'avait suivi l'évêque de Capse, afin d'aller se présenter à sa place aux frontières de la Corée. Arrivé à Pie-li-keou, il se fit conduire aussitôt auprès du corps de Mgr Bruguière, qui n'avait pas encore été inhumé, et devant les dépouilles mortelles de ce saint évêque, il put répandre ses larmes et ses prières. Le 21 novembre, jour de la Présentation de la sainte Vierge, assisté du P. Ko, prêtre chinois de la mission lazariste, qui avait fermé les yeux à Mgr Bruguière, M. Maubant célébra les funérailles avec toute la solennité possible. Tous les chrétiens du village et des environs y assistaient. Le corps du vicaire apostolique fut inhumé dans une fosse creusée sur le versant méridional de la montagne voisine, au milieu des sépultures des chrétiens. On plaça sur cette tombe une pierre où fut gravé le caractère *Sou*, nom chinois de l'évêque de Capse. C'est là, dans une bourgade ignorée de la Tartarie occidentale, que repose, en attendant la résurrection glorieuse, le premier vicaire apostolique de la Corée.

Sa mission était remplie. Dieu l'avait suscité pour ouvrir la route de la Corée aux missionnaires : lorsque cette route fut ouverte, il alla recevoir sa récompense. L'évêque de Capse a tracé lui-même, sans y penser, son portrait dans une lettre adressée aux directeurs du séminaire de Paris. Parlant des qualités que devait avoir un missionnaire destiné à la Corée, il disait : « Ce doit être un homme solidement pieux, d'un caractère ferme sans être enthousiaste, d'une constance à n'être jamais rebuté par les difficultés, les dangers et les contradictions de tout genre dont il sera environné. Ce doit être un prêtre qui se condamne généreusement à tous les sacrifices, et qui ne voie que Dieu en tout. » Tel fut Mgr Bruguière. La prière et la mortification étaient ses vertus favorites. Il observait un jeûne presque continuel. Chaque semaine il récitait l'office des morts. Chaque jour, à la récitation ordinaire du chapelet, il ajoutait le chapelet des sept douleurs, et plusieurs autres prières en l'honneur de la très-sainte Vierge. Chaque jour il récitait une prière particulière pour le succès de sa laborieuse entreprise et pour les charitables fidèles de France membres de l'association de la Propagation de la Foi, vivants ou morts.

Toutes les lettres de Mgr Bruguière respirent la simplicité et l'humilité apostoliques, et montrent qu'il possédait ces vertus dans un haut degré. « Quoique j'aie passé une partie de ma vie dans des grands et des petits séminaires, écrivait-il au supérieur du séminaire de Paris, je ne suis pas pour cela un meilleur directeur. Je n'ai pas le talent de connaître les élèves et encore moins celui de les diriger. » — « Si vous avez trouvé dans ma longue relation, dit-il ailleurs, quelque chose qui vous ait choqué, des termes inconvenants, des jugements téméraires ou quelque chose de semblable, daignez m'en avertir charitablement. Je tâcherai, avec l'aide de Dieu, de me corriger et de réparer le scandale. Je ne crains rien tant qu'un pareil malheur. J'attends de votre charité que vous me fassiez observer tout ce que vous trouverez de répréhensible dans ma conduite. » A cette humilité étaient jointes une douceur et une bonté parfaites qui lui faisaient toujours excuser les fautes du prochain. Lorsque les actions d'autrui étaient évidemment mauvaises, il se rejetait sur l'intention qui, dans sa pensée, devait toujours être bonne. Et il agissait ainsi lorsque lui-même avait à souffrir de ces fautes qu'il excusait.

Mais la vertu qui brilla le plus dans Mgr Bruguière fut le zèle. C'est ce zèle ardent pour l'établissement du règne de Jésus-Christ qui le porta à se dévouer seul, sans ressource, sans savoir s'il serait suivi par d'autres missionnaires, pour porter l'Évangile en Corée, et qui lui fit supporter tant de fatigues. « Je ne suis étonné de rien, écrivait-il ; je m'attends à tout. Quand j'ai demandé cette mission, et quand je l'ai acceptée, j'ai prévu tous les travaux et tous les périls que j'aurais à essuyer. Jusqu'à ce moment j'en ai trouvé moins que je ne croyais. Dieu est partout, il ne m'arrive rien en ce monde que par ses ordres et par sa permission. Ses desseins sont toujours justes et toujours adorables ; mon devoir est de m'y soumettre avec le secours de sa grâce. Je ne m'arrêterai que lorsque je serai abandonné de tout le monde, et qu'il me sera absolument impossible de continuer seul mon voyage. » Lorsqu'il se mit en route pour la dernière fois, il était déjà malade, de violents maux de tête le faisaient beaucoup souffrir ; son estomac épuisé rejetait presque toute nourriture ; il ne pouvait marcher qu'avec peine ; le froid était très-rigoureux ; mais son amour pour Jésus-Christ était plus fort que tous les obstacles, et la mort seule put l'arrêter. L'amour de Dieu, dit le livre de l'*Imitation*, n'est lassé par aucune fatigue, resserré par aucune entrave, troublé par aucun effroi ; mais comme la flamme inextinguible, comme le feu de la torche ardente, il passe et s'élève à travers tous les obstacles. *Amor fatigatus non lassatur, arctatus non coarctatur, territus non conturbatur ; sed sicut vivax flamma et ardens facula, sursum erumpit, securèque pertransit.*

Après avoir rendu les derniers devoirs à son évêque, M. Maubant continua sa route. Arrêtons-nous un instant ici pour faire connaître le premier missionnaire français qui pénétra en Corée. Pierre-Philibert Maubant était né à Vassy, dans le diocèse de Bayeux, le 20 septembre 1803, d'une honnête famille de paysans. Son père se nommait Charles Mauhant, et sa mère Catherine Duchemin. Un digne ecclésiastique, frappé des excellentes qualités qu'il avait remarquées en lui, se chargea de son éducation et ne le perdit point de vue depuis sa première communion. Le jeune Maubant, en effet, se distinguait des enfants de son âge par sa piété, sa candeur et son application à l'étude. Une bonne femme lui ayant demandé un jour ce qu'il comptait gagner par ses continuelles lectures, il répondit : Je veux m'instruire, et quand je serai grand, j'irai jusqu'au bout du monde prêcher les idolâtres. Il tint parole. Après son ordination, il exerça d'abord le saint ministère dans deux paroisses, en qualité de vicaire ; puis, ayant obtenu de son évêque la permission long-temps sollicitée de se consacrer à la vie apostolique, il entra au séminaire des Missions-Étrangères le 18 novembre 1831, pour y éprouver sa vocation. La pénurie de missionnaires fut cause qu'on abrégea pour lui le temps ordinaire de cette épreuve, et, dès le mois de mars 1832, il s'embarqua au Havre pour Macao. Le voyage fut heureux, et après une relâche de quelques semaines à Manille, il arriva en Chine, le 11 septembre de cette même année.

Destiné à la province du Su-tehnen, il se mit en route pour cette mission, et voyagea quelque temps en compagnie de Mgr Bruguière. La vue de ce courageux évêque, qui s'en allait, tout seul, au secours des pauvres chrétiens de Corée, toucha vivement son cœur. Il s'offrit à l'accompagner. M. Maubant n'était pas doué de ces qualités brillantes qui préviennent favorablement au premier abord ; il était sérieux et grave et avait même quelque chose d'un peu rude dans le caractère. Mais le bon évêque de Capse, considérant la piété, le zèle et le dévouement de son compagnon, l'accepta volontiers pour missionnaire de la Corée.

Nous avons vu, dans la relation du voyage de Mgr Bruguière, comment M. Maubant, après être demeuré quelques mois dans la petite chrétienté de Hing-hoa, au Fo-kien, s'était mis en route pour la Corée, avait traversé toute la Chine, et était entré à Péking, en plein jour, monté sur un âne. « Je ne puis revenir de mon étonnement, écrivait alors même l'évêque de Capse, quand je pense qu'un missionnaire européen, sans aucune connaissance de la langue, et presque sans guide, a traversé toute la Chine, allant tantôt à pied, tantôt monté sur un âne ou sur un chariot découvert, et est entré dans la ville impériale, sans avoir été reconnu. Il est peut-être le premier Européen qui soit entré à Péking, sans un diplôme impérial. » La stupeur de l'évêque, résidant à Péking, fut telle, qu'il mit M. Maubant au secret pendant deux mois : il le fit ensuite passer secrètement en Tartarie. Le missionnaire se retira à Sivang, où il eut bientôt le bonheur de voir arriver son cher évêque. Il demeura avec lui dans cette solitude, une année environ, occupant ses loisirs à l'étude de la langue chinoise. C'est de là qu'après la mort de Mgr Bruguière, il partit pour se présenter à la frontière de la Corée.

Au moment de se mettre en route, il écrivait aux directeurs du séminaire de Paris les lignes suivantes, qui feront connaitre le fond de son cœur : « Mon entrée en Corée a été, je vous l'avoue, la matière d'une méditation bien inquiétante pour moi, car je connais assez mon incapacité à remplir la difficile fonction d'administrer une mission ; je tremble en y pensant, surtout en pensant au compte qu'il en faudra rendre à Dieu. Mais enfin, messieurs et très-chers confrères, j'ai toujours cru que je ne pouvais, sans crime, manquer l'occasion d'aller là où je crois que le Seigneur m'appelle. Si Jésus-Christ, qui, je le crois, nous envoie maintenant par votre ministère, avait voulu employer des hommes de science et de talents reconnus, pour publier le saint Evangile, il n'aurait pas manqué d'adjoindre au grand apôtre, Gamaliel et Nathanael. Saint Augustin, cependant, nous dit qu'ils n'ont pas été admis à l'apostolat, parce qu'ils étaient docteurs de la loi. Avant de quitter la France, et bien des fois depuis, je me suis fait cette double question : es-tu digne? es-tu capable de remplir des fonctions si relevées et si difficiles? Il me semble, néanmoins, que j'ai obéi à la voix du bon Dieu, quoique j'aie reconnu toujours mon indignité et mon incapacité. Que faire encore dans cette difficile circonstance, où les mêmes pensées se présentent? Comme par le passé, je crois qu'il faut marcher là où l'obéissance appelle, reconnaître la volonté de Dieu dans les circonstances diverses qui se présentent, et s'abandonner au secours et à l'assistance de la divine miséricorde. C'est dans ces sentiments, messieurs et très-chers confrères, que je pars lundi de Sivang, par la route qu'avait prise feu mon très-cher seigneur de Capse, pour me présenter à Pien-men, au temps marqué par les Coréens.

« Je prie chacun de vous en particulier de célébrer, pour votre serviteur et pour la mission de Corée, six messes votives : la première de la très-sainte Trinité, pour obtenir qu'elle seule soit adorée en Corée, et que le culte idolâtrique, et tout autre contraire à la foi catholique, y soit anéanti ; la seconde du Saint-Esprit, afin qu'il daigne éclairer et animer de plus en plus les esprits et les cœurs des missionnaires et des chrétiens de Corée, faire connaître et embrasser la foi catholique à ceux qui ne la connaissent pas ; la troisième de la Passion, pour que Jésus-Christ daigne nous apprendre à souffrir, à son exemple, avec

patience et résignation, toutes les peines qu'il lui plaira de nous
envoyer ou de permettre qui nous arrivent, à nous et à nos chers
Coréens; la quatrième de la très-sainte Vierge, afin qu'elle
daigne nous prendre, nos chers Coréens et nous, sous sa protection maternelle; la cinquième en l'honneur des saints Anges, et
particulièrement des anges protecteurs de la Corée, pour les
remercier et les prier de continuer à protéger ce pays avec un
soin particulier; la sixième de la Propagation de la Foi, pour
obtenir du Seigneur qu'il daigne aplanir les difficultés, diminuer
les obstacles, et faire croître et fructifier la semence du divin
Evangile en Corée. »

Dieu, qui aime à se servir, pour instruments de ses miséricordes,
des humbles qui mettent en lui leur confiance, bénit l'entreprise
de son serviteur. Cinq mois plus tard, M. Maubant écrivait une
nouvelle lettre aux directeurs du séminaire des Missions-Étrangères. Elle commençait par ces mots : « Rendons grâces à Dieu,
messieurs et très-chers confrères, » et était datée de Han-iang
(Séoul), capitale du royaume de Corée. Voici comment le missionnaire raconte les péripéties de son voyage :

« Le 12 janvier 1836, vers minuit, je partis de Pieu-men
accompagné de cinq chrétiens coréens. Je devais passer trois
douanes, la première à Picn-men même, et les deux autres aux
confins de la Corée. On m'avait bien indiqué ce que j'aurais à
faire pour les passer, mais ce n'était pas en ces moyens que je
mettais ma confiance. Je m'adressai au bon Dieu et à la très-
sainte Vierge; je priai cette bonne mère de tout mon cœur, et par
tous les motifs imaginables, de me protéger et de m'obtenir la
divine assistance de Jésus. Voici, selon que je puis l'exprimer, ce
que je sentis et entendis dans mon âme : tu n'as rien à craindre,
il ne t'arrivera aucun mal. Lorsque nous eûmes passé, sans
encombre, la première porte, je remerciai le bon Dieu et la sainte
Vierge. Mon guide principal parlait chinois; il me dit avec un
transport de joie : en voilà une de passée. Les chrétiens se
communiquèrent leur satisfaction et on m'invita à monter à
cheval. Nous n'en avions qu'un. Je les remerciai et leur dis de
se servir eux-mêmes de cette monture. Nous traversâmes les
plaines et les forêts désertes qui servent de limites à la
Mandchourie et à la Corée. Elles comprennent un espace d'environ
douze lieues de large sur vingt de long. Le côté oriental est bordé
par les trois branches d'un fleuve fameux, nommé en langue
chinoise Ya-lu-kiang; la branche la plus voisine de la Corée est
la limite légale des deux Etats. Le fleuve est glacé pendant trois

ou quatre mois de l'année, et c'est la seule époque à laquelle les missionnaires pourront entrer dans ce pays, jusqu'à ce que nous ayons trouvé d'autres voies.

« Deux lieues à peu près avant d'arriver à ce fleuve, deux de mes conducteurs partirent avec le cheval qui nous aurait embarrassés, et nous prolongeâmes notre marche de manière à n'arriver à la dernière branche du fleuve, sur la rive gauche de laquelle se trouve la douane la plus redoutable, que sur les dix ou onze heures de la nuit.

« Lorsque nous eûmes fait environ une lieue, on me dit que nous approchions. Quelques Coréens venaient à notre rencontre. Aussitôt on me fit signe, je me laissai tomber et je restai couché par terre, gémissant comme un malade, jusqu'au moment où ils ne purent plus nous voir. Ensuite on me fit relever pour traverser plusieurs groupes de marchands coréens arrêtés sur la route pour prendre leur repas, car il n'y a aucune auberge entre Pien-men et la frontière de la Corée. Enfin nous traversâmes les deux premières branches du fleuve et nous arrivâmes à la troisième, bien fatigués. Depuis minuit de la nuit précédente, nous étions en route, et presque toujours à pied, je n'avais pas fait deux lieues à cheval. Celui qui était désigné pour me porter, Pierre Som-pey, me prit alors sur son dos, et nous nous avançâmes à petits pas, en traversant le fleuve, jusqu'à une perche environ de la porte d'I-tchou (Ei-Tsiou), où se trouve la douane coréenne. Au lieu de nous exposer aux dangers de l'inspection et des questions que font ordinairement les préposés de cette douane à chaque voyageur, nous enfilâmes un aqueduc construit dans le mur de la ville. Un de mes trois conducteurs était déjà passé, et se trouvait à une portée de fusil en avant, lorsqu'un chien de la douane, nous apercevant sortir du trou, se prit à aboyer contre nous. Allons, pensais-je en moi-même, c'est fini. Les douaniers vont venir ; ils vont nous voir en fraude et nous questionner longuement : ils me reconnaîtront infailliblement pour étranger. Que la volonté de Dieu soit faite ! Le bon Dieu ne permit pas cependant qu'il en arrivât ainsi ; nous continuâmes à avancer dans la ville et personne ne parut.

« Je pensais que nous allions entrer de suite dans quelque auberge ou dans quelque maison destinée à me cacher ; point du tout. Nous avions encore à passer une douane. Il y avait un autre aqueduc dans les murs du quartier où nous nous trouvions ; nous nous glissons dans cet aqueduc. Au moment où j'y entrai, j'aperçus à l'autre bout un homme qui passait, une lanterne à la main. Je pensai de nouveau au danger que nous courions, mais rien de fâcheux ne nous arriva. Enfin, à quelques pas de là, on m'introduisit dans un petit appartement qui avait la forme d'un grand four de boulanger. Trois chrétiens étaient venus auparavant le disposer pour recevoir mon très-cher seigneur de Capse, afin de n'être pas obligés d'entrer dans une auberge à une heure indue. J'y retrouvai celui de mes conducteurs qui était parti en avant avec le cheval. Nous primes une misérable collation de navets crus salés et de riz cuit à l'eau, et nous nous étendîmes comme nous pûmes, au nombre de six, dans cette étroite enceinte, pour y passer le reste de la nuit. Deux ou trois heures après, il fallut prendre un second repas semblable au premier et se remettre en route une heure avant le jour. Mes pieds étaient couverts d'ampoules ; mais ces sortes de peines n'arrêtent pas un missionnaire. Je repartis donc à pied comme la veille. A trois ou quatre lieues d'I-tchou, je trouvai deux autres chrétiens, avec deux chevaux : dès lors, je continuai mon voyage ordinairement à cheval.

« Il eût été plus facile de me cacher, si j'avais voyagé en voiture ; mais les Coréens connaissent à peine ce moyen de transport. Je n'ai pas vu dans toute ma route plus de trente voitures. Ce sont des espèces de grandes et larges échelles, garnies d'échelons d'un côté, jusqu'au milieu seulement, et fermées de l'autre par une forte barre. Ces échelles sont montées sur deux roues, de la hauteur et de la dimension des roues de charrue ; on abat le bout dépourvu d'échelons sur le cou d'un bœuf, et on l'y attache avec une corde passée sous la gorge. Voilà toutes les espèces de voitures et d'attelages qu'il y a en Corée. Les gros fardeaux se transportent sur des bœufs, et les moins pesants sur des chevaux.

« Deux jours avant d'arriver à Han-iang, capitale de la Corée, je rencontrai cinq chrétiens, que M. Yu avait envoyés au-devant de moi. Nous nous trouvâmes douze hommes et nous avions trois chevaux : il n'en fallait pas tant pour attirer les regards et augmenter le danger. Les groupes les plus nombreux de voyageurs que nous avions rencontrés, étaient de cinq ou six personnes. Aussi Paul Ting (Tieng) et François Tchio (Tsio), mes deux principaux guides, voulurent-ils nous diviser pour entrer dans la capitale. Un chrétien me précéda à cheval et deux autres me suivirent à pied. C'est ainsi que j'entrai dans la ville avec moins de danger. Les autres chrétiens restèrent par derrière. On me conduisit aux maisons que les Coréens avaient achetées deux ans auparavant, avec la somme donnée par mon très-cher seigneur de Capse. J'y trouvai M. Yu, avec une vingtaine de chrétiens. »

A peine arrivé dans la capitale de la Corée, M. Maubant voulut s'appliquer uniquement à l'étude de la langue du pays ; mais les chrétiens ne lui en laissèrent pas le loisir. Tous désiraient recevoir les sacrements : ils craignaient de mourir ou de voir mourir leur missionnaire avant d'avoir pu se confesser et recevoir la sainte communion. Ceux qui connaissaient les caractères chinois, écrivaient leur confession ; ceux qui ne les connaissaient pas, la faisaient écrire par d'autres. Ils priaient le missionnaire de vouloir bien leur permettre de se confesser par interprète. A la vue de cet empressement, M. Maubant entreprit d'écrire une formule d'examen de conscience en chinois, pour la traduire ensuite en coréen. Dès lors, il fut moins que jamais maitre de ses moments. « Ce matin, écrivait-il le samedi saint, deux mois après son arrivée, nos chrétiens étaient au comble de la joie. Ils n'avaient jamais vu célébrer l'office du samedi saint. Ils ont vu un seul prêtre le célébrer. Qu'auraient-ils dit s'ils avaient vu un office pontifical ? La cérémonie a duré depuis cinq heures jusqu'à midi environ ; je dis environ, car nous n'avons ni montre, ni horloge, ni aucune espèce de cadran. J'ai baptisé sept adultes. Le plus grand obstacle à la beauté de la cérémonie, après le défaut d'officiers, venait de l'appartement même. Nous avions ajusté une croix au bout d'un roseau, mais on ne pouvait élever au-dessus de sa tête ni la croix, ni le cierge pascal, ni le roseau. Ordinairement, on ne peut entrer dans les appartements des Coréens sans se courber : un homme de cinq pieds et quelques pouces n'y est pas à l'aise. »

Après Pâques, M. Maubant continua ses travaux apostoliques, d'abord à Séoul, ensuite dans les provinces de Kiang-ki-tao et Tchong-tching-tao, où il visita seize ou dix-sept chrétientés. Au mois de décembre, il avait baptisé deux cent treize adultes et entendu plus de six cents confessions. Il établissait, partout où il le pouvait, des catéchistes pour réunir les chrétiens aux jours de dimanches et de fêtes. Dans ces réunions, on prie en commun, on lit quelques passages du catéchisme, de l'Évangile, de la Vie des saints, etc.; puis le catéchiste, qui ordinairement est le chrétien le plus capable et le plus instruit du village, explique ce qu'on a lu.

Un moment, on put craindre que la persécution ne vînt troubler ces travaux à peine commencés. Après la mort de son fils Ik-tsong, qui avait été quelque temps associé au gouvernement, le roi Sioun-tsong était resté seul en possession des prérogatives royales ; mais, accablé de chagrin et devenu presque imbécile, il ne survécut pas longtemps, et mourut en l'année 1832, laissant pour héritier un autre fils âgé seulement de sept ou huit ans. Cet enfant fut proclamé roi, et le gouvernement se trouva confié à la reine Kim, sa grand'mère paternelle, assistée d'un conseil de régence composé de trois ministres. Ce conseil administrait l'État depuis plus de quatre ans, lorsque, dans le cours de 1836, deux traîtres, qui avaient fait semblant de se convertir, livrèrent entre les mains des satellites, l'un à Séoul, trois chrétiennes baptisées et cinq catéchumènes, l'autre à An-iang, canton de la province de Tchong-tching-tao, tous les chrétiens d'un village, réunis la nuit pour la prière. Les satellites n'en arrêtèrent que deux, qu'ils traduisirent au mandarin du lieu. Quatre des catéchumènes, arrêtées à Séoul, eurent la faiblesse d'apostasier devant le tribunal, mais la cinquième demanda et reçut le baptême dans la prison, et confessa sa foi au milieu des tourments, avec les trois chrétiennes ses compagnes.

« Le persécuteur, raconte M. Maubant, leur demanda qui leur avait enseigné la doctrine. J'avais, quelque temps auparavant, entendu la confession des trois chrétiennes. Si elles avaient découvert toute la vérité, je serais peut-être déjà avec le bon Dieu et les saints dans le paradis ; mais il faut espérer que ce qui est différé n'est pas perdu. Quand on annonça l'arrestation de ces chrétiennes et catéchumènes au premier des trois régents du royaume, il garda tout d'abord un morne silence : « On a mis autrefois à mort, dit-il au mandarin qui lui apportait cette nouvelle, un grand nombre de chrétiens, et il n'en est survenu aucun avantage pour la famille royale, au contraire ; allez donc et arrangez cette affaire pour le mieux. » Ses deux collègues firent, dit-on, la même réponse. De ce moment, on n'a plus torturé ni questionné les chrétiennes captives, cependant elles sont gardées dans la prison. Le mandarin ou les régents firent revenir à différentes reprises les quatre catéchumènes qui avaient renié la foi, pour solliciter les fidèles chrétiennes à apostasier, comme elles l'avaient fait elles-mêmes. Heureusement la voix de la grâce a été plus forte que celle du démon. J'avais aussi entendu la confession d'un des chrétiens arrêtés à An-iang ; je ne connais pas l'autre : tous deux ont persévéré dans la foi. Le mandarin d'An-iang, indigné, dit-on, de la conduite du malheureux qui lui avait dénoncé les chrétiens, le fit appeler. « Comment, lui dit-il, misérable montagnard, tu oses ainsi usurper l'autorité des magistrats ! et par le seul motif d'une noire malice, tu vas troubler de paisibles et fidèles sujets du prince !... » On assure que le mandarin a donné du poids à cette réprimande en la faisant suivre d'une vigoureuse bastonnade ; quelques-uns ajoutent même que cet homme est condamné à l'exil. Je crois bien que les chrétiens, surtout ceux d'An-iang, ainsi que les parents des captifs, auront eu du mal, en apprenant cette nouvelle, à repousser de leur cœur des pensées de satisfaction peu charitables. »

Une autre cause de chagrin pour le missionnaire, c'était le spectacle de la misère à laquelle les pauvres chrétiens étaient réduits. « Toujours persécutés, écrivait-il alors, ils n'ont pas cessé de se cacher. Pour éviter de participer aux superstitions et aux idolâtries des païens, la plupart ont été obligés de fuir dans les montagnes, de se réfugier dans des lieux que personne n'avait jamais voulu habiter à cause de la stérilité. Lorsqu'ils savent ou soupçonnent que les païens les connaissent, ils disposent de leurs fonds le plus promptement possible. S'ils ne trouvent pas d'acheteurs, ils abandonnent tout et s'enfuient dans un autre lieu, où ils espèrent pouvoir vivre quelque temps en sûreté ou avec moins de danger. Ces émigrations trop souvent répétées en ont déjà réduit un grand nombre à un état de dénûment au-dessous de la mendicité. Je ne puis vous donner une idée véritable de la misère des pauvres en Corée. J'ai vu au cœur de l'hiver, par un froid de 10 à 12 degrés, des enfants presque entièrement nus, noirs de froid, gémir à la porte des infidèles. Des racines d'herbes sauvages, arrachées dans les forêts, et de l'eau, voilà la nourriture d'un grand nombre de nos chrétiens, à certaines époques. »

Mais la plus grande affliction de M. Maubant, pendant les premiers mois de son séjour en Corée, la plus terrible épreuve que la Providence lui ménagea, ce fut la conduite du P. Pacifique Yu. Nous avons vu l'opposition mal dissimulée de ce prêtre chinois, à toutes les tentatives, à tous les arrangements de Mgr Bruguière. En voici la cause et l'explication. Le P. Yu s'était, il est vrai, offert avec beaucoup de zèle à la Propagande, pour la mission de Corée ; son entrée dans ce pays avait comblé de joie les chrétiens qui soupiraient après un pasteur ; mais ce zèle tomba presque tout à coup, et cette joie des néophytes se changea en douleur. Le P. Yu, arrivé à la capitale, refusa d'apprendre la langue coréenne, rendant ainsi l'accès des sacrements à peu près impossible au plus grand nombre des fidèles ; il s'enferma à la capitale, sans vouloir visiter aucune des chrétientés des provinces ; il abusa de son ministère pour battre monnaie, et sut s'enrichir au milieu de ses ouailles qui mouraient de faim ; il fit plus, il déshonora publiquement son sacerdoce par une odieuse immoralité. On peut imaginer le scandale épouvantable que causèrent de si honteux désordres.

M. Maubant fut bientôt instruit de tous ces faits. En vain il tenta les voies de la douceur et fit au coupable de paternelles remontrances. Celui-ci fut sourd à ses avis, et à la fin, M. Maubant, en vertu des pouvoirs qu'il tenait du Saint-Siége comme supérieur de la mission de Corée, fut forcé de lancer l'interdit. Le P. Yu voulut résister ; il essaya de se faire un parti parmi les néophytes, mais, grâce à Dieu, leur foi simple et naïve triompha de ses insinuations, ils se séparèrent de lui ; de sorte qu'abandonné de tous, il fut forcé, après bien des tergiversations, de reprendre la route de Chine pour retourner dans sa province natale du Chang-si. Terrible leçon, pour tous les chrétiens et spécialement pour les ouvriers apostoliques, de mettre en Dieu seul leur confiance, et de se défier toujours des tentations de la chair et du démon ! Cet infortuné, qui avait l'honneur de succéder au glorieux martyr Tsiou, qui vivait sur la terre des martyrs, qui pouvait lui-même espérer à chaque instant l'honneur de donner sa vie pour Jésus-Christ, ne sut, au milieu de tout cela, trouver que l'aveuglement, l'infidélité et le crime.

CHAPITRE V.

Dieu, dans son amour, mesure à ses serviteurs les peines et les joies; il envoya bientôt à M. Maubant une consolation qui lui fit oublier sa tristesse. Les mêmes courriers qui, à la fin de 1836, reconduisirent à la frontière le prêtre prévaricateur, emmenèrent trois jeunes Coréens en qui le missionnaire avait cru discerner de bonnes dispositions pour l'état ecclésiastique, et qu'il envoyait à ses confrères de Macao pour qu'on leur fît faire leurs études, soit à Macao même, soit au collége de Poulo-Pinang. Ces courriers rencontrèrent à Pien-men, et ramenèrent à la capitale un autre missionnaire qui, depuis longtemps en route pour la Corée, les attendait avec anxiété. C'était M. Chastan, dont il a déjà été plusieurs fois question dans ce récit. Donnons ici, sur les premières années de ce nouveau soldat de Jésus-Christ, d'édifiants détails transmis par un saint prélat, Mgr Jordany, évêque de Fréjus, qui l'a tout particulièrement connu.

« Jacques-Honoré Chastan naquit le 7 octobre 1803, à Marcoux, petit village des environs de Digne. Son père se nommait André-Sébastien Chastan et sa mère Marie-Anne Rougon. C'était une honnête famille d'agriculteurs qui vivait du produit d'un petit domaine qu'elle cultivait. Le jeune Chastan avait commencé par garder le troupeau de son père; mais ayant manifesté de bonne heure le désir de s'instruire, il fut envoyé à l'école, vers l'âge de dix ans. Quatre ans après, il alla dans un village voisin recevoir les premiers éléments de la langue latine. La piété qu'il avait puisée dans le sein de sa famille, distinguée, dans la contrée, par ses mœurs patriarcales, se montra dès lors par son assiduité à tous les exercices de la paroisse, son éloignement des compagnies dangereuses, sa réserve dans le maintien et les paroles, la délicatesse de sa conscience quand il était exposé à commettre quelque faute. Un jeune séminariste le trouva un jour lisant un roman (à peine avait-il alors douze ou treize ans); il lui fit observer que c'était un mauvais livre aussi nuisible à l'esprit qu'au cœur, aussitôt le pieux enfant jeta le roman au feu, quoiqu'il ne lui appartint pas.

« A quinze ans, il fut placé à Digne pour y suivre les classes du collége. Là il ne se fit remarquer que par son extrême timidité, sa douceur, sa constante application à l'étude et la vie régulière d'un écolier vertueux. Ses talents étaient très-

médiocres ; aussi ses progrès ne répondirent-ils ni à ses efforts,
ni au temps qu'il consacra à ses études classiques. A défaut d'esprit naturel, le Seigneur lui avait donné un grand esprit de foi,
une âme généreuse, un sens droit qui lui procurèrent plus tard
soit au séminaire, soit dans la carrière évangélique, des succès
tout à fait inattendus et qu'on aurait presque regardés comme
impossibles. Jusque-là rien en lui n'avait fait pressentir l'héroïque résolution qu'il prit dans la suite. Il a avoué cependant
que, dès cet âge, le Seigneur avait mis dans son âme le désir
de la vie apostolique. Ce désir s'était formé dans son cœur par
l'exemple d'un saint prêtre qui, après avoir administré pendant
quelques années la paroisse de Marcoux, au retour de l'émigration, était parti pour les missions de la Chine, en 1805. Ce
prêtre était Mgr Audemar, mort évêque d'Adran. M. Chastan
n'avait pu le connaître, mais il avait souvent entendu parler de
lui dans sa famille ; il avait sans doute entendu lire ses lettres, et
son cœur avait tressailli du désir de suivre un si bel exemple.

« En 1820, il quitta Digne pour aller continuer ses études
au collége d'Embrun, où il fit sa seconde et sa rhétorique. C'est
pendant son séjour à Embrun qu'il embrassa l'état ecclésiastique.
L'habit qu'il porta dès lors lui faisant une loi d'une vie plus
fervente, il s'approcha plus fréquemment des sacrements. Peu à
peu il prit le goût de l'oraison mentale, il contracta l'habitude
de la sainte présence de Dieu et bientôt des paroles de foi et d'a-
mour, échappées de son âme, révélèrent pour la première fois à ses
amis sa pensée de se consacrer aux missions étrangères. On lisait
un jour au réfectoire la vie de saint François Xavier. Cette lecture fit sur lui la plus vive impression, il en fut ému jusqu'aux
larmes et son cœur fut dès lors comme dans l'angoisse, à la pensée
des besoins spirituels des pauvres peuples infidèles. Peu de temps
après, allant en promenade avec la communauté, il avait porté un
volume des *Lettres édifiantes et curieuses;* un de ses condisciples
voulut voir ce livre : « Tiens, lui dit-il avec un saint transport,
regarde, mon cher ami, voilà des nations assises dans les ombres
de la mort. La lumière de l'Evangile ne les éclaire point. Les
enfants sont abandonnés. Le père égorge son fils, et la mère sa
fille. Ils ont des ongles plus cruels que les serres des vautours,
lesquels prennent soin de leurs petits. Conduit par la main du
Seigneur, j'irai chercher les brebis égarées et les plus abandonnées de toutes. En Europe, surtout en France, les prêtres ne
manquent pas. Celui qui veut être baptisé le sera ; celui qui veut
connaître l'Evangile, le connaîtra ; le vigilant pasteur saura con-

duire sa brebis affamée au gras pâturage de la divine Eucharistie. Moi j'irai baptiser les enfants infidèles; ces innocentes victimes, j'irai me sacrifier pour eux, puisque le bon Pasteur s'est sacrifié pour nous. Quand je ne ferais que baptiser, je ferais plus de bien que si je restais en France. » Ces paroles ne parurent alors à son ami qu'un élan d'enthousiasme irréfléchi; mais il ne tarda pas à se convaincre qu'elles étaient l'expression d'une volonté énergique et parfaitement déterminée.

« A la fin de 1822, le jeune Chastan revint à Digne pour y suivre le cours de philosophie qu'on faisait au collége. Il y édifia chaque jour ses condisciples par son angélique piété; il se fit aimer d'eux par son heureux caractère naturellement enjoué; mais il ne leur fit rien connaître du projet qu'il continuait de nourrir au fond de son cœur pour les missions les plus périlleuses. Il entra au séminaire l'année suivante. Là, ne pouvant contenir les désirs brûlants qui dévoraient son âme, il en parlait sans cesse à ses amis, et les exhortait à le suivre avec une ardeur de foi vraiment surnaturelle. On le voyait alors tout hors de lui, ne pouvant exprimer que par des soupirs et des exclamations enflammées les sentiments héroïques de son zèle. Dans l'oraison il paraissait tantôt tout absorbé en Dieu, tantôt tout rayonnant de bonheur, et comme illuminé par les clartés intérieures dont le Seigneur favorisait son âme. Dans ces moments il s'écriait avec des transports d'amour : « Oh! que Dieu est grand!... Mais aussi qu'il est humble !... Qu'il est beau le fils de l'homme!... Combien il est aimable ! ô mon Dieu, quand pourrai-je aller vous annoncer aux peuples qui ne vous connaissent pas? » Puis il parlait de la Corée comme du lieu où il était assuré que Dieu l'appelait. C'est dans cette mission qu'il voulait, disait-il, aller affronter les prisons et le glaive, et il le disait avec la conviction que donne la certitude de remplir un devoir.

« A la fin de son séminaire, il fit un pèlerinage à Notre-Dame du Laus, sanctuaire vénéré qui se trouve dans le diocèse de Gap. Arrivé en vue de la chapelle, il se prosterna la face contre terre et passa quelques moments dans cette posture pour honorer, dit-il à ses compagnons de voyage, la terre qui a été sanctifiée par la présence miraculeuse de Marie et par les grâces innombrables répandues, par son intercession, sur les pèlerins qui accourent de toute la contrée des Alpes à cette délicieuse solitude.

« A mesure qu'il approchait du sacerdoce, son zèle pour les missions semblait s'accroître par les obstacles mêmes qu'on lui opposait pour éprouver sa vocation. Lui parlait-on des souffran-

ces qu'il aurait à endurer, des sacrifices de toute espèce qu'il
faudrait faire, il répondait simplement que le Seigneur, en l'ap-
pelant aux missions, lui donnerait le courage de tout braver pour
son amour : qu'après tout il lui suffisait d'avoir un peu de pain
et d'eau avec quelques baillons pour se couvrir, et qu'il trouverait
toujours cela. Dans cette disposition, il alla se jeter aux pieds de
Mgr Miollis pour lui demander la permission de partir au plus tôt
pour le séminaire des Missions-Étrangères. Le saint prélat, craignant sans doute que ce ne fût qu'un aveugle mouvement de zèle,
lui refusa cette permission. Le jeune diacre multiplia ses visites
et ses sollicitations au vénérable évêque ; il pria, il conjura, il
insista, il supplia avec tant de persévérance qu'il finit par obtenir l'autorisation si désirée. Voici comment il annonçait cette
heureuse nouvelle à l'un de ses amis, le 11 décembre 1826 :
« Mon très-cher ami, prenez part à ma joie, elle est aussi grande
que celle d'un homme qui, dans un instant, se verrait délivré du
poids des chaînes sous lesquelles il croyait devoir gémir longtemps
encore. Je ne puis m'empêcher d'en bénir la divine Providence
et d'inviter mes bons amis à la bénir avec moi de ce qu'elle a
daigné exaucer mes vœux. Oui, cher ami, les jours de mon exil
sont abrégés. Mon départ est fixé au 29 de ce mois. Je serai ordonné le samedi avant Noël, et le vendredi suivant j'embrasserai
mes parents pour la dernière fois... »

« M. Chastan fut en effet ordonné prêtre ce jour-là et, le jour
de saint Etienne, il alla dire sa seconde messe à Marcoux. Il y
prêcha le dimanche suivant et, le 6 janvier, il fit ses adieux à sa
famille. Quoique prévenus de son projet, ses parents ne s'attendaient pas à ce qu'il l'exécuterait sitôt, et ils conservaient même
l'espoir de l'y faire renoncer. Mais quand il leur dit qu'il allait les
quitter pour se rendre à Paris, ils furent frappés comme d'un coup
de foudre. Après un moment de stupeur, des cris déchirants se
firent entendre : père, mère, frères et sœurs, tous éclatèrent en
sanglots comme s'il avait rendu le dernier soupir. Il se jeta
aux pieds de sa mère pour lui demander sa bénédiction, mais
celle-ci le repoussa de la main en lui disant : « Non, malheureux,
je n'ai point de bénédiction à te donner. Ingrat que tu es, est-ce
ainsi que tu nous payes de tous les sacrifices que nous avons
faits pour toi ? Quoi ! tu veux nous abandonner, nous qui nous
sommes imposé tant de privations dans l'espoir de trouver en
toi la consolation de nos vieux jours ! Ah ! nous ne te laisserons
pas partir ; tu n'auras pas le courage de nous plonger dans la
désolation, de nous précipiter dans le tombeau ! »

« Cette scène douloureuse déchira le cœur du jeune prêtre, mais elle n'ébranla pas son courage. Voyant qu'il sollicitait en vain la bénédiction de sa mère, il se leva brusquement et sortit. Alors cette mère désolée se mit à sa poursuite, à travers les champs, continuant de pousser des sanglots et des cris : son fils l'entendit, retourna sur ses pas et vint demander de nouveau la bénédiction maternelle. Vaincue cette fois par une grâce toute-puissante, tremblant de résister à la volonté de Dieu, la courageuse chrétienne fit son sacrifice, et dit à celui qui devait être la gloire et le bonheur de sa famille : « Oui, mon enfant, puisque le bon Dieu le veut ainsi, va, et que tous les saints anges du ciel t'accompagnent. »

« M. Chastan, quoique inflexible dans sa résolution, fortifié qu'il était par ces paroles de l'Évangile : « Celui qui aime son père ou sa mère plus que moi, n'est pas digne de moi, » n'en sentit pas moins toute la puissance de l'affection filiale, et combien il en coûte de briser des liens si intimes et si forts. Aussi écrivait-il de Paris, le 22 mars de l'année suivante : « Ce n'est pas peu de « chose que de s'arracher d'entre les bras d'une mère, d'un père, « de frères et de sœurs qu'on aime et que probablement on ne « doit plus revoir. Je l'ai éprouvé, et, si la grâce ne m'eût soutenu, « j'eusse infailliblement succombé. Ma mère ne voulait pas me « pardonner, et ce ne fut qu'après que je l'en eus conjurée pendant « longtemps et que j'eus mêlé mes larmes aux siennes qu'elle « se résigna enfin à faire le sacrifice qui déchirait son cœur. « J'ai eu la consolation d'apprendre qu'ils sont tous résignés au « bon plaisir de Dieu, et qu'ils s'estiment heureux d'avoir fait ce « sacrifice. »

M. Chastan partit de Digne, immédiatement après son retour de Marcoux, et se rendit à Paris, au séminaire des Missions-Étrangères, où il arriva le 13 janvier 1827. Après quelques mois seulement d'épreuve, il reçut sa destination le mois de mai suivant, et alla s'embarquer à Bordeaux, avec quatre autres missionnaires, dont trois des Missions-Étrangères qui se rendaient en Cochinchine, et un franciscain italien envoyé par la Propagande à la province du Chen-si. Le voyage fut très-long et très-malheureux. Leur navire ayant échoué sur un banc de sable, près de l'île de Balabac, dont les habitants sont anthropophages, subit, pendant trois jours que dura la tempête, de si violentes secousses, qu'ils s'attendaient à chaque minute à le voir se briser. Ils gagnèrent ensuite avec beaucoup de peine les côtes de Cochinchine où ils furent obligés de rester neuf mois, car le navire ne pouvait plus reprendre la mer. Enfin, le 10 juillet 1828, les missionnaires prirent passage sur un vaisseau portugais, et arrivèrent à Macao le 19. De son côté, le capitaine du navire français fréta une jonque chinoise pour transporter à Macao les quelques marchandises qui restaient, et partit trois jours après pour la même destination; mais lui et ses hommes furent massacrés par l'équipage de la jonque, à l'exception d'un novice qui se jeta à la mer, et gagna en nageant une barque de pêcheur.

Lorsque M. Chastan, échappé à tous ces dangers, arriva à la procure de Macao, on parlait beaucoup de la mission de Corée que le Saint-Siége venait d'offrir à la Société des Missions-Étrangères. M. Chastan, qui, encore enfant, avait pensé que Dieu l'appelait en Corée, ne pouvait pas être insensible en apprenant cette nouvelle. Il écrivit dès lors au supérieur du séminaire de Paris pour le prier de l'adjoindre aux missionnaires qui seraient envoyés dans ce pays. « Quelle âme tant soit peu sensible, lisons-nous dans une de ses lettres à un de ses parents, regarderait d'un œil indifférent l'état de ces pauvres chrétiens? Ayez la bonté, mon cher cousin, de dire à ces bons séminaristes de ranimer leur courage et de venir prendre part au gros lot. Il y va de la tête, je le sais bien, mais il faut être diminué pour augmenter la gloire de notre Dieu qui le premier a donné l'exemple en mourant sur l'arbre de la croix. D'ailleurs, en tout état de cause et en tout pays, il faut mourir; et un digne soldat de Jésus-Christ ne doit-il pas préférer de mourir sur le champ de bataille, les armes à la main, combattant pour la gloire de son roi, qu'entre les bras de sa mère? »

Les désirs de M. Chastan ne purent alors se réaliser; il fut envoyé dans l'île de Poulo-Pinang qui appartenait à la mission de Siam, et placé pendant quelque temps au collége général des Missions. C'est là qu'il commença ses travaux apostoliques en instruisant les jeunes Chinois ou Annamites destinés au sacerdoce. Les lettres de ses confrères de Pinang nous le représentent pendant son séjour au collége comme un missionnaire très-doux, très-pieux, enfermé presque continuellement dans sa chambre, occupé à prier et à étudier, et prolongeant ses exercices de piété bien avant dans la nuit. Son caractère cependant le rendait plus propre à un ministère actif qu'à l'enseignement et à la surveillance d'un collége. Il aurait voulu pouvoir exercer son zèle auprès des Chinois païens, très-nombreux dans l'île de Pinang. Ses supérieurs lui permirent de suivre son attrait, et Dieu bénit ses efforts. « Diriger des âmes pieuses, disait-il, est un travail trop délicat pour moi; il me faut quelque chose de plus grossier. Quand on trouve de ces bons païens gais, droits, qui adorent le diable parce qu'ils ne connaissent que lui, et qu'on vient à bout de leur faire brûler leurs idoles pour adorer : premièrement, un seul Dieu ; secondement, un Dieu en trois personnes ; troisièmement, un Dieu crucifié ; voilà ce qui me console, voilà ce que j'aime. »

« M. Chastan, écrivait alors Mgr Bruguière, est le missionnaire qui montre le plus de zèle pour entreprendre des courses apostoliques. Il est toujours par voies et par chemins, on peut ajouter aussi par terre et par mer, pour soigner les Chinois convertis et pour faire de nouveaux néophytes. Il court partout où il y a quelque espoir d'en faire. Il parle plusieurs langues et en étudie de nouvelles ; il est vrai qu'il ne les parle pas toutes correctement, mais enfin on le comprend et on l'écoute avec plaisir. C'est un sujet précieux pour notre mission. » Les succès que Dieu donnait au zélé missionnaire ne lui faisaient pas cependant oublier la Corée. Quand il apprit que son supérieur, l'évêque de Capse, était envoyé lui-même dans cette mission, il s'offrit à l'accompagner. Son offre fut agréée, et on décida qu'il se tiendrait prêt à partir au premier appel.

C'est au mois de mai de l'année 1833 que M. Chastan se mit en route. Sa piété, son humilité, la bonté de son cœur lui avaient attiré l'estime et l'affection de tout le monde : aussi ce fut un deuil général à son départ. Les chrétiens lui témoignèrent leurs regrets et leurs sentiments de reconnaissance dans une adresse où ils disaient, entre autres choses, que les ardeurs du soleil et le mauvais temps n'avaient jamais arrêté ses pas dans les fonctions de son ministère, et que la patience et les souffrances de Notre-Seigneur avaient toujours été son modèle. Toutes ces paroles étaient rigoureusement vraies. Le missionnaire reprit donc le chemin de la Chine, et vint débarquer à Macao où il devait se concerter avec M. Umpière, procureur de la Propagande, sur les moyens de continuer sa route. Au moment de partir pour la Corée, il écrivit à sa famille la lettre suivante. On y voit le fond de ce cœur de missionnaire qu'animaient une charité si ardente et une foi si vive ; on comprend en la lisant que Dieu lui préparait la couronne du martyre.

« Macao, le 31 août 1833.

« A mes bien chers père et mère, et à toute ma famille.

« Quoique j'aie eu la douce consolation de vous écrire, il y a

environ trois mois, je ne veux pas manquer de vous écrire de
nouveau avant de m'embarquer pour la Corée, ce qui aura lieu
dans quelques jours. Qu'il me serait doux de pouvoir vous embrasser encore une fois, avant d'entreprendre ce long et périlleux voyage! Je vous l'ai déjà dit et je vous le répète : plus je me
vois éloigné de vous, plus je sens mon affection s'accroître.
O mon cher père! ô ma chère mère! pardon, mille fois pardon des
peines que je vous ai données et que je vous donne encore. Toute
la famille s'imaginait qu'elle allait être heureuse lorsque je serais
prêtre, et voilà qu'aussitôt élevé à cette sublime dignité, je la
plonge dans la plus grande affliction, en m'éloignant d'elle pour
toujours. Qu'en dites-vous, ma chère Virginie, ma chère Apol-
lonie? Combien de fois avez-vous fait couler les larmes de mes
chers parents, en faisant retentir à leurs oreilles ces paroles :
« Nous ne verrons plus notre frère! que lui avions-nous fait
pour qu'il nous quittât de la sorte ? Ne l'aimions-nous pas assez ?
Hélas ! il le savait bien : nous avions sans cesse son nom à la
bouche, et nous ne pouvions contenir notre joie quand nous le
voyions revenir dans la famille. » Cela est bien vrai, mes chères
sœurs, mes chers frères, vous m'aimiez, et je puis vous assurer
que je vous aimais bien, et que je vous aime à présent encore
davantage.

« Si je n'avais consulté que cette affection naturelle que tout
bon fils doit avoir pour un bon père, une bonne mère, de tendres
frères, de tendres sœurs, rien n'aurait pu m'arracher d'auprès de
vous. Ainsi pensais-je à l'âge de dix-sept ans, quoique le Seigneur
eût donné de fortes secousses à mon cœur pour le détacher des
parents, des amis, de la patrie, et m'envoyer dans les pays étrangers, porter l'Évangile aux pauvres infidèles. L'âge, les réflexions,
la lecture des bons livres dont malgré votre pauvreté vous n'avez
cessé de me pourvoir, et surtout la grâce du Seigneur, toute-
puissante sur un cœur qui veut être docile à ses divins attraits,
m'ont arraché d'auprès de vous. Dieu soit à jamais béni pour
un bienfait qui vous regarde aussi bien que moi ! Je crois et j'espère que notre éloignement tournera à notre plus grand bien,
tandis qu'en demeurant auprès de vous, ç'aurait peut-être été
pour notre commun malheur. Voici comment. Vous savez qu'un
chrétien ne peut être heureux en ce monde et en l'autre qu'en
remplissant les devoirs de son état. Tout prêtre qui négligerait
les siens serait doublement malheureux. Oui, si votre pauvre
Jacques, obligé, en qualité de prêtre, d'être tout dévoué à la plus
grande gloire de Dieu et au salut des âmes, eût voulu par un

amour désordonné de ses parents demeurer auprès d'eux, leur
faire de fréquentes visites et en recevoir, leur distribuer ses petits
revenus au détriment des pauvres dont il eût dû être le père,
certainement malheur à lui ; malheur aussi à ses parents, car les
biens que les prêtres amassent et laissent en mourant deviennent
souvent des sources de discorde dans leurs familles, et ne
prospèrent jamais, parce que Dieu les condamne. Mon cher Louis,
si vous continuez vos études, gravez bien ceci dans votre mémoire, et vous y trouverez une source intarissable de consolations
et de bonheur.

« Dieu, mes bien chers parents, est infiniment généreux ; il
promet de récompenser au centuple le peu qu'on fait pour lui.
J'avais souvent réfléchi sur cette divine promesse avant de me
déterminer à me séparer de vous ; et depuis le jour où je fis ce
sacrifice de ce que j'ai de plus cher au monde, j'ai éprouvé dans
toutes les rencontres que ce n'est point en vain qu'on se confie
au Seigneur : j'ai reçu bien des fois le centuple de ce que j'avais
laissé. Pour ce qui regarde les biens du corps, je n'ai jamais
manqué de rien. J'ai toujours eu une bonne santé, la nourriture et
les vêtements autant qu'il a été nécessaire, et souvent même un
peu de superflu pour pouvoir subvenir aux besoins des pauvres
mes bons amis, et de l'église dont mes supérieurs m'avaient
chargé. De même que la naissance d'un fils est un sujet de joie
pour toute une famille, ainsi autant de païens convertis, autant
de sujets de joie pour un missionnaire. O mon Dieu ! n'eussé-je
affranchi de la tyrannie du démon qu'une seule âme docile à
votre grâce, je me croirais infiniment récompensé de mes peines
et infiniment plus heureux que ces riches négociants qui viennent
dans l'Inde pour agrandir leur fortune, et s'en retournent avec
des vaisseaux chargés d'or et de pierres précieuses !

« En me séparant de mes chers enfants spirituels, j'ai senti
se renouveler dans mon cœur la douleur que j'éprouvais lorsque
je m'éloignais de vous. Il me semblait avoir autant de pères, de
mères, de frères, de sœurs que je voyais de bons chrétiens s'affliger de mon départ. Plusieurs en me baisant la main, selon la
coutume du pays, y déposaient de l'argent pour les besoins du
voyage ; d'autres apportaient du pain, de la viande, des fruits,
des confitures et autres choses dont les bonnes mères ont soin de
pourvoir leurs enfants qu'elles aiment quelquefois un peu trop.
J'avais résolu de m'échapper secrètement, mais la chose n'a pas
été possible. Je fus accompagné jusqu'au rivage, où nous réité-
râmes les adieux. Tant que je vivrai, je n'oublierai jamais la

charité de ces braves gens et l'amitié qu'ils m'ont témoignée.
A Malacca, à Syngapour, j'ai aussi rencontré des personnes qui
m'ont tenu lieu de mère par les bons services qu'elles m'ont rendus,
ce qui m'a donné lieu de dire plusieurs fois que je n'avais laissé
qu'une mère en France et que Dieu m'en donnait plus de cent dans
l'Inde. On me demandait mille francs pour me porter de Syuga-
pour en Chine, ma bourse n'était pas si bien garnie ; aussi le
bon Dieu y a pourvu admirablement. Un capitaine allemand fut
prié par des chrétiens chez qui il logeait de vouloir bien me
prendre à prix modéré. Il demanda si j'étais pauvre ; on dit que
oui. « Eh bien ! qu'il vienne, nous nous arrangerons. » Au moment
où nous entrâmes en pourparlers, l'épouse de l'aubergiste se mit
en prières. Le capitaine hambourgeois me dit : « Seigneur, vous
prêtre catholique, moi réformé ; moi porter vous à Macao, pas
un sou ; moi donner à vous bon chambre, bon manger, pas
prendre un sou. » Ce charmant et loyal monsieur a tenu sa
parole. Nous avons été treize jours en mer sans nous ennuyer.
Que le bon Dieu le récompense en lui ouvrant les yeux à la vraie
foi ! Il n'en paraît pas fort éloigné, et j'espère que Dieu le ré-
compensera en ce monde et en l'autre.

« Arrivé à Macao, j'ai trouvé la barque qui doit me porter à
Nanking ; elle venait d'arriver. Je serais déjà parti, si deux
religieux espagnols avec qui nous devons aller jusqu'au Fo-kien
avaient été prêts. J'espère que nous nous embarquerons pour le
plus tard dans dix jours. Les pauvres Coréens savent déjà qu'un
évêque et des missionnaires sont en route pour leur porter du
secours ; cette nouvelle leur a fait verser des larmes de joie.

« Quand je serai arrivé auprès d'eux, je vous écrirai combien
ils sont aimables et s'ils sont dignes que vous fassiez encore pour
eux le sacrifice de mon cher Louis ou du petit Jules. Formez-les,
ainsi que mes petites sœurs, à la vertu : c'est le plus riche héritage que vous puissiez leur laisser. La lecture des histoires de la
Bible et de la Vie des saints produit un effet admirable sur les cœurs
des jeunes enfants ; les bons exemples dont ces livres sont pleins
s'y impriment comme un cachet sur de la cire. Si je suis prêtre, si
je suis en Chine, je m'en crois redevable en grande partie à ces pieuses lectures que vous aviez coutume de faire le soir ou le dimanche.
Oh ! mon cher père, pour vous délasser des travaux de la campagne, après avoir ensemencé vos champs pour récolter de quoi
nourrir nos corps, vous aviez soin de jeter dans nos cœurs une
autre semence bien plus précieuse, puisqu'elle est destinée à
fructifier pour l'éternité. En instruisant mes chrétiens, j'ai sou-

vent, ô ma chère mère, cité votre exemple aux mères de famille
négligentes à instruire leurs enfants. « Je n'avais tout au plus que
huit ans, leur disais-je, et déjà ma bonne mère m'avait appris à
lire, sans cependant jamais interrompre les pénibles travaux
auxquels elle se livre tous les jours, d'une aube à l'autre, et le
plus souvent jusque bien avant dans la nuit. » Tant de bontés de
votre part, mes chers parents, pénètrent mon âme d'une vive
reconnaissance. Que puis-je faire pour la manifester? Hélas! rien
autre chose si ce n'est de prier Dieu, le père des miséricordes,
de les répandre sur vous avec abondance, de vous donner le
centuple promis dans l'Evangile, et de plus la vie éternelle. Je
vous embrasse tous et suis pour la vie, avec le plus profond
respect,

« Votre très-humble et très-obéissant fils,

« J.-H. CHASTAN, miss. apost. »

M. Chastan partit de Macao au mois de septembre 1833. Après
un séjour de deux mois dans la province du Fo-kien, il s'achemina vers Nanking. Les dangers de ce voyage n'ébranlèrent pas
sa constance. « Quand je sens naître, écrivait-il, quelque sentiment de tristesse à la vue des obstacles que le démon suscite
pour faire perdre courage, et pour faire désister des entreprises
qui ont pour but la gloire de Dieu, je les rejette aussi promptement que je puis. J'ai éprouvé bien des fois qu'au moment où
tout paraît perdu, un acte de résignation au bon plaisir de Dieu
n'est pas plutôt fait, que tout change, et Dieu semble alors vouloir faire notre volonté. » A Nanking, on l'engageait à ne pas
continuer son voyage. « Il est impossible d'aller en Corée, lui
disait-on ; demeurez avec nous, vous pourrez travailler dans la
province voisine qui est sans pasteur. » Mais il répondait :
« Connaissez-vous l'histoire de Jonas? Je suis envoyé en Corée,
je dois faire tous mes efforts pour y entrer. Si je ne puis réussir,
je n'aurai du moins rien à me reprocher. »
Nous avons vu dans la relation du voyage de l'évêque de
Capse comment le courageux missionnaire continua sa route et
arriva, après mille dangers, jusqu'aux frontières de la Corée.
Mais il n'y avait personne pour l'introduire dans cette mission.
Il fut donc obligé de revenir sur ses pas, et d'aller travailler
dans la province du Chang-tong, en attendant le moment marqué
par la divine Providence pour son entrée en Corée. Pendant deux

ans, il visita les chrétiens chinois dépourvus de pasteur et leur administra les sacrements. « Prêcher, entendre les confessions, aller administrer les malades, quelquefois à dix lieues de distance, voilà mes occupations journalières. Je jouis d'une tranquillité passable. Je ne me mets nullement en peine de ma nourriture : les chrétiens y pourvoient abondamment. Je ne suis ni riche, ni pauvre, je ne manque de rien ; aussi je ne désire rien, si ce n'est de plaire à Dieu et de sauver les âmes que l'ignorance ou les passions font tomber dans les piéges du démon. »

« Si je n'ai pu entrer en Corée, écrivait-il un peu plus tard, je n'ai point, en attendant, perdu mon temps. Je l'ai employé à administrer un district où il y a plus de deux mille confessions annuelles. J'ai eu dans la seconde administration la douce consolation de voir que la première n'avait pas été stérile. J'ai aperçu un changement notable dans les mœurs et la conduite de ces pauvres chrétiens, qui auparavant croupissaient dans l'ignorance de certains devoirs de la première importance. Ils ont pour moi et j'ai pour eux une grande affection. Ils ignorent encore que dans peu je vais me séparer d'eux. S'il était en leur pouvoir de me retenir, je me tirerais difficilement de leurs mains. »

Les chrétiens administrés par M. Chastan étaient disséminés dans plus de vingt villages, sur un espace d'une cinquantaine de lieues. Les fatigues de cette pénible administration occasionnèrent au missionnaire une dangereuse maladie, et c'est alors qu'on put voir l'affection profonde qu'il avait su inspirer à ses ouailles. Les chefs de villages venaient de dix, vingt et même trente lieues pour le visiter et le servir dans sa maladie. Pendant ce temps, M. Maubant pénétrait heureusement en Corée, et il écrivait à son cher confrère, demeuré en Chine, de venir se présenter à la frontière coréenne à la fin de l'année 1836. A peine rétabli, M. Chastan songea à son départ. Dans tous les villages où il passait, les chrétiens, avertis de son intention, répandaient des larmes amères, sachant qu'ils ne le reverraient plus. C'est au milieu de ces témoignages de dévouement qu'il se mit en route.

Il arriva à Pien-men le jour de Noël 1836. Le 28 décembre, les courriers coréens y arrivèrent de leur côté. « Pourrez-vous marcher, comme un pauvre homme, avec un paquet sur l'épaule ? dirent-ils au missionnaire. — Très-certainement, repartit celui-ci, d'autant plus que je ne suis pas fort riche. » On se mit en route le 31 décembre à minuit. La première douane fut franchie sans difficulté. Les voyageurs traversèrent ensuite le désert, et arrivèrent sur les bords du fleuve Ya-lu-kiang qu'ils passèrent sur la glace, à la faveur d'une nuit obscure, laissant à gauche la ville d'I-tchou (Ei-tsiou) et sa terrible douane. Cette douane est la plus stricte de toutes. En sortant de Corée, les voyageurs y reçoivent un passeport sur lequel sont inscrits non-seulement leurs noms, surnoms, généalogie, profession, etc., mais encore la cause de leur voyage et la quantité d'argent qu'ils emportent pour faire le commerce. A leur retour, ils doivent présenter ce passeport, et prouver par un bordereau de leurs marchandises que les prix réunis équivalent à la somme déclarée auparavant.

M. Chastan fut conduit dans une maison qu'on avait préparée hors de la ville. Il y arriva accablé de fatigue, mais bien heureux de se trouver enfin en Corée. « Je ne sais pas ce qui m'y attend, écrivait-il alors ; je suis résigné à tout, parce que je travaillerai à la gloire de mon Dieu, au salut des âmes et de la mienne en particulier. Je suis content. Toute ma confiance est dans le Seigneur. C'est de lui que j'attends la force de souffrir pour son saint nom si l'occasion se présente. » Le missionnaire se revêtit d'un habit de toile fort grossière, d'un capuchon qui ne lui laissait à découvert que les yeux, le nez et la bouche ; enfin d'un grand chapeau en forme de cloche, surmonté d'un voile en éventail pour couvrir le visage ; et, dans cet accoutrement qui est l'habit de deuil du pays, il partit pour la capitale. Il y arriva heureusement, après quinze jours de marche. Grande fut la joie des deux missionnaires en s'embrassant, et en se voyant réunis dans cette mission après laquelle ils avaient tant soupiré. Pleins de reconnaissance, ils adorèrent ensemble les desseins de Dieu, et lui renouvelèrent l'offrande d'eux-mêmes et le sacrifice de leur vie.

Le 15 janvier, le jour même où M. Chastan entrait en Corée, une pauvre veuve s'envolait au ciel, après avoir eu les jambes brisées et les lèvres déchirées dans les tortures. Le récit de ces supplices, la possibilité, à chaque minute, de tomber entre les mains des persécuteurs, firent une vive impression sur le missionnaire nouvellement arrivé : « Je compris alors, dit-il, que le martyre considéré dans l'oraison à quelques mille lieues de distance, ou bien dans le lieu même et à la veille du jour où on peut le subir, produit un effet très-différent. »

M. Maubant n'avait pu encore donner que très-peu de temps à l'étude de la langue. Les chrétiens étaient tellement empressés de recevoir les sacrements, tellement avides de s'instruire sur plusieurs points importants, qu'ils lui laissaient à peine le temps de respirer. Aussitôt après l'arrivée de son confrère, il se retira, pour quelque temps, à Iang-keun, à quatorze ou quinze lieues de la capitale. Il y consacra quatre semaines à l'étude, et fit ensuite l'administration de la chrétienté de cette ville. M. Chastan demeura à la capitale, dans la maison d'un catéchiste, pour étudier les premiers éléments de la langue. Pendant deux mois, il travailla à apprendre par cœur un examen de conscience détaillé, après quoi il put faire en langue coréenne son premier essai du ministère, en entendant une centaine de confessions. Les deux missionnaires célébrèrent ensemble la fête de Pâques à Iang-keun ; ils se séparèrent ensuite, l'un se dirigeant vers le nord, et l'autre vers l'est, pour commencer l'administration des chrétientés des provinces.

Plusieurs causes rendirent cette administration très-pénible. Les chemins étaient longs et difficiles ; les chrétiens venaient en foule demander les sacrements, et il fallait les instruire sur la manière de préparer leurs longues confessions de vingt, trente ou quarante ans ; les misérables chaumières, qu'on transformait en chapelles à l'arrivée des missionnaires, étaient souvent très-insalubres ; enfin il fallait vivre dans une crainte continuelle d'être découverts et dénoncés par les païens. M. Maubant, déjà affaibli par les travaux excessifs de l'année précédente, contracta bientôt une maladie dangereuse. Il s'était rendu dans la partie méridionale du royaume, vers la mi-juillet, pour y continuer la visite des chrétiens. A peine arrivé, il fut saisi d'une fièvre si ardente, que les premiers accès le réduisirent à l'extrémité. Il put cependant se faire transporter à la capitale, où M. Chastan vint aussitôt le rejoindre. Tous les remèdes étaient inutiles, et l'état du malade paraissait désespéré ; M. Chastan lui administra les derniers sacrements. Lorsque la divine Eucharistie parut dans la chambre du missionnaire mourant, il sentit dans son âme comme une assurance de sa guérison prochaine. Dès ce moment, en effet, la fièvre diminua, et après une longue convalescence de trois mois, il se trouva parfaitement rétabli et put reprendre ses courses apostoliques.

Toutes les parties de la Corée où se trouvaient des chrétiens furent ainsi visitées par les missionnaires. Dans chaque endroit, ils établirent ou complétèrent l'organisation des chrétientés, instituant ou confirmant des catéchistes, donnant des règles pour le baptême des enfants, les mariages, les sépultures, les réunions des dimanches et des jours de fêtes, le jugement des querelles et procès, en un mot pour tout ce qui pressait le plus. C'est alors qu'ils purent se convaincre que les divers rapports sur le nombre des chrétiens coréens étaient très-exagérés. Aucun dénombrement régulier n'avait encore été fait, et tout ce qui en avait été dit ne l'avait été que par conjecture. D'ailleurs, par suite des persécutions et de l'abandon prolongé dans lequel avait été laissée la mission de Corée, le nombre des néophytes avait beaucoup diminué, de sorte qu'au lieu de vingt ou quarante mille fidèles, les missionnaires n'en trouvèrent que six mille. La plus grande partie de ces pauvres chrétiens habitaient les montagnes où ils plantaient du tabac, et où ils n'avaient souvent pour se nourrir, durant plusieurs mois de l'année, que des herbes, des racines et des feuilles d'arbres. Plusieurs même moururent de faim en 1837. MM. Maubant et Chastan vinrent au secours des plus nécessiteux, en leur distribuant le peu d'argent qu'ils avaient en leur possession. Ils purent aussi aider un peu les confesseurs de la foi, qui étaient détenus dans quatre ou cinq prisons différentes.

Malgré toutes les difficultés de cette première expédition, entravée par la longue maladie de M. Maubant, par le peu de connaissance que les missionnaires possédaient de la langue et des mœurs du pays, le résultat général fut très-consolant. Dans la partie de la Corée visitée en 1837, il y eut 1,237 baptêmes (y compris les baptêmes d'adultes et d'enfants païens), 2,078 confessions et 1,950 communions.

Les chrétiens admis à participer aux sacrements furent d'abord les seuls à connaître la présence des missionnaires. Dans une même famille chrétienne, les uns savaient qu'il y avait en Corée des prêtres européens, les autres l'ignoraient. La crainte de rencontrer quelque traître ou quelque indiscret, dans un si grand nombre de personnes, faisait tenir cette ligne de conduite. Mais il fut impossible de conserver longtemps le secret. Peu à peu tous les chrétiens, même les moins fervents, le connurent, et il vint même jusqu'aux oreilles des païens. On commençait à se raconter tout bas qu'il y avait dans le royaume des hommes venus d'un pays éloigné de neuf mille lieues. Deux paysans s'entretenaient un jour sur ce sujet. L'un d'eux objecta les difficultés insurmontables qui empêchaient les étrangers d'entrer en Corée. « Dans la religion chrétienne, répliqua l'autre, il y a des secrets que nous ne connaissons pas. Quand Jésus envoie ses disciples, ceux-ci trouvent toujours le moyen d'atteindre leur but. » Ces propos, et plusieurs autres du même genre, furent rapportés aux missionnaires, et ils comprirent qu'ils devaient se tenir toujours prêts au martyre, puisqu'à chaque instant ils pouvaient tomber entre les mains des persécuteurs.

Voici un extrait du compte rendu annuel que M. Maubant envoya à la fin de 1837, au séminaire des Missions-Étrangères :

« Les chrétiens captifs pour la foi hors de la capitale n'ont éprouvé aucun mauvais traitement qui soit venu à ma connaissance. Ils souffrent surtout du manque de vivres et de vêtements. L'un d'eux, le frère de l'un des trois élèves que j'envoyai l'an passé à Macao, avait reçu du mandarin la liberté de sortir, de se promener et de travailler hors de la prison, pourvu qu'il y reparût le soir : il s'est échappé. Il ne paraît pas que cette évasion doive nous attirer aucune mauvaise affaire. Je n'ai pas ouï dire que l'on ait gardé plus strictement les autres chrétiens prisonniers. Le 13 décembre dernier, ceux de la capitale ont subi l'interrogatoire et les tortures. L'un d'eux en fait ainsi le détail :

« Le 6ᵉ jour de la onzième lune, à l'heure ordinaire des séances (sur les deux heures de l'après-midi), on nous amena moi et ma sœur, et l'on nous fit comparaître devant le tribunal. Tang-sang-ni était assis, ayant à sa droite et à sa gauche nombre de satellites armés de rotins. Le juge criminel me demanda mon nom, ajoutant : « La doctrine perverse (c'est ainsi qu'ils appellent notre sainte religion) est contraire à la reconnaissance due aux pères et mères, et d'ailleurs prohibée en Corée par le gouvernement ; comment l'as-tu embrassée ? — Ce n'est point une doctrine perverse ; les membres de la religion du Maître du ciel, qui en observent les préceptes, doivent honorer leur roi, aimer tendrement leurs parents, et leur prochain comme eux-mêmes. Qui peut dire qu'une telle doctrine est contraire à la reconnaissance due aux pères et mères ? — Sais-tu lire l'écriture chinoise ? — Non. — Comment as-tu donc pu apprendre cette doctrine, ne sachant pas lire ? — Pour observer cette religion, il n'est pas nécessaire de connaître les caractères chinois, car elle est traduite en langue coréenne que je sais lire. Quelle difficulté aurais-je eu à l'apprendre ? — Quel âge as-tu ? Tu ne sacrifies pas à tes parents. Aux yeux de tout le monde, ceux qui n'offrent pas des sacrifices à leurs aïeux sont pires que des chiens et des pourceaux ; ils doivent être mis à mort. Voudras-tu mourir plutôt que d'abandonner ta religion ? — Il est certain que ces sacrifices sont vains et inutiles, et qu'il faut rejeter les vanités et les erreurs pour embrasser la vérité. Servir la table pour ses pères et mères endormis, et s'imaginer qu'ils vont manger en dormant, ne serait-ce pas une folie ? Sans doute ; eh bien ! n'en est-ce pas une plus grande encore d'attendre qu'ils mangeront après leur mort? L'âme s'en va en son lieu, et le corps n'est qu'un cadavre qui ne peut rien. L'âme, substance spirituelle, ne peut se nourrir d'aliments corporels. Les préceptes du Maître du ciel sont bons, et il y a du mérite à les observer. On ne regarderait pas comme un sujet rebelle celui qui donnerait sa vie pour son prince; combien moins celui qui donnerait sa vie plutôt que de renier le Maître du ciel, de la terre, des hommes, des anges et de tout l'univers, le Roi des rois, le Père commun du genre humain, qui fait tomber à son gré la pluie et la rosée, qui fait croître depuis la plus petite plante jusqu'aux plus hauts arbres des forêts, dont il n'est personne qui ne ressente les bienfaits? Aussi suis-je décidé à mourir plutôt que de le renier. »

« Oui, certainement, tu dis la vérité, reprit le juge, mais le gouvernement prohibe cette doctrine sous peine de mort. Et en quoi les sacrifices aux ancêtres sont-ils vains et inutiles? Fléchir les genoux devant une image du Maître du ciel, n'est-ce pas aussi une action vaine et inutile? Pourquoi n'adores-tu pas aussi bien les images de tes parents? — Le Maître du ciel est tout-puissant, infiniment bon et connaissant tout; voilà pourquoi je l'adore. Dans la religion du Maître du ciel, on prie pour les âmes des parents défunts; il y a des prières spéciales pour les morts. — Tu parles tout seul; qui est-ce qui ajoute foi à tes paroles? qui est-ce qui t'approuve? qui est-ce qui t'a enseigné cette doctrine? — Il y avait chez nous des livres où je l'ai apprise. — Ne peux-tu dire quel a été ton instructeur? — Ce fut un nommé Y, qui demeurait dans le faubourg de la petite porte de l'ouest. — Cet homme vit-il encore? — Non, il a été martyrisé à Tsien-tsiou, capitale de la province de Tien-la. — Pourquoi ne changes-tu pas de résolution? — Comment puis-je changer une sainte résolution en une mauvaise? » On ferma alors la petite malle qui renfermait mes livres, et on la porta au juge. Ma sœur, interrogée après moi, rendit le même témoignage à la vérité.

« Alors le mandarin ordonna de nous battre violemment, et pendant que les satellites exécutaient ses ordres, il criait : « Changeras-tu de résolution? persévéreras-tu dans ton dessein? sens-tu les coups? — Comment pourrais-je ne pas les sentir? — Change donc de résolution. — Non, j'en ai changé à l'époque où, pour la première fois, j'ai lu les livres chrétiens, je n'en changerai plus. — Et pourquoi ne veux-tu plus changer? — Du sein de l'ignorance ayant aperçu la vérité, je ne puis l'abandonner. » On frappait sans discontinuer, nous ne cessions de répéter les noms de

Jésus et de Marie. Le juge nous dit alors : « Êtes-vous donc décidés à mourir ? — C'est notre plus grand désir. — Insensés que vous êtes, vous voudriez mourir promptement, mais avant cela vous recevrez des coups sans mesure et sans nombre. »

« Enfin ils cessèrent de nous frapper. Cependant ma sœur, épuisée et la tête courbée sous la cangue, soupire toujours après le martyre qu'elle ne cesse de demander, ainsi que l'assistance du Seigneur. Tout ce que je viens d'écrire a été vu et entendu par une multitude de personnes. Je ne puis prolonger ce récit ; je ne puis développer les pensées innombrables qui remplissent mon âme. Mes jambes toutes déchirées n'étaient qu'une plaie ; cependant, grâces à Dieu, je n'ai pas encore beaucoup souffert. Je souhaite la paix à tous les chrétiens et je désire en avoir des nouvelles. Pierre Ni, le 29 de la onzième lune. »

« Une des captives a aussi envoyé sa relation, mais comme elle n'est qu'un abrégé de celle-ci, j'ai cru inutile de vous la traduire.

« Le 15 janvier, jour de l'entrée de M. Chastan en Corée, une fidèle chrétienne, nommée Agathe Kim Sien-sa, alla dans le ciel recevoir la palme du martyre, à la suite des affreux supplices qu'on lui avait fait souffrir la veille. Le tyran qui l'avait fait torturer est le même qui tourmentait les chrétiens dans la première persécution, il y a trente-six ans. On prétend aujourd'hui que les années d'abord, mais surtout cette dernière expérience, l'ont un peu adouci. Il aurait dit, en apprenant la mort d'Agathe : « C'est fini, je ne me mêlerai plus des affaires des chrétiens. » Les premiers administrateurs et les grands du royaume, mandarins et autres, semblent ne pas s'occuper de la religion ; ils cherchent seulement à maintenir les choses *in statu quo* pendant la minorité du roi. Il n'a pas encore dix ans ; cependant ils l'ont marié au printemps dernier. Un des grands, ami particulier du premier et principal régent du royaume, celui-là même qui écrivit une lettre de recommandation pour faciliter l'introduction de feu Mgr de Capse en Corée, ne cesse de nous donner des marques de protection. En automne de l'année dernière, il y eut, dans le Sud, quelques esprits turbulents qui voulurent former une conspiration contre le jeune roi. Le gouvernement les fit aussitôt poursuivre, et on en arrêta un grand nombre. Kim, ce protecteur que la divine Providence nous a ménagé, craignant que l'on ne nous confondit avec les rebelles, fut aussitôt trouver le premier régent. L'entretien roula sur les causes présumées de cette rébellion et sur les diverses classes de personnes que l'on pouvait soupçonner d'en être les auteurs. « Quant aux chrétiens, dit Kim, il n'y a rien à craindre de leur part, ce ne sont pas eux certainement qui ont jamais excité une révolte. — Je le sais bien, » répondit le régent. Depuis ce martyre de janvier dernier, les confesseurs n'ont été mis, que je sache, à aucune nouvelle épreuve.

« Les chrétiens, dans un petit village seulement, ont eu la faiblesse de participer aux superstitions générales faites à l'occasion de l'anniversaire de la mort du dernier roi. M. Chastan et moi, nous avons parcouru et parcourons les provinces méridionales du royaume dans tous les sens, sans éprouver d'obstacle. Pour obvier à la perfidie des faux frères qui sont les auteurs ordinaires des persécutions, j'avais recommandé de n'apprendre l'arrivée du prêtre qu'à ceux qui observent la religion ; car il y en a, ici comme partout, qui ne l'observent pas. Mais cette recommandation n'a pas eu tout son effet. Non-seulement ces chrétiens tièdes, mais encore nombre de païens savent notre arrivée et même nous ont vus ; de sorte que si la divine Providence ne nous protégeait d'une manière toute spéciale, il y a déjà des mois que nous serions dans le ciel ou au moins dans les prisons. C'est à vos prières, messieurs et très-chers confrères, que nous devons notre entrée et notre conservation en ce pays. Veuillez donc continuer ces prières, offrir à Dieu des sacrifices d'actions de grâces, et obtenir qu'il nous continue sa protection. »

Cet état si précaire, dans lequel se trouvaient les missionnaires, leur faisait désirer ardemment l'arrivée d'un évêque qui pût, avec le temps, assurer la perpétuité du sacerdoce en Corée. Dieu exauça leurs vœux. Le 18 décembre 1837, à minuit, la terre coréenne fut foulée pour la première fois par le pied d'un évêque. C'était l'ange que le Seigneur Jésus envoyait à l'Église de Corée, Mgr Imbert, évêque de Capse et vicaire apostolique. Après treize jours de marche depuis la frontière, il entra dans la capitale, où l'attendait M. Mauhant, le soir du 30 décembre.

CHAPITRE VI.

Mgr Imbert, second évêque de Capse.

Laurent-Marie-Joseph Imbert naquit le 15 avril 1797, au domaine de Labori, dans un petit hameau nommé Calas, appartenant à la commune de Cabriès, à deux ou trois lieues d'Aix. Son père Louis Imbert et sa mère Suzanne Flopin étaient très-pauvres et ne pouvaient donner aucune instruction à leur enfant. A l'âge de huit ans, Laurent, ayant un jour trouvé un sou dans la rue, songea de suite à acheter un alphabet. Il pria son père de lui faire cette emplette, et, muni de son petit livre, alla trouver une bonne vieille sa voisine, pour lui demander le nom des lettres. Cette digne femme s'empresse de le satisfaire ; l'enfant écoute, répète, repasse ce qu'il a appris, retourne fréquemment chez sa maitresse, et bientôt il sait lire. Puis son ambition croissant avec ses progrès, il saisit un morceau de charbon et copie sur les murs les lettres de son livre. Touchée de tant d'ardeur, la bonne maitresse, que son élève ne pouvait payer qu'avec des remercîments, lui fait don d'une plume et d'un cahier sur lequel elle avait tracé les lettres de l'écriture cursive. C'est ainsi que Laurent apprit à lire et à écrire.

M. Armand, curé de Cabriès, ravi des excellentes dispositions de cet enfant, le demanda à son père et voulut le garder à la cure. Il lui donna les premières leçons de grammaire française, et, après l'avoir éprouvé quelque temps, chercha à le faire entrer dans une maison d'éducation. La chose n'était pas facile. On était en 1808. Les établissements destinés à l'instruction chrétienne de la jeunesse étaient en petit nombre et manquaient de ressources. La pauvreté de Laurent ne lui permit pas d'entrer au petit séminaire. Heureusement pour lui, la ville d'Aix possédait alors quelques religieux, connus sous le nom de Frères de la retraite chrétienne, qui s'étaient voués à la prière et au service du prochain, à l'époque même où l'Assemblée constituante avait décrété l'abolition de tous les ordres religieux. Les bons frères venaient de rentrer en France après avoir fait dans l'exil un véritable noviciat de quinze ans, et l'archevêque d'Aix, Mgr de Cicé, leur avait donné une maison, placée sous le patronage de saint Joachim, pour y instruire la jeunesse. Laurent fut reçu gratuitement à Saint-Joachim : il devait payer seulement ses vêtements et ses fournitures. Hélas! le père du jeune élève n'était pas même en état de suffire à cette petite dépense. Le bon curé de Cabriès fut obligé d'abord de venir à son aide, mais il n'eut pas longtemps à supporter cette charge.

Laurent, plein de joie et de reconnaissance, s'appliquait à tous ses devoirs avec une incroyable activité. La prière, l'étude et le travail des mains remplissaient tous ses instants; ses condisciples ne se souviennent pas qu'il ait joué une seule fois. Ayant vu les frères de la maison tordre du fil de fer pour confectionner des chapelets, il voulut faire comme eux. Il apprit donc à faire des chapelets et, dès lors, s'appliqua sans cesse à ce travail. Pendant les récréations, pendant ses moments libres, tout en apprenant sa grammaire et ses auteurs classiques, en allant au collège et en revenant à la maison, il avait toujours le fil de fer roulé autour du bras et les pinces à la main. Ces chapelets il les vendait, et du produit de cette vente il payait ses livres, ses cahiers, ses vêtements; et le surplus, car il savait trouver du surplus, il l'envoyait à son père, déjà avancé en âge et à peu près hors d'état de travailler. Ce n'était pas assez, il redoubla d'ardeur, il perfectionna son travail, il fit venir de Lyon du fil d'argent, de belles médailles, et se mit à fabriquer des chapelets de prix. Il envoya ses produits jusqu'à la foire de Beaucaire, et trouva ainsi le moyen d'assurer à son père une petite rente régulière de quinze francs par mois.

Ce travail manuel n'empêchait pas le jeune Imbert de faire de bonnes études et d'être fidèle à tous ses exercices de piété. Ses humanités terminées, il obtint le grade de bachelier ès lettres, et passa au grand séminaire d'Aix pour y faire sa théologie. Il avait déjà formé dans son cœur la résolution d'aller prêcher la foi aux infidèles, et la pensée des missions ne le quittait plus. Pour endurcir son corps aux fatigues de l'apostolat, il s'imposait diverses privations, s'exposait au froid et à la chaleur, et vivait dans une mortification continuelle. Il continuait toujours à faire des chapelets, car c'était l'unique moyen de se procurer l'entretien nécessaire et d'aider son vieux père. Lorsqu'il acheva ses études de théologie, Laurent n'avait pas encore l'âge requis pour le sous-diaconat. Il fut appelé dans une riche et honnête famille de Givors, pour servir de précepteur aux enfants de la maison. Il s'y fit aimer comme au séminaire, et dut y laisser un souvenir bien cher, car, toute sa vie, ses anciens élèves continuèrent de correspondre avec lui.

Toutefois, la pensée des missions ne le quittait point. Cette voix mystérieuse et puissante, que l'on nomme la vocation, se fai-

sait entendre dans son âme d'une manière de plus en plus distincte,
et, après quelque temps, le jeune Imbert quitta Givors pour aller
faire une retraite à la Trappe d'Aiguebelle, près de Montélimar.
Là il consulta la volonté de Dieu, dans le silence et la prière et
dans de longues conférences avec le saint abbé du monastère,
à qui il se fit entièrement connaître. Ce vénérable directeur
reconnut facilement l'appel de Dieu dans les désirs ardents du
jeune lévite, et l'adressa lui-même au séminaire des Missions-
Étrangères. M. Imbert y arriva le 8 octobre 1818 ; il n'avait pas
encore vingt-deux ans. Il reçut le sous-diaconat le 27 mars 1819,
et fut ordonné prêtre à la fin de la même année, le 18 décembre,
avec dispense d'âge. Destiné à la mission du Su-tchuen, il quitta
Paris le 20 mars 1820, et s'embarqua à Bordeaux le 1er mai
suivant.

Diverses circonstances rendirent son voyage extrêmement long.
Retenu d'abord pendant plusieurs mois à l'île de la Réunion, puis
au Bengale, il ne put arriver au séminaire de Poulo-Pinang que
le 19 mars 1821. Le directeur des études de cet établissement,
M. Mouton, venait de mourir, et le nouveau missionnaire dut le
remplacer pendant quelques mois dans l'enseignement du latin
et de la théologie. Le 2 décembre suivant, il partit pour Macao
sur un navire anglais, qui n'arriva à destination que le
10 février 1822. La route directe du Su-tchuen, à travers la
Chine, étant alors complétement fermée, après quelques jours
de repos il s'embarqua pour la Cochinchine, où il resta cinq ou
six mois. De là il passa au Tong-king où il fut forcé de demeurer
pendant plus de deux ans, administrant les chrétiens avec un
zèle infatigable, et cherchant toujours le moyen de pénétrer dans
sa mission par la province chinoise du Yun-nan. Il y réussit
enfin, avec l'aide de Dieu, et arriva auprès de Mgr Perrocheau,
alors coadjuteur du Su-tchuen, en mars 1825 ; il y avait cinq ans
qu'on l'attendait.

M. Imbert resta plus de douze ans dans cette mission. Nous ne
raconterons pas ici ses travaux pour administrer régulièrement
d'immenses districts, sa patience dans les maladies et les persécutions, son zèle éclairé dans la fondation d'un séminaire à
Mo-ping, sur les frontières du Thibet, les beaux exemples de
vertu et de zèle qu'il ne cessa de donner. Tous ces détails édifiants appartiennent plutôt à l'histoire de l'Eglise de Chine.
Arrivons de suite au vicaire apostolique de Corée.

Quand fut reçue au Su-tchuen la lettre du séminaire des
Missions-Étrangères, annonçant l'offre que la sacrée Congrégation

faisait à la société de la mission de Corée, M. Imbert, non content, comme tous ses confrères, de plaider énergiquement pour qu'on acceptât la proposition, s'était offert à partir lui-même, si on le lui permettait. Aussi, dès que la mort de Mgr de Capse fut connue à Rome, on songea à M. Imbert pour le remplacer. MM. Maubant et Chastan l'indiquaient dans leurs lettres ; ses supérieurs le regardaient comme le plus propre, par sa vertu, ses talents et sa longue expérience de la langue et des mœurs chinoises, à occuper ce poste périlleux. En conséquence le Saint-Père lui fit expédier ses bulles. Laissons ici parler Mgr Fontana, évêque de Sinite, vicaire apostolique de la mission que quittait Mgr Imbert :

« Notre mission a perdu un bon missionnaire dans la personne de Mgr Imbert que le souverain Pontife a nommé successeur de Mgr Bruguière, vicaire apostolique de Corée. Il reçut les brefs de son élection dans le mois d'avril, et, dans le même temps, par les lettres de M. Legrégeois, procureur des Missions-Etrangères à Macao, nous apprîmes la nouvelle certaine de la mort de Mgr Bruguière ; aussi, Mgr Imbert fut-il sacré évêque de Capse, selon l'ordonnance du bref apostolique. Son sacre a eu lieu le 14 mai, jour de la Pentecôte : M. Ponsot et M. Mariette ont tenu la place des deux évêques assistants, et j'ai fait la fonction d'évêque consécrateur... Son intention était de partir de suite pour aller, cette année, jusqu'aux confins de la Corée ; mais à cause des grandes pluies, des grandes chaleurs et d'autres circonstances, il a dû différer son voyage d'environ trois mois. Il est parti d'ici le 17 août, accompagné de deux hommes de confiance : l'un est un catéchiste, qu'il avait coutume d'envoyer à la recherche des enfants infidèles pour les baptiser en danger de mort ; l'autre est un de ses écoliers âgé d'environ trente ans, qui avait déjà étudié un peu la théologie sous lui, et qui lui est très-affectionné.

« L'intention de Mgr de Capse est de le faire entrer en Corée, s'il est possible, et de l'ordonner prêtre pour sa mission, ou de l'envoyer aux îles Liéou-kiéou. Si la destination de Mgr Imbert à la Corée doit nous faire plaisir, à cause de l'utilité qui en résultera pour cette pauvre mission, son départ d'ici a fait de la peine à tous. Il était aimé de tout le monde ; il s'était rendu très-utile ; il parle bien la langue de la Chine, et il connaît assez bien les caractères chinois. Il est d'un bon caractère, doux, affable, gai, courageux ; il a l'expérience du saint ministère, qu'il a exercé douze ans avec zèle et succès dans ce vicariat du Su-

tchuen. Il est âgé seulement de quarante-deux ans, et il a
beaucoup de facilité pour apprendre les langues étrangères.
Sa santé n'est pas fort robuste, ce qui serait très-désirable pour
supporter les fatigues des voyages et autres incommodités ; cependant, dans ces dernières années, il se porte beaucoup mieux
qu'auparavant, et il est persuadé que Dieu lui a donné une force
plus grande pour qu'il aille en Corée. La vie active et les voyages
paraissent mieux convenir à sa santé, que la vie sédentaire et
l'application à l'étude. Prions Dieu qu'il daigne le conduire sain
et sauf dans sa nouvelle mission. »

Mgr Imbert traversa heureusement toute la Chine, et vers la
fin d'octobre arriva à Sivang, en Tartarie, où il séjourna
quinze jours chez MM. les lazaristes français, dans la maison où,
deux ans auparavant, Mgr Bruguière et M. Maubant avaient
reçu une si fraternelle hospitalité. La neige, qui tomba en abondance après la fête de la Toussaint, fit juger que le chemin du
désert, qu'avaient suivi ses prédécesseurs, serait trop dangereux ;
et comme Sivang n'est qu'à quinze lieues au nord de la grande
muraille, Mgr Imbert résolut de rentrer en Chine pour suivre la
route impériale de Péking à Monk-den, par laquelle d'ailleurs
on abrégeait le voyage de trois ou quatre journées de marche.

« J'avais, écrit-il, fait acheter, pour trente taëls, trois forts
chevaux tartares, qui ne sont ni beaux, ni lestes, mais sûrs et
supportant bien la fatigue. Montés de la sorte, nous partîmes le
13 novembre de grand matin. Vers trois heures de l'après-midi,
nous franchîmes de nouveau la grande muraille à un fort petit
poste d'une route détournée où il n'y a que deux soldats ; et le
soir nous couchâmes dans une ville chinoise, chez des chrétiens.
Le 17, nous passâmes la seconde enceinte de la grande muraille par le défilé qui conduit à Péking. Dans ce défilé de cinq
lieues de long, gorge affreuse et presque impraticable à cause
des pierres dont elle est obstruée, se trouvent trois douanes de
premier ordre. Pour éviter tout examen et toute contestation
avec les officiers de ces postes, nous ne descendîmes pas de nos
chevaux ; c'est le privilége des mandarins ou officiers publics. Nous avions des bonnets en peau de renard, comme en
portent les officiers tartares ; ma barbe et ma prestance ache-
vaient la parodie. Cet expédient nous réussit, et l'on se garda
bien de nous interroger. Le 18 au soir, nous rejoignîmes la
grande route impériale qui va à Mouk-den. Nous n'étions alors
qu'à huit lieues nord-est de Péking. Vous dire la quantité de
chameaux que nous rencontrâmes les trois derniers jours, serait

impossible. Ils portaient des marchandises pour la Tartarie, et probablement pour la Russie. Les conducteurs, nous prenant pour des officiers tartares, nous saluaient gracieusement; et nous de leur répondre *mon-kou*, portez-vous bien, ou, bon voyage. Comme nous côtoyions les montagnes à la distance d'une lieue environ, nous avons vu de loin les monuments des sépultures des empereurs de la dynastie Ming, et puis, de distance en distance, les caravansérails dans lesquels loge l'Empereur quand il va en Tartaric, ou visiter les sépulcres de ses ancêtres, car Sa Majesté Céleste aurait trop peur de loger dans la préfecture d'une ville, comme font les rois d'Europe. Le Fils du Ciel, lorsqu'il voyage, se repose dans ces palais isolés, en rase campagne, entouré de sa garde qui dresse ses tentes à l'entour du pavillon impérial.

« Le samedi 25, nous passâmes la douane de l'est au bord de la mer, à l'endroit où finit la grande muraille. Ce passage m'embarrassait et m'inquiétait beaucoup. Demeurer à cheval comme officier public n'était pas le cas, car tout mandarin, fût-ce même un vice-roi, est obligé de descendre et de faire à deux genoux plusieurs prostrations devant le chiffre de l'Empereur gravé sur la porte. Les gens du peuple sont exempts de cette cérémonie, mais ils doivent comparaître un à un devant l'officier du poste et ses deux assesseurs, et là, à genoux, répondre à leurs questions. Quoique parlant bien le chinois, j'ai l'accent d'un homme du Sutchuen; de plus, pour s'en tirer, il aurait fallu mentir à la chinoise, et surtout être à genoux devant ces gens-là : un Européen, un évêque ne saurait le faire. Je fis donc chercher un courageux contrebandier païen qui, pour dix francs, consentit à me conduire. A la faveur de la nuit, du froid et de la neige qui, tombant fort à propos, retenait douaniers et soldats dans leurs postes, autour de leur feu, il me mena, par des routes détournées, à un pan de rempart écroulé, et je m'arrêtai chez une famille chrétienne, à une lieue hors de la ville. Le lendemain, mes chevaux et effets, conduits par des chrétiens de la ville, passèrent aussi heureusement ; ces chrétiens étaient connus des douaniers et ne furent pas interrogés. Depuis notre sortie du défilé qui va à Péking, le 17, jusqu'à notre sortie de Chine par cette dernière douane appelée *Chan-hay-kouan* (douane de la montagne et de la mer), nous avons parcouru une plaine immense et extrêmement fertile. On me dit qu'elle s'étend jusqu'aux provinces du Chang-tong et du Ho-nan, et forme aussi plus de la moitié de la province de Péking que l'on nomme le Pé-tché-ly. Sortis de

Chine, nous avons pendant cinq jours côtoyé les bords de la mer; ce n'étaient guère que des landes stériles, entrecoupées de quelques monticules par ci par là. Puis nous nous sommes éloignés des bords de la mer, et la plaine est devenue plus large et plus fertile, surtout aux environs de Monk-den. Vous vous attendez peut-être à une description de cette antique et fameuse cité, sur laquelle l'empereur Kien-long a fait un poëme épique, connu même en Europe; mais je n'ai pas eu la curiosité d'en visiter les monuments, et ne suis pas même entré dans la ville. J'ai logé dans le faubourg, tout près de la porte de l'ouest, chez une famille chrétienne d'origine tartare. Je suis arrivé le 4 décembre, et je me propose de partir le 8, jour consacré à l'Immaculée Conception de notre bonne Mère... Nous ne sommes plus qu'à cinq journées de marche de la Corée, et dans quelques jours s'ouvrira la foire annuelle, à l'occasion du passage de l'ambassade coréenne qui va à Péking saluer l'empereur. »

Les prévisions de Mgr Imbert ne furent point trompées. Il arriva à Pien-men, sur la frontière, le jeudi 16 décembre, et le soir du même jour les Coréens y arrivèrent de leur côté. Cinq chrétiens se trouvaient dans la troupe; trois d'entre eux devaient accompagner et introduire l'évêque, les deux autres suivre l'ambassade à Péking. Ils passèrent ensemble la journée du 17, dans une grande effusion de cœur, et la nuit suivante Mgr Imbert se mit en route. Il avait à courir les mêmes dangers qu'avaient déjà rencontrés MM. Maubant et Chastan ; grâce à la protection de Dieu, il y échappa par des moyens analogues. Il traversa le fleuve sur la glace, à la faveur des ténèbres, et se réfugia dans une misérable auberge où il contrefit le malade, pour échapper aux questions importunes. Treize jours après, il entrait dans la capitale. « Dieu soit béni ! écrivait-il alors, Dieu soit béni ! Qu'importent mes fatigues ? Je suis au milieu de mes enfants, et le bonheur que j'éprouve à les voir me fait oublier les peines qu'il m'a fallu endurer pour me réunir à eux. J'ai passé le premier jour de l'an 1838 sous le toit d'une famille chrétienne. Dès le soir de ce jour, M. Manhant, qui avait pressenti le moment de mon arrivée, est venu me rejoindre. Nous nous sommes embrassés comme des frères, et je ne sais si nous eussions solennisé le renouvellement de l'année par des vœux plus ardents et de plus doux sentiments de bonheur, en France et dans nos familles, qu'au centre de la Corée, chez un peuple étranger. »

M. Chastan parcourait alors les provinces méridionales, et ce ne fut qu'au mois de mai qu'il put voir son évêque.

Après trois mois donnés à l'étude de la langue du pays, Mgr Imbert fut en état d'entendre les confessions. Plus de trois cents chrétiens se confessèrent à lui pour les fêtes de Pâques, et reçurent les sacrements de sa main. Au mois de mai, MM. Mauhant et Chastan, ayant terminé la visite des chrétientés des provinces, vinrent l'aider pendant quelques semaines à prendre soin de celle de la capitale, qui comptait alors plus de mille néophytes. Au mois de novembre, les trois missionnaires ensemble avaient baptisé, depuis l'arrivée de Monseigneur, mille neuf cent quatre-vingt-quatorze adultes. L'œuvre du baptême des enfants infidèles en danger de mort, jusque-là peu connue en Corée, prenait aussi des développements ; on en fit sentir l'importance aux chrétiens, et surtout aux catéchistes. Dans les huit premiers mois, sur cent quatre-vingt-douze enfants païens ainsi baptisés, cent cinquante-quatre s'étaient déjà envolés au ciel.

L'église de Corée, après ses longs désastres, reprenait donc une nouvelle vie ; la grâce de Dieu y devenait de plus en plus féconde, et le nombre des chrétiens augmentait rapidement. De moins de six mille qu'ils étaient à l'arrivée de M. Maubant, ils se trouvaient neuf mille à la fin de 1838.

Ces résultats si consolants étaient obtenus au prix de travaux pénibles et continuels. « Je suis accablé de fatigue, écrivait Mgr Imbert, et je suis exposé à de grands périls. Chaque jour je me lève à deux heures et demie. A trois heures j'appelle les gens de la maison pour la prière, et à trois heures et demie commencent les fonctions de mon ministère, par l'administration du baptême s'il y a des catéchumènes, ou par la confirmation ; viennent ensuite la sainte messe, la communion, l'action de grâces. Les quinze à vingt personnes qui ont reçu les sacrements peuvent ainsi se retirer avant le jour ; dans le courant de la journée, environ autant entrent, un à un, pour se confesser, et ne sortent que le lendemain matin après la communion. Je ne demeure que deux jours dans chaque maison où je réunis les chrétiens, et avant que le jour paraisse je passe dans une autre maison. Je souffre beaucoup de la faim, car après s'être levé à deux heures et demie, attendre jusqu'à midi un mauvais et faible dîner d'une nourriture peu substantielle, sous un climat froid et sec, n'est pas chose facile. Après le dîner je prends un peu de repos, puis je fais la classe de théologie à mes grands écoliers, ensuite j'entends encore quelques confessions jusqu'à la nuit. Je me couche à neuf heures sur la terre couverte d'une natte et d'un tapis de laine de Tartarie ; en Corée il n'y a ni lits, ni matelas. J'ai toujours, avec un corps faible et maladif, mené une vie laborieuse et fort occupée ; mais ici je pense être parvenu au superlatif et au *nec plus ultra* du travail. Vous pensez bien qu'avec une vie si pénible nous ne craignons guère le coup de sabre qui doit la terminer. Malgré tout cela, je me porte assez bien ; ce pays sec et froid convient à mon tempérament.

« Une grande consolation pour moi, c'est de penser que je célèbre chaque matin la première messe qui se dise ce jour-là dans l'univers (1), et que je porte ainsi aux âmes du purgatoire la bonne nouvelle des grâces et rafraîchissements qu'elles vont recevoir dans ce jour. *Ab ortu enim solis usque ad occasum, magnum est nomen meum in gentibus ; et in omni loco sacrificatur et offertur nomini meo oblatio munda.* »

Les deux compagnons de Mgr Imbert rivalisaient de zèle avec leur évêque, et avaient à supporter les mêmes fatigues. Mais ce qui pour les missionnaires était infiniment plus pénible que les travaux et les privations, c'était le danger continuel que l'état de persécution faisait courir à la foi de leurs néophytes. L'hostilité des ennemis de la religion, bien que contenue par la bonne volonté personnelle du premier régent, se manifestait par de fréquentes vexations, et il ne se passait pas de mois que l'on n'apprît l'arrestation de quelques chrétiens dans divers villages.

Le jour même du vendredi saint 1838, cinq femmes qui s'étaient réunies pour prier furent saisies par les satellites, dans un des faubourgs de la capitale. C'étaient de pauvres veuves qui vivaient du travail de leurs mains. L'une eut le malheur d'apostasier et fut renvoyée de suite. Les quatre autres furent mises en prison, et pendant plus d'un mois eurent à souffrir, à plusieurs reprises, de cruelles tortures. Le mandarin, ne pouvant venir à bout de leur arracher une parole d'apostasie, les prit par ruse, et, leur ayant fait prononcer quelques mots ambigus, se hâta de les faire élargir pour s'en débarrasser ; mais les satellites avaient pillé et détruit leurs pauvres chaumières, et elles furent réduites à la mendicité.

_____

(1) Ceci s'explique par la position géographique de la Corée. Ce royaume, étant situé à l'extrémité la plus orientale de notre continent, voit le soleil se lever environ huit heures vingt minutes plutôt que nous ne le voyons en France. Ainsi, lorsqu'il est ici pour nous huit heures du soir, pour les missionnaires de Corée il est plus de quatre heures du matin du jour suivant, et ils sont déjà à l'autel célébrant les saints mystères. Depuis que nos confrères ont repris, au nom de Jésus-Christ, possession des îles du Japon, c'est à eux qu'a passé le privilège de dire chaque jour la première messe du monde entier.

Au mois d'août, une crise assez violente bouleversa une bourgade chrétienne dans le sud de la presqu'île. Près de quarante chrétiens ayant été arrêtés, les autres prirent la fuite et abandonnèrent leurs récoltes. Le mandarin, embarrassé des proportions inattendues que prenait cette affaire, se repentit de l'ordre imprudent qu'il avait donné, et relâcha presque tous ses prisonniers. Mais l'intendant de la province, ayant eu connaissance de cette escapade, qui avait obligé plus de cent habitants d'émigrer dans une autre province, appela devant son propre tribunal, et le mandarin, et les satellites, et les six ou sept chrétiens qui avaient été maintenus en prison. Le dénonciateur fut exilé, le mandarin s'en tira avec une somme assez ronde, ce qui n'empêcha pas les chrétiens d'avoir à choisir entre la prison ou l'apostasie. Il parait malheureusement qu'ils eurent la faiblesse de prendre ce dernier parti.

Au mois d'octobre 1838, le nommé Paul Tsieng, habitant à In-tsin, détruisit les tablettes de ses ancêtres afin de pratiquer la religion chrétienne. Nous avons déjà vu qu'en Corée, comme en Chine, les païens attachent à ces tablettes une importance inouïe. Les négliger et surtout les détruire, c'est, à leurs yeux, attaquer les principes fondamentaux de la morale, les bases mêmes de la société. Aussi la rumeur fut grande dans les environs, et pour accomplir encore une fois les prédictions de notre divin Maître, la famille du nouveau chrétien fut la première à s'insurger, et sur le refus de Paul de réparer ce qu'ils appelaient son sacrilége, ses propres parents le dénoncèrent au mandarin Ni Hieng-ouen-i. Paul échappa par la fuite, mais cette affaire fit disperser plus de cinquante chrétiens, et une douzaine furent arrêtés et jetés en prison. Pierre Ni Ouen-meng-i était celui de ces derniers sur lequel on comptait davantage pour retrouver le principal coupable, et sur lui semblait devoir retomber toute la responsabilité. Il fut donc conduit à la capitale par les satellites, mais arrivé au passage du fleuve, il tomba dans l'eau et y périt, soit qu'il y eût été jeté par les gardes, soit qu'effrayé des tourments auxquels il allait être soumis, il se fût lui-même précipité dans les eaux. Il ne restait aucun autre prisonnier important, et le mandarin ne voulant pas, sans doute, pousser les choses à l'extrémité, et craignant peut-être de se compromettre, ne leur demanda même pas d'apostasier. Ils furent relâchés quelque temps après, sous caution, avec ordre de ne pas s'éloigner de chez eux et de se présenter à la première injonction qui leur serait faite.

Une consolation qu'eurent alors les missionnaires et les chrétiens fidèles fut la mort édifiante de Pierre Ni Ho-ieng-i que nous avons vu confesser courageusement sa foi en 1836. Déposé à la prison après sa condamnation à mort, il continuait à purifier son âme par les souffrances inséparables de sa pénible position. Il ne paraît pas qu'il ait eu d'autres tortures à endurer : mais, outre le supplice de pourrir dans ces cachots infects, on sait combien de privations et d'avanies y subissent habituellement les prisonniers, surtout quand, par leur titre de chrétiens, ils sont placés au-dessous des voleurs et des assassins. Pierre ne se laissa pas abattre : à défaut de consolations extérieures, il avait celles de la grâce divine. Comme saint Paul, il savait à qui il avait cru, *scio cui credidi*, et non content de supporter avec résignation les souffrances et les maladies, il jeûnait presque continuellement. Sa droiture, sa douceur, son affabilité lui avaient concilié le cœur des geôliers ; et il parvint par ses constantes exhortations à convertir et à préparer au baptême un des vieux prisonniers enfermés avec lui. Il se consolait aussi avec sa sœur Agathe, toujours ferme et inébranlable, et ils se promettaient d'être martyrs le même jour. Mais à la fin. ses forces étant complétement épuisées, il comprit que la mort approchait. « J'avais toujours désiré, disait-il en soupirant, mourir sous le glaive, mais tout arrive par l'ordre de Dieu ; que sa volonté soit faite! » Après quatre ans de prison, il rendit paisiblement son âme à son Créateur, le 8 de la dixième lune de mon-sioul (1838), à l'âge de trente-six ans.

Vers la fin de l'année, Mgr Imbert alla à Sou-ri-san, à cinquante lys (cinq lieues) de la capitale, pour célébrer les fêtes de Noël avec les chrétiens et leur administrer les sacrements. Ce jour-là même, on ne sait pourquoi, les satellites envahirent brusquement la demeure d'une famille chrétienne de ce village, à quelques pas de la cachette de l'évêque, en fouillèrent tous les coins et recoins, s'emparèrent de quelques livres de religion, et firent prisonniers les gens de la maison pour les livrer au mandarin. Heureusement, un païen du voisinage, ami de cette famille, accourut au bruit, entra en composition avec les satellites et fit relâcher les chrétiens, au prix d'une rançon d'environ cent francs. Les livres et objets de religion saisis furent brûlés d'un commun consentement, et les gens du mandarin se retirèrent sans se douter de l'importante capture qu'ils venaient de manquer.

Malgré toutes les difficultés que le démon ne cessait ainsi de leur susciter, l'évêque et ses confrères travaillaient avec courage et persévérance. Du 20 décembre 1838 jusqu'au 30 janvier suivant, Mgr Imbert visita les chrétientés de la campagne les plus rapprochées de la capitale. M. Maubant était alors dans la province voisine, et M. Chastan dans les chrétientés du sud. Un de leurs plus grands embarras était la conduite à tenir envers un certain nombre de chrétiens apostats, infortunés qu'on ne devait pas repousser par trop de rigueur, et à qui cependant il fallait, dans leur propre intérêt et dans celui des autres chrétiens, faire sentir la gravité de leur faute. De plus, la famine sévissait cruellement dans tout le pays, et beaucoup de gens mouraient de faim, quoique le roi eût fait ouvrir les greniers publics pour distribuer un peu de riz aux plus nécessiteux. On pense bien qu'en de telles circonstances, les satellites affamés saisissaient avec joie tous les prétextes et toutes les occasions de persécuter les chrétiens un peu riches, afin de les piller impunément.

Secourir toutes ces misères, consoler toutes ces souffrances, ranimer les courages défaillants, réchauffer dans les âmes la foi, l'espérance, la charité, telle était l'œuvre des missionnaires ; et comme si les besoins de la Corée ne suffisaient pas à leur zèle, ils ne perdaient point de vue les îles japonaises de Liéou-kiéou, dont le Saint-Siége avait chargé le vicaire apostolique de la Corée. Mgr Imbert y envoya son fervent catéchiste du Su-tchuen. De son côté, M. Chastan expédiait un autre catéchiste aux Japonais en station à Fusan-kaï, pour tâcher de s'insinuer dans leur esprit, d'en amener, si c'était possible, quelques-uns à la foi, et surtout pour apprendre d'eux s'il y avait encore, malgré deux siècles de persécution, quelques chrétiens dans leur pays.

La formation d'un clergé indigène était, on le comprend facilement, la principale préoccupation des missionnaires, et les périls dont ils étaient environnés en démontraient l'urgente nécessité. M. Maubant avait, nous l'avons dit, fait un premier pas, à la fin de 1836, en envoyant en Chine trois élèves coréens. Ces jeunes gens, après un voyage de huit mois à travers le Léao-tong, la Tartarie et la Chine, étaient arrivés à Macao, remplis de zèle et de bonne volonté. Ils demeurèrent à la procure des Missions-Étrangères et y commencèrent leurs études. Leurs progrès dans la piété, dans la connaissance de la religion et dans la langue latine, étaient très-satisfaisants et donnaient les plus belles espérances, quand Dieu, dont les desseins sont impénétrables, enleva celui qui, par ses talents, par la vivacité de sa foi, promettait le plus pour l'avenir. En 1838, François-Xavier Tseng mourut inopinément de la fièvre. Né à Hong-tsiou, d'une famille noble, autrefois honorée de fonctions publiques, mais réduite à la misère par les persécutions, il avait été désigné à M. Maubant, par les chrétiens, comme l'un des plus dignes du sacerdoce. Ce bon jeune homme vit approcher la mort sans terreur ; il demanda les sacrements aux premières approches du danger, les reçut avec un recueillement profond, et mourut en pressant le crucifix sur ses lèvres et en répétant : *Jesu bone ! bone Deus !*

A cette époque, Mgr Imbert préparait trois autres élèves qu'il comptait envoyer à la fin de 1839. Mais, comme il l'écrivait lui-même, « les trois enfants que M. Maubant a fait partir, et trois autres que j'espère envoyer moi-même, sont une espérance trop éloignée. A l'exemple de Mgr de Béryte au Tong-king, et de tous nos premiers vicaires apostoliques, j'ai fait, dès mon arrivée ici, chercher des sujets d'un âge mûr, et propres au sacerdoce. Le Seigneur m'a fait la grâce de trouver d'abord notre courrier de Péking, âgé de quarante-deux ans, qui a toujours gardé le célibat et a été notre introducteur à tous en Corée. C'est le fils du glorieux martyr Augustin, qui, dans la persécution de 1801, voulut être décapité les yeux tournés vers le ciel. Je compte aussi sur un veuf, âgé de trente-deux ans, et sur deux autres jeunes gens. Tout en apprenant moi-même la langue coréenne, je me suis imposé le devoir de leur faire deux classes par jour. Cet été, ils ont appris à lire passablement le latin, et j'ai déjà mis les deux premiers à l'étude de la théologie, traduite en chinois par M. Hamel, du Su-tchuen ; de sorte que j'espère, dans trois ans, pouvoir faire une ordination. Que le Seigneur daigne nous accorder la paix ! »

Mais les desseins de Dieu ne sont pas les desseins de l'homme, et ses voies ne sont pas nos voies. Ces belles espérances devaient être cruellement déçues. Quelques mois après la date de cette lettre, Mgr Imbert et ses deux confrères marchaient ensemble au martyre, et l'Église de Corée se trouvait de nouveau sans pasteur !

LIVRE II

CHAPITRE I.

Commencement de la persécution. — Premières exécutions.

Au commencement de 1839, de beaux jours semblaient se lever pour l'Eglise de Corée; son horizon, si longtemps assombri par le délaissement et la persécution, s'éclaircissait rapidement, et tout lui promettait un avenir de paix et de prospérité. L'entrée successive des trois missionnaires européens, la présence d'un évêque, leurs travaux, leurs visites annuelles à toutes les chrétientés, l'administration régulière des sacrements, avaient relevé le moral des néophytes, consolé les bons, raffermi les chancelants, réconcilié les pécheurs, ramené les transfuges, et donné à la propagation de l'Evangile un nouvel et vigoureux essor. De toutes parts, des païens, quelques-uns très-influents, embrassaient la foi, ou au moins apprenaient un peu à la connaître. A l'extérieur, les relations avec le Saint-Siége, avec le séminaire des Missions qui devait fournir des ouvriers apostoliques, avec l'église de Chine, étaient assurées; à l'intérieur, malgré la pénurie d'ouvriers et de ressources, les catéchistes, les livres, les associations pieuses, toutes les œuvres nécessaires ou utiles se multipliaient.

Mais, il nous a fallu et il nous faudra le répéter à chaque page de cette histoire, l'arbre de la foi ne s'implante solidement dans un pays païen que quand il est arrosé de sang, et plus cet arbre doit grandir, plus le sang doit couler en abondance sur ses racines. En 1839, Dieu, dans ses vues mystérieuses de miséricorde sur la Corée, retira le seul appui humain qu'avaient depuis quelque temps les fidèles, et la persécution éclata de nouveau, plus furieuse que jamais. Le premier régent, depuis longtemps fatigué et malade, donna sa démission, et le pouvoir exécutif resta tout entier dans les mains du ministre Ni Tsi-en-i, de la branche des Ni de Tsien-tsiou, ennemi acharné des chrétiens. Les rancunes des grands personnages, l'avidité des mandarins subalternes et de leurs satellites, toutes les mauvaises passions qui en pareil cas se groupent instinctivement au service de l'enfer, n'attendaient que le signal. Comme toujours, parmi les chrétiens il se trouva des traîtres, pour attiser le feu, diriger les coups, et vendre à vil prix leurs frères et leurs pasteurs ; les sourdes menées de ces misérables contribuèrent beaucoup à rendre la persécution plus dangereuse et ses résultats plus funestes.

Mgr Imbert lui-même nous a laissé le récit détaillé des premiers faits de cette persécution, dans un journal interrompu par son propre martyre. Nous ne faisons guère ici que le copier, en le complétant à l'aide des notes de Mgr Daveluy.

« Un fervent chrétien, que j'avais administré quelques jours avant de quitter la capitale, avait un neveu, païen forcené et sergent dans les satellites. Le 16 janvier 1839, à la chute du jour, celui-ci, accompagné de plusieurs de ses hommes, vint s'emparer du néophyte qui avait assisté son oncle à la mort, et pour être plus sûr de son coup, saisit trois familles entières : François Tsio, Pierre Kim, Pierre Kouen, notre chargé d'affaires, qui avait assisté le malade et m'avait conduit chez lui, et aussi son beau-frère qui se trouvait chez lui par hasard ; en tout quatre hommes, six femmes et sept petits enfants dont trois encore à la mamelle. C'était un touchant spectacle de voir ces petits innocents dans le séjour destiné aux criminels ; les mandarins eux-mêmes, émus de pitié et fâchés de cette arrestation, différèrent plusieurs jours de commencer l'interrogatoire. Les malheureuses mères apostasièrent aussitôt qu'on les mit à la question, et furent renvoyées de suite avec leurs enfants. Pierre Kim et une jeune veuve, belle-sœur de François Tsio, eurent aussi la faiblesse de céder aux supplices. Pierre Kim mourut quelques jours après, des suites des tourments qu'il avait éprouvés. Il ne me fit pas appeler ; il se bouchait les oreilles pour ne pas entendre les exhortations de sa femme repentante. Je suis sûr que c'est le désespoir qui l'a tué, plus que ses blessures, car cet infortuné avait non-seulement renié la foi, mais encore répété, sous la dictée du mandarin, les plus sales et les plus odieuses imprécations contre Dieu, contre chacune des trois personnes de la sainte Trinité, contre la très-sainte Vierge surtout. Je n'ai pu en entendre le récit sans frémir d'horreur. Ces malédictions ne furent pas du reste particulières à cet apostat ; la plupart ont à prononcer des formules analogues pour être mis en liberté. Les satellites s'emparèrent de la maison de Pierre Kouen qu'ils vendirent à moitié prix, puis des meubles et effets des trois familles, ce qui leur fut une bonne aubaine, car François Tsio et surtout sa belle-sœur étaient riches.

« Le 25 janvier, j'appris cette affligeante nouvelle, dans la chrétienté de Kattengi, à dix lieues de la capitale. Je me pressai d'en terminer la visite et, sans aller jusqu'à In-tsien, je retournai le 30 janvier à la capitale, tant pour rassurer et encourager les chrétiens épouvantés que pour profiter du nouvel an coréen, époque à laquelle, ici comme en Chine, on jouit de quelque tranquillité de la part des mandarins. Je voulais me presser de faire l'administration des mille chrétiens de Séoul avant que la persécution eût le temps de se propager. Je commençai le premier dimanche de carême, 17 février, et poussai vigoureusement le travail jusqu'au jeudi saint. J'entendis environ cinq cent cinquante confessions dans les divers kong-so ou lieux de réunion. Malgré les précautions que nous prenions, quoique les femmes ne vinssent que la nuit, et se retirassent avant le jour, deux fois les satellites s'aperçurent de nos réunions, et se mirent en faction dans la rue pour observer, mais je partais au chant du coq et tout rentrait dans l'ordre. Jamais je n'ai éprouvé tant de fatigues. A Pâques, je pris quelques jours de repos, tant pour écrire en Chine et faire partir les courriers de Picn-men, que pour éviter la grande affluence qu'aurait amenée la solennité. Il ne restait plus guère à visiter que les chrétiens de deux quartiers, mais les deux kong-so n'existaient plus. Damien Nam eut la charité de prêter sa maison pour une réunion, deux jours avant Quasimodo. J'avais toujours défendu qu'on admit plus de vingt personnes par jour, mais les chrétiens n'étaient pas encore habitués à suivre une règle ; on invita une soixantaine de fidèles pour ces deux jours, et ceux-ci en amenèrent d'autres. D'ailleurs, comme ils ne connaissaient pas la maison, il leur fallait des guides, de sorte qu'il y eut plus de cent personnes réunies le vendredi soir. J'en chassai quelques-uns, mais, le samedi, d'autres arrivèrent plus nombreux ; et les allées et venues ne cessaient pas. Je fus très-fâché ; le pauvre Damien l'était plus encore, cependant il se contint. J'entendis cent quarante-six confessions en deux jours, et le dimanche de Quasimodo je partis avant le jour pour retourner à notre résidence. Là, je célébrai une seconde messe, avant laquelle je reçus la confession de la vieille mandarine Barbe Nam, âgée de quatre-vingts ans, qui profitait de l'absence de son fils pour venir faire ses pâques. Le soir même, la maison de Damien était envahie par les satellites.

« Déjà, le 7 mars, un chrétien, fabricant et marchand de vin, avait été arrêté près du fleuve. Il se nommait Philippe T'soi et jouissait d'une certaine aisance. Sa femme, glacée de frayeur, nia énergiquement qu'elle fût chrétienne, ce qui n'empêcha pas les satellites qui voulaient piller la maison, de la garrotter et de l'amener à la ville avec son mari. On saisit par la même occasion deux caisses de livres de religion, quelques-uns propriété de Philippe, les autres appartenant à différentes familles qui les avaient cachés chez lui. Le mandarin fit donner à Philippe et à sa femme une bastonnade assez légère, renvoya cette femme apostate qui était enceinte et fit le lendemain une fausse couche, et mit le mari à la grande prison. Il y resta généreusement jusqu'au 20 avril, jour où il eut, à son tour, le malheur d'en sortir par l'apostasie.

« En province, la persécution débutait d'une manière tout aussi menaçante. Le 21 mars, à Koui-san, district de Koang-tsiou, à quatre lieues de la ville, on arrêtait les frères Kim. Cette première fois ils purent se faire relâcher pour quelque argent, mais on les reprit plus tard. Le 28 mars, une catéchumène, marchande de cheveux, fut emprisonnée avec son fils aussi catéchumène. Cette femme peu instruite, mais extrêmement forte dans sa foi, souffrit à plusieurs reprises les plus cruels supplices, sans jamais proférer un seul mot d'apostasie.

« Dans la province de Kang-ouen, vers la fin de la première lune, un païen dénonça les chrétiens du village de Sie-tsi, et aussitôt de nombreux satellites furent lâchés à leur poursuite. Arrivés au village, ils ne trouvèrent que la famille de Jean T'soi Iang-pok-i ; tous les voisins avaient pris la fuite. Jean et les siens furent conduits à la prison de Ouen-tsiou. (Nous aurons occasion de reparler de lui à l'époque de son martyre, sept mois plus tard.) Les satellites avaient suivi les traces des autres chrétiens fugitifs, jusqu'au grand village de Kottang-i, district de Tsiei-t'sien. Ils étaient bien persuadés que presque tous y étaient réfugiés, mais ne sachant dans quelles maisons, et craignant de se compromettre, ils se bornaient à circuler et à faire le guet dans le voisinage. Quelques jours après, par l'imprudence d'un vieillard, un livre de religion tomba entre les mains d'un valet du prétoire. On parvint bien à le lui arracher, mais le bruit de cette querelle, presque insignifiante, se répandit en se grossissant de mille commentaires, et un nouveau catéchumène, saisi de frayeur, pensa ne pouvoir se mettre à l'abri qu'en allant faire lui-même une dénonciation. Il se rendit donc près du mandarin arrivé non loin de là pour surveiller la rentrée des impôts, et lui déclara les noms des chrétiens cachés dans le village. Sur-le-champ, le mandarin expédie six ou sept satellites et prétoriens, avec ordre d'amener les coupables. Ils font invasion sur différents points à la fois, saisissent tous ceux qu'ils rencontrent, et déjà ils en avaient lié un bon nombre, quand la nouvelle en parvint à une famille chrétienne du nom de Nam. Ces Nam étaient nobles et chefs du village. Ils appellent aussitôt leurs esclaves et tous les chrétiens qu'ils rencontrent, et en vertu de l'usage qui accorde aux nobles la police de leurs villages, et ne permet pas aux satellites d'en arrêter les habitants sans une communication préalable du mandarin, ils donnent l'ordre de saisir et de garrotter les envahisseurs. Jamais ordre ne fut mieux accueilli. Le chapeau d'esclaves sur la tête, et le bâton à la main, nos gens courent sus aux prétoriens, les accablent de coups, les chargent de liens, remettent les chrétiens en liberté, et amènent ces nouveaux captifs au chef de la famille Nam. Celui-ci les fait suspendre à un arbre vis-à-vis sa maison, et sous les coups d'une rude bastonnade, leur fait déclarer les auteurs de cette échauffourée. Par malheur, un prétorien qui s'était échappé courut avertir le mandarin qui, furieux de la résistance, envoya de suite un renfort considérable pour délivrer ses hommes et saisir les chrétiens. Mais il n'était plus temps ; déjà tous avaient fui, ou s'étaient réfugiés dans des maisons légalement inviolables, et on ne put mettre la main sur aucun d'eux. Les choses en seraient restées là si quelques chrétiens ne s'étaient trop pressés, malgré les conseils des autres, de regagner leurs maisons. Ils furent saisis par les satellites demeurés en embuscade, et conduits d'abord à la ville de Tsiei-t'sien, puis au juge criminel de T'siong-tsiou, et enfin devant le gouverneur. Quelques-uns furent relâchés après plusieurs mois de captivité, les autres furent écroués à la prison. Aucun d'eux malheureusement n'eut la fermeté de persister jusqu'à la fin dans la profession de sa foi.

« Mais ce fut surtout à partir du 7 avril, dimanche de Quasimodo, que la persécution prit à la capitale une tournure décisive, que ne laissait plus apercevoir aucun remède. Le soir, les satellites entrèrent tout à coup dans la ci-devant auberge de la mission et arrêtèrent tous ceux qui s'y trouvaient. De ce nombre était une femme que son mari, mauvais catéchumène qui connaissait toutes les affaires des chrétiens, vint réclamer de suite. Comme elle ne voulait pas apostasier, les satellites refusèrent de la lui rendre. Alors cet homme furieux dénonça tout ce qu'il connaissait de chrétiens et donna, dit-on, une liste de cinquante-trois personnes. La maison attenante à l'auberge fut aussitôt envahie, puis deux escouades de satellites de la droite et de la gauche (1) se portèrent aux maisons de Damien Nam et d'Augustin Ni. Damien et sa famille, extrêmement fatigués de l'affluence des chrétiens pendant les deux jours précédents, avaient négligé de faire porter en lieu sûr les ornements épiscopaux, comme je l'avais commandé en partant. Ils étaient déjà couchés, quand ils furent réveillés en sursaut par le bruit des satellites. La belle-sœur de Damien se sauva par une porte de derrière, avec son fils âgé de huit ans, et une couturière, et se rendit chez Augustin Ni, où les satellites, arrivant peu après, les saisirent aussi. Tous les membres de ces deux familles furent arrêtés ; l'ornement de l'évêque, un bréviaire et la mitre simple tombèrent entre les mains des satellites. Cette mitre, tissue et brodée en argent, leur parut la huitième merveille du monde ; ils l'estimèrent 500 taëls coréens, environ 1,280 francs de notre monnaie. Une vingtaine de personnes furent donc déposées à la prison, et les arrestations continuèrent les jours suivants.

« Je dois ici dire quelques mots des principaux prisonniers. Damien Nam Monn-hou descendait d'une famille noble, bien connue dans le pays. Avant sa conversion, il vivait sans règle ni retenue, se mêlait à toute espèce de gens dévoyés, et n'avait d'autres occupations que le jeu. Ayant été instruit de la religion, à l'âge d'environ trente ans, il se mit franchement à la pratiquer, et quand le P. Pacifique Yu entra en Corée, il se fit immédiatement baptiser, et redoubla de ferveur pour tous ses devoirs religieux. Il avait rompu avec ses nombreux amis païens, s'appliquait sans cesse à l'étude de la doctrine, et se faisait remarquer par son zèle à instruire les autres. Sa famille était l'objet spécial de ses soins, mais il les prodiguait aussi aux chrétiens tièdes et aux païens ; il allait consoler les malades, les aidait dans tous leurs besoins, et tâchait de procurer le baptême aux enfants infidèles, en danger de mort. C'est dans l'exercice de toutes ces vertus qu'il fut arrêté et mis en prison. On rapporte qu'un jour un de ses amis lui demanda en riant : « Dans l'autre monde, comment vous appellera-t-on ? » Il répondit : « Si on m'appelle Damien Nam de la confrérie du saint scapulaire, martyr pour Dieu, mes désirs seront comblés. » Son épouse Marie Ni, femme d'un caractère énergique et d'une grande intelligence, se faisait aussi remarquer

(1) La prison des voleurs a deux divisions, et deux grands juges criminels qui ont chacun leurs subordonnés et prononcent à part. On appelle l'un juge de la droite, et l'autre juge de la gauche ; leurs satellites sont désignés de la même manière.

par son assiduité aux bonnes œuvres. Quand elle fut prise et déposée à la prison, elle gourmandait les satellites de leur insolence ; son mari Damien lui dit à haute voix : « Un chrétien doit mourir pour son Dieu comme un agneau, ne perds pas une si belle occasion ; » et Marie, touchée de ces paroles, supporta dès ce moment sans aucune impatience les injures et les mauvais traitements.

« Augustin Ni T'si-moun-i, de la branche des Ni de Koang-tsiou, qui en 1801 donna plusieurs martyrs, descendait d'une famille de la plus haute noblesse. Il avait le caractère généreux, mais porté aux plaisirs. Dès son plus jeune âge, il aimait à fréquenter les maisons de divertissements et vivait sans aucun frein. Il n'avait pas encore trente ans lorsqu'il se convertit, déplora ses égarements passés, et, docile à l'inspiration de la grâce, se mit à veiller avec tant de soin sur toutes ses paroles et actions, qu'il devint bientôt grave et réglé, au point qu'on pouvait le proposer à tous comme modèle. Ayant dû fuir plusieurs fois pour éviter la persécution, il eut bientôt épuisé tout son petit avoir ; mais animé d'un véritable esprit de pénitence, il supportait patiemment les privations de la pauvreté. Toujours gai et content, il s'efforçait de rendre service au prochain et ne regardait ni à la peine ni à la fatigue, quand il s'agissait de réchauffer les tièdes ou d'évangéliser les païens ; beaucoup lui furent redevables de leur conversion. Sa femme Barbe Kouen, convertie en même temps que lui, édifia les fidèles par sa patience et sa résignation dans le dénûment ; son assiduité à servir les prêtres et les chrétiens dans les réunions qui se faisaient chez elle pour la réception des sacrements était incomparable.

« L'interrogatoire commença le lundi 8 avril ; il ne fut pas aussi terrible qu'on pouvait le craindre, et le juge semblait peu à son aise. Il voulut exiger l'apostasie, mais grands et petits, sans distinction de sexe, s'y refusèrent tout d'une voix, et reçurent dans les tourments le prix de cette unanime confession. L'ornement, le bréviaire et la mitre saisis chez Damien, devenaient pour lui une affaire personnelle et rendaient sa position délicate ; mais le juge, effrayé de la rumeur que ces objets extraordinaires excitaient parmi le peuple et les satellites, voulut bien recevoir telles quelles les explications de Damien. Celui-ci prétendit que le tout avait appartenu au P. Tsiou en 1801, suggérant même que, dans l'assemblée des chrétiens, lui Damien, assis sur une peau de tigre, revêtait ces habits. Le mandarin fit semblant de le croire, afin de ne pas trouver la vérité, car ses collègues et lui savaient fort bien, et se disaient à l'oreille, qu'il y avait dans le royaume trois Européens prêchant la religion. Il était clair, par conséquent, que ces ornements ne pouvaient appartenir à d'autres qu'à eux. Mais on n'osait pas pousser les choses trop loin, car si le fait venait à être prouvé juridiquement, il faudrait prendre ces Européens, et une fois arrêtés, qu'en faire? C'était, suivant leurs propres expressions, une affaire trop grande pour un petit royaume gouverné par un roi de dix ans.

« En revanche, le juge espérait avoir bon marché des enfants. Ils étaient trois : le fils de Damien, âgé de douze ans, le fils d'Augustin, du même âge, et sa fille Agathe, âgée de dix-sept ans. Il essaya d'abord de les amener à l'apostasie par de douces paroles et, n'y pouvant réussir, fit employer les supplices ; mais ces enfants, transformés en héros par la grâce, n'écoutaient ni menaces, ni promesses, ne s'effrayaient pas des supplices et demeuraient inébranlables. Le mandarin étonné les considérait comme des êtres extraordinaires, et les envoya tous avec leurs parents à la prison du tribunal des crimes. Il voulait renvoyer sans jugement la vieille mère d'Augustin, âgée de quatre-vingts ans, et un de ses petits enfants, âgé de huit ans ; mais cette généreuse chrétienne eut encore assez de force pour déclarer qu'elle voulait rester avec toute sa famille, et le juge y consentit.

« En apprenant ces arrestations, ces interrogatoires, ces tortures, un grand nombre de chrétiens timides furent frappés d'épouvante ; mais beaucoup d'autres priaient Dieu ardemment de les bien préparer à supporter les épreuves que sa providence semblait leur réserver. Quelques-uns même brûlaient du désir de verser leur sang pour la cause de Jésus-Christ, s'excitaient mutuellement au martyre, et cherchaient les moyens de se le procurer. Au nombre de ces derniers furent les six femmes dont nous allons rapporter l'histoire. Dans le village de Pong-t'sien, non loin de la capitale, vivait une famille du nom de Ni, appartenant à la noblesse de province. La mère Madeleine He et ses deux filles Barbe et Madeleine pratiquaient ensemble la religion avec beaucoup de ferveur ; mais, gênées par le père, païen et violent ennemi du christianisme, elles étaient obligées de faire leurs exercices en secret, et de supporter des vexations domestiques sans nombre. Barbe, arrivée à l'âge nubile, fut promise par son père à un païen ; mais, déterminée qu'elle était à ne pas consentir contre sa conscience à un pareil mariage, elle fit semblant d'être estropiée de la jambe et de ne pouvoir se lever. Elle resta donc continuellement assise ou couchée, et le mariage ayant été retardé, elle eut la constance de souffrir ce martyre pendant trois ans, au bout desquels le futur, ennuyé d'attendre sa guérison, alla se marier ailleurs. Un chrétien, qui connaissait le fond de l'affaire, la demanda bientôt après et elle lui fut accordée. Devenue veuve après deux ans, Barbe s'était retirée d'abord dans sa famille, puis chez sa tante Thérèse Ni, à la capitale. Madeleine, qui avait le désir de garder sa virginité, fortifiée par l'exemple de sa sœur, s'enfuit aussi à la capitale pour échapper au mariage que son père voulait lui faire contracter avec un païen. En quittant son village, elle teignit de sang ses habits, les mit en lambeaux, et les dispersa dans les broussailles pour faire croire qu'elle avait été dévorée par un tigre, et empêcher les recherches. Ses parents prirent le deuil, mais, après trois mois, la mère fut secrètement avertie de tout ce qui s'était passé. Alors le père, voyant sa femme calme et consolée, se douta de quelque chose, la conjura de ne lui rien cacher et de lui dire si leur fille était encore en vie, avec promesse de ne plus les molester à l'avenir. La mère lui ayant rapporté l'histoire, il courut à la capitale et dit à sa fille : « Il me suffit de te voir en vie; désormais je ne puis plus m'opposer à tes désirs. » Les deux sœurs restèrent donc à la capitale, chez leur tante.

« Vers la fin de mars, leur mère y vint aussi pour recevoir les sacrements, et tous les jours, avec ses deux filles et sa belle-sœur, elles s'excitaient mutuellement à la fidélité envers Dieu et à la persévérance en cas de persécution. Il se trouvait alors, dans la maison de Thérèse Ni, deux autres ferventes chrétiennes qu'elle avait reçues par charité. L'une, nommée Marthe Kim Pou-p'ieng-tsip-i, avait, encore païenne, quitté son mari pour cause de discorde, et s'était remariée à la capitale à un aveugle qui faisait le métier de sorcier. C'est alors qu'elle connut la religion et commença à la pratiquer. Puis, l'aveugle étant mort, elle sortit de la maison, touchée de regrets d'avoir prêté la main à tant de superstitions. Comme elle n'avait aucun moyen d'existence, elle demeurait chez les chrétiens qui voulaient bien la recevoir, travaillant à rendre quelques petits services, toujours gaie et pleine de confiance en Dieu, au milieu des peines et des humiliations. L'autre était Lucie Kim, fille de Pan-moul-tsip-i. A quatorze ans, elle avait fait vœu de virginité, et, ses parents étant morts, elle s'était retirée près des chrétiens, et vivait avec ceux qui lui accordaient l'hospitalité. Ces six femmes se trouvaient donc réunies dans la maison de Thérèse, quand elles entendirent parler du courage et de la grandeur d'âme que les enfants de Damien Nam et d'Augustin Ni venaient de montrer dans les supplices. Saisies d'un saint enthousiasme, et jalouses de donner aussi leur vie pour Jésus-Christ, elles résolurent ensemble de se livrer volontairement. Cette détermination extraordinaire, et contraire à la règle commune, fut probablement une inspiration spéciale de la grâce ; à tout le moins paraît-elle avoir été approuvée par Dieu lui-même, car jusqu'à la fin aucune des six ne se laissa ébranler, et leur admirable conduite fit beaucoup d'honneur à la religion. L'histoire ecclésiastique, au reste, nous fournit nombre d'exemples semblables, comme on le voit dans les vies de sainte Appoline, sainte Eulalie, saint Caprais et une foule d'autres, que l'Église honore d'un culte solennel. Nos six héroïnes se rendirent donc, le 11 avril, dans la maison de Damien Nam devenue un poste de satellites, et se livrèrent entre leurs mains.

« Ceux-ci, stupéfaits, refusèrent d'abord de les arrêter : mais elles insistèrent, montrant leurs rosaires comme preuve de leur religion, et obtinrent enfin d'être conduites à la prison des voleurs. Le juge criminel fut étonné et vexé quand on les lui présenta, avec le rapport de leur tradition volontaire. Il entrevoyait sans doute par là que les chrétiens ne seraient pas détruits si facilement qu'on le désirait et qu'on se l'imaginait à la cour. Sur la sommation qu'il leur fit d'apostasier, toutes d'une voix lui répondirent : « Si nous voulions renier Dieu et abandonner notre religion, nous ne nous serions pas présentées de nous-mêmes. » On les mit donc à la question qu'elles supportèrent avec une joie désespérante pour le juge, qui, furieux de voir des femmes et de jeunes filles courir d'elles-mêmes au-devant des supplices, fit redoubler les coups, mais inutilement. On les enferma à la prison, et cinq jours après elles furent traduites de nouveau devant le tribunal. Le juge leur dit : « Maintenant que vous avez goûté des souffrances de la prison, êtes-vous revenues à de meilleurs sentiments ? — Devant le mandarin, repartirent-elles, comment pourrions-nous parler aujourd'hui dans un sens et demain dans l'autre ? Notre résolution est fixe : tuez-nous selon la loi du royaume. » En vain les bourreaux s'acharnèrent à déchirer ces innocentes victimes, à peine paraissaient-elles souffrir.

« La candeur de la jeune Lucie Kim et son égalité d'âme dans les tortures attirèrent tout particulièrement l'attention du grand juge. « Étant aussi bien née que tu l'es, lui dit-il, peux-tu vraiment pratiquer cette religion ? — Oui, vraiment je la pratique.

— Abandonne-la, et je te sauverai la vie. — Notre Dieu étant celui qui a créé et gouverne toutes choses, il est le grand roi et le père de toutes les créatures. Comment renier son roi et son père? Devrais-je mourir dix mille fois, non je ne puis y consentir. — De qui as-tu appris? Depuis quel âge pratiques-tu? Combien as-tu de complices? Pourquoi n'es-tu pas mariée? Qu'est-ce que l'âme? Ne crains-tu pas la mort? » A ces diverses questions, elle répondit : « Dès l'âge de neuf ans, j'ai appris la religion près de ma mère. Mais comme cette religion défend sévèrement de nuire à qui que ce soit, je ne puis vous dénoncer aucun de ceux qui la pratiquent avec moi. N'ayant encore qu'une vingtaine d'années, il n'est pas étonnant que je ne sois pas mariée : du reste, il ne convient pas à une jeune fille de répondre sur cet article du mariage, et veuillez ne plus m'interroger là-dessus. L'âme est une substance spirituelle que l'on ne peut voir des yeux du corps. Je crains bien la mort, il est vrai, mais pour me laisser vivre, vous voulez que je renie Dieu ; c'est pourquoi, tout en craignant la mort, je désire mourir. — Mais cette âme dont tu parles, où est-elle? — Elle est par tout le corps. — As-tu vu le Dieu du ciel? — Le peuple des provinces ne peut-il pas croire à l'existence du roi sans l'avoir vu? En voyant le ciel, la terre et toutes les créatures, je crois au grand roi et au père suprême, qui les a créés. » Le juge essaya longtemps de vaincre sa constance, par douceur d'abord, puis par menaces ; mais, n'y gagnant que la honte, il la fit mettre à de nouvelles tortures. Témoins de son impassibilité, les satellites s'imaginèrent qu'elle était possédée de quelque génie. Enfin, après environ dix jours de détention, nos six courageuses chrétiennes furent transférées au tribunal des crimes.

« Le 12 avril, Jacques Tsoi et sa famille furent arrêtés, et leur maison pillée. Sa femme et ses deux filles, étant malades, ne subirent qu'une question assez légère. Mais lui-même et deux pauvres veuves chrétiennes qu'on avait prises dans sa maison passèrent par d'horribles tortures, les satellites voulant à tout prix se faire désigner la retraite de Philippe, frère de Jacques, l'un des hommes d'affaires de la mission.

« Le 15 avril, les satellites se portèrent à la maison d'Agathe Tsien et y saisirent onze ou douze chrétiens. Agathe, fille du palais, avait un caractère grave et ferme et une intelligence remarquable. Bien instruite de la religion, et voyant l'impossibilité de la pratiquer à la cour, elle voulut en sortir et se retirer dans sa famille ; mais celle-ci s'opposant fortement à son dessein,

Agathe abandonna courageusement la vie de luxe à laquelle elle était habituée, et s'enfuit chez une pauvre chrétienne, comptant sur Dieu pour sa subsistance. Là, appliquée à la prière, à la lecture, à la méditation, à la pratique des vertus, elle gagna par son affabilité et ses manières humbles, non-seulement les cœurs de tous les chrétiens, mais encore ceux de beaucoup de païens qu'elle convertit à la foi. Souvent maladive, elle ne se plaignait jamais, et sans regretter le luxe et les tables délicates du palais, elle usait avec joie des vêtements et des aliments les plus grossiers.

« En 1839, elle reçut chez elle Lucie Pak, et ce fut sans doute la cause de son arrestation. Lucie Pak était aussi fille du palais. Dès l'enfance, les belles qualités du corps et de l'esprit dont la nature l'avait douée, sa candeur, l'ingénuité et l'affabilité de son caractère, l'avaient fait grandement admirer de tous. On rapporte qu'avant qu'elle eût atteint sa quinzième année, le jeune roi Sioun-tsong, alors âgé de seize à dix-sept ans, fut épris de ses charmes et fit tout pour la séduire. Mais la jeune vierge quoique païenne, avec un courage inouï dans ce pays, résista à toutes ses instances (1). Une vertu si extraordinaire ne devait-elle pas, en quelque sorte, lui mériter la grâce de sa conversion? Aussi quand, à l'âge d'environ trente ans, elle entendit pour la première fois parler de la religion chrétienne, elle voulut de suite se mettre à la pratiquer. Mais elle appartenait à la cour, et il lui était d'autant plus difficile d'en sortir, qu'elle était très-avancée dans les bonnes grâces de la reine Kim, avait l'intendance des autres filles du palais, et était vestale de la tablette du roi défunt. Ces obstacles ne firent qu'enflammer son zèle, elle prétexta une maladie, obtint de sortir, et, comme son père païen était fort hostile à la religion, elle s'établit chez un de ses neveux.

« Considérant dès lors le vide des années qu'elle avait perdues dans le luxe et les délices, elle redoubla de zèle pour remplir exactement tous ses devoirs, s'appliquant surtout à la mortification dans les vêtements et la nourriture. Par ses paroles et ses bons exemples, elle parvint bientôt à convertir toute la famille de son neveu. Lucie s'était depuis quelque temps retirée chez Agathe Tsien, lorsque la persécution éclata. Son neveu, dénoncé, vendit de suite sa maison à moitié prix, et, ne sachant où se réfugier, amena toute sa famille chez Agathe. Deux ou trois

(1) « Nous avons interrogé plusieurs chrétiennes, qui étaient elles-mêmes filles du palais à cette époque, et toutes disent que le fait passe pour certain à la cour. » — *Note de Mgr Daveluy.*

jours après, le 15 avril, les satellites vinrent les saisir tous. Agathe et Lucie, sans se déconcerter, dirent : « C'est la volonté de Dieu ! » puis, s'avançant avec calme, elles engagèrent tous ceux de la famille à se disposer à partir, apportèrent du vin et des rafraîchissements aux satellites, et enfin les suivirent à la prison. Le grand juge, s'adressant à elles, leur dit : « Est-il possible que vous, filles du palais, qui avez reçu une éducation supérieure à celle des autres femmes, vous suiviez cette mauvaise religion ? — Nous ne suivons pas de mauvaise doctrine, répondirent-elles. Honorer et servir Dieu, créateur et père de toutes les créatures, c'est le devoir de tout homme. » Pendant plusieurs jours tous endurèrent avec courage les plus cruels tourments ; mais bientôt la crainte, la souffrance, les instances de leurs parents païens, amenèrent les autres à une honteuse apostasie, et Lucie et Agathe, seules inébranlables, furent envoyées au tribunal des crimes.

« Après ces diverses arrestations, les prisons se trouvant encombrées, il fallut prendre un parti définitif. Le président du tribunal des crimes, Tsio Pieng-hien-i, qui, loin d'être l'ennemi des chrétiens, leur fut toujours favorable et les épargna autant qu'il le put, dut en référer au ministre Ni Tsi-en-i, lequel fit immédiatement son rapport à la régente. Dans ce rapport, il est dit que les chrétiens sont un rejeton des sectes infâmes de Pe-lien-kiao et autres. On exagère leur nombre, on les charge des plus noires calomnies : par exemple, de ne pas reconnaître leurs parents, d'être rebelles au roi, de ne point observer les devoirs sociaux, de se faire une joie de souffrir et mourir pour leur religion, pires en cela que les animaux qui craignent la douleur. Le ministre y parle aussi de l'ornement et de la mitre, comme d'objets singuliers de superstition, et propose d'employer la sévérité des lois pour détruire radicalement cette secte impie. En Corée comme en Chine, l'usage est que les rapports judiciaires présentés au souverain poussent les choses à la dernière sévérité ; Sa Majesté dans sa réponse en rabat plus de la moitié, ce qui fait que les peuples louent la clémence de leur prince. Mais cette fois la régente Kim, probablement sans consulter son frère Kim Hoang-san, que la maladie avait écarté des affaires, et qui était connu comme favorable aux chrétiens, répondit dans un sens plus terrible encore que le rapport du ministre. « Si les chrétiens, disait-elle, ont ainsi repullulé dans le royaume, c'est parce qu'en 1801 leur extermination n'a pas été assez complète. Il faut non-seulement couper l'herbe, mais en extirper les racines, établir dans les huit provinces un système de visites domiciliaires, organiser la responsabilité de familles solidaires entre elles, cinq par cinq, pour la saisie des coupables, etc. (1). »

« Cet édit fut solennellement publié le 19 avril. Il étonna tout le monde, mais surtout le président du tribunal des crimes. Quelques jours auparavant, il avait promis de mettre les chrétiens hors de cause, tandis que l'ordre royal lui prescrivait, pour hâter leur condamnation, de tenir séance tous les jours, même les jours de sacrifices, et de les juger selon la sévérité des lois. Il dut donc se mettre à l'œuvre, bien qu'à contre-cœur. Dès le lendemain, son premier acte fut, sous prétexte que la loi ne permet pas de juger les enfants au criminel, de renvoyer à la première prison le jeune fils de Damien, le fils et la fille d'Augustin Ni et une nièce de Madeleine Ni de Pong-t'sien. Ces enfants demandaient avec larmes à ne pas être séparés de leurs parents, mais il fallut obéir. On les reconduisit à la prison des voleurs, où ils eurent à souffrir non-seulement la faim et la soif, mais des tortures réitérées. La grâce de Dieu les soutint, et, quoique privés de tout conseil et de tout appui, ils demeurèrent fermes dans les supplices. En vain les bourreaux voulurent leur faire croire que leurs parents avaient apostasié et étaient retournés libres chez eux, ils répondirent : « Que nos parents aient abjuré ou non, c'est leur affaire ; pour nous, nous ne pouvons renier le Dieu que nous avons toujours servi. » On renvoya aussi la vieille mère d'Augustin Ni, âgée de quatre-vingts ans, avec un de ses petits-fils, âgé de huit ans. Quelques jours auparavant, elle avait refusé sa délivrance ; mais quand le magistrat vit qu'il s'agissait d'une condamnation à mort, il ne lui permit plus de rester et la mit en liberté, sans lui parler d'apostasie, par honneur pour son grand âge. Il fit de même pour une autre vieille chrétienne, et pour la catéchumène marchande de cheveux prise le 28 mars, sous prétexte que cette dernière n'avait pas de nom chrétien. En vain elle protesta qu'elle était chrétienne comme les autres. « Quel est ton nom? lui dit-il. — Je n'en ai pas encore. — Tu n'es donc pas chrétienne, » et il la fit sortir de force. Trois ou quatre apostats furent aussi congédiés ce même jour.

(1) « Quoi qu'il en soit de ce décret violent, les chrétiens avouent que la reine Kim ne leur a jamais été personnellement hostile, et qu'elle les a, au contraire, souvent favorisés. Nous en avons eu nous-mêmes des preuves dans plus d'une circonstance. Mais, en 1839, dominée par une faction trop puissante, elle ne put agir à son gré, et fut forcée de signer les édits odieux qui parurent sous son nom. » — *Note de Mgr Daveluy.*

« Le 21, onze personnes comparurent à l'interrogatoire qui fut terrible. Le juge voulait frapper les esprits d'épouvante, et ce fut Damien Nam qu'il choisit pour victime. « Tu as fait de fausses déclarations, lui dit-il, au sujet des objets saisis chez toi (la mitre et l'ornement). Ces objets sont neufs, comment pourraient-ils avoir appartenu au P. Tsiou, décapité il y a bientôt quarante ans ? » Sous les yeux des autres confesseurs, il ordonna de lui briser les os des jambes, et le fit rouer de coups de bâton sur les bras, sur les côtes, enfin sur tout le corps. Son intention, à ce qu'il paraît, était de faire mourir le néophyte afin d'étouffer par là une affaire qui allait devenir fort embarrassante, car on ne pouvait tarder à reconnaître que les objets religieux trouvés en sa possession appartenaient à des Européens cachés dans le royaume. Damien, brisé par la torture, tomba sans connaissance, et pendant quatre jours on désespéra de sa vie ; mais ensuite le Dieu des martyrs, qui, sans doute, avait voulu seulement lui faire expier ses mensonges et le réservait à d'autres combats, lui rendit peu à peu la santé.

« Les deux vierges Agathe et Lucie souffrirent aussi de cruels supplices. On leur rompit les os des jambes si cruellement que la moelle en coulait. Et au milieu de si horribles tourments elles ne cessaient d'invoquer avec ardeur les doux noms de Jésus et de Marie ! Le mandarin lui-même admirait leur inaltérable patience. Dès le lendemain, elles se trouvèrent miraculeusement guéries.

« On sévit avec moins de férocité, les jours suivants, contre les autres confesseurs. Il y eut cependant une barbare exception pour l'épouse de Damien qui avait pris part aux mensonges de son mari ; on lui cassa les jambes à coups de bâton. Ces glorieux martyrs pulvérisèrent toutes les calomnies des païens contre notre sainte religion ; ils firent tellement briller la vérité de la foi chrétienne que ses détracteurs, et le président surtout, en étaient stupéfaits. Quant au refus d'apostasie qu'on leur reprochait comme un acte de rébellion envers le prince, ils se bornaient à répondre qu'il faut obéir à Dieu plutôt qu'aux hommes ; et cette apologie de leur conduite et de leur foi était exprimée dans des termes si justes, accompagnés de comparaisons si frappantes, que le juge lui-même applaudissait avec complaisance à leurs discours. « Oh ! tu as raison, disait-il à la jeune vierge Lucie. Mais en sais-tu plus long que le roi et ses mandarins ? — Ma religion, lui répondait-elle, est si belle et si vraie que si le prince et ses ministres voulaient l'examiner, ils l'embrasseraient avec transport. — Oh ! tu as encore raison. »

« Après plusieurs séances, qui se succédèrent jusqu'au 30 avril, quarante chrétiens furent condamnés à mort, et leur jugement présenté aussitôt à l'approbation du conseil royal. Ce nombre épouvanta le ministre et surtout la régente. Ils avaient pensé que les confesseurs apostasieraient pour sauver leur vie ; trompés dans cet espoir, ils ne savaient plus quel parti prendre ; « car, disaient-ils, les mettre à mort, c'est accéder à leurs désirs. » Il fut donc décidé qu'on recommencerait les tortures, et qu'on renverrait chez eux ceux qui survivraient à cette seconde épreuve.

« D'après cet ordre, les bourreaux se remirent à l'œuvre, et s'acharnèrent principalement sur ceux d'entre les chrétiens qui, dans les précédents interrogatoires, n'avaient souffert que des supplices légers. Six personnes comparurent à la première séance. Augustin Ni fut le plus maltraité, il eut les jambes rompues à coups de bâton. Une femme eut le malheur d'apostasier au milieu des tortures ; condamnée à recevoir trente coups sur les épaules, elle faiblit au vingt-septième. Plus tard elle répara son crime en confessant l'Evangile avec une généreuse intrépidité.

« Le juge, voyant l'inutilité des supplices, et d'ailleurs lassé lui-même de torturer ainsi chaque jour des innocents, déchaîna contre eux les prisonniers païens, avec ordre de molester sans relâche nos martyrs, et de les accabler incessamment d'injures et de coups. Ce moyen lui réussit. Jacques T'soi, sa femme, sa fille âgée de quatorze ans, et quelques autres néophytes apostasièrent. Hélas ! encore quelques jours de patience, et ils seraient certainement entrés en possession de l'éternel bonheur ! On les relâcha immédiatement. Le ministre président du tribunal, apprenant que les satellites avaient pris et dilapidé leurs maisons, voulut que l'on rendît le tout, non-seulement à ceux qu'il venait de délivrer, mais même aux apostats de janvier. Ces restitutions furent d'autant plus lourdes pour les satellites qu'ils avaient déjà dépensé presque tout le fruit de leur pillage. En vain voulurent-ils rendre seulement l'argent produit par la vente des objets, le ministre fut inexorable, il fallut rendre les objets eux-mêmes, ou en acheter de nouveaux, selon la liste que chaque chrétien présenta. Après une suite de séances qui se terminèrent au 9 mai, trente-cinq confesseurs, demeurés fermes, furent pour la seconde fois condamnés à mort, et la sentence présentée de nouveau au conseil royal. Elle fut encore rejetée après de longs débats, avec ordre de recommencer la procédure et les tourments.

« Quelques jours auparavant, le 3 mai, des satellites allèrent à deux lieues de la ville cerner la maison d'Antoine Kim. Au bruit de leur prochaine arrivée, toute la famille avait pris la fuite, à l'exception des deux sœurs d'Antoine, et d'un petit enfant de trois ans que les soldats remirent au chef de quartier. L'aînée des deux sœurs, qui s'appelait Colombe, était âgée de vingt-six ans, et l'autre en avait vingt-quatre. On les conduisit au directeur de la police qui n'épargna ni exhortations ni promesses pour les décider à l'apostasie, mais il n'obtint que des refus. Alors il les fit frapper à coups de bâton sur les épaules, sur les coudes et les genoux ; à cinq reprises, il leur fit donner la question sur les jambes : les os ployaient et ne rompaient pas. Au milieu de leur supplice, elles étaient comme inondées d'une joie toute céleste, elles ne jetaient ni cris ni soupirs ; ce n'était pas même à haute voix, comme les autres confesseurs, qu'elles prononçaient les doux noms de Jésus et de Marie, pratique qui fait frémir de rage les satellites et leurs mandarins ; elles priaient en silence, et s'entretenaient intérieurement avec notre divin Sauveur.

« Le mandarin, attribuant à la vertu d'un charme une aussi admirable constance, leur fit écrire sur le dos quelques caractères antimagiques ; puis on les perça, par son ordre, de treize coups d'alènes rougies au feu. Elles demeurèrent comme impassibles. Alors le mandarin leur ayant demandé pourquoi, à leur âge, elles n'avaient pas encore fait le choix d'un époux, Colombe lui répondit avec une noble simplicité qu'aux yeux des chrétiens la virginité était un état plus parfait, et qu'elles l'avaient embrassé pour être plus agréables à Dieu. C'était la première fois qu'une pareille déclaration était faite ainsi publiquement, car les vierges chrétiennes arrêtées dans les persécutions précédentes avaient toujours éludé ces questions et allégué différents prétextes.

« Pour leur ravir ce trésor de la pureté, auquel elles attachaient un si haut prix, ce juge infâme les fit dépouiller de tous leurs vêtements, et fustiger en cet état par les satellites, qui ne cessaient de vomir contre elles les injures les plus grossières et les plus sales que l'enfer puisse mettre dans la bouche de ses démons. Puis il ordonna de les jeter toutes nues dans la prison des forçats, et de les livrer à toutes leurs insultes. Mais le céleste Époux des âmes vint à leur secours ; il les couvrit de sa grâce comme d'un vêtement, et les anima tout à coup d'une puissance surhumaine, de sorte que chacune d'elles était plus forte que dix hommes à la fois. Les vierges de Jésus-Christ, nouvelles Agnès, nouvelles Bibiane, restèrent ainsi, deux jours durant, au milieu des plus insignes malfaiteurs, qui, subjugués par un ascendant mystérieux, n'osèrent pas attenter à leur pudeur ; à la fin on leur rendit leurs vêtements, et elles furent reconduites à la prison des femmes.

« Cependant le premier ministre Ni Tsi-en-i ayant appris que les satellites, depuis qu'on les obligeait à restituer les biens des apostats, n'arrêtaient plus les chrétiens, en fit son rapport à la régente, demandant qu'on leur permît de piller à leur aise comme auparavant. Cette fois, la régente Kim, par un reste de justice, repoussa le projet du ministre, et ordonna que si, dans une maison saisie, il se trouvait quelque païen ou quelque apostat, on le laissât garder la maison et les meubles ; sinon, qu'on fît un inventaire exact, et qu'on le remît au chef du quartier, lequel en serait responsable. Ce nouveau décret ralentit encore plus le zèle des satellites. Aussi la visite domiciliaire, par cinq maisons solidaires l'une de l'autre, s'exécutait lentement et d'une manière très-incomplète, même à la capitale. On avait commencé à l'établir dans les faubourgs, puis dans divers quartiers de la ville, mais peu à peu, en sorte qu'à la mi-mai, il n'en était pas encore question dans la rue où demeurait l'évêque.

« Le 9 mai, Colombe Kim, sa sœur et trois autres chrétiennes, furent transférées à la grande prison et complétèrent de nouveau le nombre de quarante confesseurs. Ils nous écrivaient les lettres les plus édifiantes ; vraiment leur cachot était devenu le séjour de la sainteté, de la paix et du bonheur. Les lettres de Lucie Pak surtout firent une vive impression sur les chrétiens. Ses ardentes paroles n'étaient qu'un cantique de louanges pour les bienfaits de Dieu ; elle rendait mille actions de grâces à Marie et à tous les saints, et se rabaissait elle-même avec une humilité admirable (1). Dans la prison d'ailleurs, elle consolait et exhortait chacun par de bonnes paroles. Ses compagnons trouvaient en elle un appui ; elle était pour eux comme un ange descendu du ciel.

« Le 12 mai, Colombe et sa sœur durent paraître devant le ministre des crimes. Il leur dit : « Ne peut-on pas, sans être chrétien, pratiquer la plus haute vertu ? — Cela est impossible, répondit Colombe. — Confucius et Meng-Tse ne sont-ils donc pas des saints ? — Ce sont des saints selon le monde. » Le dialogue continua longtemps sur ce ton ; les réponses réservées et intelligentes de la jeune fille remplissaient le ministre d'admiration. En terminant Colombe lui dit : « Les mandarins étant les pères du peuple, je désire vous déclarer tout ce que j'ai sur le

(1) Malheureusement, ces lettres ont été perdues pendant la persécution.

cœur; » et elle lui fit naïvement et tout au long le récit de l'outrage que l'on avait fait, en sa personne et en celle de sa sœur,
à la décence et aux mœurs publiques. Elle ajouta : « Une jeune
fille, qu'elle soit noble ou enfant du peuple, n'a-t-elle pas droit
au respect ? Qu'on nous tue suivant la loi du royaume, je ne
m'en plaindrai point et le supporterai volontiers ; mais, qu'en
dehors de la loi on nous fasse subir de telles indignités, c'est ce
qui me pèse sur le cœur. — Qui donc, s'écria le ministre en
colère, a osé ainsi faire violence à de jeunes personnes précieuses
comme l'albâtre ? » Et de suite, il fit aller aux informations et en
référa au conseil royal. On n'a pu savoir quelle avait été la réponse ; il est probable qu'on s'est contenté de baisser la tête et de
rougir. Mais le ministre des crimes ne se tint pas pour satisfait ;
il fit saisir le chef de la prison et différents satellites, leur adressa
une verte semonce accompagnée pour plusieurs d'une assez rude
bastonnade, et finit par en condamner deux à l'exil, où ils se
rendirent dès le 16 de ce même mois. Depuis ce jour, les femmes
chrétiennes n'eurent plus à subir cette honte, pire pour elles que
les tortures.

« Ce même jour, 12 mai, la divine Providence voulut encore
donner aux ennemis de la religion un bel exemple de vertu. Un
chrétien, nommé Protais Tsieng Kouk-po, qui, très-pauvre et
toujours malade, avait supporté avec une résignation admirable la perte successive de ses quatorze enfants, qui, ne craignant ni les fatigues, ni les dangers pour rendre service au prochain, était devenu par sa charité le modèle de ses frères, avait
été arrêté pendant la troisième lune. Après quelques jours de
prison, séduit par les paroles insidieuses du mandarin, il eut le
malheur d'apostasier. Mais à peine rentré dans sa maison, il sentit
un vif remords de son crime ; jour et nuit il ne cessait de pleurer.
Enfin poussé par le repentir, et encouragé par les exhortations
d'un pieux chrétien du voisinage, il prit la résolution d'aller se
remettre lui-même entre les mains des juges. Il se rendit donc au
tribunal des crimes, et dit qu'il voulait parler au ministre. Les
valets lui demandèrent pourquoi. Il leur raconta son apostasie et
le désir qu'il avait de se rétracter et de mourir ; on le traita de
fou et on l'empêcha d'entrer. Le lendemain il revint encore :
efforts inutiles. Le troisième jour, 12 mai, comme sa maladie et
les suites de ses blessures ne lui permettaient pas de marcher, il
se fit transporter près du tribunal et attendit la sortie du ministre.
Alors s'inclinant devant lui, au milieu de la route, il lui dit son
histoire, le pria de le faire mourir comme coupable d'apostasie,

et insista si fort que le ministre fut contraint de l'envoyer à la prison. Et le pauvre apostat de s'y rendre, le cœur comblé d'une sainte joie qu'augmentèrent encore les félicitations des autres chrétiens prisonniers. Rappelé ensuite à ce même prétoire, où il avait apostasié la première fois, il fut frappé de vingt-cinq coups de planche. On le transporta mourant à la prison, où il expira la nuit suivante, du 20 au 21 mai, dans la quarante et unième année de son âge. Il fut les prémices de cette persécution, et sa mort consola d'autant plus la chrétienté que sa faute l'avait plus affligée et scandalisée. Nous verrons plus tard qu'il eut plusieurs imitateurs de son généreux repentir.

« Cependant les ennemis de notre sainte religion, et surtout le parti opposé à l'ex-premier ministre Kim Hoang-san, frère de la régente, murmuraient violemment de ce que celle-ci ne faisait pas exécuter les chrétiens. De son côté, le ministre des crimes, las de les torturer inutilement, avait recours, sans plus de succès, à des exhortations paternelles. « Un mot d'obéissance au roi, disait-il, ne sera pas un si grand péché. Les autres criminels me demandent la vie ; maintenant, au contraire, c'est moi qui vous demande de vouloir vivre. » Nos confesseurs répondirent à ses sollicitations avec respect et fermeté. Profitant des bonnes dispositions où il le voyait, Augustin Ni le supplia de lui rendre ses deux enfants, et surtout sa fille, trop exposée seule dans la prison des voleurs. « J'y consens, dit aussitôt le juge ; je renvoie même ta femme et tes enfants sans qu'ils apostasient, mais à condition que tu abjureras. — Je ne le puis, répondit le fervent confesseur. » Et il fut de nouveau condamné à mort. Il avait alors cinquante-trois ans.

« Avec lui furent jugés dignes de la même peine : Damien Nam, âgé de trente-huit ans, parce qu'il avait recélé l'ornement et la mitre ; Pierre Kouen, âgé de trente-cinq ans, pour avoir coulé et vendu des croix et des médailles ; Lucie Pak, âgée de trente-neuf ans, parce qu'étant vestale gardienne de la tablette du roi défunt, elle avait quitté la cour ; l'épouse de François T'ai, Anne Pak, âgée de cinquante-sept ans, parce que, malgré l'exemple de son mari et de son fils, elle s'obstinait à refuser l'apostasie. Ces cinq personnes furent de nouveau condamnées au dernier supplice, ainsi que quatre autres chrétiennes dont la sentence avait été portée trois ans auparavant, avec sursis, et qui depuis lors languissaient dans les prisons. C'étaient Agathe Ni, veuve, sœur de Ho-ieng-i ; Madeleine Kim, veuve, sœur de Po-ki ; Barbe Han, veuve, mère de Sioun-kir-i, et Agathe Kim, veuve. Made-

leine avait soixante-six ans, Barbe quarante-huit ans, Agathe
Ni cinquante-six ans, et Agathe Kim cinquante-trois ans.

« Après trois jours de débats au sein du conseil royal, l'arrêt
fut enfin confirmé. Damien Nam, en l'apprenant, écrivit aussitôt
à sa femme prisonnière : « Ce monde n'est qu'une hôtellerie,
notre véritable patrie est le ciel. Mourez pour Dieu, et j'espère
vous rencontrer au séjour de la gloire éternelle. » Le vendredi
24 mai, à trois heures après midi, heure où notre divin Sauveur
expira sur la croix, ces neuf victimes consommèrent leur glorieux
sacrifice, hors de la porte de l'ouest. Leurs corps restèrent, selon
la loi, exposés pendant trois jours au lieu même de l'exécution.

« Le lundi 27, de grand matin, je parvins à les faire enlever,
non sans quelque difficulté. On les enterra ensemble, dans un
petit terrain acheté uniquement pour leur servir de sépulture.
J'aurais voulu, comme dans notre noble et heureuse Europe,
les revêtir d'étoffes précieuses et les embaumer avec de riches
parfums ; mais, outre la raison de notre pauvreté, c'eût été trop
exposer le chrétien qui se serait dévoué à cette sainte œuvre.
On se contenta donc d'habiller chacun selon son sexe, puis les
corps furent liés et enveloppés dans des nattes. Voilà pour nous
de nombreux protecteurs dans le ciel, et des reliques toutes
nationales, si jamais la religion chrétienne devient florissante
en Corée, comme j'en ai l'espérance.

« Je dois mentionner ici quelques autres confesseurs qui moururent dans les prisons, à cette même époque, et dont la fin,
moins glorieuse peut-être à nos yeux, ne fut pas moins précieuse
devant Dieu.

« Joseph Tsiang Sieng-tsip-i, d'une honnête famille de la
capitale, après s'être montré quelque temps catéchumène fervent,
avait été assailli de doutes sur la foi et, cédant à la tentation,
avait abandonné la religion, repris les idées du siècle, et ne songeait plus qu'à faire fortune et à jouir de la vie. Après bien des
tentatives, quelques amis chrétiens parvinrent à dissiper ses
doutes et, la grâce de Dieu aidant, il se convertit tout à fait.
Pour mieux échapper aux séductions du monde, il rompit absolument tout rapport avec les païens, s'emprisonna dans sa maison
dont il ferma la porte et, sans s'inquiéter de la faim ni du froid,
s'appliqua uniquement à la prière et à l'étude. Ses parents, peinés
de le voir ainsi souffrir, lui disaient : « Quand vous sortiriez un
peu pour vaquer au soutien de votre existence, quel mal y aurait-
il? » Il leur répondit : « Tous mes péchés passés sont venus du désir
que j'avais de me mettre dans une position aisée ; il me vaut mieux

geler de froid et souffrir de la faim, que de m'exposer à pécher encore de la même manière. D'ailleurs, en supportant bien les souffrances passagères de ce monde, je pourrai, après la mort, jouir dans le ciel d'un bonheur éternel. » Il reçut les sacrements de baptême et de confirmation en avril 1838. Dès le commencement de la persécution, il apprit avec bonheur la constance que tant de chrétiens montraient dans les tourments, et, enflammé d'un saint désir du martyre, il résolut de se livrer lui-même ; son parrain l'en dissuada. Quelques jours après, il fut dénoncé et arrêté. Comme il était à peine remis d'une maladie grave, on voulait le faire porter en chaise, il s'y refusa et suivit les satellites à pied. Alors ses voisins et amis païens vinrent sur la route lui faire leurs condoléances, et l'engager à se délivrer par l'apostasie. Les satellites le pressaient aussi ; mais Joseph, quoique souffrant, se mit à leur annoncer les vérités de la religion et à montrer qu'il ne faut pas, par amour de cette courte vie, compromettre la seule affaire importante de l'éternité. Une demi-journée se passa ainsi. A la fin, voyant sa fermeté, on le conduisit à la prison des voleurs. Le matin au point du jour, Joseph, étonné qu'on ne le fît pas appeler, cria à plusieurs reprises d'une voix forte : « Après avoir pris un homme digne de mort, le laisse-t-on de côté sans lui faire subir aucun supplice ? » Un mandarin qui l'entendit demanda ce que voulait cet homme. Les valets répondirent que c'était un malade dans le délire de la fièvre, et ordre fut donné de le renfermer, malgré ses réclamations. Peu de temps après, cité au tribunal du grand juge criminel, il y expliqua la doctrine chrétienne et supporta courageusement les supplices. Toutes les ruses et toutes les violences des bourreaux furent inutiles, et le 14 de la quatrième lune, 26 mai, ayant été battu de vingt-cinq coups de la planche à voleurs, il expira en prison à l'âge de cinquante-quatre ans. Avec lui, et de la même manière, mourut un autre chrétien, riche fabricant de soieries, dont le corps fut brisé par d'horribles tortures (1).

« Le lendemain 27, dans la même prison, une jeune vierge consommait aussi son sacrifice. C'était Barbe Ni, nièce de Madeleine Ni de Pong-t'sien. Arrêtée dès la deuxième lune, elle avait montré dans les supplices un courage au-dessus de son âge et de son sexe. Lorsqu'elle fut transférée au tribunal des crimes, le

___

(1) « J'ai inutilement cherché le nom de cet autre chrétien dont parle Mgr Imbert. Personne n'a pu me donner de renseignements. » — *Note de Mgr Daveluy.*

ministre la tenta par toutes sortes de caresses et de ruses, sans pouvoir obtenir d'elle un mot ou un signe de faiblesse, et touché de compassion, il la renvoya à la prison des voleurs, comme trop jeune pour être jugée au criminel. C'est là qu'après avoir beaucoup souffert de la faim et de la soif, elle fut prise de la peste courante, et en quelques jours s'éteignit paisiblement. Elle avait à peine quatorze ans. Cette peste, qui vint alors aggraver cruellement les souffrances des chrétiens prisonniers, était une espèce de fièvre putride, causée par la réunion d'un grand nombre de personnes dans un local trop étroit, par l'infection des cachots et la malpropreté horrible qu'on y laissait continuellement régner.

« Deux pauvres veuves en moururent également. L'une était Barbe Kim, plus connue sous le nom de Barbe, mère de T'sintsiou. Née en province de parents fort pauvres, elle ne put pratiquer librement la religion qu'à l'âge de treize ans, qu'elle entra comme servante chez un riche chrétien de la capitale. Elle désirait garder la virginité; mais, sur l'ordre de ses parents, elle consentit enfin à se marier. Devenue veuve quelque temps avant la persécution, elle s'était adonnée à la prière et aux bonnes œuvres avec plus de zèle que jamais, lorsqu'elle fut prise, à la deuxième lune, traînée successivement au tribunal des voleurs et au tribunal des crimes, où elle fut si cruellement maltraitée que ses membres brisés ne purent se guérir. Après avoir enduré pendant plus de deux mois la faim, la soif et la maladie, elle mourut de la peste, à l'âge de trente-cinq ans.

« L'autre, qui succomba deux ou trois jours plus tard, se nommait Agathe Tsieng, grand'mère de Tsiou-tsin-i. Elle avait longtemps pratiqué la religion, malgré la violente opposition de son mari païen. Son mari et ses deux fils étant morts vers l'année 1820, elle resta dans une extrême pauvreté, avec ses deux belles-filles et ses petits-enfants tous chrétiens, et dut, à l'âge de plus de soixante ans, mendier de porte en porte sa nourriture. Pendant de longues années, elle ne cessa d'édifier la chrétienté par sa merveilleuse résignation; elle n'avait à la bouche que des paroles d'actions de grâces envers Dieu pour ses bienfaits, et particulièrement pour la pénible position où il permettait qu'elle fût réduite. Agathe avait plus de soixante-quinze ans, quand elle reçut pour la première fois les sacrements. Arrêtée à la troisième lune, elle fut conduite d'abord au tribunal des voleurs, où, malgré son grand âge, on lui fit subir la question. Ni les tortures, ni les menaces, ni les douces paroles n'ayant ébranlé sa constance, elle fut transférée au tribunal des crimes, où elle souffrit beaucoup de la faim et de la soif. Là, elle tomba malade de la peste, et ses forces étant épuisées par l'âge et les souffrances, elle mourut dans la confession de sa foi, en prononçant les saints noms de Jésus et de Marie. Elle avait alors soixante-dix-neuf ans. »

Le conseil de régence, en confirmant la sentence des neuf martyrs, avait, dans la même séance, décidé l'exécution immédiate des condamnés qui, dans les prisons de Tai-kou et de Tsien-tsiou, attendaient depuis treize ans la mort ; l'ordre en fut expédié sur-le-champ. Quittons un instant la capitale pour assister à leur glorieux triomphe.

A Tai-kou, chef-lieu de la province de Kieng-siang, il n'y avait plus que trois confesseurs ; le quatrième, Richard An Koun-sim-i, était mort de la dyssenterie en 1835, la neuvième année de son emprisonnement. Le jour même où le décret royal arrivait à Tai-kou, André Pak, par une espèce d'inspiration, dit à ses deux compagnons de captivité : « L'heure de notre mort est proche, préparons-nous plus que jamais. » La nouvelle leur fut bientôt notifiée officiellement, et tous trois, heureux de recueillir enfin le fruit de tant d'années de souffrances, distribuèrent aux pauvres prisonniers leurs habits et les différents objets à leur usage. Les prisonniers étaient émus jusqu'aux larmes ; les geôliers eux-mêmes se montraient vivement affligés. Chacun voulait leur donner un peu de vin ou quelque autre rafraîchissement en signe d'adieu, et quand ils sortirent pour aller au supplice, on entendit des gémissements de toutes parts. Il semblait que chacun perdait un parent ou un ami. C'était le fruit des beaux exemples qu'ils avaient donnés pendant treize ans. Eux seuls étaient calmes et joyeux et, en marchant, s'encourageaient au martyre. On leur trancha la tête le 14 de la quatrième lune, 26 mai 1839. André Pak avait quarante-huit ans, André Ni soixante-quatre ans et André Kim quarante-six ans. Chose inouïe, les satellites recueillirent eux-mêmes leurs corps et les firent ensevelir et enterrer convenablement, tant nos confesseurs avaient su se concilier l'estime et l'affection de tous ceux qui les approchaient. Ces trois André, si longtemps fidèles à suivre les traces de leur saint patron, sont restés en grande et particulière vénération parmi les chrétiens du pays.

A Tsien-tsiou, chef-lieu de la province de Tsien-la, cinq autres confesseurs attendaient la bonne nouvelle de la véritable délivrance. Aussitôt qu'ils l'eurent reçue, ils laissèrent éclater leur joie, et répandirent leur âme devant Dieu en ferventes actions de grâces. Pierre Sim, seul, sentait dans son cœur un mouvement de regret et d'attache à la vie; mais sa foi courageuse n'en parut qu'avec plus d'éclat. Paul Tsieng, se défiant de sa propre faiblesse, pria les geôliers de ne pas laisser venir, ce jour-là, sa femme et ses enfants. Pendant qu'ils se rendaient au lieu de l'exécution, les enfants de Job Ni suivaient leur père en pleurant. Il leur dit d'un ton joyeux : « Pendant de longues années, j'ai langni dans ce cachot; aujourd'hui enfin je pars pour le ciel. Pourquoi pleurez-vous ? Réjouissez-vous au contraire de mon bonheur. Rejouissez-vous de ce que votre père meurt pour Jésus-Christ, et soyez toujours de bons chrétiens. » Ils furent décapités tous les cinq, au milieu d'une foule immense rassemblée pour le marché. C'était le 17 de la quatrième lune, 29 mai 1839. Pierre Ni Sieng-hoa était âgé de cinquante-huit ans, Job Ni de soixante-treize, Paul Tsieng T'ai-pong de quarante-quatre, et Pierre Sin T'ai-po d'environ soixante-dix. On ne sait pas quel âge avait Pierre Kim T'ai-koan-i.

A ces exécutions sanglantes succéda quelque calme. Il devait peu durer. Le ministre des crimes et son assesseur donnèrent leur démission, pour obéir au cri de leur conscience qui leur reprochait de massacrer ainsi des innocents. Le successeur du ministre fut Hong-mieng-tsiou, que plusieurs chrétiens prétendent, encore aujourd'hui, leur avoir été favorable au fond du cœur, mais qui ne le laissa guère voir dans sa conduite. L'assesseur fut remplacé par Im-seng-kon, à qui nous devons rendre cette justice qu'il ne manifesta contre la religion aucune hostilité personnelle. Nous le retrouverons plus tard, pendant la persécution de 1846, où il se montra si indulgent envers le P. André Kim, qu'on le soupçonna d'être chrétien en secret.

Le mois de juin se passa sans incidents remarquables. Le peuple, excité par les calomnies officielles, demandait hautement la punition des chrétiens; les uns proposaient de les renvoyer tous à la prison des voleurs, afin que les geôliers pussent sans tant de formalités les expédier à coups de bâton ; d'autres parlaient de les laisser périr dans les prisons, de faim, de misère et de maladie. Dans le conseil royal, les opinions étaient partagées; on ne savait quelle ligne de conduite adopter pour l'avenir, et, en conséquence de ces indécisions, les agents du gouvernement gardaient le silence au sujet des chrétiens.

CHAPITRE II.

La persécution redouble de violence. — Arrestation des missionnaires.
— Leur martyre.

Tandis que les chrétiens respiraient un peu, à la faveur de cette trêve passagère, Mgr Imbert, ne croyant plus sa présence nécessaire à la capitale, alla se réfugier en province, dans une cachette préparée pour lui par quelques généreux néophytes. Celui qui arrangea cette évasion fut André Son Kieng-sie, dont il sera souvent question dans la suite, et sur lequel nous allons donner ici quelques détails. André était d'une famille du peuple, à Hong-tsiou, dans la plaine du Nai-pò. Possesseur d'une belle fortune, et d'un caractère naturellement généreux, il entretenait des relations avec un grand nombre de païens, et venait libéralement au secours de toutes les infortunes. On vantait sa piété filiale, son affabilité. Pendant trente ans de mariage, il n'eut jamais avec sa femme la moindre querelle. Sa maison, malgré le grand nombre d'enfants et de domestiques, avait toujours un air de paix, de calme et de bonne harmonie, qui frappait toutes ses connaissances. Très-entendu dans les affaires, il se chargeait volontiers non-seulement de celles de ses parents et amis, mais aussi de celles de la chrétienté. Dès le temps du P. Pacifique, il rendit plusieurs fois de grands services à la mission, sans jamais s'inquiéter du danger qu'il pouvait courir. En 1838, il fut arrêté avec plusieurs personnes de sa famille, par le mandarin de son propre canton ; mais, voyant que celui-ci cherchait surtout de l'argent, il s'imagina faire une bonne œuvre en apostasiant de bouche, et racheta par une forte rançon sa liberté et celle de ceux qui avaient été saisis avec lui. Revenu dans sa maison, il reconnut sa faute et, pour l'expier, il conçut, au moment où la persécution de 1839 éclata, le projet de préparer à ses frais une retraite sûre pour l'évêque.

Après de longues recherches, il découvrit un lieu admirablement situé, et en fit de suite l'acquisition. Ce petit village, appelé Siang-koi, district de Siou-aien, se trouve à l'extrémité d'une langue de terre qui s'avance assez loin dans la mer. Les maisons ne pouvaient être aperçues des bateaux qui longeaient le rivage. Du côté de la terre, une vallée seulement y aboutissait, mais tellement éloignée de tout autre lieu habité, que l'on ne pouvait, pour ainsi dire, avoir par là aucune communication avec l'intérieur du pays. André prit encore la précaution de placer un bateau près du village, pour que l'évêque pût fuir au besoin. Tout fut préparé à l'insu des chrétiens; deux ou trois seulement furent mis dans le secret. André transporta à Siang-koi, par mer, d'abord sa famille, puis revint aussitôt après à la capitale, avec Dominique Kim, pour amener Mgr Imbert. Celui-ci avait grand besoin de repos; il partit donc le 3 juin, descendit le fleuve en bateau, puis, par une navigation d'environ trente lieues, le long de la côte, à travers les nombreux ilots qui bordent la presqu'île coréenne, il arriva dans cet asile pour soulager un peu son corps fatigué, et rafraîchir son cœur abreuvé d'angoisses. Pendant ce temps, les deux autres prêtres, tout en se tenant sur leurs gardes, donnaient encore quelques soins aux chrétiens des provinces.

Vers la fin de juin, quelques jours avant la mort de l'ancien régent Kim Hoang-san, une intrigue de palais mit presque toute l'autorité entre les mains de T'sio-pieng-kon, oncle du roi enfant; c'était le plus grand ennemi des chrétiens. Aussi, dès le 7 juillet, dans une séance extraordinaire du conseil des ministres, un nouveau décret fut rédigé et proclamé au nom de la régente Kim, reprochant aux juges et aux chefs des satellites leur négligence à exterminer les chrétiens, et les menaçant des peines les plus sévères, s'ils ne mettaient désormais plus de zèle dans l'exercice de leurs fonctions.

Les faux frères mêlés aux chrétiens, et en particulier le traître Kim Ie-saing-i, n'avaient pas encore jeté le masque. Toujours le premier aux réunions, il faisait la lecture publique du catéchisme et des livres religieux, exhortait tous les assistants à tenir ferme, et à supporter patiemment les épreuves que Dieu leur envoyait. Il avait ainsi capté la confiance d'un grand nombre, et put faire aux mandarins les dénonciations les plus précises et les plus circonstanciées.

Aussi le dernier décret avait à peine paru, que les arrestations de personnages importants se succédèrent coup sur coup. On voyait que les satellites étaient bien renseignés. En quelques jours, on saisit Charles T'sio, Charles Hien servant de M. Chastan, Paul Tieng, qui gardait la maison de l'évêque, Augustin Niou, l'interprète du gouvernement, et leurs familles tout entières. Augustin Niou, qui, comme membre de l'ambassade annuelle, rendait de si grands services pour les relations avec la Chine, était dénoncé depuis longtemps; mais son intimité avec l'ancien régent Kim Hoang-san, frère de la régente, et avec Kim Tsiang-ei, ministre de troisième ordre, l'un des premiers savants du royaume, était assez connue pour qu'on craignît de mettre la main sur lui. On prétend que Kim Hoang-san, pendant sa dernière maladie, eut avec Augustin de longues et fréquentes conférences sur la religion, et fut baptisé par lui à l'heure de la mort. Quant à Kim Tsiang-ei, qui souvent assista à ces conversations, il manifesta alors quelques velléités de se faire chrétien, et demanda une audience de l'évêque ; mais, disgracié et exilé lui-même à cette époque, il perdit de vue l'unique chose nécessaire, et mourut en 1857, à l'âge de quarante-cinq ans, sans s'être converti. Quelques membres de sa famille sont aujourd'hui chrétiens. Kim Hoang-san étant mort deux ou trois jours après la proclamation du décret du 7 juillet, Augustin fut immédiatement arrêté.

On décida, en même temps, l'exécution publique des quelques chrétiens dont les procès venaient d'être terminés, et le 10 de la sixième lune, 19 juillet, huit nouveaux martyrs furent décapités en dehors de la petite porte de l'ouest. Le chef de cette généreuse troupe fut Jean Ni Kieng-sam-i. Frère cadet d'Augustin Ni, décapité à la quatrième lune, Jean avait été converti avec lui, et s'était fait tellement remarquer par sa droiture, son dévouement et sa piété, que, peu de temps après sa conversion, les chrétiens l'adjoignirent à ceux de leurs chefs chargés de l'importante mission des voyages à Péking. C'est dans cette ville qu'il reçut le baptême. Dès son retour, il s'astreignit à une abstinence complète de viande, et, n'étant pas encore marié, renonça à toutes les espérances du monde, et résolut de vivre dans le célibat. On admirait surtout son recueillement extraordinaire ; rien ne pouvait le distraire de son union intime et continuelle avec Dieu. Pris à la deuxième lune avec toute sa famille, il eut à subir les mêmes interrogatoires et les mêmes supplices que son frère aîné, montra la même fermeté héroïque et, après cinq mois de souffrances, porta enfin sa tête sous la hache, dans la quarante-cinquième année de son âge. Venaient ensuite Madeleine Ni de Pong-t'sien, âgée de trente et un ans, vierge ; Thérèse Ni, tante paternelle de Madeleine, veuve, âgée de cinquante-deux ans ; Marthe Kim Pon-p'ieng-tsip-i, veuve, âgée de cinquante-trois ans, et notre illustre Lucie Kim, fille de Pan-moul-tsip-i, vierge, âgée seulement de vingt-deux ans.

Les trois autres furent : Anne Kim, Rose Kim et Marie Ouen. Anne Kim, veuve, mère de Ouen-tai, née de parents chrétiens à la capitale, pratiqua toute sa vie les vertus de son état et supporta patiemment les épreuves de la pauvreté. Elle vivait près de la maison de Jean Ni Kieng-sam-i, et les deux familles semblaient par leur harmonie n'en former qu'une seule. Arrêtée avec lui, elle ne se démentit pas dans les supplices, et fut décapitée à l'âge de cinquante et un ans. Rose Kim Kam-kol-tsip-i, veuve, n'était devenue chrétienne qu'après la mort de son mari. Elle avait converti sa mère et son frère, et vivait avec eux dans la pratique exacte de tous ses devoirs. Prise à la onzième lune de l'année mou-sioul (1838), avec Pierre Kouen, elle invoqua à l'instant les noms de Jésus et de Marie, pour obtenir la force de confesser sa foi jusqu'au martyre. Les supplices qu'elle eut à subir dans les deux tribunaux ne la firent pas faiblir, et elle cueillit enfin la palme si désirée, après huit mois de prison, étant alors âgée de cinquante-six ans.

Enfin, la dernière victime de cette journée fut la jeune vierge Marie Ouen, âgée de vingt-deux ans. Ayant perdu dès l'enfance son père et sa mère, elle quitta la province et vint chez des parents de la capitale, où elle gagnait sa vie par des travaux d'aiguille. Elle avait fait vœu de garder la virginité et donna toujours l'exemple d'une gravité au-dessus de son âge, jointe à une parfaite égalité d'âme. A la deuxième lune, quand les satellites entrèrent dans sa maison, elle put s'enfuir d'abord, mais des gens qui la connaissaient, l'ayant rencontrée sur la route, la firent arrêter. Pendant un quart d'heure environ, elle fut toute déconcertée et comme hors d'elle-même. Mais bientôt la pensée que rien n'arrive en ce monde que par la volonté de Dieu lui rendit son calme ordinaire. Dans les deux tribunaux tous les moyens furent mis en œuvre pour obtenir son apostasie. La douceur, les caresses, les promesses ne lui firent aucune impression, et la violence des tourments la trouva plus inébranlable encore. Mise à la torture presque à chaque séance, elle conservait sa présence d'esprit et répondit toujours avec calme et dignité. Dans la prison, elle eut cruellement à souffrir de la faim et de la soif, et fut prise de la peste courante. Enfin, après cinq mois de détention, elle eut le bonheur de signer de son sang le contrat de ses chastes noces avec l'Agneau de Dieu.

Cependant Mgr Imbert, dans sa retraite, apprenait jour par jour les graves événements qui se succédaient non-seulement à la capitale, mais aussi dans les provinces. La position devenait des plus critiques. Dans cette extrémité, il jugea qu'il fallait appeler ses deux missionnaires pour conférer avec eux. Les routes étaient devenues fort dangereuses, mais André Son, le généreux hôte de Sa Grandeur, se chargea de les amener dans son bateau. Le 24 juillet, à minuit, il revint avec M. Chastan; puis il repartit chercher M. Maubant auquel il portait la lettre suivante de Monseigneur :

« Bien cher confrère, M. Chastan est arrivé avant-hier à minuit. *Deo gratias.* Votre catéchiste Jean est venu hier m'apprendre que tout est perdu, et qu'il ne manque plus que nous pour terminer la fête. Les satellites se répandent dans les campagnes pour nous arrêter. Il faut se livrer et payer de sa personne, au moins l'un de nous, et les deux autres sortir du royaume. Ainsi, venez de suite, car plus nous différons, plus il y a de danger. Venez vite, venez vite. Je fais partir une barque pour aller vous rencontrer. »

M. Maubant obéit de suite à cette invitation, et rejoignit ses confrères dans la nuit du 29 juillet. Nous ne savons pas en détail ce qui se passa dans cette réunion, et quelles mesures y furent prises. Une lettre de M. Maubant nous apprend que l'évêque voulait renvoyer les deux prêtres en Chine, par mer, et rester seul victime de la persécution. Mais outre que ces généreux missionnaires ne pouvaient pas consentir à quitter le pays dans de telles circonstances, le danger évident de mort pour les bateliers qui auraient tenté de les jeter sur les côtes de la Chine ou de la Mandchourie, fit abandonner ce projet.

Dès le lendemain 30 juillet, ils se séparèrent, avec la consigne à chacun d'être prêt à tout événement, et de se cacher aussi bien que possible, en attendant que la situation, mieux connue, permit à l'évêque de donner une décision définitive. Malgré la difficulté des temps et les dangers de toute nature, MM. Maubant et Chastan crurent devoir céder aux vœux ardents de trois petites chrétientés par où ils avaient à passer, et furent occupés une dizaine de jours à leur administrer les sacrements.

Le 31 juillet, les satellites se portèrent à Sou-ri-san, village chrétien à cinquante lys de la capitale, composé de plus de soixante personnes. François T'soi T'sioun-i, père du prêtre Thomas T'soi, alors élève à Macao, en était comme le chef. François, né à Ta-ri-kol, au district de Hong-tsiou, était le dernier de six enfants. Sa famille, fort riche, avait été l'une des premières converties quand l'Evangile pénétra en Corée ; aussi pratiqua-t-il la religion dès l'enfance. Mais bientôt, voyant qu'il rencontrait dans son pays natal trop d'obstacles au salut de son âme, et ne pouvant d'ailleurs déterminer ses aînés à quitter la maison paternelle, il partit sans rien dire à personne, en laissant seulement une lettre d'adieu. La lecture de cette lettre fit une grande impression sur tous ses frères, et de suite ils envoyèrent à sa recherche. De retour à la maison, François insista plus que jamais sur la nécessité où ils étaient d'émigrer pour sauver leurs âmes, et parla si bien que le départ fut décidé sur-le-champ, et exécuté peu de mois après. Il sauva ainsi toute sa famille qui, sans cela, n'eût jamais pratiqué franchement le christianisme. A peine étaient-ils arrivés à la capitale, qu'ils furent exposés à de graves vexations de la part des païens, et perdirent presque toute leur fortune. Quelques-uns de leurs amis, très-riches et très-puissants, s'offrirent à les mettre pour toujours à l'abri de ces persécutions, en en punissant les auteurs. Mais François et ses frères, pour obéir à l'ordre de Jésus-Christ et imiter son exemple, refusèrent de rendre ainsi le mal pour le mal, et ils préférèrent se retirer dans les montagnes. Là, appliqué à tous ses devoirs, François instruisait ses enfants, lisait constamment les livres de religion, et quoique bien pauvre lui-même, trouvait encore moyen de faire l'aumône à ceux qui étaient dans le besoin. Tous l'aimaient et l'estimaient. On écoutait avec joie ses exhortations, et plusieurs venaient de très-loin pour l'entendre.

Douze ans plus tard, son fils le P. Thomas T'soi, écrivant à M. Legrégeois, directeur du séminaire des Missions étrangères, donnait sur François les détails suivants :

« Quoiqu'il n'eût reçu que bien peu d'instruction, mon père puisait dans de fréquentes méditations, dans de pieuses lectures, une charité ardente, et une connaissance admirable de nos mystères. Dans le travail comme dans le repos, à la maison comme à la campagne et en voyage, partout et toujours uni à son Dieu, il ne s'entretenait que de religion et de piété. Ses paroles étaient si fortes, si simples, si persuasives, qu'elles pénétraient tous les cœurs d'amour pour Dieu, et d'admiration pour son serviteur. Son zèle pour la gloire du divin Maître s'alliait à une tendre charité pour le prochain. Lorsqu'il allait au marché, il achetait ce qu'il y avait de plus vil et de plus mauvais, et à ceux qui l'en blâmaient il faisait cette réponse : « Comment pourraient vivre ces pauvres gens, s'ils ne trouvaient pas d'acheteurs pour les denrées de rebut ? » Cette charité grandissait et devenait héroïque dans les temps de calamités. Les moissons furent, une année, détruites par les eaux. Les gémissements et le désespoir étaient universels comme la misère. François seul, au grand étonnement des fidèles eux-mêmes, montrait un visage aussi serein que de coutume. « Pourquoi, disait-il, s'abandonner ainsi à l'affliction ? Est-ce « que tous les événements ne viennent pas de Dieu ? Si vous croyez « à sa paternelle providence, pourquoi donc attrister vos cœurs ? » Dans la famine, il se multipliait et pourvoyait à tous les besoins des malheureux. Lorsqu'arrivait la cueillette des fruits, il faisait choisir et mettre en réserve pour les pauvres tout ce qu'il y avait de meilleur. Quoique sans cesse occupé de bonnes œuvres, il ne négligeait ni ses frères, ni sa mère qu'il entoura toujours de la plus tendre piété filiale, ni ses serviteurs, ni sa maison, où les prières et les lectures pieuses se faisaient en commun et à des heures réglées.

« Créé catéchiste dans la tourmente de 1839, il trouva une ample matière à son zèle. La ville de Séoul était alors décimée par la persécution et par la faim. François recueillit d'abondantes aumônes, exhorta, supplia les chrétiens de son village, et vola avec eux ensevelir les corps des martyrs, et secourir ses frères malheureux. A son retour dans sa famille, il crut que le moment était venu de la préparer au martyre. Il était tout entier à ce saint devoir, lorsqu'un jour les satellites se présentèrent à sa porte, bien avant le lever du soleil. François s'avance à leur rencontre, et leur dit tranquillement : « D'où venez-vous? — De Séoul, » répondent les satellites. — « Pourquoi avez-vous tant tardé? Depuis longtemps « nous vous attendions avec impatience : nous sommes tout prêts, « mais l'aube ne paraît pas encore ; reposez vos membres fatigués, « fortifiez-vous par un peu de nourriture, et bientôt nous partirons « tous en bon ordre. » Cet accueil remplit d'admiration les satellites, qui s'écrient avec une espèce d'enthousiasme : « Celui-ci et tous « les siens sont vraiment chrétiens! Comment pourrions-nous « craindre de leur part une tentative de fuite? nous pouvons bien « dormir en paix. » Là-dessus, ils s'endorment profondément. Pendant ce temps, François anime les chrétiens au martyre, et Marie, son épouse, prépare la table pour les satellites. Le repas achevé, François offre à chacun d'eux des vêtements. Tous les membres de la famille se réunissent, au nombre de quarante, et le départ commence. En tête marchent les hommes avec leurs fils aînés ; viennent ensuite les mères avec les enfants à la mamelle ; les satellites ferment la marche. On était alors au mois de juillet ; la chaleur était accablante : la troupe s'avançait lentement, et de ses rangs s'élevaient les cris des petits enfants fatigués. Sur la route, c'étaient des malédictions et des imprécations, quelquefois des gémissements de pitié, qui accueillaient cette légion de martyrs. Mais la voix de François, qui ouvrait la marche, couvrait ces clameurs, et communiquait à tous l'intrépidité dont il était animé. « Courage, mes frères, » s'écriait-il ; « voyez l'ange du Seigneur, une « verge d'or à la main, mesurant et comptant tous vos pas. Voyez « N. S. Jésus-Christ qui vous précède avec sa croix au Calvaire! »

« C'est au milieu de ces exhortations brûlantes de charité,
que nos chrétiens arrivèrent à la capitale. La vue de ces héros,
qui marchent au supplice comme à une fête, la vue de ces enfants
serrant de leurs petits bras le cou de leur mère, provoquent les
malédictions des païens, qui n'épargnent aux confesseurs ni les
coups de bâton, ni les pierres, ni les injures. « O scélérats! ô im-
« pies ! » s'écrient-ils ; « comment osez-vous courir à la mort
« avec ces tendres enfants? » Enfin les prisons s'ouvrirent devant
ma famille, pour la soustraire à ces imprécations ; mais ce fut pour
la jeter au milieu des voleurs, et la charger de lourdes chaînes.

« Dès le lendemain, François parut devant le tribunal, et fut
appliqué à la torture. Comme le juge le pressait d'apostasier :
« Malheureux, » répondit-il, « vous osez m'ordonner un parjure!
« Si l'infidélité envers l'homme est un crime, que sera l'infidélité
« envers Dieu? » A cette réponse, ses jambes et ses bras sont
déchirés et broyés ; cent dix coups de rotin font voler ses chairs
en lambeaux. Enfin, lorsque tout son corps est labouré de plaies
et couvert de sang, on le rapporte à la prison. Quelques autres
chrétiens comparurent à leur tour, et subirent d'affreux tourments ; à demi morts et n'ayant plus l'intelligence de leurs
réponses, ils balbutièrent une formule d'apostasie dictée par les
juges.

« La première question étant terminée, les juges et les satellites se rassemblèrent dans le prétoire, et firent venir François.
« Voilà, » lui dirent-ils, « un livre de ta religion ; désireux de
« t'entendre, nous nous sommes réunis ici pour que tu nous lises
« quelques pages. » François accueillit avec bonheur cette proposition, et souriant de plaisir, comme s'il eût été invité à un
festin splendide, ouvrit le livre et se mit à lire avec tant d'onction
et d'effusion de cœur, que tous les auditeurs saisis d'admiration se
levèrent spontanément, et louèrent la religion qui inspire une joie
si libre et si pure au milieu des plus horribles tourments. Lorsque
le confesseur eut fini, ma chère mère fut invitée à continuer la
lecture. Comme elle le refusait, en prétextant son ignorance :
« Comment se fait-il, » s'écrièrent les juges, « que la femme d'un
« si grand catéchiste ne sache pas lire ? »

L'apostasie des compagnons de François eut le plus fâcheux
effet. Toute la troupe fut découragée, et le plus grand nombre de
ceux qui n'avaient pas encore comparu, faiblirent même avant
d'être mis à la torture. On assure que le juge ne leur adressa
que des questions ambiguës, auxquelles ils firent des réponses
équivoques ou insignifiantes, qu'on se hâta d'interpréter comme

une apostasie formelle. En quelques jours, tous, sauf trois, furent mis en liberté, et le juge arriva à son but, qui était de se débarrasser d'eux aussi rapidement que possible. François et sa femme, dont la fermeté était demeurée inébranlable, et qui d'ailleurs étaient trop compromis par le fait d'avoir envoyé leur fils à l'étranger, furent déposés à la prison ; et avec eux une courageuse chrétienne nommée Emérence Ni, qui avait imité leur constance.

Donnons ici quelques détails sur ces deux dignes servantes de Jésus-Christ. La femme de François T'soi, Marie Ni, née au district de Hong-tsiou, était de la famille de Louis de Gonzague Ni, martyr en 1801. Mariée à l'âge de dix-huit ans, elle suivit François à la capitale et dans ses autres émigrations, et partagea toutes ses souffrances, avec le plus entier dévouement. Jamais aucune plainte, aucun murmure ne sortit de sa bouche. Plus d'une fois, dans les montagnes, elle vit ses jeunes enfants épuisés de faim et de fatigue. Maîtrisant alors les angoisses de son cœur maternel, elle savait trouver des paroles d'encouragement, leur rappelait la brièveté de cette vie, l'éternité de la vie future, et leur mettait sous les yeux les exemples de N. S. Jésus-Christ. Au tribunal des voleurs, elle eut à subir des tortures atroces ; on la frappa de plus de trois cents coups de bâton ; mais elle ne faiblit pas un instant devant le mandarin, et fut reconduite à la prison. C'est seulement alors que, voyant près d'elle ses cinq enfants qu'elle allait laisser seuls et sans soutien, elle sentit ses entrailles maternelles vivement émues, et s'imaginant qu'elle devait, coûte que coûte, se conserver la vie pour ne pas les esposer au danger de perdre leur âme, elle eut la faiblesse de prononcer un mot d'apostasie. Malgré cela, elle ne fut pas relâchée, mais transférée au tribunal des crimes. Tous les chrétiens l'exhortèrent à réparer sa faute, et Dieu donnant l'efficacité à leurs paroles, elle fit franchement sa rétractation devant le juge qui, désappointé et furieux, la fit battre plus violemment que jamais. Mais elle trouva des forces dans son repentir, et, pour se mettre à l'abri d'une tentation trop dangereuse, elle renvoya ses enfants en leur disant : « Allez tous maintenant. N'oubliez jamais Dieu et la Vierge Marie. Vivez en bonne intelligence. Quelques difficultés que vous rencontriez ne vous séparez pas, et attendez le retour de votre frère aîné (1). » Dès lors, elle fut plus tranquille, et accepta avec résignation la mort du plus jeune de ses fils nommé

---

(1) Pour réaliser le vœu de leur mère, les quatre frères s'établirent ensemble quelque temps dans un village; et leur frère, le P. Thomas T'soi, à son retour, alla pendant deux ans fixer sa demeure parmi eux.

Etienne, encore à la mamelle, que son sein épuisé par les supplices ne pouvait plus nourrir. Cet enfant prédestiné mourut de faim dans la prison, et s'envola au ciel grossir le nombre des Saints Innocents, comme lui martyrs de Jésus-Christ.

Emérence Ni, sœur de Pierre Ni Sioun-pin-i, d'une famille honnête du district de Nici-san, avait été mariée à un païen. Mais à l'âge d'environ vingt ans, ayant entendu parler de la religion chrétienne par son frère, elle y crut de tout son cœur, s'abstint dès ce moment de toutes superstitions, et se mit à garder les jeûnes et abstinences de l'Eglise. Son mari, s'en étant aperçu, entra dans une grande fureur, et l'accabla de mauvais traitements ; souvent il la frappait au point de lui enlever l'usage de ses membres. Un jour, au milieu des froids et des neiges de l'hiver, il la dépouilla de ses habits, la suspendit en plein air, et la laissa ainsi pendant plusieurs heures. Ces épreuves durèrent cinq ou six ans, mais Emérence, ferme dans sa foi, endurait tout avec douceur, et conservait un caractère humble et obéissant. Sa fidélité à accomplir les devoirs de la piété filiale envers son beau-père et sa belle-mère, faisait l'admiration de tous ceux qui la connaissaient. Profitant de chaque occasion pour faire comprendre à son mari la vérité du christianisme, elle eut enfin le bonheur de le convertir. Les deux époux émigrèrent ensemble dans les montagnes pour pratiquer plus librement la religion, et Emérence vit son mari, baptisé à l'heure de la mort, expirer dans les sentiments de la foi la plus vive. Devenue veuve, elle se retira auprès de ses frères, avec son jeune fils. A la persécution de 1839, elle refusa de fuir pour éviter le danger, et fut prise avec les autres chrétiens à Sou-ri-san. En montant à la capitale, elle fit évader son fils, puis se présenta courageusement au tribunal où elle subit à plusieurs reprises, sans ouvrir la bouche, les plus cruels supplices. Son corps avait été mis dans un état affreux, et, comme les autres chrétiens la plaignaient et cherchaient à la consoler, elle leur dit : « Par mes propres forces que pourrais-je supporter? mais avec le secours de Dieu, je puis tout. Ne savez-vous donc pas que de grandes souffrances procurent un grand bonheur? » Bientôt ses chairs meurtries se corrompirent, et il s'y engendra quantité de vers. La faim et la soif vinrent encore augmenter ses souffrances, et trois jours après le dernier interrogatoire, elle mourut dans la prison à l'âge de trente-neuf ans.

Cependant, grâce aux manœuvres des traîtres et aux révélations des apostats, tous les secrets des chrétiens avaient été dévoilés, et la présence des trois Européens n'était plus ignorée de personne. Un décret de prise de corps fut porté contre eux par le gouvernement, et une grosse récompense promise à celui qui les arrêterait. Kim Ie-saing-i, le faux frère, s'offrit à les livrer, si on lui donnait les hommes nécessaires, ce qui fut accepté avec joie. Cet individu aussi rusé que méchant, s'attendait à rencontrer des difficultés, et par le fait, l'évêque, s'il n'était trahi, pouvait demeurer longtemps, sans le moindre danger, dans son asile. Les deux missionnaires de leur côté avaient aussi trouvé des retraites sûres.

Ie-saing-i, descendu en province, alla visiter quelques-uns de ses anciens amis chrétiens et leur dit : « A la capitale, nos frères les plus éclairés ont développé les vérités de la religion devant les mandarins. Par la grâce de Dieu, les magistrats, les ministres eux-mêmes ont ouvert les yeux, et, si l'Evangile leur est convenablement expliqué, tous sont disposés à le recevoir. Le temps de la liberté est enfin arrivé, et quand l'évêque ou les prêtres se présenteront, toute la cour va certainement se faire chrétienne. Je suis porteur d'une lettre de Paul Tieng pour l'évêque : indiquez-moi donc où il est. » Deux néophytes trompés par ces paroles, dirent que probablement André Tsieng connaîtrait sa demeure, et le traître, suivi des satellites, se fit conduire immédiatement chez ce dernier. André Tsieng Hoak-ieng-i, natif de Tsieng-san, était un excellent chrétien qui avait perdu sa petite fortune en quittant son pays natal pour pratiquer plus librement sa religion, et s'était dévoué au service de la chrétienté. Il avait pris beaucoup de peines, avec André Son, pour préparer un refuge à l'évêque, et il était effectivement dans le secret. Malheureusement sa simplicité passait toutes les bornes, et Dieu permit qu'il fût rencontré par les émissaires de Satan. Leur récit, qu'il ne songea nullement à mettre en doute, le transporta de joie. Cependant pour ne pas se compromettre, après y avoir songé toute la nuit, il dit qu'il irait seul aux informations. Pressé d'y aller en compagnie des envoyés, il y consentit enfin, à condition que ceux-ci resteraient à mi-route, et avec la détermination de ne pas pousser plus loin, si les autres le suivaient. Il partit donc avec Kim Ie-saing-i seulement ; celui-ci s'arrêta à quelques lys de la résidence de l'Evêque, et André alla seul trouver Mgr Imbert, auquel il raconta ce qui s'était passé. « Mon fils, lui dit le prélat, tu as été trompé par le diable. » Puis, réfléchissant que le traître était presque à la porte, que la fuite était devenue impossible et ne servirait qu'à faire torturer les chrétiens qui, tout consternés, l'entouraient et le suppliaient de leur sauver la vie, il prit la résolution de se livrer. Ceci se passait dans la nuit du 10 août, fête de saint Laurent, patron du saint évêque. Le matin, il célébra la messe pour la dernière fois, et écrivit à MM. Maubant et Chastan la lettre suivante :

« J. M. J. 11 août. Mes chers confrères, Dieu soit béni ! et
« que sa très-sainte volonté soit faite ! Il n'y a plus moyen de
« reculer. Ce ne sont plus les satellites qu'on envoie à notre
« recherche, mais les chrétiens. André Tsieng est arrivé à une
« heure après minuit. On lui a raconté les plus belles mer-
« veilles, et le pauvre homme a promis de m'appeler. Cependant
« cachez-vous bien, jusqu'à nouvel avis, si je puis vous en
« donner. Priez pour moi.
        « Laurent-Joseph-Marie IMBERT, *évêque de Capse.* »

Il fit ensuite un petit paquet de ses habits et de quelques objets nécessaires, défendit que personne l'accompagnât, et se mit en marche pour se rendre au lieu où le traître attendait. A quelque distance plus loin, il rencontra les cinq satellites, et obtint d'eux que le pauvre André qui voulait le suivre fût renvoyé dans sa famille. En route, Mgr Imbert annonça la parole de Dieu aux satellites, et à une vingtaine d'autres personnes que la curiosité avait attirées sur son passage.

On le dirigea de suite vers la capitale. Arrivé aux portes de Séoul, il fut lié de la corde rouge, dont on se sert pour garrotter les criminels d'État, et remis entre les mains du grand juge qui le fit déposer d'abord à la prison des voleurs, auxquels le prélat eut, comme son divin Maitre, la honte d'être assimilé. Les inter-rogatoires commencèrent de suite ; malheureusement nous en savons fort peu de chose. On fit subir à Mgr Imbert le supplice de la courbure des os, pour qu'il dénonçât la retraite des autres Européens, puis on lui demanda : « Pourquoi êtes-vous venu ici ? — Pour sauver des âmes. — Combien avez vous instruit de personnes ? — Environ deux cents. — Reniez Dieu. » A cette parole, l'évêque, frémissant d'horreur, éleva fortement la voix et répondit : « Non, je ne puis renier mon Dieu. » Sachant bien qu'il n'en pourrait rien obtenir, le juge le fit reconduire à la prison, après les bastonnades d'usage.

Ne pouvant rendre compte en détail de tous les interrogatoires qu'eurent à subir les nombreux chrétiens, arrêtés quelques jours avant Mgr Imbert, nous dirons quelques mots seulement des

trois prisonniers les plus importants : Paul Tieng, Augustin Niou,
et Charles Tsio. Ils étaient clairement connus pour les introduc-
teurs des étrangers en Corée, et avaient été dénoncés et saisis
comme tels; toutefois, dans les premières séances, les mandarins
ne purent leur arracher un seul mot à ce sujet. Ce ne fut qu'après
l'arrestation de l'évêque qu'ils parlèrent librement de tout ce qui
s'était passé.

Paul Tieng, compagnon fidèle du prélat, ne l'avait pas quitté
un instant pendant son séjour à la capitale, mais quand Mgr
Imbert se fut réfugié en province, Paul dut rester pour garder la
maison. Prévoyant bien que les satellites ne tarderaient pas à
paraître, il prépara, de concert avec quelques autres chrétiens,
une apologie de la religion pour la présenter aux mandarins,
ce qu'il fit le lendemain de son arrivée en prison. Trois jours
après, il subit son premier interrogatoire devant le grand juge
criminel, qui lui dit : « Pourquoi ne suis-tu pas les usages de ton
pays, et non content d'avoir adopté toi-même la religion d'un
royaume étranger, veux-tu encore en infatuer les autres ? —
Tous les jours, » répondit Paul, « nous recevons pour notre usage
les objets précieux des pays étrangers; est-il juste de rejeter la
religion chrétienne, la religion véritable, par cela seul qu'elle
vient d'un autre royaume? Tout homme, quel qu'il soit, n'est-il
pas tenu de la pratiquer? — Tu loues exclusivement la religion
des étrangers; prétends-tu donc que le roi est coupable de la
prohiber? — A cela je ne veux rien répondre, je n'ai qu'à
mourir. » Le juge lui demanda l'explication détaillée de son
apologie, puis il lui dit : « Tes paroles seraient-elles justes, tu as
tort de réunir le peuple pour lui enseigner ce que le roi défend. »
Et en même temps il lui fit broyer les bras et les jambes à coups
de bâton, et le renvoya à la prison. Ces supplices atroces furent
renouvelés dans six interrogatoires successifs. Au troisième, il
fut confronté avec l'évêque, et au sixième il fut tourmenté plus
violemment encore, parce qu'on voulait à tout prix connaître le
lieu de retraite des prêtres.

Augustin Niou, au moment de son arrestation, avait eu à soutenir, de la part de ses proches, un assaut pénible pour la nature.
Son frère aîné et beaucoup de ses parents païens rassemblés le
conjuraient de dire seulement un mot afin de demeurer libre;
mais il eut la force de repousser cette tentation et fut conduit
devant le juge criminel. Celui-ci essaya d'abord de l'amener à
l'apostasie par de douces paroles, mais voyant qu'Augustin ne
l'écoutait pas, il le fit garrotter et lui dit : « Toi qui reçois des

appointements du roi, oses-tu bien faire ce qu'il prohibe? De qui as-tu appris cette religion? Qui as-tu endoctriné? Remets tes livres entre mes mains. — J'ai été converti, » répondit Augustin, « par Paul Ni décapité pour la foi il y a douze ans; mais je n'ai pas même réussi à instruire ceux de ma maison; à plus forte raison, n'ai-je pu le faire pour d'autres. Quant aux livres, je n'en ai pas. — Il n'y a pas une seule maison qui ait autant de livres que la tienne, et tu dis ne pas en avoir? » Et de suite, il lui fit donner la question à cinq reprises différentes. Auparavant, Augustin tremblait à la seule pensée des supplices; depuis son arrestation ses craintes avaient disparu.

L'évêque venait d'être pris et la présence des autres prêtres était bien connue. Dans le prétoire on débitait sur eux mille calomnies, et on avait des soupçons étranges sur le motif qui les avait amenés en Corée. Le juge demanda donc quelques explications à Augustin. Celui-ci profita de l'occasion pour réfuter ces stupides calomnies, et dit : « L'unique raison de la venue des docteurs européens dans notre royaume, c'est d'étendre la gloire de Dieu, et d'apprendre aux hommes à l'honorer par l'observation des dix préceptes, et à sauver leurs âmes. En prêchant cette doctrine, ils font éviter les peines éternelles de l'enfer après la mort, et jouir dans le ciel d'un bonheur sans fin. Mais comment pourraient-ils persuader aux autres cette suprême sagesse, s'ils n'étaient les premiers appliqués au bien ? Aussi, est-ce seulement après s'être exercés longtemps à pratiquer la vertu, et après y avoir fait de grands progrès, qu'ils vont évangéliser les pays étrangers. Si, comme on le leur impute, ils cherchaient les honneurs, les richesses et les plaisirs de la chair, pourquoi abandonner l'Europe leur patrie, pays magnifique et opulent? Pourquoi venir ici, à quatre-vingt-dix mille lys, à travers des dangers tels, que neuf sur dix de ceux qui les affrontent périssent infailliblement? D'ailleurs, quand un homme est revêtu du véritable sacerdoce, quelle plus haute position pourrait-il ambitionner? Comment dire qu'ils cherchent nos richesses, puisqu'ils apportent de leur pays l'argent nécessaire à leur usage? Avant d'être élevés aux saints ordres, ils jurent et font vœu devant Dieu de conserver leur corps pur et de garder la continence jusqu'à la mort; voyez-vous en cela le désir des plaisirs de la chair ? » Il continua ainsi à répondre d'une manière victorieuse à toutes les imputations. Puis le juge lui dit : « Qui a amené cet étranger dans notre pays? — C'est moi, » répondit-il. Interrogé ensuite sur les deux prêtres, il n'ouvrit plus la bouche et souffrit la torture avec un visage impassible. On le confronta aussi avec l'évêque, et, de même que Paul, il fut mis six fois à la question.

Charles Tsio toujours à la tête des chrétiens qui, chaque année, faisaient le voyage de Péking pour la mission, avait depuis longtemps un vrai désir de souffrir pour Jésus-Christ. Pendant son voyage de retour, au commencement de 1839, il eut un songe, dans lequel il vit le Sauveur sur la montagne du Thabor : les SS. Apôtres Pierre et Paul étaient à ses côtés, et Jésus lui dit : « Cette année je t'accorderai le grand bienfait du martyre. » Charles salua plusieurs fois en actions de grâces, et le même songe s'étant présenté deux autres fois, il ne put s'empêcher d'en ressentir une profonde émotion. A peine arrivé à la capitale, il comprit, à la tournure que prenait la persécution, que ce songe mystérieux deviendrait bientôt pour lui une réalité, et ne pensa plus qu'à se préparer au martyre. Il était absent, quand les satellites fondirent sur sa maison, et à son retour, il les trouva qui emmenaient jusqu'aux enfants à la mamelle. N'osant pas se livrer lui-même, de peur de prévenir les ordres de la Providence, il suivit les prisonniers, d'abord au prétoire du mandarin, puis au tribunal du grand juge criminel. Les valets chassaient tous les curieux, lui seul s'obstinait à demeurer. On le poussa par le dos, et comme il faisait résistance, quelqu'un lui dit : « Qui êtes-vous donc ? — Je suis, répondit-il, le maitre de la maison où l'on a saisi ces prisonniers. » De suite il fut arrêté et présenté aussi au grand juge. Charles n'avait pas encore eu le temps de vendre les objets achetés à Péking avec l'argent de la mission, et tout était devenu la proie des satellites. Le lendemain, on le tortura cruellement pour savoir d'où venaient ces objets, mais il demeura muet au milieu des supplices. Bientôt il fut confronté avec Mgr Imbert, et interrogé sur le lieu de retraite des deux prêtres européens. Il refusa de répondre, et, mis huit fois à la question, il en sortit toujours calme et victorieux.

Ces trois généreux athlètes étaient, aux yeux du gouvernement, les plus coupables de tous, puisqu'ils avaient amené les infâmes étrangers. Aussi furent-ils traités en conséquence. On déploya contre eux un raffinement de barbarie. Leurs os furent courbés à plusieurs reprises, leurs jambes sciées avec des cordes; leurs chairs, coupées avec des bâtons triangulaires, tombaient en lambeaux. Mais Dieu vint à leur aide ; leurs paroles furent toujours fermes et leur contenance calme et digne, au point d'exciter l'admiration des bourreaux.

Pendant qu'on les torturait ainsi, d'autres témoins de Jésus-

Christ mouraient pour sa gloire, ou dans les prisons, ou sur l'échafaud. Ce sont d'abord : Anne Han et Barbe Kim, épouses de deux frères. Depuis leur conversion à la religion chrétienne, elles n'avaient cessé de la pratiquer d'une manière exemplaire. On était édifié surtout de l'harmonie parfaite qui régnait entre elles. Elles ne faisaient pas une action, ne prenaient pas une détermination, sans s'être consultées, et jamais une parole un peu aigre ne vint troubler leur heureuse intimité. Affaires temporelles ou soins de l'âme, tout se traitait en commun. Elles s'aidaient de leur mieux, et se facilitaient mutuellement l'occasion d'entendre quelque instruction, dont elles se communiquaient ensuite le sens. Leurs maris étant morts, elles vécurent dans la pauvreté, se soutenant l'une l'autre. Prises ensemble, au commencement de la persécution, elles s'encourageaient dans les supplices, et étaient déterminées à ne pas se quitter. Des tortures violentes, répétées six à sept fois, n'ébranlèrent pas leur constance ; la faim et la soif ne changèrent rien à leur tranquillité d'âme. Leur mort précieuse devant Dieu ne les sépara que pour quelques jours. Barbe Kim, qui avait reçu plus de trois cent quarante coups de bâton, expira le 15 de la septième lune, 24 août, à l'âge de quarante-neuf ans. Cinq jours après, Anne Han, frappée à plusieurs reprises de plus de trois cent quatre-vingt-dix coups, la rejoignit dans la paix du Seigneur, le 20 de la septième lune, 29 août. Elle avait alors cinquante-cinq ans.

Quelques jours après, Lucie Kim, dite la vieille bossue, rendit aussi son âme à Dieu. Infirme dès son enfance, elle avait passé de longues et très-pénibles années avec son mari païen, qui l'empêchait de voir les autres chrétiens, et de pratiquer la religion. A la fin, n'y pouvant plus tenir, elle abandonna son mari et sa maison, et se réfugia chez les chrétiens, allant vivre de côté et d'autre, chez ceux qui voulaient bien la recevoir, se faisant un plaisir de les servir, remplissant avec joie près d'eux les fonctions les plus basses, donnant ses soins aux malades et aux affligés, et édifiant tout le monde par sa ferveur et son humilité. Arrêtée dès le commencement de la persécution, et poursuivie par le juge de mille questions insidieuses, elle persista à répéter qu'elle ne pouvait rien déclarer, et qu'elle était prête à mourir. On la menaça des supplices, mais elle s'en moqua. Son grand âge et ses infirmités la firent épargner, et elle mourut à la prison, à l'âge de soixante et onze ans.

Enfin, à cette même septième lune, dans le district de Hong-tsiou, Dieu appela encore à lui l'âme d'un de ses bons et fidèles serviteurs. Paul Niou, natif de T'siang-tsieng-i, au district de Tek-san, avait, seul de sa famille, embrassé la religion. Il vécut de longues années veuf et sans enfants, le plus souvent au milieu des païens, mais ferme dans la profession et la pratique de sa foi. Pris à la troisième lune, il fut conduit à la ville de Hong-tsiou où des satellites, alliés de sa famille, lui promirent sa délivrance s'il voulait dire seulement un mot d'apostasie. Paul était bien éloigné d'en avoir la pensée. Traduit devant le mandarin, il confessa la foi et supporta sans se plaindre les divers supplices de la question, puis fut remis au cachot. Quelque temps après, un mandarin supérieur ayant fait sa tournée dans cette ville, ce furent de nouveau les mêmes promesses, les mêmes réponses, et en punition, les mêmes tortures. Jour et nuit chargé de la cangue, dont on ne le soulagea pas un instant, il souffrait en outre de la faim. Il n'avait pas une sapèque, et personne ne venait le voir, aussi était-il obligé de mendier quelques grains de riz des autres prisonniers ; mais on conçoit que ceux-ci, fort à la gêne eux-mêmes, et d'ailleurs tous païens, devaient l'aider assez médiocrement. Malgré tout, Paul supportait son dénûment avec résignation, prêchait le christianisme à ses compagnons de captivité, et surtout à un païen du nom de Pak T'sioun-o, détenu pour délit civil. Touché de la patience et des autres vertus de Paul, celui-ci l'écoutait assez volontiers ; et sans prendre encore de détermination, il s'attachait au chrétien et cherchait à lui rendre service. Paul, épuisé de faim et de soif, ayant demandé un jour au geôlier un peu de lie de vin, en fut fort incommodé. Il comprit que sa fin approchait, et pressa de plus en plus Pak T'sioun-o de se convertir. Il lui demanda en grâce, quand il le verrait à l'heure de la mort, de lui suggérer les saints noms de Jésus et de Marie. Quelques jours après, pendant qu'ils se trouvaient seuls dans la chambre, Paul agenouillé contre le mur récita quelques prières. Quand il eut terminé, Pak T'sioun-o le coucha sur sa natte, et Paul lui dit encore : « Quand vous serez sorti de prison, faites-vous chrétien. » Il prononça ensuite trois fois les noms de Jésus et de Marie, et expira paisiblement. De suite après sa mort, son visage exténué reprit un air de vie, et les païens qui l'ont enterré disent qu'une grande lumière environnait son corps pendant la cérémonie. Cette mort peu éclatante aux yeux des hommes, mais bien précieuse devant le Seigneur, frappa beaucoup Pak T'sioun-o, et grâce sans doute aux prières de son fervent ami, il prit dès lors la résolution de se faire chrétien. Il se fit instruire, après avoir quitté la prison, et reçut au baptême le nom de Lucien. Paul Niou n'était qu'un pauvre paysan menant une vie obscure, sans amis, sans connaissances, et peu répandu parmi les chrétiens qui savent à peine son nom. Mais ses longues souffrances, sa mort, et les suites de cette mort, montrent combien il était grand aux yeux de Dieu.

Comme il fallait débarrasser les prisons encombrées, que l'apostasie ne vidait pas assez vite au gré des gouvernants, un nouvel arrêt de mort fut lancé contre six des généreux confesseurs de la foi. A leur tête nous voyons Jean Pak Mieng-koang-i, fils d'un des martyrs de 1801. Jean vivait pauvrement avec sa mère qui faisait le métier de porteuse d'eau ; lui-même tressait des souliers de paille et de chanvre, et soutenait ainsi sa femme et ses enfants. Il se faisait remarquer par une grande droiture, et par la pratique fervente de tous ses devoirs de chrétien. Pris à la quatrième lune de cette année, et mis plusieurs fois à la question, il ne donna jamais aucun signe de faiblesse. Dans la prison, il ne cessait d'exhorter les autres chrétiens prisonniers, et même les voleurs. Au tribunal des crimes, il supporta de nouvelles tortures avec la même fermeté inébranlable, et mérita enfin la glorieuse couronne du martyre, à l'âge de quarante et un ans. Venaient ensuite : — Marie Pak, sœur aînée de la martyre Lucie Pak dont nous avons parlé. Les deux sœurs vivaient ensemble et furent prises ensemble. Elles partagèrent les mêmes supplices, et la mort ne les sépara que pour quelques jours. Marie avait cinquante-quatre ans. — Barbe Kouen, âgée de quarante-six ans, femme d'Augustin Ni, martyr. Elle sut contenir sa tendresse maternelle, à la vue de ses enfants prisonniers et torturés sous ses yeux, et ne faiblit pas un seul instant. — Barbe Ni, veuve, âgée de quarante et un ans, sœur aînée de Madeleine Ni de Pong-t'sien dont nous avons raconté le martyre. — Marie Ni, femme de Damien Nam, si violemment éprouvée par la vue des supplices de son jeune fils, et aussi par les tortures atroces qu'elle endura avec une admirable résignation. Elle mourut à l'âge de trente-six ans. — Enfin Agnès Kim, vierge, sœur cadette de l'illustre martyre Colombe Kim, complétait le nombre des six. Outre les terribles épreuves dont nous avons parlé, elle eut encore d'autres assauts à soutenir, mais son caractère doux et humble se trouva plus fort que les supplices et que la mort; elle cueillit la palme à l'âge de vingt-cinq ans. — Ces six confesseurs furent conduits en dehors de la petite porte de l'Ouest, au lieu ordinaire des exécutions, et décapités le 26 de la septième lune, 4 septembre 1839.

Quelques jours plus tard, le 5 de la huitième lune, 12 septembre, s'envolait aussi vers son Dieu, qu'il aimait et servait de si grand cœur, François T'soi, le chef des chrétiens de Sou-ri-san. Coupable d'avoir envoyé son fils à l'étranger, il eut à subir de si cruelles tortures, qu'il ne pouvait plus se servir d'aucun membre : et néanmoins, au milieu de tant de souffrances, il semblait par son calme et sa tranquillité, défier tous les suppôts de Satan de le séparer de la charité de Jésus-Christ. Les bourreaux stupéfaits se disaient : « Ce n'est pas un homme revêtu de chair, c'est du bois, ou de la pierre. » En deux fois, on lui appliqua plus de cent coups de la planche à voleurs, et on ne conçoit pas qu'il ait pu survivre même quelques heures à cet horrible supplice ; son corps était littéralement broyé. Dieu ne permit pas cependant qu'il portât sa tête sous le sabre ; il languit encore quelques jours en prison, soutenant les autres prisonniers chrétiens, les fortifiant par ses exemples comme par ses paroles, et mourut des suites de ses blessures, à l'âge de trente-cinq ans.

Cependant, MM. Maubant et Chastan avaient reçu le billet que Mgr Imbert leur écrivit avant de se livrer aux satellites, et fidèles à ses recommandations, ils se tenaient cachés en lieu sûr, jusqu'à nouvel ordre. L'argent et les divers objets de la mission, provenant des aumônes de la Propagation de la foi, ayant été pillés dans la maison de Charles Tsio, les deux missionnaires se trouvaient absolument sans ressources. « M. Chastan et moi, dit à ce sujet M. Maubant, nous n'avions pu toucher une obole, et ne recevant d'ailleurs rien de nos chrétiens, qui presque tous sont réduits à l'indigence, nous avons été obligés de faire mendier notre pain, ce qui dans un temps où il faut nous cacher des néophytes imprudents aussi bien que des païens, n'est pas chose facile ; mais, après tout, c'est une misère humaine, qui, comme toutes celles de ce bas monde, aura sa fin. »

D'un autre côté, les recherches, dirigées par les plus habiles employés du gouvernement, étaient poussées avec activité. On négligeait d'arrêter les chrétiens ; tous les efforts étaient tournés contre les prêtres étrangers. On avait promis en récompense à qui les arrêterait, une préfecture s'il était noble, et s'il était roturier, exemption d'impôts pour toute sa famille.

Après quelques jours d'attente, l'élève de Monseigneur, Thomas Ni, qui se trouvait avec les prêtres, voulut retourner à la capitale, pour apprendre des nouvelles sûres, constater l'effet produit sur les mandarins et le peuple par l'arrestation de l'évêque, et voir de ses propres yeux l'état des choses. M. Maubant essaya d'abord de l'en dissuader, puis n'y pouvant réussir, il lui adjoignit pour plus de sécurité, comme compagnon de route, son propre serviteur, Pierre Tseng, frère de François Tseng, mort à Macao. Les deux missionnaires ignoraient encore que leur premier pasteur, désolé de voir couler le sang de ses ouailles, témoin chaque jour des mesures qu'on ne cessait de prendre pour arrêter les étrangers, et convaincu que leur arrestation ferait cesser les désastres de la chrétienté, leur avait envoyé l'ordre de se livrer eux-mêmes.

Thomas et Pierre se mirent donc en route, et dès le premier jour, ils rencontrèrent le pauvre André T'sieng dont la trop grande bonhomie avait fait livrer l'évêque. Ils refusèrent d'abord de faire route avec lui, vu qu'il était trop connu des satellites ; mais celui-ci n'ayant que quelques lys à faire, insista tellement qu'on le laissa suivre. En passant près d'une auberge, il entra pour allumer sa pipe ; Thomas et Pierre marchèrent en avant, comme faisant route à part. Malheureusement quelques satellites se trouvaient dans l'auberge. Ils reconnurent André T'sieng et l'accostèrent aussitôt avec de grandes démonstrations de joie, disant que tout allait pour le mieux, que la liberté de religion serait certainement proclamée au moment même où les deux prêtres seraient rendus à la capitale. En même temps, présumant que les deux autres voyageurs pouvaient bien être des chrétiens, ils les rappelèrent pour les sonder ; mais ceux-ci firent si bonne contenance qu'on les laissa continuer leur route.

André T'sieng resta prisonnier, et il faut que les satellites aient bien connu sa stupidité pour essayer de le jouer encore; mais ce qui est plus incroyable, c'est que pour la seconde fois il fut dupe de leurs mensonges, et eut la sottise d'indiquer que les deux voyageurs du matin, étant les serviteurs des prêtres, devaient certainement connaître leur demeure. Ravis de joie, les satellites se mirent en route avec André, pour atteindre Pierre et Thomas, à Koun-p'oun-nai, district de Kou-t'sien, dans la maison isolée d'une veuve chrétienne nommée Tsiou, chez qui ils devaient passer la nuit. Chemin faisant, les satellites ne parlèrent que de religion, s'informèrent des dispositions requises pour se préparer au baptême, et firent si bien leurs grimaces hypocrites qu'André, tressaillant de bonheur, croyait déjà voir les principaux personnages de la cour et le peuple coréen tout entier, convertis et prosternés aux pieds de nos autels.

Après la nuit tombée, ils arrivèrent ensemble à la maison où se trouvaient les envoyés, qui essayèrent en vain de fuir. Les satellites les saisirent, mais sans les lier, et continuant leur comédie, ils déclarèrent que le gouvernement cherchait les deux prêtres uniquement pour la grande cérémonie de la réception officielle de l'Evangile dans le royaume, qu'en conséquence il fallait indiquer leur retraite et les y conduire. Thomas Ni et Pierre Tseng ne furent pas dupes, mais pensant avec raison qu'abonder dans le sens de ces brigands était, pour le moment, la seule chance d'évasion, ils firent semblant d'ajouter foi à toutes leurs paroles et dirent qu'ils ignoraient dans quel lieu les prêtres s'étaient retirés, qu'il leur faudrait aller de côté et d'autre aux informations, et qu'avec des recherches et du temps ils parviendraient probablement à les trouver. Sur ce, la nuit se passa très-paisiblement. Dès le matin, on donna congé à André et à Pierre Ko qui avait été arrêté aussi dans cette maison, sous prétexte qu'il était inutile de faire voyager tant de personnes ; et comme on devait soi-disant se trouver bientôt réunis dans la pratique de la religion, on se quitta les meilleurs amis du monde.

Arrivé près d'un village, Thomas dit aux satellites que là, peut-être, on pourrait avoir quelques nouvelles, mais qu'il voulait aller seul, pour ne pas donner de soupçons aux chrétiens, et les faire parler franchement. Après quelques débats, ses raisons parurent si évidentes qu'on le laissa partir seul ; Pierre fut gardé comme caution.

Thomas, à peine libre, s'esquiva et reprit la route du village où il avait laissé le missionnaire. En chemin, il rencontra André T'sieng, et les deux ensemble vinrent raconter ce qui s'était passé. « La première conséquence, écrit M. Maubant, que je tirai des belles paroles des satellites fut qu'il fallait nous cacher immédiatement. Je recommandai fortement et doucement à la fois à André T'sieng de ne plus croire désormais aux promesses des satellites et même des chrétiens qui se trouveraient avec eux, pour ce qui concerne la publicité de la religion chrétienne, de ne se fier à personne, à moins que ce ne fût un de nos serviteurs muni d'une pièce authentique, et je lui conseillai en attendant d'aller se cacher où il pourrait. Il obéit. Nous partîmes, M. Chastan et moi, pour chercher un refuge dans les provinces méridionales. Le vendredi, 23 août, au matin, un chrétien de Kin-la-to nous rencontra à Tarai-kol, et nous dit qu'il avait trouvé une retraite sûre. Le soir même, M. Chastan partit avec lui, et il fut convenu que le même guide reviendrait me chercher aussitôt que possible. »

Pendant trois jours, les satellites attendirent impatiemment le retour de Thomas, après quoi, voyant qu'ils avaient été joués, ils furent très-embarrassés de savoir comment agir avec Pierre Tseng. Les uns voulaient essayer de continuer avec lui leurs hypocrites manœuvres, les autres opinaient pour qu'on le livrât de suite aux mandarins, afin d'en tirer quelques aveux par la torture. Après de longs débats, ils se décidèrent à le lier, puis le suspendirent au plafond et le frappèrent cruellement ; Pierre n'ouvrit pas la bouche. Il était resté suspendu une demi-journée lorsqu'on le délia ; comme il semblait être à moitié mort, et avoir perdu connaissance, on le coucha dans une chambre. Les satellites en dehors de la porte se disputaient entre eux. « Nous avons eu tort, » disaient-ils, « ces supplices n'aboutissent à rien ; quand on voit des femmes et des enfants garder le silence sous les coups, comment croire qu'un des confidents des prêtres les dénoncera ? nous avons gâté l'affaire. » Puis ils éclatèrent en reproches contre l'auteur de la bastonnade, et celui-ci, vexé, se retira. Pierre avait entendu toutes leurs paroles sans qu'ils s'en doutassent. Ils revinrent près de lui et dirent : « Ce butor s'est montré trop violent, il a mal agi envers vous. Nous autres, nous sommes décidés à attendre que vous preniez des informations. »

On se remit donc en route, et bientôt Pierre demanda à se rendre seul dans un village près de là, pour s'enquérir de la demeure des prêtres. Les satellites refusèrent, et il leur dit : « Il m'est parfaitement inutile d'y aller avec vous, car en votre présence personne ne parlera. Il faut donc renoncer à rien faire ; conduisez-moi où vous voudrez, je n'ai plus rien à tenter. » Alors les satellites insistèrent : « Puisque vous ne nous croyez pas, moutons à la capitale, et quand vous aurez vu la manière dont on y traite l'évêque, vos doutes cesseront. » Ainsi fut fait. A la capitale, on logea Pierre chez un des satellites, où il fut reçu en ami ; puis pour le tromper, on se hâta pendant la nuit de tapisser et d'orner une des salles de la prison, où l'on amena Mgr Imbert.

Pierre fut conduit devant lui, et le prélat lui dit aussitôt : « Sais-tu où sont les prêtres ? » Il répondit : « Avec quelques recherches, je pourrai sans doute les rencontrer. — Je crois bien, » reprit Sa Grandeur, « qu'ils n'ont pas reçu ma lettre ; veux-tu te charger de leur en porter une ? — Je suis disposé à exécuter vos ordres. » Et, sans plus de paroles, Mgr Imbert écrivit quelques lignes qu'il lui remit entre les mains. Pierre salua et se retira. Les satellites, enchantés, le félicitaient, et ne cessaient de lui parler de la manière honorable dont on traitait l'évêque. Mais Pierre, peu touché de leurs compliments, avait dès lors un double but : faire passer secrètement et sûrement aux missionnaires la lettre dont il était chargé, et s'évader le plus tôt possible. Il alla chez quelques chrétiens pour s'informer du lieu où étaient les prêtres, mais les satellites l'ayant suivi, personne ne voulut répondre, et force fut bien de lui permettre d'y aller seul. Il revint fidèlement jusqu'à trois fois, et après avoir ainsi endormi les soupçons des satellites, il sortit vers le soir, sous prétexte de chercher des informations, et s'enfuit dans les montagnes. Des chrétiens de sa connaissance se chargèrent de porter la lettre de l'évêque, et Pierre, ayant appris que les prêtres l'avaient reçue, se cacha en lieu sûr.

M. Chastan avait à peine quitté M. Maubant pour gagner la cachette dont nous avons parlé, que celui-ci reçut, à quarante lys de distance de Hong-tsiou, le premier billet de Mgr Imbert. Il était en latin et ne contenait que ces mots : « Le bon pasteur « donne sa vie pour ses brebis ; si vous n'êtes pas encore partis « en barque, venez avec l'envoyé Son-kie-tsong. » C'était le nom d'un capitaine de satellites, qui à la tête de plus de cent hommes, venait saisir les missionnaires. M. Maubant expédia de suite cette lettre à son confrère, l'invitant à revenir en toute diligence, et en même temps il fit parvenir au chef des satellites ci-dessus nommé, le billet suivant : « Lo sin-pou (le père spirituel Lo, nom chinois de M. Maubant, conservé en coréen) fait savoir à Son-kie-tsong qu'il ne peut se rendre de suite à Palkei-mori, où il est attendu, parce que Tchen sin-pou (nom coréen de M. Chastan) est à présent loin d'ici. Nous nous y rendrons ensemble dans une dizaine de jours. Je désire que ton cœur change, et qu'après ta mort, tu trouves l'heureux séjour. »

M. Chastan reçut dans sa nouvelle retraite, le 1er septembre, le billet de Mgr Imbert. Il se prépara aussitôt à aller rejoindre M. Maubant, et ne sachant s'il lui serait possible plus tard d'écrire encore, il fit, ce jour-là même, ses derniers adieux à sa famille dans la lettre suivante :

« Corée, 1er septembre 1839.

« Mes-très chers parents, que la paix du Seigneur soit avec vous ! J'espérais avoir cette année la consolation de recevoir de vos nouvelles ; aucune lettre de votre part ne m'est parvenue : que la volonté du bon Dieu soit faite ! C'est un petit sacrifice que j'ai à offrir à son bon plaisir.

« Les nouvelles que j'ai eu l'honneur de vous annoncer les années précédentes ont dû vous être bien agréables. Cette année la moisson spirituelle a été aussi très-abondante. Avec la protection du Seigneur, j'ai parcouru mon vaste district sans fâcheux accident. L'administration achevée, j'espérais aller jouir d'un peu de repos, dans une agréable solitude où l'on me préparait un logement. Mais Dieu nous prépare une demeure infiniment plus agréable ; il paraît certain que bientôt nous aurons le bonheur d'y entrer, et d'y jouir d'un repos éternel avec les glorieux martyrs qui nous ont précédés. Je prie le Seigneur de vous accorder la grâce de n'être point effrayés des choses que je vais vous annoncer.

« Le 11 août, Mgr le Vicaire apostolique a été conduit à la capitale, et grand nombre de satellites ont été envoyés dans les provinces, pour prendre les deux missionnaires que l'on sait bien être dans le royaume. Les chrétiens ou même des catéchumènes tout récemment convertis à la foi, se prêtaient volontiers à nous fournir un asile pour nous cacher pendant ces temps critiques. Nous en avons profité pendant les quatre derniers mois, et nous en aurions profité encore, si un ordre supérieur ne nous obligeait de nous manifester. Mgr notre Évêque juge dans sa sagesse que, dans les circonstances où nous sommes, il est du devoir du bon pasteur de donner sa vie pour ses brebis ; il nous a donné l'exemple en se présentant lui-même. Une victime ne suffit pas à la rage des persécuteurs : ils en auront trois. L'ordre de nous cacher nous avait retenus dans le secret ; l'ordre de nous présenter nous est aussi agréable que le premier ; en tout la volonté de Dieu, et l'accomplissement de son bon plaisir !

« Avant de venir en mission je savais bien que, tôt ou tard, il faudrait souffrir quelque chose pour le bon Dieu, et lorsque le Vicaire apostolique de Corée daigna m'appeler à sa suite, j'espérais bien que je pourrais obtenir la palme du martyre. A mon entrée dans cette chère mission, on torturait cinq confesseurs ; j'étais alors bien faible, je tremblais en entendant le récit des tourments qu'on leur faisait endurer. Depuis, le Seigneur m'a fait la grâce de ne plus craindre. Je me sens fortifié par tant d'exemples de personnes à qui j'ai administré les sacrements, de néophytes, de petits enfants de dix à quinze ans, qui ont enduré les supplices avec une constance qui fait l'admiration des chrétiens et des païens. Je pars demain trouver mon confrère ; de là nous nous rendrons au lieu marqué, où l'officier qui conduisit Monseigneur nous attend avec impatience. Il nous mènera en prison ; nous aurons la consolation de revoir notre Évêque, et peut-être aussi nos chers catéchistes, et tous ces fervents chrétiens qui souffrent, depuis plusieurs mois, un long martyre. Mon âme est consacrée au Seigneur ; si dans cette belle circonstance je puis entrer en possession de mon Jésus bien-aimé, ne vous affligez pas de mon bonheur ; rendez-lui en plutôt mille actions de grâces. Je vous ai toujours aimés, toujours chéris tandis que j'étais sur la terre : soyez certains que je ne vous oublierai pas, si Dieu me fait la grâce d'entrer au ciel par la porte du martyre.

« Mes très-chers père, mère, frères, sœurs, parents et amis, comme c'est probablement la dernière lettre que j'ai l'honneur de vous écrire, agréez mes derniers adieux. Par la grâce de Dieu, je ne possède ni or ni argent, mais seulement quelques habits nécessaires que m'a procurés la charité des fidèles ; mes dispositions testamentaires sont donc toutes faites.

« Mille actions de grâces à la divine Providence qui m'a appelé à cette mission bénie, pauvre en biens de ce monde, mais fertile en croix. Il faut partir ; je ne puis vous écrire plus au long. Si j'ai l'occasion de vous écrire avant qu'on nous fasse mourir, je le ferai bien volontiers.

« En attendant de vous voir au ciel, où je vais vous attendre, aimez de toute votre âme, de toutes vos forces, le Seigneur notre Dieu ; aimez-vous mutuellement ; aimez aussi le cher prochain comme vous-même, et infailliblement vous aurez le bonheur de vous trouver au rendez-vous. J'ai l'honneur d'être avec le plus sincère attachement, dans les saints cœurs de Jésus et de Marie,

« Votre très-humble et tout dévoué fils.

« Jacques-Honoré CHASTAN, *miss. apost.* »

Les deux missionnaires, réunis de nouveau, se préparèrent à obéir à l'invitation de leur évêque. Ils écrivirent chacun une lettre aux chrétiens qu'ils avaient évangélisés, pour les consoler, les affermir dans la foi, et leur faire les diverses recommandations réclamées par les circonstances. Sur ces entrefaites, arriva la seconde lettre de Mgr Imbert qui avait été remise à Pierre Tseng. C'était la répétition de la première. « J'ai possédé nombre d'années, écrit Mgr Verroles, ce précieux autographe que je gardais dans mon diurnal ; un pieux larcin, fait par une main inconnue, m'en a privé. Il était en latin, et ainsi conçu : « *In extremis bonus pastor dat vitam pro ovibus ; undè si nondum profecti estis, venite cum præfecto Son-kie-tsong, sed nullus christianus vos sequatur.* IMBERT, *Episcopus Capsensis.* — Dans les cas extrêmes, le bon pasteur donne sa vie pour ses brebis ;

si donc vous n'êtes pas encore partis, venez avec le préfet Son-
kie-tsong, mais qu'aucun chrétien ne vous suive. »

Cette double démarche de Mgr Imbert, de se livrer lui-même,
puis de donner à ses missionnaires l'ordre de se livrer, a été différemment appréciée, et il est assez difficile, humainement parlant,
de porter un jugement sur un acte de cette nature, que les diverses
circonstances de temps et de lieu peuvent seules expliquer complétement. Il est certain, en règle générale, que l'on ne peut pas
s'offrir de soi-même aux persécuteurs, surtout quand une chrétienté tout entière doit, en conséquence, se trouver sans pasteur,
abandonnée à la rage des bourreaux ; mais il est certain aussi,
que plusieurs fois, depuis l'origine de l'Église, l'esprit de Dieu a
inspiré à ses fidèles serviteurs des résolutions semblables, contraires en apparence à toutes les règles de la prudence chrétienne.
Voici ce que dit à ce sujet le promoteur de la foi, dans l'introduction de la cause de ces martyrs :

« L'évêque pouvait-il écrire à ses missionnaires un ordre
ou une invitation de se livrer eux-mêmes, lorsqu'il savait de
science certaine qu'ils seraient martyrisés ? Les missionnaires
pouvaient-ils, devaient-ils obéir à un tel ordre, ou suivre un tel
conseil, avec la prévision d'être infailliblement envoyés à la
mort ? C'est à Vos Éminences qu'il appartient de juger la question. Pour moi, il me semble que le cas ne présente aucune
difficulté, quand on se rappelle les circonstances très-graves
dans lesquelles ils se trouvaient. La persécution sévissait avec
rage. Tous, magistrats, juges, mandarins, peuple, connaissaient
la présence de trois Européens en Corée. C'était surtout pour
découvrir leur retraite et s'emparer d'eux, que l'on arrêtait et
que l'on martyrisait les chrétiens dont un grand nombre, incapables de résister aux tortures, tombaient misérablement dans
l'apostasie. En un mot, on pouvait raisonnablement supposer
qu'à cause d'eux seulement, la persécution était si terrible,
qu'eux découverts, arrêtés et mis à mort, elle serait à tout le
moins très-diminuée. Dans un tel état de choses, il me semble
qu'ils auront dit comme Jonas (c. i, v. 12) : *Prenez-moi et jetez-
moi à la mer, et la mer se calmera... car c'est à cause de moi
que s'est élevée cette violente tempête.* Je crois donc que l'ordre
ou le conseil donné par l'évêque n'a été ni imprudent, ni digne
de blâme, que l'obéissance des missionnaires a été héroïque, et
que tous les trois se sont sacrifiés volontairement pour obtenir
la cessation, ou au moins une sensible diminution d'une aussi
épouvantable calamité. En un mot, ils se sont sacrifiés pour le

salut du prochain, ils ont mis en pratique cette parole du Seigneur Jésus-Christ, dans saint Jean (c. xi, v. 13) : *Personne n'a un plus grand amour que de donner sa vie pour ses amis* (1). »

C'est dans ce sens que le souverain Pontife Pie IX a tranché la question, le 23 septembre 1857, en déclarant Vénérables Monseigneur Imbert et ses deux confrères.

La seconde invitation de leur évêque à peine reçue, les missionnaires se hâtèrent de terminer leurs lettres. Ils adressèrent au cardinal Fransoni, préfet de la Sacrée Congrégation de la Propagande, une courte relation de l'état de chrétienté, et de l'administration des sacrements. On y lit ces mots : « Nombre des chrétiens, environ dix mille ; baptêmes, douze cents ; confirmations, deux mille cinq cents ; confessions, quatre mille cinq cents ; communions, quatre mille ; mariages, cent cinquante ; extrêmes-onctions, soixante ; catéchumènes se préparant au baptême, six cents. — Aucun d'entre nous n'a pu éviter la persécution ; bien plus, vu la nécessité présente, notre pasteur et père le Vicaire apostolique, nous ayant invités à nous rendre en prison, nous allons nous constituer prisonniers aujourd'hui, 6 septembre 1839. Que la grâce de Dieu et la patience de notre Sauveur soient toujours avec nous ! »

Ils écrivirent aussi quelques lignes d'adieu à tous les membres de la Société des Missions étrangères.

« Corée, 6 septembre 1839.

« J. M. J.

« Messeigneurs, Messieurs et chers Confrères.

« La divine Providence qui nous avait conduits, à travers tant d'obstacles, dans cette mission, permet que la paix dont nous jouissions soit troublée par une cruelle persécution. Le tableau qu'en a tracé Mgr Imbert, avant son entrée en prison, et qui vous sera envoyé avec ces lettres, vous en fera connaître la cause, la suite et les effets.

« Aujourd'hui 6 septembre, est arrivé un second ordre de Monseigneur de nous présenter au martyre. Nous avons la consolation de partir après avoir célébré une dernière fois le saint Sacrifice. Qu'il est consolant de pouvoir dire avec saint Grégoire : *Unum*

(1) *Relazione e voto dell' Ill. e Rev. Andrea Maria Frattini, promotore della fede .... sopra l'introduzione della causa di molti servi di Dio, morti nelle persecuzioni per la fede cattolica nella Corea,* etc., p. 6 et 7. — Rome, 1857.

ad palmam iter, pro Christo mortem appeto. (Il n'est pour moi qu'un chemin vers la palme, je désire la mort pour le Christ.) Si nous avons le bonheur d'obtenir cette belle palme, *quæ dicitur suavis ad gustum, umbrosa ad requiem, honorabilis ad triumphum* (que l'on dit suave au goût, ombreuse pour le repos, honorable pour le triomphe); rendez-en pour nous mille actions de grâces à la divine bonté, et ne manquez pas d'envoyer au secours de nos pauvres néophytes, qui vont de nouveau se trouver orphelins. Pour encourager nos chers confrères, qui seront destinés à venir nous remplacer, nous avons l'honneur de leur annoncer que le premier ministre Ni, actuellement grand persécuteur, a fait faire trois grands sabres pour couper des têtes. Si quelque chose pouvait diminuer la joie que nous éprouvons à ce moment du départ, ce serait de quitter ces fervents néophytes que nous avons eu le bonheur d'administrer pendant trois ans, et qui nous aiment comme les Galates aimaient saint Paul. Mais nous allons à une trop grande fête, pour qu'il soit permis de laisser entrer dans nos cœurs des sentiments de tristesse. Nous avons l'honneur de recommander ces chers néophytes à votre ardente charité.

« Agréez nos humbles adieux, etc., etc...
« Jacques-Honoré Chastan, — Pierre-Philippe Maubant. »

Après avoir ainsi tout disposé, les généreux missionnaires, sachant que les satellites les attendaient à environ dix lys de là, se pressèrent d'aller les rejoindre. Leurs cœurs débordaient d'une joie céleste. Bientôt on arriva à la ville de Hong-tsiou, où ils furent enchaînés. Puis, on les conduisit à cheval, à la capitale ; là, ils furent remis entre les mains du grand juge criminel, et réunis à leur évêque. Quelle satisfaction pour ces cœurs de prêtres et d'apôtres, de se trouver ensemble dans les fers pour le nom de Jésus-Christ ! Le lendemain, le grand juge criminel, déployant un appareil formidable, traduisit à sa barre les trois Européens et leur dit : « Qui vous a logés ? D'où est venu l'argent que vous avez ? Qui vous a envoyés ? Qui vous a appelés ? » Ils répondirent « C'est Paul Tieng qui nous a logés. L'argent à notre usage, nous l'avons apporté avec nous. Nous avons été envoyés par le souverain Pontife, chef de l'Eglise, et les Coréens nous ayant appelés pour secourir leurs âmes, nous sommes venus ici. » Sur ces réponses, on leur donna une rude bastonnade, et pendant trois jours, on renouvela les interrogatoires et aussi les supplices, dont, malheureusement, les détails ne nous sont pas connus. On sait seulement que pour leur faire dénoncer quelques chrétiens, on les frappa, à trois reprises, de la planche à voleurs, sans pouvoir leur arracher une parole. « Retournez maintenant dans votre patrie, » leur dit le juge. — « Nous ne voulons pas, » répondirent-ils; « nous sommes venus pour le salut des âmes des Coréens, et nous mourrons ici sans regret. » Reconduits à la prison, ils y furent pendant quelque temps gardés à vue jour et nuit. Puis on les transféra au Keum-pou, prison des dignitaires et des criminels d'État. Pendant trois jours, ils y subirent de nouveaux interrogatoires devant les principaux ministres. C'est là qu'ils furent confrontés avec Paul Tieng, Augustin Niou et Charles Tsio, et tous ensemble torturés de différentes manières. L'évêque et les prêtres reçurent chacun soixante-dix coups de bâton, avant qu'on prononçât leur sentence de mort. Le jour de l'exécution fut fixé au 14 de la huitième lune, qui, cette année, correspondait à la fête de l'apôtre saint Matthieu, 21 septembre. Déclarés criminels au plus haut degré, ils devaient être mis à mort avec le cérémonial extraordinaire appelé *koun-moun-hio-siou*. En pareil cas, le lieu de l'exécution n'est plus en dehors de la petite porte de l'Ouest, mais dans un endroit plus éloigné, nommé *Sai-nam-to*, non loin du fleuve.

Le jour venu, on les conduisit au supplice, sur des chaises à porteur, les mains liées derrière le dos, au milieu d'un cortége de plus de cent soldats. A l'endroit fixé, on avait planté un pien au sommet duquel flottait un étendard, portant la sentence des condamnés. A peine arrivés, ils sont dépouillés de leurs vêtements; on ne leur laisse que le pantalon. Puis les soldats leur attachent les mains devant la poitrine, leur passent sous les bras de longs bâtons, leur enfoncent deux flèches de haut en bas à travers les oreilles, et, leur jetant de l'eau au visage, les saupoudrent d'une poignée de chaux. Ensuite, six hommes, saisissant les bâtons, font faire trois fois aux martyrs le tour de la place, pour les livrer aux dérisions et aux grossières moqueries de la foule. Enfin on les fait mettre à genoux, et une douzaine de soldats courent autour d'eux le sabre au poing, simulant un combat, et leur déchargent, en passant, chacun un coup de sabre.

Le premier coup que reçut M. Chastan n'ayant fait qu'effleurer l'épaule, il se leva instinctivement et retomba aussitôt à genoux. Mgr Imbert et M. Maubant restèrent immobiles. Les têtes ayant été abattues, un soldat les posa sur une planche, et les présenta au mandarin, qui partit de suite pour donner à la cour avis de l'exécution.

Les corps des martyrs demeurèrent exposés pendant trois jours, et furent ensuite ensevelis dans le sable, sur la rive du fleuve. Il tardait aux néophytes de recueillir ces restes précieux, mais les satellites déguisés faisaient la garde de tous côtés. Le quatrième jour après l'exécution, trois chrétiens ayant essayé de les retirer, l'un d'eux fut saisi et jeté en prison; force fut d'attendre plus longtemps. Une vingtaine de jours plus tard, sept à huit chrétiens, décidés à braver la mort s'il le fallait, firent une nouvelle tentative et réussirent à enlever les corps. Après les avoir déposés dans un grand coffre, on les enterra sur la montagne No-kou, à une trentaine de lys de la capitale, et c'est là qu'ils sont encore aujourd'hui, les circonstances n'ayant pas permis de les transporter dans un lieu plus convenable.

Ainsi moururent ces trois courageux apôtres de Jésus-Christ. Mgr Imbert était le premier évêque qui eût jamais mis le pied en Corée, ses confrères les premiers missionnaires qui se fussent dévoués à la rédemption des Coréens. Ne convenait-il pas que leurs têtes tranchées par le glaive fussent placées dans les fondations de l'Église coréenne? que leur sang cimentât les pierres de ce nouvel édifice? Leur vie et leur mort ont été un grand exemple pour leurs pauvres néophytes, un grand exemple aussi pour leurs successeurs. Nous verrons plus tard avec quelle persévérante fidélité, avec quel inébranlable courage, cet exemple a été suivi. Ce noble sang versé par la main du bourreau est un gage de succès pour l'avenir. Saint Paul disait : *Cum infirmor, tunc potens sum,* quand je suis faible, c'est alors que je suis fort. Il importe de le répéter avec lui : quand on nous croit vaincus, c'est alors que notre triomphe est proche ; quand nous sommes méprisés, honnis, persécutés, massacrés, anéantis, c'est alors que nous sommes sûrs de la victoire.

CHAPITRE III.

Dès le lendemain de l'exécution des trois missionnaires, on se hâta de mettre à mort Paul Tieng et Augustin Niou, dont le dévouement, les efforts et les voyages continuels avaient fini par procurer des pasteurs à l'église de Corée, et avaient tant contribué au bien de la chrétienté. En allant au supplice, Paul avait le visage souriant ; Augustin absorbé dans la contemplation semblait déjà mort aux choses de ce monde. Ils furent décapités ensemble, le 15 de la huitième lune, en dehors de la petite porte de l'Ouest. Paul avait quarante-cinq ans et Augustin quarante-neuf. Quoique païenne, la famille d'Augustin fut mise hors la loi, et plusieurs de ses parents dégradés. Sa femme et sa fille païennes, son fils âgé d'environ vingt ans, son frère aîné païen, furent tous exilés dans les îles du Sud. Depuis, on n'en a jamais eu de nouvelles. En 1858, un bruit a couru que le fils du frère aîné d'Augustin venait d'être réhabilité.

Quatre jours après, Charles Tsio suivait au ciel ses deux amis. Apprenant que le jour de sa mort était fixé, il dit à un soldat de la prison : « Je vais au séjour du bonheur : veuillez bien dire de ma part aux personnes de ma famille de ne pas manquer de m'y suivre, » et ce soldat d'un air fort triste alla leur rapporter ces paroles. Charles fut admirable jusqu'à la fin. Il avait enduré onze fois les terribles supplices de la question. Tranquille et gai jusqu'au dernier moment, il riait et plaisantait avec les geôliers; en se rendant au lieu du supplice, il se mit à chanter des prières, à haute voix, d'un air tout joyeux. Il fut décapité dans la quarante-cinquième année de son âge.

Huit autres confesseurs furent, en ce même lieu et à la même heure, les compagnons de son triomphe. Disons quelques mots de chacun d'eux. Sébastien Nam, de race noble, avait vu son père, exilé en 1801, mourir peu de mois après. Exilé lui-même, mais jeune encore et peu instruit, il vécut longtemps dans un grand relâchement. Ce ne fut qu'après l'amnistie de 1832 qu'il se convertit et s'efforça de regagner le temps perdu. Bravant tous les dangers, il alla jusqu'à la ville de Ei-tsiou pour chercher le P. Pacifique, et ensuite accepta la charge de maître de sa maison. Depuis sa conversion, sa ferveur alla toujours en augmentant. En 1839, il s'était caché dans le district de Ni-t'sien, mais trahi par un mauvais chrétien, il fut pris et conduit à la capitale. Ferme dans la confession de sa foi, il supporta sans faiblir les tortures qui lui furent infligées successivement au tribunal des voleurs et au tribunal des crimes. On lui fit l'honneur de le traiter en criminel d'État et de l'envoyer à la prison du Keum-pou, où il fut battu de nouveau et condamné à mort. En montant sur le chariot pour aller au supplice, il chargea un valet de dire à sa femme qui, arrêtée avec lui, demeurait encore prisonnière : « Nous étions convenus de mourir ensemble le même jour : puisque cela ne se peut, du moins mourons tous deux pour la même cause. » Il fut décapité à l'âge de soixante ans.

Venait ensuite Ignace Kim Sin-mieng-i, petit-fils de Pie Kim, dont nous avons vu la mort en 1814, et père d'André Kim, prêtre martyr en 1846. D'une famille du peuple éprouvée par de fréquentes persécutions, il vivait dans les montagnes, et avait donné son fils André, alors âgé de quinze ans, à M. Maubant qui l'envoya étudier à Macao. Ignace ne pouvait dès lors échapper aux perquisitions ; il fut pris à la septième lune par le traître Kim le-saing-i, conduit dans ses recherches par le beau-fils d'Ignace lui-même. Traité en criminel d'État, pour avoir fait sortir son fils du royaume, il eut d'abord le malheur d'apostasier, mais on ne le relâcha pas pour cela, et il fut condamné à mort. La grâce de Dieu, et les exhortations des autres prisonniers chrétiens, lui firent concevoir un vif regret de sa faute. Il rétracta son apostasie devant le ministre des crimes, et subit en conséquence d'horribles tortures, au milieu desquelles il ne se démentit plus. Il fut décapité à l'âge de quarante-quatre ans.

La quatrième victime fut Madeleine He, mère de Madeleine Ni de Pong-t'sien, dont on a vu les actes plus haut. Elle avait soixante-sept ans.

La cinquième fut Juliette Kim, dite Kim-si, fille du palais. Ses parents, chrétiens de la province, étaient venus s'établir à la capitale. Quand elle fut arrivée à l'âge de dix-sept ans, on voulut la marier, mais désirant beaucoup garder la virginité, elle s'arracha les cheveux, en sorte que toute la peau du crâne paraissait, et on fut obligé de différer. Puis, ses parents étant retournés en province, elle les quitta et fut prise pour le service du palais, où pendant dix ans elle ne put guère pratiquer sa religion. Elle en sortit enfin et, depuis ce temps, vécut seule du travail de ses mains. D'un caractère grave et peu ouvert, elle n'avait presque pas de relations avec les autres chrétiens, mais tous admiraient sa vertu et on disait d'elle : « Juliette est une femme qui, dût-elle en mourir, ne fera jamais rien de mal. » Prise dans sa maison où elle attendait les ordres de la Providence, elle fut violemment torturée au tribunal des voleurs, puis au tribunal des crimes, mais son courage ne fléchit pas un instant. Elle répondait à ses juges : « Devrais-je expirer sous les coups, je ne puis renier mon Dieu. Si je dénonçais quelqu'un, vous le mettriez à mort ; si je vous remettais quelque livre, vous le brûleriez ; c'est pourquoi je ne veux pas ouvrir la bouche. J'en serai quitte pour mourir. » Elle obtint la couronne après deux mois de prison, à l'âge de cinquante-six ans (1).

La sixième fut Agathe Tsien dont nous avons admiré le courage et la constance lors de son arrestation avec Lucie Pak. Outre les horribles supplices que nous avons rapportés plus haut, Agathe eut à supporter une autre persécution. Son frère était païen, et avait une petite place qui lui donnait un certain rang dans le pays. Ne pouvant déterminer sa sœur à l'apostasie, craignant d'ailleurs de perdre sa place. et d'être lui-même déshonoré, il voulait qu'elle mourût dans la prison. Il fit donc préparer des mets empoisonnés et les envoya à Agathe qui, sans se douter de rien, les mangea. Mais Dieu veillait sur son humble servante ; elle vomit le poison, et eut la vie sauve. N'ayant pas réussi de ce côté, son frère alla trouver les geôliers, et leur donna de l'argent pour obtenir à tout prix qu'on la fît mourir sous les coups. Les geôliers se firent volontiers les instruments de sa haine fratricide ; à plusieurs reprises, ils flagellèrent Agathe avec le bâton triangulaire, mais elle n'en mourut pas. « C'est ma faute, disait-elle, toute ma vie je n'ai fait que pécher et je n'ai acquis aucun mérite ; je ne suis pas même digne de mourir ici, ce serait déjà un trop grand bienfait pour moi ; mais Dieu est miséricordieux, et tout arrive selon l'ordre de sa providence, et malgré tout j'ose toujours espérer le martyre. » Dieu entendit sa fervente prière ; après six mois de prison, elle fut jointe à la glorieuse troupe des confesseurs, et eut la tête tranchée à l'âge de cinquante-trois ans.

La septième fut Madeleine Pak, veuve. Ayant embrassé la religion après son veuvage, elle se retira chez un oncle maternel, où elle se fit remarquer par une égalité d'âme à toute épreuve dans les misères de la vie, et par une admirable humilité. Prenant

(1) Quelques documents mettent le martyre de Juliette Kim, deux mois plus tôt, au 19 juillet.

toujours pour elle-même ce qu'il y avait de plus mauvais et de plus difficile, elle laissait aux autres ce qu'il y avait de plus agréable et de meilleur. Pendant la persécution, elle resta à la maison pour la garder, et c'est là qu'elle fut arrêtée. Elle supporta généreusement les tortures, se montra toujours résolue à mourir pour Dieu, et obtint cette grâce après sept mois de prison, à l'âge de quarante-quatre ans.

La huitième fut Perpétue Hong, veuve, mère de Pak Ho-rang-i. Mariée à un païen, elle pratiquait sa religion avec une certaine tiédeur, mais devenue veuve, elle abandonna sa maison, et alla vivre chez les chrétiens qui la recevaient par charité, et auxquels elle se faisait un plaisir de rendre les services les plus humbles. Assidue au travail, infatigable auprès des malades, se prêtant à tout ce qu'on lui demandait, elle édifia longtemps les néophytes par l'exercice continuel des œuvres de charité. Quand la persécution éclata, elle ne chercha point à se cacher et attendit patiemment l'exécution des desseins de Dieu. Elle fut prise dans la maison où elle se trouvait, et se conduisit avec intrépidité dans les interrogatoires et dans les supplices. En prison elle eut à supporter une épreuve plus pénible que la torture. Les satellites la dépouillèrent de ses vêtements et la suspendant ainsi toute nue, l'accablèrent de coups, et lui firent mille railleries et injures grossières. Elle fut aussi atteinte de la peste trois ou quatre fois, et à peine éprouvait-elle quelque mieux, qu'elle allait selon sa coutume près des autres prisonniers, pansant et essuyant leurs plaies, les débarrassant de la vermine, et leur rendant tous les services nécessaires, avec une joie et une aisance qui touchaient tout le monde, et la faisaient considérer par tous comme une véritable sœur. Au milieu de ces saintes pratiques, après six mois de prison, Dieu lui accorda la palme due à ses travaux. Elle avait trente-six ans.

Enfin, le nombre de neuf se trouvait complété par Colombe Kim, dont personne n'a oublié les luttes glorieuses. Après avoir été renvoyée à la prison, elle y fut attaquée plusieurs fois de la peste, passa cinq mois au milieu de souffrances de toute espèce, et reçut enfin de son céleste époux la double couronne du martyre et de la virginité, à l'âge de vingt-six ans.

Ces neuf martyrs se rendirent avec joie au lieu de l'exécution, en dehors de la petite porte de l'Ouest, et furent décapités, le 19 de la huitième lune, 26 septembre 1839.

Dans ce même temps, d'autres intrépides confesseurs donnaient leur vie pour la foi, d'une manière moins éclatante peut-être, mais non moins méritoire, et non moins digne de notre admiration. C'étaient Catherine Ni, Madeleine Tsio et Barbe Tsio, qui moururent en prison, dans le cours de la huitième lune.

Catherine Ni vivait en province, mais quoique connaissant la religion, elle ne pouvait guère, mariée qu'elle était à un païen, ni s'en instruire à fond, ni la pratiquer. Peu à peu, elle parvint à toucher le cœur de son mari, et eut le bonheur de lui faire conférer le baptême à l'heure de la mort. Devenue veuve, et au milieu de parents païens qui prohibaient sévèrement tout exercice du christianisme, elle prit le parti de se retirer avec ses enfants dans la famille de sa mère, pour s'occuper plus librement du soin de leurs âmes. Sa fille aînée, Madeleine Tsio, docile aux instructions de sa mère, était fort assidue à se faire instruire ; elle fit de rapides progrès dans l'amour de Dieu et du prochain. Elle se levait tous les jours de grand matin pour vaquer à ses exercices de piété, puis se livrait avec activité au travail, et par la couture et le tissage, soutenait sa mère et son jeune frère. Lorsqu'elle fut arrivée à l'âge de dix-huit ans, on voulut la marier à un chrétien. Mais, éprise des charmes de la virginité, elle ne voulut pas y consentir, et tout ce qu'on put lui dire sur les dangers de sa position, n'ébranla en rien sa détermination. Conseils et menaces, tout échoua. Bientôt, ne pouvant plus tenir contre les récriminations des païens qui ne comprenaient rien à une aussi étrange conduite, Madeleine s'enfuit à la capitale. Là, elle se mit en service dans une maison chrétienne, et ne calculant, ni l'excès de travail, ni l'insuffisance de ses forces, fit l'impossible pour contenter ses maîtres, et satisfaire en même temps sa dévotion. Elle en tomba malade de fatigue, et dut chercher une autre place moins difficile, où elle continua à travailler avec tant de diligence qu'elle put envoyer quelques soulagements à sa mère. Parvenue à un certain âge, et pensant que le danger de la part des païens serait passé, elle retourna à la maison maternelle, et devint le modèle des chrétiens par sa piété filiale, et par son application aux œuvres de charité. Elle instruisait les ignorants, consolait les pauvres, soignait les malades, baptisait les enfants païens en danger de mort, et se multipliait tellement, qu'on a peine à comprendre comment une femme pouvait suffire à tout ce qu'elle faisait. Dieu voulut éprouver cette pieuse famille. En 1838, Catherine et sa fille, forcées par la persécution d'abandonner leur maison, vinrent à la capitale dans le plus grand dénûment, et à l'aide de quelques secours que la charité leur offrit, trouvèrent asile dans une même maison avec Barbe Tsio, que des malheurs analogues avaient réduite à la même détresse.

Bacontons ici l'histoire de cette dernière. Barbe, épouse d'un noble païen, avait été instruite de la religion chrétienne par sa vieille mère, qui, restée sans appui, s'était retirée auprès de sa fille. Docile aux leçons maternelles, elle se convertit ainsi que ses deux jeunes filles Madeleine Ni et Marie Ni, et toutes ensemble se mirent avec ferveur à pratiquer leur nouvelle foi. Mais il fallait que tout se fît dans le plus grand secret, à cause du mari de Barbe qui était fort opposé à l'Evangile. Après la mort de sa vieille mère, Barbe profita d'un voyage que son mari dut faire en province, et alla secrètement avec ses deux filles recevoir le baptême. Lorsque Madeleine Ni fut arrivée à l'âge nubile, son père voulut la marier à un païen, mais outre qu'elle ne pouvait consentir à une telle alliance, une vive inclination la portait à garder la virginité. Elle feignit donc une maladie, et dit qu'elle ne pouvait se marier. On ne saurait croire toutes les peines et vexations qu'elle eut à supporter, à cette occasion, de la part de son père. Un jour, poussée à bout, elle se fit une coupure au doigt, et lui écrivit avec son propre sang, mais sans pouvoir le fléchir. Cette lutte domestique dura près de quinze ans. A la fin, Madeleine ne voyant plus aucun moyen d'éviter ce mariage, demanda à l'évêque la permission de s'enfuir. Mgr Imbert ne voulut pas y consentir, et dit qu'il fallait tenir ferme, tout en restant à la maison ; mais bientôt les choses en vinrent à une telle extrémité, que Barbe Tsio et ses deux filles s'enfuirent de leur maison et vinrent se cacher chez des chrétiens. A cette nouvelle, le prélat leur ordonna d'abord de retourner chez elles ; mais pour une femme et des jeunes filles nobles qui avaient ainsi pris la fuite, retourner au logis, c'était aller à une mort presque certaine. Voyant qu'il n'y avait plus aucun remède, l'évêque leur donna quelques secours, et recommanda aux catéchistes d'arranger cette affaire le mieux qu'il serait possible. Elles furent placées dans une petite maison, où elles souffrirent beaucoup de la faim et du froid ; mais, libres qu'elles étaient enfin de pratiquer leur religion, elles ne s'inquiétaient guère des privations et des souffrances. C'est là que Catherine Ni et sa fille Madeleine Tsio vinrent les rejoindre.

Unies par le même dévouement et le même désir de plaire à Dieu, ces saintes âmes s'encourageaient mutuellement, travaillaient à orner leurs cœurs des vertus les plus convenables à leur état, et s'exhortaient à bien supporter la persécution et la mort même, si Dieu les y appelait. Un jour, l'une d'elles se mit à dire : « Si l'évêque est pris, livrons-nous nous-mêmes. » Madeleine

Tsio répondit de suite : « S'il y a des raisons de nous livrer, fai-
sons-le, pour suivre les pas de Notre Seigneur Jésus et de notre
pasteur. » Elles n'eurent pas l'occasion de s'offrir elles-mêmes aux
persécuteurs. Les satellites vinrent fondre sur la maison, et emmenèrent ensemble les cinq amies. Conduites au grand juge criminel, elles supportèrent courageusement les coups et les tortures.
Trois mois après, épuisées des suites de leurs supplices, auxquels
vinrent se joindre la peste et d'autres maladies, Catherine Ni,
veuve, âgée de cinquante-sept ans, sa fille Madeleine Tsio, vierge,
âgée de trente-trois ans, et Barbe Tsio, âgée de cinquante-sept
ans, moururent toutes les trois dans la même prison, et allèrent
les premières recevoir la couronne. Les deux filles de Barbe Tsio
étaient réservées à de plus longues épreuves. Elles souffrirent
horriblement de la faim et de la soif. On les transféra au tribunal
des crimes, où de nouvelles tortures furent en vain mises en jeu
pour vaincre leur constance ; à la fin, on les condamna à mort.
Madeleine Ni, âgée de vingt-sept ans, fut décapitée le 24 de la
onzième lune, après sept mois de captivité ; Marie Ni, âgée de
vingt-deux ans, eut le même honneur un mois plus tard, le 27 de
la douzième lune ; toutes deux se présentèrent au divin Époux
avec la double gloire de la virginité et du martyre.

Transportons-nous un instant à Ouen-tsiou, capitale de la province de Kang-ouen, pour y être témoins de nouveaux triomphes. Nous avons vu que, dès la première lune de cette année
on avait arrété, au village de Sie-tsi, un courageux chrétien
nommé Jean T'soi lang-pok-i. Sa famille était originaire de Tarai-kol, au district de Hong-tsiou, et il était cousin éloigné de François T'soi dont nous avons raconté plus haut les souffrances et la
mort. Son grand-père ayant été exilé en 1801, tous ses enfants
quittèrent leur pays pour aller s'établir auprès de lui, et Jean
naquit en ce lieu d'exil. Sous l'influence d'une éducation chrétienne, son caractère devint doux et droit. Plus tard, afin de pratiquer plus librement la religion, il émigra avec sa famille dans
les montagnes, au village de Sie-tsi, où il vivait très-pauvrement,
vaquant surtout au soin de son âme, et malgré la modicité de
ses ressources, ne manquant jamais de faire l'aumône à ceux qui
étaient plus pauvres que lui. Il exhortait souvent les chrétiens,
et fortifiait leur foi en leur parlant du bonheur de donner sa vie
pour Dieu. Lui-même désirait vivement obtenir le martyre ;
l'occasion s'en présenta à la première lune de 1839. Comme il
était d'une force herculéenne, on avait envoyé pour le prendre des

soldats armés de verges de fer, et ils l'entourèrent en frappant sur lui tous à la fois. Mais Jean était loin d'avoir la pensée de résister ; il se laissa saisir, garrotter et conduire au tribunal de Ouen-tsiou dont dépendait le village. Le juge lui dit : « Est-il vrai que tu suis la mauvaise doctrine? — Je ne connais pas de mauvaise doctrine, répondit-il, je pratique la religion chrétienne. » On le battit alors violemment pour lui faire indiquer le lieu où sa famille et ses voisins s'étaient retirés, mais il ne prononça pas un mot. Renvoyé à la prison, il fut si cruellement maltraité par les geôliers et leurs valets, qu'il resta étendu sans connaissance. Quand ses plaies furent guéries, on le cita de nouveau au tribunal. Le juge lui dit avec douceur : « Si tu renonces à ta religion, tu deviens un fidèle sujet du roi, et je te fais rendre tous tes biens : mais si tu t'obstines, je vais être forcé de te faire subir de terribles tourments. » Jean répondit : « Quand vous me donneriez tout le district de Ouen-tsiou, je ne puis ni mentir ni renier mon Dieu. » Courageuse parole qui depuis est restée proverbiale dans cette ville, au point que chrétiens et païens, même les enfants, l'emploient dans leurs discussions, comme la plus solennelle affirmation de la vérité. Le juge lui fit administrer plus de cent coups de bâton et le renvoya en prison. Le lundi de Pâques, il fut rappelé et le juge lui dit : « Décidément, tu désires donc mourir? — La crainte de mourir et le désir de vivre sont des sentiments communs à tous, mais comment pourrais-je refuser de mourir pour la justice? — Si tu meurs ainsi, où iras-tu donc ? — J'irai au ciel. — Tu ne veux donc pas apostasier? — Non. » On le fit mettre encore à la torture, que Jean supporta gaiement. Son amour pour Dieu croissait sous les coups.

Il fut ensuite conduit devant le gouverneur. Là, les supplices du bâton, de la planche, de l'écartement des os des bras et des jambes, tout fut mis en œuvre pour lui faire dénoncer des chrétiens, mais en vain. On lui demanda d'expliquer les vérités de la religion, ce qu'il fit avec joie. Son corps était réduit à un état affreux, mais, sans se plaindre, il invoquait le secours de Jésus et de Marie. Deux jours après, nouvel interrogatoire, nouveaux supplices. Il fut battu toute la nuit; ses chairs tombaient en lambeaux, ses os sortaient de toutes parts, et il avait perdu connaissance. Les bourreaux le traînèrent ainsi dehors, lui enfermèrent les pieds entre deux planches disposées à cet effet, et le suspendirent la tête en bas pendant une demi-journée. Un des valets, touché de compassion, alla le détacher et lui fit avaler un peu d'eau, mais il ne revint à lui que longtemps après, et aussitôt

il se mit à remercier Dieu et la vierge Marie d'être venus le consoler, ce qui semblerait prouver qu'il eut, pendant ces longs tourments, quelque apparition céleste. Sa patience, sa scrupuleuse
attention à faire en tout la volonté de Dieu, étaient admirables.
On raconte qu'un jour il pria le geôlier de lui enlever un instant
la cangue, pour en retirer les punaises qui s'y étaient logées :
après quoi il lui dit de la replacer. Celui-ci l'engagea à rester
quelque temps libre de ce fardeau si pénible. « Non, dit Jean,
c'est l'ordre du mandarin que je la porte, et je veux la porter. »

Pendant plusieurs semaines, on le conduisit au tribunal tous
les deux ou trois jours. Les bourreaux s'acharnaient à inventer
de nouveaux supplices, ils voulaient le faire mourir lentement
sous les coups, et on ne conçoit pas comment il put conserver
un souffle de vie. Après lui avoir laissé reprendre des forces pendant
une vingtaine de jours, on le ramena devant le juge, qui lui dit :
« Es-tu devenu plus sage, veux-tu quitter enfin cette doctrine
perverse ? — Non, répondit Jean, car si je veux maintenant conserver à mon corps une vie de quelques instants, mon âme
mourra pour toujours. Le sujet qui, après avoir promis de mourir
pour son roi et la justice, viendrait à se révolter, ne serait-il
pas infidèle et rebelle ? Comment pourrais-je, moi qui ai juré de
servir le grand Dieu du ciel et de la terre, le renier aujourd'hui
par la crainte des tourments ! » Le juge en fureur ordonna de
redoubler les coups. Les os des jambes furent brisés, et deux
morceaux de deux à trois pouces chacun tombèrent à terre ; son
dos et son ventre étaient entr'ouverts, et ses entrailles sortaient
au dehors. Au milieu de ces indicibles tortures, Jean conservait
un visage calme : il ne pensait qu'à son Sauveur crucifié et voulait
lui rendre amour pour amour, vie pour vie. Vers ce temps,
Dieu, pour purifier davantage l'âme de son serviteur, permit
qu'il éprouvât une violente tentation de découragement. Dans
son trouble, il se jeta aux pieds du Seigneur Jésus, et y retrouva
la force d'étouffer les cris de la nature défaillante. Bientôt la joie
et la paix revinrent dans son cœur, et en récompense de sa
fidélité il entendit enfin prononcer sa sentence de mort. Il dut
toutefois en attendre l'exécution pendant environ deux mois. Le
jour arrivé, il mangea gaiement et en entier le repas préparé
pour les condamnés. Quand il sortit pour aller au supplice,
tous les geôliers témoignaient leurs regrets, tant ses beaux exemples les avaient impressionnés. Le 29 de la huitième lune, 6 octobre 1839, après huit mois de prison, il eut la tête tranchée. Il
avait alors vingt-neuf ans.

Jean T'soi est, sans aucun doute, avec Laurent Pak et quelques autres, un des martyrs de ce pays qui ont le plus cruellement souffert. Quelque incroyable, quelque diabolique que soit l'habileté des bourreaux coréens à torturer leurs victimes, jusqu'à ces extrêmes limites seulement au delà desquelles une mort instantanée viendrait les délivrer, il nous semble impossible de ne pas admettre dans ce cas, et dans d'autres analogues, un secours particulier de Dieu, conservant la vie à ses martyrs contre toutes les règles de la nature. Jean subit vingt et un interrogatoires, et fut mis dix-huit fois à la question. Tout cela s'était passé dans un lieu assez éloigné des principales chrétientés, aussi son histoire fut-elle alors peu connue. Mais Dieu, qui aime à être béni dans ses saints, permit que quelques-uns de ses compagnons de captivité, trop lâches pour l'imiter, fussent presque constamment les témoins de ses combats ; et, sortis de leurs cachots, ils ont fait connaitre les merveilles que le Tout-Puissant avait opérées en lui.

Racontons de suite, en anticipant un peu sur les événements, le martyre de Brigitte T'soi, tante paternelle de Jean et sa compagne de prison.

Brigitte, ou, selon d'autres, Catherine T'soi, avait été mariée à un chrétien nommé Iou qui fut exilé en 1801, pour avoir caché Alexandre Hoang ; elle suivit son mari au lieu de l'exil. Iou tomba malade ; il était sur le point de mourir sans que Brigitte pût appeler aucun chrétien pour le baptiser. Par un respect scrupuleux pour la loi de l'Église en ce qui concerne l'affinité spirituelle, elle prit d'abord la résolution de garder toujours la continence et de vivre avec lui comme sa sœur, s'il revenait à la vie ; après quoi, elle lui conféra elle-même le baptême. Son mari étant mort, elle se trouva sans aucun appui et revint près de son frère. On rapporte qu'à l'époque où les chrétiens ne pouvaient se procurer de calendrier, il lui arriva de manger de la viande sans savoir que c'était un jour d'abstinence. Ensuite elle eut quelque doute, alla aux informations et reconnut que, par le fait, ce devait être le temps du carême. Elle prit dès lors la résolution de ne plus jamais manger de viande et y fut fidèle jusqu'à la fin de sa vie. Ce fait suffit pour montrer quelle exactitude elle apportait à la pratique de ses devoirs religieux.

En 1839, voulant voir encore une fois son neveu Jean, prisonnier à Ouen-tsiou, elle s'y rendit à la huitième lune, pensant que, conformément à l'usage du pays qui permet aux femmes de passer à peu près partout à volonté, il lui serait facile d'arriver jusqu'à lui. Elle entra donc sans autre formalité à la préfecture, pour se rendre à la prison ; mais le juge, l'ayant aperçue, demanda quelle était cette femme. Elle répondit : « Je suis la mère du prisonnier Jean T'soi, et je suis venue pour le voir. — Mais ne serais-tu pas aussi chrétienne ? reprit le juge. —Oui, sans doute, je le suis. — Dans ce cas, tu ne pourras ni voir ton fils ni t'en aller, qu'après avoir apostasié. — Devrais-je ne plus revoir mon fils, devrais-je même mourir, je ne puis renier mon Dieu. Homme ou femme, vieillard ou enfant, qui jamais pourrait renier le souverain Maître ? — Cette femme est une criminelle, » dit le juge, et il commanda de la mettre à la question qu'elle supporta sans fléchir, puis il la fit jeter en prison, avec ordre de la laisser mourir de faim. Cet ordre fut assez mal exécuté, et après qu'elle eut passé quatre mois dans les souffrances et les privations, le juge réitéra son ordre, ajoutant qu'il fallait lui apporter, sous trois jours, la nouvelle de sa mort. Cet espace de temps ne suffisant pas pour éteindre en elle le dernier souffle de vie, les geôliers allèrent dans son cachot pendant la nuit, et l'étranglèrent en appuyant fortement sur la cangue qu'elle portait au cou. C'était la nuit du 3 au 4 de la onzième lune de cette même année, décembre 1839. Elle était âgée de cinquante-sept ans, quand elle alla ainsi rejoindre son neveu Jean, qu'elle aimait véritablement comme son propre fils. La mère du geôlier dit à un chrétien alors en prison dans cette ville : « Brigitte est certainement montée au ciel, car, lorsqu'on l'a étranglée, on a vu s'élever de son corps un rayon lumineux. »

Revenons à la capitale. Mgr Imbert s'était livré au martyre et y avait appelé ses missionnaires, dans la conviction que la mort des pasteurs apaiserait le violent orage déchaîné sur le troupeau. On vient de voir, par le récit des nombreuses exécutions qui suivirent presque immédiatement, combien ce généreux espoir avait été trompé. Il paraît certain toutefois que telle était d'abord la pensée du gouvernement coréen, et que la persécution devait cesser après la mort des prêtres européens. Mais ce n'est pas impunément qu'on entre dans la voie de l'injustice ; il est bien difficile de s'y arrêter à un point marqué d'avance, car l'abîme appelle l'abîme, un crime appelle d'autres crimes, et, bon gré, mal gré, ceux qui avaient commencé la persécution durent la continuer. Les circonstances furent plus fortes que leurs hésitations.

Le traître Kim Ie-saing-i voulait achever sa fortune, en mettant la dernière main à son œuvre de destruction. Pour faire valoir sa fidélité au roi et son dévouement au bien public, il représenta énergiquement, et à différentes reprises, que le coup porté au christianisme, quelque terrible qu'il fût, n'était nullement mortel, qu'il importait de ne pas laisser les choses à moitié faites, et que le seul moyen d'assurer le succès des mesures prises jusque-là était de sacrifier tous les chrétiens influents, capables de relever et de diriger leurs coreligionnaires. Alors seulement la secte se dissiperait d'elle-même ; autrement, dans quelques années ce serait à recommencer. Ce conseil était d'une habileté satanique, mais l'apostat oubliait ce qu'il avait jadis appris dans son catéchisme, que la religion chrétienne est établie et soutenue par Dieu lui-même. Les nouvelles mesures qu'il proposait furent adoptées, et nous verrons bientôt avec quel odieux succès.

Une intrigue de palais vint, à ce moment-là même, favoriser ses plans. Le ministre Ni Tsien-i, si grand ennemi de la religion et si ardent persécuteur, fut changé ; mais, comme le dit un proverbe coréen : en évitant un daim, les chrétiens rencontrèrent un tigre. En effet, il fut remplacé par T'sio In-ieng-i, oncle de la reine T'sio, homme féroce et rusé, qui acquit alors une triste célébrité par les cruautés qu'il commit et fit commettre contre les chrétiens. C'est à cette époque, et probablement d'après ses ordres, que l'on commença à se défaire des confesseurs par la strangulation. Était-ce parce que le trésor royal ne pouvait plus suffire aux frais de tant d'exécutions publiques? Était-ce plutôt parce qu'on craignait que le peuple ne finît par se lasser de voir rouler le sang innocent? Toujours est-il que, depuis, ce genre de supplice fut employé contre les chrétiens bien plus fréquemment qu'auparavant. Les premiers qui périrent ainsi furent Philippe T'soi et Pierre Niou.

Philippe T'soi Hei-teuk-i, fils de Tal-sam-i, était d'une honnête famille chrétienne de la capitale ; mais, privé de bonne heure de ses parents, n'ayant personne pour l'instruire et le diriger, il mena, bien des années, une vie scandaleuse et toute païenne. Il venait de se convertir, grâce aux charitables exhortations de quelques bons chrétiens, quand il fut arrêté, dans le commencement de la persécution. Il n'eut pas la force de supporter les tortures, et apostasia dès le second interrogatoire. Mais, de retour chez lui, tourmenté par les remords de sa conscience et pressé par la grâce, il ne pouvait ni manger ni dormir, et devint bientôt insupportable à lui-même. Ayant un jour rencontré des satellites, il leur dit en conversation qu'il était bien fâché de son apostasie ; ceux-ci n'oublièrent pas cette parole, et bientôt le firent saisir de nouveau. Le

grand juge lui dit : « Et bien ! quelle est ton opinion maintenant ? — Je regrette vivement, répondit-il, ma faiblesse passée.
— Es-tu donc fou ? Quoi! tu as apostasié, et tu veux redevenir
chrétien ? — J'ai beau réfléchir : cette doctrine est véritable, et,
dussé-je mourir, je ne puis pas l'abandonner. » Néanmoins, il
paraissait peu affermi, et il ne prit vraiment son parti qu'après
une longue conversation qu'il eut, dans la prison, avec Charles
T'soi. On lui fit subir de violentes tortures, et son corps fut mis
dans un état affreux. Il lui fallut plus de courage encore pour tenir
bon contre les tracasseries des satellites, qui venaient souvent
l'importuner, et cherchaient à le pousser au désespoir en l'assurant que c'était folie de sa part de vouloir encore se dire chrétien,
après avoir renié sa foi. En douze séances, il reçut deux cent
quatre-vingt-dix coups de la planche à voleurs, sans parler des
autres supplices : mais la grâce le soutenait, et il mérita d'être
étranglé dans la prison, le 25 de la neuvième lune, à l'âge de
trente-trois ans.

Il eut, ce même jour, pour compagnon de supplice Pierre
Niou Tai-t'siel-i, fils aîné d'Augustin Niou. Cette famille d'Augustin présentait alors un spectacle bien étrange. La foi, la ferveur, le dévouement de ses deux fils étaient connus de tous, chrétiens et païens ; ces jeunes gens suivaient fidèlement les exemples
de leur père. Rien, au contraire, ne put déterminer sa femme et
sa fille aînée à pratiquer la religion ; bien plus, elles ne cessaient
de déclamer contre les chrétiens, et allaient jusqu'à tourmenter
ceux de leur famille qui faisaient profession de la foi. Telle était
la position où se trouvait Pierre. Fidèle à tous ses devoirs de piété,
il était contrarié sans cesse par sa mère et par sa sœur, et subissait
fréquemment des persécutions domestiques intolérables. « Pourquoi, disaient-elles, n'écoutes-tu pas tes parents et t'obstines-tu
à faire ce qu'ils te défendent ? » Pierre n'avait pour réponse que
de respectueuses paroles et, tout en déplorant devant Dieu l'aveuglement de sa mère, continuait à lui prodiguer les témoignages
d'une affection toute filiale. Quand la persécution éclata, il sentit
naître dans son âme un vif désir du martyre. Les grands exemples
de fermeté que donnaient les confesseurs de la foi enflammaient
son cœur, et, poussé par l'enthousiasme de l'amour divin, il alla
de lui-même se livrer entre les mains des mandarins. On employa
mille moyens pour obtenir son apostasie. Aux menaces furent jointes
les tortures, mais son corps tout déchiré et la vue de son sang
coulant de toutes parts n'ébranlèrent pas ce généreux enfant.
Les geôliers lui firent souvent, à la prison, subir d'autres supplices.

Un jour un satellite, se servant de sa pipe de cuivre comme d'un emporte-pièce, la lui enfonça dans la cuisse et enleva le morceau en criant : « Seras-tu encore chrétien? — Certainement, répondit-il, ce n'est pas cela qui m'en empêchera. » Alors le satellite, prenant un charbon ardent, lui dit d'ouvrir la bouche : « Voilà, » dit Pierre, en présentant la bouche tonte grande ouverte, et le satellite étonné recula. Les autres chrétiens lui disaient : « Tu crois peut-être avoir beaucoup souffert, mais cela n'est rien en comparaison des grands supplices. — Je le sais bien, reprit Pierre, c'est un grain de riz comparé à un boisseau. » Plus tard, lorsqu'après l'interrogatoire on l'emporta sans connaissance, et que les autres prisonniers s'empressaient pour le faire revenir à lui, sa première parole fut : « Ne vous donnez pas tant de peine, ce n'est pas cela qui me fera mourir. »

Il subit quatorze interrogatoires, et fut mis quatorze fois à la question; mais son courage surnaturel, au lieu de toucher le cœur des juges, les enflammait de fureur ; et il reçut en outre plus de six cents coups de verges et quarante coups de la planche à voleurs. Son corps n'était qu'une plaie, ses os étaient rompus, ses chairs tombaient en lambeaux, et au milieu de tant de souffrances son âme conservait le calme, il avait l'air content et joyeux : son amour pour Dieu paraissait au dehors, et se manifestait sur son visage par un reflet mystérieux. Il semblait par moments se rire des supplices et défier la rage de ses bourreaux. Saisissant des lambeaux de chair pendants sur son corps, il les arrachait lui-même, comme si ce n'eût pas été son propre corps, et tous ses juges frémissaient. Quel spectacle pour les anges du Ciel, que ce petit ange de la terre, à peine sorti de l'enfance, et déjà buvant au calice amer de son Sauveur ! pouvant à peine s'exprimer en un langage correct, et déjà devenu un intrépide confesseur du nom de Jésus-Christ ! Les juges, craignant l'effet que sa mort pourrait produire sur l'esprit de la multitude, n'osèrent pas le faire exécuter publiquement. Il fut étranglé dans la prison, avec Philippe T'soi, le 15 de la neuvième lune. Il n'avait que treize ans. Pierre Niou est un des martyrs les plus illustres de la Corée, et, en lisant ses actes, la pensée se reporte naturellement sur le glorieux martyr saint Venant, avec lequel il a plusieurs traits de ressemblance. Mille fois gloire à Dieu qui fait ainsi éclater les merveilles de sa grâce dans tous les temps et dans tous les pays, et qui de pauvres enfants sait faire des héros !

C'est aussi vers cette époque que mourut Pierre Ko Tsiptsiong-i. Il vivait à la capitale en bon chrétien, et fut arrêté par hasard, à la septième lune, dans la maison de la veuve Tsiou, avec les serviteurs des missionnaires que M. Maubant envoyait auprès de Mgr Imbert. Ayant été relâché, il rencontra, quelques jours plus tard, les deux prêtres menés captifs à la capitale. Il les suivit et fut repris. Mis à la question, il ne se laissa pas ébranler. On lui demanda, pour preuve de la sincérité de sa foi, de boire d'une eau dégoûtante et mêlée d'ordures, ce qu'il fit avec empressement. Il fut étranglé environ deux mois après son arrestation.

Dans la province de T'siong-t'sieng, la persécution, quoique moins violente, faisait beaucoup de mal, en provoquant de nombreuses apostasies. Après la publication de l'édit royal, quantité de chrétiens avaient été arrêtés et conduits devant les divers mandarins subalternes. Un certain nombre ayant été élargis, le gouverneur de la province, qui était alors T'sio Kei-ien-i, fit appeler les autres à sa barre, vers la neuvième lune, pour porter enfin un jugement définitif. De toutes les parties de la province on lui amena des prisonniers, et environ soixante chrétiens se trouvèrent ainsi réunis. Il est bien pénible d'avouer que la plupart avaient déjà essayé, au prix de leur conscience, de mettre leur vie en sûreté. Aussi le chagrin et le remords se montraient-ils sur presque tous les visages. Six ou huit seulement avaient tenu ferme, et semblaient déterminés à persévérer. De ce nombre se trouvait un chrétien noble, dont nous ne savons pas le nom, accompagné de sa femme et de sa sœur veuve. Le gouverneur, n'ayant pas réussi à le gagner par les menaces et les tortures, essaya de le prendre par les caresses. Malheureusement il réussit, et faisant de suite appeler séparément sa femme et sa sœur, il leur représenta que le chef de maison ayant apostasié, elles ne pouvaient plus faire difficulté de l'imiter. N'ajoutant pas une foi entière à ses paroles, elles demandèrent l'autorisation d'aller voir leur frère et mari, qui confessa son apostasie. Vaincues par son exemple, ces deux femmes, de retour près du gouverneur, eurent aussi la lâcheté de trahir leur Dieu. Les autres prisonniers courbèrent successivement la tête, et le triomphe de l'enfer eût été complet, sans un fidèle confesseur nommé Pierre Tien.

C'était un pauvre homme chétif, mal tourné, maladif, boiteux, et d'une intelligence plus que bornée, que chacun méprisait et tournait en ridicule. Natif de Iang-tei, au district de Mieu-t'sien, il avait montré beaucoup de tiédeur dans sa jeunesse, mais plus tard, ayant émigré à Houang-mo-sil, parmi les chrétiens, il se mit de tout cœur à la pratique de ses devoirs et, secondé de la grâce, fit bientôt de rapides progrès dans la vertu. Quand éclata la persécution de 1839, il se cacha d'abord quelque temps, puis voulut se livrer lui-même ; on eut grand'peine à l'en dissuader. Son frère ainé ayant été arrêté sur les entrefaites, il se mit de suite en route pour aller le rejoindre. On parvint encore à l'en empêcher et, pendant qu'il retournait chez lui, bien à contre-cœur, il fut rencontré et arrêté par les satellites qui le conduisirent à la prison de Hai-mi où déjà son frère avait été consigné. Il fut traduit devant le tribunal, et sur son refus d'apostasier et de dénoncer les chrétiens, on lui fit subir, malgré son état d'infirmité, l'écartement des os, la puncture des bâtons et autres supplices. On lui scia les jambes avec des cordes d'une manière si atroce, que des morceaux de chair en tombaient détachés. Ces tortures furent répétées dans quatre ou cinq séances, et quoique pendant huit jours on ne lui donnât pas même un verre d'eau, il resta inébranlable, au grand étonnement de tous, car personne ne s'attendait à tant de fermeté de la part d'un pauvre idiot.

Son frère ainé, ne pouvant supporter les tortures, prononça la fatale formule d'apostasie, et retourna chez lui, où il mourut peu de temps après. Cette défection n'ébranla pas la constance de Pierre. Une seule fois, son courage faiblit pendant quelques instants, et il dénonça un chrétien ; mais, reprenant aussitôt sa généreuse détermination, il refusa avec plus d'énergie que jamais de renier son Dieu. La persuasion n'eut pas plus de succès que les supplices. « Estropié que tu es, lui disait le juge, pourquoi veux-tu encore t'exposer aux supplices ? » Pierre rétorquait l'argument : « Estropié que je suis, à quoi bon retourner chez moi, et qu'ai-je à faire en ce monde ? Je désire livrer ma vie pour Dieu, et, dussé-je mourir sous les coups, je ne puis l'abandonner. » De la prison de Hai-mi, il fut transféré au tribunal du gouverneur, où, sans se laisser impressionner par l'apostasie générale, il se montra dans plusieurs interrogatoires aussi ferme qu'auparavant. Il mourut en prison, de faim et des suites de ses blessures, à l'âge de plus de trente ans, dans le courant de la neuvième lune. Quelle leçon pour tous les chrétiens ! Avec Pierre Tien il y avait, dans la prison, des nobles, des riches, des lettrés, des hommes instruits et intelligents ; à quoi leur servirent leurs titres, leurs richesses et leurs talents ? à rendre plus honteuse leur lâche défection. Seul le pauvre idiot eut la vraie intelligence et la vraie sagesse ; seul le pauvre estropié eut la véritable force ; seul le déshérité de ce monde alla en ce jour s'asseoir au banquet du Père céleste. Gloire à Dieu !

Cependant, le traître Ie-saing-i, non content de donner le conseil infâme dont nous avons parlé, avait tenu, par un raffinement de haine, à se faire lui-même l'exécuteur de ces mesures sanguinaires. Ayant complétement jeté le masque, il commença dès lors à se faire porter en chaise de côté et d'autre, accompagné des satellites, pour mieux découvrir et saisir sa proie. Il connaissait personnellement la plupart des chrétiens, au moins dans un rayon assez étendu autour de la capitale, et souvent, dans ses tournées, il lui arrivait d'en rencontrer quelques-uns. Sa cruauté, son impiété, son immoralité, dépassaient toutes les bornes. Quand il arrivait quelque part, les chrétiens, sachant qu'il en voulait surtout aux personnages importants, et qu'on ne faisait plus de saisies en masse, ne s'enfuyaient plus sur les montagnes. Il commençait quelquefois par les engager, avec un rire sardonique, à bien souffrir pour le nom de Dieu ; ensuite il prenait les renseignements dont il avait besoin et, pour y mieux réussir, faisait lier et battre quelques personnes du village ; souvent il ordonnait d'en torturer plusieurs pour le seul plaisir de les voir souffrir. Il les relâchait ensuite en disant : « Un tel n'irait pas loin, un tel pourrait bien aller jusqu'au martyre ; » et il se moquait des plus lâches, en leur faisant donner quelques coups de plus. Il se faisait aussi amener de jeunes femmes, sous prétexte de les interroger ; sur son ordre, on leur enlevait leurs vêtements, on les frappait et torturait jusqu'à ce que, vaincues par la douleur, elles devinssent, sans résistance, les victimes de son immonde brutalité. L'influence acquise par ce monstre était si grande, que chacune de ses paroles avait, pour ainsi dire, force de loi. « Tuez celui-ci, disait-il ; laissez celui-là ; on peut relâcher cet autre, s'il apostasie ; » et les juges aussi bien que les satellites obéissaient. La vie et la mort semblaient être dans ses mains.

En quelques semaines, il fit arrêter les chrétiens les plus influents. Dominique Kim, Côme Nie, André Tsieng, Mathias Ni, et bien d'autres dont nous reparlerons, furent pris à cette époque. Mathias Ni, dernier fils de Seng-houn-i, renommé pour ses talents littéraires et sa science médicale, après avoir servi les prêtres pendant quelque temps, s'était réfugié dans la province de Kang-ouen, au village de Mal-ko-kai, district de T'sioun-t'sien. C'est de là que, trahi par Kim Tsin-sie, il fut conduit à la capitale. Plusieurs apostats, relâchés quelques semaines auparavant, furent arrêtés de nouveau. André Son, qui avait donné asile à l'évêque, avait, aussitôt après le départ de Mgr Imbert, cherché un autre refuge avec sa femme et ses enfants. Les satellites, ne le trouvant pas, s'en prirent à divers membres de sa famille qui furent torturés et perdirent presque tous leurs biens. André, ne pouvant supporter la pensée qu'il était cause de tous ces maux, finit par se livrer lui-même.

Vers la fin de la neuvième lune, on parvint aussi à mettre la main sur le catéchiste Augustin Pak I-sien-i. Augustin appartenait à une famille de la classe moyenne de la capitale. D'un caractère humble, doux et affable, il se faisait remarquer par ses talents et ses connaissances. Ayant, dès l'enfance, perdu son père, il vécut dans une extrême pauvreté, résigné à sa position, prenant grand soin de sa mère, et fidèle à tous ses devoirs de chrétien. Assez instruit de la religion et entièrement dévoué au salut des âmes, il se faisait un devoir d'enseigner et d'exhorter chrétiens et païens, et ne manquait pas de procurer le baptême aux enfants infidèles en danger de mort. Souvent il disait, en pensant à la croix de Jésus-Christ : « Puisque Notre Seigneur Jésus m'a aimé, moi misérable pécheur, il est juste que je l'aime aussi. Puisque Jésus a daigné souffrir et mourir pour moi, il est juste que, moi aussi, je souffre et je meure pour lui, » et le désir du martyre enflammait son âme. Apercevait-il parmi les chrétiens quelque vice, quelque désordre ou quelque faute grave, il s'efforçait doucement de faire revenir les coupables par des paroles affables. La peine qu'il ressentait de les voir en état de péché paraissait sur son visage, et il trouvait dans sa charité des exhortations si touchantes, que rarement on résistait à ses avis. Sa douceur était devenue proverbiale, et les chrétiens disaient en riant : « Quand donc verronsnous Augustin en colère ? » Ne reculant devant aucun travail, il prenait toujours pour lui les tâches épineuses, laissant aux autres ce qu'il y avait de facile, et à l'époque où l'on faisait des préparatifs pour introduire les missionnaires en Corée, il se donna mille peines, voyageant jour et nuit, par quelque temps que ce fût, pour contribuer selon ses forces à cette grande œuvre. Sa vertu et ses talents l'eurent bientôt fait remarquer des missionnaires, et, pour obéir au vœu général, ils lui confièrent la charge de catéchiste de la capitale.

Augustin se montra, par son zèle, digne de cette haute et périlleuse fonction. Les païens eux-mêmes appréciaient son mérite. Aussi, dès la deuxième lune de 1839, il fut poursuivi et obligé de se cacher. Mais alors même il lui arrivait souvent de braver les dangers, pour aller voir de nuit ce qui se passait dans les prisons, communiquer avec les prisonniers, les consoler et affermir leur courage. C'est par lui que l'on a pu connaître beaucoup de détails sur les martyrs de cette époque. Huit mois se passèrent ainsi. Il fut enfin arrêté avec sa femme, la vertueuse Barbe Ko, fille de Ko Koang, martyrisé en 1801. Attachée de toute son âme à la foi que son père avait scellée de son sang, Barbe, après son mariage avec Augustin, avait fait de sa maison le modèle des ménages chrétiens. Secondant son mari dans l'exercice des bonnes œuvres, elle s'appliquait de son côté à exciter les tièdes, à instruire les ignorants et à soigner les malades de son sexe. Après l'arrestation d'Augustin, elle songea à se livrer elle-même. Elle n'en eut pas le temps, car dès le lendemain les satellites vinrent la saisir à son tour. Les deux époux se rencontrèrent à la prison des voleurs, et, remerciant Dieu de ce bienfait, ils se félicitèrent mutuellement, et s'encouragèrent à marcher d'un pas ferme dans cette nouvelle voie de souffrances. Le grand juge criminel leur fit subir ensemble les interrogatoires, et leur fermeté étant la même, ensemble aussi ils furent mis à la question. Pendant six séances consécutives, on les tortura d'une manière si atroce, que tous deux furent réduits à ne pouvoir plus se servir ni des bras, ni des jambes. Mais Dieu leur avait donné l'esprit de force, et le calme ne les abandonna pas un seul instant. Dix jours plus tard, ils furent encore envoyés ensemble au tribunal des crimes où, après de nouveaux supplices endurés avec la même constance, ils furent condamnés à mort. « Autrefois, disait Barbe dans la prison, autrefois, en entendant seulement parler du martyre, je tremblais : mais le Saint-Esprit a daigné environner de ses grâces une pécheresse telle que moi ; je n'ai plus aucune crainte et je suis dans la joie. Je ne savais pas que ce fût chose si facile. » Elle attendait la mort avec impatience, comptant sur ses doigts le nombre de jours qui restaient encore avant celui fixé pour l'exécution.

Augustin fut bientôt rejoint en prison par Jean Ni, autre catéchiste de la capitale. Jean Ni Kieng-t'sien-i était d'une famille chrétienne et noble de Tong-san-mit, au district de Ni-t'sien, et avait sucé avec le lait la foi de ses parents. Devenu orphelin dès l'âge de cinq ans, il fut emmené à la capitale et adopté par une femme chrétienne. Dès le jeune âge, son obéissance et sa piété filiale envers sa bienfaitrice le firent remarquer de tous. Il désirait garder le célibat, mais par humble déférence pour les vœux de sa mère adoptive, il consentit à se marier, et accomplit d'une manière exemplaire tous les devoirs d'un époux chrétien, pendant les quelques années que vécut sa femme. Dieu l'ayant appelée à lui, ainsi que les deux petits enfants qu'il en

avait eus, aucune instance ne put le déterminer à se remarier, et
il vécut désormais seul. Tout appliqué aux bonnes œuvres et
jaloux de rendre service aux chrétiens, il accompagna plus d'un
an M. Maubant dans ses tournées pour l'administration des sacrements. Quand éclata la persécution de 1839, il se dévoua pour
aller partout recueillir des aumônes, qu'il faisait passer aux prisonniers. Plusieurs fois aussi il alla trouver l'évêque ou les prêtres dans leurs diverses cachettes, pour les tenir au courant des
événements ; et quoique son nom fût très-connu, quoique le danger devint chaque jour plus pressant, il ne put jamais se décider
à rester inactif. Il venait de prendre la résolution, avec plusieurs
autres chrétiens, de recueillir tous les corps des martyrs que l'on
n'avait pu encore ensevelir, et, cette œuvre achevée, d'aller se
réfugier en province, quand, le 6 de la dixième lune, les satellites
entrèrent brusquement dans la maison où il dormait. Réveillé par
eux en sursaut, il fut un moment interdit, mais bientôt : « Dieu
m'appelle, se dit-il. Dieu m'appelle par un bienfait spécial. Comment pourrais-je ne pas répondre à sa voix ? » Il fut lié de la corde
rouge, conduit à la prison des voleurs et, le lendemain, cité devant le grand juge criminel qui l'interrogea sur toutes les affaires
de la chrétienté. Tout étant connu alors, et la plupart des chrétiens déjà morts, il répondit sans détours. Le juge lui dit : « Tu
es jeune et tu me parais bien né, pourquoi n'essayes-tu pas de te
faire un nom dans les lettres ou dans les armes ? Pourquoi donc
veux-tu, en suivant cette mauvaise doctrine, enfreindre les ordres
du roi et te faire condamner à mort ? Maintenant encore, si tu
la rejettes, j'en référerai aux ministres et je te sauverai la vie.
Réfléchis un peu. Pourquoi t'obstiner ainsi à mourir sans motifs
comme cette masse d'impies ? » — Jean répondit : « Comment
pourrais-je désirer directement la mort ? Mais, pour obéir aux
ordres du roi, il faudrait renier mon grand roi et père, créateur
de toutes choses. Or, devrais-je mourir, je ne le puis. Il y a longtemps que j'ai pensé à tout ce que vous voulez bien me dire.
Veuillez ne pas insister davantage. » On attendit quelque temps ;
on lui donna du vin et de la nourriture ; on employa tous les
moyens de persuasion, mais inutilement, et on le renvoya à la
prison dans la salle des voleurs. Les chrétiens apostats y étaient
pêle-mêle confondus avec eux ; c'était un spectacle affreux qui
donnait l'idée de l'enfer. Jean, tout contristé, s'était assis sans
savoir où porter ses yeux et ses pensées, quand tout à coup un
mandarin subalterne le fit appeler et lui dit : « Tes habillements
sont convenables ; tu as certainement quelque part de l'argent

caché ; indique-moi l'endroit. » Et sur son refus, il lui fit appliquer vingt coups de gros bâton qui lui mirent le corps en sang.
Jean passa plusieurs jours dans cette prison. La vue de ces chrétiens indignes, les uns apostats, les autres tout disposés à le devenir à la première occasion, lui faisait une étrange impression.
« Que deviendrais-je? se disait-il ; ces malheureux ont peut-être
autrefois mené une conduite bien meilleure que la mienne, et
cependant les voilà perdus. Mon Dieu, venez au secours de ma
faiblesse ! » Enfin il fut tiré de là et mené au tribunal des crimes.
Dieu récompensa son humilité en lui donnant la force dans les
supplices, et bientôt il fut condamné à mort et renvoyé en prison,
avec les confesseurs nommés plus haut, pour y attendre l'exécution de la sentence.

Elle n'eut lieu qu'à la douzième lune (janvier 1840). Laissons
donc ces courageux athlètes se préparer au combat, et suivons
sur d'autres points les péripéties de ce drame sanglant de la
persécution.

CHAPITRE IV.

Suite de la persécution. — Proclamation royale. — Les martyrs de la province de Tsien-la.

Dans la province de Tsien-la, la persécution avait été inaugurée, comme nous l'avons vu, dès la quatrième lune, par le martyre des cinq confesseurs, qui avaient attendu près de treize ans l'exécution de leur sentence. Pendant les mois suivants, les arrestations se multiplièrent, surtout dans les districts de Ko-san, Keum-san, Iong-tam et Koang-tsiou. Une multitude de chrétiens furent entassés dans les prisons de T'sien-tsiou, capitale de la province, et quoiqu'un grand nombre d'entre eux aient eu la faiblesse de racheter leur vie par l'apostasie, là encore nous avons la consolation de compter plusieurs martyrs.

Les premières victimes immolées cet automne furent cinq chrétiens d'abord apostats, mais qui, bientôt, se repentirent de leur faiblesse et signèrent leur rétractation de leur sang. Voici en quelques mots l'histoire de chacun d'eux. Les deux frères Jean et Ignace Sin descendaient d'une famille noble d'An-tong, qui était venue s'établir au district de Ko-san. Arrêté une première fois, lors de la persécution de 1827, Jean avait subi cinq ans d'exil. Il fut repris à la cinquième lune de 1839, et son frère Ignace deux mois après. Pierre Nim, originaire de Nampo, converti par des chrétiens chez lesquels il était venu demeurer, s'était marié à une femme chrétienne, et avait toujours été très-exact dans l'accomplissement de ses devoirs. Il vivait au district de Tsin-san quand éclata la persécution, et fut pris le 6 de la septième lune. Paul Pak Tsioun-hoa, d'une famille du peuple au district de Tek-san, était l'aîné de neuf frères qui tous pratiquaient la religion avec beaucoup de ferveur. Trouvant que, dans leur pays, il leur était très-difficile d'éviter toute participation aux cérémonies superstitieuses des païens, ils émigrèrent ensemble au district de Siou-t'sien, chez un chrétien qui tenait une fabrique de poteries. Paul s'y fit remarquer par sa charité envers les nécessiteux, son dévouement envers ses parents, et son assiduité à instruire ses frères et les autres personnes de sa famille. Chassé de là par la persécution de 1839, il se réfugia dans une autre poterie au district de Ko-san, où bientôt, à la huitième lune, il fut

pris avec son père et un de ses frères. En se rendant à Tsien-
tsiou, il fit remarquer aux satellites que lui et son frère étant
arrêtés, on pouvait bien relâcher leur père. Il fit tant d'instances
que les satellites, touchés de sa piété filiale, mirent son père en
liberté. Bientôt après une occasion favorable se présentant, son
frère cadet l'engagea à prendre la fuite; mais il refusa, disant
qu'il fallait obéir à l'ordre de la Providence. Augustin Ni Tak-
sim-i, du district de Hong-tsiou, avait, lui aussi, pour mieux
observer sa religion, émigré au district de Hong-tam, où il fut
bientôt dénoncé et pris.

Ces cinq chrétiens, après avoir montré beaucoup de courage
dans les premiers interrogatoires, et avoir subi plusieurs fois la
question devant les mandarins de leurs districts respectifs, s'étaient
trouvés réunis à Tsien-tsiou. Au tribunal du gouverneur de la
province, ils eurent à supporter des tortures bien plus terribles,
et tous apostasièrent, les uns dès la première séance, les autres à
la seconde ou à la troisième. On les remit provisoirement en prison. C'est là que la grâce de Dieu les attendait. Honteux de leur
faiblesse, torturés par des remords de plus en plus vifs, ils s'encouragèrent mutuellement à réparer leur faute. Ils prièrent Dieu,
longtemps et avec larmes, de leur pardonner, et prirent la résolution de profiter de la première occasion pour rétracter publiquement leur apostasie. Un mandarin spécial, envoyé pour terminer
les affaires des chrétiens, les fit appeler, croyant qu'il ne s'agirait
que d'une simple formalité pour les renvoyer libres. Quel ne fut
pas son étonnement quand il les entendit se rétracter avec énergie,
et manifester hautement leur regret d'avoir, par crainte des supplices, renié leur Dieu et Sauveur ! Furieux de les voir ainsi revenir sur leurs pas, il commanda de les frapper de soixante coups
de la planche à voleurs. Il n'en fallait pas tant pour les faire mourir.
Quatre d'entre eux restèrent sur la place ; et Pierre Nim, que l'on
rapporta à la prison, expira quelques heures après. Il avait seulement vingt-sept ans. Paul Pak était âgé de quarante-trois ans, Augustin Nim de quarante-six, Jean Sin de cinquante-sept et son frère
Ignace de quarante et un ans. C'était le 12 de la dixième lune.

Une ou deux semaines plus tard, dans cette même ville de
Tsien-tsiou, Jacques Song In-ouen-i, qui avait toujours édifié
les néophytes par sa vie exemplaire, les édifia plus encore par sa
mort glorieuse. Jacques vivait au district de Mok-t'sien. Dès
l'enfance, docile aux instructions de ses parents, il se donna tout
entier aux exercices de piété, selon les forces de son âge. Plus
tard il devint le modèle des chrétiens par son application à la

prière, et leur soutien par son assiduité à instruire les ignorants et à réchauffer le zèle des tièdes. Jamais il ne fit rien qui pût déplaire à ses parents, jamais il ne voulut être à charge à qui que ce fût. Il avait dans le cœur un vif désir du martyre, et répétait souvent que, par toute autre voie, il lui serait difficile de bien répondre aux bienfaits de Dieu et d'assurer son salut. En 1839, au fort de la persécution, son frère aîné Philippe l'engageait à fuir ; il répondit : « Nos pasteurs et tous les chrétiens un peu influents sont tombés entre les mains des persécuteurs ; à quoi bon maintenant rester en ce monde ? mieux vaut être, nous aussi, martyrs pour Dieu. » Sur ces entrefaites, il fut dénoncé par quelques chrétiens que l'on torturait au tribunal de Tsien-tsiou, et on envoya à sa recherche des satellites qui le rencontrèrent en chemin et le saisirent immédiatement. Les païens de son village qui lui étaient fort attachés, le plaignaient et se chargeaient de le faire relâcher, pourvu qu'il voulût prononcer un seul mot d'apostasie. Jacques répondit : « L'amitié qui vous fait parler ainsi m'est bien sensible ; mais je sers le grand Dieu du ciel, et mourir pour lui a été le désir de toute ma vie ; comment pourrais-je le renier maintenant ? » A Tsien-tsiou, il défendit éloquemment la religion devant le juge criminel, et eut beaucoup à souffrir. Plus tard, au tribunal suprême, le gouverneur lui fit mille questions insidieuses ; Jacques n'ouvrit pas la bouche pour répondre, ce qui irrita tellement ce magistrat qu'il le fit torturer avec une violence inouïe. A la fin, il donna l'ordre de le suspendre en l'air, et de le frapper, sans compter les coups, jusqu'à ce qu'il fît quelque déclaration. Mais n'ayant rien pu obtenir, il le remit entre les mains du juge criminel, avec injonction de le torturer tous les dix jours. Ce supplice dura deux mois. Le courage de Jacques, son influence parmi les chrétiens, devaient le faire condamner à mort ; mais pour cela il aurait fallu remplir diverses formalités, et envoyer les pièces du procès à la capitale, afin que le roi ratifiât la sentence. Le juge trouva plus simple de le faire étrangler dans la prison, vers la fin de la dixième lune. Il n'avait que vingt-trois ans. Son nom est resté célèbre parmi les chrétiens de cette province, qui parlent encore de lui avec vénération.

Cependant l'opinion publique commençait à se préoccuper de ces exécutions multipliées. Si violent que fût le fanatisme des persécuteurs, si aveugle que fût la haine d'une foule ignorante et ameutée, la conscience conserve toujours ses droits, et l'on commençait à plaindre les innocentes victimes de ces boucheries. Le gouvernement coréen fit alors ce que font tous les persécuteurs, il appela le mensonge en aide à la force, et dans ce même mois de novembre, le 18 de la dixième lune, parut une nouvelle proclamation royale contre les chrétiens. Elle fut répandue dans tout le royaume, en caractères chinois et en caractères coréens, afin que le peuple entier, hommes et femmes, savants et ignorants, pût la lire sans difficulté. La rédaction en avait été confiée à T'sio Siou-sam-i, homme de la classe du peuple, mais renommé pour sa science, précepteur et ami du premier ministre T'sio In-ieng-i, et comme lui ennemi juré de la religion de Jésus-Christ.

C'est une production étrange, dans le genre de la proclamation de 1801, mais bien inférieure comme style et comme composition. « C'est, dit Mgr Daveluy, un fatras intraduisible dont j'ai vainement essayé de me faire donner le sens complet, par les Coréens les plus instruits. Tous ceux à qui je l'ai fait lire, m'ont avoué n'y voir eux-mêmes que des phrases et des tirades, sans suite et sans liaison possible. » On commence par y citer quelques passages obscurs des livres sacrés de la Chine, dont on ne voit pas l'application au cas présent ; puis, après avoir recommandé la religion des lettrés, que tout le monde doit suivre, on traite la doctrine chrétienne d'amas de vaines fourberies et de maximes déshonnêtes, et on la signale à l'exécration publique comme méconnaissant les devoirs envers les parents et envers le prince. On y donne comme base de notre religion, l'adoration du ciel, et on nous fait dire que Jésus — auquel les injures les plus viles sont prodiguées — est devenu le ciel. Parlant du célibat et de la virginité, on les dit contraires à l'ordre de la nature, et on ne manque pas d'ajouter, sans s'inquiéter de la contradiction flagrante entre les deux accusations, que notre morale est infâme, et que parmi les chrétiens les femmes sont en commun. Les sacrements sont traités de rites obscènes, le ciel et l'enfer de niaiseries, etc...

L'auteur de ces stupides inepties, dignes en tous points de nos matérialistes les plus abrutis ou, si l'on veut, les plus avancés, était d'autant plus coupable, que la religion chrétienne était alors suffisamment connue en Corée. Combien de fois, devant les tribunaux, les confesseurs n'en avaient-ils pas exposé les dogmes, développé les maximes ? Combien de fois les mandarins, poussés à bout par les raisonnements de leurs victimes, n'avaient-ils pas avoué que la religion chrétienne est excellente, et que leur unique raison de la proscrire était l'ordre formel donné par le gouvernement ? On avait d'ailleurs en main tous les livres des chrétiens.

Mais dire ce que l'Évangile est réellement, c'était le justifier ; mieux valait la calomnie.

A la fin de la proclamation, le roi attribue à ses péchés tous les malheurs qui sont venus fondre sur le royaume, et surtout le plus grand de tous : l'invasion de cette doctrine étrangère ; il engage tous ses fidèles sujets à se rattacher plus que jamais à la religion des lettrés ; et il déclare qu'en sa qualité de père du peuple, il est tenu de combattre l'erreur par tous les moyens possibles, et de mettre à mort ses propagateurs et ses chefs.

Le jour même où cet acte fut publié, une généreuse chrétienne obtenait, par le martyre, la récompense d'une longue vie de vertu et de dévouement. C'était la mère de Paul Tieng, Cécile Niou, que le célèbre martyr de 1801, Augustin Tieng, avait épousée en secondes noces. Instruite de la religion par son mari, elle conserva toujours sa première ferveur. Après la mort d'Augustin, Cécile demeura longtemps en prison avec ses trois enfants. Quand on la mit en liberté, toute sa fortune avait disparu. N'ayant plus aucune ressource, elle se retira à Ma-tsai, chez son beau-frère, qui, loin de venir à son secours, lui suscita mille persécutions domestiques, et la laissa languir dans une extrême pauvreté. L'aînée de ses filles mourut bientôt, ainsi que la femme et le fils du martyr Charles Tieng, son beau-fils ; il ne lui resta que son fils Paul et sa fille Elisabeth. Un jour elle eut un songe. Elle entendit son mari Augustin qui lui disait : « J'ai bâti au ciel une demeure de huit appartements. Déjà cinq sont remplis ; les trois autres attendent. Supportez patiemment les misères de la vie, et surtout ne manquez pas de venir nous rejoindre. » La famille se composait, en effet, de huit personnes dont cinq déjà mortes : Augustin et son fils Charles, martyrs en 1801 ; la fille d'Augustin, la femme et le jeune fils de Charles, qui venaient de succomber aux privations et aux mauvais traitements. Ce songe, qui devait avoir sa réalisation complète, la frappa beaucoup et ranima son courage.

Son fils Paul, tout entier à son grand projet de faire pénétrer les missionnaires en Corée, dut vivre longues années séparé de sa mère. C'était pour celle-ci une bien rude épreuve, et chaque fois qu'il partait pour ses voyages de Péking, le cœur de Cécile était déchiré, car elle croyait lui faire des adieux éternels. Lorsque Paul se fut attaché au service des prêtres et de l'évêque, sa mère le suivit, et, trop âgée pour s'occuper des travaux de la maison, elle donnait tout son temps aux exercices de piété. Pendant la persécution de 1839, un de ses neveux vint l'engager à fuir le péril et lui offrit un refuge. Elle répondit : « J'ai toujours désiré le martyre et je veux le partager avec mon fils Paul. » Elle fut arrêtée, en effet, le 9 de la sixième lune. Liée de la corde rouge, comme criminelle d'état, sans doute à cause du nom qu'elle portait, elle fut traduite devant le juge criminel, et, malgré son grand âge, mise à la question. Sa conduite et ses réponses furent jusqu'à la fin franches et dignes. Dans divers interrogatoires, elle subit les tortures accoutumées et reçut, en outre, deux cent trente coups de bâton. La loi ne permettant pas de décapiter les vieillards, elle languit quelques mois dans la prison et, consumée par les souffrances, rendit le dernier soupir, le 18 de la dixième lune, en prononçant les saints noms de Jésus et de Marie. Elle avait alors soixante-dix-neuf ans.

Restait à la prison sa fille Élisabeth, femme vraiment forte, élevée à l'école de l'adversité. Emprisonnée dès son enfance, elle ne sortit du cachot que pour aller, chez son oncle, partager les amertumes et les souffrances dont on abreuvait sa mère. Elle sut conserver sa foi au milieu des épreuves ; elle s'habitua à la pauvreté, au froid et à la faim, et s'appliqua avec tant de courage au travail des mains, qu'elle parvint, par la couture et le tissage, à soutenir sa mère, son frère Paul et elle-même. Ses beaux exemples rallièrent à la religion quelques-uns de ses parents, d'abord très-hostiles, et qui ne pouvaient pardonner au Dieu des chrétiens d'être la cause de la ruine de leur famille. D'une modestie admirable, Élisabeth ne se permit jamais de regarder un homme en face, fût-il de ses plus proches parents ; et de bonne heure, elle consacra à Dieu sa virginité. Elle eut à ce sujet, vers l'âge de trente ans, une tentation des plus violentes, qui dura plus de deux ans et ne servit qu'à donner à sa vertu une solidité inébranlable. Attaquant la nature révoltée par des mortifications et des jeûnes continuels, elle ne cessait de prier jour et nuit son divin Époux, et ses larmes lui obtinrent à la fin une complète victoire. On la vit souvent se priver du nécessaire, pour subvenir aux besoins des pauvres abandonnés, et elle profitait de ses relations avec eux, pour les instruire, les exhorter et les préparer aux sacrements. Ayant suivi sa mère et son frère au service des prêtres et de l'évêque, elle remerciait Dieu de l'avoir placée ainsi à la source des grâces, en lui rendant si facile la réception des sacrements, et fit preuve de beaucoup de dévouement et d'activité. Quand s'éleva la persécution, elle fut d'abord saisie de crainte, se disant que le martyre était au-dessus de ses forces, mais elle ne cessa pas néanmoins d'encourager et de consoler les chrétiens, tout en redoublant de ferveur pour se préparer elle-même à la mort. En vain le mandarin lui promit la vie, si elle voulait apostasier ; en vain dans sept interrogatoires successifs on lui fit subir les plus cruelles tortures ; en vain on la frappa de deux cent trente coups de gros bâton, son calme ne se démentit pas un seul instant, et le juge, désespérant de la vaincre, l'envoya, le 2 de la dixième lune, au tribunal des crimes. Là, après six nouveaux interrogatoires, après avoir été remise six fois à la question, elle fut condamnée à mort. Renvoyée à la prison, elle s'occupait à prier et à servir les prisonniers, ne craignant pas de mendier au dehors des secours qui lui permissent de venir en aide à ces malheureux. Elle avait pris tellement à cœur ces œuvres de charité, qu'en partant pour l'exécution elle ne dit aux chrétiens que ces paroles : « Surtout, priez bien pour les pauvres et les affligés. » Elle fut décapitée, à l'âge de quarante-trois ans, le 24 de la onzième lune, et alla ainsi, par la même voie royale du martyre, rejoindre au ciel son père, sa mère et ses deux frères.

Mentionnons encore, parmi les confesseurs de cette époque, Pierre Ni Tsioun-hoa, natif du district de Hong-tsiou, qui fut alors saisi au district de Na-tsiou, province de Tsien-la, où il résidait depuis quelque temps. Il demeura ferme dans les supplices, et mourut dans la prison de cette ville, durant la onzième lune, à l'âge de trente-trois ans. Nous n'avons pas sur lui d'autres renseignements. Puis, la veuve Barbe Pak, sa belle-sœur, native du district de T'sieng-tsiou. Toujours fidèle à ses devoirs de chrétienne, d'épouse et de mère, Barbe vivait au district de Ko-san. Arrêtée et conduite dans la prison de cette ville, elle montra une force au-dessus de son sexe, et ne se laissa ébranler ni par les tortures, ni par la présence de ses trois jeunes enfants emprisonnés avec elle. Sortie victorieuse de ces diverses épreuves, elle attendait avec joie dans le cachot le moment de mourir pour Dieu, quand elle fut atteinte de la peste. Pour empêcher la contagion, on la transporta hors de la prison, dans une cabane de paille, où on l'abandonna seule avec ses petits enfants. Ceux-ci s'amusèrent à souffler le feu dans le vase de terre où quelques charbons étaient déposés, et la flamme se communiqua à la paille de la cabane, qui fut réduite en cendre au bout de quelques minutes. Tous y périrent à la fois. Barbe Pak avait vingt-huit ans, son fils aîné Vincent Ni, sept ans, le second André Ni, quatre ans, et sa fille Marie était encore à la mamelle. Quoique victime de cet accident fortuit, Barbe a certainement le droit d'être comptée au nombre des martyrs, puisque cet accident avait eu pour première cause sa maladie, maladie gagnée dans la prison où on la retenait en punition de sa courageuse fidélité à son Dieu.

Arrêtons-nous aussi quelques instants, au district de Iang-keun, berceau de notre sainte religion en Corée, mais dont nous n'avons guère eu l'occasion de nous occuper depuis la persécution de 1801. Les chrétiens y étaient assez peu nombreux. Toutefois, la haine des persécuteurs alla les y chercher, et s'il est à regretter que la noble famille qui répandait autrefois la religion avec tant de zèle dans cette partie du royaume, ait refusé en cette circonstance de la sceller de son sang, nous verrons cependant que Dieu a trouvé là des témoins fidèles, moins illustres peut-être aux yeux des hommes par la renommée et par la position sociale, mais plus grands aux yeux des anges, parce qu'ils ont mieux su mourir. A dix lys de Iang-keun, vivait Pierre Tsiang Sa-koang-i, descendant d'une famille honnête de la capitale, et établi non loin de la famille des Kouen de Ilan-kam-kai, qui l'avaient instruit de la religion. Refroidi dans sa première ferveur par les désastres de 1801, il avait continué de vivre en païen jusqu'en 1828, quand les exhortations des chrétiens se joignant à l'impulsion de la grâce, il prit enfin une détermination décisive. Dès lors, il fit sa profession de foi devant ses parents païens, brûla ses tablettes, fit effacer son nom des registres du temple de Confucius, renonça absolument à l'usage du vin pour se guérir de son penchant à l'intempérance, et travailla sans relâche à dompter son caractère dur et violent. Quand les missionnaires eurent pénétré en Corée, il eut le bonheur de recevoir les sacrements, et depuis lors ses bonnes résolutions furent plus solides, et sa fidélité à tous ses devoirs ne se démentit plus un seul instant.

Sa femme, nommée Madeleine Son, était fille de Son Kieng-ioun-i, catéchiste de la capitale, martyrisé en 1801. Cette fervente chrétienne eut à supporter une pénible et longue épreuve, quand son mari, Pierre Tsiang, abandonna ses pratiques religieuses. Jour et nuit, elle se désolait de ne pouvoir accomplir convenablement ses exercices de piété ; elle priait Dieu avec larmes de la secourir et d'ouvrir les yeux à son mari. Aussi, grande fut sa joie quand enfin il vint à résipiscence. Les deux époux ayant été pris, avec leurs deux fils, à la huitième lune de 1839, furent conduits au mandarin de Iang-keun, qui voulut obtenir leur apostasie par des supplices multipliés. Pierre ne fut nullement ébranlé, et Madeleine, après avoir été un moment sur le point de faiblir, reprit de suite une énergie qui trompa l'attente du tyran. Poussé à bout. ce mandarin, par un raffinement inouï de férocité, les menaça de faire mourir leurs deux enfants sous leurs yeux, et commença, en effet, à les torturer cruellement. Le cœur des parents était transpercé, mais une grâce toute-puissante vint à leur secours, et Pierre s'écria : « L'amour des enfants est naturel à l'homme, et les souffrances de mes fils me sont cent fois plus pénibles que les miennes propres, mais comment pourrais-je, par amour pour eux, renier mon Dieu? Non, mille fois non, je ne le ferai pas. » L'affaire ayant été portée au gouverneur, il ordonna d'insister ; et en conséquence, plus de dix fois, ils furent tous deux remis à la question. Leurs fils ayant fini par apostasier, après deux mois de captivité, furent renvoyés libres. Pierre et Madeleine restèrent à la prison, et le mandarin, désespérant de les vaincre par les tourments, essaya d'en triompher par la faim. Il défendit de leur donner aucune nourriture. Quelques jours après, il les cita de nouveau à son tribunal, mais il avait perdu sa peine ; les deux confesseurs, presque mourants, lui résistèrent avec plus d'énergie que jamais. Leur agonie se prolongea quelques jours encore. Enfin Pierre rendit à Dieu sa belle âme, le 13 de la onzième lune, à l'âge de cinquante-trois ans, et Madeleine le 17. à l'âge de cinquante-six ans.

Mais le plus glorieux martyre qui, à cette époque, consola l'Église coréenne, fut certainement celui de Protais Hong et de ses compagnons, dans la province de Tsien-la. Protais Hong Tsa-ieng-i était le troisième fils du noble Hong Nak-min-i, dont nous avons si souvent parlé au commencement de cette histoire. A l'automne de 1801, son nom ayant été trouvé sur une liste de confrérie dans les papiers du célèbre Alexandre Hoang, Protais fut pris et envoyé en exil à la ville de Koang-tsiou, province de Tsien-la. Il est à peu près certain qu'en cette occasion, il n'échappa à la mort que par l'apostasie ; cependant le fait n'est établi par aucun document positif. A Koang-t'siou, isolé de tous les chrétiens, il passa quelques années sans pratiquer sa religion ; puis, réveillé par un coup inespéré de la grâce, il reprit ses exercices de piété et chercha à réparer sa faute par un redoublement de ferveur. Sa femme alla le rejoindre au lieu de l'exil, et ils s'y établirent comme ne devant jamais en sortir. Protais s'appliquait à bien régler sa maison et à instruire chrétiennement ses enfants. Exact à toutes ses prières et se livrant à de longues méditations, il donnait à peine quelques heures au sommeil, aux repas et à tout ce qui concerne la vie du corps. Quand il priait, c'était toujours à genoux devant le crucifix, dans une posture modeste, ne laissant jamais paraître ni nonchalance, ni fatigue, et ses prières étaient tellement prolongées, qu'il se forma une grosse tumeur à ses genoux, de sorte qu'il lui était très-difficile de faire à pied le moindre voyage. Il jeûnait trois fois la semaine, s'excitait continuellement à la contrition de ses péchés et surtout de son apostasie, et souvent on l'entendait sangloter et pousser des gémissements lamentables. Adonné aux œuvres de charité, quand il savait un de ses frères dans le besoin, il emportait secrètement quelque chose de la maison, et allait remettre son aumône lui-même, afin que sa famille n'en sût rien ; mais il fut surpris plus d'une fois par des païens, qu'une pareille humilité surprenait plus qu'on ne peut dire.

En l'année 1832, quand on publia l'amnistie générale pour les exilés, le gouverneur de la province écrivit au mandarin de Koang-tsiou de relâcher Protais, s'il était revenu à de meilleurs sentiments. Le mandarin le fit donc venir et lui demanda s'il s'était amendé : « Je n'ai pas changé de sentiments, répondit Protais. — Comment, repartit le mandarin stupéfait, quelle parole me dis-tu là ? tu es exilé depuis plus de trente ans, tu es maintenant arrivé à la vieillesse et tu t'obstines encore ! Ne te serait-il donc pas bien agréable de retourner dans ta patrie ? » Plusieurs jours de suite, le mandarin revint à la charge ; il essaya tour à tour les raisonnements, les promesses, les menaces ; mais tout fut inutile. Pendant la persécution de 1839, Protais ne se contenta pas de donner une hospitalité passagère à beaucoup de chrétiens fugitifs ; il consentit à recevoir chez lui quatre femmes, qui ne savaient où se réfugier ; il les entretint à ses frais et voulut que sa maison devînt la leur. Quand il apprenait le martyre de quelques nouveaux confesseurs, son cœur était vivement ému, et il sentait d'autant plus le désir de marcher sur leurs traces, qu'il en avait lui-même, une première fois, manqué l'occasion. Dieu lui accorda cette grâce. Le 14 de la sixième lune, des satellites venus de Tsien-tsiou l'arrêtèrent, lui et toute sa famille, ainsi que les quatre chrétiennes dont nous venons de parler. C'étaient : Anastasie Kim, Anastasie Ni, Madeleine Ni et Barbe T'soi.

Après un premier interrogatoire, le mandarin local fit passer au cou de Protais une petite cangue et l'envoya à Tsien-tsiou. Quand il partit, les habitants de la ville, de tout âge et de tout sexe, au nombre de trois ou quatre cents, le suivaient en disant : « Est-ce ainsi que l'on punit les hommes justes ? Les bonnes

qualités, les plus grandes vertus ne servent-elles donc de rien? »
Les uns le retenaient ; d'autres poussaient des cris de douleur :
on eût cru voir la séparation d'un père avec ses enfants. Protais
les consolait et leur répétait qu'il était très-heureux, que cette
route était pour lui le chemin de la gloire. Arrivé le 18 à Tsien-
tsiou, avec toutes les personnes arrêtées dans sa maison, il fut,
le soir même, cité devant le juge criminel, où il refusa d'apostasier et de dénoncer qui que ce fût. Deux jours après, on le conduisit devant le gouverneur. Celui-ci, entouré de quatre-vingts
satellites, renouvela les mêmes injonctions et, sur son refus d'y
obtempérer, le fit mettre à la question. Plusieurs interrogatoires
se succédèrent, mais Protais demeura inébranlable dans les
supplices. Sa sentence fut signée à la septième lune, et au milieu
des coups et des injures des valets du tribunal, il retourna à
grand'peine à la prison. En y arrivant, il tomba sans connaissance, et ne revint à lui qu'après un assez long intervalle.
Le 15 de la neuvième lune, le juge le fit comparaître de nouveau
et, après avoir vainement essayé de le séduire, lui dit : « Non-
seulement tu es membre d'une secte sévèrement prohibée, mais
encore tu as reçu chez toi des étrangers ; ne trouve donc pas
mauvais qu'on te punisse du dernier supplice. — Traitez-moi,
repartit Protais, selon la loi du royaume. » On lui infligea la
bastonnade d'usage après la lecture de la sentence, et il fut déposé
à la prison civile, en attendant le jour fixé pour l'exécution.

Barbe Sim, épouse de Thomas Hong, fils aîné de Protais, avait
été arrêtée avec son beau-père. Née de parents nobles, au district de In-t'sien, elle remplissait tous ses devoirs avec fidélité ;
mais elle était d'une intelligence si bornée que tous ses efforts
lui avaient à peine procuré l'instruction religieuse nécessaire.
Sa foi, néanmoins, était des plus solides, et sa charité, ardente.
Elle le fit bien paraître en 1839, par l'hospitalité courageuse et
dévouée qu'elle donna à tous les chrétiens que la persécution
forçait à fuir, et surtout par la bonté avec laquelle elle accueillit
et entretint si longtemps les quatre femmes réfugiées dans sa
maison. Jamais on n'aperçut chez elle la moindre impatience, le
moindre signe que ses hôtes lui fussent à charge. Au moment de
l'arrestation et durant les interrogatoires, elle ne changea pas
de couleur et conserva tout son calme. Quoique d'une santé
faible et d'une complexion délicate, elle ne se laissa nullement
intimider par l'appareil terrible du tribunal du gouverneur et
par les odieuses vociférations qui accompagnent tous les ordres
qui y sont donnés. Elle supporta de nombreuses bastonnades et

fut mise plusieurs fois à la question ; mais ni les coups, ni les blessures, ni les injures des satellites et des geôliers, ni le séjour prolongé dans un cachot infect, rien ne put lui arracher une plainte, parce qu'elle souffrait pour son Dieu. Généreuse jusqu'à la fin, elle signa deux fois sa sentence de mort, ainsi que son beau-père, à la septième et à la neuvième lune. Sa plus grande épreuve, le plus terrible supplice pour son cœur de mère, c'était la présence de son plus jeune fils, âgé de deux ans, qu'elle voyait mourir lentement de faim et de misère. Attaquée elle-même d'une violente dyssenterie, qui vint se joindre à ses autres souffrances, elle comprit que la délivrance approchait et se prépara à la mort. Dieu ne permit pas qu'elle vécût jusqu'au jour marqué pour son supplice, et elle rendit paisiblement son âme à son Créateur, le 6 de la dixième lune, à l'âge de vingt-sept ans. Son enfant mourut quelques heures après et alla rejoindre sa mère dans la gloire que Dieu réserve à ses martyrs.

Anastasie Kim, femme de Paul Ni Sieng-sam-i, née au district de Tek-san, appartenait à une honnête famille de la classe du peuple. Son heureux caractère la faisait aimer de tous, et sa maison était le modèle des maisons chrétiennes. Attentive à tous ses devoirs, elle veillait avec un soin particulier à l'instruction de ses enfants, et même à celle des femmes du village auxquelles ses exhortations furent très-utiles. Dénoncée en 1839, et ne sachant où chercher un asile, elle alla se réfugier chez Protais Hong, au lieu de son exil, et fut arrêtée avec toutes les autres personnes de la maison. Arrivée à Tsien-tsiou, elle dut subir plusieurs interrogatoires devant le juge criminel, et ne céda ni aux menaces ni aux tortures. Elle répondit avec calme et dignité à toutes les questions, et refusa constamment de renier son Dieu et de dénoncer son mari, à l'occasion duquel on lui fit subir des supplices plus longs et plus violents que de coutume. De là, elle fut conduite au tribunal du gouverneur qui la traita d'une manière plus cruelle encore, sans pouvoir vaincre sa constance. On finit par lui faire signer sa sentence de mort, après quoi elle reçut la bastonnade, de règle en pareil cas. A la prison, les blessures très-graves qu'elle avait reçues la faisaient beaucoup souffrir ; elle n'en fut pas moins fidèle à l'oraison et à tous ses autres exercices de piété.

Mais, ce qui occupait surtout son âme et lui causait un grande inquiétude, c'était sa jeune fille Anastasie. Cette pauvre enfant ayant suivi sa mère chez Protais Hong, était tombée avec elle entre les mains des satellites, et partageait sa prison et ses souffrances. Anastasie Ni, appelée Pong-keum-i, était un petit ange d'une piété charmante. Dès l'âge le plus tendre, les pieuses instructions de sa mère avaient jeté dans son cœur de profondes racines. Elle savait remplir ses devoirs, elle savait aussi aimer Dieu de tout son cœur. A dix ans, ayant appris tout son catéchisme et les longues formules des prières du matin et du soir, elle eut le bonheur de rencontrer le missionnaire, qui, frappé de ses dispositions précoces, lui permit la sainte communion. Anastasie avait répandu tant de larmes devant Dieu, dans la crainte de ne pas être admise à ce banquet céleste, qu'elle fut au comble de ses vœux. Son jeune cœur éclatait en transports de joie et de reconnaissance. Ce fut aussi un vrai jour de fête pour son père et sa mère, heureux du bonheur de leur enfant, juste récompense de leurs généreux efforts. La suite ne démentit pas les promesses de ce beau jour, et l'enfant ne cessait de croître en vertu et en piété, quand Dieu permit qu'elle passât par l'épreuve de la persécution. Le juge l'interrogea sur les prêtres européens, lui demandant s'ils avaient été chez elle, et où ils étaient à cette heure? — « Oui, certainement ils sont venus chez moi, répondit-elle, mais j'ignore où ils sont maintenant. Comment voulez-vous qu'une petite fille, comme moi, soit au courant des affaires des missionnaires ? — Eh bien ! dit le juge, si tu veux renier ton Dieu et l'injurier, je te sauverai la vie. Sinon, ajouta-t-il d'un ton menaçant, je te fais mettre à mort. — Avant l'âge de sept ans, dit Anastasie, je n'avais pas l'usage de la raison, je ne savais pas lire et ne connaissais rien, je n'ai pu honorer Dieu comme il faut ; mais depuis l'âge de sept ans je le sers, et vous voulez que je le renie aujourd'hui ! vous voulez que j'en vienne à l'injurier ! non, quand je devrais mourir mille fois, je ne le puis. » Le juge n'osa pas cette fois exposer aux tortures une aussi jeune enfant, et on la renvoya à la prison.

Là, sa mère ne cessait de l'exhorter et usait de pieux artifices pour affermir son courage. « Pour toi, disait-elle, je suis bien sûre que tu apostasieras. » La petite fille de s'en défendre énergiquement, et la mère d'ajouter : « Si on te fait souffrir la torture, tu céderas de suite, tu n'es pas de taille à tenir ferme. » La jeune enfant renouvelait ses promesses de fidélité à toute épreuve, et la mère répétait : « Eh bien ! nous verrons si tu seras capable de quelque chose. » Les anges du ciel ne devaient-ils pas écouter avec complaisance les paroles de la mère et les élans d'amour que ses doutes affectés faisaient naître dans le cœur de cette enfant prédestinée? Les satellites, les geôliers eux-mêmes, touchés de pitié pour son jeune âge et sa modestie, voulaient à toute force la sauver. Ils se mettaient, pour ainsi dire, à ses pieds, la priaient, la conjuraient de se conserver la vie. La moindre parole équivoque l'eût mise à l'abri des poursuites ; elle ne prononça pas cette parole, elle sut repousser les tentations des ministres de Satan, et rester sourde à toutes leurs instances. Citée plusieurs fois devant le juge, elle ne se laissa séduire ni par ses menaces ni par ses caresses, et celui-ci irrité finit par la faire mettre à la question. Ne pouvons-nous pas répéter ici ce que saint Ambroise disait de la glorieuse sainte Agnès : « Y aura-t-il, sur « ce petit corps, place pour les blessures ? Mais si son corps « peut à peine recevoir le fer, il pourra triompher du fer. Intré- « pide entre les mains sanglantes des bourreaux, immobile sous « leurs coups furieux, ne sachant pas encore ce que c'est que la « mort, et déjà prête à mourir, du milieu des tourments tendant « les bras au Christ, et dans ce tribunal sacrilége érigeant les « trophées victorieux du Seigneur, elle est à peine capable de « souffrir, et déjà elle est mûre pour la victoire (1). » Anastasie, toujours inébranlable, fut enfin condamnée à mort et signa sa sentence. Sa mère, épuisée par la maladie et couverte de plaies par suite des tortures qu'elle avait endurées, s'en alla la première recevoir la couronne, vers la dixième lune, à l'âge de cinquante et un ans. Anastasie, restée seule et sans appui humain, trouva sa force dans le Dieu qu'elle aimait et qui ne lui fit pas défaut. Elle sut persister jusqu'au bout dans son héroïque détermination, et ses juges vaincus, n'osant la faire décapiter publiquement par le bourreau, commandèrent de l'étrangler dans la prison ; ce qui fut fait dans la nuit de la dixième à la onzième lune.

Anastasie est, croyons-nous, la plus jeune de tous les martyrs qui ont été mis à mort dans ce royaume en vertu d'une sentence officielle. C'est à tort que plusieurs notices lui donnent quatorze ans ; elle n'en avait certainement pas plus de douze, puisqu'elle naquit après la fuite de ses parents, pendant la persécution de 1827. Quelle gloire pour la religion d'avoir d'aussi intrépides témoins d'un âge aussi tendre ! Quelle promesse de glorieux avenir pour le peuple qui fournit à la vérité de pareils défenseurs !

Madeleine Ni, du district de Keum-san, mariée au frère de François Kim Sieng-sie, devint veuve avant l'âge de vingt ans. N'ayant point d'enfants, elle s'appliqua dès lors uniquement au salut de son âme et à l'accomplissement de ses devoirs de piété

(1) Saint Ambroise, *De Virginibus*, lib. I.

filiale envers son beau-père et sa belle-mère. Elle remerciait
Dieu fréquemment de l'avoir mise dans une position où la vertu
lui était comparativement facile. Elle vivait dans la pauvreté,
s'exerçait à la pratique de la mortification par des jeûnes et des
abstinences volontaires, s'efforçait de soulager les malheureux,
et s'imposait surtout, avec plaisir, la tâche ingrate d'instruire
les ignorants. Prise dans la maison de Protais, elle fit hardiment
sa profession de foi et supporta les diverses tortures sans faiblir.
Renvoyée à la prison, s'occupant peu de ses propres souffrances,
elle ne songeait qu'à exhorter les chrétiens prisonniers à persévérer dans la courageuse confession de leur foi. « Surtout, disait-
elle, agissons franchement avec Dieu ; soyons-lui fidèles et allons
tous ensemble au ciel ; qu'aucun n'y manque ! » Citée ensuite
devant le gouverneur, elle montra la même fermeté dans les
supplices et mérita d'être condamnée à mort.

Barbe T'soi était fille de Marcellin T'soi, martyrisé à Nie-tsiou
en 1801. Une bonne éducation réforma son caractère peu disci-
pliné, et bientôt on admira sa patience dans la misère, sa fervente
charité envers Dieu et le prochain. Mariée au fils de Pierre Sin
T'aipo, elle devint veuve peu après, resta seule près de son
beau-père, et ne témoigna jamais ni fatigue ni tristesse au milieu
des mille embarras de sa position. Prise avec son beau-père
en 1827, elle fut relâchée presque aussitôt ; on ne sait ni pourquoi
ni comment, car elle n'apostasia point. Depuis lors, n'ayant plus
de maison à elle, elle vécut chez des parents ou amis, visitant
souvent son beau-père pendant sa longue détention, et s'efforçant
de lui procurer, ainsi qu'aux autres prisonniers, quelques petits
secours. En 1839, elle fut arrêtée chez Protais, comme nous
l'avons vu, et subit par devant le juge criminel un premier interrogatoire suivi de la question qu'elle endura avec calme. Au
tribunal supérieur, le gouverneur lui demanda : « Qui es-tu ?
— Je suis, répondit-elle librement, la fille de Marcellin T'soi
décapité en 1801, et la belle-fille de Pierre Sin décapité ce
printemps, dans cette ville. — S'il en est ainsi, tu t'es confessée
sans doute? — Vraiment oui. — Dans ce cas, il faut que tu
meures. — Je m'y attends bien et il y a longtemps que je m'y
prépare. » Sans en dire davantage, le gouverneur porta immédiatement la sentence de mort et la renvoya en prison.

Tous ces généreux confesseurs dont nous venons de parler,
réunis dans un même cachot, s'encourageaient à la persévérance.
La Providence leur adjoignit un autre compagnon, Jacques O,
d'une noble famille chrétienne du district de Eun-tsin. Marié

depuis peu de temps, il était allé rendre visite à son frère aîné au village de Tsin-sou, quand il fut pris avec lui et plusieurs autres chrétiens, à la septième lune. Le juge criminel lui dit : « Tu n'es encore qu'un enfant, dis seulement que tu ne le feras plus, et on te relâchera aussitôt. » Il répondit : « Après avoir connu le bonheur de servir mon Dieu, comment pourrais-je le renier par crainte du supplice ? » Et le juge, ne pouvant rien obtenir par la douceur, le fit mettre à la torture. Tout fut inutile. Envoyé devant le gouverneur, Jacques eut la douleur de voir apostasier son frère aîné. Il ne se laissa pas ébranler et tint ferme dans les supplices, ce qui lui valut la sentence de mort, que ses désirs appelaient depuis longtemps. Il partagea dans la prison les souffrances des autres confesseurs. On les y laissa languir plusieurs mois, mais enfin toutes les formalités ayant été remplies, le jour du supplice fut fixé. Protais exhorta ses fils, qui jusqu'alors avaient été d'assez mauvais chrétiens, et ses paroles, que la circonstance rendait plus éloquentes, firent sur leur cœur une vive impression. Comme ils versaient des larmes en le voyant partir, il leur répéta plusieurs fois qu'il fallait se réjouir et non pleurer. Il se rendit au lieu de l'exécution avec un visage calme et sérieux ; on remarquait, au contraire, l'air de satisfaction des autres confesseurs. Ils furent décapités ensemble le 30 de la onzième lune, 4 janvier 1840. Protais avait soixante ans ; Jacques O, dix-neuf ; Madeleine Ni, trente-deux ; Barbe T'soi comptait cinquante et quelques années.

Dans cette glorieuse troupe de martyrs de la maison de Protais Hong, se trouvèrent ainsi réunis tous les âges et toutes les conditions : un vieillard, deux veuves, deux femmes mariées, une jeune vierge, un petit enfant. C'est par leur supplice que la persécution se termina dans la province de Tsien-la, et leurs actes demeurent une des plus belles pages de l'histoire de cette chrétienté.

CHAPITRE V.

Dernières exécutions. — Lettre du catéchiste Jean Ni. — Fin de la persécution.

A la capitale, après le martyre des missionnaires européens et les nombreuses exécutions du mois de septembre, le gouvernement avait espéré que les chrétiens, frappés de terreur et matés par les souffrances de la vie de prison, se soumettraient facilement. Mais, par la grâce toute-puissante de Dieu, ce calcul fut déjoué ; les défections étaient beaucoup moins nombreuses qu'on ne l'attendait, et les prisons ne désemplissaient guère. Au bout de trois mois, une nouvelle exécution publique fut résolue ; sept des chrétiens déjà condamnés à mort furent désignés pour victimes, et on fixa le jour au 24 de la onzième lune, 29 décembre 1839. Tous les condamnés eussent voulu avoir la préférence, mais plusieurs devaient encore se purifier dans les tribulations avant de cueillir la palme si désirée.

Le chef de cette glorieuse troupe fut Pierre T'soi, frère cadet de Jean T'soi T'siang-hien-i, l'un de nos premiers martyrs de 1801. Pierre T'soi Ie-t'sin-i était né à Séoul, d'une famille de la classe moyenne qui, jusqu'à l'époque de la première persécution, avait été honorée de diverses fonctions publiques. A la mort de son frère, il n'avait que treize ans et depuis il vécut longtemps sans pratiques religieuses aucunes, et complétement séparé des chrétiens. Peu à peu cependant il se rapprocha d'eux et se convertit solidement vers 1821. Quand le choléra fit de si terribles ravages en Corée, il reçut le baptême, ainsi que beaucoup d'autres catéchumènes, et fut depuis lors un chrétien modèle. D'une admirable humilité, il ne savait voir que le bien chez les autres, et dans sa propre opinion se mettait au-dessous de tous. Le souvenir de sa vie passée pesait toujours sur son cœur, et convaincu que le martyre seul pourrait expier ses fautes, il en concevait un fervent désir.

Sa femme, Madeleine Sen, appartenait aussi à une famille ruinée par la persécution de 1801. Ayant vécu longtemps dans un pays où il n'y avait pas de chrétiens, elle eut beaucoup de peine à acquérir une connaissance suffisante de la religion, mais aussitôt instruite, elle se mit courageusement à la pratique de ses devoirs. Elle fut baptisée avec son mari à l'époque du choléra et ne cessa d'édifier la chrétienté par ses bons exemples. De onze enfants nés de leur mariage, neuf moururent quelque temps après leur baptême, et il ne leur en resta plus que deux : l'aînée de tous, nommée Barbe, et une petite fille de deux ans.

Barbe, suivant les pieux exemples de ses parents, se fit remarquer dès l'enfance par sa ferveur et son empressement à se faire instruire. Quand il fut question de son mariage, elle dit à son père et à sa mère : « Veuillez, dans cette affaire si importante, ne pas regarder à la condition plus ou moins élevée, aux richesses ou à la pauvreté. Je désire seulement être unie à un chrétien fervent et bien instruit. » D'après ses vœux nettement formulés, elle fut, malgré la différence d'âge et de conditions, donnée à Charles Tsio, et n'eut qu'à remercier le Seigneur. Les deux époux s'excitaient l'un l'autre à l'amour de Dieu et à la pratique du bien, et leur union fut bénie par la naissance d'un fils.

Pierre, Madeleine et Barbe, arrêtés ensemble à la cinquième lune, furent conduits devant le grand juge criminel, et eurent à subir sept interrogatoires excessivement sévères. Les objets rapportés de Chine par Charles Tsio avaient été saisis dans leur maison, aussi les bourreaux eurent-ils ordre de ne les point ménager. Madeleine et Barbe reçurent chacune deux cent soixante coups de bâton, et souffrirent plusieurs fois la courbure des os, mais leur fermeté ne se démentit nullement. « Ma vie ne m'appartient pas, disait Madeleine au juge, elle est à Dieu qui me l'a donnée, et qui seul peut me la reprendre quand il voudra. Je mourrai s'il le faut pour ce divin arbitre de la vie et de la mort, mais je ne puis le renier. » Pendant les longues souffrances de la vie de prison, ils rendaient grâces à Dieu, et Madeleine disait souvent : « Si ce n'était le secours de Dieu, je ne pourrais endurer même un instant la vermine qui me dévore ; la force pour supporter les épreuves vient uniquement de lui. » Madeleine et Barbe avaient chacune à la prison un enfant à la mamelle. Sentant plusieurs fois leur cœur de mère trop impressionné, et craignant la faiblesse de la nature, elles se séparèrent héroïquement de ces chères petites créatures, et les envoyèrent chez des parents dans la ville.

Transférés au tribunal des crimes, les trois confesseurs montrèrent dans les tortures le même courage qu'auparavant, et furent condamnés à mort le même jour. Pierre obtint le premier la couronne. En allant au supplice, il dit au geôlier : « Va dire à ma femme et à ma fille, qui sont dans la prison des femmes, de ne pas s'attrister de mon sort ; ce serait un sentiment trop naturel, et indigne de véritables chrétiennes. Elles doivent au contraire louer Dieu, et le remercier pour un si grand bienfait. » Pierre fut décapité le 24 de la onzième lune, après sept mois de détention. Il avait alors cinquante-trois ans. Sa femme et sa fille ne le suivirent qu'un mois plus tard.

Pierre T'soi fut accompagné au supplice par six généreuses chrétiennes. C'étaient d'abord : Madeleine Ni, vierge, fille de Barbe T'sio ; Barbe Ko, femme du catéchiste Pak I-sien-i, et Elisabeth Tieng, vierge, sœur de Paul Tieng ; nous avons, plus haut, raconté leur martyre. Les trois autres se nommaient : Benoîte Hien, veuve ; Barbe Tsio, et Madeleine Han, veuve, sur lesquelles nous devons donner ici quelques détails.

Benoîte Hien, sœur de Charles Hien, serviteur de M. Chastan, était d'une famille d'interprètes, et fille de Hien Kiei-heum-i, martyr en 1801. Son frère Charles et sa vieille mère étaient réduits à une grande pauvreté, et la persécution les ayant forcés souvent à changer de demeure, il serait difficile de dire toutes les épreuves auxquelles Benoîte, qui vivait avec eux, fut soumise dès sa plus tendre enfance. Mariée, à dix-sept ans, au fils du glorieux martyr T'soi T'siang-hien-i, elle devint veuve après trois ans et, n'ayant pas d'enfant, retourna près de son père, où elle gagnait sa vie par la couture. Heureuse et tranquille dans son humble condition, d'une humeur toujours égale, elle remerciait Dieu de lui avoir donné le moyen de s'occuper librement du salut de son âme. On admirait la parfaite concorde et la régularité de cette pieuse maison. Les prières, méditations et lectures s'y faisaient à heures fixes : jamais de tiédeur ou de nonchalance au service de Dieu. Benoîte, à qui son travail procurait quelque argent, ne s'en réservait jamais une sapèque, mais donnait tout à son père. Non contente de travailler à sa propre sanctification, elle instruisait les ignorants, exhortait les tièdes, consolait les affligés, soignait les malades et ne manquait aucune occasion de donner le baptême aux enfants païens en danger de mort. Quand l'époque de la visite des prêtres était arrivée, elle réunissait les chrétiens chez elle, pour les préparer de son mieux à la réception des sacrements. Aussi fut-elle dénoncée une des premières quand éclata la persécution. Elle réussit à se cacher pendant quelque temps, mais, à la cinquième lune, elle tomba entre les mains des satellites.

Traduite devant le juge criminel, Benoîte eut à subir des tortures d'autant plus violentes, qu'on voulait savoir d'elle le lieu où son frère Charles était avec le prêtre. Elle fut frappée, fustigée, mise huit fois à la question, sans compter tous les supplices que les satellites lui firent endurer de leur propre autorité, afin de tirer d'elle quelques renseignements sur les missionnaires, et de gagner la somme promise à qui les saisirait. Mais la résignation ferme et patiente de Benoîte déjoua tous les efforts de leur haine, et ils ne purent lui arracher une seule parole compromettante. Transférée à la huitième lune au tribunal des crimes, elle y montra le même courage, quoique son corps brisé tombât en lambeaux. La peste, dont elle fut alors attaquée, vint encore ajouter à ses souffrances. Enfin le mandarin la condamna à mort, et elle fut renvoyée en prison, après les bastonnades d'usage. De là, elle écrivit à son frère Charles une lettre que plusieurs chrétiens ont lue, et dont ils parlent avec admiration. Cette lettre n'a pas été conservée. Telle était la tranquillité de son âme que le jour de l'exécution, en attendant l'heure fixée, elle reposa longtemps d'un sommeil doux et paisible, puis partit avec joie, comme si elle fût allée à une fête. Elle avait passé sept mois en prison, et était âgée de quarante-six ans.

Barbe Tsio, femme de Sébastien Nam, était de la noble famille de Justin Tsio Tong-siem-i. Elle reçut une excellente éducation et pratiqua la religion dès son enfance. Mariée à Sébastien avant la persécution de 1801, elle vit à cette époque son beau-père et sa belle-mère mourir victimes de la rage des ennemis du nom chrétien, et son mari envoyé en exil. Ne pouvant alors l'accompagner, et se trouvant sans aucun appui, elle retourna près de sa propre famille en province, et y passa dix ans, au milieu de mille privations, et, il faut le dire, dans une grande tiédeur. Revenue ensuite à la capitale, elle voulut réparer le temps perdu et se livra avec ferveur aux exercices de piété et à toutes sortes de bonnes œuvres, aidant de tout son pouvoir son parent Paul Tieng à réaliser ses projets pour l'introduction des missionnaires, et travaillant sans relâche pour subvenir aux frais de ses voyages. Lorsque son mari revint de l'exil, elle se mit avec lui au service du P. Pacifique, et plus tard, au service des missionnaires, en préparant chez elle un oratoire pour les chrétiens. Elle disait souvent : « Si la persécution s'élève, nous ne pourrons éviter la mort ; il faut donc à tout prix nous y bien préparer. C'est pour nous le meilleur moyen de rendre gloire à Dieu et de sauver notre âme. » Ce n'étaient pas là de vaines paroles ; sa conduite y répondait. Son mari étant allé se cacher en province, elle fut prise seule à la sixième lune, et comme on ignorait son nom, et qu'elle ne voulait ni le découvrir, ni dénoncer qui que ce fût, on la mit plus de vingt fois à la torture. Tout fut inutile. Transférée au tribunal des crimes, elle subit trois nouveaux interrogatoires et fut enfin condamnée à mort. Le jour de l'exécution étant arrivé, toutes les chrétiennes de la prison s'affligeaient de son départ ; elle les consola, les exhorta à demeurer fermes dans la confession de leur foi, et s'en alla joyeuse au supplice. Elle fut décapitée à l'âge de cinquante-huit ans.

Madeleine Han avait été mariée au noble bachelier Kouen Tsin-i, l'un des savants les plus renommés du royaume. Celui-ci, ayant entendu parler de la religion chrétienne, l'embrassa, la fit connaître à sa femme, puis, étant tombé gravement malade, lui recommanda de bien la pratiquer, et mourut baptisé à ses derniers moments. Madeleine, devenue veuve, se retira dans la maison d'un chrétien. Elle était absolument sans ressources et eut à endurer toutes les privations d'une extrême pauvreté. Sa fille, Agathe Kouen, avait été mariée à l'âge de douze ou treize ans ; mais quoique toutes les cérémonies eussent été faites, son mari, étant trop pauvre, n'avait pas encore pu l'emmener avec lui dans sa maison, et elle demeurait en attendant chez Paul Tieng, parent de son mari. Douée de toutes les qualités du corps et de l'esprit, Agathe sentit naître en son âme le désir de garder la virginité. Quand le P. Pacifique arriva, elle parvint à obtenir qu'il cassât son mariage, et resta ensuite dans la maison du prêtre pour se consacrer au service de la mission. Nous n'avons pas ici à examiner si cette décision du prêtre chinois, annulant le mariage d'Agathe, était, ou non, une violation positive des lois canoniques sur la matière. Un fait malheureusement certain, c'est qu'il abusa de cette enfant, et qu'elle devint sa principale complice dans les scandales qui désolèrent alors l'Eglise de Corée. Nous avons vu comment M. Maubant y mit fin, en expulsant le prêtre sacrilége. Après le départ de son séducteur, Agathe, touchée des paternelles exhortations du missionnaire, rentra en elle-même, retourna près de sa mère, et dès lors, constamment appliquée à ses devoirs, s'efforça de réparer le scandale que sa conduite avait occasionné, s'excitant sans cesse à la contrition, et répétant qu'elle voulait être martyre pour expier ses fautes. Agathe Kouen vivait ainsi depuis quelque temps avec sa mère, quand Agathe Ni vint se réunir à elles. Agathe Ni, née de parents chrétiens de la province, avait été mariée à un eunuque, mais son mariage fut annulé par Mgr Imbert. Ne trouvant pas d'appui chez ses parents trop pauvres pour l'entretenir, elle venait chercher près de Madeleine et de sa fille un refuge et du pain.

Toutes les trois réunies se livraient avec ferveur aux exercices de piété et de pénitence, quand les satellites furent lancés à la recherche d'Agathe Kouen, qu'un apostat avait dénoncée. Le 7 de la sixième lune, pendant la nuit, elles furent arrêtées toutes les trois, et avec elle, une jeune esclave chrétienne. Le mandarin, ayant pris leurs noms, fit mettre Madeleine seule en prison, et laissa les trois jeunes femmes dans une maison voisine, avec des gardes. On eut bientôt le mot de cette étrange conduite. Le traître Kim Ie-saing-i alla les voir, et par promesses, par menaces, par tous les moyens possibles de séduction, s'efforça d'engager Agathe Kouen à fuir avec lui. Elle ne répondit que par des paroles de mépris. Les satellites, touchés de sa jeunesse et de sa beauté, consentirent à la débarrasser des poursuites de ce traître, en facilitant son évasion, et, quelques jours après, elle s'enfuit avec la jeune esclave. Mais le gouvernement, ayant appris les détails de cette affaire, cassa le mandarin complaisant et exila plusieurs des gardiens. On se mit de nouveau à la poursuite d'Agathe Kouen, qui finit par retomber entre les mains des satellites. Le grand juge criminel infligea de terribles supplices à Madeleine et aux deux Agathe. Elles les supportèrent avec une patience intrépide, et furent envoyées au tribunal des crimes, où de nouveaux interrogatoires et de nouvelles souffrances les attendaient. Constantes dans leur première résolution, elles furent enfin condamnées à mort. Madeleine Han fut décapitée la première, avec les six autres confesseurs. Elle était âgée de cinquante-six ans. Sa fille Agathe Kouen, qui n'avait guère plus de vingt et un ans, et Agathe Ni, qui en avait vingt-sept, le furent un mois plus tard, comme nous le verrons.

Ces sept martyrs du 29 décembre furent, selon l'usage, exécutés en dehors de la petite porte de l'ouest.

Cependant le ministre T'sio In-ieng-i trouvait que les choses allaient trop lentement, et voulant en finir avant le jour de l'an coréen, sans trop multiplier les exécutions publiques, il renouvela l'ordre d'étrangler secrètement, dans leurs cachots, le plus possible de prisonniers. Ces sortes d'exécutions furent très-nombreuses, et nous avons la douleur d'y compter celles de plusieurs apostats dont le retour à Dieu est bien loin d'être clairement prouvé, et dont, par conséquent, nous ne nous occuperons pas. Nous ne voulons parler que des vrais confesseurs de la foi, tant de ceux qui ne faiblirent pas devant les juges, que de ceux qui, après un moment de lâcheté et d'oubli, firent une rétractation solennelle, et méritèrent ainsi du Dieu de miséricorde la couronne qu'il ne refusa pas au repentir de saint Pierre.

Du nombre de ces derniers fut Jacques T'soi qui, d'abord apostat, avait été relâché, comme nous l'avons vu. Repris à la neuvième lune, quand on poursuivait son père Philippe, il sut, cette fois, demeurer ferme jusqu'à la fin, et fut étranglé dans la prison, à l'âge de quarante-six ans.

Quelques jours après, mourut la vierge Agathe Ni, âgée de dix-sept ans, fille du martyr Augustin Ni, qui avait été renvoyée du tribunal des crimes à la prison des voleurs, par le ministre Tsio Tieng-hien-i, sous prétexte de son jeune âge. Elle fut admirable de patience et de fermeté, supporta longtemps la faim et la soif, fut attaquée de la peste, et, quoique seule entre les mains d'infâmes geôliers, sut, avec l'aide de Dieu, faire respecter sa pudeur. Le martyre de son père et de sa mère était pour elle un puissant encouragement. Outre d'autres supplices, elle reçut plus de trois cents coups de verges et quatre-vingt-dix coups de gros bâton. Onze mois de prison mûrirent pour le ciel cette âme innocente ; elle fut étranglée le 5 de la douzième lune.

Agathe eut pour compagne de son triomphe Thérèse Kim, fille d'André Kim, martyr à Tai-kou en 1816. Mariée à Joseph Son len-ouk-i, Thérèse avait vu son mari mourir pour la foi dans la prison de Hai-mi ; elle continua dans sa viduité de donner les plus beaux exemples de vertu. Non contente des privations auxquelles l'exposait tous les jours son extrême pauvreté, elle jeûnait régulièrement trois fois la semaine et consentit, avec une rare humilité, à aller remplir auprès des missionnaires les humbles fonctions de servante. Elle faisait encore partie de la maison de l'évêque, quand éclata la persécution de 1839 ; elle ne voulut pas s'enfuir au moment du danger et fut saisie avec tous les autres. Ferme dans les supplices et au milieu des souffrances de toute espèce, elle fut mise six fois à la question, reçut deux cent quatre-vingts coups de verges, et, après sept mois de prison, fut étranglée à l'âge de quarante-quatre ans.

Le lendemain, 6 de la douzième lune, Madeleine Ni, mère de Kim Koun-ho, termina aussi, par le supplice de la strangulation, une longue vie d'épreuves. Mariée à la capitale, à l'âge de dix-neuf ans, elle y fut instruite de la religion, et essaya de convertir son mari et sa belle-mère. Il lui semblait qu'elle était écoutée, et un jour qu'elle insistait plus vivement auprès de sa belle-mère pour lui faire abandonner le culte des démons et détruire tout ce qui servait à les honorer, celle-ci, ébranlée un moment, y consentit.

A l'instant, Madeleine mit en pièces tous les ustensiles de ce culte superstitieux. Mais son mari se montra très-irrité, et la belle-mère, craignant qu'il ne lui arrivât des malheurs pour avoir détruit ces objets idolâtriques, reprit ses anciennes pratiques avec plus de zèle qu'auparavant, et tourmenta sa belle-fille pour l'y faire coopérer elle-même. On ne peut dire à combien de vexations et d'injures Madeleine fut alors exposée. Sa belle-mère étant venue à mourir, les superstitions se firent sans discontinuer à cette occasion, selon toutes les règles païennes, et Madeleine eut besoin de toute sa foi et de toute son énergie pour n'y prendre aucune part. Le jour du second anniversaire, une multitude de parents réunis voulurent la forcer de se prosterner devant la tablette de la défunte. Il pouvait y aller de sa vie ; elle osa encore résister en face, et, depuis lors, les persécutions domestiques firent de sa vie un martyre continuel. Elle ne pouvait plus avoir de livre, plus communiquer avec aucun chrétien, plus entendre une parole d'exhortation, plus apprendre un mot de prières. Mais Dieu ne l'abandonna pas dans la tribulation. Elle savait les premières phrases de la prière aux cinq plaies du Sauveur Jésus, et désirait ardemment en apprendre la fin, mais elle ne pouvait se la procurer. Une nuit elle se disait en soupirant : « Si Jésus et Marie voulaient me faire voir cette prière, il serait facile pour moi de l'apprendre. » Tout à coup une voix claire se fait entendre d'en haut et prononce une phrase de cette prière. Madeleine aussitôt, persuadée que ses vœux sont exaucés, se prosterne en terre et répète cette phrase, puis continue la prière comme si elle l'eût sue depuis longtemps. Depuis, elle ne passa pas un seul jour sans réciter cette formule, et plus tard, ayant eu occasion de la voir dans les livres, elle la trouva parfaitement exacte. A la persécution de 1801, elle abandonna sa maison et son petit avoir, se retira en province, et, n'ayant plus aucune ressource, soutint sa vie par la couture et le tissage. Elle devint veuve quelque temps après et put remplir ses devoirs avec plus de liberté. Dieu permit qu'elle eût le malheur d'apostasier une fois dans une persécution, peut-être celle de 1815, mais bientôt, touchée d'un véritable repentir, elle retourna à la capitale et s'efforça, par sa ferveur et son zèle, d'effacer le scandale qu'elle avait donné. Arrêtée à la cinquième lune de 1839, elle prit une ferme résolution de réparer sa chute d'autrefois, subit la question et les tortures dans sept interrogatoires successifs, supporta deux fois la courbure des os et reçut deux cent trente coups de bâton. Son courage, appuyé sur l'humilité, était désormais inébranlable, et tout son désir était de porter sa tête sous le sabre. Dieu ne le permit pas, et, après huit mois de détention, elle fut étranglée dans la prison, à l'âge de soixante-neuf ans.

Le pauvre André Tsieng, deux fois dupe de sa simplicité inouïe, et deux fois relâché par dédain, avait été arrêté une troisième fois. Il montra une invincible fermeté dans les supplices qui ne lui furent pas ménagés, malgré le grand service qu'il avait si étourdiment rendu au gouvernement. Brisé par les tortures et couvert de plaies, il reçut en plus cent coups de la terrible planche à voleurs et finit par être étranglé, après cinq mois de prison, le 19 de la douzième lune. Il avait trente-trois ans.

André Son, qui avait procuré une retraite à l'évêque, s'était livré lui-même; il fut conduit à la capitale et mis à une terrible question. Vaincu par les supplices et séduit par un reste d'attachement à la vie, il apostasia. Mais le ministre des crimes ayant été changé à cette époque, sa lâcheté devint inutile, et il perdit tout espoir d'échapper à la mort. Ce coup de la Providence le fit rentrer en lui-même; il se rétracta et regretta son crime. Après avoir été battu, à deux reprises, de soixante-dix coups de la planche à voleurs, il fut étranglé le 21 de la douzième lune, à l'âge de quarante et un ans. André avait un excellent cœur et beaucoup de bonnes qualités, mais il avait le malheur d'être riche et de trop compter sur l'argent pour arranger toutes choses. C'est pour cela qu'il ne se fit pas scrupule, à diverses reprises, de se tirer des mains des satellites en leur payant de fortes rançons, et prononçant des formules d'apostasie dont il ne comprenait peut-être pas toute la gravité. Espérons que sa dernière rétractation, suivie de si près par la mort, lui aura fait trouver grâce devant Dieu.

Nous rencontrons également à cette époque les noms de : Cécile Ham, Paul Tso et sa femme Claire Ni, Anne Min, Thérèse Nam et Thérèse Son, tous enfermés dans une même prison, apostats d'abord, il est vrai, mais qui, très-probablement, ont fait une rétractation en règle. Cependant, comme les détails nous manquent, nous n'osous rien affirmer. Tous les six furent étranglés.

Vers le 20 de cette même lune, les satellites qui, de concert avec les traîtres et les apostats, couraient le pays et cherchaient à s'emparer des quelques lambeaux de terrain appartenant à la mission, mirent la main sur Étienne Min, au district de In-tsien, non loin de la capitale. Étienne Min Keuk-ka descendait d'une famille noble de ce district, et avait été converti avec son père et ses frères. D'un caractère doux, mais énergique, il pratiquait franchement et ouvertement sa religion. Devenu veuf à l'âge de vingt ans, il ne se remaria que pour obéir à ses parents, et sa seconde femme étant morte, il résolut de vivre seul, afin de s'occuper plus librement de son salut. Il allait de côté et d'autre chez les chrétiens, les exhortant, les instruisant, s'occupant de bonnes œuvres, et préchant les païens dont il convertit un grand nombre. Il subvenait à ses propres besoins et à ses aumônes en copiant des livres de religion. Les missionnaires, pour mieux utiliser son zèle et sa charité, le nommèrent catéchiste. Il sut remplir dignement cet emploi, et, par ses paroles comme par ses exemples, fit beaucoup de bien aux chrétiens. Pendant la persécution de 1839, tantôt à la capitale, tantôt en province, il excitait les tièdes, encourageait les faibles, et se chargeait des affaires les plus difficiles quand l'intérêt de la mission le réclamait. Après son arrestation, le grand juge criminel lui dit : « Si tu veux abandonner cette religion, je te relâcherai immédiatement. — C'est impossible, reprit Étienne, faites ce que vous commande la loi. » On le mit donc à la question, et, pendant ce supplice, les bourreaux lui criaient sans cesse : « Apostasie, et tu seras mis en liberté. » Mais Étienne répondait aussi sans se lasser : « Si vous me relâchez, non-seulement je suivrai encore ma religion, mais je la prêcherai aux autres. » Le juge, furieux, fit prendre la planche à voleurs et dit : « C'est un être digne de mort : frappez sans pitié ! » Et il surveillait lui-même chacun des coups pour exciter les bourreaux. Au trentième coup, voyant bien qu'il ne viendrait pas à bout du patient, il l'envoya à la prison. Là, malgré ses blessures, Étienne se mit à faire des reproches aux apostats, à stimuler le zèle de ceux qui, par amour de la vie, faiblissaient dans leur résolution, et ses efforts furent couronnés d'un succès visible, car plusieurs apostats se rétractèrent. Sans s'inquiéter ni des geôliers ni des satellites, il disait franchement aux chrétiens ce qu'il avait à dire, et semblait se jouer de la mort. Il fut de nouveau mis à la question le lendemain, mais aussi inutilement que la première fois. Le juge, voyant qu'il avait affaire à un homme déterminé, résolut de se débarrasser de lui le plus tôt possible, et après cinq ou six jours de prison, il fut étranglé, le 26 de la douzième lune, à l'âge de cinquante-trois ans.

Parmi les apostats qu'Étienne sut ramener à Dieu, nous citerons Dominique Kim et Côme Nie. Dominique Kim Tsiel-pick-i était du district de Sin-tsiang. Orphelin dès son bas âge, il fut recueilli par un chrétien qui, charmé de ses bonnes dispositions, l'instruisit, le convertit, et plus tard en fit son gendre. Dominique à son tour convertit bientôt bon nombre de ses parents et connaissances. Pendant la persécution de 1839, il rendit d'importants services à la mission. Il était un de ceux qui aidèrent André Son à préparer une retraite à l'évêque, qui allèrent chercher Mgr Imbert en bateau, amenèrent les missionnaires auprès de lui, et firent divers autres voyages de cette nature. Dénoncé par des traîtres, il fut pris, conduit à la capitale et mis à la question. Pendant quelques jours il demeura ferme dans les supplices, mais ensuite, entrevoyant l'espoir de se sauver la vie, il eut le malheur d'apostasier. On ne le mit pas néanmoins en liberté, et il végétait dans la prison quand Étienne Min y arriva. Touché des exhortations de ce dernier, il fit une rétractation solennelle, après quoi il reçut, pendant trois jours consécutifs, cent quatre-vingts coups de la planche à voleurs, et fut enfin étranglé.

Côme Nie Sa-ieng-i, du district de Tek-san, fut instruit de la religion par sa mère, et, malgré la vive opposition de son père encore païen, continua à la pratiquer assidûment, au milieu de beaucoup d'épreuves. Après la mort de son père, il s'en alla dans la province de Kang-ouen, où il eut bientôt dépensé tout ce qu'il possédait, puis revint dans son pays natal, et eut le bonheur de convertir bon nombre de ses parents païens. Ayant émigré à Siong-t'siou quand éclata la persécution, il fut trompé par le traître Kim le-saing-i et conduit à la capitale, où il racheta par l'apostasie sa vie et sa liberté. A la huitième lune il fut repris de nouveau, encore par les menées du traître ; il témoigna son vif regret d'avoir apostasié, supporta courageusement les supplices, et fut étranglé avec Dominique Kim, un des derniers jours de la douzième lune.

Le même jour, un autre apostat recevait de la miséricorde divine la double grâce de la contrition et du martyre. C'était Paul He Heim-i, soldat de la division To-kam, à la capitale. Il avait toujours été fervent chrétien. Arrêté quelques mois auparavant, il souffrit longtemps et avec courage de violentes tortures. Mais un jour, vaincu par la douleur, il demanda grâce et proféra une parole d'apostasie. Le repentir suivit de près, et il se rétracta publiquement. Les geôliers furieux le forcèrent à manger des excréments, comme marque de la sincérité de cette rétractation. Il resta encore longtemps en prison, eut à supporter divers supplices, fut frappé plus de cent trente fois de la planche à voleurs et mourut enfin sous les coups.

Cependant les derniers jours de l'année approchaient, et le

gouvernement voulait en finir avec les chrétiens. Beaucoup avaient été étranglés, mais on crut expédient de terminer la persécution d'une manière éclatante, et on décréta coup sur coup deux exécutions publiques.

La première procura la palme à sept confesseurs. A leur tête, nous voyons le catéchiste Augustin Pak I-sien-i, dont nous avons plus haut raconté l'histoire. Il fut décapité à l'âge de quarante-huit ans. Il était accompagné de Pierre Hong, que nous devons maintenant faire connaître, ainsi que son frère Paul. Ces deux frères étaient d'une famille très-distinguée, petits-fils de Hong Nak-min-i, martyr en 1801, et neveux de Protais Hong, décapité à Tien-tsiou, un mois auparavant. Leur père, après les désastres de 1801, avait été s'établir à Ie-sa-ol, district de Siei-san, dans la plaine du Naipo. La foi chrétienne et une instruction solide furent le seul héritage qu'il laissa à ses enfants. Ils en profitèrent admirablement et firent honneur à la religion par leurs vertus. Établis catéchistes tous les deux, ils se firent remarquer par leur zèle et par les soins assidus qu'ils donnaient aux chrétiens. Leur temps se partageait entre les instructions, les exhortations, le soin des malades et autres bonnes œuvres ; aussi les missionnaires, frappés de leur aptitude et de leur dévouement, leur confièrent-ils plusieurs fois des affaires très-importantes. Ils donnèrent quelque temps asile à un des missionnaires pendant la persécution de 1839, et persuadés que cette hospitalité courageuse leur coûterait la vie, ils se préparaient de tout leur cœur au martyre. En effet, Kim Ie-saing-i les mit sur sa liste de proscription, au nombre des chrétiens influents qu'il fallait arrêter à tout prix. A la huitième lune, ils furent saisis et conduits à la capitale devant le grand juge criminel. La question fut des plus violentes, mais les deux frères la supportèrent en vrais fils de martyrs et furent transférés au tribunal des crimes. Le ministre renvoya la cause à son assesseur, en lui ordonnant de faire son possible pour obtenir leur apostasie, sans toutefois les condamner à mort. D'après ces ordres, on mit tout en œuvre, et les plus affreuses tortures furent infligées aux deux frères. En outre, tous les employés de la prison, pour s'en faire un mérite auprès du ministre, ne leur épargnèrent ni tourments ni vexations, dans l'espoir de les ébranler. Mais tout fut inutile. A la fin, on dut prononcer leur sentence, et l'aîné, Pierre Hong, fut décapité avec Augustin Pak. Il était âgé de quarante-deux ans. Son frère devait le suivre le lendemain.

Les autres victimes étaient cinq femmes : Agathe Kouen et Agathe Ni, dont nous avons rapporté l'histoire, à propos du mar-

tyre de Madeleine Han ; — Madeleine Son, femme de Pierre
T'soi, dont la vie a été racontée avec celle de son mari ; — Marie
Ni, vierge, fille de Barbe T'sio, que nous avons fait connaître,
en parlant de sa mère ; — et enfin Marie Ni, femme du généreux
confesseur François T'soi, sur laquelle nous avons donné quelques
détails lors de son arrestation. Après avoir renvoyé tous ses
enfants, dont la présence lui déchirait le cœur, Marie tint ferme
jusqu'à la fin. Elle se rendit avec joie au lieu du supplice, et lava
de son sang la chute déplorable à laquelle l'avait entraînée l'amour
maternel. Elle était âgée de trente-neuf ans. Cette grande exécution eut lieu le 27 de la douzième lune, 31 janvier 1840, à quelque distance de la capitale, en un endroit nommé Tang-ko-kai.

Dès le lendemain, au même endroit, une autre exécution
solennelle vint clore les boucheries de cette terrible année. Il n'y
eut cette fois que trois victimes, mais, nous pouvons le dire, trois
victimes choisies, et qui sont restées en grande vénération parmi
leurs frères. C'était d'abord Paul Hong, frère de Pierre, martyrisé la veille. On avait retardé son supplice de vingt-quatre
heures, parce que la loi coréenne défend de faire périr ensemble
les deux frères, ou le père et le fils. Paul avait trente-neuf ans.
Puis, Barbe T'soi, femme de Charles Tsio et fille de Pierre T'soi,
martyrisé le 24 de la onzième lune. Nous l'avons fait connaître
en racontant le martyre de son père. Elle n'avait que vingt-deux
ans. Enfin le catéchiste Jean Ni, dont nous avons déjà parlé.
Quelques jours avant de mourir, le 22 de la douzième lune, Jean
écrivit à ses parents une longue lettre, dont nous allons citer ici
la plus grande partie. Mieux que toute explication, mieux que
tout récit, cette lettre, ainsi que celles des autres martyrs qu'on
a pu lire à diverses pages de cette histoire, fera toucher du doigt
l'effet prodigieux de la grâce divine dans les cœurs des pauvres
néophytes coréens. Après avoir donné sur son arrestation, ses
premiers interrogatoires et son séjour dans la prison, les détails
que nous avons reproduits, le confesseur continue ainsi :

« Je fus transféré à la prison du tribunal des crimes. J'y rencontrai une dizaine de chrétiens, hommes et femmes, tous mes
amis intimes, détenus pour y recevoir leur sentence de mort.
Quelle joie, quel bonheur de nous retrouver ensemble comme
frères et sœurs, et comment remercier assez Dieu d'un pareil
bienfait ! Deux ou trois mois se passèrent sans que le juge tint
aucune séance, j'en étais triste et inquiet. Les péchés de toute
une vie, pendant laquelle j'ai si souvent offensé Dieu par pure
méchanceté, formant par leur nombre comme un amas de mon-

tagnes, se présentaient à ma pensée, et je me disais : Quel sera donc le dénouement de tout ceci ? Toutefois je ne perdais point l'espérance. Le 10 de la douzième lune, je fus cité devant le juge qui me fit administrer une bastonnade extraordinaire. Par mes seules forces comment eussé-je pu la supporter? Mais soutenu de la force de Dieu, par l'intercession de Marie, des anges, des saints et de tous nos martyrs, je croyais presque ne pas souffrir. Jamais je ne pourrai payer une pareille grâce, et l'offrande de ma vie est bien juste. Toutefois ma conduite étant si peu réglée et mes forces si nulles, j'étais dans la confusion et la crainte.

« Mais pourquoi s'inquiéter devant Dieu qui connaît tout? Dans son infinie bonté, il a daigné envoyer son Fils pour nous en ce monde ; ce divin Fils fait homme a, pendant trente-trois années, supporté mille souffrances, il a versé jusqu'à la dernière goutte de son sang pour donner la vie à tous les peuples dans tous les siècles. Et moi malheureux, dans toute ma vie, je n'ai jamais su le louer ni le remercier ; je n'ai pas eu le courage de faire pour lui un acte de vertu gros comme l'extrémité d'un cheveu. Que dis-je? aucun jour ne s'est passé sans que je l'aie offensé et trahi au gré de mes caprices : je n'ai fait que perdre mon temps. Comment ai-je donc pu être si stupide et si ingrat ?

« Cette vie n'est qu'un instant, et le corps est une chose bien vaine. Quand l'âme s'en est séparée, après une dizaine de jours, regardez ce cadavre ; quelle chose misérable et digne de pitié ! L'odorat ne peut supporter cette pourriture ; les yeux, les oreilles, le nez et la bouche ne se distinguent plus ; tout le corps est en dissolution, et il ne reste guère que les os. Cette vue coupe la respiration, et l'intelligence en est toute troublée. Hélas ! hélas ! voilà pourtant ce corps que l'on veut, à tout prix, bien nourrir et vêtir délicatement ! Pendant la vie on flatte ses passions et ses inclinations déréglées, on suit tous ses désirs de grandeur, de richesse, d'aisance et de plaisirs. Pour lui, on se fait de gaieté de cœur l'esclave du démon, on oublie l'éternel bonheur de la véritable patrie ; on met tout son cœur, toutes ses forces à choyer cette pâture des vers, et la pensée que l'âme immortelle va tomber en enfer pour y brûler éternellement ne fait pas trembler ! Vivre ainsi n'est-ce pas s'assimiler aux animaux ? Que dis-je? les animaux, eux, n'ont pas d'âme à sauver, mais l'homme qui a une âme, mener ainsi la vie des animaux, quelle horreur !

« Comment peut-on être assez insensé, pour ne pas penser au redoutable jugement qui suivra? On dépense le temps à des inutilités, et après cette vie il ne reste que d'affreux regrets. Le cœur plein de rage, il faut dire adieu au paradis, et quand, tout inondé d'amertume, on descendra aux enfers, quel moyen d'échapper? A qui désormais demander la vie? Esclave des horribles démons, et sans cesse au milieu des feux dévorants, quelle effrayante situation ! Depuis longtemps cette peine éternelle m'était bien due à cause de mes péchés. Mais puisque Dieu m'a jusqu'ici conservé la vie, je veux faire en sorte de les détester pour en obtenir le pardon.

« La persécution de cette année est la plus forte qu'il y ait eu en ce pays ; le nombre de ceux qui, par leur mort, ont confessé Dieu et relevé la gloire de l'Église, est si grand, que la religion pourra bien se conserver sans doute, mais combien est languissante la foi des chrétiens qui restent! Leurs forces sont consumées et comme brisées, ils tremblent, ils apostasient, ils se laissent abattre. Nul remède désormais, disent-ils, et, poussés par la tiédeur et la faiblesse, ils semblent sur le point de redevenir païens. Pourquoi donc se disaient-ils chrétiens? Dans quel espoir, au milieu d'un pays tel que celui-ci, avaient-ils donc embrassé l'Évangile?

« De grâce donc, faites vos efforts et employez tous les moyens possibles pour ne pas vous laisser surprendre aux piéges trompeurs des trois ennemis : le monde, la chair et le démon ; mais de tous le plus dangereux, c'est la chair. Soyez assidus à la lecture et à la prière ; sachez saisir le moment propice pour vous livrer à la méditation, et ne la discontinuez pas ; prenez goût au chemin de la croix, et si à chaque station vous réfléchissez avec ferveur, vous y trouverez un profit spirituel immense. On parvient très-difficilement à connaître toutes ses passions, ses affections déréglées, ses vices et ses habitudes, sans l'exercice de la méditation et de la prière. Cependant, si on ne les connaît pas, on ne peut éviter les peines éternelles de l'enfer. Il y a des pensées qui offusquent les yeux de l'esprit, et en même temps lient et fatiguent les forces de l'âme. On se dit par exemple : pour le moment, j'ai trop d'affaires ; pour le moment, il y a des difficultés entre moi et le prochain ; on trouve encore d'autres prétextes qui éloignent de la réception des sacrements. En remettant ainsi de jour en jour, combien sont déjà tombés dans l'abîme! De grâce, soyez sur vos gardes et réfléchissez-y bien.

« N'oubliez pas surtout d'invoquer la sainte Vierge dont toutes nos paroles ne peuvent exalter les vertus sans bornes. O Marie toujours vierge, vous êtes la mère du Fils de Dieu ! Cumulant tous les bonheurs et toutes les vertus, elle brille d'un

éclat incomparable ; reine du ciel et de la terre, elle connaît en
détail tous nos besoins, et dans sa bienveillance elle ne néglige
rien de ce qui nous touche. Elle est toute sainte et toute belle !
De tout temps, combien de saints et de saintes n'ont pas obtenu
le royaume du ciel en l'honorant ! Priez-la donc instamment, et
vous êtes sûrs d'être exaucés ; sur dix mille, un seul même ne
saurait être refusé.

« Je vous ai dit trop de choses déjà, mais c'est ma dernière
heure. J'ai le cœur dans l'impatience et le corps tout agité, je ne
puis dire tout ce que je voudrais et ce que je dis est sans suite
et très-incorrect. A la fin, combien resterez-vous de chrétiens ?
Ayez donc soin d'être toujours attentifs, réunissez-vous pour
prier de tout votre cœur, et si vous pouvez obtenir du Saint-
Esprit le feu de la charité, il n'y aura plus de difficultés pour
vous. Ne craignez ni les dangers, ni la mort ; ne rendez pas
inutile le désir que Jésus a de sauver tous les hommes, et par son
secours vous pourrez traverser heureusement la mer orageuse
de cette vie, et faire aborder votre barque aux rivages du ciel, où
nous jouirons ensemble des joies éternelles dans les siècles sans
fin.

« Je ne pourrai pas écrire en particulier à Thérèse et à Agathe.
Elles ont rompu déjà avec le monde, mais ce n'est pas là le plus
difficile. Agathe, forcée de vivre avec les païens, aura bien des
difficultés à vaincre ; elle devra corriger son caractère difficile......
Imprimez profondément dans vos cœurs les cinq plaies de Jésus-
Christ. Rendez à Dieu amour pour amour, vie pour vie, et alors
même pourrez-vous espérer avoir entièrement satisfait à votre
devoir ? Car Notre-Seigneur a souffert mille douleurs et mille
amertumes de son plein gré, pour nos péchés ; comment payer
jamais un tel bienfait ?

« J'ai mille choses à vous communiquer. Mais je ne puis tout
dire. Ces lignes sont les dernières que ma main pourra tracer
en ce monde, j'espère que vous en prendrez lecture et en pro-
fiterez. — Année kei-hai, le 22 de la douzième lune. »

Six jours plus tard, le courageux soldat de Jésus-Christ
scellait cette lettre de son sang.

Ainsi se termina la persécution. Il restait, à la vérité, quelques prisonniers tant à la capitale que dans les provinces, mais
parmi eux, peu de chrétiens influents. La plupart demeurèrent
encore longtemps en prison, les autres furent relâchés ou envoyés en exil.

Cette persécution de l'année kei-hai (1839-40) est, à proprement parler, le second acte de la sanglante tragédie commencée en l'année sin-iou (1801-2). En effet, bien que la religion ait toujours été, dans ce pays, poursuivie et proscrite, bien qu'à d'autres époques il y ait eu des redoublements de haine sauvage contre les chrétiens, c'est à ces deux dates surtout que le gouvernement coréen travailla d'une manière plus systématique, plus complète et plus cruelle, à anéantir le christianisme dans tout le royaume.

Ces deux grandes persécutions se ressemblent dans leur nature et dans leurs effets; mais il y a dans leurs causes une différence notable. En 1801, les rancunes politiques étaient mêlées aux préjugés de religion; les ennemis du christianisme cherchaient à abattre le parti dominant des Nam-in, autant qu'à détruire l'Évangile. De toutes parts, les nobles, les grands dignitaires signaient des adresses au roi contre la nouvelle doctrine et ses sectateurs, et un grand nombre de mandarins, en les poursuivant, obéissaient autant à leurs propres sentiments de haine qu'aux ordres de la cour. En 1839, nous ne voyons plus, parmi les confesseurs, de personnages haut placés, dont le pouvoir ou les richesses pussent exciter la jalousie, dont la chute pût être un triomphe pour leurs adversaires. Il y a bien encore quelques nobles, mais ce sont les descendants de familles ruinées, proscrites et désormais sans puissance. Aussi, excepté certains parents de la reine T'sio, du ministre Ni Tsien-i, etc., et quelques autres individus isolés qui montrent un acharnement personnel contre le christianisme, la noblesse en masse reste à peu près indifférente aux mesures prises par le gouvernement, tandis que les mandarins se contentent d'exécuter les décrets royaux et souvent même en adoucissent la rigueur.

La persécution de 1839 fut plus générale qu'aucune des précédentes. Toutes les chrétientés furent bouleversées; et les chrétiens qui échappèrent à l'emprisonnement perdirent, par le pillage ou l'émigration forcée, tout ce qu'ils possédaient. Les arrestations furent très-nombreuses dans la province de Kang-ouen; il y en eut plus de cent dans celle de Tsien-la, plus de cent aussi dans celle de T'sioung-t'sieng; mais c'est surtout à la capitale, et dans la province dont la capitale est le chef-lieu, que l'orage éclata avec une violence inouïe. C'est là aussi que les néophytes firent le plus d'honneur à la religion par leur courage et leur persévérance; toute proportion gardée, c'est à la capitale qu'il y eut le plus de confesseurs et de martyrs.

Il y eut, en tout, plus de soixante-dix chrétiens décapités. Environ soixante autres moururent, ou sous les coups, ou étranglés, ou des suites de leurs blessures. Les sentences officielles, semblables à celles que nous avons citées plus haut, portaient que les accusés se reconnaissaient coupables de professer une doctrine perverse. Refusaient-ils de signer, comme l'exige la loi du pays, on leur prenait la main, et on leur faisait tracer de force les caractères voulus.

Nous avons dit que plusieurs de ces confesseurs avaient eu d'abord la faiblesse d'apostasier, mais, comme on l'a vu, presque tous firent une rétractation solennelle, et leur mort atteste la sincérité de leur repentir. Aussi les bourreaux eux-mêmes répétaient : « Les chrétiens ne renoncent à leur Dieu que de bouche, leur cœur ne change jamais. » On sait d'ailleurs par les chrétiens emprisonnés avec eux, et plus tard rendus à la liberté, que tous, même les plus faibles, même les enfants, moururent la joie dans le cœur et les louanges de Dieu sur les lèvres.

Cette fois encore, Dieu punit dès ce monde les principaux instigateurs de la persécution.

Le ministre Tsio, grand-oncle maternel du roi, ayant excité par son arrogance la jalousie de son neveu, fut forcé de s'empoisonner lui-même, au milieu d'un grand festin, en décembre 1845. Le ministre Ni Tsien-i, tombé en disgrâce, fut envoyé en exil, où il mourut après quelques mois. Le traître Kim Ie-saing-i, à qui l'on avait fait espérer les plus hautes dignités, n'obtint en récompense qu'une fonction subalterne, un titre honorifique assez insignifiant, et nul profit matériel. Les païens eux-mêmes l'avaient en horreur et le regardaient comme un monstre. L'année suivante, de concert avec un autre scélérat nommé Hong En-mo, fils de ce Hong Na-kan-i qui s'était montré, en 1791 et 1801, l'ennemi si acharné de la religion, Ie-saing-i voulut de nouveau vexer les chrétiens. Mais le juge criminel les fit saisir tous les deux, fustiger sévèrement et condamner à l'exil perpétuel dans les îles. Hong En-mo y mourut peu après. Ie-saing-i, sur les instances de son père, fut gracié en 1853. A peine revenu, il se trouva impliqué dans un crime grave commis par un petit mandarin de la province septentrionale, fut ramené avec son complice à la capitale, chargé de fers, et n'aurait pas évité la mort, si ce mandarin n'eût été le père d'une des concubines du ministre. Celui-ci fit commuer, pour les deux coupables, la peine de mort en exil perpétuel. Rentré dans son pays, par suite d'une amnistie générale, Ie-saing-i se mit, en 1862, à la tête d'une troupe d'insurgés, fut pris et mis à mort. Après l'exécution, son corps fut coupé en morceaux que l'on promena dans les diverses provinces, pour effrayer les rebelles.

Enfin, les résultats de la persécution de 1839 furent tout autres que ne l'espérait le gouvernement coréen. Les chrétiens, il est vrai, y perdirent leurs pasteurs et le plus grand nombre de leurs catéchistes, mais ce ne fut pour la chrétienté qu'une privation passagère. Après la mort du Père T'siou, en 1801, l'Église coréenne avait dû rester veuve pendant plus de trente ans, mais, cette fois, les circonstances n'étaient plus les mêmes, les missionnaires européens avaient appris le chemin de la Corée, et la voie qu'on essayait en vain de leur fermer, devait se rouvrir bientôt devant leurs persévérants efforts. D'un autre côté, outre l'avantage, si grand aux yeux de la foi, de compter dans le ciel tant de nouveaux martyrs et intercesseurs, la religion gagnait une publicité que des années de prédication n'eussent pu lui donner. Depuis le premier ministre jusqu'au dernier valet de prison, juges, mandarins, nobles, lettrés, gens du peuple, satellites, bourreaux, dans les districts les plus éloignés aussi bien qu'à la capitale, tous entendirent parler de la religion chrétienne, tous acquirent une certaine connaissance de ses principaux dogmes. La semence de la parole de Dieu fut portée par la tempête aux quatre vents du ciel, et qui nous dira dans combien d'âmes cette semence féconde germa en fruits de salut ? Un fait que les missionnaires ont souvent constaté depuis, c'est qu'à partir de cette persécution surtout, on cessa de mépriser les chrétiens et leur doctrine. L'hostilité du gouvernement n'a pas diminué, mais l'opinion publique rend justice à la charité, à la pudeur, à la patience, à la bonne foi, à toutes les vertus dont nos confesseurs donnèrent alors de si éclatants exemples.

LIVRE III

**Depuis la fin de la persécution jusqu'à la mort de Mgr Ferréol,
troisième vicaire apostolique de Corée.
1840 — 1853.**

—

CHAPITRE I.

Premières tentatives de M. Ferréol pour entrer en Corée. — Etat de la
chrétienté. — Les martyrs de 1841.

Pendant que le gouvernement coréen se félicitait d'avoir, par
le meurtre des missionnaires et de presque tous les chrétiens
influents, porté un coup mortel à la religion de Jésus-Christ,
Dieu préparait de nouveaux apôtres à cette Église désolée.
Avant qu'aucune nouvelle de la persécution fût parvenue en
Chine, M. Ferréol s'était mis en route pour la Corée.

Jean-Joseph Ferréol, né en 1808, à Cucurron, dans le diocèse d'Avignon, était prêtre depuis quelques années, lorsque, en
1838, il vint au séminaire des Missions-Étrangères, se préparer
à l'apostolat des infidèles. Il quitta la France au commencement
de mai 1839, sur un navire de Bordeaux, et protégé durant son
voyage par les prières de ses trois confrères et des autres martyrs coréens qui alors même versaient leur sang pour la foi,
il arriva heureusement en Chine le 23 janvier 1840. Il séjourna
six semaines à Macao, puis s'embarqua de nouveau, le 6 mars
1840, sur une barque païenne. Après trente-six jours d'une
navigation pendant laquelle il courut plusieurs fois le danger
de tomber entre les mains des pirates, il put débarquer dans
la province du Fo-kien. De là il prit la route de terre, et traversa toute la Chine du sud au nord, voyageant tantôt à pied,
tantôt en palanquin, le plus souvent en barque sur les canaux et
les rivières, passant tour à tour pour petit mandarin, contrebandier d'opium, docteur, homme de tribunal, marchand de
tabac, et même prince tartare. Quoique sa figure fût très-peu
chinoise, et qu'il ne pût encore s'exprimer dans la langue du
pays, il ne fut pas reconnu pour Européen, et réussit à faire
sans accident fâcheux ce long et périlleux voyage. A Ou-tchang-
fou, capitale du Hou-pé, il logea tout près de la prison où était

renfermé le vénérable Perboyrc, missionnaire lazariste qui, quelques jours plus tard, devait verser son sang pour la Foi. Il longea les murs de Péking pendant deux heures, sans entrer dans cette capitale, traversa heureusement la grande muraille et arriva enfin à Sivang, en Tartaric, où il trouva chez les missionnaires lazaristes une fraternelle hospitalité.

C'est dans ce village qu'il commença à avoir des inquiétudes sur le sort des missionnaires et des chrétiens de Corée. Cette année 1840, on n'avait reçu aucune nouvelle de la mission. Aucun courrier chrétien n'était venu à Péking, personne n'avait paru à la frontière. Un Chinois ayant demandé à un membre de l'ambassade coréenne pourquoi le mandarin Liéou (Augustin Niou) ne faisait plus partie de la députation, — « Que lui veux-tu ? » avait répondu celui-ci. — « Je lui ai prêté de l'argent et je voudrais le réclamer. — Tu attendras longtemps ton argent, on lui a coupé la tête ainsi qu'à bien d'autres, » dit le Coréen. Ces paroles sinistres et d'autres symptômes ne laissaient que trop clairement entrevoir ce qui s'était passé ; mais le missionnaire n'en fut point découragé.

Après avoir séjourné un mois et demi à Sivang, M. Ferréol reprit sa route à travers la Mongolie et la Mandchourie ; il lui restait encore trois cents lieues à faire pour arriver aux frontières de la Corée. Le pays qu'il traversa ne ressemblait plus à la Chine, généralement si peuplée et si bien cultivée. Il marchait quelquefois des journées entières sans trouver une habitation. Les montagnes, les plaines en friche, étaient couvertes de troupeaux de bœufs, de chevaux et de dromadaires, et il put alors voir ce qu'est un peuple nomade, ne cultivant pas la terre, se nourrissant uniquement du lait et de la chair de ses animaux, se revêtant de leur peau, dressant sa tente aujourd'hui dans le lieu où le pâturage est le plus abondant, et demain la transportant ailleurs lorsque ce pâturage est épuisé. Un jour il entra dans une de ces tentes mongoles, pour s'y rafraîchir. Elle était de forme circulaire terminée en dôme ; tout autour étaient rangés les meubles de la famille ; au milieu se trouvait le fourneau de la cuisine. Des peaux revêtues de leur poil couvraient le sol, et à l'entrée de la tente il y avait un grand tas de crottins de chevaux et de bouses de vache, seul combustible des habitants de ces déserts.

« Nous nous assîmes sur nos talons, raconte-t-il, nous bûmes le thé au lait de jument, nous allumâmes notre pipe à un crottin de cheval, et nous partîmes. O Dieu ! quel pays pour un voyageur européen ! Vous n'y voyez pas de grand chemin, mais en revanche une multitude de sentiers propres à vous égarer. C'est ce qui arrivait quelquefois à mes guides. Souvent se rencontraient des rivières à traverser ; point de bacs, encore moins de ponts. Voulez-vous passer? Otez vos habits, ou bien montez sur votre bête si vous en avez, et si l'eau est trop profonde, attendez qu'elle diminue, ou qu'elle gèle pendant l'hiver. Nous fûmes obligés de passer plus de trente fois la même rivière. Nos animaux, deux mulets et un cheval qui portaient le bagage de la mission, avaient quelquefois de l'eau jusqu'au milieu du ventre. Un de mes guides fit deux fois naufrage avec son mulet, au milieu de l'eau bourbeuse ; mes bagages furent souvent trempés, si l'on me passe l'expression, jusqu'à la moelle. Quand l'eau était trop profonde ou trop impétueuse, deux hommes tenaient mon cheval par la bride ; l'eau nous emportait tous ensemble, et je n'étais pas sans quelque crainte. Le temps le plus favorable pour voyager dans ce pays, c'est l'hiver, alors tout est glacé ; l'été on ne trouve que de l'eau et de la boue. »

Après vingt-deux jours de voyage, M. Ferréol arriva à Moukden, ancienne capitale des états de la famille impériale de Chine. Il fut assez mal reçu par les chrétiens du Léao-tong. Voici pourquoi. Les missionnaires portugais de Péking, qui jusqu'alors avaient évangelisé cette province, ne pouvant plus depuis longtemps, à cause de leur petit nombre, prendre de ces chrétientés le soin convenable, le Saint-Siége venait de les détacher du diocèse de Péking, et de les confier à la congrégation des Missions-Étrangères chargée déjà de la Corée. Le Léao-tong est limitrophe de la Corée, et cet arrangement semblait devoir faciliter beaucoup l'entrée des missionnaires dans ce dernier pays. Mais toute nécessaire qu'elle fût, la mesure prise par le souverain Pontife raviva dans le cœur de quelques prêtres portugais les sentiments de jalousie nationale, et pour mettre plus aisément les chrétiens de leur côté, ils leur peignirent, sous les plus terribles couleurs, la persécution que la présence des prêtres français ne pourrait manquer de susciter bientôt. M. Ferréol étant arrivé sur ces entrefaites, on lui refusa un asile. Il frappa à plusieurs portes, on le pria de continuer son chemin. Un pauvre chrétien, ému de compassion, l'ayant reçu chez lui, d'autres vinrent d'une assez grande distance pour l'expulser. Cette fâcheuse disposition des esprits fut pour le missionnaire une épreuve pénible et la cause de bien des marches et contre-marches ; mais sa confiance en Dieu n'en fut nullement diminuée.

Il avait trouvé en arrivant à Sivang une lettre de Mgr Imbert, adressée au premier missionnaire qui viendrait en Corée. Le prélat recommandait au nouveau venu de se munir de patience, et de se retirer au petit port de Yang-vou, d'où l'on peut voir les côtes coréennes, afin de tenter par là quelqu'autre voie de communication. Le missionnaire put remplir la première partie de ces instructions en s'exerçant à la patience, mais l'hostilité des chrétiens du Léao-tong ne lui permit pas de se rendre à Yang-vou. Il s'éloigna donc, en priant Dieu de les éclairer et de changer leurs cœurs, et se réfugia en Mongolie, à quatre-vingt-dix lieues au nord de Moukden.

, De cette retraite, où il demeura deux ans, il envoya plusieurs fois des Chinois à la frontière de Corée, avec ordre de se mettre en rapport avec les chrétiens de ce pays, au passage de l'ambassade. Ces tentatives furent inutiles ; il n'y avait à la frontière ni lettres, ni courriers. Les chrétiens de Corée travaillaient cependant, de leur côté, à rétablir les relations avec la Chine. En 1840, ils envoyèrent un courrier à la frontière, mais ce courrier mourut en route ; l'année suivante, ils en envoyèrent un second qui ne put rencontrer les courriers chinois. Un troisième, expédié à la fin de 1842, fut plus heureux, et réussit, comme nous le verrons plus tard, à s'aboucher avec M. Ferréol et ses compagnons.

Laissons un instant le nouvel apôtre de la Corée se préparer, dans la solitude, à sa périlleuse entreprise, et revenons à nos néophytes.

Avec l'année kei-hai (1839-40) s'était terminée la grande persécution. La paix était presque rétablie, mais, de tous côtés, quel affligeant spectacle ! La chrétienté bouleversée de fond en comble ; des milliers de chrétiens sans gite et sans ressources ; des familles privées de leurs chefs, décimées par le glaive, la corde, l'exil ou la famine, dispersées dans toutes les directions, les enfants cherchant leurs pères, les maris leurs femmes, les pères et mères leurs enfants ; un grand nombre de femmes chrétiennes, devenues la proie des satellites, cachant parmi les païens la honte de leur existence ; que de deuils et que de larmes !

Presque tous étaient réduits à la misère. Il fallait vivre cependant. C'était le printemps ; ils prirent le chemin des montagnes, et, comme avaient fait leurs pères après la persécution de 1801, se mirent à les défricher. La Providence, qui nourrit les oiseaux du ciel, ne les abandonna pas, et par un motif auquel nous avons déjà fait allusion, et que nous devons signaler de nouveau comme bien honorable pour notre sainte religion, les païens eux-mêmes vinrent à leur secours. Ils savaient en effet, par expérience, que ces chrétiens si méprisés, si calomniés, étaient en général fidèles à payer leurs dettes, chose rare en ce pays, et les habitants des villages voisins de ces montagnes n'hésitèrent pas à faire aux nouveaux venus des avances en argent et en grains, qui les sauvèrent de la mort.

Il fallait aussi reconstituer la chrétienté frappée dans ses pasteurs et dans ses principaux chefs. Dieu y pourvut encore. Les trois hommes de confiance des missionnaires avaient échappé : Charles Hien, serviteur de M. Chastan, Pierre Tseng, serviteur de M. Maubant, et enfin Thomas Ni, petit-fils de Pierre Ni Senghoun-i, qui, depuis la mort de sa femme, s'était attaché à Mgr Imbert. A ces trois hommes échut naturellement la rude tâche de ranimer le courage de leurs frères, et de rétablir peu à peu la pratique des exercices religieux. Ils y mirent beaucoup d'activité et de zèle, malgré les dangers qui les environnaient; car tous les trois, dénoncés personnellement à diverses reprises, étaient encore recherchés par la police. Pendant plusieurs années, ils vécurent presque constamment cachés, et ce ne fut que longtemps après qu'ils purent se montrer librement.

Ils s'occupèrent aussi de recueillir les actes des martyrs. Nous voyons dans les papiers de Mgr Imbert que, quelques mois avant sa mort, il avait lui-même délégué à cet effet Paul Tieng et Benoîte Hien. Les chrétiens assurent que Jean Ni Kieng-t'sien-i, Philippe T'soi et Charles Hien, reçurent également de l'évêque la même mission. Quoi qu'il en soit, ils y travaillèrent consciencieusement, et après la persécution, Charles Hien et Philippe T'soi, les seuls survivants de ceux que nous venons de nommer, se firent aider de Pierre Tseng et de Thomas Ni, pour compléter leurs recherches. Ce recueil a obtenu l'approbation générale des chrétiens, dont un grand nombre avaient été eux-mêmes témoins oculaires des faits rapportés, et c'est là que nous avons puisé presque tous les détails édifiants donnés dans cette histoire.

L'année kieng-tsa (1840) fut assez tranquille. Il y eut encore quelques arrestations, quelques vexations locales, quelques maisons de chrétiens pillées par les satellites, mais tout cela n'était rien comparé à l'affreuse tempête qui venait de finir. D'un autre côté, après plusieurs années de famine, on eut enfin d'excellentes récoltes, ce qui diminua beaucoup les souffrances des néophytes, et calma les ressentiments populaires, car, en Corée aussi bien qu'ailleurs, l'opinion publique est moins portée aux excès en un temps d'abondance que pendant la disette.

Deux faits seulement méritent d'être signalés. Quelques chrétiens s'étaient établis dans un village isolé de la province de Kang-ouen, lorsque, vers la fin de la troisième lune, un d'entre eux étant allé à son ancienne demeure chercher ses effets, fut rencontré à son retour par les satellites. Ils le traitèrent de voleur, et mirent la main sur son petit bagage. Le pauvre homme, effrayé, perdit la tête, déclara qu'il était chrétien, et fut en conséquence traîné à la prison de Tsioun-tsien, ainsi que les membres de sa famille et quelques voisins, en tout neuf personnes. L'un deux mourut en prison avant que le mandarin eût examiné leur affaire ; les autres se rachetèrent par une lâche apostasie.

Deux mois plus tard, à la cinquième lune, Joseph T'soi que, depuis la persécution, on avait laissé languir dans la prison de Hong-tsiou, terminait glorieusement sa carrière de souffrances. Joseph, surnommé Tai-tsong-i, et parent du martyr François T'soi, était du village de Tarai-kol, district de Hong-tsiou. Pendant de longues années, il avait édifié les chrétiens par sa piété filiale, par sa résignation joyeuse dans une extrême pauvreté, par son assiduité à la prière, lorsqu'à la huitième lune de 1839, sur la dénonciation d'un apostat, il fut pris et conduit au tribunal criminel de Hong-tsiou. Il eut à subir de nombreux interrogatoires et des tortures sans nombre, mais son courage n'en fut point ébranlé. Enfermé à la prison des voleurs, jour et nuit chargé d'une lourde cangue, n'ayant pas assez d'espace pour se coucher de tout son long, maltraité par les geôliers qui lui volaient souvent sa maigre pitance et le laissaient plusieurs jours de suite sans nourriture, il fut, après quelques semaines, mis de nouveau à la question. La nature épuisée céda, et il laissa échapper une parole d'apostasie, mais, quelques iustants après, il revint à lui-même, pleura sa faute, fit une rétractation publique, et soutint, sans faiblir, toutes les tortures que lui infligea le mandarin exaspéré. On le renvoya à la prison.

Un de ses frères, ayant pu le visiter, lui demanda quels supplices il avait eu à supporter. Joseph refusa de répondre, et dit : « Non, si mon vieux père apprenait ces détails, il en souffrirait trop. Il faut, au contraire, chercher à le consoler. » A la fin de la persécution, tous les autres chrétiens, compagnons de sa captivité, furent mis en liberté. Il resta seul, probablement parce qu'on voulait le punir d'avoir rétracté son apostasie. Presque sans vêtements, il eut beaucoup à souffrir des rigueurs de l'hiver, mais on ne l'entendit jamais se plaindre, et, tant que ses forces le lui permirent, il accomplit régulièrement chaque jour ses exercices de piété. Enfin, après neuf mois de prison, il rendit paisiblement son âme à Dieu, le 5 de la cinquième lune, à l'âge de cinquante et un ans.

Quoique la persécution eût officiellement cessé depuis l'année précédente, nous rencontrons, en 1841, plusieurs nouveaux martyrs, car la paix, pour les chrétiens de cet infortuné pays, n'est jamais ni complète ni de longue durée.

Il y avait au village de Koui-san, district de Koang-tsiou, une famille du nom de Kim, composée de trois frères qui jouissaient d'une certaine aisance, et dont la droiture et la générosité avaient attiré l'estime universelle. Quand ils entendirent parler de la religion chrétienne, deux d'entre eux l'embrassèrent de suite, et bientôt, la grâce poursuivant son ouvrage, non-seulement le troisième frère. mais plusieurs de leurs parents, amis et voisins, se joignirent à eux, en sorte que ce petit village devint une fervente chrétienté. A l'arrivée du P. Pacifique, Antoine, l'aîné des trois, vint s'établir dans la capitale, pour être plus à portée de recevoir les sacrements. Il fit même dans sa maison un petit oratoire, où plus tard il reçut M. Maubant pendant tout un été. En 1839, les frères Kim ayant été dénoncés, Antoine, averti à temps, alla se cacher en province, mais ses frères restés à Koui-san, et un de leurs cousins, tombèrent entre les mains des satellites. Après plusieurs interrogatoires présidés par des mandarins subalternes, ils furent conduits devant le juge du district. Augustin Kim Tek-sim-i, le second des frères, celui-là même qui, arrêté par les idées du monde, avait tardé d'abord à embrasser la religion, développa en plein tribunal les principales vérités de la doctrine chrétienne, et fut mis à la question, qu'il supporta avec beaucoup de courage. Plusieurs interrogatoires successifs, toujours accompagnés de supplices, ne purent ébranler aucun des trois confesseurs, et tous les moyens de persuasion ayant également échoué, on les déposa à la prison de Koang-tsiou, où ils furent à peu près oubliés. L'année suivante, après la persécution, les enfants d'Augustin eurent permission de communiquer avec lui ; ils espéraient même le faire délivrer, mais les jours se passaient sans amener aucun changement. Augustin fatigué des souffrances de la prison, obsédé de tentations de découragement, gémissait de ne pouvoir obtenir ni le martyre, ni la liberté. Il en tomba malade, et après quelques semaines d'agonie, mourut dans sa prison, le 28 de la première lune de 1841, dans les plus vifs sentiments de contrition et de charité. Il était âgé de quarante-trois ans, et avait été prisonnier plus de vingt mois.

Son frère aîné, Antoine, n'avait pu cependant échapper long-temps aux perquisitions. Pris avec toute sa famille, et conduit au grand juge criminel de la capitale, il se montra plus fort que les tortures. Il s'établit dans la prison comme chez lui, disposa tout pour y passer le reste de sa vie, et rien dans son air ou ses paroles ne témoigna jamais qu'il eût le moindre désir de vivre ou d'être délivré. Les prisonniers païens prêtaient volontiers l'oreille à ses discours, et il les prêcha avec tant de ferveur, que deux d'en-tre eux se convertirent. Le 8 de la troisième lune intercalaire de 1841, on le frappa de soixante coups de la planche à voleurs, et, comme il demeurait inébranlable, on l'étrangla en prison la nuit suivante. Il avait alors quarante-sept ans.

Le troisième frère fut laissé à la prison de Koang-tsiou, avec son cousin germain. Leur fermeté n'a pas été à l'abri de tout soupçon, car depuis la mort d'Augustin, ils ne furent ni battus, ni mis à la torture. Un fait néanmoins qui semblerait prouver en leur faveur, c'est que, lors de l'amnistie générale proclamée à la naissance de l'héritier présomptif du trône, ils ne furent point mis en liberté.

Parmi les chrétiens échappés aux perquisitions de 1839, et sur lesquels la police voulait, à tout prix, mettre la main, nous devons noter en première ligne Philippe T'soi Hei-ouen-i, qu'il ne faut pas confondre avec Philippe T'soi Hei-tenk-i étranglé à la neuvième lune de 1839. Celui dont nous parlons était le frère aîné de Jacques T'soi, dont nous avons raconté le martyre. Leur père, exilé à Heng-hai en 1801, y étant mort, Philippe qui n'avait alors que dix ans, chargea le corps sur ses épaules, et alla l'en-terrer dans un lieu éloigné, puis, après la mort de sa mère, se retira avec son frère chez un de ses oncles, où ils passèrent plu-sieurs années occupés aux travaux des champs. Lorsque son frère Jacques se maria, Philippe le suivit, et tous deux ensemble allèrent s'établir à la capitale. Sans cesse occupés à consoler les affligés, à réchauffer les tièdes, à instruire les ignorants, Philippe et Jacques se firent remarquer de tous par leur infatigable charité. Après l'arrivée des missionnaires, ils montrèrent un zèle tout particulier pour préparer des oratoires, et disposer les chrétiens à la récep-tion des sacrements ; aussi, quand la persécution éclata, furent-ils immédiatement dénoncés. Philippe était absent de la maison, quand son frère Jacques fut pris, et il dut dès lors se cacher avec soin, ce qui toutefois ne l'empêcha pas d'affronter les plus grands dangers pour recueillir les corps des martyrs. Après la persécu-tion, il travailla avec Charles Hien et Jean Ni, à réunir, vérifier et compléter les actes de tous ceux qui en Corée avaient souffert pour la foi, faisant de cette occupation même une préparation à la mort, car il n'ignorait pas les poursuites dont il était l'objet.

Ces poursuites furent poussées avec tant de vigueur, que pendant la deuxième lune de 1841, on arrêta et mit à la question plusieurs chrétiens soupçonnés de connaître le lieu de sa retraite. Le premier qui fut saisi pour ce motif, était André He Tai-pok-i, homme d'un caractère droit, doux et dévoué. Il avait dans sa jeunesse oublié ses devoirs, et pris une concubine ; mais converti par les exhortations de quelques chrétiens fervents, il eut le courage de rompre ce commerce illicite, et de faire une longue et sincère pénitence de ses égarements. Pour mieux reconnaître la grâce que Dieu lui avait accordée, il se dévoua au salut du prochain, exerça son zèle envers beaucoup de chrétiens tièdes, et convertit nombre de païens. Pendant la persécution, il ne cessa, malgré le danger, de visiter les prisonniers, de courir pour leur service de côté et d'autre, le jour et la nuit, par le froid et la pluie. Mais son œuvre de prédilection était d'enterrer les martyrs ; et l'on parle encore de la sagacité, du sang-froid, de l'intrépidité qu'il déployait en ces occasions. Dénoncé à la deuxième lune de 1841, comme complice et ami de Philippe T'soi, il supporta les tortures sans rien déclarer. Le juge, voyant que sa résolution était inébranlable, ordonna de le laisser en prison jusqu'à nouvel ordre.

François Kouen Sieng-ie, frère aîné du martyr Pierre Kouen, signalé aussi comme devant connaître le lieu de la retraite de Philippe, fut saisi à la même époque. Né de parents chrétiens qu'il eut le malheur de perdre dès son enfance, François avait été élevé au milieu des païens et, pendant de longues années, ne connut le christianisme que de nom. La Providence lui ayant fait enfin rencontrer quelques néophytes, il s'instruisit, fit instruire toute sa famille et devint un modèle de ferveur. Les missionnaires l'employèrent souvent pour les différentes affaires de la mission. Dès 1837, il émigra dans la province de Kang-ouen pour fuir la persécution qui menaçait, et en 1839, lors de l'arrestation de son frère, il eut beaucoup de peine à échapper aux recherches des satellites. Établi en pays païen, il se croyait à l'abri de tout danger, lorsque, trahi par un mauvais chrétien qui connaissait sa demeure, il fut pris à l'improviste, dans le district de T'siong-tsiou, à la fin de la troisième lune intercalaire de 1841. Conduit d'abord à cette ville et interrogé sur sa foi par le mandarin, il lui exposa les principales vérités catholiques, et vengea victorieusement la religion des calomnies habituelles des païens. Il fut expédié ensuite à la capitale, où le juge criminel lui ordonna d'indiquer la retraite de Philippe T'soi. Il répondit ne pas la connaître et fut, en conséquence, mis à la question. Six interrogatoires, accompagnés de supplices atroces, n'ébranlèrent pas son courage, et sur l'ordre du juge, on le laissa en prison.

Peu de jours après l'arrestation de François Kouen, les satellites ayant cerné une maison qu'on leur avait désignée comme suspecte, y rencontrèrent un homme qui n'était pas de la famille, et lui demandèrent son nom. « Je m'appelle T'soi. — Ton nom de baptême ne serait-il pas Philippe ? — Oui, » répondit le chrétien. Aussitôt, poussant des cris d'une joie féroce, les satellites le lient, ainsi que ses hôtes, et le conduisent au juge criminel. Celui-ci, enchanté d'une telle capture, lui dit avec un sourire ironique : « Tu es un rusé compère de nous avoir ainsi échappé pendant trois ans, mais, à la fin, nous avons été plus rusés que toi, et te voilà pris. Maintenant, commence par renier ton Dieu. — Non, jamais, » répondit Philippe. Le juge ordonna de lui infliger une forte bastonnade, et les bourreaux obéirent avec allégresse. Puis il ajouta : « Non content de suivre cette infâme religion, tu as corrompu un nombre infini de personnes. Tu as souvent reçu les prêtres étrangers dans ta maison ; ils t'ont remis beaucoup d'objets en dépôt. Ta faute est dix fois plus grave que celle des autres. La mort t'est due à bien des titres, et tu peux être sûr de ne pas y échapper. » On passa alors au cou de Philippe une lourde cangue, et il fut conduit à la prison. Pendant quatre mois, il n'eut pas d'autre interrogatoire à subir ; mais on ne saurait raconter toutes les vexations qu'il eut à souffrir de la part des geôliers et des satellites. Son admirable patience ne se démentit pas un seul instant ; il n'ouvrait la bouche que pour instruire et encourager ses compagnons de captivité. Après quatre mois, cité de nouveau devant le juge qui le somma d'apostasier, Philippe, toujours ferme, fut torturé et flagellé avec plus de violence que jamais, puis renvoyé à la prison.

Parmi les chrétiens arrêtés en même temps que lui, nous citerons Jacques Ni et sa tante Anastasie Tsiang. Jacques Ni Koun-kiem-i était d'une famille noble du village de Mat-meri, au district de In-t'sien, et avait toujours montré beaucoup d'exactitude à remplir tous ses devoirs. Quand les satellites entrèrent chez lui pour chercher Philippe T'soi, il ne fit paraître aucune frayeur, leur servit du riz et en mangea lui-même avec calme. Il se montra inébranlable devant les juges et dans les supplices.

Son corps étant couvert de blessures, et ses forces épuisées, il fut pris d'une dyssenterie qui l'emporta en quelques jours. Il mourut en prison, vers la fin de la cinquième lune, à l'âge de trente-six ans. Anastasie Tsiang, née à l'île Iok-niou-to dans le golfe voisin de la capitale, fut instruite de la religion à l'âge de vingt-cinq ans. Devenue veuve quelque temps après, sans maison, sans ressources, elle avait passé le temps de la persécution, en se cachant de côté et d'autre, puis enfin, ayant retrouvé son neveu Jacques, était venue demeurer avec lui. Elle ne faiblit pas dans les supplices, et fut renvoyée à la prison avec les autres confesseurs.

Plusieurs mois se passèrent sans que le gouvernement prît aucune résolution à leur égard. Cependant, il fallait se débarrasser d'eux de quelque manière. D'après la loi, un chrétien non apostat ne peut être remis en liberté ; d'un autre côté, on ne voulait pas recommencer des exécutions publiques avec grand appareil. On résolut donc de les étrangler secrètement. André He et François Kouen moururent les premiers, après plus de six mois de prison, le 10 de la huitième lune 1841. François avait alors quarante-six ans ; on ne sait pas l'âge exact d'André. Un chrétien, probablement un apostat, délivré le matin de ce même jour, leur faisant ses adieux et les plaignant de leur triste sort, André He lui répondit : « Ce n'est pas nous qu'il faut plaindre, au contraire, nous n'avons jamais été si heureux. » Quelques jours plus tard, le 14 de cette même huitième lune, Anastasie Tsiang fut aussi étranglée, à l'âge de quarante-huit ans. Enfin Philippe périt par le même supplice, après sept mois de captivité, le 23 de la neuvième lune, à l'âge de cinquante et un ans.

Le supplice de ces confesseurs se rattache, comme on l'a vu, à la grande persécution de 1839, qu'il vint clore d'une façon bien glorieuse pour l'Église de Corée. Le nombre des prisonniers était sans doute très-petit en 1841, mais jamais peut-être il n'y eut, proportion gardée, si peu d'apostats et tant de martyrs.

Après avoir eu mille fois l'occasion d'admirer le courage et la patience de nos néophytes, devant les tribunaux et devant la mort, reposons-nous quelques instants dans le récit des vertus cachées d'une âme revenue, il est vrai, bien tard à son Dieu, mais qui, dans ses dernières années, semble avoir marché à pas de géant dans les voies de la perfection. Il importe de ne pas laisser perdre des souvenirs encore vivants aujourd'hui dans le cœur d'un grand nombre de chrétiens, mais que le temps ferait rapidement disparaitre.

Pierre Ni Pa-ou-i, plus connu sous le nom de Ni Tsiem-tsi, naquit d'une famille du peuple au district de Nie-tsiou, vers l'an 1775. Ses deux sœurs étaient mariées, l'aînée à la capitale, l'autre à Siou-ouen, et après la mort de son père, Pierre, encore enfant, suivit sa mère tantôt chez l'une, tantôt chez l'autre de ses sœurs. Vers le temps de l'arrivée du P. Tsiou, pendant un séjour à la capitale, la mère de Pierre entendit parler de la religion chrétienne pour la première fois. Après s'en être bien instruite, elle l'enseigna à ses trois enfants. Le mari de sa fille aînée ne voulut pas l'embrasser, mais il n'inquiétait pas les personnes de sa famille dans la pratique de leurs exercices religieux, et Pierre suivit en toute liberté les avis de sa pieuse mère. Bientôt elle tomba malade, et mourut entourée de ses enfants qui, ne pouvant contenir leur douleur, lui criaient en gémissant : « Mère, mère, allez auprès de Jésus et de Marie. » Ils crurent entendre une voix du ciel qui leur répondit distinctement, trois fois de suite : « Oui, oui. » Plusieurs des assistants, y compris le beau-fils jusque-là infidèle, furent tellement frappés d'admiration que, le jour même, ils se déclarèrent chrétiens.

Pierre resta quelque temps chez sa sœur aînée, pratiquant avec fidélité ses devoirs religieux, mais sans être baptisé ; il se maria ensuite à une chrétienne. La persécution de 1801 ayant dispersé et ruiné presque tous les néophytes, il se trouva dans une si grande misère qu'il dut, ainsi que son beau-frère, exercer le métier de cordonnier pour gagner sa vie. Ce métier, considéré en Corée comme très-vil, le fit mépriser de ses connaissances, et Pierre, ne pouvant supporter leurs plaisanteries, quitta la capitale, se lia avec des gens sans aveu, et se mit à courir le pays, de côté et d'autre, sans avoir de demeure fixe. On conçoit que, dans cette vie nomade de chercheur d'aventures, il ne devait guère pratiquer la religion ; néanmoins, il y restait attaché, et gardait au fond du cœur un vague désir de se convertir un jour. Il vécut de la sorte pendant de longues années, sans avoir aucune relation avec les chrétiens. A la fin cependant, il retourna à la maison de sa seconde sœur, et, touché de ses avis, reprit peu à peu quelques exercices de piété, quoique souvent encore il se laissât entraîner dans ses vieilles habitudes de vagabondage. Tous lui rendent cette justice que, même dans ses plus mauvais jours, la pureté de ses mœurs ne fut point soupçonnée. A l'âge de cinquante et un ans, il tomba gravement malade et fut, probablement par les soins de sa sœur, baptisé à l'extrémité. Il échappa cette fois à la mort, et la grâce du sacrement ayant agi sur son cœur, il prit la ferme résolution de changer de vie.

A partir de ce jour, il fut un homme tout nouveau. Se rappelant que la vanité blessée avait été la première cause de ses fautes, il travailla d'abord à acquérir une véritable humilité, et fit dans cette vertu des progrès merveilleux. Il était tellement convaincu de son indignité et de son néant, qu'il se mettait au-dessous de tous les hommes, et dans le fond de son cœur se regardait sincèrement comme le plus misérable et le dernier des pécheurs. L'humilité, selon la promesse de Notre-Seigneur, amena bientôt à sa suite toutes les autres vertus : la vraie contrition, la ferveur dans la prière, l'esprit d'oraison, la mortification, la douceur, la patience, etc... Pendant la famine, un jour que Pierre mendiait quelques grains de riz, un chrétien riche, touché de sa misère et de son grand âge, lui donna dix nhiangs (environ vingt francs). Il les avait acceptés quand, après réflexion, il les rendit au donateur. Celui-ci ne voulut pas les reprendre, mais Pierre les déposa à terre et partit, disant qu'il n'osait pas recevoir une somme si considérable, que c'était déjà trop pour lui d'obtenir, en mendiant, sa nourriture de chaque jour. Ses habits étaient de simple toile, toujours vieux et rapiécés, et jamais il ne se plaignit du froid, même dans les hivers les plus rigoureux.

Lorsque les satellites envahirent Kot-tangi, en 1839, ils rencontrèrent Pierre et lui dirent : « Toi aussi, tu suis la religion chrétienne ? » Pierre, dans l'humilité de son cœur, répondit ingénument : « Vraiment oui, je suis chrétien ; mais ce que je fais est bien peu de chose. » Les satellites, peu soucieux d'une capture aussi insignifiante, passèrent outre. Cette réponse fut longtemps pour Pierre une cause de regret et d'angoisse ; il craignait qu'on ne l'eût prise pour une parole d'apostasie. Rencontrait-il des chrétiens, il se mettait à pleurer et demandait si, en parlant de la sorte aux satellites, il ne s'était pas rendu coupable d'un péché mortel. Souvent il passait la nuit seul, dans les montagnes, se nourrissant d'herbes et de racines, et ne voulant plus aller chez les chrétiens, dans la crainte que sa présence ne les compromît.

Sa femme étant morte en 1840, il se retira chez sa fille aînée qui demeurait alors à Ien-p'ong, dans la maison d'un noble nommé Ambroise Ni, chrétien assez indifférent. Il y fut bientôt pris d'une maladie grave qui le tint plusieurs mois couché ; c'était la dernière épreuve par laquelle Dieu voulait purifier cette sainte âme. Son corps, crevassé en plusieurs endroits et couvert de pus, répandait une odeur fétide ; ses souffrances étaient extrèmes, et cependant, quand il était seul et se croyait sans témoins, il s'étendait sur la terre nue ou sur des pierres, dans la pensée qu'une natte était d'un trop grand luxe pour lui. Cette humble et héroïque patience frappait d'admiration les païens aussi bien que les chrétiens. Pierre souhaitait ardemment qu'un de ses neveux, homme fervent et instruit, vînt le préparer à la mort ; Dieu lui accorda cette grâce. Quand ce neveu arriva près de lui, son corps épuisé n'avait plus qu'un souffle, mais ses idées conservaient encore toute leur lucidité. Ils passèrent la nuit en conversations pieuses, et le lendemain vers midi, pendant qu'ils parlaient encore de Jésus et de Marie, tout à coup Pierre dit avec une joie sereine : « Voilà Jésus et Marie qui viennent à moi, du côté de l'ouest, » et en disant ces mots, il expira. C'était le 6 de la première lune de 1841 ; il avait alors soixante-six ans.

Quand Pierre eut rendu le dernier soupir, l'odeur nauséabonde qui s'exhalait de son corps cessa subitement, et quoique le ciel fût très-pur et sans le moindre nuage, un météore semblable à un arc-en-ciel très-brillant parut et se reposa sur la chambre où était le corps. La nouvelle de cet étrange phénomène se répandit rapidement dans le voisinage, et tous, chrétiens et païens, sortirent de leurs maisons pour le voir de leurs propres yeux, et ne purent retenir l'expression de leur étonnement. Quand on voulut l'enterrer, la terre était partout gelée et couverte d'une neige abondante ; on ne savait où creuser la fosse. On découvrit enfin un petit espace, de la largeur et de la longueur nécessaires, où la terre n'était ni gelée, ni couverte de neige, et là on déposa le corps de ce pauvre mendiant, pour la mémoire duquel, non-seulement nos néophytes, mais les païens eux-mêmes ont conservé la plus grande vénération. Il est certain que Pierre pratiqua la vertu d'humilité dans un degré héroïque ; quant au signe éclatant par lequel Dieu aurait glorifié celui qui de lui-même s'était tant abaissé, nous dirons seulement que plusieurs des personnes qui avaient vu cet arc-en-ciel ont affirmé le fait par un serment solennel, et ont déposé entre les mains de Mgr Daveluy leur témoignage écrit et signé de l'authenticité du prodige.

CHAPITRE II.

L'année 1842 restera célèbre dans l'histoire des relations de l'Europe avec l'extrême Orient. Pour la première fois les Européens ou, selon l'expression chinoise, les Barbares de l'Occident se trouvèrent directement aux prises avec le Céleste-Empire, et montrèrent à l'Asie étonnée l'inconcevable faiblesse de ce colosse aux pieds d'argile, pourri d'orgueil et d'immoralité.

C'était la première guerre anglo-chinoise, bien connue sous le nom de guerre de l'opium, et dont il suffit de rappeler les causes en deux mots. Les marchands anglais trouvaient un grand profit à vendre aux Chinois l'opium préparé dans l'Inde; les Chinois de leur côté s'adonnaient avec une passion de plus en plus fatale à l'usage de ce narcotique. On sait que l'habitude de l'opium est cent fois plus funeste et plus difficile à vaincre que l'habitude des liqueurs fortes, et que l'ivresse ainsi produite mène rapidement ses victimes à l'abrutissement et à la mort. Les mesures de prohibition employées d'abord par le gouvernement chinois avaient été inutiles; il se faisait, par contrebande, un commerce considérable d'opium, et un très-grand nombre de mandarins favorisaient en secret, à prix d'or, ce trafic illicite. A la fin, pour couper le mal dans sa racine, le vice-roi de Canton fit saisir et brûler publiquement toutes les caisses d'opium qui se trouvaient dans les factoreries anglaises de Canton.

Les marchands, furieux de cette perte, exaspérés d'ailleurs par l'orgueilleuse conduite des mandarins et par les avanies qu'on leur faisait continuellement subir, entraînèrent facilement le gouvernement anglais à prendre leur cause en main. En quelques mois, une poignée d'hommes battit les représentants du Fils du Ciel, leur imposa les conditions les plus dures et les plus humiliantes, et en faisant ouvrir les ports libres, ébranla la barrière séculaire qui isolait la Chine du reste du monde.

Dans cette guerre, les Anglais avaient évidemment tort, et le principe de liberté de commerce, invoqué par eux, n'était qu'une moquerie, car on ne peut pas, licitement, forcer un peuple à s'empoisonner, ou un gouvernement à laisser empoisonner le peuple qui lui est confié, pour le plus grand profit de quelques marchands. Mais la Providence fait coopérer les passions et même les injustices des hommes à l'accomplissement de ses desseins. Dieu voulait humilier l'orgueil du peuple chinois, cet orgueil insensé qui lui fait regarder la Chine comme l'unique centre du monde, de la civilisation et de la science, cet orgueil ridicule qui lui permet à peine de soupçonner qu'il existe d'autres peuples, ou qu'ils puissent ne pas être ses vassaux et ses esclaves, cet orgueil satanique qui depuis tant de siècles lui fait rejeter le vrai Dieu et mépriser son Christ. La guerre de l'opium fut la première leçon donnée à cet orgueil, et par un contre-coup auquel ne pensaient nullement ses auteurs, elle commença à aplanir les voies aux prédicateurs de l'Évangile.

La France n'était pas mêlée à cette première querelle. Depuis la perte de ses colonies à la fin du XVIIIe siècle, on ne voyait que bien rarement son pavillon dans les mers d'Asie, où il avait si fièrement flotté autrefois. En cette circonstance cependant, le gouvernement de Louis-Philippe s'émut des événements qui se passaient à l'extrémité du monde ; afin de les surveiller et d'en tirer profit si possible, il envoya en Chine deux frégates : l'*Érigone* commandée par le capitaine Cécile, et la *Favorite* par le capitaine Page. L'*Érigone* jeta l'ancre dans la rade de Macao le 7 septembre 1841, au moment où la guerre était très-vivement poussée par les Anglais. Le capitaine Cécile chercha aussitôt à se rendre compte de l'état des affaires, et à examiner s'il pourrait retirer de son expédition quelque avantage pour le commerce et l'influence de la France. Il songeait à occuper quelque point important, par exemple l'une des îles situées au sud du Japon, pour en faire une position à la fois stratégique et commerciale. Il avait aussi l'intention de conclure des traités de commerce avec les royaumes voisins de la Chine, spécialement avec la Corée.

Dans ce but, en février 1842, il demanda à M. Libois, procureur de la congrégation des Missions-Étrangères à Macao, de lui confier pour quelque temps un des jeunes Coréens élevés chez lui, afin qu'il pût lui servir d'interprète dans le cas où il irait en Corée. M. Libois accepta avec joie cette proposition, espérant par là renouer les communications, interrompues depuis plusieurs années, avec l'Église de Corée. André Kim, l'un des deux élèves coréens, s'embarqua donc sur l'*Érigone*, et comme son office aurait été difficile à remplir, parce qu'il parlait très-peu le français et qu'il lui fallait se servir du latin pour interpréter le coréen,

M. Maistre l'accompagna, avec la mission de pénétrer lui-même en Corée dès que l'occasion se présenterait.

M. Ambroise Maistre était né en Entremont, au diocèse d'Annecy, le 19 septembre 1808. A l'âge de trente et un ans, après avoir exercé le saint ministère pendant quelques années, il résolut de se dévouer au salut des infidèles, et fut reçu au séminaire des Missions-Étrangères. Il quitta la France, le 8 janvier 1840, avec un autre prêtre nommé Siméon Berneux. Ce dernier que la Providence destinait à devenir, après une longue et glorieuse carrière, vicaire apostolique de Corée et martyr, était envoyé dans la mission de Tong-king. M. Maistre n'avait pas encore de destination définitive; le procureur des missions devait lui en donner une, d'après les circonstances. Les deux missionnaires étant arrivés à Macao, le 8 janvier 1840, M. Berneux partit peu après pour le Tong-king, et son compagnon resta à la maison de procure, occupé à aider le supérieur de cet établissement dans les soins assidus que réclament la correspondance avec l'Europe et les missions, l'envoi des aumônes et objets divers nécessaires aux missionnaires, enfin l'introduction si difficile de nouveaux prêtres dans les pays persécutés. M. Maistre était, de plus, à peu près seul chargé de l'éducation des élèves coréens et chinois qui se trouvaient à la procure. Nous avons vu plus haut que, des trois jeunes gens envoyés par M. Maubant en 1836, l'un, nommé François-Xavier Tseng, était mort quinze mois après son arrivée à Macao. Les deux survivants étaient André Kim et Thomas T'soi.

M. Maistre s'embarqua donc avec André sur l'*Érigone*, en février 1842, et quelques mois plus tard, Thomas, à son tour, accompagnait sur la *Favorite* un autre missionnaire : M. de la Brunière, destiné à la Tartarie. Thomas devait aller rejoindre M. Ferréol.

Le 27 juin, l'*Érigone* mouillait à l'embouchure du fleuve Bleu; la *Favorite* vint l'y rejoindre le 23 août. La guerre touchait à sa fin ; la prise de Nang-king et l'occupation des îles Chusan avaient décidé les Chinois à conclure la paix avec les Anglais. Par le traité du 29 août, l'empereur leur céda la propriété de l'île de Hong-kong, une indemnité de vingt-un millions de piastres pour les frais de la guerre, le libre accès et séjour dans six ports différents, etc. Les commandants français ne voulurent pas s'avancer plus au nord, et l'expédition de Corée fut ajournée indéfiniment.

Dans ces conjonctures, les deux missionnaires qui s'étaient rencontrés, crurent qu'ils devaient quitter les navires et continuer leur route vers leurs missions. Ils s'embarquèrent donc sur une jonque chinoise avec les deux élèves coréens, et firent voile pour les côtes du Léao-tong, où ils arrivèrent le 25 octobre 1842. Ils y opérèrent leur descente en plein jour, mais furent immédiatement signalés à une douane voisine dont les satellites, renforcés par une troupe de païens, ne tardèrent pas à les envelopper.

« A cette vue, écrit M. Maistre, nos guides effrayés perdent la parole. On nous interroge ; on nous prend par les bras pour nous conduire au mandarin ; chacun s'agite en tumulte autour de nous. M. de la Brunière qui parlait chinois a beau répondre en bonne langue mandarine à toutes leurs questions : « Je suis étranger ; je ne vous comprends pas ; laissez-moi tranquille, je ne veux pas vous parler ; » le silence des chrétiens consternés nous compromettait de plus en plus. Cependant le jeune élève coréen André Kim, plein d'esprit et de feu, fit aux assaillants un long discours, leur reprochant d'être venus à nous comme à des voleurs, de nous avoir perdus de réputation, d'avoir odieusement vexé des hommes inoffensifs qui émigraient de la province de Kiang-nan pour affaires, etc. Tandis que la vivacité de sa déclamation les tenait en respect, arriva un homme tout essoufflé accompagné d'un domestique. A la réception que lui firent les satellites, on pouvait juger qu'il était considéré dans le pays ; il paraissait d'ailleurs fort inquiet à notre sujet, et ses yeux semblaient nous dire qu'il venait à notre secours. Il prit donc la place du Coréen, parla, gesticula et cria avec tant de force que les douaniers lâchèrent leur proie. J'étais bien curieux de savoir qui était notre libérateur. Quelle fut ma surprise lorsque j'appris qu'il était idolâtre, et qu'il ignorait entièrement notre qualité d'Européens ! mais nous lui avions été recommandés par notre catéchiste qui était son ami. Après un tel vacarme, nos guides n'avaient presque plus l'usage de leurs facultés, ils ne pensaient plus, ne voyaient plus. Bref, au lieu de nous conduire au char qui nous attendait à quelque distance, ils se trompèrent de route, et nous promenèrent au hasard pendant près de deux heures sur un grand chemin couvert de piétons, au risque d'être à chaque pas reconnus. »

M. Maistre eut beaucoup de peine à trouver un refuge dans un village à huit lieues de la mer ; André Kim demeura avec lui. Thomas T'soi suivit M. de la Brunière, pour aller ensuite rejoindre M. Ferréol en Mongolie. Le 7 novembre arriva, dans le village où M. Maistre était caché, un courrier chinois qui venait des frontières de la Corée. Il n'y avait encore aucune nouvelle positive ; aucun chrétien coréen n'avait paru, mais les marchands disaient que deux ou trois étrangers avaient été mis à mort avec Augustin Niou, comme coupables d'avoir prêché au peuple une religion perverse. Voulant à tout prix sortir d'une aussi cruelle incertitude, M. Maistre et son élève conçurent le hardi projet de pénétrer en Corée, à la onzième lune, déguisés en mendiants. Ils se procurèrent quelques haillons, et tout était prêt pour leur départ, lorsqu'arriva Mgr Verrolles, vicaire apostolique de Maud-chourie, qui désapprouva ce projet comme contraire aux règles de la prudence. Il fut donc résolu que l'élève André irait seul à la découverte.

Le 23 décembre, il se mit en route avec deux courriers. Ils n'étaient plus qu'à deux lieues de Picn-men, la dernière ville chinoise, lorsqu'ils rencontrèrent l'ambassade coréenne allant à Péking ; elle formait une caravane d'environ trois cents personnes. Surpris de cette rencontre inopinée, André s'arrête et regarde défiler les Coréens devant lui. Il s'approche de l'un d'eux afin de voir son passeport, que les envoyés coréens portent ordinairement à leur ceinture d'une manière ostensible. « Comment t'appelles-tu, » lui dit-il. « Je m'appelle Kim, » répond le Coréen et il continue sa marche. André le voit s'éloigner avec regret : « Ce Coréen, disait-il en lui-même, parait meilleur que les autres, il n'y a pas grand danger à l'interroger sur les affaires de Corée. Je n'aurai plus de longtemps une occasion si favorable. » Se rapprochant alors de lui, il lui dit sans détour : « Es-tu chrétien ? — Oui, » répond le Coréen, « je le suis. — Quel est ton nom ? — François. » André le considère alors plus attentivement, et reconnaît un fervent chrétien qu'il a vu autrefois en Corée. Il se fait connaître à son tour, et apprend que l'évêque et les deux prêtres ont eu la tête tranchée. Plus de deux cents chrétiens ont été conduits au supplice. Son propre père a été décapité, et sa mère réduite à la mendicité n'a plus de demeure fixe : les chrétiens lui donnent tour à tour asile. Le père de son ami et condisciple Thomas est mort sous les coups, et sa mère a été décapitée. Maintenant la persécution est apaisée, et un calme apparent a succédé à cette terrible tempête, mais les pauvres chrétiens sont encore saisis de frayeur, et craignent de rencontrer à chaque pas un satellite ou un faux frère, car les décrets lancés contre eux ne sont pas rapportés, et tous les prisonniers n'ont pas été relâchés.

Le courrier François remit ensuite à André tout ému divers papiers cachés dans sa ceinture. C'étaient : la relation de la persécution, écrite par Mgr Imbert jusqu'au jour de son arrestation ;

les lettres de MM. Maubant et Chastan, et une lettre des chrétiens dans laquelle était exprimé leur désir de recevoir de nouveaux pasteurs.

André engagea François à revenir avec lui à Picn-men pour préparer l'entrée de M. Maistre ; mais François lui représenta que la chose n'était pas possible. Ses compagnons de voyage étaient tous païens, et c'était par la faveur de quelques-uns d'entre eux qu'il avait obtenu la permission d'aller à Péking. Il était inscrit sur la liste de ceux qui accompagnaient les ambassadeurs, et s'il venait à disparaître, on concevrait des soupçons qui pourraient devenir la cause d'une nouvelle persécution.

L'intrépide André Kim résolut alors d'entrer seul en Corée, afin de tout disposer pour l'introduction de M. Maistre au mois de février. Il se dirigea vers Picn-men où il séjourna un jour, occupé à façonner comme il put des habits de pauvre, dans lesquels il cacha cent taëls d'argent et quarante d'or. Il se procura aussi quelques petits pains et un peu de viande salée. Le lendemain, au point du jour, il fit ses adieux aux deux courriers chinois, et s'avança seul dans le désert qui sépare la Chine de la Corée. Il marcha tout le jour, et le soir, au coucher du soleil, il aperçut dans le lointain la ville d'Ei-tsiou. Son dessein était de couper des broussailles, d'en charger un fagot sur ses épaules, et de passer ainsi la douane comme un pauvre de la ville. Mais lorsqu'il voulut se mettre à l'œuvre, il s'aperçut qu'il avait oublié son couteau à Picn-men. Cet accident ne le découragea pas.

« Appuyé, écrit-il lui-même, sur la miséricorde de Dieu, et sur la protection de la bienheureuse Vierge Marie qui n'a jamais délaissé ceux qui ont eu recours à elle, je m'avançai vers la porte de la ville. Un soldat était sur le seuil, pour demander les passeports à ceux qui entraient. En ce moment arrivèrent des Coréens qui revenaient de Pien-men avec un troupeau de bœufs ; je me joignis à eux. Au moment où le soldat allait me demander mon passeport, il se rapprocha du bureau de la douane. Je me glissai de suite au milieu des bœufs, dont la haute taille me déroba un instant à ses regards. Tout n'était pas fini cependant, car on ordonnait à chacun de se présenter au bureau, et de décliner son nom, et comme il faisait déjà nuit, l'examen se faisait à la lueur des torches. Il y avait encore un autre officier qui se tenait sur un lieu plus élevé, afin que personne ne pût s'enfuir. Je ne savais trop que faire. Les premiers qui avaient été examinés commençaient à s'en aller : je me mis à les suivre, sans mot dire. Mais l'officier m'appela par derrière, me reprochant de m'en aller avant d'avoir donné mon passeport. Comme il continuait à m'appeler, je lui répondis : « On a déjà donné les passeports. » Puis croyant qu'on allait me poursuivre, je m'esquivai en toute hâte à travers une petite ruelle du faubourg. Je ne connaissais personne, je ne pouvais demander asile nulle part. Il me fallut donc continuer ma route pendant toute la nuit ; je fis environ dix lieues.

« A l'aurore, le froid me força d'entrer dans une petite auberge, où plusieurs hommes étaient assis. En voyant ma figure et mes vêtements, en m'entendant parler, ils dirent que j'étais un étranger. On s'empara de moi, on me découvrit la tête, on remarqua mes bas qui étaient chinois ; tous ces hommes, excepté un qui me prit en pitié, parlaient de me dénoncer sur-le-champ, et de me faire arrêter comme transfuge, espion, ou malfaiteur. Je leur répondis que j'étais Coréen et innocent, que toutes leurs paroles ne pouvaient pas changer la nature des choses, et que si j'étais pris, ils n'avaient pas à s'inquiéter, puisqu'il n'est pas difficile à un innocent de plaider sa cause. Ayant entendu ces mots ils me chassèrent, et comme je leur avais dit que je voulais aller à Séoul, ils envoyèrent quelqu'un pour me suivre de loin, et voir de quel côté je me dirigerais. J'étais très-exposé à tomber entre les mains des satellites ; l'argent que je portais pouvait être regardé comme une preuve de brigandage et me faire condamner à mort, d'après la loi coréenne. J'attendis donc que l'espion, rentré à l'auberge, eût pu dire que je marchais effectivement dans la direction de la capitale, et aussitôt je fis un assez grand détour, et je repris le chemin de la Chine. Après le lever du soleil, n'osant plus suivre la route, je me cachai sur une montagne couverte d'arbres, et à la nuit je m'avançai vers Ei-tsiou. »

Il y avait deux jours qu'André n'avait pas pris de nourriture. N'en pouvant plus de lassitude, il sentit ses forces l'abandonner, tomba et s'endormit sur la neige. Il fut bientôt éveillé par une voix qui disait : « Lève-toi et marche, » et en même temps, il crut voir une ombre lui indiquant la route au milieu des ténèbres. En racontant plus tard ce fait, André disait : « Je pris cette voix et ce fantôme pour une illusion de mon imagination, exaltée par la faim et par l'horreur de la solitude. Toutefois, la Providence me rendit par là un grand service, car très-probablement, j'aurais été gelé, et ne me serais réveillé que dans l'autre monde. »

Il se remit donc en marche, et laissant la ville d'Ei-tsiou sur la gauche, s'avança à grand'peine à travers les broussailles.

Au lever du soleil il était sur les bords du fleuve ; il se hâta de le traverser, mais plusieurs fois la glace manqua sous ses pieds, et il n'échappa à la mort que par miracle. Enfin, exténué de faim, de froid et de fatigue, il arriva dans une auberge de Pien-men. Là encore nouvel embarras. On lui refusa l'hospitalité, en lui disant qu'il n'était ni Chinois, ni Coréen, et en effet, ses haillons et son visage tout crevassé par le froid lui donnaient un air si étrange qu'il ne ressemblait ni aux uns, ni aux autres. On voulait le livrer au mandarin : mais sa présence d'esprit ou plutôt la divine Providence le sauva. Il eut enfin le bonheur de rencontrer un individu plus intéressé que charitable, qui à prix d'argent consentit à lui donner un gite. André reprit des habits chinois, et regagna la retraite de M. Maistre à qui il conta ses aventures.

Tel fut le coup d'essai du généreux André Kim dans cette vie de travaux et de périls qui allait être désormais son partage, et dont le récit devait un jour arracher ce cri à ses juges : « Pauvre jeune homme, dans quels terribles travaux il a toujours été depuis l'enfance ! »

Cependant M. Ferréol, dans le village de Mongolie où il s'était réfugié, fut bientôt instruit de toutes les nouvelles apportées par François Kim. Il venait de recevoir des brefs du Pape qui le nommaient évêque de Belline, et coadjuteur du vicaire apostolique de Corée avec future succession. Cette succession était ouverte, et elle était trop belle pour qu'il pût songer un seul instant à la refuser. Il répondit au souverain Pontife Grégoire XVI : « Très-Saint Père : Appuyé sur la bonté du Dieu des miséricordes, qui donne plus abondamment son secours à ceux qui sont dans l'indigence, je reçois avec humilité le fardeau que vous m'imposez. Je remercie Votre Sainteté, et mes actions de grâces sont d'autant plus grandes que la partie de la vigne du Père de famille qui m'est assignée, est plus abandonnée et d'un travail plus difficile.... »

Les sentiments apostoliques du missionnaire sont encore mieux exprimés dans une lettre qu'il écrivit à cette époque aux directeurs du séminaire des Missions-Étrangères. « Ainsi, Messieurs, leur disait-il, il ne manque à la mission de Corée rien de ce qui fait ici-bas le partage de l'heureuse famille d'un Dieu persécuté, conspué, crucifié. Prions le Seigneur de réaliser l'espérance exprimée par Mgr de Capse mourant, de voir son peuple se ranger bientôt sous les lois de l'Évangile. Le sang de tant de martyrs n'aura point coulé en vain ; il sera pour cette jeune terre, comme il a été pour notre vieille Europe, une

semence de nouveaux fidèles. Eh ! n'est-ce pas la bonté divine
qui, touchée des gémissements de tant d'orphelins, des prières
de nos vénérables martyrs inclinés devant le trône de la gloire,
des vœux enfin des fervents associés de la Propagation de la
Foi, dont on n'apprécie bien les secours que sur ces plages lointaines, n'est-ce pas elle qui leur a suscité au milieu des dangers
de tout genre, deux missionnaires tout prêts à voler à leur
secours. Bientôt nous franchirons, nous aussi, déguisés en
bûcherons, le dos chargé de ramée, cette redoutable barrière de
la première douane coréenne ; nous irons consoler ce peuple
désolé, essuyer ses larmes, panser ses plaies encore saignantes,
et réparer, autant qu'il nous sera donné, les maux sans nombre
de la persécution. Nous le suivrons dans l'épaisseur des bois, sur
le sommet des montagnes ; nous pénétrerons avec lui dans les
cavernes pour y offrir la victime sainte, nous partagerons son
pain de tribulation, nous serons les pères des orphelins, nous
épancherons dans le sein des indigents les offrandes de la charité
de nos frères d'Europe, et surtout les bénédictions spirituelles
dont la miséricorde divine nous a rendus dépositaires ; et si l'effusion de notre sang est nécessaire pour son salut, Dieu nous
donnera aussi le courage d'aller courber nos têtes sous la hache
du bourreau.

« Je ne pense pas que le monde puisse, avec ses richesses et
ses plaisirs, offrir à ses partisans une position qui ait pour eux
le charme qu'a pour nous celle à laquelle nous aspirons. Voilà
deux pauvres missionnaires, éloignés de quatre à cinq mille
lieues de leur patrie, de leurs parents, de leurs amis, sans
secours humain, sans protecteurs, presque sans asile au milieu
d'un peuple étranger de mœurs et de langage, proscrits par les
lois, traqués comme des bêtes malfaisantes, ne rencontrant
semées sous leurs pas que des peines, n'ayant devant eux que la
perspective d'une mort cruelle ; assurément il semble qu'il ne
devrait pas y avoir au monde une situation plus accablante.
Eh bien, non ; le Fils de Dieu qui a bien voulu devenir fils de
l'homme pour se faire le compagnon de notre exil, nous comble
de joie au milieu de nos tribulations, et nous rend au centuple
les consolations dont nous nous sommes privés en quittant, pour
son amour et celui de nos frères abandonnés, nos familles et nos
amis. Quoique nos jours s'écoulent dans la fatigue comme ceux
du mercenaire, le salaire qui nous attend à leur déclin en fait des
jours de délices. Oh ! qu'ils sont fous les sages du siècle de ne pas
chercher la sagesse dans la folie de la croix !

« Novice comme je le suis dans les missions, c'eût été pour moi un bien grand bonheur de me former à l'école de Mgr de Capse, de profiter des lumières et de l'expérience de cet ancien apôtre ; mais le Seigneur m'en a privé : que sa sainte volonté soit faite ! Vous voudrez bien, Messieurs et très-chers Confrères, prier Dieu de venir au secours de ma faiblesse, de me donner la force et le courage nécessaires pour porter le lourd fardeau qui m'est imposé...

« J'ai la confiance de voir à la fin de cette année s'ouvrir devant moi cette porte, à laquelle je frappe depuis trois ans. Les chrétiens réclament de nouveaux missionnaires : ils en ont écrit la demande sur une bande de papier, dont ils ont fait une corde qui ceignait les reins du courrier coréen. La sévérité des douanes nécessite de pareilles précautions. M. Maistre est arrivé heureusement sur les côtes du Léao-tong. Probablement ce cher confrère sera forcé, comme je l'ai été moi-même, de faire une longue quarantaine avant de pouvoir entrer. Nous avons nos deux élèves coréens avec nous : ils sont bien pieux et bien instruits ; ils poursuivent leur cours de théologie ; Dieu en fera les prémices du clergé de leur nation.

« Séparé de Mgr Verrolles par dix journées de chemin, je n'ai pu encore recevoir la consécration épiscopale ; j'ai lieu de croire qu'elle se fera dans le courant du printemps prochain. La vie des apôtres est bien précaire dans ce pays ; c'est donc une nécessité pour nous, de nous jeter tête baissée au milieu des dangers, sans autre bouclier que notre confiance en Dieu. Veillez donc, chers Confrères, à ce qu'après nous cette mission ne retombe plus dans le veuvage. Des deux premiers évêques envoyés à la Corée, l'un meurt à la frontière, sans pouvoir y pénétrer ; l'autre n'y prolonge pas ses jours au delà de vingt mois. Qu'en sera-t-il du troisième ?... D'après ce qu'on dit, c'est une terre qui dévore les ouvriers évangéliques. Me voilà très-avantagé dans l'héritage des croix ; ma position n'en est que plus digne d'envie. »

M. Maistre n'était ni moins résolu, ni moins heureux de l'avenir qui s'ouvrait devant lui. « Je sais, écrivait-il à M. Albrand, directeur du séminaire des Missions-Étrangères, je sais tout ce qui m'est réservé de fatigues, de privations et de dangers. Dieu soit béni ! C'est là ce que je suis venu chercher. Soyez béni à jamais, Seigneur, et que toutes les créatures ne cessent point de vous louer ! Que partout désormais, votre croix dans une main, vos saintes Écritures dans l'autre, baisant successivement l'évangile du salut et le cher et auguste signe de ma rédemption, je vous offre à chaque instant un nouvel hymne d'amour et de reconnaissance ! C'est donc à présent que je vais commencer à être missionnaire ! »

Tels étaient les nouveaux pasteurs que Dieu avait préparés pour ses fidèles de Corée.

Mgr Ferréol fut sacré évêque par Mgr Verrolles, vicaire apostolique de la Mandchourie, à Kay-tcheou, le 31 décembre 1843. De cette ville, il se rendit à Moukden pour y attendre le passage de l'ambassade coréenne. François Kim, le courageux chrétien qui avait succédé à Augustin Niou dans le rôle périlleux de courrier de la mission, avait promis de venir de nouveau comme marchand à la suite des ambassadeurs. Il arriva en effet, le soir du 24 janvier 1844, et pendant la nuit, vint secrètement saluer son évêque dans la maison qui lui donnait asile. Les nouvelles étaient mauvaises ; la persécution, bien qu'assoupie depuis quelque temps, menaçait toujours les chrétiens. Le cruel Tsio, régent du royaume, avait envoyé dans les provinces méridionales un gouverneur très-hostile à la religion, et on craignait une nouvelle tempête. Pour le moment, il n'était pas possible d'introduire un missionnaire. Si la paix n'était pas troublée, on pourrait peut-être le faire à la onzième lune de l'année suivante, c'est-à-dire au commencement de 1845. Forcé de reprendre avec M. Maistre le chemin de la Mongolie, Mgr Ferréol envoya André Kim faire une nouvelle tentative au nord-est de la Corée. A l'embouchure du Mi-kiang, près de la mer du Japon, se trouve sur la frontière de la Corée un bourg tartare nommé Houng-tchoung, et chaque seconde année, une foire considérable y réunit pendant quelques heures le peuple des deux pays limitrophes. Il avait été convenu l'année précédente que des chrétiens coréens s'y rendraient pour explorer le passage. André partit, accompagné d'un chrétien chinois, afin de s'aboucher avec eux et d'étudier cette route. Voici, traduit du chinois, le compte rendu de son voyage, tel qu'il l'écrivit lui-même à son évêque.

« Monseigneur, après avoir reçu la bénédiction de Votre Grandeur et pris congé d'Elle, nous nous assîmes sur notre traîneau, et, glissant rapidement sur la neige, nous arrivâmes en peu d'heures à Kouan-tcheng-tse. Nous y passâmes la nuit. Le second jour, nous franchissions la barrière de pieux, et nous entrions en Mandchourie. Les campagnes toutes couvertes de neige, et ne présentant partout que la monotonie de leur blancheur uniforme, offraient cependant à nos yeux un spectacle intéressant par la multitude des traîneaux qui, pour se rendre d'une habitation à une autre, sillonnaient l'espace en tous sens, avec une vitesse que l'on voit rarement en Chine.

« La première ville que nous rencontrâmes fut Ghirin, chef-lieu de la province qui porte le même nom, et résidence d'un hiang-kiun, ou général d'armée. Elle est assise sur la rive orientale du Soungari, dont le froid de février enchaînait encore le cours. Une chaîne de montagnes, courant de l'occident à l'orient, et dont les cimes s'effaçaient alors dans un léger nuage de vapeur, l'abrite contre le vent glacial du nord. Comme presque toutes les villes chinoises, Chirin n'a rien de remarquable ; c'est un amas irrégulier de chaumières, bâties en briques ou en terre, couvertes en paille, n'ayant que le rez-de-chaussée. La fumée qui s'élevait de ses toits montait perpendiculaire, et se répandant ensuite dans l'amosphère à peu de hauteur, formait comme un manteau immense de couleur bleuâtre, qui enveloppait toute la ville. Mandchoux et Chinois l'habitent conjointement; mais les derniers sont beaucoup plus nombreux. Les uns et les autres, m'a-t-on dit, forment une population de six cent mille âmes ; mais comme le recensement est inconnu dans ce pays, et que la première qualité d'un récit chinois est l'exagération, je pense qu'il faut en retrancher les trois quarts pour avoir le chiffre réel de ses habitants.

« Ainsi que dans les villes méridionales, les rues sont très-animées. Le commerce y est florissant ; c'est un entrepôt de fourrures d'animaux de mille espèces, de tissus de coton, de soieries, de fleurs artificielles dont les femmes de toutes classes ornent leurs têtes, et de bois de construction qu'on tire des forêts impériales.

« L'abord de ces forêts est peu éloigné de Ghirin : nous les apercevions à l'horizon, élevant leurs grandes masses noires au-dessus de l'éclatante blancheur de la neige. Elle sont interposées entre l'empire céleste et la Corée comme une vaste barrière, pour empêcher, ce semble, toute communication entre les deux peuples, et maintenir cette division haineuse, qui existe depuis que les Coréens ont été refoulés dans la péninsule. De l'est à l'ouest, elles occupent une espace de plus de soixante lieues ; je ne sais quelle est leur étendue du nord au midi. S'il nous avait été possible de les traverser en cet endroit, et de pousser en droite ligne vers la Corée, nous aurions abrégé notre chemin de moitié ; mais elles nous opposaient un rempart impénétrable. Nous dûmes faire un long circuit, et aller vers Ningoustra chercher une route frayée.

« Une difficulté nous arrêtait : nous ne connaissions pas le chemin qui conduit à cette ville. La Providence vint à notre secours, et nous envoya pour guides deux marchands du pays, qui retournaient dans leur patrie. En leur compagnie, nous voyageâmes quelque temps encore sur la glace de la rivière, en la remontant vers sa source. L'inégalité du terrain, les montagnes dont il est entrecoupé, les bois qui le couvrent, le défaut de route tracée, forcent les voyageurs à prendre la voie des fleuves. Aussi, en quittant le Soungari, nous allâmes nous jeter sur un de ses affluents, qui va, plus loin au nord, grossir de ses eaux le courant principal. Les Chinois nomment cette rivière Mou-touan ; sur la carte européenne elle est marquée Hur-dia ; serait-ce son nom tartare ? je l'ignore. Des auberges sont échelonnées sur ses rives. Nous fûmes, un jour, agréablement surpris d'en rencontrer une chrétienne : on nous y reçut en frères ; non-seulement on n'exigea rien pour notre logement, mais on nous contraignit même d'accepter des provisions de bouche. C'est une justice à rendre aux néophytes chinois : ils pratiquent envers leurs frères étrangers l'hospitalité la plus généreuse.

· « Nous nous avancions, tantôt sur la glace du fleuve, tantôt sur l'un ou sur l'autre de ses bords, suivant que la route nous offrait moins d'aspérité. A droite et à gauche s'élevaient de hautes montagnes couronnées d'arbres gigantesques, et habitées par les tigres, les panthères, les ours, les loups, et autres bêtes féroces, qui se réunissent pour faire la guerre aux passants. Malheur à l'imprudent qui oserait s'engager seul au milieu de cette affreuse solitude ; il n'irait pas loin sans être dévoré. On nous dit que dans le courant de l'hiver, plus de quatre-vingts hommes, et plus de cent bœufs ou chevaux étaient devenus la proie de ces animaux carnassiers. Aussi les voyageurs ne marchent-ils que bien armés et en forte caravane. Pour nous, nous formions un bataillon redoutable à nos ennemis. De temps en temps, nous en voyions sortir quelques-uns de leur repaire ; mais notre bonne contenance leur imposait, ils n'avaient garde de nous attaquer.

« Si ces animaux luttent contre les hommes, ceux-ci en revanche leur font une guerre d'extermination. Chaque année, vers l'automne, l'empereur envoie dans ces forêts une armée de chasseurs ; cette dernière année, ils étaient cinq mille. Il y a toujours plusieurs de ces preux qui payent leur bravoure de leur vie. J'en rencontrai un que ses compagnons ramenaient au tombeau de ses pères, à plus de cent lieues de là : il avait succombé au champ d'honneur ; sur sa bière étaient étalés avec orgueil les trophées de sa victoire, le bois d'un cerf et la peau d'un tigre. Le chef du convoi funèbre jetait par intervalle sur la voie publique du papier monnaie, que l'âme du défunt devait ramasser pour s'en servir au pays d'outre-tombe. Ces pauvres gens, hélas! étaient loin de penser que la foi et les bonnes œuvres sont, dans l'autre monde, la seule monnaie de bon aloi. Sa Majesté chinoise s'est réservé à elle seule le droit de chasser dans ces forêts, ce qui n'empêche pas une foule de braconniers chinois et coréens de les exploiter à leur profit.

« Avant d'atteindre la route qui perce la forêt jusqu'à la mer orientale, nous traversâmes un petit lac de sept à huit lieues de large; il était glacé comme la rivière qui l'alimente. Il est célèbre dans le pays par le nombre de perles qu'on y pêche pour le compte de l'empereur. On le nomme Hei-hou ou Hing-tchou-men : Lac noir ou Porte aux pierres précieuses. La pêche s'y fait en été. En sortant de la Porte aux perles, nous entrâmes dans une hôtellerie. Le premier jour du nouvel an chinois approchait, jour de grande fête, de grands festins et de joyeuse vie. Tout voyageur doit interrompre sa course pour le célébrer. L'aubergiste nous demanda d'où nous venions et où nous allions. « De Kouan-« tcheng-tse, » lui dîmes-nous, « et nous allons à Houng-tchoung ; « mais nous ne savons pas le chemin qui y conduit. — En ce « cas, » poursuivit-il, « vous allez demeurer chez moi ; voici la « nouvelle année : dans huit jours, mes chariots doivent se rendre « au même endroit : vous mettrez dessus votre bagage et vos « provisions, et vous partirez à leur suite ; en attendant, vous « serez bien traités. » Son offre fut acceptée avec remerciment. Nos chevaux, d'ailleurs, étaient si fatigués qu'une halte de quelques jours leur était nécessaire.

« A l'époque du nouvel an, les païens se livrent à de curieuses superstitions. Les gens de l'auberge passèrent la première nuit en veille. Vers l'heure de minuit, je vis s'approcher du khang ou fourneau qui me servait de lit, un maître de cérémonies affublé de je ne sais quel habit étrange. Je devinai son intention ; je fis semblant de dormir. Il me frappa légèrement à plusieurs reprises sur la tête pour m'éveiller. Alors comme sortant d'un sommeil profond : « Qu'est-ce donc? qu'y a-t-il? » lui dis-je. — « Levez-vous : « voici que les dieux approchent ; il faut aller les recevoir. « — Les dieux approchent !.... D'où viennent-ils? quels sont « ces dieux? — Oui, les dieux, les grands dieux vont venir; « levez-vous, il faut aller à leur rencontre. — Eh ! mon ami, « un instant. Tu le vois, je suis en possession du dieu du som-

« meil; en est-il un parmi ceux qui viennent qui puisse m'être
« aussi agréable à l'heure qu'il est ? De grâce, permets que je
« jouisse tranquillement de sa présence ; je ne connais pas les
« autres dont tu me parles. » Le maître de cérémonies s'en alla
grommelant je ne sais quelles paroles. Il est à présumer qu'il ne
fut pas fort édifié de ma dévotion pour ses grands dieux, et qu'il
augura mal du succès de mon voyage.

« Voici la manière dont se fait cette réception nocturne. Le moment venu, c'est-à-dire à minuit, hommes, femmes, enfants, vieillards, tous sortent au milieu de la cour, chacun revêtu de ses plus
beaux habits. Là, on se tient debout ; le père de famille qui préside
à la cérémonie, promène ses regards vers les différents points du
ciel. Il a seul le privilége d'apercevoir les dieux. Dès qu'ils se sont
montrés à lui, il s'écrie : « Ils arrivent ! qu'on se prosterne ! les
« voilà de tel côté ! » Tous à l'instant se prosternent vers le point
qu'il indique. On y tourne aussi la tête des animaux, le devant des
voitures ; il faut que chaque chose dans la nature accueille les
dieux à sa manière : il serait malséant que, à l'arrivée de ces hôtes
célestes, leurs yeux rencontrassent la croupe d'un cheval. Les
divinités étant ainsi reçues, tout le monde rentre dans la maison,
et se livre à la joie d'un copieux festin en leur honneur.

« Nous demeurâmes huit jours à Hing-tchou-men. Le 4 de la
première lune, laissant là notre traineau désormais inutile, nous
sellâmes nos chevaux et nous partîmes avec les chariots de l'aubergiste. Ses gens s'étaient engagés, moyennant un prix convenu, à fournir du fourrage à nos montures et à porter nos provisions pendant que nous traverserions la forêt, car on n'y trouve
que du bois pour se chauffer et faire cuire ses aliments. Enfin
nous arrivâmes à Ma-tien-ho près de Ningoustra, où commençait la route, dont l'autre bout atteignait la mer à une distance
de soixante lieues. Il y a sept à huit ans, on ne rencontrait sur
le chemin aucune habitation, aucune cabane qui donnât un abri
aux voyageurs. Ceux-ci se réunissaient en caravanes et cam-
paient à l'endroit où la nuit les surprenait, en ayant soin pour
écarter les tigres d'entretenir des feux jusqu'au matin. Aujour-
d'hui des hôtelleries sont échelonnées sur les bords de la route :
ce sont de grandes huttes, construites à la manière des sauvages,
avec des branches et des troncs d'arbres superposés, dont les
intervalles ainsi que les plus grosses fentes sont bouchés avec
de la boue. Les architectes et maîtres de ces caravansérails enfumés sont deux ou trois Chinois, qu'on appelle en langage du
pays Kouang-koun-tze (gens sans famille), venus de loin, la

plupart déserteurs de la maison paternelle et vivant de rapine. C'est pendant l'hiver seulement qu'ils sont là ; le beau temps revenu, ils quittent leurs cabanes, et s'en vont braconner dans les bois, ou chercher le jen-seng, cette racine précieuse qui se vend en Chine le double de son poids d'or.

« L'intérieur de ces taudis est encore plus sale que le dehors n'est misérable. Au milieu, montée sur trois pierres, repose une grande marmite, seule vaisselle de ces restaurants. On met le feu par-dessus ; la fumée s'échappe par où elle peut. Je vous laisse à juger de la suie qui s'attache aux parois. Des fusils et des couteaux de chasse, enfumés comme le reste, sont appendus aux troncs qui forment les murailles ; le sol est couvert d'écorces d'arbres : c'est sur ce duvet que le voyageur doit reposer ses membres fatigués et réparer ses forces. Nous nous trouvions quelquefois plus de cent étendus là pêle-mêle, presque les uns sur les autres. La fumée m'étouffait, j'en étais asphyxié, je devais sortir de temps en temps pour respirer l'air extérieur et reprendre haleine ; le matin, j'expectorais la suie avalée pendant la nuit.

« Les Kouang-koun-tze n'offrent à leurs hôtes que de l'eau et un abri. C'est donc une nécessité pour ceux-ci de faire leurs provisions, avant de pénétrer dans la forêt. Là, la monnaie de cuivre n'a pas cours : l'argent y est presque inconnu ; les maitres d'auberge reçoivent, en échange de l'hospitalité qu'ils donnent, du riz, du millet, de petits pains cuits à la vapeur ou sous la cendre, de la viande, du vin de maïs, etc. Quant aux bêtes de somme, elles sont logées à la belle étoile, et il faut faire sentinelle pour les soustraire à la voracité des loups et des tigres, dont l'approche nous était signalée par les chevaux qui hennissaient, ou qui soufflaient avec force de leurs naseaux dilatés par la peur. On s'armait alors de torches, on frappait du tam-tam, on criait, on hurlait, et on mettait l'ennemi en fuite.

« Ces forêts m'ont paru très-anciennes ; les arbres sont énormes et d'une hauteur prodigieuse. Ce n'est que sur la lisière que la hache les abat ; à l'intérieur, la vieillesse seule les renverse. Des nuées d'oiseaux habitent dans leurs branches ; il y en a d'une grandeur démesurée, qui enlèvent de jeunes cerfs ; leurs noms me sont inconnus. Les faisans surtout abondent : on ne saurait se faire une idée de leur multitude, quoique les aigles et les vautours leur fassent une guerre cruelle. Un jour, nous vimes un de ces oiseaux rapaces fondre sur un malheureux faisan ; nous effrayâmes le ravisseur, qui s'envola n'emportant que la tête de sa proie ; le reste nous servit de régal.

« Quand nous ne fûmes plus qu'à une journée de Houng-tchoung, nous laissâmes en arrière nos lourds chariots, et prenant les devants, nous arrivâmes enfin, un mois après avoir quitté Votre Grandeur, au terme de notre voyage. Houng-tchoung, situé à peu de distance de la mer, à l'embouchure du Mi-kiang, qui sépare la Corée de la Mandchourie, est un petit village d'une centaine de familles tartares. Après Foung Pien-men, dans le midi, c'est le seul lieu de contact entre la Chine et la Corée. Un mandarin de deuxième classe, et Mandchou d'origine, y maintient la police, aidé de deux ou trois cents soldats sous ses ordres. Une foule de Chinois s'y rendent de fort loin pour trafiquer. Ils livrent aux Coréens des chiens, des chats, des pipes, des cuirs, des cornes de cerf, du cuivre, des chevaux, des mulets, des ânes ; en retour ils reçoivent des paniers, des ustensiles de cuisine, du riz, du blé, des porcs, du papier, des nattes, des bœufs, des pelleteries et de petits chevaux, estimés pour leur vitesse. Ce commerce n'a lieu pour le peuple qu'une fois tous les deux ans, et ne dure qu'une demi-journée ; l'échange des marchandises se fait à Kieu-wen, ville la plus voisine de la Corée, à quatre lieues de Houng-tchoung. Si, à l'approche de la nuit, les Chinois n'ont pas regagné la frontière, les soldats coréens les poursuivent l'épée dans les reins.

« Il y a un peu plus de liberté pour quelques mandarins de Moukden, de Ghirin, de Ningoustra et de Houng-tchoung : ils peuvent trafiquer toutes les années ; on leur accorde cinq jours pour expédier leurs affaires ; mais ils sont gardés à vue et doivent passer la nuit en dehors de la Corée. Chacun d'eux a sous lui cinq officiers, et chacun de ceux-ci cinq marchands principaux, ce qui fait une petite caravane. Avant de s'enfoncer dans la forêt, ils dressent une tente sur le sommet d'une montagne, et immolent des porcs aux dieux des bois ; tous doivent prendre leur part de la victime. Ces quelques heures de commerce par an sont les seules relations qu'aient entre eux les deux peuples. En tout autre temps, quiconque passe la frontière est fait esclave ou impitoyablement massacré.

« Il existe une grande haine entre les deux nations, surtout depuis l'époque, encore récente, où des Chinois entrèrent dans la péninsule et enlevèrent des enfants et des femmes. J'ai vu, dans une auberge, un de ces Coréens ravi jeune encore à ses parents ; il peut avoir une vingtaine d'années. Je lui demandai s'il ne désirait pas retourner dans sa famille. « Je m'en garderai bien, » me dit-il, « on me prendrait pour Chinois et on me couperait la

« tête. » Je l'invitai ensuite à me parler coréen ; il s'en excusa en me disant qu'il avait oublié sa langue, et que d'ailleurs je ne le comprendrais pas. Il était loin de soupçonner que j'étais un de ses compatriotes.

« Outre son marché international, le village de Houng-tchoung est encore célèbre dans le pays par le commerce du hai-tshai (herbe marine), qu'on pêche dans la mer du Japon à peu de distance du rivage. Les hommes qui le recueillent montent dans des barques, s'écartent de la côte, puis se ceignant les reins d'une espèce de sac, plongent dans l'eau, remplissent le sac, remontent pour le vider, et plongent de nouveau jusqu'à ce que la nacelle soit comble. Les Chinois sont friands de ce légume et en font une grande consommation ; on rencontre sur les routes des convois de charrettes qui en sont chargées.

« Quand nous arrivâmes à la frontière, il devait s'écouler huit jours avant l'ouverture de la foire. Que le temps me parut long ! Qu'il me tardait de reconnaitre, au signal convenu, les néophytes coréens et de m'aboucher avec eux ! Mais force fut bien d'attendre. « Hélas ! me disais-je, ces peuples en sont encore à cet état « de barbarie de ne voir, dans un étranger, qu'un ennemi dont « il faut se défaire, et qu'on doit rejeter avec horreur de son « pays ! » Comme je comprenais alors cette vérité, que l'homme n'a pas de demeure permanente ici-bas, qu'il n'est qu'un voyageur de quelques jours sur la terre ! Moi-même je n'étais souffert en Chine que parce que l'on me croyait Chinois, et je ne pouvais fouler le sol de ma patrie que pour un instant et en qualité d'étranger. Oh ! quand viendra le jour où le Père commun de la grande famille humaine fera embrasser tous ses enfants dans l'effusion d'un baiser fraternel, dans cet amour immense que Jésus, son Fils, est venu communiquer à tous les hommes !

« Avant de partir, vous m'aviez recommandé, Monseigneur, de prendre des renseignements sur le pays que j'aurais à parcourir. J'ai tâché de me conformer aux intentions de Votre Grandeur. En observant moi-même, en interrogeant les autres, en faisant un appel aux souvenirs de ma première jeunesse, passée dans les écoles de la Corée, j'ai pu recueillir les détails que je vais vous soumettre. Je serai le plus bref possible.

« Les Mandchoux proprement dits sont disséminés sur un vaste terrain, moins étendu cependant que ne l'indique la carte européenne que j'ai sous les yeux ; ils ne vont guère au delà du 46° de latitude. Bornés, à l'occident, par la barrière de pieux et le Soungari, qui les séparent de la Mongolie ; au nord, par les deux petits États des Ou-kin et des Tu-pi-latse ou Tartares aux peaux de poissons; à l'orient, par la mer du Japon, ils confinent avec la Corée au midi.

« Depuis qu'ils ont conquis la Chine, leur pays est désert; d'immenses forêts, où le voyageur ne rencontre aucun être humain, en couvrent une partie; le reste est occupé par quelques stations militaires, s'il faut appeler de ce nom un petit nombre de familles tartares, groupées ensemble à des distances très-considérables. Ces familles sont entretenues aux frais de l'empereur; il leur est défendu de cultiver la terre. Il semble qu'elles ne sont là que pour faire acte de présence, et dire aux peuplades du nord, très-timides d'ailleurs et se trouvant assez au large dans leurs bois : « Ne descendez pas; le pays est occupé. » Des Chinois clair-semés qui défrichent, en fraude de la loi, quelques coins du pays, leur vendent le grain nécessaire à leur subsistance.

« La Mandchourie parait très-fertile; on le reconnaît à l'herbe luxuriante qui s'élève à hauteur d'homme. Dans les endroits cultivés, elle produit le maïs, le millet, le sarrasin, le froment en très-petite quantité. Si cette dernière récolte n'est pas plus abondante, il faut l'imputer, je crois, à l'humidité du sol et aux brouillards dont il est souvent couvert.

« Votre Grandeur demandera peut-être la cause de la solitude qui règne en Mandchourie. Ce fut une politique du chef de la dynastie chinoise actuelle, de transplanter, lors de la conquête, son premier peuple dans le pays envahi. Quand il fit irruption dans l'empire, il emmena avec lui tous ses soldats avec leurs familles, c'est-à-dire tous ses sujets; il en laissa une partie dans le Léao-tong, et distribua le reste dans les principales cités chinoises. Il s'assurait ainsi la possession de ces villes, en y jetant une population nouvelle, intéressée à les maintenir dans le devoir, à étouffer les révoltes dans leur naissance, et à consolider sa puissance sur le trône impérial.

« Cet état de choses a duré jusqu'à nos jours. Ces deux nations, les Chinois et les Mandchoux, quoique habitant depuis deux siècles dans la même enceinte de remparts, et parlant le même langage, ne se sont pas fondues : chacune conserve sa généalogie distincte. Aussi, en entrant dans une auberge, en abordant un inconnu, rien de plus commun que cette question : « Ni che ming jeu, « khi jeu? — Es-tu Chinois ou Mandchou? » On désigne les premiers par le nom de la dynastie des Ming, et les seconds par le nom de *bannière*. C'est que les Mandchoux, dans le principe, furent divisés en huit tribus, se ralliant chacune sous un étendard dont elle conserve la dénomination.

« Les Mandchoux n'ont pas de littérature nationale : tous les livres écrits en leur langue sont des traductions d'ouvrages chinois, faites par un tribunal spécial établi à Péking. Ils n'ont pas même d'écriture propre ; ils ont emprunté aux Mongols les caractères dont ils se servent. Leur langue se perd insensiblement ; il en est assez peu qui la parlent ; encore cent ans, et elle ne sera dans les livres qu'un souvenir du passé. Elle a beaucoup d'affinité avec la nôtre ; cela doit être, puisqu'il y a quelques siècles, la Corée étendait ses limites au delà du pays des Mandchoux proprement dits, et ne faisait des deux États qu'un seul royaume, habité par le même peuple. On trouve encore dans la Mandchourie certaines familles dont la généalogie, religieusement conservée, atteste une origine coréenne ; on y rencontre aussi des tombeaux renfermant des armes, des monnaies, des vases et des livres coréens.

« Je vous ai parlé plus haut des Ou-kin et des Tu-pi-latse. Je n'ai pu recueillir sur leur compte que des données incomplètes. Les derniers sont ainsi appelés par les Chinois, parce qu'ils se revêtent d'habits faits de peaux de poissons. Habitant sur les rives du Soungari et sur les bords des rivières qui grossissent ses eaux, ou errant dans les bois, ils se livrent à la pêche et à la chasse, et vendent aux Chinois les fourrures des animaux qu'ils ont tués et le poisson qu'ils ont pris. Le commerce se fait en hiver ; le poisson, qui est alors gelé, alimente les marchés à plus de deux cents lieues au loin ; les Tu-pi-latse reçoivent en échange des toiles, du riz et de l'eau-de-vie extraite du millet. Ils ont une langue à eux. Leurs états sont indépendants de l'empereur de Chine, et ils n'admettent pas les étrangers sur leur territoire. Les Chinois disent qu'ils sont d'une malpropreté dégoûtante. Cela peut être ; mais pour avoir le droit de leur faire un pareil reproche, ceux qui les accusent devraient eux-mêmes changer de linge un peu plus souvent qu'ils ne font, et détruire la vermine qui les dévore.

« Au delà du pays occupé par les Tu-pi-latse, et jusqu'à la frontière de la Russie asiatique, il est à présumer qu'il existe d'autres hordes errantes. Cette opinion que j'émets n'est qu'une simple conjecture ; car on n'a aucune donnée positive. Au midi de cette tribu, du côté de la mer, est un pays qu'on m'a nommé Ta-tcho-sou, sorte de terrain franc où se sont réunis, il n'y a pas longtemps, et où se réunissent encore tous les jours, une foule de vagabonds chinois et coréens : les uns poussés par l'esprit d'indépendance; les autres pressés d'échapper au châtiment dû à leurs méfaits ou à la poursuite de leurs créanciers. Accoutumés au brigandage et au crime, ils n'ont ni mœurs ni principes. Ils viennent cependant, m'a-t-on dit, de se choisir un chef pour réprimer leurs propres désordres, et se donner une existence plus régulière. D'un commun accord, ils ont décidé qu'on enterrerait vif tout homme coupable d'homicide; leur chef lui-même est soumis à cette loi. Comme ils n'ont pas de femmes, ils en enlèvent partout où ils en trouvent. Ce petit État, qui ne ressemble pas mal à l'antique Rome dans ses premières années, en aura-t-il les développements? C'est ce que l'avenir dévoilera.

« Non loin de la frontière coréenne, au milieu de la forêt, s'élance vers les nues le Ta-pei-chan ou la Grande-Montagne-Blanche, devenue célèbre en Chine par le berceau de Han Wang, chef de la famille impériale actuellement sur le trône. Sur le versant occidental a été conservée, à l'aide de réparations, son antique demeure, lieu entouré, par la superstition chinoise, d'un culte religieux; le dévot pèlerin y vient des contrées les plus lointaines incliner son front dans la poussière. Les auteurs sont partagés sur l'origine de Han Wang : les uns disent qu'il fut d'abord chef de voleurs et qu'il exploitait les pays d'alentour; que, se voyant à la tête d'un parti nombreux, il jeta les fondements d'une puissance royale. D'autres soutiennent, pour sauver son honneur, que c'était un de ces petits roitelets comme il y en a beaucoup en Tartarie, et qu'il ne fit qu'agrandir l'héritage qu'il avait reçu de ses pères.....

« Je reviens au récit de mon voyage. Le 20 de la première lune, le mandarin coréen de Kien-wen transmit à Houng-tchoung la nouvelle que le commerce serait libre le lendemain. Dès que le jour parut, nous nous hâtâmes, mon compagnon et moi, d'arriver au marché. Les approches de la ville étaient encombrées de monde; nous marchions au milieu de la foule, tenant en main notre mouchoir blanc, et portant à la ceinture un petit sac à thé de couleur rouge : c'était le signe dont on était convenu et auquel les courriers coréens devaient nous reconnaitre; de plus, c'était à eux de nous aborder.

« Nous entrions dans la ville, nous en sortions, personne ne se présentait. Plusieurs heures s'écoulèrent ainsi; nous commencions à être dans l'inquiétude. « Auraient-ils manqué au rendez-« vous? » nous disions-nous l'un à l'autre. Enfin, étant allés abreuver nos chevaux à un ruisseau qui coule à trois cents pas de la ville, nous voyons venir à nous un inconnu qui avait aperçu notre signalement. Je lui parle chinois, il ne me comprend point. « Comment t'appelles-tu ? » lui dis-je alors en coréen. — « Han « est mon nom, » me répondit-il. — « Es-tu disciple de Jésus ? « — Je le suis. » Nous y voici, pensai-je.

« Le néophyte nous conduisit auprès de ses compagnons. Ils étaient venus quatre, et il y avait plus d'un mois qu'ils attendaient notre arrivée. Nous ne pûmes pas avoir ensemble un long entretien : les Chinois et les Coréens nous environnaient de toutes parts. Ces pauvres chrétiens paraissaient abattus par la tristesse. L'air mystérieux qui régnait dans l'échange de nos paroles, intriguait les païens. Quand ceux-ci semblaient moins attentifs à nos discours, nous glissions quelques mots sur nos affaires religieuses, et puis tout de suite nous revenions au marché de nos animaux. « Combien en veux-tu ? — Quatre-vingts ligatures. — C'est trop « cher. Tiens, prends ces cinquante ligatures et livre-moi ta bête. « — Impossible, tu ne l'auras pas à moins. » C'est ainsi que nous donnions le change à ceux qui nous observaient.

« J'appris de ces chrétiens que depuis la persécution l'Eglise coréenne était assez tranquille ; qu'un grand nombre de fidèles s'étaient retirés dans les provinces méridionales, comme moins exposées aux coups de la tempête ; que plusieurs familles s'étaient récemment converties à la foi ; qu'il serait difficile aux néophytes de conserver longtemps un missionnaire européen dans le pays, mais que se confiant en la bonté divine, ils feraient tout ce qui dépendrait d'eux pour le recevoir ; que Pien-men serait moins dangereux que Houng-tchoung pour son introduction, par la raison qu'en entrant par le nord, outre la difficulté de passer la frontière, il lui faudrait encore traverser tout le royaume.

« Notre entretien étant fini, nous nous primes les mains en signe d'adieu. Eux sanglotaient, de grosses larmes coulaient sur leurs joues ; pour nous, nous regagnâmes la ville, et nous disparûmes dans la foule.

« Le marché de Kien-wen nous offrit un spectacle curieux. Les vendeurs n'ont pas le droit d'étaler leurs marchandises dès qu'ils sont arrivés ; il faut qu'ils attendent le signal. Aussitôt que le soleil est parvenu au milieu de sa course, on hisse un pavillon, on bat du tam-tam : à l'instant la foule immense, compacte, se rue sur la place publique ; Coréens, Chinois, Tartares, tout est mêlé ; chacun parle sa langue ; on crie à fendre la tête ; et tel est le mugissement de ce flot populaire, que les échos des montagnes voisines répètent ces clameurs discordantes.

« Quatre ou cinq heures, c'est tout ce qu'on accorde de temps pour vendre et acheter; aussi le mouvement qu'on se donne, les rixes qui ont lieu, les coups de poing qui s'échangent, les rapines qui se font presqu'à main armée, donnent à Kien-wen l'aspect, non d'une foire, mais d'une ville prise d'assaut et livrée au pillage. Le soir venu, le signal du retour pour les étrangers est donné; on se retire dans le même désordre, les soldats poussant les traînards avec la pointe de leurs lances. Nous eûmes bien de la peine à nous tirer de cette cohue. Nous regagnions Houng-tchoung, lorsque nous vîmes de nouveau venir à nous les courriers coréens; ils ne pouvaient se résoudre à nous quitter; ils voulaient encore s'entretenir avec nous, nous dire un dernier adieu. Mon compagnon sauta à bas de son cheval pour échanger encore quelques paroles amies; je lui fis signe de remonter, de peur que les satellites qui nous environnaient, ne soupçonnassent en nous des personnes qui avaient d'autres intérêts que ceux du négoce : ensuite, saluant l'ange qui préside aux destinées de l'Église coréenne, et nous recommandant aux prières de ses martyrs, nous franchîmes le Mi-kiang et nous rentrâmes en Tartarie.

« A notre retour, nous trouvâmes le chemin bien changé. Le fleuve, sur la glace duquel nous avions glissé auparavant, était alors en grande voie de dégel. Des ruisseaux, descendant du haut des montagnes, grossissaient son cours, qui entraînait pêle-mêle des troncs de vieux arbres et d'énormes glaçons. De nouveaux voyageurs avec leurs voitures arrivaient toujours et s'encombraient sur ses bords. Leurs cris, les hurlements des bêtes féroces mêlés au fracas des eaux, faisaient de cette vallée un spectacle étrange et terrible. Personne n'osait s'aventurer au milieu du danger. Chaque année, nous dit-on, beaucoup de personnes périssent ensevelies sous la glace. Plein de confiance en la divine Providence qui nous avait conduits jusque-là, je cherchai un endroit guéable, et je gagnai l'autre rive. Mon compagnon fut plus prudent; il prit un guide, et alla faire un long circuit. Nous n'eûmes à regretter que la perte d'un de nos chevaux. »

Après ce voyage d'exploration, André Kim rejoignit en Mongolie Mgr Ferréol, M. Maistre et son ami Thomas T'soi. Ces deux jeunes élèves coréens donnaient les plus belles espérances. Le tempérament d'André, jusqu'alors faible et maladif, s'était amélioré; ses voyages sur terre et sur mer, tout en développant ses forces physiques, avaient augmenté et mûri l'énergie et l'intrépidité naturelle de son âme. Dieu n'avait pas donné à son compagnon Thomas la même virilité de caractère. Calme et réfléchi, il paraissait moins propre aux expéditions difficiles, mais sa ferveur, ses talents remarquables, et la régularité constante de sa conduite, montraient dès lors quel saint prêtre il serait un jour. Ils étaient âgés tous les deux de vingt-trois ans, leurs études théologiques étaient achevées, leur foi et leur piété croissaient tous les jours, aussi Mgr Ferréol fut-il heureux de combler leurs vœux en les élevant à la cléricature. Dans le cours de cette année, il leur conféra successivement les saints ordres, jusqu'au diaconat, leur âge ne permettant pas encore de les ordonner prêtres. L'année 1844 s'écoula rapidement pour Mgr Ferréol et son missionnaire, dans les soins attentifs qu'ils donnaient à former les prémices du clergé coréen ; la suite de cette histoire nous montrera combien cette œuvre fut féconde en fruits de salut.

CHAPITRE III.

A la fin de l'année 1844, Mgr Ferréol, fidèle au rendez-vous
donné par le courrier François Kim, se mit en route pour la
Corée. M. Maistre restait en Mongolie avec Thomas T'soi, et André
accompagnait l'évêque. Ils arrivèrent à Pien-men, le 1er janvier
1845, au moment même où la légation coréenne franchissait la
frontière pour passer en Chine. François Kim était dans la suite
des ambassadeurs, et, la nuit suivante, il se rendit secrètement
à l'auberge où l'évêque était descendu. En voyant ce généreux
chrétien, le cœur de Mgr Ferréol tressaillit de joie; il était à la
porte de sa nouvelle patrie, de cette terre qui lui avait été promise, et dans laquelle il cherchait à pénétrer depuis si longtemps.

Hélas ! sa joie se changea bientôt en tristesse, lorsque François lui eut déclaré que son entrée était impossible pour le moment. Sur sept chrétiens partis de la capitale et parvenus sans
obstacles à Ei-tsiou, douane la plus voisine de la Chine, trois
seulement avaient pu la franchir ; les autres, objets de graves
soupçons, entourés partout de soldats qui les accablaient de
questions insidieuses et pressantes, s'étaient hâtés de regagner
l'intérieur, emmenant les chevaux et les habits qui devaient servir à l'évêque. Depuis la persécution, le gouvernement coréen,
ayant su que les missionnaires étaient entrés par Picn-men, avait
redoublé de surveillance sur ce point. Tous ceux qui étaient attachés à l'ambassade, ou qui la suivaient en qualité de marchands,
devaient recevoir pour passe-port, à Ei-tsiou, une petite planche
de trois pouces de long et d'un pouce de large, sur laquelle étaient
écrits le nom du voyageur et celui de son pays avec le sceau du
mandarin au bas. Ce passeport n'était délivré qu'après des interrogations très-embarrassantes, et, au retour de Chine, il fallait le
remettre au chef de douane de qui on l'avait reçu. Des postes de
soldats étaient échelonnés sur une longue étendue de la frontière, et le signalement des trois Français mis à mort en 1839
avait été donné partout. Toutes ces précautions prises par le gouvernement coréen afin d'empêcher les étrangers de pénétrer dans

le pays, ne permettaient pas de songer, pour le moment, à introduire l'évêque par Picn-men.

Ne pouvant suivre la voie de terre, Mgr Ferréol songea à pénétrer en Corée par mer ; mais l'expédition n'était pas moins périlleuse, car les côtes de ce pays sont gardées avec plus de jalousie encore que les frontières. Les pêcheurs coréens ne quittent pas le rivage pour s'aventurer en haute mer, et aucune relation de commerce n'existe entre les Chinois et les Coréens. Si la tempête jette une barque de l'un de ces peuples sur les rivages de l'autre, le capitaine et l'équipage naufragé sont conduits sous bonne escorte à la capitale, pour être remis entre les mains de leur gouvernement respectif ; avec cette différence cependant, qu'une jonque coréenne naufragée sur la côte chinoise sera sur-le-champ mise en pièces et livrée aux flammes, tandis qu'une jonque chinoise, dans un cas analogue, doit être réparée et remise à flot aux frais du gouvernement coréen. Ces difficultés ne découragèrent pas Mgr Ferréol, et il obtint des courriers coréens qu'on essayerait au moins d'introduire le diacre André Kim. Celui-ci, s'il avait le bonheur de pénétrer en Corée, devait chercher à établir des relations par mer avec la Chine, et venir lui-même sur une barque jusqu'à Chang-haï pour chercher son évêque.

« N'ayant plus rien qui me retînt à Pien-men, écrivait alors Mgr Ferréol, je m'en arrachai, le cœur rempli d'amertume ; mais je retrouvai bientôt ma tranquillité, en pensant que mon entrée dans la mission n'était pas, pour le moment, conforme à la volonté de Dieu, volonté qui doit nous être plus chère que la conversion du monde entier. Avant de quitter la frontière, je voulus voir défiler devant moi les mandarins et les soldats qui composaient la légation coréenne ; je ne pus me défendre de leur adresser intérieurement ces paroles : « Oh ! si vous saviez le don de Dieu, et quels sont ceux qui viennent à vous, loin de nous rejeter et de nous mettre à mort comme des malfaiteurs, vous nous recevriez à bras ouverts comme des envoyés du ciel. »

L'évêque donna à son diacre ses dernières instructions, le confia à la garde de Dieu, et en attendant le résultat de son aventureuse tentative, vint lui-même s'embarquer au Léao-tong pour retourner à Macao. Il avait une dernière lueur d'espérance. Les commandants des navires français avaient manifesté le désir d'aller en Corée ; s'ils accomplissaient ce projet, un missionnaire pourrait les accompagner et pénétrer enfin dans ce pays. En 1840, Mgr Ferréol avait employé cinq mois et demi pour se rendre de Macao en Tartaric ; son voyage de retour ne fut que de quinze jours, car la guerre des Anglais avait rendu les communications plus fréquentes et plus faciles.

A la suite de cette guerre, l'Église de Chine avait vu luire l'aurore de sa liberté. Une convention passée entre M. de Lagrenée, ministre plénipotentiaire français, et Ki-in, délégué impérial, et approuvée dans un édit du 28 décembre 1844, par l'empereur Tao-koang, portait que désormais la religion chrétienne serait tolérée en Chine. Le droit des missionnaires de prêcher la religion dans l'intérieur du pays n'était pas reconnu, mais il était statué que si un prêtre étranger osait franchir les frontières, il serait arrêté par les autorités locales qui ne lui infligeraient aucun châtiment, mais le remettraient entre les mains du consul de sa nation le plus rapproché, pour être par celui-ci puni et contenu dans le devoir. Comme on le voit, ce n'était pas encore la liberté, mais c'en était le premier germe, et il est certain que cette convention a été le point de départ d'une ère toute nouvelle pour les chrétientés de l'extrême Orient, qui en accueillirent la nouvelle avec la joie la plus vive.

Malheureusement, la tolérance accordée aux chrétiens de l'empire ne s'étendait pas à ceux des royaumes vassaux ou tributaires de la Chine. Rien n'était donc changé dans l'état de la chrétienté coréenne. D'un autre côté, Mgr Ferréol apprit bientôt que les Français ne songeaient plus à aller en Corée, et il ne savait quel parti prendre, quand tout à coup, au mois de juin 1845, une nouvelle inattendue vint ranimer ses espérances. Son diacre André Kim venait d'arriver à Wou-song, près de Chang-haï, sur une petite barque coréenne. Avec une simple boussole, il avait traversé une mer tout à fait inconnue pour lui comme pour son équipage. Il venait chercher son évêque pour le conduire par mer dans son pays. Les deux lettres suivantes adressées par André à M. Libois, procureur des Missions-Étrangères à Macao, et qui sont comme le journal de son voyage, nous feront connaître à travers quels périls et quelles difficultés l'intrépide jeune homme avait dû passer, pour réaliser son héroïque entreprise.

La première de ces lettres est datée de Séoul, capitale de la Corée, le 27 mars 1845. (Traduction du latin.)

« Très-révérend Père,

« L'année passée, comme vous le savez déjà, parti de Mongolie avec le très-révérend évêque Ferréol, j'arrivai sans accident avec Sa Grandeur jusqu'à Plen-men. Là, les chrétiens venus de Corée ayant exposé à Monseigneur les difficultés qui s'opposaient à son entrée dans sa mission, Sa Grandeur résolut de m'envoyer seul pour examiner l'état des choses, et autant que possible préparer son entrée. Ayant donc reçu sa bénédiction, je me mis en route avec les chrétiens vers le milieu de la nuit, et le jour suivant nous aperçumes à l'occident la ville d'Éi-tsiou. Je dis alors aux courriers de prendre les devants, en les priant de m'attendre en un lieu désigné. Pour moi, me dirigeant vers les vallées les plus sombres, je me cachai sous des arbres touffus ; j'étais à deux lieues de distance de la ville. Entouré d'un rempart de neige, j'attendais la nuit, et pour chasser l'ennui qui me gagnait, je disais le chapelet.

« Dès que les ténèbres eurent couvert la campagne, j'invoquai le secours divin, et sortant de ma retraite, je me dirigeai vers la ville. Pour ne point faire de bruit, je marchais sans chaussure. Après avoir passé deux fleuves et couru par des chemins détournés et difficiles, car la neige assemblée par le vent avait, dans certains endroits, de cinq à dix pieds de profondeur, je parvins au lieu marqué ; mais les chrétiens n'y étaient pas. Triste, j'entrai une première, puis une seconde fois dans la ville, les cherchant de tous côtés, mais inutilement. Etant enfin retourné au lieu du rendez-vous, je m'assis dans un champ, et une multitude de pensées sombres commencèrent à rouler dans mon esprit. Je croyais les courriers pris, car je ne trouvais aucun autre moyen d'expliquer leur absence. Le regret de leur arrestation, l'extrême péril auquel je m'exposais en continuant ma route, le manque d'argent et de vêtements, la grande difficulté de retourner en Chine, l'impossibilité de recevoir le missionnaire, tout me jetait dans une grande angoisse. Epuisé de froid, de faim, de fatigue et de tristesse, couché, pour ne pas être vu, auprès d'un tas de fumier, je languissais privé de tout secours humain, attendant uniquement celui du ciel, lorsque vinrent enfin les chrétiens qui me cherchaient. Ils étaient arrivés les premiers au lieu indiqué, et ne m'ayant pas trouvé, étaient repartis. Revenant une seconde fois, ils m'attendirent quelque temps, et puis allèrent me chercher une demi-lieue plus loin. Là, ne me rencontrant point, ils passèrent une grande partie de la nuit dans la douleur, et enfin ils s'en retournaient, désespérant de ma venue, lorsqu'ils rencontrèrent celui qui les cherchait ; alors, grâces à Dieu, nous nous sommes réjouis ensemble dans le Seigneur.

« Sept chrétiens étaient venus avec deux chevaux au-devant de l'évêque ; mais quatre d'entre eux, désespérant, à cause des difficultés et des périls, de pouvoir introduire les missionnaires, étaient repartis avec les chevaux, laissant les trois autres aller jusqu'à Picn-men. Ces quatre étaient Charles Seu, Thomas Y et deux domestiques. Le jour venu, laissant à Ei-tsiou deux chrétiens qui devaient me suivre après que toutes les affaires seraient arrangées, je me mis en chemin avec un seul compagnon. Je pouvais à peine marcher, et après avoir fait trois lieues, j'entrai dans une auberge pour y passer la nuit. Le lendemain je me procurai deux chevaux et je continuai ma route. Le cinquième jour nous trouvâmes à Pen-gi-ang, Charles et Thomas qui nous attendaient avec leurs chevaux. Voyageant ensemble pendant sept jours, nous arrivâmes enfin à Séoul, la ville capitale. Je fus reçu dans une chaumière qu'avaient achetée les chrétiens. Mais à cause de leur curiosité et de leur indiscrétion, et aussi à cause des périls que je cours, — car le gouvernement sait que nous sommes allés trois à Macao il y a huit ans, et on nous attend pour nous prendre, — j'ai voulu que les seuls fidèles qui m'étaient nécessaires connussent ma présence, et je n'ai point permis qu'on annonçât mon arrivée à ma mère.

« Après être resté quelques jours emprisonné dans ma chambre, et en proie, je ne sais pourquoi, à de fréquents accès de tristesse, je fus atteint d'une maladie qui consistait principalement en d'intolérables douleurs dans la poitrine, l'estomac et les reins. Les attaques de ce mal se renouvelaient de temps en temps ; elles me firent souffrir pendant plus de quinze jours. Pour me guérir je vis deux médecins, dont l'un était païen et l'autre chrétien ; j'employai tous leurs remèdes. Aujourd'hui ma santé est bonne quoique faible ; mais je ne puis ni écrire ni agir comme je voudrais ; de plus, depuis vingt jours, je suis contrarié par un affaiblissement de ma vue. Cependant pauvre et infirme que je suis, aidé dans mon travail du secours de Dieu miséricordieux, je dispose tout pour la réception du très-grand prélat Mgr Ferréol et de ses missionnaires. J'ai acheté à Séoul une maison, j'ai aussi acheté un navire qui coûte cent quarante-six piastres, et maintenant je fais les préparatifs de mon voyage pour la province chinoise de Kiang-nan.

« Mais de peur que nos matelots chrétiens ne s'effrayent d'un aussi long trajet, je ne leur ai point dit vers quelles contrées nous nous dirigerions. Du reste ils ont bien quelque raison de craindre, car ils n'ont jamais vu la haute mer, et pour la plupart ne connaissent point la navigation ; ils se sont persuadé que j'étais en habileté le premier des pilotes. D'ailleurs il existe entre la Chine et la Corée un traité d'après lequel les équipages des navires coréens qui abordent en Chine doivent être ramenés en Corée par

Péking, et si après enquête ils sont trouvés coupables, il y a peine de mort pour l'équipage. Il en est de même des navires chinois qui viendraient en Corée. Mais j'espère que, se souvenant de son amour et de sa bonté, la bienheureuse Vierge Marie, la meilleure des mères, nous conduira au Kiang-nan et nous ramènera sains et saufs.

« Enfin je prie votre paternité, si elle le juge convenable, de vouloir bien m'envoyer un compas, une carte géographique donnant principalement la description de la mer Jaune et des côtes de la Chine et de la Corée, et une paire de lunettes vertes de forme chinoise, pour soulager mes yeux.

« De votre Révérence l'inutile et très-indigne serviteur,

« ANDRÉ KIM-HAI-KIM. »

La seconde lettre, datée de Chang-haï, nous donne la suite des aventures d'André.

« Très-révérend Père,

« Après avoir fait tous mes préparatifs, je m'embarquai avec onze chrétiens parmi lesquels se trouvaient seulement quatre pêcheurs ; les autres n'avaient jamais vu la mer. Forcé d'agir en secret et à la hâte, je n'ai pu me procurer de bons matelots, ni faire d'autres provisions utiles ; j'ai même abandonné des choses qui m'étaient absolument nécessaires. Mettant donc à la voile le vingt-quatrième jour de la troisième lune, nous entrâmes en mer. En la voyant, les chrétiens étonnés se demandaient les uns aux autres : « Où allons-nous ? » Mais ils n'osaient m'interroger moi-même ; j'avais défendu que l'on me fît aucune question sur le but de mon entreprise.

« Après un jour de navigation par un temps favorable, nous fûmes assaillis d'une grande tempête, accompagnée de pluie, qui dura trois jours et trois nuits, et, pendant laquelle, à ce qu'on rapporte, plus de trente navires de Kiang-nan se perdirent. Notre barque, vivement battue par les flots, était agitée d'une manière effrayante, et semblait sur le point d'être submergée, car elle est beaucoup trop petite, et n'est point faite pour la mer. Je fis détacher le canot que nous avions à la traine. Enfin, le péril croissant, nous coupâmes les deux mâts, et nous nous vîmes forcés de jeter à la mer presque toutes nos provisions. Un peu allégée, notre barque était soulevée et poussée par la violence de la tempête à travers des montagnes d'eau. N'ayant presque point mangé pendant trois jours, les chrétiens étaient extrêmement affaiblis, et perdant bientôt tout espoir, ils s'abandonnèrent à la tristesse ; ils disaient en pleurant : « C'en est fait, nous sommes perdus ! » Je leur montrai une image de la très-sainte Vierge, qui après Dieu était notre unique espérance, et je leur dis : « Ne craignez pas, « voici la sainte Mère qui est près de nous pour nous secourir. » Par ces paroles et d'autres semblables, je m'efforçais de les consoler et de leur donner du courage. J'étais moi-même malade, mais, prenant un peu de nourriture malgré ma répugnance, je travaillais et cachais mes craintes. Je baptisai alors un païen, déjà catéchumène, que j'avais pris pour mon premier matelot. Peu après, notre gouvernail fut brisé par la fureur des vagues ; c'est pourquoi, ayant lié les voiles ensemble, nous les jetâmes à la mer en les retenant avec des cordes ; mais ces cordes se rompirent et nos voiles furent emportées. Nous essayâmes encore de lutter contre les flots avec des nattes liées à des morceaux de bois ; mais ayant perdu bientôt cette dernière ressource, privés de tout secours humain, nous mîmes notre seule espérance en Dieu et en la Vierge Marie, nous récitâmes nos prières, et nous nous endormîmes.

« A mon réveil la tempête avait diminué et la pluie avait cessé, nous sentîmes nos forces se ranimer ; j'ordonnai à tous de prendre quelque nourriture et de revivre dans le Seigneur. Ainsi fortifiés, nous cherchâmes à gouverner notre barque ; mais que pouvions-nous sans mâts, sans voiles, sans gouvernail, sans canot ? Toujours pleins d'une inaltérable confiance en la très-glorieuse Vierge Marie, nous rassemblâmes tout ce qui nous restait de bois, et nous pûmes confectionner des mâts et un gouvernail. Enfin, après avoir navigué par un vent contraire pendant cinq jours, nous nous trouvâmes près des côtes de la province de Kiang-nan, dont nous vîmes une montagne. Mais n'ayant que des mâts insuffisants, et manquant de toutes les choses nécessaires à la manœuvre, nous désespérions de pouvoir aborder à Chang-haï. Nous désirions demander aux Chinois de l'aide, ou au moins quelques indications sur la route à suivre ; mais nous n'avions pas de canot pour aller à eux, et, de leur côté, ils fuyaient à notre vue. Sans aucun secours humain, nous attendions uniquement celui du ciel. Enfin vint à passer un navire de Canton, qui s'éloignait comme les autres ; je lui fis un signal de détresse en agitant une toile, et en frappant un tambour ; il refusait d'abord de venir, mais il s'approcha enfin poussé par la pitié. Je montai à bord, et après avoir salué le capitaine, je lui demandai de nous conduire à Chang-haï. Sourd à mes demandes et à mes prières, il me conseilla de le suivre à Canton, pour retourner en Corée par Péking, selon la coutume. Je lui répondis que je ne voulais point repasser par Péking, et qu'il me fallait absolument aller à Chang-haï pour réparer mon navire. Enfin la promesse de mille piastres le décida à accepter et il nous prit à la remorque.

« Après avoir encore navigué huit jours par un vent contraire, nous eûmes à essuyer une tempête qui, par la protection de Dieu, ne nous mit point en danger ; mais la jonque d'un ami de notre capitaine, qui marchait de conserve avec la nôtre, fit naufrage, et tout l'équipage périt à l'exception d'un seul homme. Un peu plus tard vinrent à nous des pirates qui disaient au capitaine : « Cesse « de traîner la barque de ces gens, nous voulons la piller. » A ces mots, je donnai l'ordre de tirer sur eux, et ils passèrent outre. Après sept jours environ, nous arrivâmes à Wou-song-hien. Les mandarins envoyèrent des satellites nous demander d'où, comment, et pourquoi nous étions venus. Je leur répondis : « Nous « sommes Coréens ; c'est un grand vent qui nous a poussés ici, « nous voulons aller à Chang-haï pour réparer notre vaisseau. »

« Des officiers de la marine anglaise nous visitèrent. Je leur exposai que nous étions Coréens et que nous venions chercher des missionnaires ; en même temps je les priai de nous protéger contre les Chinois, et de nous indiquer la maison du consul. Ils satisfirent avec bienveillance à mes demandes, nous donnèrent du vin et de la viande, et m'invitèrent à dîner. Nous restâmes un jour à Wou-song. J'allai voir les mandarins du lieu qui me firent un grand nombre de questions, et voulaient nous dénoncer à l'empereur pour nous faire renvoyer par terre en Corée. Je leur répondis : « Je n'ignore pas la loi ; mais je ne veux pas retourner par terre en « Corée ; je ne veux pas non plus que l'empereur soit averti de « notre arrivée ; ne lui faites donc aucun rapport. Au reste, que « vous avertissiez l'empereur ou non, peu m'importe ; une fois « mon navire réparé, je retournerai de moi-même en Corée ; n'ayez « donc de nous aucun souci. Il vous suffit de savoir que nous avons « abordé à la côte de votre empire, et il me suffit d'avoir bu de « l'eau de votre pays, et d'avoir mis le pied sur votre terre ; seule- « ment je veux avoir ma pleine liberté. De plus, je vous prie d'écrire « au mandarin de Chang-haï qu'un navire coréen y va pour se « réparer. Je ne veux pas que le grand-mandarin de Chang-haï « éprouve à ce sujet aucun embarras ni aucune inquiétude, et je « demande qu'il me permette de séjourner en toute sécurité. »

« Les mandarins, me voyant communiquer avec les Anglais,

disaient : « Comment cet homme qui est Coréen est-il l'ami inti-
« me des Anglais, et comprend-il leur langue ? » Ils en étaient
tout stupéfaits. Faisant voile de Wou-song, nous entrâmes dans le
port de Chang-haï. Deux Anglais vinrent à nous et voulurent que
j'allasse avec eux. C'est pourquoi, confiant mon embarcation au
pilote chinois, je descendis dans leur canot et arrivai avec eux à
Chang-haï. Je demandai aux Anglais un guide pour me conduire
au consul. M. Arthur John Empson, officier anglais qui parlait
le français, écrivit pour moi une lettre au consul qui me reçut
très-bien. Je lui exposai notre situation en le priant de me protéger contre les Chinois. Mgr Ferréol l'avait déjà prévenu de
notre arrivée et réclamé pour nous sa protection. J'allai ensuite
chez les chrétiens, et après deux jours d'attente, arriva le Père
Gotteland, de la Compagnie de Jésus, que j'avais connu à Macao
et au Kiang-nan. Je reçus de lui cinq cent quatre-vingts piastres ;
j'en donnai quatre cents au pilote chinois, et j'en dépensai trente
pour les chrétiens.

« Cependant les mandarins de Chang-haï envoyèrent leurs
agents faire aux Coréens un grand nombre de questions, et placèrent près d'eux des sentinelles pendant la nuit. Le Tao-taï vint
lui-même avec ses ministres visiter le navire, et à son retour y
envoya vingt mesures de riz et vingt livres de viande. En revenant je trouvai les chrétiens tout troublés de ce que les mandarins leur avaient fait une foule de questions, et de ce que des
milliers de Chinois étaient accourus pour les voir. Les mandarins,
me sachant de retour au navire, envoyèrent leurs employés me
demander les raisons pour lesquelles nous étions venus, et les
noms, l'âge, le domicile de chacun de nous, etc.

« Je satisfis à leurs demandes, en avertissant, du reste, les
mandarins de ne plus envoyer personne nous molester : puis,
j'ordonnai de remporter le riz et la viande. Je dus aller deux fois
chez les mandarins pour régler diverses affaires, et faire cesser
quelque molestations. Ils firent un rapport détaillé au magistrat
de Song-king-fou, qui répondit qu'il me connaissait (il avait
peut-être entendu parler de moi lorsque j'étais avec le capitaine
Cécile), et qu'il m'accordait la permission de séjourner à Chang-
haï, aussi longtemps que je voudrais. D'ailleurs, je reçus à coups
de bâton les Chinois que leur curiosité entraînait trop loin, et je
tançai vertement certains employés subalternes qui usaient à mon
égard de procédés incivils ; ils furent punis par les mandarins.

« Les habitants de Chang-haï s'imaginent que je suis un grand
personnage ; les mandarins me voyant converser amicalement

avec les Anglais, n'y comprennent rien et se cassent la tête pour
deviner mon secret. Un jour ils ont envoyé me demander quand
nous partirions. Je leur ai dit : « Je dois encore séjourner ici pour
« réparer mon embarcation ; de plus, j'ai ouï dire que le grand
« mandarin français Cécile arrivera sous peu, je veux rester pour
« le voir.» Les mandarins attendent impatiemment le jour de mon
départ, parce qu'ils ont peur d'être compromis et de perdre leurs
dignités. Il est inutile, je pense, et d'ailleurs je n'ai plus le temps
de vous en raconter davantage ; je m'arrête donc ici.

« Déjà j'ai réparé toute mon embarcation, je fais faire maintenant un canot. Nous nous portons tous bien dans le Seigneur,
et nous attendons chaque jour l'arrivée du révérend évêque de la
la Corée. Le consul anglais va bien et prend grand soin de nous.
Mgr de Bézi n'est pas de retour, il est resté malade en route.
A Nanking s'est élevée une petite persécution. Je vous demande,
mon Père, des images et des médailles pour les matelots, et pour
tous ceux qui ont rendu de grands services à la mission : envoyez-
moi aussi l'image de saint Thomas, docteur de l'Eglise, de saint
Charles, de saint Joseph, père nourricier de Notre-Seigneur, et
de l'apôtre saint Jean. J'ai apporté de Corée quelques petits objets
pour vous ; je ne puis maintenant vous les envoyer ; j'espère,
après l'arrivée de Monseigneur, avoir les moyens de vous les
faire passer.

« Je suis de votre paternité l'indigne et inutile serviteur,

« ANDRÉ KIM-HAI-KIM. »

L'apparition de la barque d'André dans la rade de Wou-song
avait été un phénomène pour le pays. La construction singulière
de cette barque, les costumes étrangers de ceux qui la montaient,
éveillaient au plus haut point la curiosité publique, et André
aurait couru les plus grands dangers s'il n'avait eu la présence
d'esprit de mouiller au milieu des bâtiments anglais en station.
La surprise des officiers fut grande lorsqu'ils entendirent André
leur crier en français : « Moi Coréen, je demande votre protection. » Cette protection lui fut généreusement accordée. Le consul
le fit porter en palanquin dans une famille chrétienne, d'où il
écrivit en toute hâte au P. Gotteland.

« Je me rendis bien vite, écrivait ce missionnaire à un de ses
confrères, chez le chrétien qui logeait André et qui avait beaucoup plus peur que lui, à son sujet. Je lui fis donner l'argent
nécessaire pour subvenir aux premiers besoins de son équipage ;
puis je le fis reporter à sa jonque, en lui recommandant de ne

plus revenir dans cette famille, parce qu'elle était dans l'appréhension que les mandarins ne lui fissent un crime de l'hospitalité
qu'elle lui avait un instant donnée. Cette maladie de la peur est
un peu épidémique chez les Chinois, et nous sommes obligés d'user
de beaucoup de ménagements avec nos pauvres chrétiens.

« Après avoir renvoyé André à son équipage, qui avait grand
besoin de lui dans les premiers moments d'une position si critique,
je m'empressai d'aller visiter ces braves gens à leur bord. Vous
pouvez juger, mon révérend Père, de la consolation que j'éprouvai
en me voyant au milieu de douze chrétiens, presque tous pères,
fils, ou parents de martyrs. L'un deux a eu sa famille presque
tout entière immolée pour la cause du Seigneur ; il n'y a pas jusqu'à son petit enfant de onze ans qui n'ait voulu s'en aller au
ciel par la voie du martyre. Dès la première entrevue il fut
question de confession, mais André voulut d'abord remettre sa
jonque un peu en état, afin que je pusse y dire la messe. Quand
elle fut prête, on vint m'avertir et je m'y rendis le soir, résolu
d'y passer la nuit, pour célébrer les saints mystères le lendemain.
Mais il fallait d'abord confesser nos braves Coréens, qui le désiraient grandement. Il y avait six à sept ans qu'ils n'avaient pas
vu de prêtre ; Mgr Imbert et MM. Maubant et Chastan, les derniers missionnaires de la Corée, ayant été martyrisés en 1839.

« Comme ces bons néophytes n'entendaient guère mieux le
chinois que je ne comprenais leur coréen, je leur fis exposer nettement ce que la théologie enseigne sur l'intégrité de la confession,
quand on ne peut l'accomplir que par interprète ; mais ils ne voulurent point user de l'indulgence accordée en pareille occasion. « Il
« y a si longtemps que nous n'avons pu nous confesser, » disaient-
ils, « nous voulons tout dire. » Donc, après m'être assuré qu'ils
étaient suffisamment instruits des mystères de la religion, je
m'assis sur une caisse, et mon cher diacre vint le premier. Sa
confession faite, il resta en place, à genoux, appuyé sur ses talons,
pour servir d'interprète aux matelots, qui arrivèrent l'un après
l'autre, se jetant à genoux à côté de lui ; il tenait ainsi le milieu
entre le confesseur et le pénitent. Avant de commencer la confession, je faisais répéter par l'interprète à chacun des pénitents ce
que j'avais dit d'abord à tous de la non-obligation de confesser
toutes ses fautes en pareil cas ; mais j'obtenais constamment la
même réponse : « Je veux tout dire. »

« Ces confessions me retinrent donc plus de temps que je ne
pensais : tous firent l'aveu de leurs fautes avec une ferveur admirable ; quand je finis, il était à peu près l'heure de dire la messe.

La jonque avait été ornée dès la veille, et les derniers préparatifs furent bientôt faits. J'offris donc le saint Sacrifice sur un tout petit navire, près d'une grande ville remplie d'idolâtres, et environné de quelques fidèles, heureux, après une si longue privation, de pouvoir participer à nos saints mystères. »

Les Coréens eurent encore, quelques jours après, une joie bien vive : elle fut causée par l'arrivée de Mgr Ferréol qui, avec un jeune missionnaire récemment arrivé de France, accourait pour les rejoindre. Quand il fut permis à ces pauvres chrétiens de voir leur pasteur, de recevoir sa bénédiction, quand ils virent un autre prêtre disposé à venir les secourir, leur émotion fut extrême. Une certaine tristesse diminuait cependant un peu la joie qu'ils éprouvaient. En jetant les yeux sur ces deux hommes qui avaient tout sacrifié pour venir jusqu'à eux, en pensant à leur vie passée, puis aux travaux et aux souffrances qui les attendaient en Corée, leurs cœurs étaient oppressés, et ils s'affligeaient de les conduire ainsi, au milieu des persécutions, à une mort presque certaine. « Ils ne savaient pas encore sans doute, écrit le compagnon de Mgr Ferréol, ils ne savaient pas les délices dont notre âme est inondée, et le bonheur dont Dieu récompense déjà en ce monde les sacrifices faits pour sa gloire. Bientôt, j'espère, ils verront que nous partons de grand cœur ; et, s'il y a des souffrances, Dieu nous accordera la force de le suivre jusqu'au Calvaire. »

Vingt ans plus tard, le jour même du vendredi saint, M. Daveluy, le missionnaire qui a écrit ces lignes, suivait, en effet, son Dieu jusqu'au Calvaire, et donnait sa vie pour ses chers Coréens après leur avoir donné, pendant ces vingt années, comme prêtre et comme évêque, ses soins et ses travaux de chaque jour. Arrêtons-nous ici un instant pour faire connaître ce nouvel apôtre.

Marie-Antoine-Nicolas Daveluy naquit à Amiens, le lundi saint, 16 mars 1818. Il était le troisième enfant de Marie-Pierre-Isidore-Nicolas Daveluy, et de Marie-Anne-Thérèse Laroche. Dès son enfance, il se montra doué des plus heureuses qualités. Vif et turbulent à l'excès, il eût pu tomber dans de grands défauts, si la vigilance de ses parents n'eût, de bonne heure, implanté dans son âme la foi et l'amour de Dieu, mais ils s'acquittèrent de ce devoir en véritables parents chrétiens, et Dieu récompensa leurs efforts. En 1827, l'enfant entra en sixième au petit séminaire de Blamont, dépendance de Saint-Acheul, et l'année suivante, les établissements des PP. Jésuites ayant été fermés par suite des ordonnances de 1828, il alla continuer ses études au séminaire de Saint-Riquier. Ses professeurs et ses camarades ont conservé de lui un excellent souvenir. Toujours le premier au jeu, il était aussi un des premiers à l'étude, et occupait une bonne place dans sa classe. Son exellent cœur, sa franchise lui faisaient aisément pardonner sa pétulance et ses espiégleries.

En octobre 1834, le jeune Daveluy alla faire sa philosophie à Issy, et du moment qu'il eut revêtu l'habit ecclésiastique, une véritable transformation commença à s'opérer en lui. Quoiqu'il eût été jusque-là sincèrement pieux, c'était pour ainsi dire sans le paraitre ; sa vivacité naturelle n'était point comprimée, son caractère violent et indompté perçait à chaque instant, mais à dater de ce jour, il fit des progrès rapides dans la mortification et la vertu. Il réfléchit sérieusement sur le sacerdoce qu'il voulait recevoir, sur la préparation qu'une telle grâce demande de celui que Dieu y appelle, et se mit à l'œuvre avec d'autant plus de résolution que, dès lors, comme il l'a lui-même dit plus tard, il songeait à se consacrer à l'apostolat des infidèles. En 1836, sa philosophie terminée, il entra à Saint-Sulpice pour suivre le cours de théologie. Il serait difficile de dire combien le séjour qu'il fit dans cette sainte maison lui fut profitable. Sa ferveur, son humilité, sa dévotion, augmentaient chaque jour ; mais, ce que l'on remarquait surtout en lui, c'était sa piété filiale envers la Sainte Vierge. On raconte qu'un ami de sa famille étant venu le demander au parloir, le portier ne le trouva point, et répondit pour s'excuser : « Je ne sais plus où le chercher; il aura rencontré quelque image de la Sainte Vierge sur son passage, et sera resté là, à genoux, en prières. »

La pensée des missions ne le quittait plus, et après sa première année de théologie, il demanda à entrer dans la Compagnie de Jésus, et alla à Saint-Acheul faire une retraite préparatoire pour consulter la volonté de Dieu. Le médecin de la maison jugea que sa santé ne lui permettait pas alors de donner suite à son pieux dessein. Il revint donc continuer ses études à Saint-Sulpice, et fut bientôt chargé de faire le catéchisme à la paroisse. En 1838, se trouvait au séminaire des Missions-Etrangères un de ses amis, M. l'abbé Dupont, depuis évêque d'Azoth et vicaire apostolique de Siam, qui se préparait à partir pour l'Asie. Cette heureuse circonstance procura à M. Daveluy l'occasion de venir assez fréquemment au séminaire des Missions-Etrangères, et son désir de prêcher l'Évangile aux païens s'en accrut prodigieusement. Mais sa santé s'affaiblissait de plus en plus, et lorsqu'il fut sous-diacre, il dut interrompre ses études pendant une année entière. Ce ne fut pas pas une année perdue. Le curé de la paroisse de campagne chez qui il s'était retiré, obtint la permission de le faire prêcher, et des fruits abondants de salut, des conversions inespérées montrèrent combien était agréable à Dieu le zèle du jeune apôtre.

Enfin, M. Daveluy fut ordonné prêtre le 18 décembre 1841, et quelques jours après, envoyé à Roye comme troisième vicaire. Il y resta vingt mois. La lettre suivante écrite à son père, le 2 septembre 1843, par le vénérable curé de cette paroisse, montre bien quel saint prêtre était dès lors notre futur martyr.

« Monsieur, votre fils va me quitter; il me laisse des regrets profonds que le temps seul pourra adoucir. Depuis qu'il est avec moi, j'ai été à même d'apprécier sa piété qui ne s'est démentie en aucune circonstance, son zèle éclairé, son dévouement parfait, son aptitude pour toutes les fonctions du saint ministère, son caractère aimable, et toutes les vertus qui font le bon prêtre. Mes regrets sont partagés par ses autres confrères, et par tous les habitants de cette ville. Aucun ecclésiastique jusqu'à présent n'a en si peu de temps conquis une aussi haute confiance dans cette paroisse, et je ne me console de le perdre que par la pensée du bien qu'il a fait, et de celui, plus grand encore, qu'il est appelé à faire. J'admire sa détermination, et je suis porté à croire que Dieu a de grands desseins sur lui. Quand il m'eut appris que, depuis plusieurs années, il avait résolu d'aller vers les infidèles, qu'il avait été affermi dans sa résolution par les hommes les plus dignes de sa confiance, je n'ai point essayé de combattre le parti qu'il prenait, et mes vœux comme mes regrets le suivront partout où il ira. Je dirai seulement à Mgr l'évêque quel est le collaborateur que je perds, et le prêtre éminent dont il se prive. »

Mais rien ne pouvait plus retenir M. Daveluy. Des médecins consciencieux lui avaient déclaré que sa santé était suffisamment affermie; d'un autre côté Mgr Miolland, en véritable évêque catholique, avait, pendant la retraite ecclésiatique, le 15 juillet de cette même année, déclaré publiquement qu'il accorderait toujours la permission, à ceux de ses prêtres qui témoigneraient le désir de se faire missionnaires. Les dernières dispositions furent bientôt prises, et le 4 octobre, M. Daveluy entra au séminaire des Misssions-Étrangères. Après quelques mois de probation, il s'embarqua à Brest avec MM. Chauveau et Thivet (1), sur l'*Archimède*, qui transportait en Chine le secrétaire de l'ambassade

---

(1) M. Thivet est mort dans la l'île de Poulo-pinang, en 1849. Mgr Chauveau est maintenant vicaire apostolique du Thibet.

française. M. Daveluy était envoyé provisoirement à Macao, où il devait recevoir sa destination définitive.

Le voyage des missionnaires fut heureux, et après avoir relâché successivement à Corée, au cap de Bonne-Espérance, à la Réunion, à Pondichéry, à Syngapour, ils jetèrent l'ancre à Macao à la fin de septembre 1844. Au mois de décembre suivant, M. Chauveau partait pour le Yun-nan, et quelques semaines plus tard, M. Thivet conduisait à Pinang plusieurs élèves envoyés par diverses missions de Chine. M. Daveluy, resté à la procure, s'occupait avec ardeur de l'étude du chinois. Un moment, il put croire qu'on l'enverrait aux Iles Liéou-kiou, rejoindre M. Forcade (1), mais la Providence en décida autrement, et dans les derniers jours de juillet 1845, il s'embarqua pour Chang-haï avec Mgr Ferréol.

« Je dois essayer, écrivait-il alors à sa famille, de pénétrer avec Monseigneur en Corée, dans ce pauvre pays depuis si longtemps privé de ses pasteurs. Vous ne doutez pas de mon bonheur. Je n'osais espérer cette mission si belle, si consolante, et qui donne de si douces espérances. Je ne crains qu'une chose : c'est que les circonstances ne mettent obstacle à mon entrée, mais je compte sur vos prières, et si, à cette nouvelle, votre cœur se serre, si ce nom de Corée a un retentissement qui fait frémir la nature, rappelez-vous que le bon Maître nous dit qu'un seul cheveu ne peut tomber de notre tête sans sa permission. Je suis heureux, plus heureux que jamais; partagez mon bonheur, et remercions ensemble le bon Dieu de ses bontés pour moi. »

Mgr Ferréol et son compagnon mirent douze jours pour se rendre de Macao à Chang-haï; aucun incident remarquable ne signala leur voyage. Quelques jours après leur arrivée, une cérémonie bien touchante eut lieu, dans la chapelle de Kin-ka-ham, chrétienté distante de Chang-haï de deux ou trois lieues. Le dimanche 17 août 1845, Mgr Ferréol ordonna le premier prêtre indigène de la Corée, l'intrépide André Kim. Les chrétiens étaient accourus en foule à cette ordination, à laquelle assistaient un prêtre chinois et quatre prêtres européens. La fête fut complétée le dimanche suivant 24 : André, assisté par M. Daveluy, célébra sa première messe au petit séminaire de Wam-dam. Huit jours après, le nouveau prêtre remonta sur sa barque, prit secrètement

(1) Mgr Forcade après avoir été successivement vicaire apostolique du Japon, évêque de La Basse-Terre, évêque de Nevers, est actuellement archevêque d'Aix.

à bord son évêque et le missionnaire qui l'accompagnait, et, rempli d'un nouveau courage, fit voile vers la Corée. Nous allons laisser Mgr Ferréol nous raconter lui-même les épisodes de ce périlleux voyage, dans une lettre adressée à M. Barran, directeur du séminaire des Missions–Étrangères.

« Kang-kien-in, dans la province méridionale de la Corée, 29 octobre 1845.

« Monsieur et cher confrère,

« Après six ans de tentatives, je suis enfin arrivé dans ma mission. Le Seigneur en soit mille fois béni ! Vous me demandez quelques détails sur mon entrée dans ce royaume; je m'empresse de satisfaire à vos désirs.....

« D'abord, vous serez peut-être bien aise de connaitre la barque qui nous a portés en Corée à travers la mer Jaune. Elle a vingt-cinq pieds de long, sur neuf de large, et sept de profondeur. Pas un clou n'est entré dans sa construction, des chevilles en retiennent les ais unis entre eux ; point de goudron, point de calfatage ; les Coréens ne connaissent pas ce perfectionnement. A deux mâts d'une hauteur démesurée, sont attachées deux voiles en nattes de paille, mal cousues les unes aux autres. L'avant est ouvert jusqu'à la cale; il occupe le tiers de la barque. C'est là que se trouve placé le cabestan, entouré d'une grosse corde tressée d'herbes à demi pourries, et qui se couvrent de champignons dans les temps humides. A l'extrémité de cette corde est liée une ancre de bois, notre espoir de salut. Le pont est formé partie de nattes, partie de planches mises à côté l'une de l'autre, sans être fixées par aucune attache. Ajoutez à cela trois ouvertures pour entrer dans l'intérieur. Aussi, lorsqu'il pleut ou que les vagues déferlent par-dessus le bastingage, on ne perd pas une goutte d'eau. Il faut la recevoir sur le dos, et puis à force de bras la rejeter dehors.

« Les Coréens, quand ils naviguent, ne quittent jamais la côte. Dès que le ciel se charge, ils jettent l'ancre, étendent sur leurs barques une couverture de chaume, et attendent patiemment que le beau temps revienne. Il n'est pas nécessaire de vous dire, monsieur et cher confrère, que nous n'étions pas fort à l'aise dans la nôtre. Souvent inondés par la vague, nous vivions habituellement en compagnie des rats, des cancres, et, ce qui était plus ennuyeux, de la vermine. Sur la fin de notre navigation, il s'exhalait une odeur fétide de la cale, dont nous n'étions séparés que par un faible plancher.

« L'équipage était digne du navire, il se composait du P. André
Kim, que j'avais ordonné prêtre quelques jours auparavant, et
qui était notre capitaine ; vous devinez facilement la portée de sa
science nautique ; plus, d'un batelier, qui nous servait de pilote,
d'un menuisier, qui remplissait les fonctions de charpentier ; le
reste avait été pris pêle-mêle dans la classe agricole. En tout
douze hommes. N'est-ce pas là un équipage improvisé ? Cependant,
parmi ces braves gens se trouvaient des confesseurs de la foi, des
pères, des fils, des frères de martyrs. Nous nommâmes notre
barque *le Raphaël.*

« Vous avez appris les dangers qu'elle courut pour se rendre
en Chine et y demeurer sans être capturée. Son départ nous offrait
une autre difficulté ; c'était, pour M. Daveluy et moi, de monter à
son bord à l'insu des mandarins qui la faisaient surveiller sans
relâche. Le dernier jour du mois d'août, vers le soir, elle quitta
le port de Chang-haï, descendit dans le canal à la faveur de la
marée, et vint mouiller en face de la résidence de Mgr de Bézi,
où nous l'attendions. Un instant après, une chaloupe du gouvernement, qui l'avait suivie de loin, jeta l'ancre auprès d'elle.
Toutefois, ce contre-temps n'empêcha pas le P. André de descendre à terre, et de venir nous avertir. Le ciel était couvert, la
nuit était sombre, tout semblait nous favoriser. Mgr de Bézi qui,
depuis notre arrivée au Kiang-nan, nous avait prodigué l'hospitalité la plus généreuse, eut encore la bonté de nous accompagner
jusqu'à la barque. La chaloupe du mandarin, emportée probablement par le courant, s'était un peu écartée ; nous eûmes donc la
liberté de monter à bord sans que personne nous aperçût.

« Le lendemain nous allâmes mouiller à l'embouchure du canal,
auprès d'une jonque chinoise, qui faisait voile pour le Léao-tong ;
elle appartenait à un chrétien qui nous avait promis de nous
remorquer jusqu'à la hauteur du Chan-tong. M. Faivre, missionnaire lazariste, se trouvait sur la jonque ; il allait en Mongolie.
Les premiers jours de septembre furent pluvieux, les vents nous
étaient contraires et soufflaient avec violence : trois fois nous essayâmes de gagner le large, trois fois nous fûmes contraints de
revenir au port. En pleine mer, il est rare que le Chinois coure
des bordées contre le vent ; au lieu de louvoyer, il retourne au
plus proche mouillage, serait-il à cent lieues de distance.

« Près de l'île de Tsong-min se trouve une rade sûre ; plus de
cent navires, qui devaient se rendre dans le nord, y étaient à
l'ancre, attendant une brise favorable ; nous allâmes nous y réfugier. Le capitaine de la jonque chinoise nous invita à célébrer,

à son bord, la fête de la Nativité de la Sainte Vierge. Nous acceptâmes d'autant plus volontiers que nous devions jouir encore de la compagnie de l'excellent M. Faivre; les équipages de plusieurs autres barques chrétiennes se rendirent à la fête. Quatre messes furent dites; tout ce qu'il y avait là de fidèles communièrent. Le soir, des fusées s'élancèrent dans les airs en gerbes de feu; c'étaient nos adieux à la Chine et le signal du départ.

« Nous levâmes l'ancre, nous attachâmes notre barque à la jonque chinoise avec un gros câble, et nous reprîmes notre course vers la Corée.

« Le commencement de notre navigation fut assez heureux; mais bientôt à la brise qui enflait nos voiles, succéda un vent trop violent pour notre frêle embarcation; des lames d'une grosseur énorme semblaient à chaque instant devoir l'engloutir. Néanmoins nous soutînmes sans avarie leurs assauts pendant vingt-quatre heures. La seconde nuit, notre gouvernail fut brisé, nos voiles se déchirèrent; nous nous traînions péniblement à la remorque. Chaque vague jetait dans notre barque son tribut d'eau; un homme était sans cesse occupé à vider la cale. Oh! la triste nuit que nous passâmes!

« A la pointe du jour, nous entendîmes crier le P. André d'une voix à demi étouffée par la terreur; nous montâmes sur le pont, M. Daveluy et moi. Nous y étions à peine, qu'il s'en écroula une partie; c'était l'endroit au-dessous duquel nous habitions; un moment plus tard, nous eussions été écrasés par la chute des planches. André s'efforçait d'avertir le capitaine chinois de changer de direction, celle qu'il suivait nous conduisant vers la Chine; mais le bruissement des flots couvrait sa voix. Nous criâmes aussi de notre côté; nous parvînmes enfin à nous faire entendre, et quelqu'un parut sur l'arrière de la jonque; mais il ne put rien comprendre à nos paroles, ni à nos signaux.

« Dans le péril où nous étions, le P. André nous dit qu'il était prudent pour les deux missionnaires de quitter la barque coréenne, et de monter sur la jonque; que pour lui et ses gens, ils ne pouvaient nous suivre en Chine, parce que d'après la loi d'extradition ils seraient conduits à Péking, et de là dans leur patrie, où une mort cruelle leur était réservée; que la mer, toute orageuse qu'elle était, leur offrait moins de péril; qu'enfin la Providence disposerait d'eux comme elle le voudrait, mais qu'il importait avant tout de conserver à la mission de Corée son évêque.

« Quelque peine que nous eussions à abandonner ainsi des

hommes qui s'étaient exposés à tant de dangers pour venir à nous, cependant, dans l'extrémité où nous étions, nous crûmes devoir adopter leur avis. Nous nous mimes alors à faire signe à nos compagnons de voyage de nous amener à eux, ce qui étant fait, nous leur exprimâmes le désir de passer à leur bord. On joignit aussitôt les deux barques assez près l'une de l'autre pour que nous pussions être tirés sur la leur avec des cordes. On était à les préparer et à nous lier la ceinture, lorsque le câble qui nous retenait à la jonque se rompit, et nous abandonna à la fureur des vagues. On nous jette aussitôt le même câble; nous ne pouvons le saisir. C'en est fait. Emportés par le vent, nos Chinois sont déjà loin de nous. Nous leur tendions les bras en signe d'adieu, lorsque nous les voyons revenir. En passant devant notre barque, ils nous jettent des cordes; vaine tentative! nous n'en pouvons atteindre aucune. Ils reviennent une seconde fois et avec aussi peu de succès. Considérant alors l'inutilité de leurs efforts et le danger qu'ils couraient eux-mêmes de sombrer, ils continuent leur route, et disparaissent pour toujours à nos yeux.

« Quoique nous fussions loin d'en juger ainsi dans le moment, ce fut un bonheur pour nous de n'avoir pas quitté notre barque; nous ne serions pas aujourd'hui dans notre chère mission, si une main invisible, disposant les choses mieux que notre prudence, n'avait enchaîné notre sort à celui de nos braves Coréens.

« Voilà donc notre *Raphaël* au milieu d'une mer en courroux, sans voiles et sans gouvernail. Je vous laisse à penser comme il a été ballotté et nous avec lui. Déjà il s'emplissait d'eau. On fut d'avis de couper les mâts. Nous avertîmes nos gens de ne pas les abandonner à la mer une fois abattus, comme ils avaient fait à leur premier voyage. Que les coups de hache me paraissaient lugubres! Les mâts en tombant brisèrent une partie de notre frêle bastingage; quand ils furent à l'eau, nous voulûmes les retirer sur le pont, ce qui aurait pu se faire, malgré l'agitation des vagues; mais nos marins étaient si découragés, que nous ne pûmes les déterminer à cet acte de prévoyance. Ils se retirèrent dans leur cabines, prièrent un instant, puis s'endormirent.

« Cependant ces mâts, poussés par les flots, venaient par intervalle donner de rudes coups contre la barque; il était à craindre qu'ils n'enfonçassent ses flancs déjà ébranlés, mais Dieu veillait sur nous, il ne nous arriva aucun malheur. Le jour suivant l'orage s'apaisa, la mer fut moins agitée; notre équipage avait repris un peu de force et de courage dans le sommeil. On retira les mâts, on les mit debout; ils étaient raccourcis de huit pieds; sans doute un Européen les aurait trouvés encore assez hauts ; aux yeux d'un Coréen, ils n'étaient plus en proportion avec la barque. Un nouveau gouvernail fut construit et les voiles raccommodées. Ce fut l'affaire de trois jours, pendant lesquels le calme nous favorisa. Pendant ce travail, nous avions constamment en vue de dix à quinze jonques chinoises ; nous avions hissé notre pavillon de détresse ; elles l'apercevaient très-bien : pas une ne vint à notre secours. L'humanité est un sentiment inconnu au Chinois, il lui faut du lucre ; s'il n'en espère point, il laissera mourir d'un œil sec ceux qu'il pourrait sauver.

« Nous avions été séparés de notre remorqueur à vingt-cinq lieues environ du Chan-tong ; mais depuis lors, où les courants nous avaient-ils entraînés? où étions-nous? nous l'ignorions. Nous mîmes le cap sur l'archipel coréen. Peu après, le P. André nous dit qu'il lui semblait reconnaître ces îles, et que bientôt nous apercevrions l'embouchure du fleuve qui conduit à la capitale.

« Jugez, monsieur et cher confrère, de notre joie ; nous croyions toucher au terme de notre voyage et à la fin de nos misères! Mais, hélas ! ce pauvre P. André était dans une grande erreur. Quelle fut notre surprise et notre douleur le lendemain, lorsque, abordant au premier ilot, nous apprîmes des habitants que nous étions au midi de la péninsule, en face de Quelpaert, à plus de cent lieues de l'endroit où nous voulions débarquer ! Nous crûmes, cette fois, que nous étions poursuivis par le malheur; nous nous trompions cependant, car ici encore la Providence nous dirigeait. Si nous avions été droit à la capitale, nous aurions probablement été pris. Nous sûmes plus tard que l'apparition d'un navire anglais dans le midi du royaume, avait mis le gouvernement en émoi ; on surveillait les abords de la ville, on examinait avec une sévérité minutieuse toutes les barques qui entraient dans la rivière. La longue absence de la nôtre avait soulevé des soupçons dans l'esprit de ceux qui avaient été témoins de son départ ; ils l'avaient vu s'approvisionner d'une manière extraordinaire ; ils disaient même qu'elle partait pour un pays étranger. A notre arrivée, ils nous auraient suscité mille tracasseries; Dieu nous en délivra.

« Il nous restait encore une course périlleuse à fournir au milieu d'un labyrinthe d'îles inconnues de nous tous, sur une embarcation qui faisait eau et qui avait peine à tenir la mer. La corde de notre ancre était usée; si elle se rompait, nous devions nous faire échouer sur la côte et nous mettre à la discrétion des premiers venus, ce qui aurait entraîné notre perte. Nous décidâmes qu'il fallait modifier notre plan, et aller mouiller au port de Kang-kien-in, situé au nord de la province méridionale, dans une petite rivière, à six lieues dans l'intérieur. Il s'y trouvait quelques familles de néophytes convertis depuis peu à la foi. Ce fut un trajet de quinze jours au milieu d'alarmes continuelles. Nous avions constamment le vent debout ; les courants étaient rapides, les écueils nombreux. Plusieurs fois nous touchâmes sur les rochers ; nous étions souvent engagés dans le sable, plus souvent encore nous nous trouvions arrêtés au fond d'une baie où nous espérions rencontrer un passage. Nous envoyions alors notre canot à terre pour demander notre route. Enfin le 12 octobre, nous jetâmes l'ancre à quelque distance du port, dans un lieu isolé.

« Notre descente devait se faire le plus secrètement possible. Nous envoyâmes un homme informer les chrétiens de notre arrivée. Ils vinrent deux, la nuit, pour nous conduire à leur habitation. Comme ils jugèrent à propos de me faire descendre en habit de deuil, on m'affubla d'un surtout de grosse toile écrue, on mit sur ma tête un grand chapeau de paille, lequel me tombait jusque sur les épaules ; il était de la forme d'un petit parapluie à demi fermé ; ma main fut armée de deux bâtonnets, soutenant un voile qui devait soustraire ma figure aux regards des curieux, et mes pieds furent chaussés de sandales de chanvre. Mon accoutrement était des plus grotesques. Ici, plus un habit de deuil est grossier, mieux il exprime la douleur causée par la perte des parents. M. Daveluy fut habillé avec plus d'élégance.

« Ces préparatifs achevés, deux matelots nous chargèrent sur leur dos, et nous portèrent à la terre des martyrs. Ma prise de possession ne fut pas très-brillante. Dans ce pays, il faut faire tout en silence et à huis clos. Nous nous dirigeâmes à la faveur de la nuit vers la demeure du chrétien qui marchait en avant. C'était une misérable hutte bâtie en terre, couverte de chaume, composée de deux pièces, ayant à la fois pour porte et pour fenêtre une ouverture de trois pieds de haut. Un homme s'y tient à peine debout. La femme de notre généreux hôte était malade ; il la fit transporter ailleurs pour nous donner un logement. Dans ces chaumières, point de chaises, point de table ; ces sortes de délicatesses ne se trouvent, nous dit-on, que dans les maisons des riches. On est assis sur le sol couvert de nattes ; par-dessous est installé le fourneau de la cuisine, qui entretient une douce chaleur. Je vous écris, monsieur et cher confrère, accroupi sur mes jambes ; une caisse ou mes genoux me servent de pupitre. Je ste tout le jour enfermé dans ma cabane, ce n'est que la nuit qu'il m'est permis de respirer l'air du dehors. On souffre beaucoup dans cette mission, mais cela dure peu, et le ciel récompense bien amplement ces peines en les couronnant du martyre.

« Je me séparai aussitôt de M. Daveluy ; je l'envoyai dans une petite chrétienté étudier la langue. Il est plein de zèle, très-pieux, doué de toutes les qualités d'un missionnaire apostolique. Je désire pour le bonheur des Coréens que Dieu lui conserve longtemps la vie. Nos matelots retournèrent dans leurs familles, qui avaient perdu tout espoir de les revoir jamais : depuis sept mois ils en étaient absents. On m'assure que la capitale est l'endroit où j'aurai le moins de dangers à courir ; je m'y rendrai peut-être au cœur de l'hiver prochain. En attendant, nous sommes comme l'oiseau sur la branche, nous pouvons être pris à chaque instant.

« Tout est à refaire dans cette mission ; et malheureusement il est plus difficile d'agir que du temps de nos confrères, parce que le gouvernement connaît mieux tout ce qui nous concerne, et aussi parce que la persécution a dispersé les chrétiens en bien des endroits. La première occupation sera d'envoyer çà et là des hommes pour savoir où ils habitent. Si les mandarins nous en laissent le temps, nous pourrons commencer l'administration de ce troupeau désolé, en nous entourant des plus grandes précautions pour que rien ne trahisse le secret de notre présence. Je me recommande instamment à vos ferventes prières, et j'ai l'honneur d'être avec un profond respect et l'affection la plus vive,

« Monsieur et cher confrère,

« Votre très-humble et très-dévoué serviteur.

« JOSEPH FERRÉOL, *évêque de Belline et vic. ap. de la Corée.* »

« *P. S.* Il paraît que sur la route qui conduit à la frontière, on surveille maintenant les voyageurs avec la dernière sévérité ; on dit même qu'on ne peut porter aucune lettre. J'espère néanmoins que celle-ci vous parviendra. Dans quelques mois, des courriers se dirigeront vers le nord pour introduire M. Maistre et le diacre coréen qui l'accompagne. »

CHAPITRE IV.

Mgr Ferréol, à peine arrivé en Corée, se dirigea vers la capitale, comme étant à la fois le centre de la mission et l'endroit où il pourrait se cacher avec le plus de sécurité. Quelques chrétiens timides avaient essayé de l'effrayer, en lui représentant les dangers qu'il ne manquerait pas de courir; heureusement, ces dangers n'existaient que dans leur imagination. Mgr Ferréol se déguisa sous des habits de deuil, arriva sans encombre à son poste, et commença de suite la visite des chrétiens.

De son côté M. Daveluy s'installa dans la petite chrétienté qui lui avait été assignée par son évêque. Les braves gens qui lui donnaient l'hospitalité au péril de leur vie, étaient des chrétiens des environs de la capitale, qui, chassés par la persécution, s'étaient retirés dans un pays sauvage, où ils vivaient pauvrement de la culture du tabac. Il n'y avait que sept familles, en tout trente ou trente-deux personnes. On ne peut dire combien ils étaient heureux de posséder le missionnaire. Presque tous assistaient chaque jour à la messe, et ils ne quittaient presque pas le prêtre, s'amusant à le voir prendre ses repas, à l'entendre bégayer les premiers mots de leur langue. Au bout de deux mois il commença à les comprendre un peu, et à être compris d'eux.

L'Eglise de Corée était alors dans un triste état. Après la mort des pasteurs, toutes les chrétientés avaient été dispersées. Poursuivis sans cesse par la rage des persécuteurs, les néophytes s'étaient réfugiés dans les provinces païennes, qui seules offraient un peu de sécurité. Tout avait été dévoilé par les traîtres, et chaque fidèle devait cacher sa foi avec le plus grand soin, sous peine d'être immédiatement saisi. Les ouvriers étaient obligés de quitter leur profession, parce qu'à chaque instant ils avaient à faire des ouvrages plus ou moins directement entachés de superstition. S'ils refusaient, on les dénonçait aux magistrats comme chrétiens ; s'ils acceptaient, ils agissaient contre leur conscience. Il faut bien l'avouer, le plus grand nombre, pour ne pas se trahir, participaient aux cérémonies païennes. Mêlés qu'ils étaient avec les idolâtres, leur vie n'avait plus rien de chrétien, les passions avaient repris toute leur force, l'exemple les avait entraînés dans le crime, et la loi de Dieu était constamment violée. Cependant au fond de leurs cœurs, la foi n'était pas éteinte ; ils soupiraient tous après le moment où, débarrassés de ces entraves, ils pourraient de nouveau pratiquer les exercices de la religion et se réunir à des frères.

Humainement parlant, le sort des néophytes fidèles était plus fâcheux encore. Les époux avaient été violemment séparés ; la faim, la nécessité avaient chassé les enfants loin de leurs parents ; les frères étaient dispersés. Peu à peu néanmoins, ces plaies se réparaient, et au fur et à mesure que les familles se reformaient, elles cherchaient les moyens de se retirer dans des lieux écartés, où les exercices religieux pussent se pratiquer dans le secret. Soutenus par les principaux catéchistes qui avaient échappé au désastre, les regards sans cesse tournés vers la terre étrangère d'où pouvaient leur venir des pasteurs, ils parcouraient les montagnes, errant le jour et la nuit dans des lieux que les bêtes féroces avaient seules occupés jusqu'alors, et quand il n'y avait plus apparence d'habitations, loin de tout commerce étranger, ces pauvres exilés plantaient la tente qui devait abriter leur misérable existence. Il ne leur restait d'autre moyen de vivre que la culture des champs. Mais hélas ! quelle culture dans des lieux où jamais on n'avait songé à jeter la semence, où l'on ne rencontrait que montagnes, ravins, pentes abruptes, précipices épouvantables. Le riz, principale nourriture du pays, n'y peut venir ; un peu de millet, un peu de blé, quelques légumes, et principalement le tabac : voilà les seules productions de ces terrains arides.

Les plus fervents ayant pris les devants, peu à peu les autres fidèles suivirent et vinrent aussi peupler les montagnes. Chaque année leur nombre croissait, ce qui devint bientôt une nouvelle cause d'appauvrissement et de souffrances. Tous s'étant mis à la culture du tabac, l'extrême abondance en fit baisser le prix, au point qu'à l'arrivée de Mgr Ferréol, on en donnait pour la modique somme de vingt francs, la charge de deux hommes vigoureux. Aussi, nos infortunés néophytes trouvaient à peine dans un travail continu de quoi ne pas mourir de faim.

Ajoutons que l'éloignement ne les mettait pas toujours à l'abri des vexations. Souvent, des païens qui connaissaient leur gîte, venaient s'installer chez eux, vivre à leurs dépens, et les rançonner impitoyablement sous peine de dénonciation immédiate. Les satellites n'avaient pas non plus oublié les habitudes des temps de persécution. Sous le moindre prétexte, quelquefois sans prétexte aucun, ils faisaient des razzias dans les villages chrétiens, enlevant tout ce qu'ils trouvaient, maisons, habits, meubles, provisions, et traînant en prison ceux qui faisaient la moindre résistance. Que de fois, après deux ou trois ans de séjour, quand le terrain était devenu moins ingrat à force de travail, nos chrétiens furent forcés de transporter ailleurs leurs pauvres habitations ! Que de fois ils durent abandonner leurs récoltes sur pied, et s'enfuir, sans savoir de quel côté tourner leurs pas, sans autre ressource que la confiance en celui qui nourrit les oiseaux du ciel et donne la pâture à leurs petits ! Trop heureux encore si dans cette vie quasi nomade, ils avaient toujours su conserver intactes leur foi et leur innocence ! Mais cet état de dispersion et de vagabondage avait amené l'ignorance, et avec elle les nombreuses misères spirituelles qui en sont la suite. Peu savaient lire, ou, s'ils parvenaient à déchiffrer quelques caractères, le sens leur en restait caché. Pas d'écoles possibles, tant à cause de leur pauvreté, qu'à cause du danger d'être découverts par les païens.

Et cependant, telle est la vitalité, la force convertissante de la religion chrétienne, que même dans ces circonstances si défavorables, il y avait encore des conversions. Depuis le martyre des missionnaires, près de deux cents néophytes, en moyenne, s'étaient présentés chaque année, pour combler les vides faits par la persécution. Laissant leurs maisons, leurs familles, leurs terres, ils venaient dans les déserts partager les souffrances de leurs nouveaux frères, et obéir à la voix de Dieu qui seule les appelait.

Dès le mois de janvier, M. Daveluy, qui déjà avait administré plus de soixante personnes aux environs de sa retraite, put se mettre en campagne pour commencer la visite des chrétiens. Son apprentissage fut pénible. Le froid était très-vif, presque partout les chemins et les sentiers avaient disparu sous la neige, et en cinquante jours il eut à parcourir plus de vingt-cinq localités différentes, distantes les unes des autres de deux, quatre et même sept ou huit lieues.

« Arrivé, dans une chrétienté, écrivait-il alors, souvent je n'ai que vingt-quatre heures à y rester, vu le petit nombre de fidèles. Je dois donc entendre les confessions immédiatement, ensuite suppléer les cérémonies du baptême ou administrer ce sacrement, aux adultes d'abord, puis aux enfants, cérémonies fort longues et assez fatigantes. Quand tout est fini, il est bien tard, il faut réciter le bréviaire, auquel, en l'honneur de Marie ma bonne mère, j'ajoute le chapelet. Elle me pardonnera bien d'avoir sommeillé plus d'une fois pendant ce temps ; la nature a ses droits contre lesquels on ne peut pas prescrire. Enfin je dors jusqu'au matin, c'est-à-dire que de bonne heure il faut célébrer la sainte messe, donner la sainte communion, la confirmation, la bénédiction des mariages, puis agréger aux confréries du saint Rosaire et du saint Scapulaire. Comprenez-vous que le temps doit passer vite ? et je n'ai pas énuméré les examens des catéchumènes que je fais pendant mes repas, la solution des difficultés sans nombre relatives au mariage, et enfin mille incidents journaliers. Il faut user de ruse pour réciter le bréviaire, faire un peu d'oraison ; lire quelques-unes des paroles de vie contenues dans le saint Évangile, et prendre quelque repos ; voilà ma vie de tous les jours. Après-demain je dois me remettre en campagne, toujours sous l'égide de mon grand chapeau de deuil, que Monseigneur appelle le manteau des fées rendant invisible ceux qu'il couvre. »

Quelques semaines plus tard, le missionnaire résumait ainsi les impressions que cette première visite avait laissées dans son cœur.

« Qu'ai-je vu pendant ces deux mois ? environ sept cents chrétiens bien pauvres, bien misérables, mais enfin ayant, je le crois, bonne volonté. Des peines ! il y en a eu, et de grandes. Je m'y attendais : car ces chers néophytes sont privés des sacrements depuis sept ou huit ans, et Dieu sait ce que vaut une année de persécution. Des consolations ! j'en ai eu aussi et de plus grandes encore. Ce sont ici de vieux soldats de Jésus-Christ que la persécution n'a pas ébranlés ; là, c'est une veuve qui a vu mourir son époux sous le fer des bourreaux ; plus loin, des orphelins dont les père et mère ont obtenu la couronne du martyre ; aujourd'hui, c'est une jeune fille qui raconte le supplice de ses frères ; demain, une mère que ses enfants ont précédée au ciel. Toujours ce sont des chrétiens qui se repentent de leurs fautes, et pleurent de joie à la vue du prêtre qu'ils attendaient depuis si longtemps.

« Ces pauvres gens ne savent comment me témoigner leur respect et leur attachement. Ils s'empressent autour de moi : les plus pauvres m'apportent leur petite offrande. Quand le soir je suis à causer avec vingt ou trente personnes entassées dans ma cabane, souvent je n'ai pas le courage de quitter la conversation ; elle se prolonge très-tard, et jamais ils ne disent : assez. Je leur parle une langue impossible, mêlée de chinois, de coréen, de je ne sais quoi. Ils comprennent ou ne comprennent pas, mais enfin ils sont contents et moi aussi, et quand le moment de la séparation est venu, c'est une famille à laquelle il faut s'arracher, ce sont des pleurs, des gémissements. Hélas ! peut-être de leur vie ils ne reverront le Père pour soulager leur conscience et s'unir à leur

Dieu. Comprenez-vous cette suite d'émotions vives, trop vives pour mon pauvre cœur? Plusieurs fois j'ai fui comme à la dérobée pour éviter ces moments pénibles, ces manifestations dangereuses, car l'apparition d'un païen en pareil cas compromettrait toute la mission.

« Je n'ai pas dit toutes mes consolations ; je n'ai pas parlé des nouveaux chrétiens. La grâce toute-puissante de Dieu sait toujours appeler ses élus. La persécution n'a pas arrêté les conversions, et j'ai toujours à baptiser quelques adultes.

« J'aime à interroger les pères de famille avant le baptême, à scruter les dispositions diverses, mais également admirables, par lesquelles la miséricorde de Dieu les a tous appelés. J'aime leurs réponses vives et pleines de foi ; les uns ont quitté une vie douce et agréable pour s'assurer une autre vie plus heureuse ; les autres même avant leur baptême ont déjà subi quelques persécutions : quelques-uns arrivent à la onzième heure, ce sont des vieillards qui, ayant entendu parler de notre sainte religion, veulent consacrer au bon Dieu les dernières années d'une vie qu'ils voient s'échapper chaque jour. »

Pendant que les nouveaux missionnaires de Corée commençaient avec tant de zèle leurs travaux apostoliques, leur confrère M. Maistre faisait une nouvelle tentative pour les rejoindre par la frontière septentrionale. Mgr Ferréol avait fixé la première lune de l'année pieng-ô (1846) comme l'époque la plus convenable. En conséquence, dans les derniers jours de janvier, M. Maistre, accompagné du diacre Thomas T'soi et de deux courriers chinois, se dirigea vers le village tartare de Houng-tchoung, en suivant la route explorée déjà par André Kim. Après dix-sept jours de marche à travers monts et vallées, sur les glaces du fleuve Mi-kiang et dans les déserts de la Mandchourie, il arriva à une lieue de la frontière coréenne où il dut attendre, pendant dix jours, l'époque fixée pour les échanges entre les deux nations. Un si long retard lui fut funeste, car la petitesse du village qui lui donnait asile ne permettait pas à un étranger d'y vivre longtemps inconnu.

La veille de l'ouverture de la foire, au moment où il se disposait à franchir la terrible barrière, la maison qu'il habitait fut cernée par quatre officiers mandchoux, accompagnés d'une nombreuse cohorte de satellites ; ils le conduisirent d'abord au corps de garde qui fut bientôt entouré et rempli de tout ce qu'il y avait de gens au service du prétoire. Chacun l'accablait à la fois d'une foule de questions : il satisfit à toutes en disant qu'il n'avait à répondre qu'au mandarin. Il passa environ trois heures debout au milieu de cette multitude impertinente ; les uns lui découvraient la tête, les autres lui tiraient la barbe, tous se pressaient autour de lui et considéraient d'un air ébahi cet étrange personnage. « Je les regardais avec calme, écrit M. Maistre, et les laissais faire. Notre divin Sauveur fut bien plus maltraité la veille de sa Passion. Or, le disciple n'est pas au-dessus de son maître, et il doit se réjouir d'être traité comme lui. Vers minuit, la curiosité céda au besoin du repos ; on me conduisit avec Thomas et les deux courriers dans un cachot dont les murailles étaient en terre. Des lapins n'y seraient pas restés longtemps prisonniers ; mais loin de songer à la fuite, nous étions pressés de nous reposer des fatigues d'une journée si accablante, et j'éprouvai pour la première fois que l'on peut dormir tranquillement sous les verrous. »

Dès le matin le bruit de l'arrestation d'un étranger avait attiré toute la bourgade à la prison. Le papier des fenêtres fut bientôt déchiré par la populace : chacun voulait voir comment était fait un Européen. Pour satisfaire la curiosité publique, M. Maistre alla se promener quelques instants dans la cour : tous voyaient avec étonnement un homme paisible et sans peur au milieu de ces mêmes satellites, si justement redoutés des gens du pays comme des voleurs et des bourreaux. Vers dix heures le missionnaire fut conduit au tribunal du mandarin, qui le traita avec beaucoup de politesse. L'interrogatoire ne fut pas long ; en voici à peu près le résumé : « Qui êtes-vous, d'où venez-vous, et que venez-vous faire dans ce pays ? — Je suis chrétien, je viens d'Europe pour enseigner aux hommes à connaître et à aimer le Dieu du ciel. — Mais cette ville obscure n'est pas un théâtre digne de vos leçons, il faut aller dans les grandes provinces de la Chine. — Il n'y a pas d'endroit si petit qui ne doive connaître le vrai Dieu ; tous les peuples de la terre sont tenus de le servir. — Vous déclarez que vous êtes chrétien ; comment puis-je savoir la vérité ? — Cela est facile : voici la marque du chrétien, » et le missionnaire fit le signe de la croix. Il montra aussi au mandarin la croix de son chapelet et il ajouta : « Dans le décret de l'empereur, que vous devez avoir entre les mains, il est écrit que les chrétiens adorent la croix ; ce n'est pas ce vil métal que nous adorons, mais le Dieu Sauveur qui est mort sur la croix pour nous racheter. » Le mandarin considéra alors avec admiration la petite croix du missionnaire ; ses deux assistants firent de même ; il voulut ensuite voir la montre de M. Maistre ; après quoi il le renvoya au cachot où il passa le jour et la nuit suivante. A des questions analogues le diacre Thomas T'soi et les deux chrétiens chinois firent à peu près les mêmes réponses.

Le lendemain ils sortirent tous de prison, sous l'escorte de deux officiers mandchoux qui les conduisirent à une journée et demie de distance. « Ainsi, dit encore M. Maistre dans cette même lettre, je fut mis en liberté en exhibant mes titres d'Européen et de missionnaire ; ils eussent été naguère un sujet de condamnation ; mais je suis arrivé trop tard pour aspirer à la gloire du martyre. Me voici donc revenu au point de départ, méditant un nouveau moyen de pénétrer dans ce petit royaume de Corée, qui se ferme si obstinément à l'approche des apôtres qu'il redoute et qu'il devrait aimer. Il a beau faire : un jour il sera pris dans les filets de celui qui dispose tout avec douceur, et qui atteint son but avec une force irrésistible. Vous voyez que mon pèlerinage sera encore longtemps prolongé ; plusieurs fois j'ai demandé à Dieu de me retirer de ce monde, où je passe tant d'années inutiles ; mais désormais ma devise sera toujours : *souffrir et non mourir*. Et comme l'Apôtre des nations, j'ai la confiance qu'après avoir éprouvé tant d'obstacles, de fatigues et d'opprobres, il me sera donné d'annoncer hardiment l'Évangile de Jésus. Notre ministère, pour porter son fruit, a besoin d'être fécondé par l'épreuve ; et si je ne puis encore entrer dans ma mission, ce sera du moins une consolation pour moi de souffrir quelque chose pour elle. »

M. Maistre revient au Léao-tong parmi ses confrères. Une lettre de son ancien compagnon de voyage, M. Berneux, alors missionnaire en Mandchourie, nous apprend que lui et le diacre coréen Thomas passèrent l'année 1846 au collége de cette mission, faisant la classe aux quelques élèves qu'on venait d'y réunir. M. Maistre rendait par là un grand service aux chrétiens, car M. Venault, déchargé un instant du soin de ce collége, put visiter et administrer avec autant de succès que de zèle une partie de la province.

De son côté, Mgr Ferréol cherchait à ouvrir une autre voie de communication avec la Chine, pour l'introduction des missionnaires en Corée. Chaque année, au printemps, les barques chinoises viennent, en assez grand nombre, sur les côtes de la province de Hoang-hai, pour la pêche. L'évêque y envoya le P. André Kim, le chargeant de visiter les lieux, d'examiner s'il y avait moyen de tromper la surveillance des soldats et douaniers coréens, et de se mettre en rapport avec quelques pêcheurs chinois. Le P. André avait heureusement rempli cette mission, lorsque

Dieu, qui voulait le récompenser de tout ce qu'il avait déjà fait et souffert pour sa gloire, permit qu'un accident imprévu le fît tomber dans les mains des mandarins. Voici comment il raconte lui-même à Mgr Ferréol son arrestation et une partie des tourments qu'il a endurés. L'original de cette lettre est en latin.

« De la prison, le 26 août 1846.

« MONSEIGNEUR,

« Votre Grandeur aura su tout ce qui s'est passé dans la capitale depuis notre séparation. Nos dispositions étant faites, nous levâmes l'ancre, et, poussés par un vent favorable, nous arrivâmes heureusement dans la mer Yen-pieng, alors couverte d'une multitude de barques de pêcheurs. Mes gens achetèrent du poisson, et se rendirent pour le revendre dans le port de l'île Sou-ney. Ne trouvant aucun acheteur, ils le déposèrent à terre, avec un matelot chargé de le saler.

« De là nous continuâmes notre route, nous doublâmes So-kang et les îles Mai-hap, Thetsin-mok, Sot-seng, Tait-seng, et nous vînmes mouiller près de Pélin-tao. Je vis là une centaine de jonques du Chau-tong occupées à la pêche. Elles approchaient très-près du rivage ; mais l'équipage ne pouvait descendre à terre. Sur les hauteurs de la côte et sur le sommet des montagnes étaient en sentinelles des soldats qui les observaient. La curiosité attirait près des Chinois une foule de Coréens des îles voisines. Je me rendis moi-même de nuit auprès d'eux et je pus avoir un colloque avec le patron d'une barque. Je lui confiai les lettres de Votre Grandeur ; j'en écrivis quelques-unes adressées à MM. Berneux, Maistre et Libois et à deux chrétiens de la Chine. Je joignis à cet envoi deux cartes de la Corée avec la description des îles, rochers et autres choses remarquables de la côte de Hoang-hai. Cet endroit me paraît très-favorable pour l'introduction des missionnaires et la communication des lettres, pourvu toutefois qu'on use avec précaution du ministère des Chinois. Chaque année, vers le commencement de la troisième lune, ils s'y donnent rendez-vous pour la pêche ; ils s'en retournent sur la fin de la cinquième lune.

« Après avoir exécuté vos ordres, Monseigneur, nous repartîmes et nous rentrâmes dans le port de Sou-ney. Jusque-là mon voyage s'était fait sous d'heureux auspices, et j'en attendais une fin meilleure. Le poisson que nous avions déposé sur le rivage n'était pas encore sec, ce qui prolongea notre séjour dans le port.

Mon domestique Véran me demanda de descendre à terre, pour aller récupérer l'argent qu'il avait laissé dans une famille, où la crainte de la persécution l'avait tenu caché pendant sept ans. Après son départ, le mandarin escorté de ses gens vint à notre barque, et en demanda l'usage pour écarter les jonques chinoises. La loi en Corée ne permet pas de se servir des barques des nobles pour des corvées publiques. Parmi le peuple on m'avait fait passer, je ne sais comment, pour un ian-pan ou noble de haut parage, et en cédant ma barque au mandarin je devais perdre ma considération, ce qui eût nui a nos futures expéditions. D'ailleurs Véran m'avait tracé une ligne de conduite en pareille circonstance. Je répondis au mandarin que ma barque était à mon usage et que je ne pouvais la lui céder. Les satellites m'accablèrent d'injures et se retirèrent en emmenant mon pilote ; ils revinrent le soir, s'emparèrent du second matelot, et le conduisirent à la préfecture. On leur fit plusieurs questions à mon sujet, et leurs réponses éveillèrent de graves soupçons sur mon compte. Le mandarin sut que l'aïeule de l'un d'entre eux était chrétienne. Les satellites tinrent conseil et dirent : « Nous sommes trente ; si cet « individu est véritablement noble, nous ne périrons pas tous « pour lui avoir fait violence ; on en mettra un ou deux à mort « et les autres vivront ; allons nous saisir de sa personne. » Ils vinrent la nuit accompagnés de plusieurs femmes publiques, et se ruèrent sur moi en furibonds ; ils me prirent par les cheveux dont ils m'arrachèrent une partie, me lièrent avec une corde, et me chargèrent de coups de pied, de poing et de bâton. Pendant ce temps, à la faveur des ténèbres de la nuit, ceux des matelots qui restaient se glissèrent dans le canot et s'enfuirent à force de rames.

« Arrivés sur le rivage, les satellites me dépouillèrent de mes habits, me lièrent et me frappèrent de nouveau, m'accablèrent de sarcasmes, et me traînèrent devant le tribunal où s'était assemblée une foule de monde. Le mandarin me dit : « Étes-vous chré- « tien? — Oui, je le suis, » lui répondis-je. — « Pourquoi contre « les ordres du roi pratiquez-vous cette religion? Renoncez-y. — « Je pratique ma religion parce qu'elle est vraie ; elle enseigne à « honorer Dieu et me conduit à une félicité éternelle ; quant à « l'apostasie, inutile de m'en parler. » Pour cette réponse, on me mit à la question. Le juge reprit :.« Si vous n'apostasiez, je vais « vous faire expirer sous les coups. — Comme il vous plaira ; mais « jamais je n'abandonnerai mon Dieu. Voulez-vous entendre la « vérité de ma religion? Écoutez : Le Dieu que j'adore est le

« créateur du ciel et de la terre, des hommes et de tout ce qui
« existe, c'est lui qui punit le crime, et récompense la vertu :
« d'où il suit que tout homme doit lui rendre hommage. Pour
« moi, ô mandarin, je vous remercie de me faire subir des tour-
« ments pour son amour; que mon Dieu vous récompense de ce
« bienfait en vous faisant monter à de plus hautes dignités. » A
ces paroles, le mandarin se prit à rire avec toute l'assemblée. On
m'apporta ensuite une cangue longue de huit pieds. Je la saisis
aussitôt et la posai moi-même à mon cou, aux grands éclats de
rire de tous ceux qui étaient présents. Puis on me jeta en prison
avec les deux matelots qui déjà avaient apostasié. J'avais les mains,
les pieds, le cou et les reins fortement liés, de manière que je ne
pouvais ni marcher, ni m'asseoir, ni me coucher. J'étais, en outre,
oppressé par la foule de gens que la curiosité avait attirés auprès
de moi. Une partie de la nuit se passa pour moi à leur prêcher
la religion ; ils m'écoutaient avec intérêt et m'affirmaient qu'ils
l'embrasseraient, si elle n'était prohibée par le roi.

« Les satellites ayant trouvé dans mon sac des objets de Chine,
crurent que j'étais de ce pays, et le lendemain le mandarin me
demanda si j'étais Chinois. « Non, lui répondis-je, je suis Coréen.»
N'ajoutant pas foi à mes paroles, il me dit : « Dans quelle pro-
« vince de la Chine êtes-vous né? — J'ai été élevé à Macao, dans
« la province de Kouang-tong ; je suis chrétien : la curiosité et le
« désir de propager ma religion m'ont amené dans ces parages. »
Il me fit reconduire en prison.

« Cinq jours s'étant écoulés, un officier subalterne, à la tête
d'un grand nombre de satellites, me conduisit à Hai-sou, métropole de la province. Le gouverneur me demanda si j'étais Chinois ;
je lui fis la même réponse qu'au mandarin de l'île. Il me fit une
multitude de questions sur la religion. Je profitai avec empressement de l'occasion, et lui parlai de l'immortalité de l'âme, de
l'enfer, du paradis, de l'existence de Dieu et de la nécessité de
l'adorer pour être heureux après la mort. Lui et ses gens me
répondirent : « Ce que vous dites là est bon et raisonnable ; mais le
« roi ne permet pas d'être chrétien. » Ils m'interrogèrent ensuite
sur bien des choses qui pouvaient compromettre les chrétiens et
la mission. Je me gardai bien de leur répondre. « Si vous ne nous
« dites la vérité, » reprirent-ils d'un ton irrité, « nous vous tour-
« menterons par divers supplices. — Faites ce que vous voudrez. »
Et courant vers les instruments de torture, je les saisis et les
jetai aux pieds du gouverneur, en lui disant : « Me voilà tout prêt,
« frappez, je ne crains pas vos tourments. » Les satellites les

enlevèrent aussitôt. Les serviteurs du mandarin s'approchèrent
de moi et me dirent : « C'est la coutume que toute personne par-
« laut au gouverneur s'appelle so-in (petit homme). — Que me
« dites-vous là? Je suis grand, je suis noble, je ne connais pas
« une telle expression. »

« Quelques jours après, le gouverneur me fit comparaître de nouveau et m'accabla de questions sur la Chine ; quelquefois il me parlait par interprète pour savoir si réellement j'étais Chinois ; il finit
par m'ordonner d'apostasier. Je haussai les épaules et me mis à
sourire en signe de pitié. Les deux chrétiens pris avec moi, vaincus
par l'atrocité des tortures, dénoncèrent la maison que j'habitais à
la capitale, trahirent Thomas Ni, serviteur de Votre Grandeur,
Matthieu son frère et quelques autres. Ils avouèrent que j'avais
communiqué avec les jonques chinoises, et que j'avais remis des
lettres à l'une d'entre elles. Aussitôt une escouade de satellites fut
dirigée vers les jonques et en rapporta les lettres au gouverneur.

« On nous gardait avec une grande sévérité et chacun dans
une prison séparée ; quatre soldats veillaient jour et nuit sur
nous. Nous avions des chaines aux pieds et aux mains, et la cangue
au cou. Une longue corde était attachée à nos chaines, et trois
hommes la tenaient par le bout, chaque fois qu'il nous fallait
satisfaire aux exigences de la nature. Je vous laisse à penser
quelles misères j'eus à supporter. Les soldats voyant sur ma
poitrine sept cicatrices qu'y avaient laissées des sangsues qu'on
m'avait appliquées pendant mon séjour à Macao, disaient que
c'était la constellation de la Grande-Ourse, et se divertissaient
par mille plaisanteries.

« Dès que le roi sut notre arrestation, il envoya des satellites
pour nous conduire à la capitale ; on lui avait annoncé que
j'étais Chinois. Pendant la route nous étions liés comme dans
la prison ; de plus nous avions les bras garrottés d'une corde
rouge, comme c'est la coutume pour les voleurs et les grands criminels, et la tête couverte d'un sac de toile noirâtre. Chemin faisant, nous eûmes à supporter de grandes fatigues : la foule nous
obsédait. Je passais pour étranger, et l'on montait sur les arbres
et sur les maisons pour me voir. Arrivés à Séoul, nous fûmes
jetés dans la prison des voleurs. Les gens du prétoire, entendant
mon langage, disaient que j'étais certainement Coréen. Le jour
suivant, je comparus devant les juges, ils me demandèrent qui
j'étais. « Je suis Coréen, » leur répondis-je, « j'ai été élevé en
« Chine. » On fit venir des interprètes de langue chinoise pour
s'entretenir avec moi.

« Pendant la persécution de 1839, le traître (le-saing-i) avait déclaré que trois jeunes Coréens avaient été envoyés à Macao pour y étudier la langue des Européens. Je ne pouvais rester longtemps inconnu, et d'ailleurs un des chrétiens pris avec moi leur avait dit qui j'étais. Je déclarai donc au juge que j'étais André Kim, l'un de ces trois jeunes gens ; et je leur racontai tout ce que j'avais eu à souffrir pour rentrer dans ma patrie. A ce récit, les juges et les spectateurs s'écrièrent : « Pauvre jeune homme ! « dans quels terribles travaux il est depuis son enfance. » Ils m'ordonnèrent ensuite de me conformer aux ordres du roi en apostasiant. « Au-dessus du roi, » leur répondis-je, « est un Dieu qui « m'ordonne de l'adorer ; le renier est un crime que l'ordre du roi « ne peut justifier. » Sommé de dénoncer les chrétiens, je leur opposai le devoir de la charité, et le commandement de Dieu d'aimer son prochain. Interrogé sur la religion, je leur parlai au long sur l'existence et l'unité de Dieu, la création et l'immortalité de l'âme, l'enfer, la nécessité d'adorer son créateur, la fausseté des religions païennes, etc. Quand j'eus fini de parler, les juges me répondirent : « Votre religion est bonne, mais la nôtre « l'est aussi, c'est pourquoi nous la pratiquons. — Si dans votre « opinion il en est ainsi, » leur dis-je, « vous devez nous laisser « tranquilles et vivre en paix avec nous. Mais loin de là, vous nous « persécutez, vous nous traitez plus cruellement que les derniers « criminels : vous avouez que notre religion est bonne, qu'elle est « vraie et vous la poursuivez comme une doctrine abominable. « Vous vous mettez en contradiction avec vous-mêmes. » Ils se contentèrent de rire niaisement de ma réponse.

« On m'apporta les lettres et les cartes saisies. Les juges lurent les deux qui étaient écrites en chinois ; elles ne contenaient que des salutations. Ils me donnèrent à traduire les lettres européennes ; je leur interprétai ce qui pouvait n'avoir aucune conséquence pour la mission. Ils me firent des questions sur MM. Berneux, Maistre et Libois ; je leur répondis que c'étaient des savants qui vivaient en Chine. Trouvant de la différence entre les lettres de Votre Grandeur et les miennes, ils me demandèrent qui les avait écrites. Je leur dis en général que c'étaient mes lettres. Ils me présentèrent les vôtres et m'ordonnèrent d'écrire de la même manière. Ils usaient de ruse, je les vainquis par la ruse. « Ces « caractères, » leur dis-je, « ont été tracés avec une plume métal« lique ; apportez-moi cet instrument et je vais vous satisfaire. — « Nous n'avons pas de plumes métalliques. — Si vous n'en avez « pas, il m'est impossible de former des caractères semblables à

« ceux-là. » On apporta une plume d'oiseau ; le juge me la
présentant me dit : « Ne pouvez-vous pas écrire avec cet instru-
« ment ? — Ce n'est pas la même chose, » répondis-je, « cepen-
« dant je puis vous montrer comment, avec les caractères euro-
« péens, une même personne peut écrire de diverses manières. »
Alors taillant la plume très-fine, j'écrivis quelques lignes en petites
lettres ; puis, en coupant le bec, je formai des lettres plus grosses.
« Vous le voyez, » leur dis-je, « ces caractères ne sont pas les
« mêmes. » Cela les satisfit, et ils n'insistèrent pas davantage sur
l'article des lettres. Vous concevez, Monseigneur, que nos lettrés
de Corée ne sont pas à la hauteur des savants d'Europe.

« Les chrétiens pris avec moi n'ont encore subi aucun tour-
ment dans la capitale. Charles demeure dans une autre prison
avec les personnes qui ont été prises avec lui. Nous ne pouvons
avoir entre nous aucune communication. Nous sommes dans
celle-ci dix individus ; quatre ont apostasié, trois d'entre eux se
repentent de leur faiblesse. Matthieu Ni qui, en 1839, avait eu le
malheur d'apostasier, se montre aujourd'hui plein de courage, et
veut mourir martyr. Son exemple est imité par le père de Sen-
sir-i, mon pilote, et par Pierre Nam, qui auparavant avait scandalisé les fidèles. Nous ignorons le moment où l'on nous conduira
à la mort. Pleins de confiance en la miséricorde du Seigneur,
nous espérons qu'il nous donnera la force de confesser son saint
nom jusqu'à la dernière heure. Le gouvernement veut absolument
s'emparer de Thomas, serviteur de Votre Grandeur, et de quelques autres principaux chrétiens. Les satellites paraissent un peu
fatigués et moins ardents à la recherche des chrétiens. Ils nous
ont dit qu'ils s'étaient portés à It-sen, lant-si, Ogni et dans les
provinces de Tsiong-tsieng et de Tsien-la. Je prie Votre Grandeur
et M. Daveluy de rester cachés jusqu'après ma mort.

« Le juge m'annonce que trois navires de guerre qu'il croit
français, ont mouillé près de l'île Ou-ien-to. « Ils viennent, » me
dit-il, « par l'ordre de l'empereur de la France et menacent la
« Corée de grands malheurs ; deux sont partis en assurant qu'ils
« reviendraient l'année prochaine ; le troisième est encore dans la
« mer de Corée. » Le gouvernement parait terrifié, il se rappelle
la mort des trois Français martyrisés en 1839. On me demande
si je sais le motif pour lequel ces navires sont venus. Je leur réponds que je n'en sais rien, qu'au reste il n'y a rien à craindre,
car les Français ne font aucun mal sans raison. Je leur ai parlé
de la puissance de la France et de la générosité de son gouvernement. Ils paraissent y ajouter foi ; cependant ils m'objectent

qu'ils ont tué trois Français, et qu'ils n'en ont pas été punis. Si réellement des navires français sont venus en Corée, Votre Grandeur doit le savoir.

« On m'a donné à traduire une mappemonde anglaise ; j'en ai fait deux copies avec des couleurs brillantes, l'une est destinée pour le roi. En ce moment, je suis occupé à composer par l'ordre des ministres un petit abrégé de géographie. Ils me prennent pour un grand savant. Pauvres gens !

« Je recommande à Votre Grandeur ma mère Ursule. Après une absence de dix ans, il lui a été donné de revoir son fils quelques jours, et il lui est enlevé presqu'aussitôt. Veuillez bien, je vous prie, la consoler dans sa douleur. Prosterné en esprit aux pieds de Votre Grandeur, je salue pour la dernière fois mon bien-aimé Père et Révérendissime Évêque. Je salue de même Mgr de Bézi. Mes salutations très-respectueuses à M. Daveluy. Au revoir dans le ciel.

« ANDRÉ KIM, *prêtre, prisonnier de Jésus-Christ.* »

De sa prison, le P. André Kim écrivit une autre lettre aux chrétiens de Corée ses compatriotes, pour leur faire ses derniers adieux et les encourager à demeurer fermes dans la foi, malgré les tentations et les épreuves de tout genre.

« Mes amis, Dieu, qui au commencement disposa toutes choses, créa l'homme à son image ; voyez quel a été en cela son but et son intention. Si en ce monde orageux et misérable, nous ne connaissons pas notre souverain maitre et créateur, à quoi bon être nés ! notre vie est inutile. Venus au monde par un bienfait de Dieu, et par un autre bienfait plus grand encore, faisant, grâce à notre baptême, partie de son Église, nous avons un nom bien précieux ; mais si nous ne portons pas de fruit, à quoi nous servira ce nom ? Non-seulement notre entrée dans la religion ne nous sera d'aucun profit, mais nous serons des renégats, coupables envers Dieu d'une ingratitude d'autant plus odieuse que ses grâces sont plus abondantes.

« Considérez le cultivateur. Au temps convenable, il laboure son champ, y porte des engrais, et ne regarde ni au froid, ni à la chaleur, ni à sa peine. Après y avoir jeté de la bonne semence, si au temps de la moisson, le grain est bien venu et bien formé, il oublie toutes ses sueurs, et son cœur est plein de joie. Mais si le grain ne vient pas bien, s'il ne trouve à l'automne que paille et épis vides, il regrette ses sueurs, ses engrais et ses travaux, et ne

veut plus de son champ. Hélas ! le champ de Dieu, c'est la terre
et les hommes sont les bonnes semences ; il nous engraisse de ses
grâces, nous arrose et nourrit du sang de son Fils incarné et mort
pour nous, il nous instruit par ses saintes Écritures, nous exhorte
par les évêques et les pasteurs, et nous enseigne continuellement
par son divin esprit. Qu'ils sont grands les soins de cette éducation ! Arrivés au temps de la moisson et du jugement, si par sa
grâce nous avons porté du fruit, nous jouirons du bonheur du
ciel ; mais si nous sommes des plantes stériles, d'enfants de Dieu
nous deviendrons ses ennemis, et nous souffrirons dans l'enfer la
punition éternelle qui nous est due.

« Mes très-chers frères, sachez-le bien, N. S. Jésus, descendu
en ce monde, a souffert lui-même des douleurs sans nombre. Par
ses souffrances, il a établi son Église qui doit croître aussi au
milieu des croix et des tribulations. Après l'ascension du Sauveur,
depuis le temps des apôtres jusqu'à ce jour, l'Eglise a toujours
grandi au milieu de mille persécutions ; mais, quoi que le monde
fasse pour l'attaquer et la détruire, il ne pourra la vaincre. En
Corée aussi la religion, introduite depuis cinquante ou soixante
ans, a bien des fois été secouée par la tempête, et néanmoins les
chrétiens y sont encore. Aujourd'hui la persécution recommence,
plusieurs chrétiens et moi-même sommes en prison, et tous vous
êtes menacés. Ne faisant qu'un même corps avec vous tous, puis-
je n'en être pas peiné, et la nature pourrait-elle voir cette cruelle
situation sans amertume ? Toutefois il est écrit que Dieu connait
le nombre de nos cheveux, et que pas un ne tombe de notre tête
sans sa permission. Suivons donc la volonté sainte du Seigneur,
et prenant le parti de notre chef Jésus, combattons toujours le
monde et le démon.

« Dans ce temps d'agitation et de troubles, semblables à de
vaillants soldats, revêtons nos armures, et comme sur un champ
de bataille, combattons et soyons vainqueurs. Surtout n'oubliez
pas la charité mutuelle, secourez-vous les uns les autres, et attendez que Dieu ait pitié de vous et exauce vos prières.

« Les quelques chrétiens emprisonnés ici sont, par la grâce de
Dieu, en bonne santé ; s'ils viennent à être punis de mort n'oubliez pas leurs familles. J'aurais bien des choses à vous dire, mais
comment tout dire par lettre ? Je termine donc. Pour nous, dans
peu nous irons au combat. Je vous en prie, exercez-vous sincèrement à la vertu, et rencontrons-nous au ciel. Mes chers enfants
que je ne peux oublier, dans ces temps orageux ne vous tracassez
pas inutilement ; jour et nuit avec le secours de Dieu combattez

les trois ennemis, c'est-à-dire les trois concupiscences, supportez
patiemment la persécution et, pour la gloire de Dieu, efforcez-
vous de travailler au salut de ceux qui resteront. Le temps de
persécution est une épreuve de Dieu ; par la victoire sur le monde
et le démon on acquiert la vertu et des mérites. Ne vous laissez
pas effrayer par les calamités, ne perdez pas courage, et ne reculez
pas dans le service de Dieu, mais plutôt, suivant les traces des
saints, augmentez la gloire de l'Eglise et montrez-vous les vrais
soldats et sujets du Seigneur. Quoique nombreux, que votre cœur
soit un ; n'oubliez pas la charité, supportez-vous et aidez-vous
les uns les autres, et attendez le moment où Dieu aura pitié de
vous. Le temps ne me permet pas d'en écrire davantage. Mes chers
enfants, j'espère vous rencontrer tous au ciel pour y jouir avec
vous du bonheur éternel. Je vous embrasse tendrement.

« ANDRÉ KIM, *prêtre.* »

« *P. S.* Tout ici-bas est ordonné de Dieu, tout est de sa part
récompense ou punition ; la persécution elle-même n'arrive que
par sa permission, supportez-la patiemment et pour Dieu ; seulement, conjurez-le avec larmes de rendre la paix à son Eglise.
Ma mort vous sera sans doute sensible et vos âmes se trouveront
dans la détresse ; mais, sous peu, Dieu vous donnera des pasteurs
meilleurs que je ne suis. Ne vous contristez donc pas trop, et
efforcez-vous par une grande charité de servir Dieu comme il
mérite d'être servi. Restons unis dans la charité, et après la
mort, nous serons unis pour l'éternité, et nous jouirons de Dieu
à jamais. Je l'espère mille fois, dix mille fois. »

Trois jours après avoir écrit sa lettre à Mgr Ferréol, André y
ajouta le post-scriptum suivant : « J'acquiers aujourd'hui la certitude que des navires français sont venus en Corée. Ils peuvent
facilement nous délivrer, mais s'ils se contentent de menacer et
s'en retournent ainsi, ils font un grand mal à la mission, et m'exposent à des tourments terribles avant de mourir. Mon Dieu !
conduisez tout à bonne fin ! »

En apprenant l'arrivée des Français, André crut un instant à
sa prochaine délivrance. Il dit aux chrétiens captifs avec lui :
« Nous ne serons pas mis à mort. — Quelle preuve en avez-
vous ? » lui répondirent ceux-ci. — « Des navires français sont
en Corée, l'évêque et le P. An (nom coréen de M. Daveluy) ne
manqueront pas de leur faire connaître notre position. Je connais le grand chef ; à coup sûr il nous fera mettre en liberté. »

Il est probable en effet que le contre-amiral Cécile, qui avait eu le P. André Kim pour interprète pendant quelques mois, et conservait de lui un très-bon souvenir, aurait exigé sa mise en liberté. Mais quoique Mgr Ferréol eût écrit immédiatement, sa lettre n'arriva qu'après le départ des navires, et ne put être remise au commandant. L'expédition n'avait pour but que de faire parvenir aux ministres coréens la lettre suivante, dont l'original est en chinois.

« Par l'ordre du ministre de la marine de France, le contre-amiral Cécile, commandant l'escadre française en Chine, est venu pour s'informer d'un attentat odieux qui a eu lieu le 14 de la huitième lune de l'année kei-hai (21 septembre 1839). Trois Français, Imbert, Chastan et Mauhant, honorés dans notre pays pour leur science et leurs vertus, ont été, on ne sait pourquoi, mis à mort en Corée. Dans ces contrées de l'Orient, le contre-amiral ayant pour devoir de protéger les gens de sa nation, est venu ici s'informer du crime qui a mérité à ces trois personnes un sort aussi déplorable. Vous me direz peut-être : « Notre loi « interdit l'entrée du royaume à tout étranger ; or, ces trois « personnes l'ayant transgressée ont subi la peine de leur trans- « gression. » Et le contre-amiral vous répond : « Les Chinois, « les Mandchoux et les Japonais entrent quelquefois téméraire- « ment chez vous. Loin de leur faire du mal, vous leur fournissez « les moyens de retourner en paix au sein de leurs familles. Pour- « quoi n'avez-vous pas traité ces Français comme vous traitez « les Chinois, les Mandchoux et les Japonais ? » Nous croyions que la Corée était la terre de la civilisation, et elle méconnaît la clémence du grand empereur de la France. Si vous voyez des Français s'en aller à des milliers de lieues de leur patrie, ne vous imaginez pas qu'ils cessent pour cela d'être Français et qu'on ne se soucie plus d'eux. Il faut que vous sachiez que les bienfaits de notre empereur s'étendent sur tous ses sujets, en quelque lieu du monde qu'ils se trouvent. Si parmi eux se rencontrent des hommes qui commettent dans un autre royaume des crimes punissables, tels que le meurtre, l'incendie ou autres, et qu'on les en châtie, notre empereur laisse agir la justice ; mais si, sans sujet et sans cause, ou les met tyranniquement à mort, alors, justement indigné, il les venge de leurs iniques oppresseurs. Persuadé que pour le moment les ministres ne peuvent promptement me répondre sur le motif qui m'a amené dans ces parages, savoir : la mort infligée par les Coréens à trois docteurs de notre nation, je pars. L'année prochaine des navires français viendront de nouveau, chercher la réponse. Seulement je leur répète qu'ayant été clairement avertis de la protection bienveillante que notre empereur accorde à ses sujets, si par la suite une pareille tyrannie s'exerce de la part des Coréens sur quelques-uns d'entre eux, certainement la Corée ne pourra éviter d'éprouver de grands désastres, et quand ces désastres viendront foudre sur le roi, sur ses ministres et les mandarins, qu'ils se gardent bien de les imputer à d'autres qu'à eux-mêmes; ils seront punis et cela pour s'être montrés cruels, injustes, inhumains. — L'an 1846 du salut du monde, le 8 de la cinquième lune (1er juin). »

« Si l'on vient, écrit à l'occasion de cette lettre Mgr Ferréol, si l'on vient l'année prochaine, et qu'on exige réparation de la mort de nos confrères, il nous est permis d'espérer dans l'avenir une ère moins cruelle pour la religion; mais si l'on s'en tient à ces menaces, le peuple coréen méprisera les Français, et le roi n'en deviendra que plus furieux contre les chrétiens. Déjà cette lettre a été l'occasion de la mort du P. Kim, ou du moins l'a accélérée. Voici comment. Le P. Kim, ayant gagné l'affection de ses juges et des premiers ministres, ceux-ci prièrent le roi de lui conserver la vie. « Il a commis, lui dirent-ils, un crime digne de mort, en sortant du royaume, et en communiquant avec les étrangers, mais il l'a expié en rentrant dans son pays. » Ils présentèrent ensuite une copie de la mappemonde, traduite par lui dans sa prison. Le roi en fut très-satisfait, et il était sur le point de leur accorder l'objet de leur demande, lorsqu'il reçut la lettre du commandant français. Quelques jours après, ordre fut envoyé de la cour de battre les prisonniers, de relâcher ceux qui auraient apostasié et de mettre, de suite, à mort ceux qui se montreraient rebelles. »

André Kim fut traité en ennemi de l'État, et immolé de la même manière que Mgr Imbert et MM. Chastan et Maubant. Le 16 septembre, une compagnie de soldats, le fusil sur l'épaule, se rendit au lieu de l'exécution, situé sur les bords du fleuve, à une lieue de la capitale. Un instant après, une décharge et le son de la trompette annoncèrent l'arrivée d'un grand mandarin militaire. Pendant ce temps le prisonnier était tiré de sa prison. Une chaise à porteurs avait été grossièrement préparée avec deux longs bâtons, au milieu desquels on avait tressé un siége de paille. On y fit asseoir André les mains attachées derrière le dos, et au milieu d'une foule immense on le conduisit au champ du triomphe.

Les soldats avaient planté dans le sable une pique, au sommet de laquelle flottait un étendard, et s'étaient rangés en cercle tout autour. Ils ouvrirent le cercle pour y recevoir le prisonnier. Le mandarin lui lut sa sentence ; elle portait qu'il était condamné à mort pour avoir communiqué avec les étrangers. André Kim s'écria d'une voix forte : « Je suis à ma dernière heure, écoutez-moi attentivement. Si j'ai communiqué avec les étrangers, c'est pour ma religion, c'est pour mon Dieu ; c'est pour lui que je meurs. Une vie immortelle va commencer pour moi. Faites-vous chrétiens, si vous voulez être heureux après la mort, car Dieu réserve des châtiments éternels à ceux qui l'auront méconnu. »

Ayant dit ces paroles, il se laissa dépouiller d'une partie de ses vêtements. Selon l'habitude, on perça chacune de ses oreilles d'une flèche qu'on y laissa suspendue : on lui jeta de l'eau sur la figure, et par-dessus une poignée de chaux. Puis deux hommes, passant des bâtons sous ses bras, le prirent sur leurs épaules, et le promenèrent rapidement jusqu'à trois fois, autour du cercle : après quoi ils le firent agenouiller, attachèrent une corde à ses cheveux, et la passant par un trou pratiqué à la pique qui servait de potence, la tirèrent par le bout et tinrent sa tête élevée. Pendant ces préparatifs, le martyr n'avait rien perdu de son calme. « De cette manière suis-je placé comme il faut, disait-il à ses bourreaux ? Pourrez-vous frapper à votre aise ? — Non, tournez-vous un peu. Voilà qui est bien. — Frappez, je suis prêt. » Une douzaine de soldats armés de leurs sabres et simulant un combat, courent autour d'André et chacun d'eux en passant frappe sur le cou du martyr. La tête ne se détacha qu'au huitième coup. Un satellite la plaça sur une petite table et la présenta au mandarin, qui partit aussitôt pour avertir la cour de l'exécution.

André, né au mois d'août 1821, dans la province de T'ieng-t'sieng, avait vingt-cinq ans accomplis.

Suivant les lois du royaume, les corps des criminels doivent demeurer sur le lieu du supplice l'espace de trois jours ; ce terme écoulé, leurs proches ont la liberté de les ensevelir ; mais les restes d'André Kim furent, par ordre du grand juge, inhumés dans l'endroit même où il avait été mis à mort. On lui laissa ses habits, la tête fut replacée sur le cou, et le corps bien lié dans des nattes propres. Le mandarin fit mettre des satellites en sentinelle tout autour de la tombe, pour empêcher les chrétiens de l'enlever ; et ce ne fut que quarante jours après qu'ils purent recueillir ces restes précieux, et leur donner, sur la montagne de Miri-nai, un sépulture plus convenable.

Après avoir, dans sa lettre à M. Barran, directeur au séminaire des Missions-Étrangères, donné sur le martyre d'André les détails qui précèdent, Mgr Ferréol ajoute : « Vous concevez aisément, combien la perte de ce jeune prêtre indigène m'a été cruelle : je l'aimais comme un père aime son fils ; son bonheur seul peut me consoler de ne l'avoir plus. C'est le premier de sa nation et le seul, jusqu'à présent, qui ait été élevé au sacerdoce. Il avait puisé dans son éducation cléricale des idées qui le mettaient bien au-dessus de ses compatriotes. Une foi vive, une piété franche et sincère, une facilité d'élocution étonnante lui attiraient de prime abord le respect et l'amour des chrétiens. Dans l'exercice du saint ministère, il avait surpassé nos espérances, et quelques années de pratique en auraient fait un prêtre très-capable : à peine eût-on pu s'apercevoir de son origine coréenne. On pouvait lui confier toute sorte d'affaires ; son caractère, ses manières et ses connaissances en assuraient le succès. Dans l'état actuel où se trouve la mission, sa perte devient un malheur immense et presque irréparable. »

CHAPITRE V.

Après la mort d'André Kim, il restait encore en prison huit confesseurs, qui n'avaient pas voulu acheter leur liberté au prix de l'apostasie. Le 19 septembre, dernier jour de la septième lune, le roi donna ordre au grand juge criminel Im Seng-kou, de terminer leur procès en les mettant à mort. Charles Hien, le principal d'entre eux, eut la tête tranchée de la même manière qu'André Kim ; il reçut dix coups de sabre. Les sept autres furent étranglés dans la prison, après avoir été presque assommés à coups de planche. Aussi, quand on leur passa la corde au cou, n'avaient-ils plus qu'un souffle de vie. Voici leurs noms, avec une courte notice sur chacun d'eux.

Charles Hien naquit dans la capitale, d'une famille honorable. Son père, Hien Kiei-heum-i, avait été martyrisé dans la persécution de 1801 ; dans celle de 1839, son épouse et son fils mournrent en prison, et sa sœur Benoite expira sous la hache du hourreau. Charles fut pendant de longues année à la tête des affaires de la mission. Il vint chercher Mgr Imbert à la frontière de Chine, et accompagna toujours M. Chastan dans l'administration des chrétiens. En allant à la mort, Mgr Imbert le chargea de recueillir les actes de ceux qui verseraient leur sang pour Jésus-Christ, et de prendre soin de l'Église coréenne pendant son veuvage. Recherché durant trois ans par les satellites, il fut obligé de se déguiser et de demander un refuge aux plus pauvres chaumières et aux antres des montagnes. Pendant l'absence des prêtres, il ne cessa d'encourager les néophytes, et les aida à se reconstituer en chrétienté ; il envoya plusieurs fois des courriers en Chine pour renouer les communications et fit lui-même partie de l'expédition de Chang-haï. Quand la persécution éclata, il se trouvait seul à la capitale, et dut mettre ordre à toutes les affaires. Il venait de changer de maison, et de transporter dans sa nouvelle demeure une partie de l'argent et des effets de la mission, lorsque, le 17 de la cinquième lune intercalaire, les satellites entrèrent chez lui, le saisirent avec quatre autres personnes, et le jetèrent en prison. Il n'eut pas de tourments à supporter, et fut assez bien traité jusqu'au moment où on le condamna à mort comme ennemi de l'État et chef secondaire des chrétiens.

Malgré cette fin glorieuse, un nuage épais est resté sur la mémoire de Charles Hien. A l'époque de son arrestation, il vivait maritalement avec Catherine Tsieng, surnommée Tok-i, qui fut saisie avec lui et mise à mort le même jour. Les missionnaires ignoraient le fait, et très-peu de chrétiens en avaient alors connaissance, mais néanmoins la chose est hors de doute. Était-ce un concubinage, ou, comme l'ont affirmé quelques-uns, un mariage clandestin, que Charles n'osait avouer parce que Catherine était une esclave? on n'a jamais pu le savoir d'une manière certaine. La dernière opinion semble beaucoup plus probable, car l'un et l'autre moururent courageusement pour Jésus-Christ, et refusèrent de racheter leur vie par un mot ou un signe d'apostasie.

Les quatre personnes arrêtées avec Charles Hien étaient Catherine Tsieng, Agathe Ni, Suzanne Ou, et Thérèse Kim.

Catherine, esclave d'un noble païen nommé Kim, fut instruite de la religion par un des membres de la famille de son maître, et se mit à la pratiquer avec beaucoup de ferveur. Elle était âgée de vingt ans, quand un jour, au solstice d'hiver, on voulut la forcer de prendre part aux superstitions habituelles. Elle refusa énergiquement, et son maître furieux lui fit lier les bras derrière le dos, et attacher au corps une grosse meule; puis on la jeta ainsi garrottée sur un tas de bois, jusqu'à la fin des cérémonies. La fête terminée, Kim la battit lui-même si cruellement que tout son corps n'était plus qu'une plaie; elle tomba sans connaissance, et ne fut guérie qu'après quatre ou cinq semaines. Le jour des sacrifices du printemps, la même scène se renouvela avec plus de violence encore; son maître voulait la tuer sur place. Aussi, à peine rétablie, Catherine s'enfuit secrètement à la capitale, où elle put vivre chez les chrétiens dans la pratique tranquille de la religion. Elle demeurait comme servante dans la maison du P. André Kim, lorsqu'elle fut arrêtée avec Charles Hien. — Agathe Ni avait été mariée à l'âge de dix-huit ans. Devenue veuve trois ans plus tard, elle eut le bonheur d'entendre parler de la religion, se convertit et fut baptisée par le P. Pacifique. Elle réussit ensuite à amener à la foi sa belle-mère et deux autres personnes de sa maison. Quand éclata la persécution de 1846, elle se cacha pendant quelque temps, mais à la cinquième lune, elle fut rencontrée et saisie par les satellites, dans la maison de Charles Hien où se elle trouvait en passant. Agathe sans changer de couleur leur dit : « Allons d'abord chez moi afin que je prenne quelques vêtements et partons. » On ignore les interrogatoires et les supplices qu'elle eut à subir. Quelques-uns disent qu'elle eut un instant la tentation d'apostasier, et qu'elle commençait à ne plus répondre aussi franchement dans les tortures, quand les exhortations de deux chrétiens ranimèrent son courage. — Suzanne Ou, d'une famille noble du district de Iang-tsiou, mariée à l'âge de quinze ans à un chrétien de In-tsien, fut convertie par son mari. Arrêtée une première fois en 1828, et conduite devant le mandarin, elle aurait. été condamnée à mort, mais comme elle était enceinte de plusieurs mois, le juge se contenta de lui faire subir des tortures dont elle. se ressentit toujours depuis, et la renvoya après deux mois de prison. Devenue veuve, elle émigra, en 1841, à la capitale où elle se fit remarquer par sa vertu. Elle gagnait sa vie comme domestique dans diverses maisons chrétiennes, s'appliquant à la prière, à l'humilité, à la patience, supportant avec joie la pauvreté, et les mauvais traitements. Sa seule peine, son seul regret étaient d'avoir manqué l'occasion du martyre. En 1846, au moment de la persécution, elle demeurait chez Agathe Ni, et fut prise avec elle. — Thérèse Kim, née à la capitale, prit à dix-sept ans la résolution de garder la virginité, et n'eut plus d'autre pensée que le service de Dieu et le salut de son âme. A l'âge de vingt ans, elle perdit son père, et demeura quelque temps chez son frère, Pierre Kim, puis successivement chez quelques autres parents. Après la persécution de 1839, elle se retira chez la mère adoptive du martyr Jean Ni, et pendant cinq ans, les deux femmes se soutinrent mutuellement par leur travail. En 1844, Thérèse entra au service du P. André Kim, et se trouvait encore dans sa maison à la capitale, quand le prêtre fut pris en province. Elle quitta de suite cette maison, et chercha à se cacher, mais à la cinquième lune, elle fut arrêtée en compagnie de Charles Hien. — Thérèse avait trente-six ans, Catherine trente, et Agathe trente-trois. Suzanne était âgée de quarante-quatre ans.

Pierre Nam était d'une famille honnête de la capitale. Son père, chrétien dès avant 1801, mourut trop tôt pour lui communiquer la foi, et Pierre laissé à lui-même ne se convertit qu'à l'âge de vingt ans, à la suite d'une maladie pendant laquelle il fut ondoyé. Quand les missionnaires entrèrent en Corée, sa ferveur le fit nommer catéchiste. En 1839, il fut pris et ensuite relâché par l'intermédiaire de ses frères païens. S'il évita à cette occasion l'apostasie proprement dite, du moins prononça-t-il quelques paroles équivoques dont il se repentit beaucoup dans la suite ; aussi disait-il souvent qu'il désirait, en expiation, donner sa vie pour Dieu. La persécution de 1846 lui en fournit l'occasion. Il avait un grade dans une compagnie de soldats de la capitale, lorsqu'à la cinquième lune intercalaire, il fut dénoncé par un chrétien de la province, saisi et conduit au grand juge criminel. Ce magistrat lui dit : « Si tu veux apostasier, non-seulement je te conserverai la vie, mais je te promets que tu ne perdras pas ta place. » Pierre s'y refusa et aussitôt on le frappa si violemment que les bâtons de supplice se brisèrent. Trois jours après, il fut conduit devant un autre tribunal, et on appela une dizaine de ses camarades pour tâcher de le faire changer de résolution. Paroles séduisantes, témoignages d'affection, menaces, tout fut mis en jeu, mais inutilement. « J'ai bien réfléchi, dit Pierre aux juges, j'ai bien réfléchi sur la vie et sur la mort, et c'est après mûre réflexion que j'ai parlé, veuillez ne plus m'interroger là-dessus. J'en serai quitte pour mourir. » Il était en prison depuis trois mois, quand arriva l'ordre du roi. On croit qu'il avait alors quarante ans.

Laurent Han Pieng-sim-i était d'une famille noble du district de Tek-san. D'un caractère droit, dévoué et ferme, il fut instruit de la religion à l'âge de quatorze ans, et l'embrassa de suite avec ardeur. Il restait souvent des heures entières en contemplation devant le crucifix, et s'excitait à une vive contrition de ses fautes. Les dimanches et jours de fête, il allait faire ses exercices de piété dans un village chrétien à dix lys de chez lui, et ni la pluie, ni le vent, ni le mauvais temps ne pouvaient le retenir. A l'âge de vingt-un ans il se maria à une chrétienne, et émigra aussitôt dans les montagnes.

Comme il ne manquait jamais de soulager les pauvres et de secourir ceux qui étaient dans le besoin, il y avait toujours chez lui une grande affluence et sa maison ressemblait à une auberge. Il recevait tous les indigents avec joie, et s'il en rencontrait dont les vêtements fussent par trop misérables, il leur donnait ses propres habits. Quand on lui disait qu'il poussait les choses trop loin, il répondait : « Couvrir la nudité du prochain et rassasier sa faim ce n'est pas donner gratis ; le temps viendra de tout recevoir de Dieu à gros intérêts. » Le jour il se livrait à la culture, mais, quelque pressés que fussent les travaux, il ne travaillait jamais l'après-midi des jours chômés (1). Chaque nuit

(1) En Corée, comme en Chine, au Tong-King, et dans quelques autres missions de l'extrême Orient, les chrétiens peuvent, d'après une ancienne permission du Saint-Siège, travailler le dimanche depuis midi.

il faisait une heure ou une heure et demie de méditation. Pendant le carême il jeûnait tous les jours.

A l'arrivée de Mgr Imbert, Laurent fut établi catéchiste. Son instruction, ses vertus, les bons exemples qu'il n'avait cessé de donner, le rendaient digne de ce poste de confiance, et il s'acquitta de ses fonctions à l'entière satisfaction de tous. En 1846, il alla se cacher pendant quelque temps pour attendre l'ordre de Dieu. A la septième lune, les satellites de la capitale, au nombre d'une vingtaine, envahirent le village d'Eu-tji où il habitait, cernèrent sa maison et saisirent d'abord toute sa famille, puis ayant de suite relâché les autres, ils dépouillèrent Laurent de ses vêtements, le suspendirent à une poutre, et le battirent cruellement en lui disant d'apostasier et de dénoncer ses complices. Laurent s'y refusa. Alors ils lui lièrent les jambes, et mettant entre ses deux pieds de petits morceaux de vaisselle brisée, ils les entourèrent d'une grosse corde qui, tirée alternativement de l'arrière et de l'avant, lui sciait et lui broyait les chairs. Laurent supporta cet horrible supplice avec une patience telle que ses bourreaux disaient aux autres néophytes : « Si vous voulez être vraiment chrétiens, il faut l'être comme Laurent. » On lui fit prendre ensuite la route de la capitale ; les satellites voulurent le faire monter à cheval, mais il refusa absolument, et ses blessures l'empêchant de faire usage de souliers, il fit, pieds nus, ce chemin de plus de cent lys : c'était pour suivre Jésus allant au Calvaire chargé de sa croix. Il fut étranglé, à l'âge de quarante-huit ans.

Le dernier de cette troupe bénie était Joseph Nim Koun-tsip-i. Né dans un village sur les bords du fleuve de la capitale, Joseph perdit sa mère de bonne heure, et son père, qui était riche et n'avait que ce seul enfant, l'aimait trop pour lui faire jamais de sévères réprimandes. Malgré cette faiblesse qui présida à son éducation, le cœur de Joseph, naturellement porté à la piété filiale et à l'obéissance, resta simple et vertueux. Après avoir fréquenté les écoles pendant une dizaine d'années, pour s'initier à la connaissance des caractères chinois, il s'occupa avec ardeur du tir de l'arc et des autres exercices du corps. Il aimait la musique, la poésie, cultivait les arts, et par suite se trouvait lié avec une foule de jeunes gens adonnés aux plaisirs ; mais, au milieu de tous ces divertissements, on ne vit jamais paraître en lui rien de coupable ou de désordonné, et il sut conserver l'estime de tous ceux qui le connaissaient.

Vers l'an 1830, il entendit, pour la première fois, parler de la religion chrétienne. La force de la vérité le convainquit aussitôt ;

mais il ne put se décider à rompre tout d'un coup avec ses nombreux amis, et remit sa conversion définitive à une autre époque. Cependant il avait pleine confiance dans les chrétiens, les aimait comme des frères, et était heureux de pouvoir soulager ceux qui étaient dans le besoin. Il entretenait continuellement chez lui quatre ou cinq de ceux qu'il savait être sans appui ni ressources. En 1835, une persécution s'étant élevée dans le village où il habitait, et plusieurs chrétiens ayant été pris, il fit tous ses efforts pour protéger les autres, s'enrôla volontairement dans les rangs des satellites, et parvint ainsi à rendre aux fidèles des services signalés. Plus tard, il émigra au village de San-kaï ; les allées et venues continuelles des chrétiens dans sa maison le firent bientôt soupçonner par les voisins qui, en conséquence, ne lui épargnèrent ni les injures, ni les calomnies ; mais il ne daigna pas s'en émouvoir.

A la cinquième lune de 1846, son fils accompagna en mer le P. André Kim, et fut pris avec lui. Dès que Joseph en eut connaissance, il monta en bateau et se rendit droit au village où l'arrestation avait eu lieu ; déjà son fils avait été conduit à la préfecture maritime de Ong-tsin. Joseph poursuivit son chemin, sans cacher qui il était, se livra lui-même, et fut emprisonné ; mais on ne lui permit pas de voir son fils. Peu de jours après, tous deux furent envoyés sous escorte à la capitale, et pendant toute cette longue route, ils ne purent ni se voir ni se parler. Arrivé à la capitale, Joseph fut écroué à part dans la prison des voleurs, et rencontra tout d'abord le père André Kim. Cette vue lui causa une émotion étrange, et prenant immédiatement une résolution définitive : « Dès aujourd'hui, dit-il au prêtre, je pratiquerai la religion. J'ai déjà attendu trop longtemps. » Le P. André lui expliqua que son emprisonnement était une grande faveur de Dieu, qu'il devait s'efforcer d'y répondre avec soin, et rester fidèle jusqu'à la mort. Joseph le promit, commença de suite à apprendre les prières, et, après quelques jours de préparation, fut baptisé par le prêtre. Des satellites liés autrefois d'amitié avec lui, voyant sa détermination, voulurent lui sauver la vie, et à cet effet, tentèrent par d'insidieuses paroles, de le faire tomber dans l'apostasie, mais Joseph les repoussa en disant : « Je suis résolu à mourir pour Dieu qui est mon roi et mon père, je suis un homme mort, pourquoi adresser tant de discours à un mort ? ne me parlez plus de cela. » Peu après, les satellites revinrent accompagnés de ses deux fils et de ses deux belles-filles, et firent de nouvelles instances : « Voyez vos enfants, pourriez-vous être insensible à leur sort, lorsque d'une seule parole vous pouvez leur conserver l'existence et aller vivre tranquillement avec eux? pourquoi donc les abandonner? pourquoi mourir? Où sont les sentiments de votre cœur? où est votre raison? » Joseph répondit : « Voulez-vous donc que par affection naturelle pour mes enfants, j'en vienne à renier Dieu dont je suis moi-même l'enfant? c'est impossible. » L'intérêt que lui avaient porté les satellites se changea alors en fureur; ils le chargèrent d'injures grossières, puis le suspendirent la téte en bas, et le battirent de verges. Joseph reçut les coups avec joie : « Vous battez un mort, » leur disait-il, « et malgré vos coups je ne ferai pas d'autre réponse ; vous vous fatiguez en vain. »

Après trois mois de prison, le 27 de la septième lune, il apprit que le grand juge devait tenir séance, et le mettre à mort. Transporté de joie, il dit aux chrétiens prisonniers avec lui : « On dit qu'à la séance d'aujourd'hui on doit me faire mourir. Je n'ai aucun mérite; mais si par un bienfait spécial de Dieu je puis mourir le premier et aller au ciel, je viendrai vous prendre par la main et vous introduire dans le royaume de notre Père. Surtout, ayez bon courage. » Un quart d'heure après, le grand juge le fit amener, le fit mettre à genoux devant son tribunal, et lui dit : « Est-il vrai que tu pratiques la religion du Dieu du ciel? — Oui, depuis mon arrivée à la prison, j'apprends les prières. — Récite les dix commandements. — Je ne sais pas encore les réciter tous. — Si tu ne sais pas même les dix commandements, comment pourrais-tu aller au ciel? Pour aller au ciel il faut être instruit comme Mathias Ni que voilà (1). » Joseph branla la téte, et répondit d'un ton de voix élevé : « Un enfant ne peut-il donc pas avoir de piété filiale, sans être lettré? Non, il est clair que les enfants ignorants peuvent aussi bien que les autres remplir tous leurs devoirs envers leurs parents ; et moi, quoique ignorant, je sais très-bien que Dieu est mon père, et cela suffit. — Assez de paroles inutiles; si tu apostasies, je te laisserai vivre, sinon je vais te mettre à mort. — Devrais-je mourir dix mille fois, je ne puis renier Dieu. — Tu n'es compromis en rien dans toute cette affaire, pourquoi veux-tu abso-

(1) Mathias Ni était le fils de Pierre Ni Seng-boun-i, qui après avoir introduit l'Evangile en Corée, en 1784, désola les chrétiens par ses apostasies réitérées. Mathias était un lettré assez distingué. Il avait été arrêté en 1846, on ne sait pourquoi, car depuis la persécution de 1839, il suivait les errements de son père, et vivait exclusivement avec les païens. Il fut relâché quelque temps après le martyre de Joseph.

lument mourir ? c'est bien singulier ! Eh bien ! n'apostasie 'pas,
dis seulement que tu vas t'en aller d'ici, et je te relâche de suite
avec tes deux fils. — J'ai fait promesse de mourir avec le prêtre.
— Avec le prêtre! mais le prêtre ne doit pas mourir ; au contraire, le gouvernement a l'intention de lui donner un titre et
une dignité, veux-tu donc mourir tout seul ? — J'ai entendu ce
que m'a dit le prêtre, et je sais qu'il ne peut en être comme vous
le dites. »

Le juge lui fit subir la puncture des bâtons, puis, par trois
fois, l'écartement des os, et comme Joseph laissait échapper
quelques cris de douleur, il lui dit : « Si tu jettes un seul cri, je le
prendrai pour un acte d'apostasie. » Joseph se tut ; il semblait
être évanoui. On cessa les supplices, et on l'entraîna dehors.
Arrivé à la prison, son air était souriant comme à l'ordinaire.
« Je ne sais, » disait-il, « si j'ai subi des tourments, je ne m'aperçois de rien ; » et il s'étendit à terre calme et tranquille. Bientôt
après voyant rentrer Pierre Nam couvert de plaies et traîné par
les bourreaux, il se leva, s'approcha de lui et se mit à le consoler
et à soigner ses blessures. Joseph eut à passer par de nouveaux
interrogatoires et de nouveaux supplices ; sa foi et son courage
ne se démentirent pas un instant. Enfin, le dernier jour de la
septième lune, ordre fut donné de le faire mourir sous les
coups. On le frappa depuis midi jusqu'au coucher du soleil ; les
bourreaux étaient épuisés de fatigue. Puis, comme il respirait
encore, on le porta à la prison, et on l'étrangla. Il avait quarante-
trois ans.

Le lendemain, ses deux fils se livrant à la douleur, les geôliers
et les autres prisonniers leur dirent : « Ne vous affligez pas,
la nuit passée une lumière extraordinaire a enveloppé le corps
de votre père, et a rempli la chambre où il était déposé. » Puis
deux des geôliers, sous l'impression du prodige dont ils avaient
été témoins, firent ce qui peut-être ne s'était jamais vu en ce
pays ; ils emportèrent respectueusement les restes du martyr,
et allèrent les enterrer avec honneur, sur une colline, à environ
dix lys (une lieue) de la prison.

La persécution de 1846 ne fit pas d'autres victimes. En apprenant l'arrestation du P. André, les chrétiens, saisis de crainte et
se rappelant les horreurs des persécutions précédentes, s'étaient
hâtés de cacher les objets de religion, et tout ce qu'ils possédaient. Ils s'attendaient à un pillage général, et leur petit avoir
fut bientôt enfoui sous terre, ou transporté dans les montagnes,
ou déposé chez des païens. Dans plusieurs endroits, les néophytes

abandonnèrent leurs récoltes sur pied, et s'enfuirent ; d'autres restèrent dans leurs maisons, mais après avoir pratiqué des trous dans les haies et dans les murailles, afin de s'échapper au premier signal. Ils couchaient tout habillés, les pieds chaussés, ayant pour oreiller le petit paquet où étaient liés ensemble les objets de première nécessité. Grâce à Dieu, ces précautions furent à peu près inutiles. Il y ent, comme toujours en pareil cas, une recrudescence de vexations locales, des chrétiens battus et pillés, des femmes enlevées, des maisons détruites, des récoltes incendiées ; la mission perdit presque tout ce qu'elle possédait ; mais tout cela était relativement de peu d'importance. On eût dit que les mandarins, obéissant à un mot d'ordre, refusaient de se mêler des affaires des chrétiens. Ils laissaient agir leurs satellites, et ceux-ci se plaignaient et accusaient les magistrats de favoriser secrètement la nouvelle religion.

Dès le commencement des troubles, Mgr Ferréol et M. Daveluy, qui avaient déjà administré plus de six mille chrétiens répandus dans les provinces, durent cesser la visite des chrétientés, et se réfugier dans un lieu moins exposé. Les lettres en caractères européens saisies dans la barque d'André Kim, pouvaient faire soupçonner la présence des étrangers. Une parole imprudente, arrachée par la crainte ou par les tortures, pouvait devenir le signal de poursuites acharnées contre les missionnaires, et la cause des plus grands désastres. « Nous étions ensemble, » écrit Mgr Daveluy, « dans un misérable réduit, équivalant à une prison. C'était au mois de juillet, au moment des plus fortes chaleurs. Impossible de rester dans une salle chauffée sans cesse par le fourneau de la cuisine. Plusieurs fois nous essayâmes de passer la nuit dans la chambre, mais la vermine y était si abondante que nous ne pûmes fermer l'œil ; force fut de nous établir en dehors, sur l'arrière de la maison. Une natte large d'environ trois pieds, nous a servi de lit pendant deux mois, et le jour et la nuit. Elle était posée sur la terre humide et pendant les grandes pluies qui abondent à cette époque, une autre natte nous servait d'écran. La nourriture répondait au luxe de l'appartement. On craignit que la maladie ne vint nous visiter, et nous nous séparâmes pour chercher d'autres gîtes. Après quelques semaines, nous nous réunîmes de nouveau. »

« Aujourd'hui nous pensons que l'alerte est terminée ; notre présence n'est pas connue, peut-être est-elle soupçonnée. Toutefois, nous pensons nous remettre bientôt en campagne, pour terminer l'administration des chrétiens. Serons-nous arrêtés? Et si on nous prend, quel sera notre sort? Dieu seul le sait. Je me porte fort bien. J'ai fait ici en courses, abstinences, jeûnes, etc., ce que je n'aurais pu faire même en France. On ne meurt donc pas pour quitter son pays et changer de climat. Au contraire, on ne s'en porte que mieux. Monseigneur ne peut guère se faire à la nourriture; mais il a la grâce spéciale de vivre sans manger. Pour moi, je m'y suis accoutumé un peu mieux, je mange du riz, puis du riz, et encore du riz. Je bois du vin de toutes les qualités, fabriqué de toute espèce de drogues, du vin que les aveugles avaleraient plus volontiers que les autres mortels, mais n'importe. A vrai dire, après un carême pareil, je suis tenté de croire que, peu à peu et avec de la patience, on parviendrait à vivre sans manger. En France, ce serait difficile; voilà une merveille de plus à noter sur ce pays si peu connu. »

Cette fois, les missionnaires en furent quittes pour les petites misères dont nous venons de parler. Toutes les lettres européennes saisies furent attribuées au P. André lui-même. La Providence ne permit pas que l'Eglise de Corée fût privée sitôt des pasteurs qu'elle avait si longtemps attendus. Après la mort des martyrs, le calme se rétablit assez vite; les chrétiens qui avaient fui revinrent dans leurs foyers, et les missionnaires recommencèrent l'administration des sacrements. Mais avant de se séparer pour la visite des diverses provinces, ils voulurent se placer d'une manière spéciale sous une toute-puissante protection.

Depuis sept ans la Corée avait reçu du Saint-Siége pour sa patronne la très-sainte Vierge Marie, sous son titre glorieux d'Immaculée. C'était Elle, c'était cette étoile de la mer qui avait servi de phare à André Kim dans son périlleux voyage; c'était Elle qui avait été la boussole de la petite barque *Raphaël*, à son retour en Corée. Son image était constamment déployée au pied du mât; on l'invoquait le jour, on l'invoquait la nuit, et les missionnaires croyaient avec raison que c'était par son secours qu'ils avaient échappé à tous les dangers de la mer et de la persécution. Ils résolurent donc de lui témoigner leur reconnaissance, en érigeant en Corée l'archiconfrérie de son Cœur Immaculé, archiconfrérie dont le siége est à Paris, dans l'église de Notre-Dame-des-Victoires. La difficulté était de trouver un lieu propice pour exécuter leur projet; ils n'avaient pas de chapelles, et les réunions nombreuses de chrétiens étaient impossibles. Ils firent choix d'une petite cabane où habitait, dans un lieu retiré, la famille d'un fervent néophyte. C'est là que la confrérie fut érigée le 2 novembre 1846, en présence de quelques chrétiens, heureux de cimenter une nouvelle alliance avec Marie. Il fut réglé que chaque dimanche, un petit nombre de fidèles viendraient réciter quelques prières devant l'image de la Mère de Dieu, en union avec les associés répandus dans tout l'univers. Quatre jours après, les missionnaires écrivirent une lettre à M. Desgenettes, curé de Notre-Dame-des-Victoires, pour le prier d'inscrire sur son registre la petite association ainsi érigée dans la vallée de Sour-itsi-kol. « Quelle douce émotion pour moi, » écrivait plus tard M. Daveluy, « quand, le dimanche, j'entends les prières en langue coréenne de nos associés de l'archiconfrérie ! Je pense à ce concours de tous les peuples, à ce chant de toutes les langues réunies pour célébrer les louanges de Marie et implorer la conversion des pécheurs. Daigne cette bonne Mère nous faire part des bienfaits sans nombre qu'elle a répandus sur tant d'autres pays ! »

Après avoir ainsi satisfait leur dévotion, les missionnaires, couverts de l'habit de deuil qui habituellement les cache aux regards indiscrets, reprirent la visite des chrétientés, pour l'administration annuelle des sacrements. « Les fatigues et les peines de ces sortes de visites, » dit M. Daveluy, « sont quelquefois bien grandes. La longueur et le mauvais état des routes, les complications d'une langue peu connue, l'ignorance des chrétiens, leur grossièreté, tout concourt à multiplier les difficultés. Les Coréens, jaseurs et indolents, s'instruisent fort peu en l'absence des prêtres. Ils ne sont pas indifférents pour la religion, mais leur esprit borné leur fait croire à l'inutilité de l'instruction religieuse, alors qu'il n'y a pas de missionnaires en Corée : de là vient chez beaucoup une grande ignorance des vérités fondamentales du christianisme. Par exemple, il leur est arrivé de baptiser une païenne le jour de son mariage avec un chrétien, sans qu'elle sût de quoi il était question. Elle crut que l'effusion de l'eau sur la tête était une cérémonie du mariage des chrétiens, car elle n'avait aucune idée du baptême. De cette ignorance naissent de grandes difficultés : il faut débrouiller leurs mariages, examiner leurs baptêmes, et souvent, après l'examen le plus sérieux, on a peine à s'y reconnaitre. Ils ont la foi vive, de bons désirs, mais ils sont presque toujours seuls, sans secours, sans prêtres ; comment n'y aurait-il pas beaucoup de misères ? Les enfants sont négligés ; on craint de se compromettre en les initiant à la connaissance de la religion.

« Mais ce qui nous édifie et nous console, c'est l'empressement de ces pauvres gens à participer aux sacrements aussitôt qu'ils le peuvent. Cette année, je devais visiter environ cinq cents chrétiens disséminés à de grandes distances les uns des autres. J'allais partir, lorsque des affaires politiques assez graves firent couvrir les routes de satellites et d'espions ; il fallut nous cacher de nouveau, et, après être restés inactifs pendant un mois, ajourner indéfiniment mon voyage. Quelle nouvelle pour ces pauvres néophytes ! huit ans entiers, ils avaient attendu le Père, et au dernier moment, de nouveaux obstacles l'empêchaient de venir à eux ! Un grand nombre d'entre eux accoururent aussitôt où je me trouvais. Des femmes avec leurs enfants à la mamelle, des vieillards, des jeunes filles ne craignirent pas de faire quatre, six et même huit journées de chemin, pour venir chercher la grâce des sacrements, et cela par un froid rigoureux, à travers la neige des montagnes. Arrivés près de moi, ils étaient épuisés de lassitude ; souvent leurs pieds étaient enflés, écorchés et saignants ; mais n'importe. Auprès du Père, toute leur fatigue cessait ; ils tombaient à mes pieds, fondant en larmes, recouvraient la paix de leur conscience, puis recommençaient leur longue route avec joie. Ainsi vinrent deux cents et quelques personnes.

« Un jour, je reçus la visite d'un vieillard dont le maintien, les paroles, la foi ardente m'émurent profondément. Cet homme a soixante-onze ans : depuis trois ans qu'il est chrétien, ses journées se passent en prières, en lectures pieuses et en œuvres de pénitence. Il avait redoublé ses austérités, le carême dernier, pour se préparer à la mort, jeûnant tous les jours, tous les jours faisant le chemin de la croix et beaucoup d'autres exercices religieux. Plusieurs fois son fils voulut modérer cette ferveur qui lui paraissait excessive ; ce fut en vain : « Le Sauveur a tant souffert pour nous, » disait le vieillard ; « ne puis-je pas souffrir un peu pour l'amour de Jésus. » Avec quelle joie je lui fis faire sa première communion !

« Un autre jour, je trouvai un chrétien, noble d'origine, retiré au milieu des montagnes, dans une cabane ouverte à tous les vents. Son unique ressource était un champ qu'il avait défriché à la sueur de son front, et qui lui servait à faire vivre sa famille. Cet homme étant encore païen, avait quitté sa province pendant la famine de 1839, et passé deux ou trois ans dans un pays éloigné. A son retour, voyant quelques vides parmi ses amis et connaissances, il demanda ce qu'ils étaient devenus ; on lui répondit que, comme chrétiens, ils avaient péri dans les supplices. Cette nouvelle le frappa : « Il y a donc dans cette religion, » se dit-il, « quelque chose qui élève les hommes au-dessus de la mort; je veux la connaître. » Et il se dirigea vers les montagnes à la recherche des chrétiens qui y sont réfugiés. Après s'être instruit des vérités de la foi, il est venu lui-même demeurer au milieu d'eux avec toute sa famille. En vain, ses parents l'obsèdent pour le faire sortir de ces pays désolés; il répond à leurs tracasseries par un zèle si généreux qu'il en a déjà converti plusieurs.

« Une autre fois, c'était un satellite des mandarins qui, ayant entendu parler de la religion chrétienne, ouvrit les yeux à la lumière de la foi. Pour pratiquer plus librement les commandements de Dieu, il quitta sa profession et se retira dans les montagnes. Quelques mois plus tard, il rencontra des parents et des amis qui le questionnèrent sur son étrange conduite : « Pourquoi es-tu allé dans les montagnes? serais-tu chrétien? — Oui, » dit-il, « je le suis. » Et il se mit à leur prêcher l'évangile. Ses auditeurs attendris avouèrent que la religion chrétienne est très-belle, et lui demandèrent des livres. Une trentaine de personnes ont ainsi reçu la bonne nouvelle.

« C'est le plus souvent par des voies semblables que Dieu réunit de nouvelles ouailles à son troupeau. Le missionnaire toujours caché ne peut pas travailler directement à la conversion des infidèles; mais il offre tous les matins le saint Sacrifice, il sanctifie les chrétiens par la parole et les sacrements, et la grâce de Dieu agissant seule ou avec le concours des néophytes, fait tout le reste. »

De son côté, Mgr Ferréol, exposé aux mêmes fatigues, y trouvait des consolations analogues. « Dans ces contrées, » écrivait-il, « le ministère apostolique est crucifiant pour la nature; nous ne sommes que deux ouvriers; les chrétiens sont disséminés sur une vaste étendue; il faut être sans cesse en course; les voyages, au milieu des montagnes couvertes de glace et de neige, sont extrêmement pénibles. M. Daveluy ne jouit pas d'une forte santé; cet été, il a eu une maladie sérieuse. La nourriture est très-mauvaise pour des estomacs européens; le pain et le vin sont ici inconnus; le riz bouilli et l'eau fermentée dans le froment en tiennent lieu. Environnés de périls, nous ne pouvons sortir qu'avec les plus grandes précautions. Cependant au milieu de nos peines et de nos travaux, Dieu ne nous laisse pas sans consolations qui les adoucissent. Dans chaque station, nous voyons revenir des pécheurs qui depuis longues années vivaient dans l'oubli de toute pratique religieuse; nous sommes édifiés de l'empressement des chrétiens à participer aux sacrements. Plusieurs d'entre eux viennent de vingt, trente, quarante lieues pour se confesser ; ce sont ceux qui ne peuvent recevoir les missionnaires chez eux. Leur désir de voir le prêtre est si grand, que, si je ne l'avais défendu sous des peines sévères, ils se transporteraient presque tous au lieu où il réside, sans s'embarrasser du danger de donner l'éveil aux païens et de provoquer de nouvelles persécutions. Vous concevez cet empressement, en pensant qu'ils ne peuvent qu'une fois l'an assister à nos saints mystères. Il en est même, parmi les femmes mariées à des païens, à qui il est impossible de sortir un seul instant pour se rendre auprès de nous. Plusieurs fois, dans la capitale, j'ai été touché jusqu'aux larmes, en voyant des chrétiennes d'une haute noblesse profiter du sommeil du reste de la famille pour venir se confesser au milieu de la nuit ; elles professent en secret le christianisme, et personne de la maison ne connaît leur foi. Ce mystère est ici une nécessité. Si nous avions la liberté de religion seulement comme en Chine, nous verrions les Coréens entrer en foule dans l'Église de Jésus-Christ : daigne ce divin Pasteur les amener à son bercail ! Une multitude d'entre eux semblent n'attendre pour se déclarer, que le moment où la religion sera libre; ils ne sont retenus que par la crainte des tourments et de la mort. »

Dieu répandit une bénédiction abondante sur les travaux des missionnaires. Le nombre des confessions annuelles qui, en 1846, à cause des difficultés du temps, n'avait été que de trois mille quatre cent quatre-vingt-quatre, se monta en 1847 à cinq mille deux cent quarante-six. Il y eut également en 1847 près de sept cent soixante-dix baptêmes d'adultes; l'année précédente, malgré la persécution, il y en avait eu neuf cent quarante-six. C'étaient, en deux ans, mille sept cents nouveaux adorateurs du vrai Dieu, arrachés au culte du démon, et enrôlés dans la sainte Eglise de Jésus-Christ.

CHAPITRE VI.

Naufrage de *la Gloire* et de *la Victorieuse* sur les côtes de Corée. — Entrée du P. Thomas T'soi. — Ses premiers travaux. — Etat de la mission.

Après leur tentative infructueuse à Houng-tchoung, sur la frontière septentrionale de la Corée, M. Maistre et son compagnou le diacre Thomas T'soi s'étaient retirés au Léao-tong. Ils y passèrent l'année 1846, et, au mois de décembre, ils se dirigèrent vers Pien-men, pour rencontrer les courriers chrétiens, et, si possible, pénétrer dans leur mission. Mais l'arrivée de l'ambassade renversa leurs espérances : ils apprirent que la persécution s'était rallumée, que le prêtre André avait été martyrisé avec plusieurs chrétiens, que la surveillance était plus active que jamais sur la frontière, et qu'il était absolument impossible de la franchir. Il fallut encore se résigner et retourner en arrière. La voie de terre paraissant fermée de tous les côtés et pour longtemps, M. Maistre ne pensa plus qu'à entrer en Corée par mer, comme l'avaient fait Mgr Ferréol et M. Daveluy, et pour en trouver plus facilement les moyens, il résolut de revenir à la procure générale des Missions-Étrangères. Cette maison de correspondance n'était plus à Macao. La nécessité de se mettre, une fois pour toutes, à l'abri des tracasseries que les ridicules prétentions du Portugal à un patronage suranné ne cessaient de causer aux missions, la commodité plus grande des relations avec la Chine et les contrées voisines, l'avaient fait transférer à Hong-kong, petite île à l'embouchure de la rivière de Canton. Les Anglais s'en étant emparés pendant leur guerre avec la Chine, commençaient à en faire le centre de leur commerce dans l'extrême Orient.

C'est là que M. Maistre et son compagnon vinrent débarquer pendant les premiers mois de l'année 1847. Les conjonctures étaient des plus favorables pour leur entreprise. Deux navires de guerre français allaient partir pour le nord : c'étaient la frégate *la Gloire*, commandant Lapierre, et la corvette *la Victorieuse*, commandant Rigault de Genouilly.

M. Lapierre, commandant en chef, avait l'intention de passer en Corée, pour savoir l'effet produit par la lettre que M. Cécile avait remise l'année précédente au gouvernement coréen. Les deux missionnaires furent donc accueillis avec bienveillance par les officiers français, et l'on fit voile le 28 juillet, vers le golfe de Pe-tché-ly, en longeant la côte occidentale de la Corée.

Le 10 août, les deux bâtiments s'avançaient de concert, au milieu d'un groupe d'îles, dans des parages où les Anglais avaient trouvé de soixante-douze à quatre-vingt-quatre pieds d'eau. On était par 35° 45′ de latitude nord, et 124° 8′ de longitude est. Rien n'annonçait la présence d'un danger, lorsque tout à coup les deux navires touchèrent à la fois. En vain prit-on immédiatement toutes les mesures possibles pour les remettre à flot ; on était malheureusement sur un banc de sable, la brise était fraîche, et pour comble de malheur, la marée achevait de monter. Lorsqu'elle descendit, le corps des bâtiments se trouva presque tout entier hors de l'eau. Il fallut attendre une nouvelle marée ; mais quand le flot revint, les navires s'étaient enfoncés dans le sable, des voies d'eau se déclarèrent de toutes parts, et tout espoir de sauver *la Gloire* et *la Victorieuse* fut perdu.

Le 11, la brise tomba un peu, et on put employer la journée à retirer les provisions, les armes et les munitions. Dans la journée du 12, les marins français, au nombre de six cents, opérèrent leur débarquement sur une île voisine du lieu du naufrage ; et le 13 au soir, les deux commandants quittèrent les derniers leurs navires. On n'eut à déplorer que la perte de deux matelots de *la Victorieuse*, qui se noyèrent en allant porter au large une ancre destinée à relever la corvette.

L'île sur laquelle les Français débarquèrent se nommait Kokoun-to, ou Ko-koun-san (1). Les équipages s'y établirent sous des tentes, en attendant le retour de la chaloupe de *la Gloire*, qu'on expédia à Chang-haï, à cent cinquante lieues environ, pour trouver des moyens de sauvetage. L'île fournissait de l'eau, et les naufragés avaient des vivres pour deux mois au moins. On travailla activement à sauver les débris des navires, mais, en quelques jours, la mer avait tout emporté. Les Coréens habitants de l'île se montraient bienveillants pour les naufragés, néanmoins ils craignaient d'avoir des relations avec eux. Bientôt arriva un mandarin de la cour ; il permit de vendre des provisions aux Français, et offrit, au nom du gouvernement coréen, de fournir des barques pour les reconduire en Chine. Cet envoyé n'était porteur d'aucune lettre en réponse à celle du commandant Cécile.

Dans toutes les conférences des Français avec les Coréens,

____

(1) Ces deux mots sont ici synonymes, car *lo* signifie : île, et *san :* montagne.

Thomas T'soi servait d'interprète, mais de peur d'être reconnu, il ne parlait pas coréen : c'était à l'aide des caractères chinois qu'il conversait avec le mandarin et ses gens. Quelle consolation pour lui de revoir les costumes de ses compatriotes, d'entendre leurs paroles ! Il demanda un jour au mandarin s'il y avait des chrétiens en Corée, et si le roi les persécutait encore. Le mandarin répondit affirmativement aux deux questions, et ajouta qu'on était résolu d'en finir avec cette secte impie, en mettant à mort tous ceux que l'on rencontrerait. Le temps, qui semblait bien long aux autres, paraissait trop court à M. Maistre et à Thomas ; car ils craignaient d'être obligés de partir avant d'avoir pu s'aboucher avec des chrétiens, et d'avoir trouvé le moyen de débarquer sur la presqu'île coréenne. Après tant d'années d'attente. après tant de voyages et de fatigues, un naufrage les avait jetés providentiellement sur le territoire de leur mission ; et peut-être leur faudrait-il quitter cette terre si longtemps désirée, sans même y mettre le pied !

« Chaque soir, « écrivait plus tard Thomas, » je regardais de tous côtés, pour voir si quelque barque chrétienne ne viendrait pas vers nous ; et je languissais dans la prière et dans l'attente. Un jour j'étais allé dans un bourg voisin pour quelque affaire, et je revenais la nuit suivante dans une barque avec quelques Coréens. Je me mis à leur parler de religion en leur traçant dans la paume de la main des caractères chinois. Un d'eux me dit : « Est-ce « que vous connaissez Jésus et Marie?— Oui, » repris-je, « et vous, « les connaissez-vous? leur rendez-vous un culte? » Il me répondit affirmativement, et interrompit aussitôt la conversation de peur d'être remarqué des païens qui l'entouraient. Peu après, saisissant un moment favorable, je lui pris la main sans être aperçu, et je lui demandai si sa famille était toute chrétienne? où il y avait des chrétiens? et s'ils ne pourraient pas venir avec une barque? Il me dit qu'il habitait dans un lieu appelé Tai-kong-so, distant de dix lieues de l'île de Ko-koun-to. que sa famille était toute chrétienne, et que le surlendemain une barque viendrait. Je voulais continuer à l'interroger, mais il retira sa main et ne voulut plus répondre. Plein d'espérance et d'inquiétude, j'attendis le jour fixé ; mais la barque des chrétiens ne parut pas, il leur avait été impossible de tromper la surveillance des mandarins. Venir en plein jour était impossible, et, pendant la nuit, les barques du gouvernement veillaient tout autour du camp français, avec des lumières, pour empêcher toute communication. »

Le lendemain il fallut s'embarquer pour la Chine, sur des

navires anglais qui, à la première nouvelle du naufrage, étaient accourus pour porter secours aux Français. Avant de quitter la Corée, M. Lapierre fit écrire aux ministres du roi une lettre, dans laquelle il demandait la liberté de religion pour les chrétiens. A sa lettre était jointe une copie de l'édit de l'empereur chinois Tao-Kouang en faveur de la religion chrétienne. Thomas T'soi voulait demeurer dans l'île de Ko-koun-san ; il demanda plusieurs fois cette grâce au commandant français ; mais celui-ci comprenant à quel péril imminent allait se trouver exposé le jeune Coréen, ne voulut pas consentir à le laisser seul. « Je quittai donc, » reprend Thomas, « je quittai avec beaucoup de larmes notre bien-aimée mission, dans laquelle je me croyais enfin entré après tant de fatigues, et je fus forcé de revenir à Chang-haï. Cependant nous n'avons pas encore perdu l'espérance, nous ne sommes pas découragés, nous comptons toujours sur la miséricorde de Dieu, et sur les ressources infinies de sa toute-puissante et aimable Providence. Oui, j'espérerai toujours, toujours j'aurai confiance au Seigneur entre les mains duquel je me suis abandonné tout entier pour travailler à sa gloire ! Voyez, Seigneur, voyez notre affliction, souvenez-vous de votre miséricorde ! détournez votre face de nos iniquités et jetez les yeux sur le cœur sacré de Jésus-Christ, sur la bienheureuse Vierge Marie, et exaucez la prière de vos saints, qui crient vers vous. »

Après le naufrage des navires français, le gouvernement coréen craignant de nouvelles visites de ces barbares étrangers, résolut de répondre à la lettre du commandant Cécile. Il envoya donc, par Péking, une dépêche qui fut remise à M. Lapierre à Macao, et, en même temps, une proclamation royale fit connaître cette pièce dans tout le royaume. Nous ignorons si la lettre à M. Lapierre était parfaitement semblable à celle qui fut ainsi publiée en Corée. Voici, en partie, le contenu de cette dernière : « L'an passé, des gens de l'île d'Or-ien-to, qui fait partie du royaume de Corée, nous remirent une lettre apportée, disaient-ils, par des navires étrangers. Nous fûmes tout étonnés à cette nouvelle, et ouvrant la lettre, nous reconnûmes qu'elle était adressée à nos ministres par un chef de votre royaume. Or, cette lettre disait : « Trois « hommes vénérables de notre pays : Imbert, Maubant et Chastan « ont été mis à mort par vous. Nous venons vous demander pour- « quoi vous les avez tués. Vous direz peut-être que votre loi défend « aux étrangers d'entrer dans votre royaume, et que c'est pour « avoir transgressé cette loi qu'ils ont été condamnés. Mais si des « Chinois, des Japonais ou des Mandchoux viennent à entrer en

« Corée, vous n'osez pas les tuer, et vous les faites reconduire
« dans leur pays. Pourquoi donc n'avez-vous pas traité ces trois
« hommes comme des Chinois, des Japonais ou des Mandchoux ?
« S'ils avaient été coupables d'homicide, d'incendie, ou d'autres
« crimes semblables, vous auriez bien fait de les punir, et nous
« n'aurions rien à dire ; mais comme ils étaient innocents et
« que vous les avez condamnés injustement, vous avez fait une
« injure grave au royaume de France. » A cette lettre nous
ferons une réponse claire.

« En l'année kei-haï (1839), on a arrêté en Corée des étrangers qui s'y étaient introduits, nous ne savons pas à quelle époque.
Ils étaient habillés comme nous, et parlaient notre langage ; ils
voyageaient la nuit, et dormaient pendant le jour ; ils voilaient
leurs visages, cachaient leur démarches, et étaient associés avec
les rebelles, les impies et les scélérats. Conduits devant le tribu-
bunal et interrogés, ils ont déclaré se nommer : l'un Pierre Lo,
l'autre Jacques Tsang (Tchen). Sont-ce là les hommes dont parle
la lettre de votre chef ? Dans l'interrogatoire, ils n'ont pas dit
qu'ils étaient Français, et quand bien même ils l'auraient dit,
comme nous entendons parler de votre pays pour la première
fois, comment aurions-nous pu ne pas appliquer notre loi qui
défend d'entrer clandestinement dans le royaume ? D'ailleurs,
leur conduite en changeant de noms et de vêtements montrait
assez leur mauvaise volonté, et on ne peut nullement les comparer à ceux qui font naufrage sur les côtes par accident. Notre
royaume est entouré par la mer et, à cause de cela, les étrangers
sont souvent jetés sur nos côtes ; s'ils sont inconnus, nous venons
à leur secours, nous leur donnons des vivres, et, si c'est possible,
nous les renvoyons dans leur patrie. Telle est la loi de notre
royaume. Si donc vos compatriotes avaient été des naufragés,
comment les aurions-nous traités autrement que les Chinois, les
Mandchoux et les Japonais ?

« Vous dites encore que ces Français ont été tués sans cause
légitime, et que nous vous avons fait en cela une grave injure.
Ces paroles nous étonnent beaucoup. Nous ne savons pas à quelle
distance de la Corée se trouve la France, nous n'avons aucune
communication avec elle ; quel motif aurions-nous eu de lui faire
injure ? Considérez ce que vous feriez vous-même si quelque
Coréen venait chez vous secrètement et déguisé, pour faire le mal.
Est-ce que vous le laisseriez en paix ? Si les Chinois, Mandchoux,
ou Japonais agissaient comme vos compatriotes ont agi, nous les
punirions selon notre loi. Nous avons condamné autrefois un

Chinois à la peine capitale, parce qu'il était entré dans le royaume secrètement, et en changeant ses habits. Les Chinois n'ont fait aucune réclamation, parce qu'ils connaissent nos lois. Quand même nous aurions su que les hommes que nous avons fait mourir étaient Français, leurs actions étant plus criminelles que celles des homicides et des incendiaires, nous n'aurions pas pu les épargner ; à plus forte raison, ignorant leur nationalité, avons-nous dû les condamner au dernier supplice. La chose est très-claire et n'a pas besoin de nouvelles explications.

« Nous savions que vous deviez venir cette année chercher une réponse à votre lettre, mais comme cette lettre a été remise sans les formalités requises, nous n'étions pas tenus d'y répondre. Ce n'est pas une affaire qui regarde un gouverneur de province. De plus comme notre royaume est subordonné au gouvernement chinois, nous devons consulter l'empereur sur les affaires qui regardent les étrangers. Rapportez cela à votre chef, et ne soyez pas surpris que pour vous exposer le véritable état des choses, nous ayons été conduits à vous parler comme nous venons de le faire. »

Dans la dépêche au commandant Lapierre, le gouvernement coréen témoignait aussi le désir qu'on n'envoyât pas de navire sur les côtes de Corée, pour recueillir les canons qui avaient été laissés dans l'île de Ko-koun-to.

M. Lapierre répondit à cette dépêche par la voie du gouvernement chinois. Il disait en substance : « Dans les premiers mois de 1848, un navire de guerre français ira en Corée pour chercher tout ce qui a été laissé sur l'île de Ko-koun-to. Quant aux raisons alléguées par le gouvernement coréen, pour se justifier du meurtre des Français, elles ne sont pas acceptables. Si à l'avenir un Français est arrêté en Corée, on devra le renvoyer à Péking : en agissant autrement on s'exposerait aux plus grands malheurs. » Telles furent les premières relations officielles de la France avec la Corée. Quand le commandant Lapierre rentra en France, la révolution de 1848 venait d'éclater, et l'on ne songeait guère à la Corée.

Avant d'aller plus loin, nous devons payer un juste tribut de reconnaissance aux officiers français qui, à cette époque, représentèrent la France dans l'extrême Orient. Avec des moyens d'action très-limités, avec la crainte continuelle de dépasser leurs instructions, et d'encourir un blâme sévère pour des actes du patriotisme le plus éclairé, ils surent se montrer dévoués à la sainte cause des missions, et trouver les moyens de favoriser la

prédication de l'Évangile. Leurs noms seront toujours chers aux
églises de l'extrême Orient, et, malgré tous les désastres qui ont
suivi, la mission de Corée en particulier n'oubliera pas ce qu'ils
ont fait, et surtout ce qu'ils voulaient faire pour elle.

Une lettre de M. Daveluy, de septembre 1848, nous montre
l'effet fâcheux qu'ent, à l'intérieur de la Corée, le départ des Français. « Dans ce pays on est fort vexé de voir sans cesse des navires
étrangers. Je dis : sans cesse, car les Français étant venus deux
fois, il n'est plus question pendant toute l'année que d'eux et de
leurs vaisseaux ; on les annonce par dizaines ; il semblerait que
toute la marine française est sur les côtes. Cette fois encore,
après le départ de nos compatriotes, des pétitions très-formelles
pour faire saisir et exterminer jusqu'au dernier chrétien furent
adressées au roi, à diverses reprises. La persécution semblait imminente, à ce point que Mgr Ferréol, dans les environs de la capitale, fut obligé de cesser l'administration, et se cacha quelque
temps. Mais Dieu comprima les efforts des impies, et ces bruits
n'eurent pas de suite. Toutefois, la haine contre la religion
augmenta partout ; un village chrétien fut entièrement pillé par
les satellites et les païens du voisinage, sans aucun ordre du
mandarin. Mgr Ferréol ayant été vu par les païens dans l'administration des sacrements, il y eut dénonciation à l'autorité ; les
chrétiens appelés répondirent adroitement, et, grâce sans doute
au caractère pacifique du magistrat qui les interrogeait, leurs
réponses furent acceptées.

« Dans les provinces, on ne parlait que d'étrangers et de chrétiens ; c'est encore maintenant une affaire majeure dans le pays,
tous s'en occupent. On appelle en riant les navires français des
Avale-mandarin. La raison en est que, d'après une vieille loi du
royaume, le mandarin vis-à-vis de l'arrondissement duquel des
vaisseaux étrangers jettent l'ancre est immédiatement destitué.
Jusqu'ici la venue des navires n'a eu d'autre effet direct que de
faire disgracier tous ceux qui en ont donné la nouvelle. N'ayant
vu personne cette année, je pense que les Français ne reparaîtront
pas, et vraiment, s'ils ne veulent pas agir avec énergie, il vaut
mieux qu'ils ne se montrent plus. »

M. Maistre, après son retour de Ko-koun-to, s'était retiré à
Chang-haï avec le diacre Thomas. Ils espéraient s'embarquer sur
le navire français qui devait aller recueillir les débris de *la Gloire*
et de *la Victorieuse*, mais au milieu des préoccupations politiques
de 1848, on négligea d'envoyer ce navire, et toute l'année s'écoula
dans une vaine attente. S'ils avaient pu aller jusqu'à Ko-koun-to,

ils auraient eu enfin le bonheur d'entrer dans leur mission, car des courriers chrétiens envoyés par Mgr Ferréol les y attendirent pendant tout l'été ; mais Dieu voulait encore exercer leur patience.

Dans les premiers mois de l'année suivante, ils risquèrent une nouvelle tentative. Embarqués sur un petit navire de Macao, ils firent voile vers l'île de Pe-lin-tao, au nord de la Corée, là où André Kim fut arrêté lorsqu'il cherchait à établir une voie de communication avec la Chine. Une barque coréenne devait venir les y attendre pour les transporter ensuite sur la presqu'île. Dans la traversée, ils furent battus par une tempête furieuse ; la mer enleva leurs ancres, et leur navire fut plusieurs fois sur le point d'être englouti. Ils arrivèrent néanmoins sur les côtes de Corée, et après de longues recherches, trouvèrent l'île du rendez-vous, mais aucune barque chrétienne ne se présenta. Comment expliquer ce contre-temps ? peut-être les chrétiens qui venaient à leur rencontre avaient été arrêtés : peut-être le gouvernement coréen, irrité par les lettres des Français, avait commencé une nouvelle persécution contre les fidèles. Malgré leurs instances, le capitaine du navire ne consentit pas à rester longtemps sur cette côte inhospitalière. Après quelque jours il reprit la route de Chine, et M. Maistre et Thomas se trouvèrent encore une fois à Chang-haï.

Il semble qu'un si grand nombre d'expéditions infructueuses auraient dû décourager, ou au moins ébranler, la constance du missionnaire et du diacre coréen ; mais Dieu, pour qui ils travaillaient, soutenait leur courage. Au milieu de si longues tribulations, le calme et l'aménité de M. Maistre ne se démentirent jamais un instant, au point que certains hommes, qui ne pouvaient comprendre tant de vertu, l'accusèrent de ne pas désirer sérieusement d'entrer en Corée. Quant à Thomas, les lettres qu'il écrivait alors sont pleines des sentiments de la résignation la plus touchante : « Voilà que je vous écris encore de la terre d'exil, » dit-il à M. Legregeois, directeur du séminaire des Missions-Étrangères ; « mes vœux ne se sont pas réalisés. Il est certainement pénible pour votre paternité d'entendre toujours parler d'expéditions malheureuses, et il est triste pour moi d'avoir toujours à en raconter de nouvelles. Mais que pouvons-nous chercher en dehors du bon plaisir de Dieu ? Aussi, lorsque nos projets ne réussissent pas, nous ne croyons pas que tout est perdu : car ce n'est pas pour un homme mortel, ou pour nous-mêmes, que nous avons du zèle et que nous travaillons, mais c'est pour Dieu qui voit le fond du cœur et qui n'a pas besoin de nos services, pour

Dieu qui nous a prédestinés à porter du fruit dans l'humilité et dans une grande patience, par la ressemblance avec son Fils bien-aimé le Seigneur Jésus-Christ. Ce que nous souffrons est bien peu de chose pour obtenir les grâces de la divine miséricorde. Combien de saints ont offert à Dieu de ferventes prières, de grands sacrifices, de longues et pénibles mortifications pendant dix, vingt, trente et quarante ans, pour la conversion d'un seul pécheur ou pour obtenir une grâce particulière ! Quand je jette les yeux sur ces exemples, je ne sais plus quel est l'esprit qui m'anime. C'est peut-être à cause de ma grande négligence à recourir au secours divin ; c'est à cause de mes innombrables péchés, et de ma trop grande confiance dans les hommes, que Dieu n'exauce pas vos prières ; c'est moi qui fais obstacle à la divine miséricorde. O mon Seigneur Dieu très-bon, jetez-moi dans le fond de la mer si je suis la cause de votre colère, et ayez pitié de vos serviteurs! Que votre très-sainte volonté seule s'accomplisse sur moi, en moi, par moi et avec moi ! »

Lorsque Thomas traçait ces lignes qui nous font connaître sa belle âme, il était prêtre depuis quelques jours. Son ordination eut lieu à Chang-haï, le dimanche de Quasimodo de l'année 1849. C'est Mgr Maresca, vicaire apostolique de la mission du Kiang-nan qui lui imposa les mains.

Fortifié par la grâce du sacrement et par l'oblation du divin sacrifice, Thomas partit au mois de mai pour le Léao-tong, afin de préparer une nouvelle tentative. Il passa sept mois dans cette province, sons les ordres de M. Berneux, provicaire de Mand-chourie, s'occupant à visiter les malades, à faire des instruc-tions les dimanches et fêtes, à catéchiser les enfants et à admi-nistrer quelques chrétientés voisines. Il se formait ainsi au saint ministère, et acquérait tous les jours plus d'expérience. M. Maistre arriva lui-même au Léao-tong, le 3 novembre, pour l'accompa-guer, et ils se mirent en chemin quelques semaines plus tard. Ce voyage offrait moins de chances de succès que les précédents ; mais le cœur de Thomas était rempli de confiance. Plus il se voyait dépourvu des moyens humains, plus il comptait sur Dieu, et cette fois son espoir ne fut pas déçu.

Voici comment il racontait l'année suivante, dans une lettre à M. Legregeois, son entrée en Corée et ses premiers travaux :

« Au mois de décembre, comme me l'avait mandé Mgr Fer-réol, je pris la route de Corée par Pien-men. Le P. Maistre vint avec moi jusqu'à cette ville, quoiqu'il n'y eût pas grand espoir de le faire entrer, mais enfin il voulait profiter de l'occasion si elle se présentait. En arrivant à Pien-men, je trouvai les courriers que Mgr Ferréol avait envoyés. Je m'y pris auprès d'eux de toutes les manières possibles pour les décider à introduire le P. Maistre avec moi. Mais la prudence s'y opposait, et je fus bien peiné d'être contraint de laisser en Chine ce cher Père tout désolé de ce contre-temps, et de continuer seul mon chemin, pour aller briser les terribles portes de la Corée. Je ne voyais aucune possibilité de déjouer la vigilance de la douane. Tout ce que j'avais d'espoir et de confiance reposait sur la toute-puissance de la miséricorde divine.

« Appuyé sur le bras de Dieu et tout préparé à la prison, je m'approchai de la douane pendant la nuit. D'habitude, il y a des sentinelles sur les rives du Ya-lou-kiang, sur les murs et aux portes de la ville. Mais la nuit était très-profonde et très-orageuse ; la violence du vent et la rigueur du froid avaient très-probablement forcé les soldats à se réfugier dans les maisons, car nous franchîmes la douane sans que personne nous aperçût ou nous fît la moindre question. Après avoir échappé à ce danger, nous arrivâmes à Séoul sans grandes difficultés. J'y restai un jour, puis je voulus continuer ma route pour aller rejoindre Monseigneur qui alors se trouvait dans la province de Tsiong-tsieng. Mais auparavant je dus aller voir le P. Daveluy alors très-gravement malade. Je lui administrai l'Extrême-Onction, puis je me rendis auprès de Monseigneur que je trouvai aussi malade de la fièvre. Je passai un jour avec lui et, sans prendre aucun repos, je commençai l'exercice du saint ministère, en débutant par la province de Tsien-la. Dieu me protégea, et en six mois je parcourus paisiblement cinq provinces.

« En deux endroits seulement, je fus exposé à quelque danger. Dans un petit village, se trouvaient seulement trois chrétiennes, habitant des maisons païennes, avec leurs parents et leurs maris également païens. Je voulus les visiter. Accompagné de mon catéchiste et muni de ma chapelle, j'allai sur le soir loger dans une maison de très-chétive apparence. Des païens me virent entrer et, soupçonnant que j'étais Européen, ils coururent aussitôt prévenir le chef du village. Celui-ci fit publier qu'à la nuit les anciens auraient à se réunir au tribunal, afin de s'emparer de ma personne et de me condamner à mort. Nous étions entre les mains de nos ennemis, la fuite était impossible, car tout le village nous gardait, et du reste, en fuyant nous n'aurions fait qu'exaspérer les païens contre nous et contre la maison où nous étions descendus. Nous nous réfugiâmes donc sous la protec-

tion de la bienheureuse Vierge Marie, et nous abandonnant tout
entiers à la volonté de Dieu, nous demeurâmes dans cet endroit
sans paraitre prêter la moindre attention aux cris des païens. La
nuit se passa à les attendre. Mais il y eut scission dans leur conseil,
et le matin on nous laissa sortir librement. Toutefois je n'avais
pas pu visiter les trois chrétiennes, et je les laissai toutes cons-
ternées de cet accident.

« Dans un autre lieu où se trouvent environ deux cent chrétiens, je fus également dénoncé au chef du village le troisième
jour de la mission. Aussitôt il fit savoir à tous les païens qu'un
Européen se trouvait dans l'endroit, et il accourut à la maison
où, dans ce moment même, j'entendais les confessions. Pendant
le reste de la journée et une grande partie de la nuit, il m'accabla d'injures, de malédictions et de menaces. Il criait que j'étais
un Européen, un Français. « Tu es, » me disait-il, « un grand
« scélérat ; tu es venu de la France pour nous voler. Les Euro-
« péens ne sont que des imposteurs, et les Français des pertur-
« bateurs du repos public. Quel avantage trouvez-vous donc à
« venir ainsi semer la discorde chez nous, et à nous tromper ?
« Tu verras si tu peux persister dans cette mauvaise voie ; demain
« tu seras lié avec la corde rouge et conduit dans la prison des
« voleurs, etc. » Il ne cessa de crier de cette façon pendant plusieurs heures, et à la fin, épuisé de fatigue, il se décida à aller
se coucher. Alors d'après le conseil de mes catéchistes, je partis
pendant la nuit, sans avoir dit la messe, quoique tous les chrétiens, qui s'étaient confessés et préparés la veille, eussent le
plus vif désir de recevoir la sainte communion. Un grand nombre
de ceux qui n'avaient pas encore participé aux sacrements, me
suivirent le lendemain, par des chemins affreux, jusque dans
une autre chrétienté située à cent lys de chez eux ; ceux qui ne
purent sortir du village en éprouvèrent le plus grand chagrin.

« Dans mes courses je vois de près les misères et l'indigence
de ces pauvres gens ; l'impuissance où je me trouve de les
soulager, m'afflige plus que je ne puis l'exprimer. Ils sont en
proie à toutes les calamités. Écrasés sous un gouvernement
tyrannique, plongés dans des difficultés inextricables, à peine
ont-ils la liberté de faire le moindre mouvement ; persécutions de
la part de leurs concitoyens, persécutions de la part de leurs
parents, de leurs alliés, de leurs voisins. Ils s'estiment heureux
lorsqu'ils peuvent vivre tranquillement pendant deux ou trois ans,
dans des montagnes sauvages, dans des cavernes, sous les
plus misérables abris. Pour beaucoup d'entre eux, la pratique

du christianisme est excessivement difficile. Laissez-moi vous
citer quelques traits.

« Une jeune fille, de famille noble, entendit parler de la reli-
giou chrétienne à l'âge de quinze ans. Embrasée d'un vif désir
de la pratiquer, et ne pouvant le faire dans la maison paternelle,
elle quitta sa famille. Mais pendant qu'elle voyageait à la recherche
des chrétiens, elle fut enlevée par un païen qui l'épousa. Elle
resta pendant douze ans dans la maison de son ravisseur, sans
pouvoir donner aucune nouvelle à sa famille ou à quelque chrétien. Elle était toujours préoccupée d'une nouvelle fuite, mais
elle ne savait où trouver un refuge, et craignait de tomber entre
les mains d'un autre ravisseur. Un chrétien ayant entendu, par
hasard, un païen de ses amis parler de cette femme, se fit passer
pour un de ses parents, fut la voir, la consola, et lui procura
quelques livres pour apprendre la doctrine chrétienne et les
prières ; mais jusqu'à présent, il n'y a pas eu moyen de lui administrer les sacrements.

« J'ai vu une autre femme nommée Anne, aussi de race noble,
qui, retenue dans une maison païenne depuis dix-neuf ans, n'a
pas pu communiquer avec les fidèles, et par conséquent est restée
privée des sacrements. Cette année même, elle put envoyer de
ses nouvelles à un chrétien de ses parents, qui réussit à la voir
et à lui parler. Je me trouvais alors dans un oratoire éloigné de
cinquante lys de la maison d'Anne. Ce chrétien vint me raconter
avec quelle impatience Anne m'attendait, et combien elle était
digne de compassion. Seule dans un village entièrement livré au
culte des idoles, elle n'avait jamais, pendant tant d'années,
manqué à ses devoirs de chrétienne. Elle soupirait sans cesse
après les sacrements, et priait Dieu de lui envoyer un de ses
ministres. Souvent dans sa désolation, elle prenait un petit morceau de toile européenne, et en le regardant elle pensait à l'Europe, aux missionnaires, et se consolait en disant que puisque
cet objet avait pu être apporté de France, des missionnaires
pourraient de nouveau venir du même pays, et qu'elle les verrait.
Je fus vivement ému de ce récit, et quoique je ne visse aucune
possibilité d'approcher de cette fidèle chrétienne, j'espérai que
le bon Dieu et la bienheureuse Vierge Marie, enfin propices à
ses vœux, me fourniraient les moyens de lui administrer la Pénitence et l'Eucharistie. Muni du très-saint Sacrement, notre seule
consolation ici-bas, je me dirigeai en toute hâte vers le village
d'Anne. Tout le monde étant païen dans ce village, je n'avais
aucun endroit convenable pour y déposer la sainte Eucharistie,

et installer le tribunal de la Pénitence. Je m'assis sur les bords
du fleuve, à l'ombre de quelques arbres, comme si j'eusse voulu
me reposer des fatigues de la route et me préserver des ardeurs
du soleil, et j'envoyai en éclaireur le chrétien qui m'avait accompagné. Celui-ci entra dans la maison, et n'y trouva aucun homme ;
tous étaient dans les champs. Anne était seule avec sa fille et
quelques petits enfants. Le chrétien m'apporta un billet sur lequel
cette pieuse femme avait écrit son examen de conscience. Je le
lus dans le lieu où je m'étais assis, puis aussitôt j'entrai dans la
maison, j'appelai Anne dans la chambre intérieure, je lui donnai
rapidement l'absolution, je la munis du pain des forts, puis je
m'échappai tout joyeux, et revins à mon poste en bénissant le
ciel.

« Nous n'avons, vous le voyez, aucune liberté dans l'exercice de
notre sainte Religion. Nous sommes toujours tremblants comme
si nous commettions les plus grands crimes ; on nous accable sous
la haine et le mépris comme de vils scélérats. Dès que quelqu'un
se convertit à la foi, aussitôt parents, alliés et voisins s'élèvent
contre lui, le maudissent comme le plus impie des hommes, lui
font subir toute espèce de vexations, et enfin le chassent loin
d'eux avec défense de remettre le pied parmi ses concitoyens. Les
nobles surtout poursuivent de toute leur fureur ceux d'entre eux
qui embrassent la foi. Si on apprend qu'un noble est chrétien,
toute sa famille est déclarée infâme, et elle perd son titre de
noblesse sur lequel reposent toute sa gloire et toutes ses espérances. De là un grand sujet de scandale pour beaucoup de fidèles;
car, lorsque vient pour eux le moment de choisir, ils aiment mieux
jouir de leurs vains titres que de se glorifier dans la croix et les
opprobres de Notre Seigneur Jésus-Christ.

« Un néophyte a été élevé dernièrement à une dignité de cinquième ordre par le crédit de ses amis, sans que lui-même eût prêté
les mains à cet avancement. Il arrive souvent que l'on obtienne
ainsi des places sans aucun titre, sans aucune sollicitation, par la
seule influence de parents ou d'amis ; et ces dignités, de quelque
manière qu'elles soient accordées, doivent toujours être acceptées,
si l'on ne veut s'exposer au déshonneur ou même à la mort. Ce
néophyte se trouve maintenant en grand danger de perdre la foi.
Bientôt il sera mis à la tête de quelque province ou d'une ville
importante. S'il accepte cette charge, il ne pourra l'exercer qu'en
prenant part fréquemment à des cérémonies superstitieuses ; s'il
la refuse, il sera déclaré rebelle, et le voilà menacé de mort, et
toute sa famille exposée à de grandes calamités.

« Le sort des femmes nobles est encore plus triste. Elles ne peuvent mettre le pied hors de la porte de leurs maisons. Elles ne peuvent décemment parler à personne, sinon à leurs plus proches parents. On leur fait le plus grand crime de se laisser voir une seule fois à un homme inconnu. Aussi, celles qui sont placées sous l'autorité de parents ou de maris, sont dans l'impossibilité presque absolue de s'approcher des sacrements, et se consument dans d'inutiles désirs. Les veuves, le seraient-elles devenues après un seul jour de mariage, sont obligées de garder la continence. Un second mariage est une note d'infamie pour elles et pour leur famille. De là vient qu'elles sont soumises aux mêmes règles de bienséance, et n'ont guère plus de liberté. Elles ne peuvent s'approcher des sacrements que la nuit ; et à combien de misères ne sont-elles pas exposées dans ces courses nocturnes ! O quand donc pourrons-nous rassasier ces âmes qui ont faim et soif de la justice !

« Nous sommes souvent forcés d'user d'une grande rigueur pour empêcher les fidèles de se précipiter en foule pour nous voir et assister au saint sacrifice de la messe. Mais les peines que nous imposons aux coupables ne les épouvantent guère; ils sont peu obéissants sous ce rapport. Quand nous arrivons dans une chrétienté, tous, petits et grands, endossent leurs habits neufs, et se hâtent de venir saluer le Père. Et si celui-ci tarde un peu à recevoir leurs hommages, leur impatience est extrême ; à chaque instant ils envoient les catéchistes demander pour eux la permission d'entrer et de recevoir la bénédiction. Au moment du départ, dès que nous reprenons nos habits de voyage, ils remplissent l'oratoire de pleurs et de gémissements. Les uns me saisissent par les manches comme pour me retenir, les autres arrosent de larmes les franges de mon vêtement, comme pour y laisser un gage de leur affection ; ils me suivent, et ne veulent s'en retourner que lorsqu'ils ne peuvent plus m'apercevoir. Quelquefois ils montent sur les collines pour me suivre plus longtemps du regard.

« Un jour je devais aller d'un oratoire à un autre. Des néophytes qui demeuraient près du chemin où je devais passer, vinrent me conjurer de m'arrêter quelques instants chez eux. Je fus touché par leurs prières, et promis de me rendre à leurs désirs. Lorsque j'arrivai chez eux, j'y trouvai réunis tous les chrétiens du voisinage au comble de la joie. L'un d'eux était venu d'une distance de quinze lys. Dès qu'il avait appris mon passage, sans laisser personne à sa maison, il était parti avec sa femme et son fils, âgé de près de dix ans, et avait traversé des montagnes impraticables pour me rencontrer. Oh! si un autre Xavier ou un autre Bernard se rencontraient ici, quels fruits de salut ils produiraient dans ces âmes si impatientes de voir et d'entendre un prêtre de Jésus-Christ.

« Voici encore un de mes plus grands sujets de douleur. Il arrive souvent que des personnes, douées d'un véritable esprit de ferveur, se proposent de garder la virginité pour servir Dieu avec plus de fidélité et de zèle ; mais les lois et les mœurs du pays sont telles, que cette angélique vertu ne trouve ici aucune protection ni aucun refuge. Tout le monde ne voit dans la virginité qu'une impiété, et dans la chasteté qu'une hypocrisie ; aussi ces pieuses femmes, si elles ne sont pas mariées, risquent d'être enlevées par des païens et par conséquent d'exposer leur salut éternel. De là vient que nous, les prédicateurs de la virginité, conseillons et ordonnons même le mariage.

« Le fait suivant vous expliquera mieux ce que je viens de vous dire. Une jeune fille, nommée Barbe, avait huit frères et elle-même était la plus jeune de la famille. Elle resta seule avec deux de ses frères, la mort lui ayant enlevé les autres. A l'âge de sept ans, elle apprit à lire, et dès ce moment, elle sentit le désir de garder la virginité. Un jour sa belle-sœur occupée, à confectionner une robe, lui dit : « Cette robe sera pour toi, tu la por- « teras le jour de tes noces « Aussitôt Barbe va se réfugier dans le coin le plus retiré de la maison ; elle fond en pleurs et sa mère ne parvient à la consoler qu'en lui promettant qu'on ne la forcerait point à se marier. Parvenue à l'âge de onze ans, un jour elle trace quelques lignes sur le mur de sa chambre, puis prend deux livres de religion, quelques grains de riz, s'échappe furtivement, et se réfugie dans les montagnes avec une compagne de son âge. Le matin, en cherchant Barbe, ses parents aperçoivent sur le mur les paroles suivantes, écrites de sa main : « Mes bien chers « parents, ne me considérez plus comme votre enfant, mais « comme l'enfant de la bienheureuse Vierge Marie. La vie est « courte ici-bas, et tout y est vanité. Par nous-mêmes nous ne « pouvons rien, mais avec Dieu nous pouvons tout. Dieu n'aban- « donne jamais ceux qui ont confiance en lui. Ne vous inquiétez « pas du lieu où je me suis retirée ni de ce que je ferai. » Mais les parents se mettent à fouiller tout le pays, et, au bout de trois jours, le frère de Barbe la trouve dans une caverne presque inaccessible, hantée seulement par des bêtes féroces. L'enfant lisait paisiblement ses livres dans cet affreux réduit ; elle priait, instrui-

sait sa compagne, l'exhortait à persévérer, et de temps en temps
sortait pour aller arracher les racines qui leur servaient de nourriture. Elle goûtait dans cette solitude des consolations ineffables.
Tant de bonheur fut troublé par l'arrivée de son frère. La vue du
tigre l'eût moins épouvantée. Elle fit tout son possible pour obtenir
de rester dans son antre ; elle employa tour à tour les exhortations, les prières, les menaces, elle lutta même de toutes ses
forces pour ne pas être entraînée. Enfin elle fut ramenée à la
maison paternelle, et sa mère de s'écrier : « Que signifie cette
« conduite? Quelle folie! Le démon lui-même t'a jetée dans ces
« illusions, c'est évident. Comment, à ton âge, tu ne craignais
« pas d'être dévorée par le tigre, ou de mourir de faim? — O
« ma mère! » répondit Barbe, « ne vous troublez pas. Le bon
« Dieu n'abandonne pas ceux qui ont confiance en lui. »

« Depuis ce moment elle jeûnait régulièrement deux fois par
semaine ; elle s'abstenait complétement de viande et de poisson.
Pendant le carême, elle faisait un seul repas par jour. Elle était
remplie de l'esprit d'oraison, et, tout en vaquant aux soins du
ménage ou en travaillant dans les champs, elle ne cessait de
prier. Elle savait par cœur tout le manuel des chrétiens qui, en
Corée, est passablement long, le catéchisme, le résumé de la
doctrine chrétienne, les vies de sainte Barbe, de saint Pierre et
saint Paul, de plusieurs martyrs de la Corée, et autres petits
livres de piété écrits en langue vulgaire par des Coréens. Jamais
on ne la vit éprouver le moindre sentiment de colère ou d'impatience, jamais on n'entendit sortir de sa bouche ces exclamations
cependant si naturelles : Quelle chaleur! Quel froid! Comme le
vent est violent! Comme cette pluie nous contrarie! et autres
semblables. Jamais ses parents n'eurent besoin d'user d'ordres,
d'exhortations ou d'encouragements pour la décider à quelque
besogne que ce fût. Elle prévenait toujours leur volonté et remplissait sa tâche de manière à satisfaire tout le monde. Sa mère
pouvait à peine modérer l'ardeur qu'elle apportait dans ses exercices de piété ou dans ses travaux manuels. « La vie est courte, »
lui disait Barbe, « travaillons pendant que nous en avons le
« temps. Bientôt notre corps sera la pâture des vers, à quoi bon le
« ménager? mieux vaut l'user jusqu'au bout. » Dans ses maladies,
elle ne changeait rien à ses exercices de piété ni à ses mortifications. Quoique atteinte d'une fièvre tierce, elle ne voulut jamais
garder le lit. Elle traitait son corps avec tant de rigueur que
personne ne comprenait comment elle pouvait vivre, et cependant
elle surpassait toutes ses compagnes en vigueur et en beauté.

« A l'âge de quatorze ans, elle put s'approcher pour la première fois du tribunal de la Pénitence. Elle fit connaître au prêtre son projet de garder la virginité. Celui-ci tâcha de la dissuader, en lui montrant les dangers de cet état; il lui ordonna même d'abandonner son dessein et de se marier. L'année suivante, elle déclara à ce même confesseur qu'elle persistait dans ses idées. Le prêtre alors lui donna le choix, ou de se rendre à ses avis, ou de ne pas recevoir la communion. Barbe n'ayant pas prêté assez d'attention à la parole du confesseur, s'approcha des sacrements, mais ensuite refléchissant sur le choix qui lui avait été proposé, et reconnaissant qu'elle s'était trompée, elle se mit à pleurer et fut longtemps inconsolable. A l'âge de seize ans elle fut demandée en mariage par un païen. Celui-ci, après avoir épuisé tous les moyens légitimes pour arriver à son but, essaya plusieurs fois d'enlever Barbe par force. Ses parents et ses frères furent à cette occasion exposés à toute sorte d'outrages. La voyant dans une situation extrêmement périlleuse, ils s'y prirent de toutes les manières pour ébranler sa résolution; ils lui proposèrent, en échange, d'épouser un jeune chrétien du voisinage ; ce fut en vain, Barbe demeura inébranlable. Elle reprenait son père et ses frères de leur peu de courage : « Comment, » disait-elle, « vous ne « voulez pas me défendre contre les insultes de ces païens? laissez- « moi seule, j'irai où je voudrai, et Dieu sera avec moi. » Un jour que les païens accouraient pour l'enlever, elle s'enfuit dans les montagnes. Les ravisseurs ne la trouvant pas, tournèrent toute leur fureur contre son père et ses frères. L'un de ceux-ci, après avoir été accablé d'injures et de mauvais traitements, se mit à la recherche de sa sœur. Toute la nuit il appela Barbe à grands cris. Celle-ci reconnut bien la voix de son frère, mais craignant qu'il ne voulût la trahir, elle n'osa sortir de sa cachette. Le matin seulement, elle se montra, et consola son frère qui pleurait de joie; il avait craint que sa sœur n'eût été dévorée par le tigre. Il la conduisit ensuite à sa mère plongée dans la plus grande douleur. Barbe était toute radieuse et répétait : « Il n'y a pas de « mal, pourquoi vous désolez-vous? Tout vient à bien à ceux que « le bon Dieu protége. » Une autre fois encore, elle fut obligée de chercher son salut en se cachant dans les montagnes. Enfin, elle abandonna la maison paternelle, et émigra dans une autre province.

« Après ces vexations, Barbe eut à soutenir des luttes bien plus terribles encore, et sa constance ne fit que s'affermir. Trois fois on lui refusa les sacrements ; elle s'y présenta une quatrième fois, on la repoussa encore. L'évêque la fit comparaître devant lui : il employa inutilement les conseils, les exhortations, enfin il excommunia la jeune fille et ses parents. Malgré tous ces obstacles elle demeura inébranlable dans son projet. Elle redoublait ses mortifications; quelquefois elle éclatait en sanglots, et versait d'abondantes larmes sur sa triste destinée. Le soir elle quittait la maison, et sans redouter la rencontre du tigre, elle allait dans un endroit solitaire sur le bord d'un torrent, où elle passait la nuit en prières.

« Je devais aller dans ce pays après avoir visité une partie de mes chrétiens. Je devais même, en attendant le moment de commencer une nouvelle mission, me reposer un peu chez mon catéchiste Léon, et Barbe ne demeurait qu'à un mille de là. Dès qu'elle apprit mon arrivée, elle accourut transportée de joie pour me faire une visite, et ne pensa plus qu'au moyen de recevoir les sacrements. C'était chose moralement impossible. Le lieu où j'étais ne dépendait pas de mon district, par conséquent je n'y avais aucune juridiction ; en outre, cette pauvre fille était sous le coup de l'interdit porté par l'évêque. Elle montrait à ses amies son examen de conscience écrit, en leur disant : « Comment donc « ces péchés seront-ils remis? — Si seulement j'étais malade « comme vous, » disait-elle à une autre, « peut-être que le Père « m'accorderait les sacrements ! » Elle passa la nuit à prier et à pleurer. Au point du jour elle tomba subitement malade, et demeura étendue sur son lit, en proie à d'horribles souffrances. Ce jour-là même, je dus entendre sa confession, et le lendemain, je lui administrai la très-sainte Eucharistie. Elle ne cessa, au milieu des plus vives douleurs, d'invoquer Notre Seigneur Jésus-Christ et la très-sainte Vierge. Ceux qui l'entouraient croyaient qu'elle allait mourir à chaque instant, et l'engageaient à recevoir l'Extrême-Onction. Elle leur répondit que rien ne pressait pour le moment, et voulut être reportée dans sa maison. Le lendemain soir, elle pria les personnes présentes de vouloir bien m'appeler. Celles-ci lui firent observer que ce n'était pas le moment de prévenir le Père, que le danger n'était pas si pressant, qu'elle n'était pas sur le point de mourir, et qu'elle irait certainement jusqu'au lendemain. « C'est vrai, » leur répondit Barbe, « c'est « pour le Père une chose très-pénible de venir jusqu'ici, au milieu « des ténèbres et par des chemins aussi difficiles. Je suis bien « désolée de lui causer tant de peines, mais il faut que je le « voie, ne le trouvez pas mauvais ; allez l'appeler pour l'amour « de Dieu. » Je vins donc et lui administrai les sacrements de

Pénitence et d'Extrème-Onction ; puis, le matin, je dis pour elle une messe votive de la sainte Vierge. Quoiqu'elle fût à toute extrémité, elle se fit laver, revêtir de ses habits de fête et porter dans l'oratoire, où elle reçut à genoux le saint Viatique.

« Elle fut à l'agonie pendant toute la journée, mais sans perdre connaissance une seule minute. Elle assura qu'ayant demandé à Dieu qu'il voulût bien lui conserver l'usage de ses facultés dans ses derniers moments pour mieux se préparer à la mort, elle avait été exaucée. Couchée ou assise, elle était toujours en prière. « Je n'éprouve, » disait-elle, « d'autre peine « que celle de ne pouvoir assez remercier Dieu et la Sainte « Vierge des bienfaits dont je suis comblée dans ce moment « même. » Quelqu'un lui demanda ce qu'elle ferait tout d'abord, si la santé lui était rendue. « Je n'ai d'autre désir, » répondit-elle, « que celui d'être débarrassée de cette chair infirme pour « aller vers notre Père céleste et lui rendre les actions de grâces « que je lui dois. » Je lui dis un dernier adieu et j'ajoutai : « Après votre mort, je dirai une messe pour le repos de votre « âme ; en retour ne m'oubliez pas devant Notre-Seigneur « Jésus-Christ et son auguste Mère. » Elle me le promit avec un visage d'un calme et d'une sérénité incroyables. Elle était sur le point de rendre le dernier soupir lorsque les médecins lui firent diverses ponctions et cautérisations. « A quoi bon ces « remèdes, » leur dit Barbe, « puisque je suis sur le point de « mourir ? — Souffrez tout cela patiemment en mémoire des « plaies sacrées de Notre Seigneur Jésus-Christ, » lui dirent les assistants. — « Bien, » répondit Barbe, « pour Notre Seigneur « je les supporterai volontiers, » et fixant ses regards sur le crucifix, elle laissa faire les médecins. Elle adressa ensuite aux personnes présentes quelques bonnes paroles, récita la Salutation angélique, s'approcha de la porte et, après y être restée quelques instants, un bras appuyé contre le seuil, elle s'affaissa sur elle-même et expira. Il était environ six heures du soir, le 23 septembre 1850. Elle n'avait que dix-huit ans.

« Je revins pour contempler encore les traits de cette jeune fille ; je n'oublierai jamais la beauté céleste répandue sur son visage. Elle n'avait été que quatre jours malade. Il y a déjà deux jours qu'elle est morte, et nous n'avons pas encore séché nos larmes ; pour ma part, depuis longues années, jamais je n'ai ressenti des sentiments de componction et d'amour divin aussi vifs que ceux que j'éprouve depuis la mort de Barbe. *Rapta est ne malitia mutaret intellectum ejus, aut fictio deciperet ani-*

niam illius ; consummata in brevi, explevit tempora multa.
Elle était aimée de tout le monde, et semait sur ses pas la piété
et la connaissance de la doctrine chrétienne. Jugez par cet
exemple des difficultés que nous rencontrons, forcés que nous
sommes de détourner de leur dessein, même par le refus des
sacrements, les âmes pures qui désirent consacrer au Seigneur
leur virginité.

« Depuis mon entrée en Corée, je n'ai eu aucun repos ; je suis
toujours en course, je n'ai passé que le seul mois de juillet dans
la même maison. Depuis le mois de janvier, j'ai fait, sans
compter le chemin de la Chine à Séoul, environ cinq mille
lys. Pendant tous ces voyages, au milieu de tous ces travaux,
grâce à Dieu, j'ai toujours joui d'une bonne santé. J'ai visité trois
mille huit cent quinze chrétiens. J'en ai confessé deux mille
quatre cent un, communié mille sept cent soixante-quatre ; baptisé cent quatre-vingt-un adultes et quatre-vingt-quatorze enfants ;
suppléé les cérémonies du baptême à neuf cent seize ; reçu deux
cent soixante-dix-huit catéchumènes ; baptisé à l'article de la
mort, quatre cent cinquante-cinq enfants d'infidèles. Quelques
chrétiens sont restés dans la plaine, dans les lieux de leur naissance, au milieu de leurs parents païens ; généralement, ceux-là
sont ignorants et tièdes. Le plus grand nombre quittent tout,
rompent tous les liens de la chair et du siècle, et se réfugient
dans les montagnes, où ils cultivent le tabac et le millet. Ils sont
passablement instruits, et observent très-fidèlement les préceptes
de notre sainte religion. Malheureusement ils ne peuvent pas
rester longtemps dans ces solitudes ; peu à peu ils finissent par être
connus des païens, et dès lors, sont exposés à leurs persécutions.

« Beaucoup de Coréens sont tout disposés à embrasser la foi
chrétienne, mais ces difficultés les arrêtent. Les femmes
surtout ne demanderaient pas mieux que de se convertir, mais
elles sont presque dans l'impossibilité de le faire. Si elles restent
dans leurs familles, elles ne peuvent remplir leurs devoirs de
piété ; si elles les quittent, elles ne trouvent aucun asile, et
courent grand danger d'être enlevées par les païens. Ainsi, pendant la persécution et la famine qui désolèrent l'année 1839,
nombre de chrétiennes, forcées de s'enfuir et de mendier leur nourriture, devinrent par force les concubines ou les esclaves des païens.
Oh ! quelle douleur je ressens lorsque j'apprends l'histoire de ces
infortunées ! Après cette cruelle persécution de 1839, l'ennemi
le plus acharné de notre sainte Religion écrivit contre les chrétiens
une foule de mensonges atroces, et les publia au nom du gouver-

nement dans toutes les provinces de la Corée. Son but était d'exciter la fureur et la haine du peuple contre les chrétiens, mais principalement contre les Français. Et il ne s'est trouvé personne pour repousser de telles impostures, pour combattre ces infâmes calomnies, tant on redoute la persécution. Les auteurs de la moindre protestation seraient recherchés, et les chrétiens seraient massacrés sans profit, comme rebelles. Après le naufrage qui eut lieu à Ko-koun-san, les Français avaient dit qu'ils reviendraient l'année suivante ; il y a de cela trois ans, et on n'a pas encore entendu de leurs nouvelles. Aussi commence-t-on à les regarder comme des fanfarons dont on n'a rien à craindre.

« Le gouvernement coréen est plus misérable que jamais ; déchiré par une foule de factions, il s'affaiblit tous les jours. Le dernier roi étant mort à vingt-trois ans, des suites de son intempérance et de ses débauches, son aïeule a mis sur le trône un autre roi de dix-huit ans. Ce jeune homme est de la famille royale, il était avant son avénement exilé dans l'île de Kang-hoa. Son aïeule et sa bisaïeule sont mortes pour la foi (1). Son père sans être chrétien a été massacré pour la religion chrétienne, et son frère, cruellement calomnié, dit-on, a été mis à mort comme rebelle. Le voilà roi maintenant, mais roi sans autorité, en grand danger même de perdre ou le trône ou la vie, par suite des discordes qui règnent entre ses ministres contre lesquels l'autorité royale ne peut absolument rien. Ces malheureux ne sont occupés qu'à se tendre mutuellement des embûches, à ourdir contre la vie du roi lui-même les trames les plus perfides. Dans l'état actuel des choses, la loi coréenne est incapable de réprimer de tels crimes. Le peuple est malheureux au possible, écrasé par des exactions et des impôts de toute sorte. Les magistrats, les chefs de district, les satellites, les nobles n'épargnent personne. Les pauvres travaillent toute l'année, et c'est à peine s'il peuvent satisfaire l'avidité des employés du gouvernement Mais je ne puis vous parler de toutes nos infortunes.....

« Je veux vous demander un remède contre l'insalubrité de l'eau. Les Français, qui sont savants, pourront peut-être nous en indiquer un. Nous avons beaucoup de terrains, soit dans les plaines, soit dans les montagnes, qui offrent suffisamment de ressources à la culture, et où nos chrétiens pourraient avantageusement s'établir. Malheureusement les habitants de ces lieux sont

(1) Voir tome I, p. 143 et suiv., l'histoire du martyre des princesses dont il est ici question.

exposés à de nombreuses maladies : le délire, les crachements de sang, les langueurs et autres infirmités. J'attribue, sans hésitation, presque toutes ces maladies à la mauvaise qualité de l'eau ; si donc vous connaissez un moyen de l'assainir , veuillez me l'indiquer clairement. J'ai encore une demande à vous adresser. Si vous y faites droit vous procurerez à nos pauvres chrétiens une bien grande consolation. Ils ont une véritable passion pour les objets de piété, et rien ne leur coûte pour se procurer des images, des crucifix, des médailles. Je puis, sans grandes difficultés, recueillir quelques valeurs pour acheter ces objets, mais le difficile est de faire passer ces valeurs dans le commerce. Si elles étaient en argent, rien ne serait plus commode, mais en Corée l'argent est peu connu. Veuillez donc, mon père, me procurer une certaine quantité de crucifix grands et petits, de médailles, d'images de Notre Seigneur, de la sainte Vierge, de saint Joseph, de saint Jean-Baptiste, des apôtres, des docteurs, des autres saints et saintes dont les noms se trouvent dans les litanies ; que ces objets soient bien et solidement faits. Je vous en ferai parvenir le prix plus tard, quand j'en aurai l'occasion.

« Le P. Daveluy ne peut encore rien faire. Monseigneur et moi sommes seuls à visiter les chrétiens. Nous sommes assez tranquilles ; il n'y a pas précisément de persécution générale, mais les persécutions particulières sont toujours nombreuses. Plaise à Dieu qu'enfin les persécuteurs de son saint nom arrivent à la connaissance de la vérité et entrent dans le bercail de l'Église, afin que tous nous servions librement Dieu dans une sainte allégresse! Je finis en saluant, en Notre Seigneur Jésus-Christ, tous les bien chers et révérends Pères, et en les suppliant de penser souvent aux infortunés Coréens. »

A cette lettre si intéressante, nous n'ajouterons que quelques mots pour compléter l'histoire de l'Eglise de Corée pendant les années 1849 et 1850.

Le roi dont le P. Thomas T'soi annonce la mort, se nommait Hen-tsong. Il s'était attiré la haine de tous ses sujets. Livré à des passions sans frein, il ne connaissait d'autre règle que ses caprices, et foulait aux pieds les lois et coutumes du pays. Il n'avait d'autres occupations que le jeu et la débauche, ruinait l'État par de folles dépenses, vendait les dignités et charges publiques, s'entourait des plus vils scélérats et punissait la moindre parole de blâme, la plus humble représentation, par l'exil, le poison, ou la corde. On dut néanmoins le pleurer selon toutes les règles, et le dernier village de Corée, aussi bien que la capitale, retentit pendant plusieurs mois des gémissements officiels prescrits par les rites. L'abstinence complète de viande devait, selon l'habitude, durer cinq mois dans tout le royaume, mais par une dérogation jusqu'alors sans exemple, le nouveau roi en dispensa son peuple, à cause des travaux et des chaleurs de l'été.

A l'avénement de ce prince, tiré de la misère et de l'exil, il y eut un changement complet de gouvernement. Le premier ministre du défunt fut condamné à s'empoisonner de ses propres mains, la plupart des hauts fonctionnaires furent exilés. Les chrétiens ne pouvaient que gagner à ces petites révolutions de palais, car tous les disgraciés étaient leurs ennemis mortels. Ce qui augmentait encore leurs espérances de paix et de liberté, c'était l'état général des esprits. Les haines religieuses semblaient apaisées ; bon nombre de mandarins, fatigués de la persécution, évitaient toutes les occasions de la raviver.

« Dans les derniers jours de 1848, » écrit M. Daveluy, « nous fûmes dénoncés directement par un mauvais sujet, ivrogne de profession. Il nous connait parfaitement, nous a vus souvent chez ses parents, qui tous sont chrétiens, ainsi que sa femme et ses enfants. Il s'avisa, je ne sais trop pourquoi, de dénoncer au mandarin sa propre famille comme recevant les Européens. Le mandarin craignant d'entendre de telles révélations, le fit fustiger en lui reprochant sa mauvaise conduite et son mauvais cœur. Il répondit que si on ne le croyait pas sur parole, il s'engageait à livrer les prêtres quand ils viendraient faire l'administration des chrétiens du pays ; pour toute réponse, on redoubla les coups, et à la fin force lui fut de se taire. Depuis cette époque, il dit toujours qu'il nous saisira, et attend le moment propice ; heureusement il n'est pas assez rusé. J'ai été dans ce village, j'y ai passé quatre jours, j'ai administré plus de deux cent cinquante chrétiens, et il n'a rien su ni rien vu. Un mauvais mandarin, en pareille circonstance, eût suscité bien des misères et tracassé les chrétiens. Celui-ci n'est pas le seul de son opinion ; dans d'autres endroits, plusieurs faits moins graves, quoique compromettants, n'ont pas eu non plus de mauvaises suites. De là nous concluons que notre existence se consolide, ou du moins ne court pas de plus grands dangers qu'auparavant ; nous espérons que Dieu veut protéger nos chrétiens, et le changement à notre égard de beaucoup de païens, la diminution des préventions contre la religion dont nous sommes les ministres, tout nous fait croire que, peut-être, le jour de la délivrance et de la liberté luira bientôt.

« En attendant, la chrétienté se raffermit. Les divers abus

qui s'y étaient introduits pendant sept ans qu'elle fut veuve de pasteurs, disparaissent peu à peu : les plaies qu'a laissées la persécution se referment. Nous ne pouvons néanmoins encore annoncer rien de bien merveilleux ni de bien stable. Nos chrétiens sont faibles, ils ont besoin d'être fortement soutenus ; mais si Dieu nous permet de travailler quelques années, et surtout s'il nous envoie quelques collaborateurs, nous pouvons espérer de voir notre mission sur le pied de toutes les autres.

« Ce dont nous souffrons le plus, c'est de la disette de chrétiens un peu capables : à peine pouvons-nous avoir des serviteurs pour nous accompagner. Ne croyez pas, en effet, que le premier domestique venu peut conduire le prêtre ; il faut des hommes de ressource, instruits, prudents, stylés à cette besogne, et ces gens-là manquent presque totalement aujourd'hui. Sans un homme de ce genre, vous ne pouvez pas même, sans danger, mettre le pied dans une auberge, et les moindres voyages présentent des obstacles insurmontables. Nous manquons surtout de catéchistes. Figurez-vous un bon paysan de France transformé en prédicateur, et vous aurez encore une trop haute idée de nos catéchistes actuels. Quelques-uns, il est vrai, dépassent ce niveau, mais le nombre en est bien petit. Aussi, pour le moment, il se fait peu de conversions dans la classe instruite ; ceux qui viennent recruter nos rangs sont de braves gens, pauvres, ignorants, simples, plus propres que les autres au royaume de Dieu, dit l'Évangile, car ils reçoivent et gardent la foi bien plus facilement.

« Souvent aussi, nous trouvons de vieux chrétiens qui rentrent au bercail. Il y a un an, je vis une bonne vieille qui, depuis trente ou quarante ans, était chrétienne dans l'âme, mais qui, séparée des néophytes par je ne sais quelle circonstance, n'avait jamais pu les retrouver et recevoir le baptême. Pendant le séjour de nos anciens confrères, elle ne sut rien de leur présence ; le bruit seul de leur mort parvint jusqu'à elle longtemps après leur martyre. Enfin, la Providence permit qu'elle rencontrât des chrétiens, et apprît que d'autres prêtres étaient entrés en Corée ; aussitôt, elle vint avec ses enfants s'établir en pays chrétien. Je la vis environ dix jours après son arrivée, mais son ignorance absolue m'empêcha de lui donner le baptême. Je l'engageai à s'instruire au plus vite, et quelques mois plus tard, j'appris qu'elle était morte ayant reçu le baptême à ses derniers moments. Ces exemples de providence spéciale ne sont pas rares. Que de chrétiens sont encore ainsi dispersés depuis un nombre d'années plus ou moins considérable !

« On m'en citait, il y a peu de temps, quelques-uns qui, chassés par la persécution, s'étaient réunis en deux ou trois maisons, et n'avaient pu depuis relier communication avec les autres chrétiens. Désespéré de cet état d'isolement, l'un deux partit un jour à la découverte et, déguisé en marchand ambulant ou en mendiant, parcourut grand nombre de villages faisant un petit commerce ou demandant du pain. En recevant l'aumône, il faisait son signe de croix. Dieu bénit ses efforts. Il s'adressa une fois à un chrétien qui, remarquant son signe de croix, l'engagea à entrer. Ils se reconnurent de part et d'autre comme chrétiens, et purent dès lors avoir des relations suivies. Mais combien d'autres sont moins heureux, et soupirent en vain après la connaissance distincte de la religion et de ses préceptes ! Ils ignorent souvent les vérités les plus nécessaires et jusqu'à la forme du baptême. C'est ainsi que, l'hiver passé, à la capitale, une chrétienne isolée chez les païens, sur le point de perdre un enfant en bas âge, pleurait de ne pouvoir lui donner le baptême ; mais elle ignorait en quoi il consistait. Seulement elle se rappelait que sa mère lui avait parlé de la religion, lui avait enseigné l'existence du ciel et de l'enfer, et lui avait dit que le baptême est nécessaire pour aller au ciel. Le pauvre enfant mourut sans que personne pût le secourir. Plusieurs mois plus tard, le frère de cette femme, perdu lui aussi chez les païens, connut providentiellement quelques chrétiens et se mit à pratiquer la religion. Il a été notre domestique pendant cette année, et a dû aller porter à sa sœur la bonne nouvelle.

« Notez qu'à la capitale, les chrétiens ne se connaissent pas les uns les autres. Ils se cachent le mieux possible pour éviter d'être dénoncés pendant les persécutions, et n'ont de rapports entre eux que par l'entremise de deux ou trois hommes dévoués. De là vient que quelquefois toute communication se trouve interrompue malgré eux. Aujourd'hui, par exemple, si deux individus mouraient, plusieurs centaines de néophytes de la capitale ne sauraient plus comment trouver les autres fidèles. Terrible position, direz-vous, et cependant il est certain que sans ces précautions, ils n'échapperaient pas à la persécution, car à chaque moment, les chrétiens connus de la capitale sont trahis et dénoncés ; et les supplices que subissent les prisonniers leur font avouer à peu près tout ce que l'on veut. »

Malgré toutes les difficultés et tous les obstacles dont les lettres que nous venons de citer nous donnent une idée bien incomplète, l'œuvre de Dieu avançait en Corée. A la fin de 1850, malgré la maladie de M. Daveluy, Mgr Ferréol, dans sa lettre annuelle au cardinal préfet de la Propagande, donne les chiffres suivants : chrétiens, plus de onze mille; confessions de l'année, sept mille cent quatre-vingts; baptêmes d'adultes, trois cent soixante-quatorze; admis au catéchuménat, trois cent soixante-neuf; baptêmes d'enfants infidèles, six cent quatre-vingt-six. Une note ajoute que presque tous ces enfants étaient morts dans l'année. Les missionnaires avaient administré les sacrements dans plus de cent quatre-vingt-cinq stations différentes. L'évêque fait aussi connaître à la Sacrée Congrégation, qu'il n'a d'autre séminaire que cinq jeunes élèves, entretenus aux frais de la mission, qui suivaient le prêtre européen dans ses voyages, et, sous sa direction, étudiaient les éléments des langues latine et chinoise.

CHAPITRE VII.

L'année 1851 ne fut signalée par aucun incident remarquable. L'administration des chrétiens se fit dans des circonstances analogues à celles que nous avons déjà exposées plusieurs fois, avec les mêmes peines, les mêmes souffrances, et aussi les mêmes consolations. Mgr Ferréol était continuellement en route, malgré l'affaiblissement de sa santé, tous les jours plus mauvaise ; le P. Thomas lui-même ne résistait que difficilement aux fatigues et aux privations. M. Daveluy, trop malade encore pour faire la visite des chrétiens, restait chargé des jeunes gens qui formaient le séminaire de la mission.

Au mois de septembre, ayant à régler diverses affaires importantes avec le vicaire apostolique, M. Daveluy vint le trouver à Séoul et passer quelques jours avec lui. Voici comment, dans une lettre à sa famille, il parle de ce petit voyage : « Monté sur une vache à moi appartenant, je pris mon vol vers la capitale, comme un gentilhomme de premier ordre, et en quelques jours j'arrivai auprès de Monseigneur. Sa Grandeur habite une maison passable, avec un petit jardin, dans lequel, selon l'usage du pays, il n'y a pas trace d'allées pour se promener. Tout y est pêle-mêle, et dans le plus beau désordre possible. Là, je ne me trouvais plus seul, et je pus avoir un peu plus de distractions ; mais surtout je m'en suis permis une que vous ne serez pas fâchés, peut-être, d'entendre raconter tout au long. J'ai été voir la sortie de Sa Majesté le roi de Corée. Pour examiner tout en détail, je suis allé, malgré mon visage hétérodoxe, attendre sur le bord de la grande route, et j'ai contemplé le cortége de près. D'abord il faut dire que les rois de ce pays ne sortent pas quand ils veulent ; tout est prévu et organisé d'avance. De plus, ils doivent avoir le cortége exigé par la coutume, et ne se montrer qu'en grande pompe. Dès la veille, des soldats se réunissent dans les environs du palais, afin de garder la résidence royale pendant l'absence du prince et de faire une police plus sévère que de coutume ; des tentes sont dressées à cet effet. Sa Majesté devant partir au point du jour, pendant la nuit ou de grand matin, tout se prépare au palais.

« Quand le soleil parut, nous étions sur le bord de la grande route ; le peuple s'y était rendu en foule. J'ignore combien de milliers de gens étaient là à attendre pour contempler le roi et son cortége. Nous vîmes paraître d'abord des voitures qui probablement contenaient des provisions ; puis quelques grands personnages accompagnés, comme toujours, d'une nombreuse suite d'esclaves et de serviteurs. Peu de temps après, arriva un escadron de militaires rangés, cinq par cinq, sur des files assez distantes les unes des autres ; puis d'autres corps de troupes à pied ou à cheval, de distance en distance. Venaient ensuite quelques grands officiers du palais. Enfin on aperçoit de loin celui que tous les yeux cherchent. En avant et en arrière sont des corps très-nombreux de musiciens à cheval passablement accoutrés ; autour de Sa Majesté les eunuques et autres gardiens du palais, peut-être quelques hauts dignitaires. Le roi est un jeune homme dont la figure ne semble pas désagréable. Monté sur un cheval blanc, et couvert sur le côté d'un parasol rouge qui met sa personne à l'abri des rayons du soleil levant, il passe lentement devant nous. Ce n'est pas fini, il y a à la suite une troupe à peu près semblable à celle qui précède, plus nombreuse peut-être ; mais j'avais vu l'important, la faim et le froid me firent regagner mon gîte.

« Le but du voyage de Sa Majesté était une visite au tombeau du roi défunt, à environ quatre lieues de la ville. Des chaises élégantes précédaient pour le porter au besoin pendant le trajet, et une spéciale pour lui faire escalader la montagne où se trouve le tombeau. La procession s'étendait sur plus d'une lieue de longueur. Arrivé au terme, le roi devait rendre ses devoirs superstitieux à son prédécesseur, prendre son repas, ainsi que toute la bande, et revenir le même jour par le même chemin. Pour le cas où la nuit surprendrait les voyageurs, on avait préparé, des deux côtés de la route, des torches énormes, très-rapprochées, et plus grosses que le corps d'un homme. C'est la cérémonie la plus pompeuse et la plus belle qu'il y ait dans ce pays-ci, et chaque fois, une foule très-considérable se réunit pour jouir du spectacle qui pourrait être vraiment grandiose ; mais malheureusement tout se fait sans ordre ; les troupes elles-mêmes n'ont aucune tenue. Les habillements des soldats sont un peu variés, mais bien différents de notre genre européen. On pourrait les comparer aux habits de nos saltimbanques ; grands vêtements de diverses couleurs, plumets de toute espèce, et surtout des milliers de drapeaux dont quelques-uns sont assez jolis, et

qui forment de loin un coup d'œil passable. Les nobles sont
habillés d'une sorte de robe dans le genre arabe. Les armes sont
des fusils, des lances et des arcs, qui ont l'air en assez mauvais
état, le fer en est bien rouillé. La musique se composait en
grande partie, du moins d'après ce que j'ai pu apercevoir, de
flûtes, de clarinettes et de trompettes à longs tubes, mais comme
les artistes soufflent dans leurs instruments sans ordre ni mesure,
et ne sortent pas de quelques notes combinées pour empêcher
la trop grande cacophonie, le tout produit une sensation peu
agréable. »

Après avoir fait une retraite de quelques jours, M. Daveluy,
quitta la capitale dans le mois de novembre, et retourna auprès
des séminaristes, dont il devait encore être chargé jusqu'à sa
guérison.

A cette époque éclatait dans la province septentrionale une
révolte menaçante. On se crut à la veille d'une guerre civile.
Le gouvernement vint à bout, tant bien que mal, de dissiper
l'orage, mais on ne put prendre aucun des chefs, ni découvrir
les dépôts d'armes que les insurgés possédaient dans les
montagnes. Quelques mois après, une autre révolte bouleversa
la province de l'Est, et menaça un instant l'existence de la dynastie. Le peuple, loin de craindre ces révolutions, les désirait et
semblait devoir y prêter la main ; car le nouveau roi, depuis
qu'il avait été émancipé et avait pris en mains la conduite des
affaires, montrait une incapacité désolante, et surpassait son
prédécesseur en prodigalités et en débauches. Les intrigants qui
régnaient sous son nom, ne cherchaient qu'à s'enrichir par le
pillage effronté de tous les revenus publics, et par de continuelles
augmentations d'impôts. La masse du peuple, écrasée et ruinée,
ne voyait plus dans les princes que des brigands, des sangsues,
et appelait de ses vœux le changement que les livres sibyllins du
pays annonçaient, disait-on, pour ce temps-là même.

. Au milieu des agitations et des troubles, les missionnaires
poursuivaient leur œuvre, mais ils étaient trop peu nombreux
pour suffire à tous les besoins. Sans cesse ils priaient Dieu d'ouvrir la voie à de nouveaux confrères, et Dieu, pour éprouver et
purifier leur foi, semblait sourd à toutes leurs instances, et
depuis plusieurs années chaque tentative échouait. En 1847, la
barque envoyée par Mgr Ferréol s'était brisée sur les rochers
avant d'arriver à l'île Ko-koun-to, où se trouvaient M. Maistre
et Thomas T'soi ; en 1848, une autre barque les avait vainement
attendus auprès de la même île ; en 1849, les deux voyageurs

avaient été reconduits malgré eux à Chang-haï par leur pilote, avant l'arrivée de la barque des chrétiens ; en 1850, les courriers qui amenèrent le P. Thomas par Picn-men, n'osèrent pas introduire M. Maistre avec lui ; mais ces déceptions réitérées ne lassaient point la confiance des apôtres.

M. Maistre, revenu au Léao-tong, préparait une nouvelle expédition pour la fin de l'année. Son zèle ne lui permit pas de rester inactif pendant les quelques mois qui devaient s'écouler avant l'époque marquée. N'ayant plus avec lui Thomas T'soi dont l'éducation sacerdotale avait jusqu'alors occupé ses longues années d'attente, il alla, de l'avis de M. Berneux, provicaire apostolique de Mandchourie, explorer quelques îles de l'archipel Potorki, distantes du continent d'une trentaine de lieues. Voici ce qu'il écrivait à M. Berneux à son retour : « J'ai visité les divers points de Hai-iang, où l'on compte une dizaine de villages et des maisons isolées. La population peut être estimée à environ mille cinq cents habitants, dont la moitié seulement vit en famille. Le reste se compose de vagabonds, d'exilés et d'aventuriers de toute sorte, livrés à tous les excès, au jeu surtout, et à l'ivrognerie. Du sommet de Hai-iang, on aperçoit tout l'archipel, dont la population totale se monte, assure-t-on, à dix mille personnes. Il n'y a pas de mandarins, mais dans chaque île une espèce de maire. Les insulaires qui vivent en famille m'ont paru simples, hospitaliers ; les vagabonds eux-mêmes n'ont rien de sauvage et de féroce comme dans le nord de la Tartarie. Si l'on veut leur prêcher l'Évangile avec fruit, il est indispensable de s'installer chez eux, et l'établissement d'une telle mission offrira sans doute bien des obstacles et demandera bien des sacrifices. »

Nul doute que M. Maistre n'eût accepté lui-même avec joie cette tâche difficile, si telle eût été la volonté de Dieu, mais il était destiné à la Corée, son devoir était d'y pénétrer, et toute son énergie était tournée vers ce but unique. En 1851, il fut rejoint par un nouveau confrère, que le séminaire des Missions-Étrangères envoyait au secours des missionnaires de Corée. C'était M. François Stanislas Jansou, du diocèse d'Alby. M. Maistre écrivit aussitôt à Mgr Ferréol pour lui annoncer qu'à la première lune de l'année suivante, il viendrait avec M. Jansou sur une barque chinoise à un endroit déterminé des côtes de Corée. Cette lettre fut portée à Pien-men par des courriers chinois, avec toutes les autres lettres adressées à Mgr Ferréol et à M. Daveluy. Chaque année, un ou deux chrétiens coréens venaient à la suite de l'ambassade de Péking, portant les lettres des missionnaires

cachées avec grand soin dans la doublure de leurs habits. A
Pien-men, ils se mettaient en rapport avec les courriers chinois
au moyen de certains signes convenus, et l'échange des lettres
se faisait. Quand, pour une raison ou pour une autre, cet
échange était empêché, les missionnaires ne pouvaient ni donner
ni recevoir aucune nouvelle. C'est ce qui arriva en 1851. Les
courriers coréens porteurs des dépêches, ayant éprouvé des difficultés inattendues, ne purent pas franchir la frontière au jour
marqué; les chrétiens chinois ne les attendirent pas assez longtemps, et craignant de se compromettre, regagnèrent l'intérieur
de leur pays. Mgr Ferréol ne reçut donc pas la lettre de M. Maistre,
et aucune barque chrétienne ne fut envoyée au lieu du rendez-
vous.

A la première lune, M. Maistre et son nouveau compagnon
arrivèrent près des côtes de Corée; personne ne se présenta pour
les recevoir. Heureusement ils avaient avec eux deux chrétiens
coréens que M. de Montigny, consul de France à Chang-haï,
avait amenés, quelque temps auparavant. Voici à quelle occasion. Un baleinier français avait échoué sur les côtes de Corée,
et l'équipage, retenu prisonnier, courait le plus grand danger.
M. de Montigny loua une *lorcha* montée par quelques matelots
résolus, et, accompagné de deux Anglais de bonne volonté, alla
les réclamer. L'adresse et l'énergie qu'il déploya en cette circonstance furent couronnées d'un plein succès. Pendant les
pourparlers qu'il eut avec les mandarins, le P. Thomas T'soi
ayant réussi à se mettre secrètement en communication avec lui,
avait envoyé ces deux hommes à bord de la *lorcha*, dans l'espoir
de faciliter l'entrée de M. Maistre. Après quelques jours d'attente,
le plus jeune et le plus courageux de ces chrétiens put opérer sa
descente sur la presqu'île coréenne : il devait préparer les moyens
d'introduire les missionnaires, et revenir sans faute et au plus tôt
les chercher, s'il n'était pas découvert et mis à mort. Plusieurs
jours s'écoulèrent, l'intrépide messager ne reparut pas. M. Maistre
voulait attendre plus longtemps, mais le pilote chinois craignant d'être inquiété par les Coréens s'il demeurait près de la côte,
reprit la mer et retourna en Chine. S'il eût attendu quelques
jours de plus, les vœux des missionnaires eussent été satisfaits,
car peu après leur départ, une petite barque coréenne, montée
par leur envoyé, par d'autres chrétiens, et par deux jeunes élèves
qui devaient passer en Chine et de là à Pinang pour continuer
leurs études ecclésiastiques, se dirigeait vers le lieu du rendez-
vous. Après une nuit de vaines recherches pour découvrir la

jonque qui portait les missionnaires, celle barque dut retourner en Corée, et annoncer à Mgr Ferréol un nouvel insuccès.

Ce retard était d'autant plus fâcheux que le prélat, épuisé par les travaux et les fatigues des années précédentes, venait de tomber dangereusement malade à la capitale. Une demi-journée suffit pour le réduire à l'extrémité. Le P. Thomas averti par les chrétiens, vint aussitôt auprès de son évêque ; lorsqu'il arriva la crise était passée, le malade allait mieux, et après quelques jours, le prêtre indigène put reprendre son administration. La maladie cependant recommença bientôt avec une nouvelle force et fit des progrès effrayants. M. Daveluy accourut à son tour auprès du vénérable malade. Il lui administra les sacrements, et pendant plusieurs jours, il s'attendait à chaque instant à recevoir son dernier soupir.

Au milieu de ces préoccupations, M. Daveluy apprit qu'on parlait d'un nouveau rendez-vous donné par M. Maistre, pour la quatrième lune. Il fit, à la hâte, préparer une nouvelle expédition qui revint après deux mois d'attente et de recherches, sans avoir rencontré personne.

Le jour de la Fête-Dieu, l'évêque était moins souffrant : il put, encore une fois, offrir le saint Sacrifice, assisté par son cher missionnaire. Ce jour-là même, M. Daveluy quitta la maison pour visiter quelques chrétiens de la capitale ; mais il avait à peine commencé les confessions, lorsqu'on vint le prévenir que la maladie reparaissait avec plus de violence que jamais. Elle était causée par la présence, dans la région du cœur, d'un dépôt très-dur et assez considérable que l'on sentait monter et descendre. Des vomissements affreux et continuels empêchaient alors le malade de prendre aucune nourriture, et le réduisaient à un tel état d'abattement qu'on s'attendait, à chaque minute, à le voir mourir. Après ces crises, il paraissait mieux pendant quelques jours, mais le mal reprenait bientôt le dessus. Les médecins chrétiens les plus accrédités furent appelés, on consulta même des médecins païens ; mais tous les remèdes étaient inutiles. Pendant plusieurs mois, M. Daveluy fut dans une alternative continuelle de crainte et d'espérance. Tantôt auprès de son évêque, tantôt auprès des jeunes élèves qu'il élevait pour la cléricature, tantôt visitant, malgré sa faible santé, les chrétiens dont le prélat ne pouvait plus prendre soin, il était en proie à une grande inquiétude, et croyait chaque jour voir arriver le moment où il demeurerait seul chargé de la mission coréenne.

Pendant la maladie de Mgr Ferréol, l'administration des chrétiens se fit avec beaucoup de difficultés et d'une manière très-incomplète. Néanmoins, les consolations ne manquèrent pas aux missionnaires, et de nombreux exemples de foi courageuse vinrent ranimer la ferveur des néophytes. M. Daveluy parle, entre autres, d'une jeune femme païenne qui, cette année-là, entendant parler de la religion par sa mère nouvellement convertie, voulut aussi l'embrasser, et se fit instruire à l'insu de son mari. Celui-ci ayant rencontré un jour dans sa maison un catéchisme, le brûla aussitôt, et battit cruellement sa femme. Elle prit la fuite, mais les chrétiens lui ayant dit que la religion défend à une femme de quitter ainsi son mari, et qu'en pareil cas, on doit tout souffrir pour Dieu, elle revint à la maison. Pendant plusieurs mois elle vécut dans de continuelles tortures. Souvent son mari la frappait à grands coups de bâton ; elle se contentait de répondre : « Frappe tant que tu voudras, je suis chrétienne et le serai toujours. Tu peux me tuer aujourd'hui même si tu veux, mais jamais tu ne me feras abandonner la vraie religion. » Cette angélique patience finit par lasser la fureur de son bourreau qui la laissa, à la fin, libre de faire ce qu'elle voudrait. Elle se hâta d'apprendre les prières et reçut le baptême des mains du prêtre.

De son côté le P. T'soi rapporte le fait suivant : « Un nouveau converti, appartenant à la plus haute noblesse, vient d'être tout récemment l'objet d'un vrai miracle de la miséricorde divine. Souvent il avait entendu parler du christianisme comme d'une doctrine impie et séditieuse. Non loin de sa demeure, dans la vallée du Meng-he-mok-i, vivaient plusieurs chrétiens. Il voulut, on ne sait pourquoi, se bâtir une maison tout près de leurs habitations. A son arrivée, le village chrétien fut entièrement dévoré par l'incendie. Tso (c'est le nom du converti) accourut consoler les malheureux néophytes dans une si grande infortune ; mais étonné et saisi d'admiration à la vue du calme empreint sur tous les visages, il demanda la cause de cette étrange résignation. Après plusieurs réponses évasives, qui étaient loin de satisfaire sa curiosité, les habitants furent forcés d'avouer qu'ils étaient chrétiens, qu'en cette qualité, ils regardaient tous les événements comme des effets de la volonté de Dieu et que, pleins de confiance en sa bonté paternelle, ils se contentaient d'adorer sa providence infiniment sage.

« Ces paroles suffirent pour porter la joie et la lumière dans le cœur de Tso. Dès ce jour, il se mit à apprendre le catéchisme et à pratiquer notre sainte religion pour devenir un parfait chrétien. Mais que d'obstacles à vaincre ! Les tablettes vénérées des ancêtres qu'il faut détruire, les liens si nombreux et si chers du sang et de l'amitié qu'il faut rompre, ne sont que le premier signal et le début des persécutions. La grâce fortifiant son cœur, Tso mesura, sans trouble, l'étendue des sacrifices, et n'en résolut pas moins de tout mépriser pour servir son Dieu. Après avoir éloigné ses parents sous divers prétextes, il convoqua près de lui quelques chrétiens, et livra aux flammes sa maison et tout ce qu'il possédait, sans laisser néanmoins soupçonner aux païens que l'incendie était volontaire. Affectant alors un profond dégoût pour la société, il déclara qu'il voulait renoncer à tout commerce avec ses semblables, et vivre désormais comme un homme mort civilement. Dans une de mes visites, je baptisai ce fervent catéchumène, et lui donnai le nom de Paul, l'exhortant à imiter ce bienheureux apôtre, qui de persécuteur de l'Eglise en était devenu l'oracle et le plus ardent défenseur. Tso se mit aussitôt à l'œuvre. Le premier qu'il essaya d'amener à la lumière de l'Evangile fut son jeune frère, lettré de la plus grande distinction, qui, à la considération dont il jouissait dans le monde, joignait l'espoir bien fondé de monter aux plus hautes dignités. Malheureusement, trop sage à ses propres yeux, il ne voulut pas comprendre la vérité, et s'efforça même par ses sophismes de ruiner la foi dans le cœur du nouveau converti. Obligé par la loi de respecter ce frère aîné, il n'osait le persécuter ouvertement ; mais il se dédommageait de cette contrainte par la violence des tracasseries secrètes. Il s'avisa un jour de se mettre au lit, jurant qu'il ne boirait et ne mangerait rien avant d'avoir reçu sous serment l'apostasie du néophyte. Huit jours de jeûne l'avaient réduit à la dernière extrémité, lorsque Paul accourut au secours de ce misérable. « Pourquoi, » lui dit-il, « pourquoi tant de folie? Tu « ne veux pas que j'aille à Meng-he-mok-i ; eh bien ! je ne veux « plus y aller : prends donc la nourriture nécessaire pour retenir « la vie qui t'échappe. »

« Ne pouvant rien obtenir de son frère, le jeune lettré tourna toute sa fureur contre les chrétiens. « Je ferai venir les satellites, » leur dit-il, « et vous serez tous enchaînés. » A cette menace, les fidèles détruisent leur petit oratoire, abandonnent les travaux de l'agriculture, et s'enfoncent dans la profondeur des bois, où les attendent des souffrances sans nombre et une misère sans bornes. Heureux encore si leurs infortunes ne devenaient pas une pierre de scandale pour les païens! Car, témoins chaque jour de la vie triste et solitaire que nos frères mènent dans les forêts et les montagnes, témoins de la pauvreté et de l'opprobre où la persécution les réduit, témoins des incarcérations et des supplices qui les punissent comme des malfaiteurs, les idolâtres les mieux disposés ne peuvent s'empêcher de reculer. Mais qu'un rayon de liberté descende sur nos pauvres proscrits, combien d'âmes, timides et hésitantes encore, s'ouvriront à la lumière du saint Évangile! »

Nous pourrions citer bien d'autres faits analogues, ceux-là suffisent pour faire comprendre quelles espérances la Corée donne aux apôtres de Jésus-Christ. Mais ce n'était pas seulement la liberté qui manquait, c'étaient les ouvriers. Combien ardentes devaient être les prières des missionnaires pour obtenir des secours, à ce moment surtout où ils allaient perdre leur premier pasteur! Dieu les exauça enfin, il récompensa le zèle persévérant de M. Maistre, et accorda à l'évêque mourant la consolation de serrer sur son cœur ce confrère si longtemps attendu. Voici, d'après une lettre de M. Franclet, missionnaire de Mandchourie, à M. Barran, supérieur du séminaire des Missions-Etrangères, comment eut lieu cet heureux évènement. Cette lettre est datée de Chang-haï, 13 septembre 1852.

« ... M. Maistre, après sa dernière et infructueuse tentative du printemps, se retrouvait seul, car son compagnon, M. Jansou, avait dû regagner la procure de Hong-kong. Des deux chrétiens amenés par M. de Montigny, il ne lui restait plus pour guide que le plus âgé et le moins habile. On n'avait pas eu de nouvelles du plus jeune depuis qu'il était entré en Corée, promettant de revenir chercher les missionnaires, s'il n'était pas découvert et mis à mort. De cette situation fort peu satisfaisante, notre zélé confrère voulut tirer le meilleur parti possible : il forma l'audacieux projet de se faire jeter sur la côte avec son guide, et d'attendre du ciel le succès de son généreux dessein. La demeure du néophyte n'était qu'à une petite journée du rivage, puisqu'il avait pu autrefois, du haut de la montagne voisine, apercevoir les tentes que le commandant Lapierre, après son naufrage, avait fait dresser sur la petite île de Ko-koun-to. Il fut donc résolu qu'on tâcherait d'aborder à cette île, appelée aussi depuis : l'*Ile du Camp*.

« Le plan était facile à concevoir, mais pour l'exécuter les difficultés étaient grandes; car il ne suffisait pas de se procurer une barque chinoise quelconque, il fallait surtout, dans ces parages inconnus, un habile et intrépide pilote qui pût la conduire. Pour celui-ci, il n'y avait pas d'autre espoir d'en trouver que sur les deux navires de guerre français qui stationnaient, en ce moment, dans la rivière de Chang-haï, et l'on savait que beaucoup de nobles cœurs se hâteraient de répondre au premier appel. La demande en fut donc faite au commandant, qui jugea l'entreprise trop téméraire pour y exposer la vie d'un seul de ses matelots. Après un refus aussi positif, il fut impossible de rencontrer ailleurs non-seulement un pilote, mais la moindre barque européenne ou chinoise. Tout le monde était découragé ; il n'y eut que le pauvre missionnaire qui, loin de se laisser abattre, lorsqu'il se vit abandonné des hommes ordinairement les plus intrépides, redoubla sa confiance en Dieu. Son espérance ne fut pas vaine. Un Père jésuite de la mission du Kiang-nan, qui avait quelques connaissances nautiques, s'offrit pour pilote dans cette défection générale ; on parvint ensuite à trouver dans l'île de Tsong-ming une petite jonque païenne ; et enfin, M. le consul de France à Chang-haï inventa, dans son zèle ingénieux, le moyen de protéger autant que possible la petite expédition, en remettant au P. Hélot, établi commandant de la flotte, une commission d'aller visiter les débris du naufrage, pour favoriser sous ce prétexte l'introduction clandestine du missionnaire coréen.

« Tout étant ainsi organisé, la petite jonque leva son ancre de bois, déploya ses voiles de paille, et cingla sur la mer Jaune vers l'île inconnue du Camp français. A peine voguait-elle en pleine mer, que soudain s'éleva une furieuse tempête. Les éléments semblaient se conjurer avec l'ennemi du bien pour déjouer la sainte entreprise. Longtemps la barque lutta contre les flots qui, avec un affreux mugissement, s'amoncelaient devant elle pour lui barrer le passage et l'engloutir ; après d'inutiles efforts, force lui fut de virer de bord et de chercher un abri derrière l'île de Tsong-ming, qui divise et obstrue l'immense embouchure du fleuve Bleu lorsqu'il se jette dans l'Océan. Ce fâcheux contretemps, loin d'abattre le courage des deux missionnaires devenus pilotes, ne servit au contraire qu'à l'affermir et l'augmenter, car il leur procura l'occasion d'aller célébrer, dans une chrétienté voisine, au milieu de quelques pieux insulaires, la belle fête de l'Assomption ; ils en revinrent plus forts et plus assurés de la puissante protection de Marie, la bienfaisante Etoile de la mer. Sous d'aussi bons auspices, le frêle esquif remit donc à la voile, et vogua vers les côtes désirées de la presqu'île coréenne. Déjà depuis longtemps l'on n'apercevait plus le rivage, et il était prudent de s'assurer de la direction à suivre, direction que l'équipage ignorait entièrement. Le P. Hélot se mit en devoir d'interroger ses instruments, qui, après six heures de travail et

de peine, ne purent lui donner une réponse certaine. « Courage,
courage, » lui disait M. Maistre, « bientôt vos recherches nous
« mettront sur la route qui doit nous conduire droit à notre but,
« au milieu des abimes et des dangers. » En effet, la première
difficulté vaincue, les jours suivants le point fut facilement trouvé,
et la nacelle courut hardiment vers l'île du Camp qu'elle n'était
pas bien sûre d'atteindre ; mais ces pilotes improvisés, se défiant
un peu de leur science, comptaient plutôt sur la protection des
martyrs coréens qu'ils imploraient, surtout sur celle de l'intrépide
André Kim qu'ils prirent pour patron de ces mers dangereuses.

« Déjà huit jours de cette navigation, moitié certaine et moitié
douteuse, s'étaient ainsi écoulés, et rien encore sur l'horizon
n'était venu réjouir les regards inquiets des pieux voyageurs.
Lorsque l'aube du neuvième jour commença à blanchir, on se
trouva transporté comme par enchantement devant un petit groupe
d'îles, sur l'une desquelles on dirigea joyeusement la barque.
M. Maistre qui jadis, après le naufrage, avait habité l'île de
Ko-koun-to, ne la reconnaissait pas. Pour ne point perdre un
temps précieux à sa recherche et exciter par là quelques soupçons
parmi les habitants de la côte, il parut plus expéditif aux deux
missionnaires de descendre sur-le-champ au petit village qu'ils
voyaient devant eux, et de demander ingénûment à ces insulaires
bons et simples où était l'île de Ko-koun-to. « Nous ne la con-
« naissons pas, » répondirent-ils, quoiqu'ils eussent parfaitement
compris toutes les autres questions ; et ils se disaient en leur
langue qu'ils ne pouvaient donner cette indication, parce qu'ils en
seraient punis ; réflexion qu'entendit distinctement M. Maistre.
Ne pouvant obtenir aucun renseignement, les deux prêtres rega-
gnaient leur jonque, lorsqu'ils rencontrèrent sur le rivage le
pan-koan, ou mandarin du lieu qui, déjà averti, accourait, lui
aussi, leur faire des interrogations embarrassantes. On lui donna
rendez-vous à bord où ils arrivèrent tous ensemble. Le P. Hélot
qui cumulait les fonctions de pilote, de capitaine et de chargé
d'affaires, s'empressa de prendre le premier la parole, de présenter
ses lettres au gardien des côtes et de le prier, en conséquence,
de lui indiquer l'île du Camp français. Le rusé mandarin,
affectant de ne pas répondre, cherchait à passer à d'autres questions, lorsque son interlocuteur lui signifia qu'il eût à lui faire
connaître l'île de Ko-koun-to, que c'était sur les lieux mêmes
qu'il traiterait les affaires pour lesquelles il était envoyé. Le pan-
koan gardant toujours le silence là-dessus, on lui dit de partir et
l'on remit à la voile pour découvrir Ko-koun-to. A peine les

missionnaires avaient-ils tourné la pointe de cette île, qu'ils reconnurent le chemin tortueux que les naufragés français avaient
tracé sur le penchant rapide de la montagne ; puis, un peu plus
loin dans la mer, la carcasse d'un navire contre lequel leur jonque
allait se heurter. Ils jetèrent donc l'ancre de nouveau ; c'était
bien là l'île du Camp, où ils étaient directement arrivés sans le
savoir, la divine Providence les y ayant conduits comme par la
main. La nuit vint les surprendre au pied de l'île dont ils se
réjouissaient d'avoir sitôt fait l'heureuse découverte.

« Le lendemain, dès le point du jour, ils descendirent à Ko-
koun-to, moins pour visiter les débris du naufrage (car il ne restait
plus, grâce à la probité des Coréens, aucun vestige de tous les
objets confiés à leur garde), que pour examiner de là tous les
endroits du continent, éloigné encore de plus de cinq lieues, et
choisir le point le plus propre et le plus favorable à la descente
que l'on voulait tenter la nuit suivante. Les deux explorateurs
avaient à peine regagné leur jonque, qu'arriva près d'eux le mandarin inquisiteur de la veille. Comme il avait refusé d'indiquer
l'île du Camp, le P. Hélot lui refusa sévèrement aussi, sous ce
prétexte, l'entrée de sa barque, lorsque le gardien des côtes lui fit
répondre que, selon les coutumes de son royaume, il venait uniquement lui faire une visite de politesse. « A ce titre, » répartit le
prétendu mandarin français, « tu peux monter à mon bord ; car
« sache qu'en ce point nous ne le cédons à personne ; mais sache
« aussi qu'il ne t'est pas permis de parler d'affaires ; je puis main-
« tenant sans toi me livrer à mon enquête et remplir ma mission.»
Un gracieux échange de politesses s'étant fait entre eux, le mandarin s'en retourna au petit village de Ko-koun-to, tandis que
les deux missionnaires se réjouissaient de voir bientôt arriver la
fin du jour, pour avancer leur barque plus près de terre et opérer
le débarquement qui devenait de plus en plus pressant et difficile.

« Mais voici que, sur ces entrefaites, s'éleva soudain un vent
épouvantable qui bouleversa les eaux jusque dans leur profondeur ; le temps devint affreux et les vagues si grosses et si houleu-
ses, qu'il était impossible au petit canot de tenir la mer et même
à la jonque de résister à la tempête au milieu des écueils qui
l'environnaient de toutes parts. Cependant les matelots chinois, si
peureux d'habitude, mais cette fois encouragés par l'exemple des
missionnaires, jurèrent qu'ils conduiraient, malgré tout, M. Maistre et son compagnon à la côte. On mit donc à la voile pour s'en
rapprocher, lorsqu'on se sentit tout à coup empêché par un
énorme banc de sable qui barrait partout le chemin. « N'importe,

dirent les nautoniers chinois, nous surmonterons aussi ce nouvel obstacle ; attendons la haute marée, et nous essayerons de passer. » On attendit en effet la crue des eaux, et lorsqu'elle fut jugée suffisante, ou louvoya toute la nuit sur l'écueil que l'on finit par franchir ; on alla jeter l'ancre à une lieue de terre, le plus près que l'on put, et durant toute la journée qui suivit, il fut impossible de lancer le petit canot de transport sur les vagues écumantes de cette mer en courroux.

« Ce jour de cruelle attente s'écoula sans voir finir ou diminuer la tempête ; et bientôt aux affreux brouillards de la journée vinrent s'ajouter les ténèbres de la nuit. Heureusement que le mandarin aussi était retenu sur la petite île de Ko-koun-to, d'où il n'avait pu sortir, soit pour revenir à la barque étrangère, soit pour aller au continent donner des ordres. Enfin vers minuit, le ciel s'étant éclairci et le vent considérablement apaisé, la fureur des vagues se calma ; c'était le jour du Seigneur, 29 août, qui commençait à poindre. Alors M. Maistre revêtit à la hâte son pauvre costume coréen, au milieu du religieux étonnement des gens de l'équipage ; après quoi, il descendit avec le néophyte dans le petit canot que quatre vigoureux chinois dirigèrent silencieusement vers la rive indiquée, au moyen d'un bambou pour mât et d'une natte pour voile ; car ils craignaient trop que le bruit des avirons ne réveillât les pêcheurs endormis sur le rivage. En effet, de nombreuses cabanes étaient échelonnées tout le long de la côte ; personne heureusement ne bougea, et la descente put s'opérer en sûreté et sans crainte. Aussitôt notre cher confrère, précédé de son guide, et portant comme lui sur son dos un petit paquet des choses les plus nécessaires, se mit à gravir le sentier escarpé des montagnes, derrière lesquelles il disparut rapidement.

« Pendant ce temps-là, le P. Hélot, son généreux pilote, était resté sur la jonque où le petit canot vint le retrouver, accompagnant encore de ses vœux le missionnaire coréen pour le succès duquel il n'avait pas craint d'affronter tant de dangers. Le soleil avait depuis peu chassé les ténèbres de la nuit, complices de la pieuse fraude, que déjà l'insupportable gardien des côtes se dirigeait de nouveau vers la mystérieuse barque étrangère. Pour éviter ses visites de plus en plus compromettantes, le P. Hélot lui refusa impitoyablement l'accès de son bord. Le mandarin, ne pouvant rien obtenir et probablement assiégé de soupçons, se rendit de là à un gros village du continent, d'où partirent aussitôt un grand nombre de barques qui s'éparpillèrent le long de la côte ; puis, à la tombée de la nuit, l'on vit, sur tout le rivage, s'allumer de distance en distance des feux qui servirent à entretenir durant les ténèbres la surveillance du jour, ce qui recommença et se perpétua ainsi les journées et les nuits suivantes. Mais c'était trop tard, déjà avait eu lieu la sainte contrebande qui désormais eût été impossible.

« Cependant pour déguiser encore l'entrée de M. Maistre, et attendre les nouvelles qu'il devait envoyer de l'intérieur, le P. Hélot continua à jouer son rôle de chargé d'affaires, et après la tempête retourna jeter l'ancre devant l'île du Camp. Le pan-koan aussi, un peu embarrassé de sa présence, poursuivit son rôle d'espion et mit en jeu toute espèce de ruses, pour découvrir le secret d'une députation si peu imposante et par conséquent assez suspecte. Voici le stratagème qu'il inventa ; il travestit un de ses satellites en mandarin supérieur, lui improvisa une nombreuse escorte, et l'accompagna le lendemain avec plus de cinquante hommes. Ils montaient trois fortes jonques, sur lesquelles flottaient de grands drapeaux où on lisait écrit en gros caractères chinois : *Le grand mandarin du lieu vient faire des interrogations pacifiques.* Le grand mandarin de France qui, sur son navire de trois mètres de large, n'avait pour tout état-major que ses huit matelots chinois, et pour tout appareil de guerre que le couteau de la cuisine, ne se laissa pas éblouir à l'arrivée du brillant et nombreux cortége des deux magistrats coréens ; il reçut à son bord le prétendu mandarin supérieur qui demanda d'être accompagné de six scribes et interprètes. Déjà ils étaient tous accroupis sur le pont, et avaient leur pinceau en main, lorsque le P. Hélot fit lui-même la première question : « Que « veux-tu savoir de moi ? Tout n'est-il pas expliqué par mes lettres « de commission que tu dois connaître ? Si tu étais mandarin, tu « devrais au moins savoir que je ne puis traiter que les affaires « pour lesquelles je suis envoyé ; or, j'ai vu et puis voir par moi- « même l'état des débris du naufrage ; cela me suffit, je n'ai plus « rien à faire avec toi. » Puis, s'apercevant de la supercherie, il ajouta : « Tu es un imposteur, tu n'es pas mandarin ; retire-toi « bien vite. » Ce que fit en effet le faux pan-koan avec son con-frère et leur pompeux entourage.

« Les jours suivants, la plus grande vigilance ne cessa de régner sur la côte ; il était dès lors impossible que des lettres de l'intérieur pussent parvenir à la barque chinoise. Le capitaine de l'expédition ordonna donc à son équipage de se préparer au départ ; la petite jonque retira son ancre de bois, déploya toutes ses nattes de jonc au vent, tourna sa proue aux grands yeux de poisson vers les marais du Kiang-nan, et, après quelques jours d'heureuse traversée, remonta le Wou-song, et reparut triomphante à Chang-haï. Il fallait voir ces pauvres matelots chinois tout fiers de leur glorieuse campagne, et surtout, ce qu'il y avait de plus beau et plus consolant, pleins d'admiration pour le dévouement apostolique que seule notre religion sainte peut inspirer, s'instruisant déjà de la doctrine et des prières chrétiennes, et donnant le doux espoir d'une prochaine et sincère conversion à l'Evangile. Pour le P. Hélot, qui avait généreusement offert ses services et même sa vie pour diriger la périlleuse entreprise, il est, depuis huit jours, revenu ici avec la joie de l'avoir menée à bonne fin, et chaque jour il en reçoit nos félicitations et nos remercîments. »

M. Maistre, sous la conduite de son guide, parvint à gagner un village chrétien. Il y avait douze ans qu'il avait quitté la France, et plus de dix ans qu'il frappait obstinément à la porte de sa chère mission, toujours fermée devant lui. Mgr Ferréol dangereusement malade à Séoul, M. Daveluy épuisé par des travaux au-dessus de ses forces, et accablé par l'inquiétude que lui causait la maladie de son évêque, avaient perdu toute espérance de voir M. Maistre entrer cette année en Corée, lorsque tout à coup ils apprirent qu'il avait enfin pénétré dans le pays, et avait pu se rendre chez des chrétiens à une cinquantaine de lieues de la capitale. Ils l'envoyèrent chercher aussitôt et, quinze jours après, les trois missionnaires se trouvèrent réunis. Ce fut un moment de bien grande consolation. Leur joie cependant, comme toutes les joies de cette vie, était mélangée de peine et d'inquiétude. La maladie de l'évêque paraissait de plus en plus incurable. Son intelligence était toujours aussi vive, mais son corps s'affaiblissait visiblement. Ne pouvant garder aucune nourriture, presque toujours étendu sur son lit, il avait dû renoncer à toute espèce de travail. MM. Daveluy et Maistre firent une neuvaine à la Vierge Immaculée pour obtenir la guérison de leur vicaire apostolique. Ce dernier s'unissait à eux en recevant la sainte communion, car il ne pouvait plus célébrer la messe. Dieu n'exauça pas ces ferventes prières ; il voulait récompenser de suite son fidèle serviteur.

Vers la fin de septembre, Mgr Ferréol fit écrire une dernière lettre à M. Barran, supérieur du séminaire des Missions-Étrangères. «... Vous saurez déjà comment M. Maistre est enfin arrivé par une voie extraordinaire. Vous dire ma joie et les actions de grâces que je rendis à la Providence pour un si grand bienfait, ne serait pas chose facile. Tous les confrères, je n'en doute pas,

seront heureux de la réussite finale de tant de voyages et de tentatives... Il m'est presque impossible de sortir de ma chambre et
de mon lit. J'attends la mort et les ordres de Dieu; toutes les
médecines, toutes les consultations de médecins ayant été inutiles,
je ne vois aucun moyen de sortir de là, si Dieu n'y met directement la main. Priez pour moi plus que jamais. Quand vous recevrez cette lettre, tout sera probablement décidé ; j'attends avec
confiance et résignation tout ce que la Providence ordonnera.
L'administration dans ce pays est accablante, et il y a longtemps
que je pressentais un pareil dénouement de toutes mes fatigues.
La multiplicité des lieux de réunion pour les chrétiens, les marches
quotidiennes à travers les montagnes, par les neiges et les glaces,
épuisent les forces en peu de temps. Depuis plusieurs années,
M. Daveluy paye son tribut : le P. Thomas, quoique indigène, a
eu toutes les peines du monde à finir la visite des chrétiens
sans tomber malade. Je ferai tous mes efforts pour envoyer
quelques élèves à Pinang. Déjà, ce printemps, je les avais envoyés
pour profiter de la barque par laquelle devait venir M. Maistre ;
Dieu n'a pas permis qu'on la rencontrât... »

A la fin de cette lettre écrite par M. Daveluy, se trouvent ces
quelques lignes tracées par l'évêque lui-même d'une main mal
assurée : « Supposez que la maladie vienne à guérir, me laissant
privé de l'usage de mes jambes, comme je suis maintenant, il
serait à propos de demander à Rome la permission de dire la
messe sur une table et assis, pour la consécration des saintes
huiles et celle d'un coadjuteur, sans quoi ce serait impossible.
Je suis un cadavre plutôt qu'un être vivant ; je suis complétement
paralytique. »

Il fallut cependant que les missionnaires se séparassent de
leur cher malade. M. Maistre alla faire l'administration des chrétiens dans un district éloigné, et M. Daveluy demeura dans les
environs de la capitale, pour être plus à portée de recevoir les
ordres de son évêque et d'accourir au premier signal. A la fête
de Noël de mauvaises nouvelles arrivèrent, l'état de Mgr Ferréol
était plus grave. M. Daveluy voulut se mettre en route pour la
capitale, mais l'évêque, songeant plutôt à ses chers chrétiens
qu'à lui-même, lui fit dire de venir sans se presser, en faisant la
visite des villages qui se trouvaient sur sa route.

Le missionnaire revint plusieurs fois à la charge, demandant
la permission de faire de suite le voyage de Séoul, mais il recevait toujours la même réponse : « Le danger n'est pas imminent,
il vaut mieux achever d'abord l'administration des chrétiens. »

A la fin cependant, ayant reçu du domestique de Mgr Ferréol une lettre plus alarmante, M. Daveluy crut devoir enfreindre les ordres de son évêque, et hâta sa marche vers la capitale. Lorsqu'il arriva à la petite maison qui servait de résidence épiscopale, le 5 février, il trouva tout le monde dans les larmes. Monseigneur Ferréol était mort le 3 février 1853, vers les dix heures du soir, après une courte agonie moins pénible que ne l'avaient été plusieurs accès de sa maladie. Le dernier jour de sa vie, il avait senti que sa fin était proche, et avait regretté de n'avoir pas M. Daveluy auprès de lui. Il n'était âgé que de quarante-cinq ans.

Il fallait cacher cette mort aux païens du voisinage. Dès le soir de son arrivée, M. Daveluy revêtit le corps du vénérable défunt des habits sacerdotaux, avec quelques insignes de la dignité épiscopale, et, vers minuit, on le transporta secrètement dans une autre maison plus retirée. Le lendemain matin, le missionnaire célébra le saint Sacrifice en présence du corps de son évêque. Il le plaça ensuite dans un cercueil en bois de pin, qui fut recouvert extérieurement d'une couche épaisse de vernis, sur laquelle on inscrivit les noms et qualités de l'évêque de Belline. Le tout fut enfermé, selon l'usage du pays, dans un autre cercueil plus léger destiné à protéger le vernis. La neige et les glaces ne permettant pas de faire immédiatement l'inhumation, le cercueil fut confié à un bon chrétien qui en demeura chargé pendant deux mois, et ce ne fut que le 11 avril, pendant la nuit, que M. Daveluy put rendre les derniers devoirs à son évêque. Mgr Ferréol avait témoigné le désir d'être enterré auprès de Mgr Imbert, son prédécesseur, ou auprès du prêtre indigène André Kim. L'opposition de quelques païens ayant rendu le premier endroit d'un accès difficile, c'est auprès du martyr André, au village de Miri-naï, à quinze lieues de la capitale, que fut inhumé le troisième vicaire apostolique de la Corée.

Il est inutile de faire ici l'éloge de Mgr Ferréol. Tout ce que nous avons raconté de lui jusqu'à présent, suffit pour faire connaître ses travaux, pour faire apprécier son zèle et ses vertus apostoliques. Il se montra, en tout et toujours, digne de ses héroïques prédécesseurs. Au moment où il acceptait la charge épiscopale, il avait dit : « Des deux premiers évêques envoyés en Corée, l'un meurt à la frontière sans pouvoir y pénétrer, le second n'y prolonge pas ses jours au delà de vingt mois. Qu'en sera-t-il du troisième? » Le troisième, après dix ans de voyages, de privations, de travaux et de souffrances, devait mourir dans la force de l'âge, épuisé de fatigues, au moment où la connaissance du pays et de la langue le mettait à même de rendre les plus grands services à l'église de Corée. « Que la volonté de Dieu soit bénie! écrivait M. Daveluy en annonçant cette mort à M. Barran. Il faut se résigner à tout, quoi qu'il en coûte. La mission perd un prélat éclairé, prudent, capable de résister à la fatigue, ferme et en même temps indulgent, et moi j'ai perdu en mon évêque, un guide, un soutien, le meilleur des amis. De longues années passées avec Sa Grandeur, des périls, des persécutions partagés avec lui, avaient, malgré la différence de caractère, formé entre nous une union bien consolante ; la confiance que Monseigneur avait bien voulu m'accorder, me permettait de le traiter en ami véritable. Quel vide pour moi! et quelle épreuve ! » — Nous n'ajouterons rien à ces touchantes paroles. Mgr Ferréol n'eut pas comme Mgr Imbert l'honneur de confesser sa foi devant les bourreaux ; mais, comme lui, il fut un serviteur bon et fidèle, comme lui il se donna tout entier pour la gloire de Jésus-Christ et la diffusion de son évangile, et comme lui, sans doute, il a reçu la récompense des apôtres.

LIVRE IV

CHAPITRE I.

Travaux des missionnaires. — Arrivée et mort de M. Jansou.— Mgr Berneux,
évêque de Capse et vicaire apostolique de Corée.

A la mort de Mgr Ferréol, M. Maistre, M. Daveluy et le prêtre
indigène Thomas T'soi restaient seuls chargés de l'Église de
Corée. Le vicaire apostolique n'ayant, à leur connaissance, désigné personne pour lui succéder, M. Maistre, qui était le plus
ancien missionnaire, et qui avait été nommé provicaire par le
prélat défunt lorsqu'il était encore en Chine, prit en main la
conduite des affaires, en attendant que le souverain Pontife leur
envoyât un nouveau pasteur. La situation de la chrétienté n'avait
point changé, et nous ne trouvons aucun incident remarquable en
1853. Voici ce qu'écrivait M. Daveluy à M. Barran, supérieur du
séminaire des Missions-Etrangères :

« L'année qui vient de s'écouler a été assez tranquille, quoique
agitée par plusieurs vexations locales. L'administration du
P. Thomas a été la plus traversée. Un jour, entre autres, tout était
concerté pour le faire prisonnier ; l'ennemi savait, sans qu'on
s'en doutât, l'époque de l'arrivée du Père et la durée de son
séjour. Soudain, une douzaine d'infidèles se précipitèrent sur le
lieu de la réunion des chrétiens, et furent fort surpris de ne pas
rencontrer leur proie ; car Dieu avait permis que le P. Thomas
partît un jour plus tôt. Les paroles malveillantes, les injures, les
menaces ne furent pas épargnées à nos néophytes, et tout nous
faisait craindre qu'une persécution générale ne suivît de près les

mauvais traitements partiels. Plusieurs chrétiens furent même arrêtés par des nobles, qui ne les rendirent à la liberté qu'après les avoir rançonnés. Après la mort de Monseigneur, je repris le cours de l'administration, et la protection visible de Dieu me délivra des mains des satellites, qui saisirent le maître de la maison où j'avais logé, l'accusèrent de vol, le battirent et le dépouillèrent. Notre courageux prisonnier, déconcertant ses persécuteurs par la fermeté et la sagesse de ses réponses, fut conduit à la préfecture. Comme le mandarin se trouvait absent, la question fut portée au tribunal de son assesseur, ami secret et parent de plusieurs chrétiens. Il comprit bientôt que les satellites voulaient de l'argent, les blâma d'avoir, sans ordres, maltraité cet homme, les punit en conséquence, et renvoya le néophyte. Vers la même époque, l'arrestation d'une chrétienne peu fervente nous fit craindre bien des révélations indiscrètes ; mais grâce à la faveur d'un mandarin, fils de celui qui, en 1846, nous sauva d'une persécution, cette affaire fut étouffée dans son principe.

« Si ces vexations isolées rendent notre ministère difficile, la ferveur de nos chrétiens, leur foi vive, leur piété simple, leur sincère pénitence, leur joie spirituelle, leur saint recueillement, leurs larmes, qui nous rappellent les beaux jours d'une première communion, en un mot, tout ce qui peut réjouir le cœur d'un missionnaire nous fournit d'abondantes consolations. A côté des joies viennent se placer de belles espérances. Cette année, quatre cent soixante catéchumènes ont été admis à la grâce du baptême. L'opinion publique se fait moins hostile au christianisme ; plusieurs mandarins laissent vivre nos chrétiens dans un repos longtemps désiré, et cherchent à étouffer toute accusation portée contre eux.

« La crainte du gouvernement français aurait, suivant les uns, opéré ce changement ; d'autres l'attribuent à l'excellence de notre doctrine, excellence que plusieurs magistrats sont obligés de reconnaître. Quoi qu'il en soit, la bonne semence a été jetée et la grâce semble n'attendre qu'une circonstance favorable pour la rendre féconde. Parmi ceux qui peuvent entendre l'explication de notre sainte foi, bien peu demeurent indifférents ; sans s'arrêter à de stériles objections, ils confessent la sainteté de l'Evangile, et manifestent le désir de l'embrasser dès que le libre exercice en sera permis.

« Ils sont nombreux, ceux qui sont déjà convertis dans le cœur, mais la crainte de la persécution retient encore la vérité captive. Ils nous aiment, ils nous favorisent ; mais pour pratiquer notre sainte religion, ils attendent le grand jour de la liberté. Dans plusieurs endroits, l'opinion est tellement prononcée en notre faveur, que plusieurs pensent et affirment que le christianisme prendra nécessairement possession de la Corée. A l'appui de leurs pressentiments, ils ne manquent pas de citer plusieurs faits miraculeux arrivés sur divers points du pays.

« Ces heureuses dispositions nous faisaient désirer depuis longtemps une propagande directe parmi les païens ; la prudence de Monseigneur crut devoir s'y opposer. Cependant quelques chrétiens furent envoyés vers les infidèles qui paraissaient présenter moins d'obstacles à la grâce. Le choix de catéchistes capables de remplir une telle mission est fort difficile ; bien peu possèdent les qualités nécessaires pour s'insinuer sans danger dans l'esprit et le cœur des idolâtres. Néanmoins, d'heureuses ouvertures ont été faites : le grain a été semé dans des terres qui promettent des fruits ; dans une de ces expéditions, vingt-cinq païens ont été évangélisés par un seul néophyte.

« De bonnes nouvelles nous arrivent de plusieurs points et nous transmettent bien des faits édifiants Je me contenterai de vous citer un trait de courage d'un de nos catéchumènes. Le frère d'un satellite n'eut pas plutôt connu notre sainte religion, qu'il en embrassa la pratique avec une généreuse ardeur ; son aîné, l'agent du pouvoir, fit jouer tous les ressorts de la ruse pour le faire apostasier : caresses, menaces, injures, tout fut inutile. Furieux et honteux de sa défaite, il s'arme d'un grand couteau, tire son frère à l'écart, lui présente le poignard en lui disant : « Apostasie ou meurs. » Le néophyte, protégé par le bouclier de la foi, découvrant sa poitrine : « Frappe, » dit-il, « mourir pour Dieu est une gloire. » L'aîné demeure interdit, son bras reste suspendu et comme arrêté par une main invisible. A partir de ce jour, il ne revint plus à la charge ; mais sa femme eut connaissance du fait, et voulut absolument connaître une religion qui transforme ainsi les hommes en héros, et les élève au-dessus de toutes les faiblesses de la nature humaine. Elle étudia, elle crut, elle aima. Des obstacles de tout genre l'ont empêchée jusqu'à ce jour de pratiquer ouvertement, mais sa persévérance n'est pas douteuse.

« Vous le voyez, vénérable Supérieur, si Dieu nous visitait par des persécutions plus violentes, la Corée donnerait encore de vaillants soldats, des confesseurs et des martyrs. Réjouissons-nous de ces heureuses dispositions, et demandons au souverain Maître d'envoyer à sa vigne des ouvriers apostoliques selon son cœur, d'habiles et courageux apôtres qui puissent soutenir les fidèles dans les combats que l'enfer ne cesse de nous livrer. Plusieurs chrétiens gémissent encore dans les fers; une nombreuse arrestation avait eu lieu au mois de septembre; bon nombre de captifs ont été renvoyés sans procès; d'autres sont encore enchaînés par l'avarice de quelques gouverneurs, et ne verront tomber leurs chaînes que lorsque l'argent aura ouvert les portes de leur cachot.

« Je termine par un mot sur mon compte. Ma santé avait souffert bien des échecs, mais grâce aux secours de l'art et surtout à la protection divine, je me trouve maintenant un peu mieux, et j'ai tout lieu d'espérer que prochainement je pourrai accomplir tous les devoirs qui me sont imposés. J'ai été obligé de faire cette année, à cause de la mort de Mgr Ferréol, une partie de l'administration des chrétiens; je vais la poursuivre incessamment. Je viens, par la grâce de Dieu, de faire une retraite spirituelle de quelques jours, avec le P. Thomas. Priez pour que j'en conserve longtemps les fruits, et que je ne devienne pas un obstacle aux progrès de la religion et au salut des âmes. J'ai terminé, l'été dernier, un livre pour l'usage de nos chrétiens; c'est pourquoi il vous faudra encore attendre les notes et renseignements que je vous ai promis sur ce pays. »

De son côté, M. Maistre écrivait à la même époque : « L'état de la mission n'est ni la guerre ni la paix. A la capitale et aux environs, tout s'est passé sans trop de bruit En province, sur deux ou trois points, les chrétiens ont été inquiétés, dispersés, emprisonnés; il y a toute apparence qu'aucun ne sera condamné à mort. Le gouvernement est vivement préoccupé des événements de Chine, et n'a pas intention de persécuter les chrétiens pour le moment. Les dernières arrestations ont eu lieu par suite de rixes avec des païens. Nous sommes loin cependant de pouvoir compter sur la paix, et si, par quelque mésaventure, un missionnaire venait à tomber sous la griffe des satellites, je ne sais pas trop quel parti le gouvernement prendrait. Espérons que le bon Dieu aura pitié d'un pays si longtemps éprouvé par tous les maux, et qu'il ne permettra pas que la foi y soit jamais éteinte !

« Tous les ans, nous baptisons plusieurs centaines d'adultes, et malgré cela le nombre des chrétiens augmente peu, par la raison que la plupart des nouveaux baptisés sont vieux ou veufs; les hommes au-dessous de cinquante ans remettent à plus tard, et ne demandent le baptême qu'en cas de maladie. Il faut en effet une grâce toute spéciale pour demander le baptême en face des supplices. Il est dur de s'exposer avec toute une famille, aux chaines, aux tortures, à l'exil et à la mort ; de perdre biens, dignités, parents et amis. Devant ces considérations, il n'est pas étonnant que le plus grand nombre hésite ou recule. Plusieurs païens, amis de nos chrétiens, sont venus me voir ; ils ont appris le catéchisme et les prières du matin et du soir, ils les récitent exactement, ne font plus de superstitions ; mais ils s'en tiennent là, et remettent à plus tard. Espérons que ce *plus tard* arrivera un jour. Une lueur de liberté, avec la grâce de Dieu, gagnerait tout ce peuple à l'Evangile. »

Le tableau d'administration envoyé à la sacrée Congrégation de la Propagande, à la fin de 1853, porte le nombre des chrétiens inscrits sur les listes des missionnaires à douze mille cent soixante-quinze. Quoique tous n'eussent pu être visités, il y avait eu sept mille six cent soixante confessions annuelles, et plus de six mille communions. On avait baptisé plus de cinq cent cinquante enfants païens à l'article de la mort.

Au mois de mars 1854, dans la semaine de la Passion, M. Jansou, le compagnon de M. Maistre dans son infructueuse tentative de 1851, pénétra heureusement en Corée. La Providence après avoir gardé de tout péril le petit navire chinois sur lequel il était monté, lui fit trouver sans difficulté la barque coréenne envoyée à sa rencontre. Trois élèves coréens, destinés au séminaire général de Pinang, prirent sa place sur la jonque qui retourna immédiatement en Chine, et lui-même, sous la conduite de guides expérimentés, arriva, en quelques jours, à la capitale. Grande fut la joie des missionnaires et des chrétiens, en recevant ce renfort si longtemps attendu, mais cette joie se changea bientôt en une tristesse indicible. Après quelques jours, M. Jansou fut atteint d'une violente fièvre cérébrale qui lui fit presque perdre la raison. Il demeura deux semaines à la capitale avec M. Maistre ; puis, un mieux sensible s'étant manifesté dans son état, on le conduisit dans les montagnes chez M. Daveluy. Le bon air que l'on y respire, la liberté plus grande dont on y jouissait alors, faisaient espérer une prompte guérison. Mais le mal était sans remède, et après quelques semaines de prostration physique et morale, interrompue de temps en temps par des crises nerveuses effayantes, il tomba épuisé, et rendit son âme à Dieu entre les bras de M. Daveluy, le 18 juin. « Que la volonté de Dieu soit faite ! écrivait ce dernier, mais combien ses desseins sont impénétrables ! combien sévères ses jugements sur notre pauvre mission! Vous dire quel coup cette mort a porté à nous et à nos chrétiens, ne serait pas chose facile. Je n'essayerai pas. Ce cher confrère, dans les intervalles de sa terrible maladie, m'avait paru si bon, si capable, et d'un caractère si admirable! Le peu de chrétiens qui ont pu l'aborder étaient enchantés de lui. Tout, même son extérieur très-peu différent de celui des Coréens, semblait le désigner pour cette mission, et Dieu le rappelle de suite à lui. Que sa sainte volonté soit faite! »

L'année 1854 se passa assez tranquillement. Le gouvernement ne laissait voir aucune intention hostile, et quoique plusieurs chrétiens eussent été emprisonnés en divers lieux, ou put, à force d'argent, obtenir leur délivrance. L'œuvre de Dieu avançait, et, de temps en temps, quelques conversions frappantes venaient montrer la toute-puissance de la grâce, et encourager les fidèles. Un jour, c'était un vieillard de soixante-dix ans qui accourait à l'insu de ses enfants et des autres membres de sa famille demander le baptême. Il avait, bien des années auparavant, donné sa démission d'une charge importante, et renoncé à ses espérances d'avenir pour pratiquer librement la religion. Il avait été forcé, dans ce but, de se faire passer tantôt pour malade, tantôt pour imbécile. Séparé des chrétiens, au temps de la persécution, il n'avait jamais pu renouer de relations avec eux, et avait continué seul, malgré tous les obstacles, la pratique fervente des quelques exercices religieux qu'il connaissait. Dieu lui fit enfin la grâce de rencontrer le prêtre.

Un autre fois, c'était toute une famille amenée à la foi par son chef, dans des circonstances assez singulières. Cet homme qui jouissait d'une certaine aisance, préoccupé du désir de connaître le pourquoi et le comment des choses de ce monde, la raison de sa propre existence et les moyens d'arriver au véritable bonheur, avait dans ce but fait de très-longues et très-inutiles recherches. Il avait parcouru les bonzeries, étudié les livres de toutes les sectes, consulté tous les devins et tous les astrologues, pratiqué la magie, etc., quand la miséricordieuse Providence lui donna l'idée de s'enquérir de la religion chrétienne. Il fut d'abord assez mal reçu par les fidèles auxquels il s'adressa, et, pendant plusieurs mois, dans la crainte de se compromettre, ils refusèrent de lui faire connaître leur doctrine. A la fin cependant, convaincu de sa bonne foi, un chrétien lui exposa les principaux mystères et lui dit : « Je vous ai déclaré le fondement de toutes choses, réfléchissez-y mûrement et à loisir. Si vous trouvez ce fondement solide, revenez, et je serai heureux de vous faire connaître complétement la religion; sinon, de grâce, ne m'importunez plus. »

Contre sa coutume, cet homme passa vingt jours sans revenir, et le chrétien n'espérait plus le revoir, lorsqu'il se présenta de nouveau et dit : « J'ai réfléchi à vos paroles, je les ai méditées et discutées, et je suis maintenant convaincu que votre religion est vraie. Aussi, quoique le roi la proscrive sous peine de mort, je ne puis m'empêcher de l'embrasser. » On lui donna les livres nécessaires, et en peu de jours, il apprit les prières et le catéchisme. Il fit plus, il évangélisa toutes les personnes de sa maison, composa à sa façon, pour son père, une réfutation du paganisme et une apologie de la religion chrétienne, et après trois mois parvint à le convertir. Il amena aussi à la religion sa femme et plusieurs de ses parents, au nombre de douze.

Dans les courts moments de loisir que lui laissait l'administration des chrétiens, M. Daveluy travaillait pour l'avenir, en préparant un dictionnaire chinois-coréen-français, en traduisant divers ouvrages coréens sur l'histoire et la chronologie du pays, en révisant les livres de religion qui se trouvaient entre les mains des chrétiens. Le dictionnaire surtout lui coûta bien des fatigues. Une fois il fit six jours de marche pour aller consulter un vieux mandarin, docteur distingué, très-versé dans la connaissance du chinois et du coréen. Il parvint enfin à réunir une liste considérable de mots coréens. C'était le premier travail de ce genre qui eût été tenté dans ce pays, car tous les lettrés s'occupant presque exclusivement de l'étude des caractères et des livres chinois, ont absolument négligé leur langue nationale. Ce dictionnaire, perfectionné plus tard, a malheureusement, comme tant d'autres documents précieux, disparu pendant les dernières persécutions.

De son côté, M. Maistre cherchait à affermir et à développer l'œuvre de la Sainte-Enfance. « Aussitôt que j'eus reçu votre première lettre, » écrivait-il au conseil de l'œuvre, « j'en donnai connaissance aux chrétiens qui m'entouraient, et je puis affirmer que, non-seulement alors, mais plusieurs fois depuis, j'ai vu couler de leurs yeux des larmes de reconnaissance. « Vraiment, » me disaient-ils, « notre charité est à peine une étincelle à côté de cette « fournaise allumée en France, et qui déjà embrase le monde. » J'aurais voulu dès ce moment fonder un établissement pour les enfants recueillis vivants; mais, ici les lois de persécution sont toujours en vigueur : on est obligé de faire du bien aux hommes à leur insu, et souvent malgré eux. Afin donc d'éviter tout éclat dangereux, j'ai été obligé de distribuer ces chers enfants dans des familles chrétiennes, où ils sont nourris et élevés, en attendant que leur âge demande d'autres soins. Plus tard, on leur fera apprendre quelque métier, et nos chrétiens les aideront à s'établir. J'ai nommé trois baptiseurs spécialement chargés de diriger l'œuvre, et comme les femmes ont souvent un plus facile accès auprès des enfants en bas âge, j'en ai désigné deux à cet effet. Ce nombre sera augmenté à mesure que l'œuvre grandira. Les dépenses seront peut-être trouvées un peu plus fortes que dans d'autres pays ; cela vient de ce que les choses nécessaires à la vie coûtent comparativement plus cher qu'ailleurs. Ainsi, pour les enfants qu'il m'a été impossible de placer en province, et que j'ai été forcé de mettre en nourrice à la capitale, j'ai dû payer pour chacun jusqu'à 8 francs par mois.... Plaise au Sauveur des petits enfants de combler de ses bénédictions votre sainte œuvre, et de nous permettre de sauver au moins les enfants de ces pauvres infidèles qui restent trop souvent sourds à toutes nos exhortations et insensibles à leur propre bonheur. »

Les lettres des missionnaires en 1855 ne nous apprennent aucun fait important. « Par la miséricorde de Dieu, » écrit le P. Thomas T'soi à M. Legrégeois, « nous jouissons d'une assez grande tranquillité. Cette année, une excellente récolte est venue consoler nos chrétiens qui avaient beaucoup souffert de la disette ; et, ce qui est bien plus important, la récolte a été bonne aussi dans le champ du Père de famille. Pour ma part, j'ai baptisé deux cent quarante adultes. Malheureusement tous n'ont pas persévéré avec le même zèle, et parmi eux, plusieurs nobles qui, tout d'abord, semblaient les plus fervents et les plus solides, sont maintenant comme le grain étouffé par les épines. Voici pourquoi. Les gens de cette classe vivent ordinairement dans l'oisiveté ; si pauvres qu'ils soient, ils aimeraient mieux mourir de faim que de travailler pour gagner le nécessaire ; aussi vivent-ils de rapines, de fraudes et d'exactions. Le plus grand nombre sont adonnés au jeu, à l'ivrognerie, à la débauche. Si quelqu'un d'eux vient à se convertir, comme il ne peut plus commettre d'injustices, et ne consent pas d'ailleurs à exercer un métier honnête, il est bientôt réduit à la misère, et souvent la faim le pousse à ses anciens errements ; il devient alors pire que jamais.

« Aujourd'hui, le gouvernement ne s'occupe pas de nous. Il a sur les bras des affaires bien autrement importantes. Il s'agit maintenant de transférer ailleurs huit tombeaux des ancêtres du roi, car les sages ont décidé que la nature du terrain où ont été placés ces tombeaux est très-défavorable, ce qui fait que les âmes de

ces ancêtres ne peuvent pas veiller au salut de leurs descendants.
L'endroit nouvellement désigné par ces docteurs après un mûr et
solennel examen, se trouve être l'emplacement d'une ville assez
considérable. Mais peu importe, on la démolira de fond en comble,
et les habitants iront chercher fortune ailleurs. Il y a quelques
mois la grande question était de savoir si on accorderait ou non,
le titre et la dignité royale à l'un des bisaïeuls du roi actuel. Ce
bisaïeul a été mis à mort du vivant de son père, à la suite d'une
conspiration de palais ; mais les descendants des ministres qui le
firent condamner alors, sont aujourd'hui les plus puissants à la
cour, et pour que leurs propres ancêtres ne fussent pas accusés
d'avoir mis à mort un innocent, ils se sont opposés à cette réha-
bilitation posthume. Celui qui le premier en avait eu l'idée, a été
envoyé en exil, des centaines d'employés ont perdu leurs places,
et beaucoup d'autres sont mal notés pour l'avenir. Dernièrement,
un décret fut promulgué défendant sous peine de mort de se
servir de chaises à porteurs. Quelques individus ont payé de leur
tête la violation de cette loi ridicule, d'autres ont été exilés, et
aujourd'hui, à la suite des réclamations populaires, les choses ont
repris leur train accoutumé, et se sert de chaises à porteurs qui
veut. Tout ceci vous donne une idée des graves intérêts qui occupent et divisent nos ministres, et de l'état misérable du pauvre
peuple qui est gouverné par de tels hommes. »

A la même époque, M. Maistre écrivait à M. Barran, supérieur
du séminaire des Missions-Étrangères : « Je vous ai dit que
notre mission était de nouveau persécutée. L'année dernière, nos
chrétiens crurent se bien mettre à l'abri, au moyen de 4,000 fr.
de rançon ; ils obtinrent seulement un sursis de quelques mois.
Cette année, en novembre, deux chrétiens ont été arrêtés, et j'ai
sévèrement défendu toute composition pécuniaire. Il est évident,
en effet, que fournir un pareil aliment à la cupidité des employés et satellites, c'est augmenter le danger pour l'avenir. Nos
deux prisonniers ont eu recours à leurs amis et connaissances
de la capitale de leur province, et pourront probablement se délivrer des tracasseries du petit mandarin qui les a fait incarcérer.
Cet individu avait l'intention de frapper un grand coup et d'arrêter le missionnaire au passage, car il n'ignore pas que chaque
année je traverse son district. Mais, averti à temps, j'ai jugé à
propos d'évacuer le pays, et de remettre à une époque plus calme
l'administration des quelques centaines de chrétiens qui l'habitent.
En échange, il vient de faire saisir un chrétien, et un païen qui
est au courant de nos affaires. Je ne crois pas que cet incident puisse

devenir bien grave , mais la terreur est grande dans le petit troupeau ; cela s'est passé il y a deux jours... Notre collége marche à l'ordinaire ; je n'ai pu admettre que six élèves, vu la difficulté de les tenir cachés. M. Daveluy est venu à mon secours en établissant, sur un autre point, une école où il pourra recevoir un nombre égal d'étudiants. J'aurais sans doute, Monsieur le Supérieur, bien d'autres choses à vous dire, mais j'ai l'esprit et le corps accablés de fatigue, au milieu d'une administration qu'il faut faire à la hâte, souvent de nuit, après de longs voyages au milieu des neiges et des glaces de l'hiver, qui a été rigoureux cette année. »

Les chiffres du tableau d'administration pour 1855, sont plus considérables que ceux des années précédentes : confessions annuelles, neuf mille quarante-sept ; confessions répétées, deux mille trois cent quatre-vingts ; communions annuelles, sept mille deux cent quarante-quatre ; baptêmes d'adultes, cinq cent seize ; enfants païens baptisés à l'heure de la mort, mille cent quatre-vingt-quatorze ; population chrétienne, treize mille six cent trente-huit.

Les missionnaires se multipliaient pour suppléer à leur petit nombre, mais quelque grand que soit le zèle, les forces humaines ont des limites. La santé de M. Daveluy, gravement compromise depuis plusieurs années, donnait de sérieuses inquiétudes ; M. Maistre, quoique naturellement très-robuste, fléchissait sous le fardeau ; le P. Thomas lui-même, bien qu'habitué au climat et à la nouriture du pays, était écrasé par le travail. En une année il avait dû visiter la plus grande partie des chrétiens, et entendre quatre mille cinq cents confessions. Aussi les missionnaires ne cessaient-ils de demander à Dieu d'avoir pitié de leur troupeau et de leur envoyer du renfort. Ces prières furent enfin exaucées. Il serait difficile de dire avec quelles actions de grâces ils apprirent, en 1855, que le Saint-Siége avait donné un pasteur à la Corée, et avec quels transports de joie, au commencement de 1856, ils accueillirent leur nouveau vicaire apostolique et les deux jeunes missionnaires qui l'accompagnaient. Cet évêque qui venait recueillir le glorieux héritage de Mgr Imbert et de Mgr Ferréol, était Mgr Berneux, évêque de Capse. Le lecteur nous pardonnera de donner d'assez longs détails sur la vie de ce grand et saint missionnaire, qui commença sa carrière apostolique dans les prisons du Tong-king, la continua de longues années chez les Tartares de la Mandchourie, et eut enfin le bonheur de la couronner par dix ans de travaux en Corée, et par le martyre.

Siméon-François Berneux naquit le 14 mai 1814, dans la ville de Château-du-Loir, diocèse du Mans. Ses parents, nommés Siméon Berneux et Hélène Fossé, vivaient péniblement de leur travail, mais ils étaient bons chrétiens et prirent le plus grand soin d'élever leur fils dans la piété et la crainte de Dieu. En 1824, un des vicaires de la paroisse frappé des excellentes dispositions de cet enfant, qui manifestait un vif désir d'étudier pour devenir prêtre, lui donna quelques leçons de latin, puis le fit entrer au collège de Château-du-Loir, où il se distingua bientôt par ses succès et sa bonne conduite. Il vint faire sa quatrième au collège du Mans, et termina ses études au petit séminaire de Précigné. Un de ses condisciples, Mgr Fillion, évêque du Mans, lui rendit plus tard ce touchant témoignage : « Si nous avions à vous retracer ici la vie du serviteur de Dieu... il nous serait doux de recueillir les souvenirs d'un longue et précieuse intimité, et de le représenter tel qu'il nous a été donné de le connaître : au petit séminaire de Précigné comme le modèle des écoliers vertueux, par sa piété, sa régularité, son application au travail ; à Saint-Vincent, comme l'ornement de la tribu lévitique, tenant un rang aussi élevé dans l'estime de ses maîtres que dans l'affection de ses condisciples, dont aucun n'a été étonné en apprenant les grandes choses qu'il a réalisées. »

M. Berneux entra au grand séminaire en 1831, mais comme il était beaucoup trop jeune pour s'engager dans les ordres sacrés, et que sa santé compromise par un excès de travail demandait quelque repos, il fut placé comme précepteur, d'abord chez M. Caron, cousin de l'évêque du Mans, où il ne resta que six mois, puis chez M. de La Bouillerie où il fit un séjour beaucoup plus long. Sur cette période de sa vie, nous citerons les paroles de Mgr l'évêque de Carcassonne, frère de l'élève de M. Berneux. « C'est surtout au foyer domestique que l'homme se révèle tel qu'il est, et votre saint missionnaire s'est assis à notre foyer. Bonté, piété, douce gaieté, qualités aimables de l'esprit et du cœur, tout ce qui sert à inspirer à l'enfant le goût de l'étude et de la prière, voilà ce que nous avons admiré en lui. Les lettres qu'il écrivit à son élève décorent nos modestes archives ; et aujourd'hui qu'un diadème si brillant ceint son front, elles ne sont plus seulement un bon et doux souvenir : elles sont une gloire. C'est alors que je l'ai moi-même personnellement connu ; d'une taille élevée, un peu courbée, autant que je me rappelle, avec une physionomie d'une mansuétude extrême. »

M. Berneux rentra au séminaire du Mans en octobre 1834

pour y achever ses études théologiques. Dès lors il se sentait attiré à se dévouer tout entier à la gloire de Dieu et au salut des âmes. Il songea quelque temps à se faire bénédictin à Solesmes, puis voulut s'adjoindre à M. Moreau qui jetait les fondements de la Congrégation de Sainte-Croix du Mans. Mais Dieu, qui l'appelait ailleurs, empêcha la réalisation de ces divers plans. Ordonné diacre le 24 septembre 1836, il fut chargé, au grand séminaire, des fonctions de répétiteur de philosophie et, aussitôt que son âge le permit, fut promu au sacerdoce ; son ordination eut lieu le 20 mai 1837. Il était professeur de philosophie, lorsqu'en 1839, il obtint de son évêque, après beaucoup de difficultés et d'instances, la permission de se rendre au séminaire des Missions-Étrangères, où il arriva le 27 juillet.

Le premier et le plus douloureux sacrifice de la vie du missionnaire fut de se séparer de sa mère veuve depuis cinq ans, dont son départ allait briser le cœur et peut-être compromettre la vie. « Toute ma famille connaît mes desseins, » écrivait-il le 16 août suivant à M. l'abbé Nouard, son ancien protecteur et premier maître. « Que le bon Dieu lui donne, et surtout à ma pauvre mère, la résignation et la force de se soumettre à sa sainte volonté, et à moi le courage de supporter, sans en être ébranlé, et pour sa gloire, les assauts que j'ai maintenant à essuyer ! Ma mère et ma sœur ont été bien surprises de ma détermination, leur douleur est extrême. Quel en sera le terme, pour ma mère surtout ? Quoi qu'il arrive, que la sainte volonté de Dieu s'accomplisse ! Je suis prêtre pour travailler à sa gloire et au salut des âmes ; voilà ma destination. J'espère avec le concours de la grâce qui ne me manquera pas que je la remplirai. » Le même jour il écrivait à cette mère bien-aimée : « Le bon Dieu m'est témoin que je ne craindrais pas de donner jusqu'à la dernière goutte de mon sang pour vous éviter une pareille peine. Il n'est qu'un sacrifice que je ne puis faire, c'est celui de mon salut et de la volonté de Dieu. Mais aussi, celui-là vous ne me le demanderiez pas ; aimant et connaissant le bon Dieu, vous ne voudriez pas que je lui désobéisse ; vous aimeriez mieux me voir mourir mille fois plutôt que de me voir, infidèle à ma vocation, exposer mon salut éternel. Si une séparation de quelques années nous fait tant de peine, qu'éprouverions-nous si nous étions séparés dans l'éternité ?.... »

Dieu ne se laisse pas vaincre en générosité. Il fit pour la mère de M. Berneux, ce qu'il fait toujours pour les pères et mères des missionnaires qui sacrifient leurs enfants pour sa gloire : il adoucit sa douleur, et la combla de grâces infiniment précieuses.

« Chère mère, » écrivait M. Berneux trois mois plus tard, » c'est un véritable bonheur pour moi de voir les grâces que, dans sa miséricorde, le bon Dieu daigne vous accorder. Voyez, ma chère mère ; cette vocation à aller porter aux peuples qui ne connaissent pas Dieu, la bonne nouvelle de l'Evangile, cette vocation que les personnes du monde qui ne pensent qu'à la terre, regarderaient comme un malheur pour vous et pour moi, est déjà pour vous la source de biens infiniment au-dessus des richesses de ce monde. Votre foi est devenue plus vive, votre confiance en Dieu plus ferme, votre amour pour lui plus ardent. Je ne cesse de remercier le bon Dieu de toutes les grâces qu'il se plaît à répandre sur nous avec tant de libéralité. Je ne sens plus maintenant ces déchirements que j'éprouvais auparavant, parce que je vous sais un peu consolée. »

Vers la fin de l'année, M. Berneux put annoncer à M. l'abbé Nouard, l'heureuse nouvelle de son appel aux missions, et de son prochain départ. « Si la persécution, qui a fait et fait probablement encore de si funestes ravages, se ralentit dans la Cochinchine et le Tong-king, on nous y enverra pour réparer les maux causés dans la vigne du Seigneur par le féroce sanglier. Si l'entrée nous en est fermée, nous irons ou dans la Tartarie, ou dans la Chine, ou dans la Corée. Oh! qu'elle est belle la portion que m'a réservée le Seigneur ! Il est possible, comme vous le voyez, que bientôt je foule cette terre où coule encore le sang des martyrs, cette terre où tout doit prêcher la sainteté. N'est-ce pas là encore une de ces grâces que le Seigneur m'a tant de fois accordées pour triompher de ma malice? Puissé-je en profiter enfin, pour la gloire de Dieu et le salut des âmes ! Je vais m'appliquer à devenir Chinois; j'aurai bien des efforts à faire. Il me faudra désormais manger du riz, boire du thé, fumer la pipe, avoir la tête rasée, porter queue, et aussi la longue barbe si la nature y consent. Mais qu'importe? Fallût-il marcher la tête en bas, les pieds en l'air, je suis déterminé à tout, pourvu qu'il en résulte la gloire de Dieu. »

M. Berneux quitta le Havre, le 12 février 1840. Ses compagnons de voyage étaient M. Maistre qui le précéda en Corée, et M. Chamaison, du diocèse de Montauban. La traversée fut très-pénible pour M. Berneux, qui souffrit du mal de mer pendant plus de cinq semaines. Les missionnaires arrivèrent à Manille le 26 juin, et y trouvèrent Mgr Retord, vicaire apostolique du Tong-king, qui était venu chercher la consécration épiscopale, la persécution ayant moissonné tous les évêques de la mission.

Mgr Retord partit de Manille dans les premiers jours du mois d'août 1840, accompagné seulement d'un Père dominicain espagnol. Les autres missionnaires devaient suivre immédiatement, mais les vents contraires et les difficultés créées au commerce de la Chine par la guerre des Anglais les retinrent à Manille plus de soixante-dix jours, et ils n'arrivèrent à Macao que vers la fin de septembre. Pendant ses quelques semaines de séjour à la procure, M. Berneux donna des leçons de théologie aux élèves qui s'y trouvaient, entre autres à André Kim et à François T'soi. La Providence l'appelait déjà à travailler pour la mission de Corée.

Le 3 janvier 1841, Mgr Retord quitta Macao, emmenant avec lui MM. Galy et Berneux, un dominicain espagnol, et six jeunes Cochinchinois. Un navire européen eût fait la route en deux jours, la barque qui les conduisait en mit treize, et il est facile de comprendre les privations des missionnaires, entassés dans une étroite embarcation, et dévorés par la vermine. « Enfin, le 16, » écrit M. Berneux, « nous touchâmes au Tong-king occidental. Là d'autres pêcheurs nous prirent dans leur barque, le 17 à une heure du matin ; et après avoir erré longtemps au milieu des herbes, nous arrivâmes enfin chez nos néophytes, dans un village appelé Phat-diem, de la province de Ninh-binh. Il y avait trois nuits que nous n'avions pas fermé l'œil. Nous reposâmes pendant quelques heures sur le même lit, Monseigneur, M. Galy et moi. Le prêtre de cette bourgade, vieillard de soixante-dix ans qui a environ trente ans de ministère, venait d'être pris au moment où il sortait de sa cachette pour aller se confesser ; nous ne pouvions donc pas rester longtemps dans une chrétienté exposée à de nouvelles visites ; et le soir même nous nous remîmes en route. Nous goûtâmes alors un des plaisirs dont parle Mgr Retord dans l'une de ses lettres ; vêtus d'une tunique et d'un pantalon qui ne dépassait pas les genoux, la tête couverte d'un chapeau de feuilles d'arbres, large au moins de six pieds, un bambou à la main, nous ressemblions plutôt à des brigands qui vont incendier et piller un village qu'à des missionnaires allant conquérir des âmes. Une douzaine de chrétiens nous accompagnaient pour nous défendre au besoin contre les voleurs. Nous marchâmes pendant quatre heures par des sentiers très-difficiles. Mes pieds, qui ne sont pas encore accoutumés à se passer de chaussures, ne goûtaient pas trop cette mode du pays ; toutefois malgré la douleur que j'éprouvais lorsqu'il m'arrivait de me blesser contre cette terre, que le soleil avait durcie et qui souvent était aiguë comme de petits cailloux, je ne pouvais m'empêcher de rire en pensant à la mine que nous devions avoir. La nuit était obscure ; nous ne pouvions guère distinguer l'endroit où nous posions le pied. Quelquefois, après avoir heurté contre une motte de terre, nous levions la jambe pour éviter un second choc, et alors nous tombions dans un trou.

« Nous nous trouvâmes à une heure du matin dans la paroisse de Phuc-nhac. M. Galy y restera jusqu'à ce qu'il se présente une barque pour le conduire chez M. Masson. Monseigneur est à quatre ou cinq lieues de là, chez M. Charrier ; et moi je me tiens caché dans un couvent à Yen-moi. L'intention de Mgr le vicaire apostolique est de m'envoyer aussi chez M. Masson, où l'on jouit d'un peu plus de sécurité. Mais les événements le permettront-ils? Je n'en sais rien. En attendant je vais étudier la langue annamite de toutes mes forces, afin de pouvoir bientôt me rendre utile. Le temps ne me manquera pas maintenant ; personne autre que les gens de la maison ne connaît ma retraite, je ne reçois de visites que celles du bon Maître qui, chaque matin avant le jour, vient me fortifier et me rendre délicieuse la petite cabane de boue et de bambous. Quoique je ne puisse faire plus de six pas, que je ne parle plus qu'à voix basse, et que je ne reçoive la lumière du soleil que par une étroite ouverture pratiquée à trois pouces au-dessus du sol, quoique enfin pour lire et pour écrire il me faille m'étendre sur ma natte de toute ma longueur, je m'estime pourtant le plus heureux des hommes. Puissé-je profiter de mon nouveau genre de vie, pour me sanctifier et travailler avec fruit au salut des âmes ! »

Mgr Retord avait laissé MM. Galy et Berneux, tout près de la mer, afin qu'ils pussent plus aisément s'embarquer pour une des provinces voisines de la Cochinchine. Déjà la barque qui devait les y conduire était prête, et dans la nuit du lundi au mardi de Pâques, ils devaient se rendre sur le rivage, lorsque le jour même de cette grande solennité, 11 avril 1841, au moment où ils venaient de célébrer la messe, leur habitation fut cernée par cinq cents soldats ayant à leur tête le grand mandarin de Nam-dinh. Toute fuite était impossible, et les missionnaires n'eurent pas même le temps de se jeter dans les retraites souterraines qu'on leur avait préparées. Avec eux furent arrêtés dix-neuf chrétiens.

Les missionnaires passèrent un mois dans la prison de Nam-dinh, enchaînés dans des cages, et subirent plusieurs interrogatoires. On les transféra ensuite à la capitale, où ils arrivèrent après dix-neuf jours d'une marche très-pénible. Là, ils furent interrogés de nouveau, reçurent plusieurs fois la bastonnade avec des rotins dont chaque coup imprimait sur le corps un sillon sanglant, long de cinq ou six pouces ; puis, reconnus coupables d'avoir prêché la foi chrétienne, furent condamnés à mort. La sanction seule du roi manquait pour qu'on exécutât la sentence. Mais Thieu-tri, qui n'avait succédé à son père que depuis quatre ou cinq mois, et n'avait pas encore reçu l'investiture solennelle de l'empereur de Chine, n'osa pas signer d'abord cette sentence, et les confesseurs restèrent en prison. Les diverses lettres écrites par M. Berneux pendant sa captivité nous montrent combien grand était dans son âme le désir du martyre. La divine Providence lui réservait en effet cette couronne, mais il devait l'acheter par de plus longues souffrances et de plus longs travaux.

Cependant d'autres missionnaires étaient tombés entre les mains des persécuteurs. M. Charrier fut arrêté au Tong-king, le 5 octobre 1841, et condamné à mort, puis transféré à la prison de Hué, auprès de ses confrères. MM. Miche et Duclos, arrêtés en Cochinchine, le 16 février 1842, vinrent bientôt les y rejoindre. Ce ne fut que le 3 décembre suivant, que le roi sanctionna enfin la peine de mort portée contre les missionnaires européens, en ordonnant toutefois d'attendre de nouveaux ordres pour procéder à l'exécution. Dès le lendemain, les confesseurs connurent le décret royal, malgré toutes les précautions prises par les mandarins pour le leur cacher. « Vous ne sauriez vous faire une idée, » écrit M. Miche, « de la joie que la décision du prince a répandue dans nos âmes ; il faut en faire l'expérience pour pouvoir en juger. Que sera-ce donc quand viendra le jour du supplice ! quand le bourreau frappera à notre porte et nous dira : Partez, le ciel vous est ouvert ! »

Ces saintes espérances devaient être déçues. Thieu-tri encore mal affermi sur son trône, craignant de s'attirer une guerre avec la France, hésitait à permettre l'exécution des missionnaires, lorsque le 25 février 1843, la corvette l'Héroïne vint mouiller au port de Touranne. M. Chamaison, caché à trois quarts de lieue de la côte, parvint à faire remettre secrètement une lettre au commandant, M. Lévêque. Cette lettre lui apprenait que cinq missionnaires français, MM. Galy et Berneux, emprisonnés depuis vingt-trois mois, M. Charrier depuis dix-sept mois, MM. Miche et Duclos depuis treize mois, étaient à ce moment enchaînés dans les cachots de Hué, sous le coup d'une sentence de mort qui pouvait, d'un jour à l'autre, être mise à exécution. Devant des informations si précises, le commandant n'hésita pas. Il prit sur lui la responsabilité de réclamer ses compatriotes, et

répondit aux mensonges des mandarins qui niaient avoir jamais
entendu parler de Français et de missionnaires, par la menace
d'aller mouiller devant la capitale. Quelques jours après, le
17 mars, les cinq confesseurs étaient à bord de l'*Héroïne*, qui
mit immédiatement à la voile.

A peine délivrés, les missionnaires firent de pressantes sollicitations au commandant, pour obtenir d'être déposés sur un
point de la côte de leur patrie adoptive, et de retourner à leurs
travaux apostoliques. M. Lévêque refusa d'y consentir, et leur
déclara qu'ayant promis, au nom du gouvernement français,
qu'ils ne rentreraient ni dans le Tong-king ni dans la Cochinchine, il entendait les ramener en France et les remettre au
gouvernement français. Il dut néanmoins laisser à Syngapour
MM. Miche et Duclos, dont la santé affaiblie ne pouvait supporter un plus long voyage sur mer.

Arrivé à Bourbon, M. Berneux réitéra auprès du gouverneur
les instances qu'il avait inutilement faites auprès du commandant
Lévêque, et cette fois fut plus heureux. Après bien des difficultés, le gouverneur l'autorisa à aller en Chine, à condition de
ne jamais rentrer au Tong-king. Le 22 juin, il remercia une
dernière fois le commandant de l'*Héroïne* des soins attentifs
qu'il n'avait cessé de prodiguer aux missionnaires pour leur faire
oublier leurs souffrances, il fit ses adieux à ses confrères, et
s'embarqua sur la frégate *la Cléopâtre*, qui partait pour Syuga-
pour (1). A Syngapour, il passa sur la corvette *l'Alcmène*, et
aborda enfin à Macao, le 23 août. M. Berneux attendit deux mois
sa nouvelle destination ; il avait quelque espoir d'être envoyé en
Corée, mais on préféra le diriger sur la nouvelle mission de
Mandchourie, dont Mgr Verrolles avait pris possession comme
premier vicaire apostolique en 1841, et où les missionnaires
européens faisaient presque complétement défaut.

M. Berneux se rendit de Macao à l'île de Hong-kong qui commençait à être le centre des relations commerciales des Européens avec la Chine, et de là, le 9 novembre, partit pour Chusan

(1) MM. Galy et Charrier rentrèrent en France, et arrivèrent à Paris le
3 novembre 1843. Ils obtinrent, après un séjour de quelques mois, de
retourner dans leurs missions respectives. MM. Miche et Duclos purent y
rentrer également. M. Duclos, arrêté de nouveau, mourut en 1817 dans les
prisons du roi Thieu-tri. M. Galy est mort à Saïgon, en octobre 1869.
M. Charrier est mort au séminaire des Missions-Etrangères, en janvier 1871.
Mgr Miche, le seul survivant de ces confesseurs, est aujourd'hui vicaire
apostolique de la Cochinchine occidentale, devenue la Cochinchine française.

sur un navire anglais. De là, il fit voile pour Chang-haï, où il aborda le 22 janvier 1844. Il avait hâte de se rendre dans sa nouvelle mission. On le revêtit du costume chinois, on lui rasa la tête, on ajouta une tresse à la mèche de cheveux conservée sur le sommet, et il s'embarqua le 15 février 1844 sur une barque chinoise de Chang-haï qui devait le conduire au Léao-tong. L'équipage se composait de quinze hommes, douze chrétiens et trois païens. « Jamais, » écrit M. Berneux, « je n'avais fait de traversée aussi fatigante pour le corps, aussi consolante pour le cœur : la foi, la piété de ces chrétiens chinois ont été pour moi le sujet d'une grande édification. Cette traversée d'un mois me dédommage surabondamment des fatigues précédentes. Le missionnaire n'est-il pas l'enfant gâté de la bonne Providence? Au milieu de ses travaux et de ses peines, il a des consolations que lui seul connaît, et qui lui font oublier bien vite les fatigues des jours précédents. Chaque jour je pus célébrer la sainte messe sur cette barque : matin et soir, prière en commun et récitation du chapelet. C'était presque une vie de séminaire. Leur profession n'était pas pour ces chrétiens, comme pour un si grand nombre de nos matelots européens, une raison de se dispenser des jeûnes et de l'abstinence. Trois fois la semaine, lorsque les manœuvres du navire ne s'y opposaient pas, ils faisaient en commun le chemin de la croix.

« Quelques jours après le départ, le vent étant devenu contraire, nous allâmes jeter l'ancre près d'une île, où dix-huit barques chrétiennes attendaient un vent favorable. Sachant qu'il y avait des missionnaires à bord, ces chrétiens venaient en grand nombre, chaque matin, pour assister à la sainte messe. Le mercredi des cendres, plus de cent vingt chrétiens purent recevoir les cendres sur le pont de la jonque où l'autel avait été dressé. Le 15 mars, nous touchions enfin au Léao-tong, cette mission nouvelle où la volonté du Seigneur m'appelle à travailler au salut des âmes. J'eus à faire soixante lieues par terre pour arriver au lieu où réside habituellement le vicaire apostolique, Mgr Verrolles. Je louai un chariot et cinq chevaux pour me traîner, moi et mes deux courriers, au milieu des montagnes qu'il nous fallait franchir. Ce trajet de six jours, à travers un pays tout païen, était un peu difficile. Deux choses pouvaient me faire reconnaître pour Européen ; mon ignorance de la langue et ma moustache rouge. Nos courriers obvièrent au premier inconvénient en me faisant passer pour un marchand du Kiang-nan où l'on parle une langue qui n'est pas comprise des autres provinces.

Je remédiai à l'inconvénient de la moustache, en la teignant chaque matin avec de l'encre. De cette manière, je suis arrivé tranquillement à ma destination, bénissant la divine Providence qui m'a protégé pendant ce long et périlleux voyage. »

La santé de M. Berneux se ressentait de tant de courses et de fatigues qui avaient succédé aux souffrances d'une longue captivité. La nécessité où il se trouva d'apprendre la langue chinoise, avant de se livrer à ses travaux apostoliques, lui procura le repos physique dont il avait absolument besoin, et lui permit de refaire un peu ses forces. Dans une lettre du 27 mars 1844, quelques jours après son entrée en Mandchourie, il exprimait ses regrets d'avoir fait en vain de si longs voyages et d'avoir été pendant tant d'années privé du bonheur de prêcher l'Évangile aux infidèles. « On dirait vraiment, » écrivait-il, « que je ne suis venu en mission que pour courir d'un pays à un autre, et faire un cours de géographie pratique, sans être destiné à travailler à la gloire de Dieu et au salut des âmes. » Il devait y travailler encore longtemps, et avec un grand succès. « La Mandchourie et la Corée se touchent, » lui avait dit à Hong-kong le procureur des Missions-Étrangères en lui donnant sa nouvelle destination ; « qui sait si vous ne pourriez pas franchir un jour la frontière, pour aller chercher en Corée la chance du martyre, chance heureuse que vous avez perdue au Tong-king ? » La divine Providence le destinait en effet à franchir cette frontière, et à donner son sang pour Jésus-Christ ; mais elle permit qu'il restât d'abord en Mandchourie pendant onze ans.

M. Berneux se mit à l'étude de la langue chinoise avec tant d'ardeur, qu'après six mois il put commencer à entendre les confessions, et à faire l'administration des chrétiens. La dispersion des néophytes sur une immense étendue de territoire lui causait beaucoup de fatigues. Il se passait peu d'années sans qu'il fût obligé de faire sept à huit cents lieues, et il était surpris de sentir sa santé, si faible jadis, résister à ces voyages continuels. « Je suis très-étonné moi-même, » écrivait-il à Mgr Bouvier, évêque du Mans, « je suis très-étonné des forces corporelles que le bon Dieu me donne. Sans être robuste, je ne cesse de courir d'une extrémité à l'autre de notre mission, par le froid, la chaleur, la neige et la pluie, mal logé et mal nourri dans les auberges. Eh bien ! je n'ai pas été malade une seule fois. Lorsque je suis harassé, je me repose deux jours ; et je reprends aussitôt ma vie vagabonde, plus heureux mille fois que je n'ai jamais été avant de venir en mission. »

En 1849, la mission de Mandchourie eut à craindre une persécution sanglante. Un certain nombre de chrétiens furent emprisonnés, chargés de chaînes, et mis à la question ; la plupart confessèrent généreusement leur foi. M. Berneux, qui, depuis quelque temps, était provicaire de la mission, courut à Moukden, capitale du Léao-tong, pour réclamer justice auprès du mandarin supérieur, puis rejoignit Mgr Verrolles. Leur position était très-critique : plusieurs mandats d'arrêt étaient lancés spécialement contre eux, et, pour les saisir, des satellites en grand nombre sillonnaient en tous sens les chrétientés. Ils prirent le parti de céder quelque temps à l'orage, et se jetèrent dans une barque chrétienne qui les conduisit à Chang-haï. M. de Montigny, consul de France, leur prêta l'appui le plus bienveillant, et fit parvenir à Moukden une lettre menaçante, où il réclamait l'observation exacte des édits impériaux concernant les chrétiens.

De Chang-haï, Mgr Verrolles partit pour l'Europe où l'appelaient les affaires de sa mission. Il avait été décidé d'abord que M. Berneux l'accompagnerait ; les circonstances ayant changé, M. Berneux reprit le chemin de la Mandchourie. Il eût été heureux sans doute de revoir sa famille, mais il n'était pas homme à perdre du temps et de l'argent dans un pareil voyage, sans une nécessité absolue. « Vivons maintenant de privations et de sacrifices, » écrivait-il alors à sa mère, « viendra le jour de la rémunération, où, pour ne plus jamais nous séparer, nous serons réunis dans le sein de Notre-Seigneur. » Plus tard, après la mort de sa mère, il disait à sa sœur : « Chère sœur, tu souhaites ardemment de me revoir, mon éloignement est pour toi une occasion de t'affliger. Supporte-le avec patience, et offre cette peine à Dieu. Tu te résignerais plus facilement, si tu pouvais comprendre combien peut être utile un missionnaire, dans ces régions où tant d'âmes se perdent faute de prêtres. C'est maintenant que je puis espérer travailler avec fruit au salut de ces peuples, dont je commence à connaitre la langue et les usages, et dont j'ai la confiance. Retourner en France à présent, ce serait avoir inutilement couru bien des dangers, et enduré bien des fatigues ; ce serait me rendre responsable devant Dieu de tout le bien que sa grâce peut opérer par mon ministère, et que mon retour empêcherait. »

En 1853, M. Berneux fut attaqué d'une fièvre typhoïde très-grave qui mit, pendant quelque temps, sa vie en danger. Il était à peine remis de cet assaut, et commençait à reprendre son travail habituel lorsqu'au mois de septembre, il fut pris du choléra.

Il se rétablit, et administra son district comme de coutume ; néanmoins ces secousses avaient fortement ébranlé sa constitution, et les regardant comme un avertissement de Dieu, il songeait sérieusement à se préparer à la mort. Mais Dieu l'appelait à d'autres travaux. Dès l'année 1845, Mgr Ferréol, vicaire apostolique de Corée, avait voulu le nommer son coadjuteur, avec future succession. Il refusa cet honneur, dont, dans sa profonde et sincère humilité, il se croyait indigne. Mais quelques années plus tard, Mgr Verrolles le nomma son coadjuteur. Son zèle, ses talents hors ligne, ses longs travaux apostoliques le désignaient assez clairement au choix du vicaire apostolique et du Saint-Siége. Les instances de ses confrères le forcèrent d'accepter, en lui prouvant que son refus serait contraire à la volonté de Dieu. Il se résigna aux obligations de cette nouvelle charge, et reçut la consécration épiscopale à la fin de l'année 1854.

« Je vous annonçais, » écrit-il à l'un de ses amis, le 16 janvier 1855, « je vous annonçais dans ma dernière lettre, que j'avais accepté le coadjutorerie de Mandchourie avec le titre d'évêque de Trémita : je n'étais pas sacré encore. C'est le 27 décembre, fête de Saint-Jean, que j'ai reçu la plénitude du sacerdoce, des mains de Mgr Verrolles, vicaire apostolique de cette mission. Mgr Daguin, évêque lazariste, vicaire apostolique de Mongolie, avec lequel j'ai fait le voyage de Chine, et deux autres missionnaires, dont un de notre diocèse, M. Mallet, de Laval, assistaient à cette touchante cérémonie. Malgré le soin que nous avions pris de cacher aux chrétiens le jour où devait avoir lieu ma consécration, plus de cinq cents néophytes y sont accourus de toutes les parties de la mission. Nous craignions que ce concours ne nous attirât des tracasseries de la part des païens et des mandarins. Grâce à Dieu, tout est resté calme. »

Dans une autre lettre, parlant du concours des chrétiens à son sacre, il ajoutait : « Pauvres gens ! ils étaient heureux de me voir évêque, et se tenaient pour assurés que je ne les quitterais plus. Je ne pensais pas non plus, quelques jours auparavant, que je dusse aller évangéliser d'autres contrées. Et cependant, dans les desseins de Dieu, ma mission en Mandchourie était finie !... Me voilà donc évêque et coadjuteur ! Mieux que personne, vous savez quel besoin j'ai de grâces toutes spéciales pour remplir dignement les devoirs de cette charge. Si encore je devais rester simple coadjuteur de la mission de Mandchourie, le fardeau serait moins pesant. Mais, trois jours avant ma consécration, me sont arrivées des bulles de Rome qui me nomment évêque

de Capse et vicaire apostolique de Corée. Vous savez peut-être
que Mgr Ferréol, vicaire apostolique de Corée, est mort depuis
deux ans, avant d'avoir nommé son successeur, ou plutôt en me
désignant pour le remplacer. En 1845, Sa Grandeur m'avait
offert la coadjutorerie de Corée, que je crus alors devoir refuser ;
j'étais trop jeune et sans aucune expérience des missions. Je
croyais que c'était une affaire finie ; et jamais depuis il n'en fut
question dans mes rapports avec Monseigneur de Corée. Mais
Sa Grandeur, sans m'en prévenir, maintint son choix dans son
testament fait en 1845.

« Rome n'a pas voulu changer les dispositions du prélat
défunt. Le Saint-Père ne s'est pas laissé arrêter par la considération que je n'étais pas missionnaire de Corée et que j'étais
déjà sacré coadjuteur de Mandchourie ; car on me croyait sacré
alors. Par ses lettres du 5 août 1854, Sa Sainteté me déclare
vicaire apostolique de Corée avec le titre d'évêque de Capse, et
me presse de me rendre au plus tôt au milieu de mon nouveau
troupeau. Après avoir hésité quelques jours, et imploré avec
d'abondantes larmes les lumières du Saint-Esprit, j'ai pris ma
détermination, et j'ai retrouvé le calme. Puisque le Saint-Père
me savait ou plutôt me croyait déjà coadjuteur de Mandchourie,
puisqu'il a eu sous les yeux et les motifs allégués par Monseigneur de Corée en me désignant pour son successeur, et les
raisons apportées par Mgr Verrolles pour me garder ici, et que
Sa Sainteté m'envoie en Corée et me presse de m'y rendre en
toute hâte, je dois croire que c'est la volonté de Dieu. Aussi,
toutes les difficultés qui m'ont jeté pendant quelques jours dans
une étrange perplexité se sont évanouies.

« Je quitte une mission où je travaille depuis onze ans, dont je
connais la langue et les usages, une mission où les chrétiens
m'ont toujours témoigné confiance et attachement ; je quitte des
confrères et un vicaire apostolique avec lesquels j'ai depuis longues années de si doux rapports, pour aller en Corée apprendre,
à mon âge, une nouvelle langue et de nouveaux usages ; en
Corée, dont l'entrée est si difficile. Je souffre horriblement en
mer ; et peut-être me faudra-t-il y courir longtemps avant de
pouvoir pénétrer dans ma mission, si même je puis y entrer
jamais. Toutes ces considérations ne m'arrêtent plus. Votre
volonté, ô mon Dieu, et rien que votre volonté ! »

Dieu sembla vouloir se contenter de la bonne volonté de son
fidèle serviteur. Une longue et très-grave maladie, qui dura huit
mois, obligea le nouveau prélat d'écrire au Saint-Père, pour le

prier de lui permettre de rester en Mandchourie, et de confier à des mains plus jeunes et plus valides le fardeau redoutable qui lui était imposé. Mais, en septembre suivant, se trouvant à peu près rétabli, il n'attendit pas la réponse à cette lettre, et profita de la première occasion pour gagner la côte du Léao-tong, d'où une barque le transporta à Chang-haï. Là, plus que partout ailleurs, il pouvait trouver des facilités pour se rendre par mer en Corée, car la surveillance à la frontière, entre le Léao-tong et la Corée, rendait l'entrée d'un missionnaire par la voie de terre à peu près impossible.

A Chang-haï, Mgr Berneux fut rejoint par deux jeunes missionnaires destinés à l'accompagner en Corée, et plus tard à partager son martyre. C'étaient MM. Petitnicolas et Pourthié. M. Michel Alexandre Petitnicolas était né à Coinches, diocèse de Saint-Dié, le 25 août 1828. Entré au séminaire des Missions-Étrangères en 1849, il dut, par ordre du médecin, retourner quelque temps dans sa famille ; mais, fidèle à sa vocation, il revint au séminaire aussitôt que ses forces le lui permirent, en juin 1853, et le 20 août suivant fut envoyé dans l'Inde. Sa santé ne put résister aux chaleurs tropicales de ces missions, et après deux ans de séjour au Coïmbatour, il fut obligé de partir pour Hong-kong, où il reçut sa nouvelle destination pour la Corée. M. Charles Antoine Pourthié, né le 20 décembre 1830, dans un hameau du canton de Valence-en-Albigeois, diocèse d'Albi, était prêtre depuis quelques jours seulement, lorsqu'il entra au séminaire des Missions-Étrangères, le 30 juin 1854. Après un an de noviciat, il fut destiné à la mission du Kouey-tchéou en Chine, et partit le 27 juin 1855. Lorsqu'il arriva à Hong-kong, au mois de décembre suivant, la nécessité urgente de la mission de Corée détermina M. Libois, procureur des Missions-Étrangères, à changer sa destination, et il s'embarqua de suite pour Chang-haï, où l'attendait Mgr Berneux.

Les trois nouveaux apôtres de la Corée quittèrent Chang-haï, le 17 janvier 1856, pour se rendre dans leur patrie d'adoption. Laissons Mgr Berneux lui-même nous raconter les incidents et les dangers de leur traversée.

CHAPITRE II.

« Nous partimes de Chang-haï, » écrit Mgr Berneux, « le 17 janvier. De là en Corée, la distance est peu considérable ; quatre jours, dans la bonne saison, peuvent suffire pour ce trajet, mais à l'époque où nous l'entreprenions, avec la mousson contraire, nous devions compter sur deux mois de mer. Retenus par les vents du nord qui n'ont cessé de souffler avec violence, nous avons passé tout le temps que nous sommes restés sur la jonque, à l'exception de quelques jours, dans les ports du Kiang-nan ou du Chan-tong. Ces derniers surtout étaient tellement encombrés, que les navires des différentes provinces de la Chine, qui attendaient le vent du midi pour se rendre soit au Léao-tong, soit en Corée, trouvaient à peine où jeter leurs ancres. Ce voisinage de barques païennes nous gênait singulièrement. Il importait que notre présence demeurât ignorée aussi bien que le but de notre voyage. Si la nouvelle s'en fût répandue, nul doute qu'elle ne nous eût attiré quelque mauvaise affaire de la part des pirates qui, malgré la rude chasse que leur a donnée, l'année dernière, un brave capitaine anglais, sont encore nombreux dans ces parages. Ils n'auraient pas manqué cette occasion d'assouvir à la fois et leur cupidité et leur vengeance. La nouvelle eût pu aussi être portée jusqu'en Corée, et les employés du gouvernement n'eussent pas manqué de prendre des mesures qui auraient rendu notre débarquement impossible. De là, pour nous, la nécessité de rester enfermés jour et nuit, pendant deux mois, dans une cale étroite, où l'air et la lumière pouvaient à peine pénétrer, et infectée encore par l'épaisse fumée d'une lampe qu'on y tenait allumée.

« Le 14 mars, jour de la Compassion de la Sainte Vierge, nous pûmes enfin sortir de cette prison ; nous avions levé l'ancre pour ne plus la jeter qu'au rivage coréen. Malgré l'intensité du froid, nous passâmes la journée entière sur le pont ; nous avions tellement besoin de respirer un air pur, que ni la pluie ni la neige n'eussent pu nous faire rentrer dans notre cale. Ce voyage était le premier que notre navire faisait en Corée ; il fallut prendre au Chan-tong un pilote qui se fit payer fort cher et se donnait pour très-habile. Je veux bien croire que pendant onze années consécutives il avait, ainsi qu'il l'assurait, pêché le hareng sur les côtes de Corée ; mais ce qui est bien certain aussi, c'est que de tant de voyages, il ne lui restait que le souvenir de les avoir faits. Nous avions à peine perdu de vue les montagnes de son pays, qu'il ne sut pas nous indiquer la route qu'il fallait tenir. Nous marchions donc à l'aventure, tantôt au nord, tantôt au midi.

« Le lendemain nous aperçûmes la terre. Quelle était cette terre ? A la manière dont nous avions gouverné, il était difficile de le savoir : Ce pouvait être le Léao-tong ou le Kiang-nan, tout aussi bien que la Corée. Mais le Seigneur avait lui-même dirigé le navire ; non-seulement c'était la péninsule désirée, c'étaient encore deux montagnes très-rapprochées l'une de l'autre, au milieu desquelles nous devions passer pour atteindre le rendez-vous qui nous était assigné, et où devait nous attendre un bateau préparé pour les missionnaires. Contrariés par le vent et des courants terribles, nous louvoyâmes pendant huit heures dans cette passe dangereuse ; notre capitaine, déployant cette fois une habileté que des marins européens eussent admirée, finit par triompher des obstacles, et, le 15, veille du dimanche des Rameaux, nous mouillions en face d'un gros village coréen.

« La première partie de notre course était accomplie ; restait la seconde, incomparablement plus difficile. Nous étions en Corée, mais non pas encore au milieu de nos néophytes ; nous avions encore cinquante lieues à faire pour arriver à la chrétienté la plus rapprochée, et, pour nous y rendre, il nous fallait rencontrer le bateau qu'on avait dû expédier à notre rencontre. M. Maistre qui, pendant dix ans, avec une constance vraiment héroïque, s'est présenté sur tous les points des frontières coréennes, M. Maistre était venu plusieurs fois à ce même point, et chaque fois, n'ayant pu rencontrer les hommes envoyés pour l'introduire dans la mission, il avait été forcé de retourner en Chine. Nous pouvions avoir le même sort. Pendant cinq jours, notre barque visita toutes les anses de ces îles, ayant à son mât un pavillon portant une grande croix, signal convenu auquel les chrétiens devaient nous reconnaître, et, pendant ces cinq jours, personne ne parut. Que faisait donc ce bateau ? Aurait-il péri dans les rafales des jours précédents ? Ou bien un redoublement de persécution aurait-il empêché de nous l'expédier? Quand on souhaite ardemment une chose, on s'inquiète de tout, et on accueille avec la même facilité ce qui favorise et ce qui contrarie nos désirs.

« Déjà nous regardions comme probable que mes deux confrères seraient obligés de retourner à Hong-kong avec les effets de la mission. Pour moi, mon parti était pris de faire par terre le trajet de cinquante lieues qui restaient à parcourir jusqu'à la chrétienté la plus voisine. C'était un parti extrême, mais nos courriers ne reculant pas devant les dangers qu'il offrait, j'étais disposé à tenter cette entreprise. Nous étions à délibérer sur les moyens de l'exécuter, lorsque le vendredi saint, sur les neuf heures du matin, un petit bateau se dirige sur nous, et l'équipage répond à nos signaux en levant les mains au ciel, et faisant force signes de croix. C'étaient, en effet, nos chrétiens. La reconnaissance opérée, ils allèrent mouiller loin de nous pour n'exciter aucun soupçon ; et nous, après avoir rendu grâces au Seigneur, nous fîmes nos derniers préparatifs. La pluie qui survint pendant la nuit, ne permit pas de transborder ; ce ne fut que le dimanche de Pâques, à une heure du matin, que nous quittâmes la jonque chinoise pour monter sur le bateau coréen.

« Après quatre jours de navigation au milieu des îles et des barques de pêcheurs, nous étions encore à quinze lieues de la capitale. Le vent et l'eau nous manquant à la fois, nous descendîmes avec un de nos courriers et trois rameurs dans un tout petit canot. Nous avions revêtu le costume de deuil, large chapeau de paille tombant jusqu'aux épaules, habits de toile de chanvre ressemblant à nos grosses toiles d'emballage, souliers de paille, etc. A onze heures du soir, la marée, devenue contraire, ne permettant plus d'avancer, nous résolûmes de faire à pied les quatre ou cinq lieues qui restaient encore. Plus confiants dans les ténèbres de la nuit que dans les larges bords de notre chapeau pour couvrir notre entrée dans la ville, nous marchions aussi vite que le permettaient le mauvais état des chemins et le genre de chaussures que nous portions pour la première fois, afin d'arriver avant l'aube. Elle ne paraissait pas encore, en effet, lorsque nous atteignîmes les murs de la capitale. Mais, ce jour-là, le roi étant absent, et pour cette raison les portes ne devant s'ouvrir qu'au lever du soleil, nous allâmes prendre un peu de repos dans la maison d'un chrétien.

« Le jour venu et les portes ouvertes, nous fîmes notre entrée dans la première ville du royaume. Je marchais précédé d'un

chrétien, et suivi à distance de M. Petitnicolas et de M. Pourthié. J'avais bien envie de regarder un grand mandarin qui
sortait en ce moment-là, monté sur une espèce de brouette, et
environné d'un nombreux cortége. Cependant je jugeai prudent
de n'en rien faire, de peur d'être reconnu. J'étais d'ailleurs fort
occupé à disputer au vent, qui voulait s'en emparer, le chapeau
protecteur qui alors m'était si nécessaire. Plus modeste encore,
un de mes confrères, M. Pourthié, s'interdit tellement l'usage
de ses yeux, qu'il nous perdit de vue dans la foule qui remplissait la rue, et qu'il s'engagea dans de petites rues détournées,
à la suite des païens qu'il prenait pour ses guides. On s'aperçut
heureusement de sa disparition, et on parvint à le retrouver.
Un instant après, nous nous réunissions à l'excellent M. Daveluy,
et tous ensemble nous rendions grâces au Seigneur qui nous
avait accordé un si heureux voyage. »

L'extrait suivant d'une lettre de M. Pourthié à son cousin,
M. l'abbé Bouteille, professeur au petit séminaire de Lavaur,
complète d'une manière intéressante le récit de Mgr Berneux.

« Arrivé à Chang-haï, le 12 janvier 1856, sur le paquebot à
vapeur qui porte les dépêches, je recommençai, huit jours après,
un nouveau voyage, et cette fois, je devais enfin aboutir à ma
mission. Voici donc quatre missionnaires, sortant de Chang-haï,
qui s'entassent dans une petite barque. Le premier est Mgr Berneux, mon nouvel évêque, vétéran des missions, puisqu'il y a
seize ans que Sa Grandeur est sur le champ de bataille. D'abord
envoyé au Tong-king, et bientôt après, au fort de la persécution,
jeté dans les fers, ce prélat a fait connaissance avec la cangue et
le rotin dans les prisons du roi de Cochinchine. La palme du
martyre allait probablement couronner sa captivité, lorsqu'un
commandant français arriva sur les côtes de ce pays, et délivra
les missionnaires prisonniers. Mgr Berneux fut ensuite envoyé
en Mandchourie, où il a travaillé plus de dix ans. C'est de là
que la Sacrée Congrégation de la Propagande vient de le tirer
pour le mettre à la tête de la mission coréenne. Le deuxième
missionnaire est un bon Père jésuite de la mission du Kiang-
nan ; son poste étant l'île de Tsong-ming, nous faisons voyage
ensemble jusqu'à cette île. Le troisième est un jeune confrère
qui, maintenant attaché à la Corée, a d'abord exercé le saint
ministère dans les Indes. Le quatrième, quoique affublé d'une
toque chinoise, d'une robe bleue de la même fabrique, et paré
d'une barbe assez bien fournie, vous pourriez peut-être encore
le reconnaître pour votre cousin.

« Chacun de nous s'installe de son mieux sur la maison flot-
tante ; du reste, le choix du local est bientôt fait : un appartement unique, et qui n'a guère plus d'un mètre dans chaque
dimension, forme notre commun corps de logis. Emmagasinés
dans notre réduit à l'instar des sardines, nous ne pourrons pas
nous tenir debout, nous ne serons protégés contre le froid piquant
de la saison que par quelques planches ; il sera très-difficile de
dormir ; mais patience, ce n'est que du provisoire : nous allons
simplement rejoindre une grande jonque qui stationne à l'embouchure du fleuve Bleu, au mouillage de Tsong-ming. Deux jours
de navigation nous suffisent pour arriver à cette barque, qui doit
nous transporter sur les côtes de la Corée. Nous l'atteignons, en
effet, sans accident, et montant sur le pont, je contemple pour la
première fois cette monstrueuse fabrication de l'art chinois : une
carcasse plate, informe, de la grandeur de nos petits cabotiers ;
un pont raboteux, à ouvertures multipliées, presque complétement occupé par les machines grossières du bord ou par une
barque secondaire ; cinq mâts d'une seule pièce, parés chacun
d'une toile retenue par des bambous, voilà ce qu'il m'est permis
d'envisager du premier coup d'œil. Mais les matelots, ayant le
capitaine à leur tête, viennent saluer très-révérencieusement Sa
Grandeur, et immédiatement on nous introduit dans un appartement qui s'élève sur le derrière de la jonque. A peine y avais-je
pénétré qu'une odeur assez peu suave et des bouffées de fumée
me préviennent que j'entre dans la cuisine ; puis, à la lueur du
foyer, voyant jonché sur le plancher un assortiment complet de
tout le matériel qu'on peut supposer sur une barque, il ne me
fut pas difficile de deviner que la salle servait tout à la fois de
tabagie, d'arsenal, de vestiaire, de dépense et de dortoir. Cependant on me montre, au milieu de la salle, une petite trappe ; je
comprends qu'il faut se glisser par là, et aussitôt, engageant mon
corps dans l'intérieur, mes pieds parviennent à rencontrer une
échelle à peu près verticale, à l'aide de laquelle je m'insinue
dans un petit réduit ménagé dans la cale. Quelques cachettes
y étaient pratiquées sur les côtés pour dormir, et un petit autel
pour dire la sainte messe était le seul meuble que pût comporter
l'étroitesse du lieu : c'étaient là les appartements de Sa Grandeur, de deux missionnaires, de nos deux courriers et du patron
de la barque.

« Comme les quelques rayons de lumière qui pénètrent dans
l'appartement extérieur viennent expirer à l'entrée de la trappe,
notre unique soupirail, le jour est remplacé par la lueur d'une

lampe chinoise, qui si elle éclaire peu, projette en revanche autour
d'elle une abondante et désagréable fumée. Au reste, le tout
serait encore sans inconvénient grave, s'il nous était donné de
pouvoir respirer librement l'air bienfaisant et pur de la mer ;
mais une infinité d'embarcations circulent autour de nous, près
de trois cents jonques stationnent à nos côtés, et il est plus que
probable que plusieurs d'entre elles, corsaires masqués, cherchent
parmi leurs voisines une proie à leur rapacité. La tragique fin
d'un de nos confrères, jeté à la mer par des pirates l'année précédente et dans les mêmes lieux, sonne trop haut pour que la
prudence nous permette de laisser ébruiter notre présence. Nous
nous condamnons donc à la réclusion dans notre sépulcre : et
c'est là le côté le plus douloureux de notre position ; car l'air
n'arrivant que fort médiocrement au fond de notre cale, et après
s'être chargé des vapeurs de la cuisine, ne peut être que lourd et
morbide. Si vous ajoutez à cela que le mauvais temps arrivant,
ou même souvent avec la simple marée, les barques roulent la
plupart du temps de manière à imiter une danse de Saint-Guy,
vous aurez une idée de notre félicité à bord.

« Néanmoins, dans le principe, les chrétiens des barques
voisines viennent faire une agréable diversion à notre solitude ;
Monseigneur a la consolation de pouvoir entendre leurs confés-
sions, et la cérémonie du mercredi des Cendres réunit autour de
nous plus de cent matelots, appartenant à sept jonques différentes.

« Cependant, comme le vent du nord souffle avec violence,
il ne faut pas songer à partir : il est trop dangereux de s'engager
en pleine mer sous de pareils auspices. Enfin, après de longs
jours d'attente, la mousson favorable se fait sentir. Vous penserez
avec moi qu'on va s'empresser d'en profiter ; mais comme tous
ces pauvres marins se défient, et peut-être avec raison, de leur
science personnelle, aucun d'eux n'ose trancher la question de
l'arrivée du beau temps, et prendre l'initiative du départ. On
attend donc jusqu'à ce qu'enfin quelqu'un ait la hardiesse de
hisser une voile ; aussitôt tout le monde se met à l'œuvre avec
une activité incroyable, il s'élève de tous côtés un tohu-bohu
propre à terrifier quiconque n'est pas familiarisé avec les manœuvres des Chinois. On s'éloigne au plus vite du mouillage, on
tend toutes les voiles, c'est à qui devancera ses voisins. Nous
courons ainsi, et assez vite, pendant douze ou quinze heures ; les
barques, dispersées au loin sur la mer, font les préparatifs d'un
long voyage, quand soudain, l'une d'entre elles, croyant entrevoir

l'arrivée prochaine d'un vent contraire, vire de bord et revient en toute hâte sur ses pas. Les voisins s'aperçoivent de la manœuvre et se hâtent d'en faire autant, la contagion de l'exemple gagne de proche en proche ; en quelques instants on les voit toutes forcer de voiles pour prévenir les autres au mouillage, qui se trouve bientôt aussi peuplé qu'auparavant. Les jours suivants, la même manœuvre se répète plusieurs fois, et toujours avec le même dénouement. Enfin, après un mois d'attente et d'essais, on se hasarde encore, et, cette fois, on pousse la bordée si loin qu'on n'a plus envie de rebrousser chemin. Pendant quelques jours, nous marebons très-lentement, mais enfin nous allons vers notre but.

« Comme on n'aperçoit que quelques barques éparses dans le lointain de l'horizon, nous nous hâtons de sortir de notre réduit, quand tout à coup le vent du nord vient nous donner le spectacle d'une de ces tempêtes, effrayantes partout, mais qui sont bien autrement terribles lorsqu'on est à les contempler du haut d'une faible barque que le choc des flots semble devoir anéantir à chaque instant. Une rade de la province de Chan-tong nous reçoit fort à propos ; car, quelques heures après, l'ouragan redouble de forces, et le froid devient si intense qu'au milieu de la rade nous sommes entourés par la glace.

« Cependant, en entrant dans la rade, il faut se remettre aux arrêts, tout en disant au bon Dieu, pour actions de grâces : *Anima nostra sicut passer erepta est de laqueo venantium :* « notre âme a échappé au danger comme le passereau aux filets du chasseur. » C'est qu'en effet nous avons passé, nous dit-on, auprès d'une trentaine de barques de pirates, qui stationnent dans les environs du port, et la divine Providence n'a pas même permis qu'ils nous vissent. Selon l'habitude des Chinois, qui ne peuvent aborder à un port sans y passer huit jours, nous voilà encore condamnés à une captivité d'autant plus étroite, qu'à tout moment notre bord est obstrué par une multitude de païens. Plût à Dieu que ce fût du moins la dernière station! mais non : la barque doit visiter tous les ports de la côte. On s'éloignera donc de quelques lieues pour aller consumer de nouveau une huitaine à un autre ancrage. Oh! qu'ils sont lourds, qu'ils sont accablants ces jours passés au fond d'une cale ! Il me paraît qu'on pourrait supporter sans succomber quelques mois d'une captivité assez dure, et pourtant quelques semaines passées dans notre chambre nous abattent complétement. Monseigneur est si faible qu'il ne peut écrire quelques mots ; mon confrère paraît sans force, comme s'il avait été meurtri de coups ; pour moi, quoique moins maltraité, je sens à ma salive noircie par l'air morbifère, à ma poitrine haletante, oppressée et irritée, qu'un tel genre de vie serait bientôt mortel.

« Le bon Dieu nous arrache enfin aux rivages chinois : nous sortons du port de Litao, et nous nous dirigeons directement vers la Corée, dont nous ne sommes éloignés que de quatre-vingts lieues. Corée ! Corée ! ce nom qui résonne si bien à tout cœur ardent pour le salut des âmes, ce nom qui n'a retenti en Europe que pour annoncer des persécutions et des martyres, ce nom nous ranime et nous fortifie ; en un instant le passé est oublié, tous nos désirs, toutes nos pensées sont pour cette terre, qui renferme jusqu'ici les tombes de sept missionnaires seulement ; et, sur ces sept, cinq ont donné leur vie pour Jésus-Christ !

« Pour la première fois, la barque fend les flots au gré de nos désirs, et le 19 mars, dimanche des Rameaux, les chrétiens coréens auraient pu, s'ils avaient connu leur bonheur, accourir au-devant du pasteur qui leur était donné, et répéter la belle antienne du jour : *Benedictus qui venit in nomine Domini :* « béni soit celui qui vient au nom du Seigneur. »

« L'ancre est jetée tout près de l'île assignée pour le lieu de rendez-vous à la barque coréenne qui doit nous introduire dans le pays. On arbore au haut du mât un pavillon blanc orné d'une grande croix bleue : c'est le signe de ralliement. Les barques coréennes qui passent et repassent devant nous en grand nombre, ne connaissent pas plus la signification de notre drapeau qu'on ne comprend dans ce pays pourquoi les drapeaux des différentes nations de l'Europe sont bariolés de couleurs diverses. Au reste, elles se tiennent à une distance assez grande ; car, sur le simple soupçon de relations avec des étrangers, même chinois, un Coréen est immédiatement mis à mort.

« La barque désirée n'arrivant pas, nous courons de mouillage en mouillage, nous visitons toutes les passes qui pourraient abriter une barque, mais sans succès. Six jours de vaines recherches fatiguaient déjà notre équipage, et nous-mêmes commencions à nous persuader de l'inutilité d'autres recherches, lorsque le vendredi saint, au moment où nous allions visiter un port que nous n'avions pas encore vu, on tire quelques coups de canon pour attirer l'attention de nos gens. A peine cette détonation mesquine, mais inaccoutumée, a-t-elle fait grouper les Coréens sur le rivage, que nous voyons arriver de la haute mer une barque avançant avec peine, malgré les efforts des rameurs. Elle paraît se diriger insensiblement vers nous. Bientôt nous pouvons distinguer l'équipage, qui est composé de huit hommes. Tous se donnent beaucoup de mouvement, leurs gestes sont nombreux, précipités, allègres. Malgré le calme plat, la barque a franchi un grand espace, et, passant aussi près de nous qu'il est possible de le faire sans se compromettre, l'un d'eux jette à la dérobée le nom d'un de nos courriers, qui se hâte d'y répondre. Dieu soit loué ! nous voilà au comble de nos vœux. A peine la voix de notre courrier eut-elle été entendue, que, par une manœuvre subite, les Coréens déploient les voiles entre eux et le rivage, et, protégés par elles, ils font ensemble un grand signe de croix ; puis, joignant leurs mains sur la poitrine, ils se prosternent devant la bénédiction de leur évêque; après quoi ils se lèvent, font quelques démonstrations de joie, et se dirigent vers la terre en attendant qu'ils puissent nous emmener avec eux. Mais les ténèbres de la nuit peuvent seules être témoins du mystère de notre entreprise ; car vous savez que la Corée réalise, en 1856, ce que les anciens disaient de l'autre de Polyphème : les lois du royaume condamnent à mort tout étranger qui s'introduit dans la presqu'île, et à plus forte raison ceux qui les y introduisent.

« La nuit du samedi saint, vers minuit, la barque coréenne se détache du rivage, passe assez près de nous pour que nous puissions l'apercevoir, et prend la route de la haute mer ; la jonque ne tarde pas à la suivre, et malgré le calme plat, après beaucoup d'efforts des matelots des deux bords, nous nous joignons. En moins d'une heure tout est transbordé, nous avons fait nos adieux à la jonque chinoise, nous sommes installés dans un nouveau logement, et nos pauvres chrétiens forcent de rames pour être au point du jour un peu éloignés de l'endroit où la contravention a eu lieu. Mais comment accélérer la marche d'une barque si lourde et si grossièrement façonnée? Certes, il y a une différence extraordinaire entre les jonques chinoises et les navires de l'Europe, et cependant on peut encore dire hardiment que les Chinois l'emportent autant sur les Coréens que les Européens priment les Chinois. Figurez-vous une barque de la force des bacs qui servent dans l'Albigeois à passer le Tarn ; un peu plus de hauteur, un misérable pont, deux voiles, voilà toute la différence. Mais quelles voiles ! De la paille tressée de manière à former un quadrilatère et soutenue par des cordes également en paille. Les autres cordages, voire même le câble de l'ancre, tout est façonné avec de la paille. Les Coréens ne connaissant pas le calfatage, l'eau entre en si grande abondance par les jointures des planches, assez mal rapprochées, qu'un des matelots, une calebasse à la main, est sans cesse occupé à vider la cale. Maintenant, voulez-vous avoir des nouvelles de notre appartement ? Pressés dans un petit réduit qui n'a ni assez de hauteur pour que nous puissions nous tenir assis, ni assez de longueur pour qu'il soit possible de nous coucher, nous devrons tenir les jambes en crochet jusqu'au moment où nous débarquerons. De plus, on a soin de nous recouvrir de temps en temps d'une natte, sur laquelle on étend une épaisse couche de paille, et cela afin qu'en passant tout près des autres barques, ou en recevant la visite d'un mandarin, — car ces messieurs font de fréquentes apparitions sur les barques, — on ne puisse pas soupçonner qu'un être vivant est enseveli sous un tel tas de paille foulée.

« C'est dans cet équipement que nous devons parcourir les quarante-huit lieues qui nous séparent encore de la capitale, où nous allons descendre. Ce trajet serait l'affaire d'un jour pour un bon navire, et notre barque, en venant nous trouver, y a employé vingt jours. Cette fois-ci, plus heureuse, elle nous conduit en quatre jours dans le fleuve de la capitale, et à dix lieues de cette ville.

« Le moment de sortir de notre retraite approche ; chacun de nous se revêt d'un habit coréen tel que le portent les nobles lorsqu'ils sont en deuil. Les pièces les plus remarquables de ce costume, en toile grossière et un peu rousse, sont : un énorme chapeau en bambou tressé, dont la forme imite parfaitement les abat-jour en papier de nos lampes à modérateur ; mais si grand, que le haut du cône s'élevant au-dessus de la tête, le limbe inférieur vient entourer les épaules et la poitrine, et cache ainsi admirablement bien nos traits européens. On a, au surplus, une toile fixée à deux petits bâtons, de manière à former un éventail, que l'on peut placer devant la figure. Un indiscret chercherait-il à voir vos traits, vous vous empressez de lui opposer votre toile, et vous enveloppez la figure dans l'éventail. Personne n'est offusqué de ce soin que l'on prend pour se rendre invisible, car plus on se soustrait à tout regard et mieux on garde le deuil, qui est un devoir strict et sacré dans ce pays.

« Notre barque a jeté l'ancre au milieu du fleuve, dans un lieu assez solitaire ; la marée commence à nous être favorable ; il est cinq heures du soir. Affublés de nos précieux abat-jour, nous descendons dans un petit esquif que deux rameurs guideront sur le fleuve ; nous partons, et, grâce à la marée, nous avançons rapidement, tout en nous éloignant toujours le plus possible du rivage. La nuit survient et augmente notre sécurité ; mais, quelques heures après, la marée nous refuse son secours, les rameurs font de vains efforts pour lutter contre le courant : nous reculons au lieu d'avancer. Nous étions parvenus dans un endroit où le fleuve, profondément encaissé, ne présente pour l'abordage qu'une berge escarpée et d'une grande hauteur ; l'heure avancée de la nuit, l'obscurité et le silence qui règnent sur la plage nous encouragent : nous nous élançons sur la rive et nous nous engageons dans les rizières. La marche est d'abord assez pénible : pas un chemin tracé, nous franchissons des fossés et des canaux remplis d'eau, nous côtoyons des précipices et des mares, force nous est de nous accrocher des pieds et des mains ; enfin nous grimpons, nous sautons, nous plongeons aussi parfois, jusqu'à ce que nous ayons atteint le chemin qui nous conduit à la capitale.

« Toute la nuit est employée à courir, mais nous nous en acquittons si bien qu'au point du jour nous faisons acte d'apparition aux portes de la ville. Nous touchions à la fin de notre expédition, et peut-être aurions-nous encore surpris sur la natte qui lui sert de lit — car ce dernier mot est superflu pour la Corée — M. Daveluy, qui avait été député par M. Maistre à la rencontre de Monseigneur ; malheureusement les portes se trouvèrent fermées. La raison de cet état de siége était l'absence du roi. Lorsque le prince coréen n'est pas dans sa capitale, on prend des précautions extraordinaires pour obvier à toute révolte ; la circulation devient difficile, les allants et les venants sont plus soigneusement examinés, les portes de la ville restent fermées jusqu'après le lever du soleil, on dispose sur quatre places des tréteaux semblables à ceux des baladins en France, et là-dessus siégent quatre généraux, avec une multitude imposante pour les Coréens, de soldats, de satellites, de mouchards, de toutes armes et de toute espèce. Le prince rentre-t-il dans son palais, on ne prend aucune de ces précautions : la présence de ce grand potentat est censée désespérer toute faction et rendre toute résistance impossible.

« Les portes étant solidement closes, nous fûmes un peu contrariés dans notre dessein ; mais il y avait danger à demeurer en faction en ce lieu : nous nous réfugiâmes dans la maison d'un chrétien des faubourgs. Quelque temps après nous nous remettions en route et nous entrions dans la place au moment même où les ministres, accompagnés d'un certain nombre de mandarins civils et militaires, et escortés d'un grand nombre de satellites ou de soldats, accouraient au-devant de leur monarque qui allait rentrer. Or, lorsque je vous parle de soldats ou de mandarins, n'allez pas vous figurer les défilés du Champ-de-Mars de Paris, ou même du polygone de Toulouse. Un cheval marche au milieu de la rue, et au trot quoique, suivant la louable habitude du cheval coréen, il ne soit pas très-fringant, un esclave le conduit par la bride. Au-dessus siége le mandarin, qui, d'une gravité et d'une immobilité imperturbables, se tient raide comme un mannequin : autour de lui se pressent des gens, armés ou non armés, qui courent pêle-mêle, sans garder ni ordre ni rang. Cette escorte remplit, en outre, le rôle de musiciens. Le chef précède, et de cinq en cinq minutes, se tournant vers ses hommes, entonne le son grave *où* ; la troupe philharmonique fait chorus et prolonge sur le même ton la mélodieuse syllabe, tout autant de temps que les poumons de chacun peuvent le permettre. C'est aux sons de ce brillant concert que nous nous glissons dans la ville, et, comme le peuple accourt en grandes masses, la foule est si compacte qu'il n'est pas facile de passer au travers. Imaginez-vous donc votre serviteur faisant tous ses efforts pour se frayer un passage et se rallier à ses compagnons, s'embarrassant dans la foule, coudoyant en passant un petit mandarin piéton, allant se jeter par ricochet sur l'épaule d'un satellite ou celle d'un soldat, et se contentant pour toutes ces mésaventures de leur dire tout bas, de peur qu'ils ne l'entendent : Si tu savais qui je suis, tu ferais plus que me coudoyer.

« Notre courrier et le chrétien chez lequel nous sommes descendus nous précèdent pour nous indiquer la route à suivre ; nous les serrons de près, mais rangés à la file, comme des canards. La gravité et l'immobilité nous avaient été recommandées comme symbole de la vraie noblesse et du grand deuil ; notre énorme chapeau nous soustrait à tout regard ; mais en même temps il borne tellement notre horizon, que nous pouvons tout au plus voir les pieds de nos conducteurs ; encore faut-il, pour cela, les talonner de bien près. Or, comme tous les pieds se ressemblent, ne voilà-t-il pas qu'au milieu de la bagarre je me mets à la suite de deux autres Coréens qui me précèdent, et croyant bien ne pas manquer mon coup, je m'attache très-scrupuleusement à leurs pas. Mes nouveaux conducteurs me font couper plusieurs rues, m'engagent dans les ruelles, jusqu'à ce qu'enfin j'arrive à un cul-de-sac. Là, ils se détournent de mon côté pour entrer dans une maison ; je soulève mon chapeau, je les regarde, et à leurs traits, qui me sont complétement inconnus, je m'aperçois que je suis bien loin de mes compagnons et de mes guides. Bien vite je baisse ma visière, et, tout en feignant de considérer les maisons voisines, je me hâte de battre en retraite ; mais où aller ? Seul au milieu d'une capitale que j'aborde pour la première fois, sous l'anathème d'une législation cruelle et inhospitalière, n'étant pas capable de fabriquer une phrase coréenne, essayerai-je de m'aboucher avec quelqu'un dans la rue ? Mais, au premier mot de mon jargon, ne se hâtera-t-on pas de me faire arrêter ? Et puis, que demanderai-je ? La maison d'un chrétien ? C'est comme si l'on s'enquérait, au hasard, près d'un passant, dans les rues de Paris, de la retraite d'un de ces hommes malfaisants que poursuit la justice humaine. Telles étaient les premières pensées qui se heurtèrent dans mon esprit. Mais comme j'avais déjà éprouvé qu'il y a une bonne Providence qui veille sur le missionnaire, je me jetai dans ses bras par une courte prière. Avec un sans-souci que le bon Dieu permit alors, et que maintenant je ne puis concevoir, je revins sur mes pas, j'eus le bonheur de retrouver la grande rue où je m'étais séparé de mes compagnons : là, je circulai du côté où je présumais que l'on s'était dirigé, et bientôt j'arrêtai au passage le courrier, qui, tout effaré, courait à ma recherche.

« Je vous laisse deviner les appréhensions de Sa Grandeur et des autres missionnaires, au moment où, entrant dans la maison et pouvant enfin regarder autour d'eux, ils ne m'avaient pas vu ! Heureusement, après un quart d'heure d'anxiété, j'arrivai pour y mettre fin ; et, de concert avec M. Daveluy qui nous attendait à la maison de la mission, nous célébrâmes tout bas, de peur d'être entendus de nos voisins, l'heureuse issue de notre expédition. »

Dire la joie, le bonheur des missionnaires et de tous les chrétiens, ne serait pas chose facile. L'évêque parmi eux, c'était la tête réunie au corps ; l'arrivée de nouveaux confrères, c'était l'espoir de l'avenir. Leur satisfaction fut plus vive encore, lorsqu'ils eurent vu à l'œuvre l'excellent pasteur que Dieu leur avait choisi, lorsqu'ils purent apprécier avec quel tact, quel zèle, quelle charité, quel oubli de lui-même, il se dévouait à sa nouvelle mission. Un instant, ils eurent des inquiétudes, car la santé du prélat n'était pas complétement remise, et sa maladie de l'année précédente sembla revenir. Mais la Providence qui le réservait à de plus longs travaux, le conserva, et après trois mois de souffrance, il commença la visite des chrétiens de la capitale.

Cette première année de l'apostolat de Mgr Berneux fut assez tranquille ; les missionnaires ne furent pas trop inquiétés. Le Père T'soi seul courut un danger sérieux, qu'il raconte comme il suit, dans une lettre à M. Legrégeois. « Je fus un jour appelé à un village nommé Tsimpa-tel, composé presque entièrement de néophytes depuis peu convertis à la foi. Ces braves gens étaient préparés à recevoir le sacrement de la régénération et attendaient ardemment la venue d'un missionnaire. Après avoir, dans la soirée, entendu quelques confessions, et terminé le baptême des enfants, j'avais, le lendemain matin, commencé à conférer la même grâce à quinze adultes, et je m'apprêtais à dire la messe avant l'aube du jour, quand tout à coup une troupe de païens cerne la cabane où je célébrais les divins mystères, et s'efforce de pénétrer jusqu'à moi, pour se saisir des ornements et des vases sacrés. Mais les chrétiens, qui étaient là rassemblés, bien qu'inférieurs en nombre, s'opposent à leur invasion, et une lutte s'engage entre eux, les brigands voulant forcer la porte et les chrétiens se serrant pour la défendre. Pour moi, aidé de quelques fidèles, je fis disparaître ma chapelle à la hâte, et m'échappant par une porte dérobée, je pus, à la faveur de la nuit et des forêts, m'enfuir dans les montagnes.

« Tandis que, suivi de quelques néophytes, j'errais ainsi, les pieds nus et à l'aventure, au milieu des roches et des épines, les païens finirent par être mis en fuite, après un combat qui laissa plusieurs blessés de part et d'autre.

« Ces misérables, furieux de n'avoir rien pu obtenir par la violence, vont dénoncer le village au mandarin, qui en fait saisir les cinq principaux habitants, et les fait jeter en prison. L'un d'entre eux, nommé Paul Ny, chrétien depuis huit ou neuf ans, et déjà plein de zèle et de vertus, était le catéchiste de Tsimpa-tel. L'autre, appelé Augustin Ha, était conseiller du mandarin, et le premier dignitaire après lui. Sa conversion date de trois ans, et il a gagné beaucoup de païens à l'Evangile ; aussi a-t-il été saisi comme propagateur de la religion chrétienne. Les trois autres sont des catéchumènes convertis depuis moins d'un an. Ils étaient au nombre de ceux que je baptisais, quand les païens sont venus pour me prendre.

« Le premier d'entre eux appartient à l'une des plus nobles familles de la Corée. Après avoir reconnu la vérité de notre foi, il s'était réfugié chez les chrétiens de ces montagnes, afin de pouvoir la pratiquer plus librement qu'au sein de sa famille. Quant aux deux autres, ce sont des parents d'un renégat. Ce malheureux, marchant sur les traces du premier apostat, Judas Iscariote, est celui qui avait conduit les satellites à l'assaut de ma retraite. Avant d'en venir là, il avait déjà fait subir aux deux néophytes toutes sortes d'avanies et de persécutions, pour les forcer à l'imiter dans son crime, et à renier aussi leur Dieu.

« Ayant tous comparu devant le mandarin, ils ont confessé l'Evangile avec foi et courage ; car, sommés par le juge de maudire le Seigneur du ciel, ils lui ont répondu : «Si c'est un crime de maudire les princes de la terre, que sera-ce donc de blasphémer le Monarqne qui règne éternellement dans les cieux? Il nous est impossible de nous souiller par une pareille infamie. » Après avoir subi une première fois la torture, ils ont été reconduits en prison, où ils sont forcés de se nourrir à leurs frais ; et comme leurs familles, pour la plupart, sont très-pauvres, elles ne peuvent que difficilement les sustenter. »

Cette affaire n'eut pas des suites aussi graves qu'on pouvait le craindre. Deux des prisonniers furent condamnés à l'exil, et les autres rendus à leurs familles. Le dénonciateur s'était présenté chez un des ministres avec une longue liste de chrétiens qu'il demandait l'autorisation d'arrêter. Mais ce ministre n'était pas hostile à la religion, et craignait en la persécutant de s'exposer à quelque conflit avec les puissances européennes ; il fit chasser cet individu comme atteint de folie. On assure même qu'il lui fit donner une forte bastonnade, pour le détourner plus efficacement de ses projets de délation.

Dans le district de M. Daveluy, on avait quelques inquiétudes sur le sort de cinq néophytes emprisonnés, quand, un beau jour, on apprit qu'ils venaient d'être mis en liberté, sans payer la moindre rançon, et sans avoir eu à prononcer de formule d'apostasie. Ils retournèrent dans leur village, et continuèrent de professer publiquement la religion chrétienne.

La principale cause de cette modération inaccoutumée était, sans aucun doute, la présence d'une frégate française, *la Virginie*, qui fit, sur les côtes de la Corée, un séjour de plusieurs semaines. Les missionnaires, prévenus trop tard dans leurs cachettes éloignées, ne purent se mettre en rapport avec leurs compatriotes, et quand M. Daveluy, mal renseigné, trompé par les bruits les plus contradictoires, arriva, après plusieurs jours de marches et de contre-marches, à l'endroit vis-à-vis duquel la frégate avait mouillé, il ne rencontra personne. Le gouvernement coréen fut dans la plus vive anxiété. Il avait sur la conscience le sang des trois missionnaires martyrisés en 1839, et la

réponse peu convenable faite au commandant français en 1847 ;
il ne croyait pas que la France pût laisser cette mort impunie,
et se tenir satisfaite d'aussi pauvres explications. Le ban et
l'arrière-ban de la milice, c'est-à-dire presque tous les hommes
valides du royaume, reçurent l'ordre de se tenir prêts pour entrer
en campagne au premier signal. Mais comme l'immense majorité
de ces pauvres gens sait à peine de quelle main il faut tenir l'arc,
la famille royale et les ministres qui ne se faisaient pas illusion
sur leur vaillance, firent préparer dans les montagnes du nord-
est divers lieux de refuge, pour y mettre en sureté, le cas échéant,
leurs personnes et leurs trésors. Les missionnaires, de leur côté,
croyaient entrevoir le jour où la liberté de religion leur permettrait de convertir les païens par milliers. Malheureusement,
l'espoir des uns et la crainte des autres étaient également chi-
mériques.

« En attendant l'accomplissement de tant de belles espérances, » écrivait Mgr Berneux l'année suivante, « nous travaillons
de toutes nos forces, mais avec d'extrèmes précautions. La hache
est toujours suspendue sur nos têtes, et le moindre accident
pourrait nous attirer une sanglante persécution. Vous comprenez
que, dans la situation où nous sommes, nous ne pouvons avoir ni
chapelle, ni lieu de réunion pour nos chrétiens. Le dimanche, ils
s'assemblent au nombre de douze ou quinze, tantôt dans une maison, tantôt dans une autre, toujours secrètement, pour ne pas
mettre les païens sur leurs traces. Ils récitent ensemble, à voix
basse, les prières prescrites par l'évêque, et entendent l'explication de l'Evangile du jour ; le reste de la journée est employé
à dire le rosaire, à étudier le catéchisme et à l'enseigner aux
enfants. Voilà à quoi se réduit, pour les Coréens, la sanctification
du dimanche ; leur permettre de venir assister à la messe serait
tout perdre, et m'exposer au danger certain d'être pris avant
un mois.

« C'est aussi dans la maison des néophytes que se fait la mission, qui commence ordinairement au mois de septembre. Cette
époque est attendue impatiemment par les chrétiens ; c'est le
seul jour de l'année où ils peuvent recevoir les sacrements, dont
ils sont saintement avides, la seule fois aussi qu'ils peuvent voir le
missionnaire, pour lequel ils ont une vénération toute filiale.
Lorsque les catéchistes ont déterminé les maisons où les réunions
doivent se tenir, et qu'ils en ont indiqué à chacun le jour et le
lieu, je me rends dans la demeure où la mission doit s'ouvrir, et
où m'attendent trente ou quarante néophytes. Une petite chambre

à peine assez haute pour que je puisse m'y tenir debout se convertit en chapelle, dont un crucifix et une image de la sainte
Vierge forment tout l'ornement. L'examen du catéchisme, auquel
tous sont soumis, le vieillard octogénaire comme l'enfant de
dix ans, une instruction sur les dispositions qu'il faut apporter
à la réception des sacrements, puis trente ou quarante confessions, avec les extrêmes-onctions et les baptêmes, m'occupent
toute la journée et une partie de la nuit. Le lendemain, le lever
à une heure ; à deux heures, la messe où se fait la communion,
enfin, une instruction sur la nécessité et les moyens de persévérance, après laquelle je passe, avant le jour, dans une autre
maison, où d'autres chrétiens m'attendent, et où se répètent les
exercices de la veille. Voilà les occupations du missionnaire à la
capitale pendant quarante jours : c'est à en perdre la tête de
fatigue. Plus d'une fois, il m'est arrivé de tomber de sommeil au
milieu de ma chambre, et de me réveiller, le matin, un bas dans
une main, et l'autre encore au pied.

« Si cette époque est le temps du travail, c'est aussi celui des
consolations ; c'est alors que nous voyons toute la vivacité de la
foi des néophytes. Souvent il arrive que des enfants et des femmes
aient reçu le baptême et en pratiquent les devoirs, à l'insu de
leurs parents ou maris païens. Quelque difficulté qu'ils rencontrent à se rendre auprès du missionnaire, il est rare qu'ils ne la
surmontent pas. La femme noble elle-même, cette créature si
timide en toute autre circonstance, et qui jamais n'a franchi le
seuil de sa demeure, sait trouver du courage quand il s'agit de
recevoir les sacrements. Déguisée en femme du peuple, elle
choisit le moment où sa famille est endormie pour s'échapper et
venir au milieu de la nuit, dans la maison où se réunissent les
chrétiens. Elle se confesse avant la messe, assiste au saint sacrifice, et, après avoir reçu la divine eucharistie, elle rentre chez
elle comme elle est sortie, pendant que tout dort encore, bénissant
Dieu des grâces qu'elle vient de recevoir, le bénissant aussi du
succès de sa périlleuse expédition. Malheur à elle, si son mari
s'apercevait de cette absence nocturne ! N'en comprenant pas le
motif pieux, il se vengerait par le poison d'une telle témérité.

« Outre la capitale, je me suis encore réservé l'administration
de soixante villages. Dans les montagnes au milieu desquelles
ils se trouvent, la mission offre moins de difficultés pour les
chrétiens, et pour le missionnaire moins de fatigues. Comme ils
sont entièrement séparés des païens, ces précautions si gênantes
de la ville ne sont plus nécessaires ; on y est presque en liberté.

Si chaque jour, outre les exercices religieux qui sont les mêmes qu'à la capitale, il faut faire à pied, pour passer d'un village à un autre, quatre ou cinq lieues à travers les montagnes ; s'il faut quelquefois voyager par la pluie ou la neige avec ses bas de toile et ses sandales de paille, qui prennent l'eau comme une éponge, on respire plus ou moins le grand air, et le sommeil est suffisant. Après avoir ainsi travaillé pendant huit mois, chacun de nous, bien harassé, mais bien comblé des bénédictions que le Seigneur a daigné répandre sur son ministère, rentre à son gîte pour y passer dans le repos, la retraite et l'étude, les quatre mois d'été, pendant lesquels il n'est pas possible de faire mission. »

Un des confrères de Mgr Berneux complétait la lettre du saint prélat par les lignes suivantes : « Quoique sa lettre soit assez longue, je réponds qu'il ne vous dit pas tout. Il ne vous dit point, par exemple, que, souffrant continuellement de la gravelle, et vivant de quelques feuilles de navets et d'un peu de riz, il se permet parfois vingt-deux heures de travail par jour, et qu'il regarde quatre heures de sommeil dans ses plus longues nuits, comme une grande immortification. En vain tous les confrères se récrient, il ferme la bouche à tout le monde avec ce seul mot : « Que feriez-vous à ma place ? »

Ce qui, par-dessus tout, encourageait Mgr Berneux à ces efforts surhumains, c'était la fréquence des conversions extraordinaires, et l'action visible de la grâce de Dieu sur les néophytes. Il en raconte lui-même de touchants exemples dans une de ses premières lettres.

« Un vieillard presque octogénaire entend parler de la religion chrétienne : un de nos livres lui tombe entre les mains, il le lit, et cette lecture le convainc de la vérité du christianisme. Il occupait une charge importante, mais cette dignité étant incompatible avec les devoirs imposés aux chrétiens, il s'en démet et rentre dans la vie privée. Au sein même de sa famille, les relations qu'il faudra entretenir avec ses amis l'exposeront à offenser Dieu qu'il a résolu de servir. Pour s'y soustraire, il feint d'être en démence, ne se lave plus, ne parle plus à personne, etc. Voilà plusieurs années qu'il joue ce rôle et remplit les devoirs d'un fervent catholique, sans avoir pu encore recevoir le baptême. Ses fils, qui soupçonnent ses intentions et redoutent la perte de leurs emplois et l'opprobre attaché au nom chrétien, ne permettent à aucun étranger d'approcher de lui, en sorte que nul missionnaire n'a pu le voir. Je viens d'envoyer un catéchiste qui parviendra, je l'espère, à le baptiser. » Ce bon vieillard reçut en effet le baptême quelques semaines plus tard.

« Une jeune fille païenne qui commençait à pratiquer l'Evangile, est donnée en mariage à un païen. Elle continue, dans sa nouvelle famille, à réciter chaque jour ses prières, lorsqu'elle est sans témoin ; mais quelque précaution qu'elle prenne pour n'être pas aperçue, sa belle-mère et la sœur de son mari l'ont vue plusieurs fois se mettre à genoux dans un coin de la chambre et même pendant la nuit, lorsqu'elle croyait que tout dormait auprès d'elle. Ce qui étonne surtout, c'est de la voir si douce, si patiente, et obéissant toujours avec tant de respect aux moindres ordres qui lui sont donnés. « Vous avez un secret que vous me cachez, » lui dit un jour sa belle-sœur. — « Moi, un secret ? lequel donc ? — « Oh ! riez tant que vous voudrez, mais vous avez un secret, vous « êtes toute différente des autres femmes. — Vous plaisantez ; « qu'ai-je donc de si singulier ? » Enfin, vaincue par les instances de la jeune fille, à qui elle ne voit aucun danger de se confier : « Oui, en effet, » lui dit-elle, « j'ai un grand secret, écoutez-le. « J'ai le bonheur de connaître le vrai Dieu et je l'adore. C'est « lui que je priais lorsque vous m'avez surprise à genoux au « milieu de la nuit ; je n'ose ni me mettre en colère, ni déso- « béir, ni médire, parce que Dieu le défend, et ce que je me « propose en le servant c'est de mériter le bonheur du ciel. » La jeune fille écoute avec une attention religieuse, et dès ce jour elle apprend la prière des chrétiens avec sa belle-sœur, dont elle ne peut plus se séparer.

« La mère ne tarde pas à s'apercevoir de cette intimité, elle remarque surtout le changement qui s'est opéré dans le caractère de sa fille. Autrefois légère et irascible, elle est devenue grave et en tout semblable à sa belle-sœur. A son tour elle n'y tient plus ; il lui faut, à elle aussi, l'explication de ce mystère. Cette explication lui est donnée et produit sur elle le même effet que sur sa fille. Restait encore la grand'mère, fort âgée : même communication, même docilité à la grâce. Ces quatre femmes, heureuses du trésor qu'elles ont trouvé, pratiquent, à l'insu de leurs maris et de leur père, tout ce qu'elles connaissent des obligations du chrétien. Un obstacle cependant s'oppose à leur baptême : ce sont les superstitions auxquelles elles sont forcées de participer. Pour s'en affranchir, il faudrait déclarer aux chefs de la famille qu'elles sont chrétiennes, et cette déclaration ne leur attirerait que des mauvais traitements, et les rendrait l'objet d'une surveillance qui ne leur permettrait plus aucun exercice de religion. Il a été convenu entre elles que la mère et l'aïeule s'abstiendraient désormais de tout acte entaché de superstition, afin d'assurer leur salut par la réception du baptême ; les deux belles-sœurs seules préparent les viandes qni devront être offertes aux idoles, jusqu'à ce que Dieu, qui voit le fond des cœurs et connaît avec quel regret elles coopèrent à des actes qui l'offensent, les délivre de la triste nécessité où elles sont réduites.

« Des traits semblables je pourrais vous en citer par milliers. Oh ! alors, comme vous aimeriez ma Corée et comme vous prieriez pour nous ! Le bon Dieu doit avoir des desseins de grande miséricorde sur cette mission, si nous en jugeons par les grâces qu'il lui accorde. »

On comprend que dans de telles circonstances, le cœur du saint évêque, embrasé d'un zèle vraiment apostolique, trouvait légers les plus pénibles travaux. L'amour de Dieu lui donnait des forces surnaturelles, cet amour dont il est écrit qu'il ne sent point le fardeau, ne recule devant aucun labeur, embrasse plus qu'il ne peut, et ne trouve rien impossible. *Amor onus non sentit, labores non reputat, plus affectat quam valet, de impossibilitate non causatur.* (Imit., l. III, c. v.)

CHAPITRE III.

Mgr Daveluy est sacré coadjuteur. — Arrivée de M. Féron. — Progrès de l'Evangile pendant les années 1857 et 1858. — Mort de M. Maistre.

Avant son départ pour la Corée, Mgr Berneux avait reçu du Saint-Siége les pouvoirs nécessaires pour se choisir et consacrer un coadjuteur. Il ne voulut pas rester plus longtemps sans en faire usage. L'état toujours précaire de la chrétienté, le souvenir des anciens désastres, les difficultés inouïes que l'on avait eues à surmonter pour faire entrer des missionnaires, la crainte que de nouvelles persécutions ne vinssent bientôt, en frappant le premier pasteur, anéantir l'espérance de perpétuer le sacerdoce en Corée, toutes ces considérations réunies lui faisaient un devoir de ne pas tarder. Son choix tomba sur M. Daveluy, que onze ans de travaux, une connaissance exacte du pays, un zèle tout apostolique et les solides vertus d'un vrai missionnaire, désignaient clairement comme le plus digne. Mais il eut à lutter contre l'humilité de ce saint prêtre, et dut, pour ainsi dire, lui imposer de force cette charge redoutable.

« Mes répugnances naturelles, » écrivait Mgr Daveluy quelques semaines plus tard, « mes répugnances naturelles pour cette position suffisaient seules pour me porter au refus. Je ne me suis jamais cru fait pour commander ; c'est déjà beaucoup pour moi de savoir obéir. D'autre part, l'épuisement réel de mes forces, suivi de la perte de mes facultés intellectuelles, ne me permettait pas d'accepter ce fardeau. Mais Sa Grandeur me parla dans des termes qui me firent craindre qu'un refus obstiné ne me mît hors de la voie de la Providence, et j'eus le malheur de donner mon consentement. Le jour de la consécration fut donc fixé au 25 mars, fête de l'Annonciation. MM. Maistre, Petitnicolas et le P. Thomas furent réunis pour cette cérémonie que la prudence ne permit pas de faire au milieu des chrétiens. Elle eut lieu dans la maison de Sa Grandeur, pendant la nuit, en présence des catéchistes de la capitale et d'un petit nombre des principaux chrétiens. La localité et le secret ne permirent pas de grande pompe ; c'était presque comme dans les catacombes. Qu'il nous fut pénible de ne pouvoir satisfaire au désir de tous nos néophytes ! Jamais il ne leur a été donné de contempler la majesté de nos cérémonies, et ils sont inconsolables de n'avoir pu assister à la seule de ce genre peut-être qui aura lieu de leur vivant.

« Aujourd'hui tout est fini, mais, s'il ne s'agissait pas de moi, ce serait une grande consolation de penser à la marche progressive de la religion dans ce pays. Ici aussi, la consécration épiscopale s'est donnée, la hiérarchie s'établit selon les règles habituelles de l'Église. N'est-ce pas un progrès réel? un acte de la plus grande conséquence pour l'avenir? Oui, cette terre fécondée par le sang de tant de martyrs portera ses fruits ; oui, j'ose compter sur la protection de tant de vaillants athlètes, dont les têtes tombées sous le sabre servent de fondation à la sainte Église de Dieu dans ce pays. Terre des martyrs, la Corée deviendra chrétienne, je n'en doute pas, et c'est ce qui me console au milieu de l'accablement où je suis. Les événements se pressent, et tous semblent nous annoncer une ère de développement rapide. Dès le lendemain de mon sacre, notre chère mission pouvait contempler son nombreux clergé — l'expression est devenue juste — réuni en synode, selon l'esprit de l'Eglise, pour régler ce qui peut concourir à l'avancement de la religion. Pressés par les circonstances, nous ne consacrâmes que trois jours à cette heureuse réunion, où furent arrêtées plus clairement nos règles de conduite et le plan des opérations que semblent nous permettre les circonstances. La discipline est raffermie, les esprits tendent plus facilement vers le même but, et surtout l'union de charité entre nous se resserre admirablement. Quelles actions de grâces ne devons-nous pas rendre à Dieu? »

Ce premier synode était à peine terminé et les missionnaires étaient encore réunis, quand l'arrivée inattendue de M. Féron, nouveau confrère que tous croyaient encore pour longtemps en Chine, vint mettre le comble à leur joie. Voici les détails donnés par M. Féron lui-même dans une lettre à ses parents :

« Quelque inexpérimenté que l'on soit en fait de voyages, avec la protection du bon Dieu, on se tire d'affaire assez aisément. Or cette protection divine a été bien plus sensible que je n'osais l'espérer moi-même. Mon arrivée si heureuse en Corée est un vrai miracle. En effet, pendant que je partais de Chang-haï, Monseigueur le Vicaire apostolique écrivait à notre procureur et à moi qu'il ne pourrait pas envoyer de barque à notre rencontre, et qu'il me faudrait, en conséquence, retourner à Hong-kong pour deux ans. Les communications ordinaires étant interrompues dans le nord, par les glaces, la lettre de Sa Grandeur dut attendre, plus de deux mois, au Léao-tong, et, pendant ce temps-là, je partais joyeusement pour ma bien-aimée mission. La barque que je rencontrai était celle d'un païen venu pour faire le commerce, en contrebande, avec les barques chinoises qui se rendent dans l'archipel coréen pour la pêche du hareng. Il y a peut-être dans toute la Corée une douzaine de matelots chrétiens, lesquels sont ordinairement occupés aux travaux des champs et ne s'embarquent guère que sur les ordres de l'évêque ou des Pères, lorsqu'il faut aller chercher des missionnaires. Comment se fait-il que ce païen en ait réuni sept qui composaient tout son équipage, bien qu'ils habitassent à je ne sais quelle distance les uns des autres? C'est ce que nous n'avons jamais pu comprendre ; mais, enfin, c'est ce qui est arrivé. Aussi n'eurent-ils rien de plus pressé, en voyant un Père destiné pour la Corée, que de déclarer à leur patron qu'ils renonçaient, s'il le fallait, à leur salaire, mais qu'ils m'emmenaient avec eux.

« Le païen s'exécuta de bonne grâce, et, pendant les cinq jours que je demeurai à son bord, nous fûmes les meilleurs amis du monde. Je n'avais point d'habits coréens, un matelot me prêta les siens; Dieu sait en quel état ils se trouvaient. Mais lorsque le moment fut venu de quitter la barque, un des hommes de l'équipage remarqua que mes bas chinois n'avaient pas la couture faite comme celle des bas coréens. Grande affaire ! Un des chrétiens ôta les siens aussitôt et me pria de les mettre : j'avoue que le cœur me manquait. Je réussis à leur faire comprendre que, descendant de la barque au milieu de la nuit pour arriver avant le jour auprès de notre évêque, il n'était pas probable qu'aucun païen s'amusât à considérer la couture de mes bas. Ils le comprirent, et nous voilà partis. A moitié chemin de la ville, nous nous arrêtâmes chez un des matelots pour prendre une petite collation, composée de navets salés et de vermicelle fait avec de la farine de sarrasin.

« Enfin, au point du jour, nous entrâmes chez Mgr Berneux, qui crut son domestique fou lorsque celui-ci, en l'éveillant, lui annonça l'arrivée d'un nouveau Père. Je trouvai là presque tous les confrères réunis. Mgr Berneux venait de sacrer son coadjuteur et de terminer un synode : j'arrivais à temps pour manger ma part de la croûte du pain dont la mie avait servi pour essuyer les onctions de la consécration. Jugez quelle fête! Mais elle n'eût pas été complète si le bon Dieu ne nous eût rappelés à la pensée des misères humaines, en mêlant à notre bonheur un peu du bois de la croix. Nous en étions encore aux premiers moments de joie, quand le patron païen, qui connaissait bien notre position et savait que nous n'avions aucun recours contre lui, mettait la main sur mon bagage, qu'il a refusé jusqu'à présent de lâcher à moins d'une somme très-forte : encore ne consent-il à en rendre qu'une faible partie, car il a déjà vendu la plus considérable. Il est vrai que sa tête est entre nos mains et que d'un seul mot nous pourrions le faire condamner à mort comme voleur ; mais il nous connait trop pour craindre que ce mot nous échappe. »

Après le sacre de Mgr Daveluy et la célébration du premier synode de l'Église coréenne, chacun des missionnaires retourna à son poste avec plus d'ardeur et de confiance que jamais. Voici comment le P. Thomas T'soi, dans une lettre, du 14 septembre 1857, à M. Legrégeois, continue son récit de l'année précédente et rend compte des principaux faits arrivés dans son district :

« Quand j'écrivis au Père ma dernière lettre, j'étais sur le point de partir pour une nouvelle chrétienté éloignée, et je lui promis, une fois de retour, de lui raconter tout ce qui m'aurait paru digne d'attention. J'accomplis aujourd'hui ma promesse. Ceux qui déposèrent les premiers germes de la foi dans cette chrétienté furent une pauvre femme exilée et sa famille. Lors de la dernière persécution générale de 1839, cette femme s'était enfuie de la capitale pour se soustraire à la fureur des bourreaux. Elle vint se réfugier dans cette ville, où elle entra au service d'une famille très-riche. Peu à peu la maîtresse de la maison, grâce à sa servante, connut la vérité de la religion chrétienne, se mit à la pratiquer avec ferveur, et la fit connaître elle-même à d'autres personnes qui l'embrassèrent également. Mais son mari ne tarda pas à s'apercevoir de ce changement. Transporté de fureur, il essaya, à force de mauvais traitements, de la détourner de notre sainte religion. Comme il n'aboutissait à rien, il la prit un jour et la traîna à travers les rues de la ville, menaçant de la faire condamner à mort par le mandarin si elle ne revenait au culte des idoles. Cette fidèle servante de Jésus-Christ, calme en face du péril, se laissait conduire au tribunal sans mot dire, quand enfin son barbare mari, vaincu par cette inébranlable constance, la ramena à la maison. L'unique résultat de sa démarche fut de faire savoir au loin qu'il y avait des chrétiens dans la ville. Les parents de la pauvre exilée, qui vivaient dans une bourgade du voisinage, furent remplis de joie en entendant cette nouvelle. Privés eux-mêmes, depuis de longues années, de tout commerce avec les chrétiens et plongés dans une profonde ignorance, ils gémissaient sur leur triste sort, et ne désiraient rien tant que de rencontrer quelques chrétiens, pour apprendre d'eux plus à fond les vérités nécessaires au salut. Aussi, quittant à la hâte leur village, ils vinrent habiter auprès de leur parente chrétienne.

« Là, chrétiens et catéchumènes, ne faisant pour ainsi dire plus qu'une seule famille et s'appuyant les uns sur les autres, devinrent plus fermes dans la foi et plus fervents dans la pratique de la religion. Bien plus, par leurs efforts réunis, ils parvinrent à convertir plusieurs personnes, parmi lesquelles se trouvait la femme d'un des grands de la ville, qui combattit vaillamment le combat du Seigneur. Tourmentée de mille manières par son mari, elle opposa à ses menaces, à ses coups et à ses persécutions de tout genre une fermeté invincible. Impossible de dépeindre la sainte avidité avec laquelle cette pauvre âme, lors de mon arrivée, écouta mes paroles et reçut les sacrements. Depuis longtemps, elle ne faisait que soupirer : « Quand donc verrai-je de « mes yeux le prêtre du Seigneur? Quand donc recevrai-je de « sa bouche les divins enseignements? Lorsque cette grâce m'aura « été accordée, oh! alors je pourrai mourir en paix. »

« Tel était l'état des choses, quand, hélas! un épouvantable ouragan vint s'abattre sur la pauvre chrétienté. La veille de mon départ, une vieille femme, toute transportée de joie au sortir de l'oratoire où elle avait, avec les autres chrétiens, entendu la divine parole et participé aux sacrements, s'en alla trouver une de ses amies qui, sourde jusque-là à toutes ses exhortations, n'avait jamais consenti à embrasser la religion chrétienne. Elle lui raconta tout ce qu'elle venait de voir dans l'oratoire, persuadée qu'elle la convertirait en lui révélant toutes les merveilles auxquelles elle avait pris part, et qui remplissaient son cœur d'une joie indicible. Mais cette amie insensée rapporta tout à son mari. Celui-ci convoqua pendant la nuit tous les maris de ces femmes qui honoraient Dieu en secret, à l'insu ou contre le gré de leurs familles, et leur dévoila ce qu'il venait d'apprendre. Là-dessus, grand émoi; on résolut de chasser immédiatement de la ville la famille de cette femme exilée, laquelle, étant tout entière chrétienne, avait seule pu dresser un oratoire dans sa maison.

« Je venais de célébrer la sainte messe et de terminer l'administration des sacrements, j'étais à peine sorti de la ville et le plus jeune des membres de cette maison, qui m'avait accompagné, n'avait pas encore eu le temps de revenir auprès des siens, quand la populace, se précipitant sur l'oratoire, démolit la maison, pilla et dévasta tout ce qui appartenait à cette infortunée famille et la chassa du pays. Je ne sais comment, dans la suite, les chrétiennes de ce lieu pourront être visitées par le missionnaire. Il n'y a pas une maison dont on puisse faire un lieu de réunion, car ce qui reste de néophytes sont des femmes qui honorent Dieu en secret, et, d'un autre côté, elles ne peuvent sortir de la ville. Que le Seigneur daigne jeter un regard de miséricorde sur ces infortunées et tienne compte de leur bonne volonté!

« Dans une autre chrétienté, éloignée de toutes les autres de plus de trois jours de marche, j'ai rencontré cinq pauvres familles. Elles s'y étaient fixées depuis peu de temps, parce que, dans le lieu qu'elles habitaient auparavant, elles ne pouvaient vaquer à la pratique de la religion chrétienne. Leur village est situé au sommet d'une montagne horrible appelée Man-san. C'est là que je m'installai pour faire la visite et administrer les sacrements. Or, à cent dix lys (onze lieues) plus loin, se trouve un autre village chrétien où venaient d'arriver quelques pauvres familles qui, n'ayant pas encore eu le temps de se construire des demeures ni par conséquent un oratoire, étaient toutes obligées de venir à Man-san pour y recevoir les sacrements. Les vingt personnes environ qui les composaient se divisèrent en deux bandes, et, pendant que l'une se rendait à Man-san, l'autre demeura pour garder les bestiaux et le petit mobilier. Quand les premiers eurent reçu les sacrements, ils s'en retournèrent, et la seconde bande se mit en route à son tour. Elle était formée de deux hommes, d'une jeune fille de seize ans, de deux enfants, l'une de treize ans, l'autre de onze, et enfin d'un petit garçon de neuf ans. Cette petite troupe pacifique avait cent dix lys à faire en un seul jour. Partie de grand matin, elle avait déjà parcouru plus de la moitié de la route, quand, arrivée à un certain village, elle fut assaillie par une vingtaine d'hommes de l'endroit, qui, armés de bâtons, ne rougirent pas de se précipiter sur les pauvres voyageurs. Mais, pendant le conflit, un vieillard vénérable sortit du village, reprocha à ces furieux leur impudence et délivra nos malheureux captifs. Ces vaillants chrétiens, quoique épuisés par la fatigue, la faim et la secousse de cette attaque inopinée, continuèrent leur marche et, sur le soir, arrivèrent tout triomphants à l'oratoire. Le Père conçoit avec quels transports de joie et quels sentiments de commisération nous les reçûmes, les chrétiens du village et moi, et avec quel empressement nous allâmes ensemble rendre à Dieu les plus vives actions de grâces.

« J'arrivai deux jours plus tard dans un autre village où

quelques chrétiens vivent en secret au milieu des païens. Ces derniers, soupçonnant la présence d'un missionnaire, firent bonne garde tout le jour suivant autour de la maison dans laquelle j'étais caché, et voulurent même l'envahir pour me prendre. Mais un catéchumène, que les païens regardaient comme un de leurs plus fidèles coreligionnaires, les détourna de ce projet, et leur montra la gravité du danger qu'ils allaient courir en pénétrant ainsi de force dans une maison étrangère; car, s'ils n'y trouvaient rien de suspect, ils s'exposaient, pour leur témérité, à être punis du dernier supplice. Touchés par cette considération, ils n'osèrent pénétrer dans la maison, mais ne laissèrent pas cependant d'en garder toutes les issues, afin de me prendre si je sortais. Je parvins néanmoins à m'évader de grand matin à la faveur des ténèbres, laissant plongés dans la désolation et privés des sacrements ces malheureux chrétiens qui les attendaient avec impatience depuis deux ans. Oh! qu'il est douloureux d'être contraint, à cause des persécutions des méchants, d'abandonner ces pauvres faméliques sans les avoir rassasiés, et de les voir réduits à une telle détresse, sans espérance, au moins pour le moment, de les en tirer!

« Mais détournons nos regards de ce triste spectacle pour les reposer sur un sujet plus agréable. Un jeune homme ayant entendu dire que dans le village de Kan-ouel, éloigné de plusieurs jours de marche de sa ville natale, il y avait des hommes pratiquant une religion particulière, s'en vint, poussé par la curiosité, trouver le catéchiste de ce lieu, le priant de l'instruire de cette sainte doctrine. Celui-ci, suspectant ses intentions, refusa de condescendre à ses désirs et le renvoya aussi ignorant qu'il était venu. Le jeune homme revint à la charge quelque temps après, et s'efforça de tout son pouvoir de prouver au catéchiste la sincérité de son cœur. Vains efforts! Chassé une seconde fois, il revint une troisième. Enfin le catéchiste, cédant à ses importunités, et convaincu que cet homme cherchait la vérité, consentit à lui expliquer les éléments de la religion chrétienne, et lui donna même un petit manuel de piété, un recueil de prières et un catéchisme. Ravi de joie, notre catéchumène transcrivit de sa propre main les livres qui lui étaient nécessaires; puis, riche de ce trésor inestimable, il s'en retourna chez lui où il n'eut rien de plus pressé que de faire participer ses amis intimes, ses parents et toute sa famille au bienfait de la vérité qu'il venait de recevoir. Peu après, lui et tous ceux qu'il avait convertis quittèrent leur ville natale, où ils ne pouvaient pratiquer assez libre-

ment les devoirs de la religion, pour venir s'établir près de Kan-
ouel. Lors de ma dernière administration, il m'amena six hommes
parfaitement préparés à recevoir le baptême, et me promit de
faire élever un oratoire dans son village et de revenir .l'année
prochaine avec tous les siens aussi bien préparés que ceux-ci.
Un autre village, composé de cinq ou six familles, a été converti
et évangélisé de la même manière.

« Mais il faut que je raconte au Père l'histoire de la conversion d'une famille en particulier. Cette famille était obsédée par
le démon depuis plusieurs générations. Hommes, femmes,
enfants étaient tourmentés par de mauvais génies qui leur appa-
raissaient sous la figure de leur père ou de leur aïeul, et mille
fois, le jour comme la nuit, écrasaient leurs épaules ou leur dos
d'un poids énorme. Ces malheureux étaient plongés dans une
consternation et un désespoir inexprimables. Il ne leur était
même pas permis d'habiter un peu de temps dans le même
endroit, car les mauvais génies les forçaient d'émigrer ailleurs,
avec défense d'emporter aucun de leurs ustensiles domestiques ;
s'ils transgressaient cette défense, le démon les obsédait avec
tant d'opiniâtreté pendant la route qu'il les obligeait à reporter
ce qu'ils avaient pris. Aussi étaient-ils réduits à la plus épouvantable misère. Sur ces entrefaites, un néophyte ayant eu connaissance de leur infortune, et persuadé que, s'ils embrassaient
la foi chrétienne, ils ne tarderaient pas à être délivrés par la
grâce de Jésus-Christ des poursuites du démon, leur enseigna
notre sainte religion, et les conduisit dans un village de chrétiens. Là, cette famille commença tout d'abord par éprouver un
soulagement sensible. Tandis qu'elle apprenait avec ferveur les
prières et le catéchisme, elle était complétement délivrée ; mais
lorsqu'au contraire, elle se relâchait dans cette étude et priait
d'un cœur tiède, les vexations recommençaient ; et ainsi, le
démon lui-même semblait prendre à tâche de les former à la
piété. Quand tous eurent été baptisés, ils furent entièrement
délivrés, et l'on m'assure que maintenant ils se portent à merveille et vivent, dans la joie et la paix, de la culture de leurs
champs.

« Au reste, si je voulais raconter en détail tous les autres
traits de ce genre, je ne pourrais finir cette lettre.

« Dans tout le cours de l'année, j'ai entendu deux mille huit
cent soixante-sept confessions, baptisé cent soixante-onze adultes, renouvelé les cérémonies du baptême à dix-sept adultes,
enrôlé cent quatre-vingt-une personnes dans l'œuvre de la Pro-

pagation de la Foi. Le nombre des chrétiens de mon district s'élève en tout à quatre mille soixante-quinze, celui des catéchumènes à cent huit.

« Les apostats qui étaient venus l'an dernier avec des satellites dans le village où je célébrais les saints mystères, pour se saisir de ma personne, et qui avaient été repoussés par nos néophytes, ont mis tout en œuvre pour se venger de cet échec. Ils avaient même juré d'exterminer le nom chrétien du milieu de la Corée. Ils sont allés trouver quelques-uns des principaux mandarins, dans l'espoir d'obtenir d'eux l'autorisation de massacrer les chrétiens, et de déposer accusations sur accusations contre notre sainte religion. Mais ils ont été éconduits ignominieusement ; et, à l'heure qu'il est, ils semblent avoir perdu, sinon leur haine, du moins toute leur puissance. Les néophytes qui à cette occasion avaient été pris et jetés dans les fers, ont été remis en liberté. Bien plus, à la suite de ces troubles excités par nos ennemis, un village tout entier s'est converti et s'est fait chrétien. »

De son côté, Mgr Daveluy écrivait, à la même époque : « Dans la partie orientale de la Corée, où se trouve maintenant notre collège sous la direction de M. Pourthié, la croix porte encore ses fruits. Des vexations graves faites à des chrétiens des environs firent craindre pendant un certain temps des difficultés sérieuses. Tous étaient sur le qui-vive. On cacha sous terre les livres et le mobilier, et chaque nuit, les élèves et le missionnaire se tenaient prêts à fuir au premier signal. Mais le Seigneur commanda aux vents et à la mer, et il se fit une grande tranquillité. Le mandarin, saisi de ce procès par les chrétiens, leur rendit justice sans que le mot de religion eût été même prononcé. C'est de sa part, une marque de bon vouloir dont nous lui sommes très-reconnaissants. Sur d'autres points de la mission, il y a eu aussi quelques conflits, car le bon Dieu ne veut pas que nous puissions nous endormir dans une sécurité trompeuse. Mais, en somme, chacun des missionnaires a pu faire sa visite en paix ; tous nos chrétiens ont été administrés, et cinq cents baptêmes d'adultes ont augmenté d'autant notre petit troupeau. A Dieu seul toute la gloire !

« Et voyez combien admirables sont ses desseins ! Un catéchumène meurt baptisé par un catéchiste à l'heure de la mort. Cette même nuit une espèce d'arc-en-ciel parait sur la maison du défunt, au grand étonnement de quelques spectateurs païens et chrétiens. Les païens croient y voir un signe du ciel, et une quinzaine d'entre eux ont commencé à s'instruire de notre sain'e religion. Quelle qu'ait été la cause de ce phénomène ou prodige, Dieu en a tiré déjà sa gloire et le salut de quelques âmes. Certaines conversions se font, pardonnez-moi l'expression, contre toutes les règles. Dernièrement une jeune fille chrétienne est donnée en mariage à un païen, au mépris des lois de l'Église. Mgr de Capse met en interdit les parents de la jeune personne. Ne sachant que faire, ceux-ci vont trouver le jeune marié païen et lui disent : « Nous sommes à cause de toi sous le poids d'une punition grave ; il faut de suite apprendre notre doctrine, et nous faire délivrer. » Celui-ci écoute, tout étonné, se fait expliquer le comment et le pourquoi, et finit par dire : « Il paraît que tout est bien ordonné dans votre religion : elle doit être bonne ; » et il se met à apprendre le catéchisme. On espère qu'il sera baptisé sous peu.

« Une femme qui pratiquait à l'insu de son mari ne savait guère de catéchisme ; on la presse d'apprendre un peu mieux. Elle prétexte l'impossibilité où elle se trouve et les difficultés de sa position ; mais ses raisons ne sont pas admises, et on la menace du refus des sacrements. Toute désolée, elle dit : « Puisque c'est ainsi, je n'ai plus qu'un moyen, c'est d'avertir mon mari et d'essayer de le convertir. — Fais comme tu voudras. » Elle tint parole, et le mari, docile à la grâce qui le sollicitait par la bouche de sa femme, consentit à être chrétien. Ces petits détails sont mesquins en eux-mêmes ; mais pour moi il me paraît si consolant de voir tous les moyens que Dieu prend pour attirer ses élus, que j'ai cru vous faire plaisir en vous les rapportant, tels qu'ils se présentent à ma mémoire. »

Mgr Berneux, dans sa lettre au Conseil de la Propagation de la Foi, du 23 novembre 1857, résume ainsi les travaux de cette année, qu'il nomme une année de bénédictions :

« Mettant à profit cette petite paix dont on nous laisse jouir, je me suis hasardé à appeler tous mes missionnaires à la capitale, pour assister à la consécration de mon coadjuteur. C'était la première fois qu'une aussi touchante cérémonie avait lieu en Corée ; nos chrétiens eussent été heureux d'y prendre part, mais la prudence ne nous permit pas de les admettre. Malgré la tranquillité dont nous avons à rendre grâce au Seigneur, nous devons cependant user de précautions extrêmes, et ne pas nous hâter de sortir de nos catacombes. C'est donc à huis clos, et au milieu des ténèbres de la nuit, que M. Daveluy, qui depuis onze ans a rendu de si importants services à cette mission, a reçu la consécration épiscopale, sous le titre d'évêque d'Acônes. Nous étions encore tous réunis, et terminions un synode de trois jours, où nous avons pris des mesures pour procurer l'avancement de nos chrétiens et la conversion des idolâtres, quand nous arriva, le 31 mars, d'une manière toute providentielle, et amené par l'ange de la Corée, un confrère que personne n'attendait, M. l'abbé Féron. Ainsi cette mission de Corée, autrefois presque inaccessible aux Européens, qui, il y a deux ans, n'avait pas d'évêque, et pesait tout entière sur deux missionnaires et un prêtre indigène, la voilà maintenant avec deux évêques, quatre apôtres étrangers et un prêtre coréen. N'est-il pas vrai, Messieurs, que le sang des martyrs commence à porter ses fruits, et que le Seigneur paraît avoir sur ce peuple de Corée de grands desseins de miséricorde? Serait-ce trop se flatter d'espérer que cette chrétienté, qui s'est fondée elle-même, sans le secours d'aucun missionnaire, qui, pendant de longues années, par la seule vivacité de sa foi et l'énergie de son caractère, s'est soutenue, a pu même s'accroître, malgré de sanglantes persécutions ; est-ce trop se flatter, dis-je, d'espérer qu'elle va nous donner d'abondantes moissons, maintenant que le Seigneur lui prodigue tant de secours, dans le zèle intelligent de mon vénéré coadjuteur et des cinq missionnaires qui l'arrosent de leurs sueurs apostoliques ? Il nous semble les voir, ces espérances, commencer déjà à se réaliser. Nous avons encore, sans doute, bien des ennemis dans toutes les classes; il est cependant incontestable qu'il y a une tendance plus sensible que jamais à se rapprocher de notre sainte religion. Les persécuteurs eux-mêmes le constatent, et des mandarins, comme autrefois cet empereur apostat, avouaient, il y a peu de mois, dans une de leurs réunions, que le Christ triomphait, et que, malgré leurs efforts, avant dix ans, la moitié du royaume aurait embrassé le christianisme. Que diraient-ils s'ils voyaient le fils d'un ministre du roi, mandarin lui-même, nous envoyer des présents, et solliciter, comme une grâce, la permission de nous venir visiter; s'ils savaient que la femme d'un des oncles du roi a engagé ses frères à se faire catholiques, et que, dans ce même palais où tant de fois on a juré d'exterminer jusqu'au dernier vestige du nom chrétien, le vrai Dieu a ses adorateurs qui n'attendent que des temps plus calmes pour se présenter au baptême? Ils verraient peut-être, dans ces faits, l'accomplissement des oracles de la sibylle coréenne, qui annoncent que la reine mère doit mourir cette année (au fait elle vient de mourir), que le roi mourra l'an prochain (on le dit atteint d'une maladie récente, qui ne laisse aucun espoir de guérison), et que dans deux ans la religion chrétienne sera florissante dans le royaume.

« Nous devons donc, Messieurs, remercier le Seigneur des bénédictions qu'il répand si abondamment sur ce pays, et le conjurer en même temps de nous les continuer. Les espérances que nous donne l'état actuel de la Corée sont fondées, mais une persécution générale pourrait les renverser, et cette persécution, nous en sommes menacés prochainement. La reine mère, qui nous protégeait un peu, vient de mourir. Le crédit des hommes qui partageaient sa modération tombe sensiblement, tandis que nos ennemis arrivent aux premières charges. Déjà une adresse a été présentée au roi, demandant qu'on recherchât les chrétiens ; les commissaires spéciaux, qui parcourent en ce moment le royaume, reçoivent de nombreuses listes, en tête desquelles les missionnaires figurent et où des villages entiers sont dénoncés. Déjà un vieillard de soixante-dix-huit ans vient d'être jeté en prison. Dans quelques semaines, au retour des commissaires, ou délibérera au conseil royal sur le parti à prendre à notre égard. Dieu, qui tient en ses mains le cœur des rois, et sans la permission duquel un cheveu ne se détache pas de nos têtes, détournera peut-être les coups dont est menacé ce troupeau, qui déjà a tant souffert. Que s'il entrait dans ses adorables desseins qu'il fût encore frappé, et que nous fussions appelés à partager le sort de nos glorieux prédécesseurs, notre dernière bénédiction, Messieurs, serait pour vous et pour les pieux associés de votre sainte œuvre, auxquels nous n'avons cessé de donner chaque jour une grande part dans nos prières.

« Le résultat de nos travaux pour l'année 1856-1857, est : confessions annuelles, neuf mille neuf cent quatre-vingt-une : baptêmes d'adultes, cinq cent dix-huit ; baptêmes d'enfants de chrétiens, six cent deux ; baptêmes d'enfants de païens à l'article de la mort, huit cent quatre ; confirmations, deux cent vingt-six ; mariages, cent quatre-vingt-quinze ; extrêmes-onctions, deux cent dix-huit ; non confessés pour cause d'absence, cent quatre-vingt-un. Total de la population chrétienne, quinze mille deux cent six. »

On sera surpris peut-être d'apprendre que le même courrier qui portait cette lettre de Mgr Berneux était chargé d'une autre lettre, dans laquelle le prélat suppliait la Sacrée Congrégation de la Propagande d'accepter sa démission de vicaire apostolique de Corée. Cette demande, on le pense bien, ne fut pas accueillie. Dieu réservait à son serviteur de plus longs combats couronnés par un glorieux triomphe. Voici comment, deux ans plus tard, il expliquait lui-même à M. Albrand, supérieur du séminaire des Missions-Étrangères, cette démarche inattendue. « N'allez pas en chercher la cause ailleurs que dans le motif exprimé : l'état de ma santé. Je suis parti du Léao-tong avec la pensée que je ne rendrais d'autre service à la Corée que celui de lui sacrer un évêque. Ma santé, depuis longtemps ruinée et qui me rend de plus en plus incapable de rien faire, ne permettait pas d'espérer autre chose. Mais ce service me sembla assez important pour ne laisser lieu à aucune hésitation. Depuis mon entrée ici, je suis réduit, pendant au moins six mois chaque année, à ne pouvoir rien faire. L'hiver, j'administre un district aussi étendu, autant et plus fatigant que celui d'aucun confrère, parce que, dans une mission comme celle-ci, où le travail est excessif, où les privations sont continuelles, un moyen de tout faire supporter gaiement aux confrères, c'est que le vicaire apostolique prenne pour lui la plus large part de ce travail et de ces privations, et ne laisse aux missionnaires que ce qu'évidemment il ne peut pas faire. Mais, ce district administré, je ne puis me livrer à aucun travail ; pas de sommeil, impossibilité de prendre des aliments, de rester même assis, de réunir deux idées : voilà mon état habituel. Ma conscience s'inquiète, parce que l'œuvre de Dieu souffre. Sans tête qui le dirige, le zèle des missionnaires devient inutile, et cette Corée, qui ne demande qu'à marcher, reste stationnaire. Voila la raison qui m'a fait faire cette démarche, et qui me fait désirer que ma demande soit écoutée, quoi qu'il doive m'en coûter. Mon cœur se brisera en quittant cette mission ; Dieu sait combien je l'aime ; la pensée seule que je cesserai de travailler dans notre société à laquelle je suis attaché du fond des entrailles, me remplit d'amertume. Mais l'intérêt de cette mission doit parler plus haut et faire taire toute autre considération. »

Comme on le voit, ce n'étaient ni le découragement produit par l'excès du travail, ni la crainte du danger, c'était l'humilité profonde de Mgr Berneux qui le faisait reculer devant les terribles responsabilités de sa position. Ce qui le prouve mieux que tout le reste, c'est qu'après avoir accompli cet acte que sa conscience lui faisait considérer comme un devoir, après avoir essayé de secouer ce fardeau qu'il se croyait incapable de porter, il s'abandonna résolûment à la sainte volonté de Dieu, et continua de remplir tous ses devoirs de supérieur avec plus de soin et de zèle que jamais.

À l'époque même où il demandait à être déchargé du vicariat

apostolique, il insistait énergiquement auprès de ses confrères, les directeurs du séminaire des Missions-Étrangères, sur la nécessité de nouveaux ouvriers. « Les renforts que vous avez envoyés à cette mission semblent déjà produire leurs fruits qui, j'ose l'espérer, deviendront de plus en plus abondants. Nos chrétiens, pleins d'une bonne volonté admirable, font pour s'instruire des efforts qui dépassent tout ce que que je pouvais attendre ; la ferveur augmente, et ce mouvement paraît se communiquer aux païens. C'est à nous d'entretenir et d'augmenter ces heureuses dispositions qui sont l'effet de la grâce, en leur procurant les moyens de recevoir les sacrements dont ils sont saintement avides. Cette terre de Corée, Messieurs et vénérés confrères, ne demande qu'à produire ; mais il faut des bras pour y jeter la divine semence et la cultiver, et les bras nous manquent ! Mgr le coadjuteur qui a presque terminé son dictionnaire coréen-chinois-français, s'occupe activement à recueillir les documents qui concernent nos martyrs depuis l'introduction de l'Evangile dans ce pays. Ce travail aussi difficile qu'important nous mettra à même de rédiger d'une manière complète l'histoire de la religion en Corée. M. Pourthié enseigne les élèves de notre séminaire, et M. Petitnicolas, dont la santé exige du repos, va aider mon vénéré coadjuteur dans ses travaux. En sorte que sur sept missionnaires que nous sommes ici, quatre seulement peuvent faire mission ; c'est trop peu.

« Chargé d'un immense district, le missionnaire aura beau se consumer de travaux d'un bout de l'année à l'autre, il succombera à la fatigue, mais il ne réussira pas à suffire aux besoins spirituels de son troupeau. Il ne faut pas oublier que la mission de Corée, depuis son origine, a été bouleversée par de continuelles persécutions et que, jusqu'à présent, les missionnaires y ont été si peu nombreux que, malgré le zèle qui les dévorait, il leur a été impossible de consacrer plus d'un quart d'heure à chaque néophyte dans le cours d'une année. Maintenant, grâce aux bénédictions du Seigneur, nous sommes plus tranquilles, et le nombre des chrétiens augmente chaque jour, il importe de les bien former. Plus tard, les difficultés seront plus sérieuses. Un des besoins les plus pressants, c'est l'instruction. Or, dans l'état où nous sommes réduits, nous ne pouvons instruire que par les livres, et les livres manquent ; il est donc indispensable que quelques missionnaires abandonnent toute administration pour se livrer à l'étude de la langue et se mettre en état de pouvoir traduire nos livres de doctrine chrétienne. C'est pour cette raison, Messieurs et chers confrères, que je vous ai demandé encore des missionnaires pour le printemps de 1859. Le temps semble arrivé où l'œuvre de Dieu peut être avancée dans ce royaume, veuillez donc nous venir en aide et croyez bien que, sans un besoin extrême, je ne ferais pas d'instances, parce qu'ici tout ce qui n'est pas nécessaire entrave. Connaissant votre zèle à subvenir aux plus urgentes nécessités, je regarde comme assuré que deux confrères arriveront à l'époque indiquée ; et en conséquence je ferai tous les préparatifs pour les envoyer chercher. Ils doivent être à Chang-haï en novembre ou en décembre 1858, et partiront en janvier 1859 pour arriver, vers le 19 mars, aux îles où un bateau les ira prendre. Que s'ils ne viennent pas à ce rendez-vous, je ne sais comment nous passerons l'année 1859 ; l'argent va nous manquer, et déjà nous sommes grevés d'une dette de trente mille francs. »

Par suite de cette demande, deux nouveaux missionnaires, MM. Landre et Joanno, furent envoyés en Corée, où ils essayèrent de pénétrer par mer dans le courant de l'année 1859. Mais l'impéritie ou le mauvais vouloir du capitaine chinois fut cause qu'ils manquèrent au rendez-vous, et durent rentrer à Changhaï, après trois mois d'inutile navigation.

L'histoire de l'année suivante (1857-1858), nous est racontée dans diverses lettres adressées au séminaire des Missions-Étrangères par Mgr Berneux, M. Pourthié et Mgr Daveluy. Le fait le plus saillant est la mort de M. Maistre, mort qui fut pour ses confrères, déjà surchargés de travail, une bien douloureuse épreuve. Du reste, l'état général de la mission n'a pas changé. Ce n'est, comme les années précédentes, ni la guerre ni la paix, ni la persécution proprement dite ni la tranquillité. L'œuvre de Dieu va toujours en progressant, au milieu de difficultés de toutes sortes. Mais au lieu d'en résumer les détails, laissons, au risque de quelques redites inévitables, les missionnaires eux-mêmes nous raconter, chacun de son côté, leurs tribulations et leurs joies, leurs craintes et leurs espérances. Ces lettres que nous citons ont été écrites par des martyrs ; elles sont, à ce titre seul, des monuments précieux, chers aux cœurs chrétiens.

La lettre de Mgr Berneux est du 14 août 1858.

« A l'époque où je vous écrivais l'année dernière, notre horizon était sombre ; on parlait de persécution générale, et déjà des arrestations avaient eu lieu. Dans le cœur de l'hiver, sur différents points du royaume, des chrétiens furent saisis et emprisonnés. Dans le district de Mgr d'Acônes, un village entier, pour se soustraire aux poursuites des satellites, s'enfuit sur les montagnes, abandonnant ses maisons et ses champs, tandis que d'autres familles du voisinage cherchaient leur salut dans une émigration lointaine. La persécution s'annonçait donc en grand, lorsque tout d'un coup les prisonniers sont élargis, sans apostasie, un seul excepté ; les fuyards descendent de leurs montagnes, et Monseigneur le Coadjuteur, qui avait aussi pris la fuite, rentre dans sa retraite. Marie, la Consolatrice des affligés, avait abaissé un regard de compassion sur ce petit troupeau tant de fois et si cruellement éprouvé, et l'orage s'était dissipé soudain. Les captifs ont été relâchés, tandis qu'un de leurs accusateurs, qui s'était présenté au mandarin et au commissaire royal avec une liste de cent chefs de familles chrétiennes, a été garrotté, jeté en prison et roué de coups. L'issue de cette affaire est une victoire pour nous ; victoire importante, en ce qu'elle donne du cœur à nos néophytes, et rassure les païens que la crainte seule arrête encore. Les familles qui émigrent au loin, dans ces circonstances, sont réduites à une grande misère et ont beaucoup à souffrir. Tout en compatissant à leurs épreuves, nous nous consolons dans l'espérance du bien qui en résultera. Ces émigrants portent avec eux, dans les contrées où elle n'a pas brillé encore, la lumière de l'Évangile, et nous attirent presque toujours un certain nombre de païens. C'est la semence emportée par la tempête ; déposée sur une terre inculte, elle ne tarde pas à la féconder.

« Le nombre des baptêmes d'adultes n'atteindra peut-être pas, cette année, le chiffre de l'an dernier ; cela tient à la résolution que nous avons prise d'exiger, des nouveaux convertis, plus d'instruction et une plus longue épreuve. Mais, en revanche, le nombre de nos catéchumènes a presque triplé ; près de douze cents sont inscrits sur mes listes. Nous avons tous remarqué, avec actions de grâces envers le bon Dieu, le mouvement qui se fait sentir dans tout le vicariat : la capitale surtout semble se remuer. On fait des efforts inouïs pour s'instruire ; on y est généralement plein de ferveur malgré les obstacles qu'il faut surmonter. Ce mouvement des chrétiens gagne les infidèles et déborde en dehors des murs de la ville royale. Une famille des plus nobles du royaume a embrassé la foi ; le chef de cette maison, beau-père d'un proche parent du roi actuel, a été baptisé pendant l'hiver. Bien d'autres conversions suivront celle de cette famille, si elle devient fervente. Dans la ville où résident les Japonais nous avons un catéchumène habile et plein de zèle. Huit nouvelles chrétientés se sont formées dans le district du P. T'soi, et sept autres s'annoncent pour l'année prochaine. Une conversion, que vous connaissez sans doute, promet de grands résultats, parce que le doigt de Dieu s'y montre clairement.

« Il y a deux ans, un bateau coréen fut porté par une tempête dans les parages de Canton. Les hommes qui le montaient mouraient de faim, lorsqu'ils furent aperçus par un navire anglais. Un seul d'entre eux put être recueilli et conduit à Hong-kong, où se trouvait un de nos élèves coréens. Dans l'intention des hommes, ce jeune élève avait été envoyé de Pinang à Hong-kong pour rétablir sa santé ; mais la divine Providence voulait se servir de lui pour sauver une âme, et, avec elle, peut-être beaucoup d'autres. Instruit par cet élève, sous la direction de M. Rousseille, ce naufragé a été baptisé. Il est revenu heureusement cette année en Corée, où il a pu rencontrer M. Férou et le P. T'soi, qui l'ont muni de livres, et lui ont indiqué les moyens de se mettre en communication avec moi. Ce nouveau chrétien est de Quelpaert ; il est intelligent et d'une foi vive ; il ne doute pas que sa famille, environ quarante personnes, ne se convertisse entièrement. Daigne le Seigneur donner de l'accroissement à ce grain de sénevé ! »

Ajoutons de suite que Félix-Pierre (c'est le nom de ce converti) revint en Corée à la fin de 1860, pendant les fêtes de Noël, pour recevoir les sacrements. Il avait eu beaucoup à souffrir de la part des parents de ses compagnons de naufrage, qui l'accusaient de les avoir tous assassinés. Le mandarin eut le bon sens de le renvoyer de la plainte, en disant aux accusateurs : « Êtes-vous fous ? je comprendrais que six hommes en eussent assassiné un ; mais qu'un seul en ait tué six, c'est par trop fort. » Félix avait converti déjà une vingtaine de personnes, la plupart membres de sa famille. Il avait acheté une barque dont tous les matelots, excepté un qu'il espérait gagner plus tard, étaient catéchumènes. Un de ces derniers, nommé Kô, fut baptisé par M. Petitnicolas sous le nom de Pierre, et ainsi que Félix, voulut de suite s'enrôler dans l'œuvre de la Propagation de la Foi. Mgr Berneux leur avait promis de leur envoyer un missionnaire aussitôt que possible, mais il ne put tenir sa parole. En 1866, au fort de la persécution, Félix revint de nouveau en Corée, amenant au prêtre deux autres nouveaux convertis tout préparés au baptême. Il avait, dans l'intervalle, été jeté par un naufrage sur la côte du Japon, où il vit les missionnaires, entre autres le vicaire apostolique, Mgr Petitjean.

« Parmi nos catéchumènes, » continue Mgr Berneux, « un

certain nombre montrent une foi et une constance si touchantes
que je ne puis résister au plaisir de vous en citer quelques traits;
ils vous édifieront et vous feront prier pour nous. Un enfant de
quinze ans veut se faire chrétien ; en quelques mois il apprend
les prières et le catéchisme. Mais son père et sa mère, instruits
de sa détermination, cherchent à l'ébranler par toutes sortes de
moyens. On lui représente la mort qui le menace, s'il est découvert ; mais la mort devant lui ouvrir le ciel, il ne la craint pas.
On le frappe cruellement ; il souffre les coups en silence, et, quand
son père est fatigué de frapper, il se lève et proteste qu'il sera
chrétien. Il n'est pas encore baptisé.

« Touché de la foi de ces néophytes, le Seigneur semble vouloir la confirmer encore en glorifiant ceux qui, sur cette terre
coréenne, l'ont généreusement confessée par l'effusion de leur
sang. Voici ce que m'a écrit M. Féron : « A Mang-sang-i, province
de Kang-ouen, faisant l'administration, je trouvai un enfant de
douze à treize ans, nommé Hoang, infirme de naissance. Il ne
pouvait se tenir debout, et n'avait jamais marché qu'en rampant
sur les coudes et les genoux ; il était d'ailleurs pieux et assez bien
instruit. Touché de son état, j'invitai les habitants du village à
demander à Dieu sa guérison, par l'intercession des martyrs de la
Corée. Ma proposition fut accueillie avec une sorte d'incrédulité.
Néanmoins, sur mon ordre formel, on commença une neuvaine
le jour de mon départ, 30 novembre; j'avais donné, de mémoire,
les noms de quarante martyrs principaux, et promis de dire la
sainte messe le jour de la clôture, fête de l'Immaculée-Conception
de la Sainte Vierge. Une lettre des chrétiens de Mang-sang-i
m'apprend que, le jour même, l'enfant a été guéri. Je n'ai aucun
détail certain sur le moment où s'est opérée la guérison. Un oncle
de l'enfant a dit, dans une chrétienté peu éloignée de chez moi,
qu'au moment où, les prières récitées, les chrétiens se levaient,
les jambes malades s'étaient étendues avec un craquement, et
l'enfant s'était levé comme les autres. Je ne dois pas taire une
circonstance dont Votre Grandeur pourra rechercher et apprécier
la cause, c'est que la guérison est incomplète, en ce sens que
l'enfant se sert encore d'un bâton pour s'aider en marchant. »

« La distance des lieux ne m'a pas encore permis de faire dresser un procès-verbal. Une autre guérison a été obtenue de la
même manière dans mon district ; mais les documents que j'ai
reçus ne sont pas assez authentiques pour que je puisse en écrire
maintenant les détails.

« Voilà, Messieurs et chers Confrères, les consolations que le

Seigneur nous ménage ; les épreuves ne nous manquent pas non plus. Le bon Dieu nous en a envoyé une, cette année, qui nous a tous douloureusement affectés : M. Maistre est mort. Ce cher confrère était venu me voir, l'an dernier, à la fin de mars, en terminant son administration. Malgré sa lassitude, il semblait bien portant. Dans le courant du mois d'août j'allai, à vingt lieues, passer un jour avec lui ; sa santé était encore bonne. Néanmoins, comme je savais qu'il avait été fatigué de sa précédente administration, je lui donnai un district un peu moins pénible. Il se mit en campagne au commencement de novembre. Le 18 décembre, j'appris que ce cher confrère, atteint d'une maladie grave, se mourait à huit lieues du village où je faisais mission. Je partis en toute hâte et j'arrivai à la nuit auprès de lui. Son état était en effet bien alarmant ; trop faible pour articuler un seul mot, il me reconnut cependant et me prit la main en souriant. Craignant qu'il ne passât pas la nuit, je lui donnai l'absolution et lui offris l'extrême-onction qu'il refusa, me donnant à entendre par signes que le danger n'était pas encore pressant, et qu'il désirait attendre. La nuit fut assez bonne. Le lendemain 19, M. Petitnicolas arriva, après une marche continue de vingt heures. Nous passâmes la journée dans la chambre du malade, lui prodiguant tous les secours qu'il était en notre pouvoir de lui procurer. Le mal semblait parfois offrir quelques lueurs d'espérance, qui ne tardaient pas à s'évanouir. Le 20 décembre, avant le jour, je lui donnai le saint viatique, l'extrême-onction et l'indulgence plénière, au milieu des sanglots de nombreux chrétiens, que mes ordres avaient été impuissants à écarter de la chambre du malade : ils voulaient voir une dernière fois celui qui avait eu pour eux l'affection d'une mère, et assister à la mort d'un saint. Je le laissai seul faire son action de grâces et s'entretenir avec son Dieu qu'il devait bientôt posséder. Sur les dix ou onze heures du matin, pendant que je récitais mon office, on vint m'avertir que le mal faisait des progrès rapides. Nous allâmes, M. Petitnicolas et moi, dans l'appartement du malade, d'où nous ne devions sortir qu'après avoir recueilli son dernier soupir. Son regard était fixe, sa respiration courte et pénible ; il ne reconnaissait plus personne. Enfin, à midi, il rendit paisiblement, sans violence et sans douleur apparente, sa belle âme à Dieu. Lorsque j'en donnai la nouvelle aux chrétiens qui se tenaient en grand nombre dans la cour, leurs sanglots, expression d'une douleur bien sincère, annoncèrent à tout le village que leur père venait de leur être enlevé. En ce jour, 20 décembre, les chrétiens de Corée perdaient un père, un

apôtre ; les missionnaires un modèle de toutes les vertus apostoliques ; et moi, je perdais un ami dont les conseils m'ont été plus
d'une fois utiles dans cette mission. Enfin, le 25 décembre, à
9 heures du soir, assisté de M. Petitnicolas, et au milieu d'un
concours de plus de trois cents chrétiens, je déposai sa dépouille
mortelle dans le tombeau qui lui avait été préparé sur le sommet d'une petite montagne. M. Maistre a laissé parmi nos chrétiens une réputation bien méritée de grande sainteté. Toutes les
vertus dont il n'a cessé de nous édifier avaient leur principe dans
un entier abandon à la volonté de Dieu, auquel, dès son entrée
dans la carrière apostolique, il s'était donné sans réserve. Dieu
seul connaît ce qu'il a eu à souffrir, pendant dix ans de courses
incessantes et inutiles, pour entrer dans cette mission. Au milieu
de tant et de si longues souffrances, son calme et son aménité
ne se sont jamais démentis un instant ; au point que des hommes
qui ne pouvaient comprendre tant de vertu, l'accusèrent de ne
pas désirer sérieusement d'entrer en Corée. Toute la vie de
M. Maistre se résume dans un mot qu'il me dit quelques instants
avant sa mort. Je lui demandais s'il faisait volontiers à Dieu le
sacrifice de sa vie ; recueillant alors le peu de forces qui lui restaient : « Je l'ai fait dès le premier jour, Monseigneur, » me
répondit-il. Et, dans une autre circonstance, lorsque, à la prière
des chrétiens, je lui offrais un poste qui me semblait devoir
répugner à ses goûts, il m'écrivit ces mots, dignes d'un saint
missionnaire : « Je fais tout par devoir, rien par plaisir, mais
« tout avec plaisir. »

« La mort du bien regrettable M. Maistre, » écrivait de son
côté M. Pourthié, « a été le grand accident de notre mission. Ce
bon confrère, obligé de traverser un petit bras de mer, a attendu
pendant quatre heures, les pieds dans la boue et par un froid
terrible, qu'une barque chrétienne vint le prendre ; cette embarcation arrivée, il dut encore passer quatre heures dans l'humidité.
Aussi ne tarda-t-il pas à ressentir les premiers symptômes de la
maladie qui nous l'a ravi.

« A part cet événement, il n'est rien arrivé d'extraordinaire ;
le bon Dieu augmente toujours son petit troupeau de quelques
additions annuelles, et sa souveraine Majesté a daigné nous favoriser de consolations assaisonnées, comme toujours, de tribulations et d'épreuves. Les unes comme les autres vous ont été
décrites par des personnes plus compétentes que moi ; je m'abs-
tiens donc d'entrer dans ces récits, et vais d'un autre bord.

« Me voici toujours enfoncé dans les montagnes centrales de la

Corée, donnant mes soins à quelques enfants et à une petite chrétienté qui s'épanouit autour de moi. Comme cela doit être dans un pays qui semble encore bien loin de reconnaître la liberté religieuse, nos affaires se font à petits pas, sans bruit et dans les ténèbres : à ces conditions, si nous ne passons pas inaperçus, du moins on feint de ne pas nous apercevoir. D'ailleurs certains événements, qui sont grands pour ce petit royaume, occupent l'esprit de nos païens et même de nos gouvernants. L'année dernière, à l'automne, la mort de la vieille reine, mère adoptive du roi, entraîna le deuil général commandé à tout le peuple coréen. Incontinent après, la femme du dernier roi défunt voulut obtenir, avec le titre de reine mère, une large part à l'autorité : elle était secondée dans cette entreprise par un parti puissant, à la tête duquel se trouve la famille de cette femme. Comme le gouvernement résistait à ses prétentions, elle a poussé la hardiesse jusqu'à tenter de se défaire du souverain actuel. On s'en est avisé à temps, et le roi n'a pas pris le breuvage empoisonné. Cette méchante femme a continué ses criminelles intrigues ; plusieurs fois elle a essayé d'incendier la capitale. Le gouvernement, fatigué de ces menées, a fait mourir les deux chefs de cette famille remuante.

« Vous ne soupçonneriez pas, monsieur le Supérieur, avec quelle courtoisie le roi de Corée se défait des puissants personnages qu'il ne veut pas livrer aux tribunaux. Il leur envoie fort poliment un présent, qui consiste en une bonne dose de poison ; cela veut dire : Faites vos dispositions testamentaires, et puis avalez ma potion. Ces hauts dignitaires ne désobéissent jamais, ils prennent leur parti en braves, et en peu de jours se font mourir. Les deux mandarins en question sont morts de cette manière, et en même temps que le gouvernement était délivré d'une entrave, nous l'étions aussi d'une menace de persécution ; car ce parti est très-hostile à notre foi.

« A l'agitation causée par ces événements a succédé la crainte de la famine ; et, pour plus grande complication, voilà qu'une brillante comète apparaît à l'occident, court avec grande vitesse du nord au sud, double *Arcturus* dans la journée du 7 octobre, et se trouve en ce moment dans la constellation du *Serpent*. Ce bel astre a achevé de décontenancer le peuple coréen ; c'est presque une épouvante comme au jugement dernier. De tous côtés l'on vous affirmera qu'il y a guerre imminente, que les armées sont en marche ; beaucoup de païens ont déjà couru se cacher dans les montagnes les plus affreuses ; ceux qui restent sont pâles de terreur. Qu'arrivera-t-il ? on ne peut rien assurer ; mais l'histoire coréenne prouve que, dans ces années de panique, il se trouve toujours des aventuriers qui, exploitant l'effroi général, en profitent pour piller, pour faire des levées en masse, mettre tout à feu et à sang, et même parfois s'emparer du trône. On n'en viendra peut-être pas jusque-là, mais très-probablement cette année nous aurons beaucoup à souffrir, ne fût-ce que des voleurs, qui déjà s'organisent en bandes pour le pillage, et au besoin pour l'assassinat.

« Nos chrétiens et nous, sachant qu'il ne peut guère arriver quelque chose de pire, nous nous tenons tranquilles, appuyés que nous sommes sur la volonté divine, et convaincus qu'elle fera tourner les événements à sa plus grande gloire et à notre bien spirituel. »

Quelques semaines plus tard, en novembre, Mgr Daveluy écrivait à son tour :

« Notre année se résume ainsi : misères sur misères, mais partout grande protection de Dieu, et, au milieu des tribulations, avancement de l'œuvre apostolique.

« Dès avant le départ de nos dernières lettres, un chrétien âgé de soixante-treize ans avait été saisi et emprisonné, sur l'ordre d'un grand inquisiteur envoyé par le roi, avec des pouvoirs illimités, pour visiter secrètement les provinces. Le néophyte fut enfermé dans une ville, à deux lieues de ma résidence. Bien qu'il fût arrêté pour cause de religion, il y avait aussi probablement quelque autre motif étranger à la foi. Quoi qu'il en soit, il avait été assez bien traité, quand le juge, auquel avait été confié son procès, sembla vouloir soulever une affaire plus grave. Il interrogea l'accusé sur notre présence dans le royaume, sur nos allées et venues dans son village, sur d'autres détails fort peu rassurants pour nous, et ajouta quelques tortures à ses questions. Le bon vieux répondit assez adroitement, sut décliner les réponses directes, et, sans avoir eu le courage de confesser hautement sa foi, put éviter une apostasie formelle. L'inquisiteur, qui n'était pas mal disposé, ne se montra pas difficile et le chrétien fut relâché sans bruit, après environ deux mois de captivité.

« A cette même époque, un païen ennemi de la religion, et qui en connaît assez bien tous les secrets parce que plusieurs de ses parents la pratiquent, voulut soulever une persécution générale. Il dressa donc une liste de cent chrétiens choisis entre les plus notables, et la fit présenter au grand inquisiteur. Quand ce chef de la police la reçut, il était en compagnie d'un autre mandarin très-haut placé. Celui-ci, en ayant pris lecture, dit : « Voilà

« d'un seul coup plus de cinq cents victimes (il parlait des familles
« des personnes dénoncées). Est-il juste de faire cette boucherie,
« ou bien ne vaut-il pas mieux ne punir qu'un seul homme?
« C'est à vous d'en décider. » Sur ce, l'inquisiteur envoie aussitôt ses satellites pour saisir l'accusateur, et le fait lier de la
corde rouge réservée aux voleurs et aux grands criminels. Le
païen fut battu, traîné de prison en prison, et eut grand'peine à
obtenir la vie sauve, après plus de deux mois de détention.
J'ignore si la pensée de dénoncer les chrétiens lui reviendra
encore en tête. Ce châtiment n'est-il pas un coup de la Providence ?

« Toujours vers le même temps, c'est-à-dire fin novembre, des
idolâtres poussés par la cupidité, voulurent rançonner les néophytes, et, pour y mieux réussir, contrefirent le sceau du grand
inquisiteur. Les chrétiens reconnurent la fraude et la signa-
lèrent au mandarin, qui fit arrêter les faussaires. L'esclandre
avait eu lieu dans un village situé à deux lieues de ma retraite.
Un des païens compromis était initié à toutes les affaires de la
mission ; il savait notre présence dans le pays et connaissait
même, dit-on, ma résidence. Pour se justifier devant le juge,
il accusa nos chrétiens, et l'un d'eux fut cité au tribunal du mandarin, qui l'interrogea en termes très-modérés, cherchant moins
à le mettre dans l'embarras par ses questions qu'à lui fournir des
moyens de défense.

« Le pauvre homme ne comprit pas les intentions bienveillantes
du juge; il perdit la carte et, disant ce qu'on ne lui demandait
pas, se déclara chrétien. Il n'y avait plus à hésiter ; le mandarin
le fait battre assez légèrement, et du premier coup obtient, avec
l'apostasie, l'aveu qu'il a chez lui des livres de religion. Quelques
paroles de dépit, qu'il laisse échapper, irritent le juge omnipotent
et le font envoyer au chef-lieu militaire de la province. Bientôt
il est mis à la question, les aveux se confirment et sont aggravés
par les charges de l'accusateur païen, qui lui aussi avait été transféré à ce nouveau tribunal. Aussitôt on envoie des satellites pour
chercher les livres dénoncés. Les satellites de cette ville sont
renommés pour leur férocité, et nos annales font foi de leur haine
contre la religion; mais cette fois ils eurent sans doute une consigne sévère, car leur conduite fut honnête et digne d'agents
civilisés. Arrivés sur les lieux, ils font leur visite et ne trouvent
rien ; tous les objets suspects avaient été cachés. Ils pressent et
menacent le père du prisonnier, lui déclarant qu'ils ne quitteront
son domicile qu'après avoir atteint le but de leurs perquisitions.

Celui-ci se trouble, va secrètement chercher dans leur cachette les livres réclamés, et en voulant les retirer, fait tomber une caisse d'objets religieux, presque tous venus d'Europe. A ce bruit, les satellites accourent, mettent la main sur le tout, et repartent bondissants de joie.

« L'affaire devenait des plus graves ; les objets européens surtout allaient provoquer un examen sévère, et toute la chrétienté se voyait déjà compromise. Aussi les néophytes des environs furent bouleversés ; chacun partit à la débandade, abandonnant son mobilier et sa récolte. Ce fut un moment de désolation. Des courriers m'arrivaient jour et nuit, et les fidèles m'engageaient à fuir, craignant que mon domicile ne fût aussi dénoncé. A la vue des nouvelles pièces de conviction, les satellites furent expédiés de nouveau pour saisir quelques chrétiens ; le village était évacué. Ne trouvant donc personne, les hommes de police se bornèrent à d'insignifiantes recherches sur les montagnes, attendirent quelque temps, mais en vain, le retour de la population, et se retirèrent on ne sait où, sans même avoir visité les villages voisins, chose inouïe jusqu'à ce jour. Depuis lors, plus de nouvelles. La conjecture la plus probable, et confirmée par des amis de l'inquisiteur, c'est qu'ayant sur nous les données les plus précises, il craignit de me faire prendre, incertain de ce qu'en penserait le gouvernement, et il continua ses courses sans plus s'occuper de la question. Pour notre prisonnier, il dut souffrir encore pendant quatre mois ; on parvint à faire intervenir quelques amis du gouverneur, et le jour de Pâques il reparut chez les chrétiens. Aucune autre suite ne fut donnée à ce procès. Sommes-nous donc en Corée ? Autrefois de telles affaires eussent causé un embrasement général, maintenant il semble que chacun cherche à les étouffer dès l'origine. Cependant il reste toujours un parti hostile à notre foi, et depuis le printemps, à diverses reprises, des menaces se sont fait entendre ; plusieurs de nos amis païens en craignent l'effet dans un avenir peu éloigné. En attendant, nous marchons, et nous avons encore un peu progressé. Vous verrez par notre compte rendu que le chiffre des baptêmes d'adultes est assez satisfaisant. Nous remarquons dans certaines localités et surtout à la capitale un mouvement bien prononcé ; les catéchumènes se présentent en grand nombre.

« Les faits édifiants ne manquent pas. Je veux vous en citer un tout récent, et qui dure encore. Une jeune femme, pour éviter de coopérer aux superstitions dans la maison de son mari, feint une maladie qui semble lui raidir les bras et lui coller les deux mains contre les épaules. Depuis deux ans elle se tient, jour et nuit, dans cette terrible position, sans que sa constance faiblisse. Elle a dû, en outre, avaler mille drogues commandées pour la guérir, et subir des opérations douloureuses. Mais tout lui paraît facile, parce qu'il s'agit du salut de son âme. Ce printemps, elle a pu s'échapper un instant de la maison, et aller recevoir les sacrements près de Mgr de Capse.

« Plusieurs de ces vexations domestiques, courageusement supportées il y a peu d'années, portent déjà leurs fruits. La constance d'un néophyte nous a récemment amené au moins trente ou quarante personnes, aujourd'hui baptisées ou catéchumènes. D'autres ont converti seulement leur propre famille, et ces cas sont fréquents. Certains villages aussi semblent fortement ébranlés, et nous y ferons des recrues. Une nouvelle à laquelle vous ne serez pas insensible, c'est que nous avons un catéchumène capable et influent dans la ville où résident les Japonais. Il s'est mis en rapport avec le missionnaire, et lui a fait espérer un noyau de fidèles pour l'administration qui va commencer. Qu'en résultera-t-il? Priez beaucoup pour cette chrétienté au berceau, mais priez encore plus pour la grande île. Vous savez qu'un Coréen avait été sauvé de la mort, près de Canton, par un navire anglais, et que, recueilli par notre procureur de Hong-kong, il y fut baptisé. Ce brave homme est revenu par Péking et Pien-men. Il eut beaucoup de peine à se faire recevoir par nos néophytes, mais enfin sa constance fut couronnée, et on le reconnut comme un frère. Or, après avoir vu deux d'entre nous, il est retourné à Quelpaert dans sa famille, espérant la convertir tout entière, et il a promis de venir nous voir l'été prochain. Vous comprenez quelles heureuses conséquences aurait la réussite de ses efforts. Cette île, qui est fort peuplée, n'a sans doute jamais entendu la bonne nouvelle. N'est-ce pas un coup de la Providence que le retour de ce naufragé converti en apôtre ?

« Je ne puis me refuser à vous tracer ici une ébauche du bien merveilleux qui s'opère aujourd'hui dans une chrétienté perdue au fond de la province du sud-est. C'est absolument le grain de sénevé jeté en terre par la main de la Providence. En 1801, un chrétien fut envoyé en exil dans cette contrée lointaine, que d'énormes montages isolent des autres districts. C'était un néophyte fervent et capable. Sa conduite digne et régulière lui gagna tous les cœurs, et toutefois on ne cite qu'une famille convertie alors par ses soins. Plus tard, une seconde famille fut amenée par la première, mais les fruits ne se hâtaient pas de mûrir. Aussi, quand nos confrères y firent l'administration en 1837 et 1838, le peu de chrétiens qui se trouvaient là, trop éloignés des autres pour jouir facilement des secours religieux, émigrèrent pour se rapprocher de la masse des fidèles. En 1839, la persécution ne faisant grâce nulle part, tout fut dispersé ; ne sachant alors où planter sa tente, une de ces familles chrétiennes retourna au pays natal et y trouva le calme. Fidèle à ses devoirs, et pleine de la ferveur que les sacrements lui avaient conférée, elle ne cacha pas sa religion ; d'ailleurs on avait bien deviné le motif de son émigration. Elle parla de Dieu aux parents, puis aux amis, et un nouveau groupe se forma presque aussitôt. Les rapports avec d'autres chrétiens ne pouvaient avoir lieu que de loin en loin ; mais Dieu seul ne suffit-il pas à celui qui le cherche d'un cœur droit ? Chaque jour le petit troupeau croissait en nombre et en ferveur ; et quand nous y arrivâmes en 1845, il y avait déjà environ cent cinquante catéchumènes, sans compter beaucoup d'autres qui avaient émigré pour se rapprocher des centres chrétiens. Huit et dix jours de marche n'effrayèrent pas ces fervents néophytes. N'ayant pu me rendre dans leurs montagnes, j'en vis arriver vingt ou trente dans l'hiver de 1846, et parmi eux quelques femmes. Les impressions que j'éprouvai à la vue de ces frères, venus comme d'un autre monde, étaient plus fortes encore dans leurs âmes attendries. Ces braves gens, d'une simplicité admirable qui est, ce me semble, le caractère propre de cette contrée lointaine, joignent à cette heureuse disposition une foi profonde et une grande fermeté. Ils ne voyaient en moi que l'envoyé de Dieu, et des pleurs continuels témoignaient de leur bonheur : aurais-je pu rester les yeux secs ? Je promis de faire tous mes efforts pour aller bientôt les visiter, et de retour chez eux, l'ardeur de leur prosélytisme, doublée par la grâce des sacrements, échauffa leurs voisins et augmenta le nombre des catéchumènes.

« En 1847, je partis pour ce pays ; mais j'en étais encore bien loin, quand un accident impossible à réparer m'empêcha de continuer mon voyage. Même tentative en 1848, et cette fois encore obstacles insurmontables. Ces pauvres délaissés, en voyant leurs courriers revenir seuls, se réunirent à l'oratoire, et tournés vers l'autel que surmontait un crucifix, poussèrent de longs gémissements. Ce ne fut qu'au commencement de 1850 qu'ils purent enfin recevoir chez eux le P. Thomas T'soi. Qui pourrait décrire le spectacle touchant qu'il eut sous les yeux pendant le peu de jours qu'il put leur accorder ?

« Cependant, chaque année de nombreuses émigrations sortent
de ces montagnes, le mouvement prend un accroissement rapide,
et le prêtre, à chacune de ses visites annuelles, confère le bap-
tème à beaucoup de nouveaux frères. Notre culte est un fait
public ; le catéchiste est connu comme tel par tous les habitants, et chaque jour quelque idolâtre vient lui demander ce que
c'est que l'Évangile. Loin de désigner ici notre foi par un terme
de mépris, comme on le fait ailleurs, on ne l'appelle que la *sainte
Religion!* Le gouverneur a connaissance de ces faits ; mais comme
il croit que presque tout le peuple y prend part, et qu'il ne pense
pas pouvoir arrêter le mouvement, il se tait ; d'ailleurs les prétoriens sont pour nous, et savent par leurs rapports aux mandarins prévenir les mesures rigoureuses. Il y a bien quelques
vexations de la part des païens, mais jusqu'à présent on a pu leur
tenir tête. Ainsi, il y a trois ans, un grand village, poussé par
son chef, tint conseil et décréta de chasser tous les chrétiens
établis sur son territoire. Sur ce, le chef étant allé passer quelques jours chez un païen de sa connaissance, leur entretien roula
sur la religion. L'ami en parla favorablement, et dit que surtout
il fallait bien se garder de toucher aux chrétiens, parce que ce
serait s'exposer à de graves accidents. Notre homme revint donc au
village, bien décidé à révoquer le décret d'expulsion ; mais pendant son absence, l'ordre avait été déjà intimé aux fidèles de
déguerpir, et, sur leur refus, des dommages commis et un néophyte blessé. Le chef, dont les idées étaient changées, se mit en
colère de ce qu'on avait fait cette démarche sans lui, punit sévèrement ceux qui avaient molesté les chrétiens et se posa en protecteur de la religion, qui continue de faire des prosélytes.

« Vers la même époque, un païen de la capitale va passer un
mois ou deux dans ce pays pour ses affaires. Le bruit public lui
apprend que tels et tels sont chrétiens ; il les fréquente et, les
trouvant d'une rare probité, leur demande à connaître la religion. Son désir est aussitôt satisfait ; il lit nos livres de prières,
devient l'ami des chrétiens, avoue que leur foi est bonne, et, touché de la misère de ces pauvres gens qui ne pouvaient se bâtir
un oratoire convenable, il leur donne cent francs pour aider à la
construction d'une église.

« Il y a deux ans, un de nos néophytes a été exilé dans le chef-
lieu de ce district. Chrétiens, païens, prétoriens, tous lui sont
favorables, et il vit là beaucoup mieux qu'il n'eût pu faire dans son
pays. Il a appelé près de lui sa famille, et pratique fort tranquillement son culte. Quelques personnes influentes, gagnées sans

doute par l'exemple de sa vertu, ont reçu le baptême. Cette chrétienté est aujourd'hui dans un état bien consolant : l'administration y a eu lieu, l'automne passé, dans huit stations différentes.
Le prêtre n'a pas à se cacher des païens, qui s'informent de lui
avec intérêt : c'est vraiment la liberté. On parle de dix ou douze
stations pour l'an prochain. Un village de treize maisons, tout
récemment converti, a envoyé une députation pour solliciter la
visite d'un prêtre. N'est-ce pas admirable, que tous ces fruits de
salut soient l'œuvre d'un seul exilé? Puisse ce petit coin de terre,
qui doit sa tranquillité à son isolement, nous amener encore bon
nombre d'adorateurs du divin Maître ! »

CHAPITRE IV.

La lettre suivante adressée par Mgr Berneux au Cardinal Préfet de la Sacrée Congrégation de la Propagande, le 7 novembre 1859, résume l'histoire de la mission de Corée pendant cette année.

« Éminence,

« J'ai reçu, au mois de janvier dernier, la lettre que vous m'avez fait l'honneur de m'écrire à la date du 21 juillet 1857, et la lettre de Sa Sainteté du 19 septembre même année. La bienveillance toute paternelle que le Saint-Père me témoigne dans cette lettre, ainsi qu'à tous les missionnaires et aux chrétiens de Corée, nous a tous remplis d'une joie impossible à exprimer. La pensée qu'au milieu de tant de soucis et de sollicitudes, le Vicaire de Jésus-Christ ne dédaigne pas d'abaisser ses regards sur une mission si peu considérable, perdue à l'extrémité du monde, qu'il prie pour elle, la bénit et compatit à ses souffrances, cette pensée, dis-je, Éminence, en nous consolant, nous inspire un nouveau courage pour supporter avec constance les travaux et les tribulations qu'il plaît au Seigneur de nous ménager. La bénédiction de Sa Sainteté a attiré sur nous les bénédictions du ciel, et réalisé en partie les espérances que nous avions conçues, et que j'ai communiquées à Votre Eminence dans ma lettre de l'automne 1858. Cette année, grâce au Seigneur, s'est écoulée sans persécution. Nous avons eu, à la vérité, beaucoup à souffrir de la part des païens ; des villages entiers ont été dépouillés de tous leurs biens et chassés au fond des montagnes. Mais le gouvernement est demeuré étranger à ces vexations ; des mandarins même ont pris notre défense, et le roi, en graciant plusieurs chrétiens exilés pour la foi, a fait comprendre assez clairement que des sentiments plus bienveillants ont fait place aux dispositions hostiles qu'on avait autrefois contre notre sainte religion. A l'exception de quelques villages où le mauvais vouloir des païens ne nous a pas permis de pénétrer, tout le vicariat a été administré ; les chrétientés les plus reculées, les cabanes isolées au sommet des montagnes les plus abruptes, ont toutes entendu la parole de vie ; tous ont puisé une nouvelle force dans la réception des sacrements. Le chiffre des adultes baptisés et des catéchumènes a haussé; un assez grand nombre d'enfants prodigues, que la persécution tenait éloignés depuis dix ou vingt ans, sont venus les larmes aux yeux et le repentir dans le cœur, faire l'aveu de leurs égarements et en solliciter le pardon.

« Afin de remédier à l'ignorance de nos chrétiens, nous avons profité du temps de l'été, où les inondations ne permettent pas aux missionnaires de voyager, pour composer de petits ouvrages sur le dogme et la morale; une imprimerie, qui s'organise en ce moment, répandra ces livres, à peu de frais, dans toutes les parties de la mission. Une pharmacie établie dans une des principales villes, nous procurera, je l'espère, les moyens d'ouvrir le ciel à un plus grand nombre d'enfants d'idolâtres, auxquels nous pourrons conférer le baptême à l'article de la mort.

« Enfin, intimement convaincus de la nécessité du clergé indigène, et pour obéir d'ailleurs aux ordres de la Sacrée Congrégation, nous n'épargnons rien, ni travail, ni dépenses, pour recueillir et former quelques jeunes gens que nous avons l'espoir de pouvoir élever au sacerdoce. Outre les trois élèves qui font maintenant leur cours de théologie à notre collége général de Pinang, nous en avons sept autres qui étudient la langue latine, dans la mission, sous la direction d'un missionnaire ; d'autres plus jeunes apprennent les lettres chinoises dans deux établissements confiés à des maîtres laïques.

« Voici les comptes de notre administration pour 1859.

Confessions annuelles..........................	11,114
Confessions répétées.........................	3,298
Communions annuelles......................	7,162
Communions répétées..........	2,304
Baptêmes d'adultes........................	607
Baptêmes d'enfants de chrétiens..............	840
Baptêmes d'enfants de païens *in articulo mortis*..	908
Enfants de païens morts après le baptême......	701
Catéchumènes............................	1,212
Confirmations.............................	605
Mariages.................................	203
Extrêmes-onctions........................	205
Naissances...	757
Décès....................................	465
Population chrétienne.......... ....,	16,700
Orphélins nourris aux frais de la Sainte-Enfance.	43

« Votre Eminence trouvera sans doute que le nombre des communions ne répond pas à celui des confessions. Cette disproportion vient, en partie, de ce que beaucoup de chrétiens, appartenant à des familles païennes, peuvent s'échapper le jour pour se confesser, mais ne peuvent assister à la messe que nous célébrons toujours la nuit.

« Tel est, Eminence, le résultat de nos travaux pendant le cours de cette année. Daigne Votre Eminence, par ses prières, attirer sur nous de nouvelles bénédictions, et agréer l'hommage de la profonde vénération avec laquelle j'ai l'honneur d'être, etc... »

Comme on le voit par cette lettre, aucun changement important n'avait eu lieu, ni dans l'état de la mission, ni dans les dispositions du gouvernement qui, non-seulement ne persécutait pas les chrétiens, mais souvent réprimait le zèle de ses agents inférieurs, animés d'intentions hostiles. Tantôt c'était un gouverneur de province qui, en réponse à une pétition contre les chrétiens, se contentait de dire : « Les chrétiens font-ils tort au roi ? — Non. — Font-ils tort aux mandarins ? — Non. — Font-ils tort au peuple ou aux satellites ? — Non. — Eh bien ! puisqu'ils ne font tort à personne, laissez-les tranquilles et laissez-moi tranquille. » Ailleurs, un mandarin, devant lequel un chrétien apostat accusait ses frères, ordonna qu'on saisît le délateur et qu'on le promenât ignominieusement autour du marché avec cette pancarte sur le dos : « Ainsi sera traité quiconque s'avisera de porter le trouble parmi les montagnards » (terme sous lequel, dans plusieurs provinces, on désigne les chrétiens). Un autre mandarin faisait rendre gorge à ses satellites qui avaient pillé un hameau chrétien ; un autre empêchait de fouiller la valise du P. T'soi arrêté dans une auberge. Enfin, lors de la grande amnistie accordée par le roi, dans toute l'étendue du royaume, à l'occasion de la naissance d'un prince héritier, on trouva moyen de comprendre dans cette grâce une dizaine de chrétiens exilés ou emprisonnés, sans leur parler d'apostasie, quoiqu'elle soit légalement exigée en pareille circonstance.

Tout cela était d'autant plus significatif que l'on savait fort bien qu'il y avait dans le pays plusieurs Européens, et que l'on voyait les progrès de l'Evangile. De leur côté, les missionnaires, sans bien connaître la cause réelle de ces heureux symptômes d'une liberté prochaine, bénissaient Dieu et travaillaient à en profiter. Mais ils étaient trop peu nombreux, et leur santé se consumait dans un labeur bien au-dessus de leurs forces.

Mgr Berneux cruellement tourmenté par la gravelle, fut obligé de garder le lit pendant les mois de juin , juillet et août. MM. Petitnicolas et Pourthié demeurèrent plusieurs jours dans un état désespéré. Ils avaient été atteints du typhus, à la suite de fatigues excessives. M. Féron souffrait de fréquentes attaques de fièvre, et Mgr Daveluy écrivait de lui-même : « Pour moi, je n'ai pas à me plaindre de vives souffrances, la bonté divine me les épargne. Cassé et usé avant l'âge, je n'ai plus la force d'avoir une maladie; je suis un jeune vieillard, dont la mémoire et toutes les facultés disparaissent. »

Et nonobstant tous ces obstacles, l'œuvre de Dieu avançait. Mgr de Capse, malgré ses infirmités, était toujours l'âme de la mission, donnant l'impulsion à tout, et se prodiguant avec un zèle sans limites. Outre les travaux ordinaires de l'administration des chrétiens, le P. Thomas achevait la traduction des principaux livres de prières, et préparait une édition plus complète et plus exacte du catéchisme; une imprimerie s'organisait à la capitale ; M. Pourthié, dans les courts instants que lui laissait le soin du séminaire, continuait le grand dictionnaire commencé par Mgr Daveluy. Mgr Daveluy lui-même donnait les derniers soins à la publication de divers ouvrages importants pour l'instruction des néophytes. C'est dans cette année surtout qu'entouré de livres, de traducteurs et de copistes, compulsant des manuscrits précieux, et consultant la tradition orale, il put recueillir des documents du plus haut intérêt, ajouter cent cinquante pages aux annales des premiers martyrs, et rédiger des notes biographiques sur presque tous les confesseurs. Pour éclairer quelques-unes des obscurités, combler quelques-unes des lacunes de l'histoire de la grande persécution de 1801 et des temps qui l'avaient précédée, il fit dans les parties les plus éloignées de la chrétienté un voyage de trois mois, afin de retrouver et d'interroger en personne, sous la foi du serment, tous les témoins oculaires ou auriculaires encore vivants, qui pouvaient lui donner quelque renseignement utile. «Plaise à Dieu, » écrivait-il après cette expédition, «plaise à Dieu que ces travaux puissent bientôt se terminer pour sa plus grande gloire ! J'ai la conviction que l'histoire des martyrs de Corée sera une véritable manifestation de la puissance et de la bonté divines. » Trois ans plus tard (octobre 1862), Mgr Daveluy écrivait à M. Albrand, supérieur du séminaire des Missions-Étrangères : « J'envoie cette fois à M. Libois, notre procureur à Hong-kong, pour vous les faire passer par la voie la plus sûre, toutes mes notes sur l'histoire des martyrs. Elles ne sont pas rédigées, malgré toutes les prières que vous m'en avez faites ; mais c'est pour moi, ici, une impossibilité physique que vous ne me reprocherez pas. J'étais déjà usé, et privé pour ainsi dire de toutes mes facultés. Les longues courses que j'ai été obligé de faire, dans ces derniers temps, m'ont réduit au point qu'une page d'écriture est maintenant pour moi un effrayant labeur. Vous me dites qu'un peu de repos pourrait me disposer à essayer cette rédaction ; je réponds que la pensée même du repos ne peut me venir. Chaque année mes charges et mes occupations se multiplient. Dans notre position actuelle en Corée, il n'y a pas de repos possible, pas même un lieu où on puisse se fixer. J'insiste sur ce point, parce que vos dernières lettres semblent me faire un devoir de tout terminer moi-même, mais à l'impossible nul n'est tenu. Je ne refuse aucun travail, surtout de ce genre, mais il faudrait avoir en main les moyens, et ils me manquent absolument. »

Cet envoi de la traduction française des documents recueillis par Mgr Daveluy fut une inspiration du ciel, car, au printemps de l'année suivante, le feu prit à la maison épiscopale, en l'absence du prélat, et consuma une grande caisse où étaient réunis, en sept ou huit volumes, les titres originaux et les récits détaillés de l'histoire des martyrs en chinois et en coréen, avec différents travaux sur l'histoire du pays, entre autres une liste chronologique des rois des diverses dynasties, et une quantité de livres coréens très-précieux. C'est avec les documents et les notes alors envoyés en France, qu'a été rédigée la plus grande partie de notre histoire. Pourquoi Dieu n'a-t-il pas permis qu'elle fût écrite tout entière par le saint évêque, avec son cœur d'apôtre et de martyr ? Mais au moins nous répéterons comme lui : Plaise à Dieu que cette œuvre, si imparfaite qu'elle soit, serve à sa plus grande gloire, et suscite de nombreux missionnaires pour recueillir le glorieux et sanglant héritage de nos martyrs !

Revenons à notre récit. Vers la fin de septembre 1859, le choléra envahit soudain la capitale de la Corée et y fit d'affreux ravages. Les païens mouraient par milliers ; en quelques jours, quarante chrétiens avaient été emportés par le fléau. Les néophytes oubliant le danger d'une persécution, et ne songeant qu'à se préparer à la mort, assiégeaient la demeure de Mgr Berneux, ou plutôt les maisons des divers quartiers de la ville où il administrait successivement les sacrements. Il était à peine remis de sa longue maladie, mais par un secours spécial de Dieu; dans cette nécessité extrême, les forces lui revinrent miraculeusement, et en quelques semaines il put entendre plus de quinze cents confessions. Puis, le fléau gagnant la province, il se hâta de partir, au commencement de novembre, pour visiter plus de deux mille autres chrétiens dispersés dans les montagnes, et qui l'appelaient à grands cris. Les missionnaires de leur côté, chacun dans son district, durent se multiplier, car la plus grande partie du royaume fut ravagée par l'épidémie, qui, d'après les rapports officiels, fit plus de quatre cent mille victimes. Un grand nombre d'âmes durent leur salut à cette terrible épreuve que Dieu leur envoyait dans sa miséricorde. Beaucoup de chrétiens faibles que la crainte du bourreau, la perspective de la prison ou de l'exil tenaient éloignés depuis longues années, sentirent leur foi se réveiller, et accoururent au tribunal de la réconciliation.

Comme toujours, des conversions extraordinaires, des interventions visibles de la grâce divine, venaient ranimer et exciter le courage des missionnaires. Nous ne citerons qu'un fait, raconté par M. Férou dans le compte rendu de son administration à cette époque, et qui montre comment la Providence sait conserver et amener au salut les âmes simples et fidèles.

« Dans une petite cabane, presque au sommet d'une de nos plus hautes montagnes, on me présente une vieille catéchumène qui, en assistant au catéchisme, se met à fondre en larmes. Elle désespère d'arriver jamais à acquérir la somme d'instruction exigée, et pourtant elle a tant fait pour obtenir le baptême ! Son grand-père était l'un des plus anciens chrétiens de la mission, et, dans le pays, on se souvient encore de sa ferveur. Mais à la persécution de 1801, le fils de ce brave néophyte, effrayé par la perspective des tortures et de la mort, abandonna la pratique du christianisme, à laquelle il ne revint que peu avant sa mort. La petite fille n'avait reçu aucune instruction : jamais elle n'avait entendu prononcer le nom de Dieu. Seulement elle avait remarqué que, chez son père, on ne faisait pas de superstitions, et souvent elle avait surpris dans la bouche de ses parents l'exclamation : Jésus ! Maria ! si familière à nos chrétiens. Elle en conclut qu'il fallait s'abstenir de toutes les cérémonies païennes, invoquer Jésus-Maria ; et, pendant quarante-quatre ans, sa vie a été une lutte continuelle contre son mari, son beau-père, sa belle-mère, son beau-frère, qui voulaient la contraindre à participer aux superstitions habituelles. Dieu sait ce qu'elle a eu à souffrir, ne répondant aux mauvais traitements des siens que par la douceur et un redoublement de prévenances à leur égard ; mais enfin elle a tenu bon, et n'a pas cédé une seule fois. Sa délicatesse sur ce point était extrême. Sachant que le nom de l'année de la naissance sert dans les superstitions des funérailles, jamais elle n'a dit son âge, afin d'empêcher autant qu'il était en elle, qu'on en fît à son enterrement ; bien plus, elle a pris à tâche de l'oublier elle-même, et elle y a réussi. Quant au reste de sa conduite, elle mettait une attention extrême à éviter tout ce que sa conscience lui disait devoir déplaire à Jésus-Maria. Dieu me fasse la grâce un jour de porter à son tribunal une conscience aussi pure que celle qu'elle a apportée au baptême !

« Pendant ces quarante-quatre années, elle n'avait pas rencontré un seul chrétien, mais, à la fin, son beau-père et sa belle-mère étant morts, son mari quitta sa maison et vint demeurer dans un autre village. Là, elle entendit parler en très-mauvais termes des habitants d'une maison isolée du voisinage. On les regardait comme des impies, des scélérats, et tout le monde les détestait, parce qu'ils ne faisaient pas de superstitions. « Oh ! se dit-elle, s'ils ne font pas de superstitions, ils doivent connaître Jésus-Maria, » et, vite, elle alla les trouver. C'étaient des chrétiens. Dès ce moment elle n'eut plus qu'une pensée, celle de se préparer au baptême ; mais elle est si vieille, sa mémoire est si rebelle, qu'elle y a déjà travaillé plusieurs années. Dans cet intervalle, elle n'a pas encore pu apprendre le catéchisme tout entier, mais elle a réussi à convertir son mari, son fils et sa bru. Le fils seul était prêt lors de mon passage. Quant à elle, si j'avais suivi la règle de la mission dans toute sa rigueur, je n'aurais peut-être pas dû la baptiser ; mais comment résister à ses larmes? comment résister à une bonne volonté si éprouvée? La refuser, c'eût été contrister le Saint-Esprit qui me l'amenait de si loin et par un chemin si rude. »

La lettre de Mgr Berneux, citée plus haut, évaluait à plus de douze cents le nombre des catéchumènes au commencement de novembre 1859. Deux mois plus tard, ce chiffre s'élevait à deux mille, dont près de la moitié allaient recevoir prochainement le baptême. Le mouvement de conversion était plus prononcé que jamais, lorsque, dans la dernière semaine de décembre, la jalousie de l'enfer fit éclater une violente persécution qui arrêta subitement ce progrès, et qui, sans l'intervention miséricordieuse de la Providence, eût pu aisément devenir fatale à l'Eglise de Corée, en la privant de ses pasteurs.

Le juge criminel préposé à la police générale, se trouvait être un mandarin militaire, dont le père et le grand-père s'étaient signalés, dans les persécutions de 1801 et de 1839, parmi les plus acharnés persécuteurs. Pressé par la haine du nom cbré-

tien, assurent les uns, par le besoin d'argent pour nourrir ses
nombreux satellites, disent les autres, probablement par les deux
motifs à la fois, il résolut de s'emparer des chrétiens aisés de la
capitale. Un de ses parents, ex-mandarin, ruiné par le jeu et la
débauche, fut associé par lui à ses projets, et obtint une troupe
considérable de satellites, pour faire dans la province une expédition analogue. Dès le premier jour, un certain nombre de chrétiens influents furent saisis à Séoul, et des perquisitions d'une sévérité extraordinaire furent organisées pour découvrir ceux qui
avaient échappé. En même temps, trois ou quatre chrétientés
importantes de la province étaient envahies, et une trentaine de
chefs de famille expédiés, pieds et poings liés, à la capitale.

Comme nous l'avons vu, Mgr Berneux se trouvait alors dans
la partie montagneuse de son district, où le choléra faisait de
nombreuses victimes. Trois courriers, expédiés coup sur coup,
lui apportèrent aussitôt la nouvelle que le gouvernement avait
enfin résolu d'anéantir les chrétiens, et de s'emparer des prêtres
étrangers ; que la capitale et toutes les provinces étaient remplies
de satellites, qui saccageaient, pillaient et détruisaient les maisons des chrétiens ; enfin que partout, les fidèles épouvantés ne
savaient où fuir la fureur de leurs ennemis. Sa Grandeur écrivit
à la hâte quelques lignes à Mgr Daveluy, et, fuyant la nuit à travers les montagnes couvertes de neige, dut se réfugier, de gîte
en gîte, chez des chrétiens d'abord, puis chez quelques honnêtes
païens, sans pouvoir, pendant huit jours, trouver un lieu de
repos. De son côté, l'avis à peine reçu, Mgr Daveluy expédia des
courriers dans toutes les directions, pour prévenir les missionnaires de se cacher le plus tôt et le mieux possible, en attendant
les événements.

Le mal, sans être aussi grand que le représentaient les
dépêches envoyées à Mgr Berneux, avait, dès l'abord, pris d'effrayantes porportions. En voyant leurs coreligionnaires arrêtés,
chargés de chaînes et jetés dans les prisons, leurs maisons pillées,
des villages entiers incendiés ou rasés, les chrétiens de la capitale et des provinces environnantes, qui ne s'attendaient à rien
de semblable, furent saisis de terreur, et la plupart prirent la
fuite vers les montagnes. C'était un spectacle déchirant que celui
de ces infortunés, qui, au plus fort de l'hiver, par un froid de
quinze à vingt degrés, n'ayant plus ni argent ni provisions, cherchaient inutilement un abri. De pauvres femmes cheminaient
péniblement à travers une neige épaisse, traînant par la main
leurs enfants en état de marcher, et portant sur le dos ou entre

les bras ceux d'un âge plus tendre ; des vieillards, les pieds gelés, tombaient pour ne plus se relever. Des centaines de familles moururent de faim et de froid pendant ces terribles jours.

Cependant Mgr Berneux avait appris que l'affaire était suscitée, non point par le gouvernement, mais par un fonctionnaire isolé. Il résolut donc, malgré le danger imminent, de gagner la capitale pour sauver, s'il en était encore temps, quelques-uns des objets les plus précieux de la mission. Son arrivée ne pouvait être plus opportune. Les gardiens de la maison épiscopale avaient perdu la tête ; ils n'attendaient qu'une occasion de s'enfuir en abandonnant tout ce qui leur avait été confié. La présence de l'évêque parmi eux les retint un peu ; néanmoins le maître de la maison et sa femme disparurent peu de jours après, et cherchèrent un abri loin de la capitale. Grâce à cette détermination audacieuse de Mgr Berneux qui demeura à son poste tant que dura le danger, la mission fut sauvée. Si cette maison eût été envahie, la présence des papiers, des ornements sacrés, et d'autres objets européens eût prouvé si clairement l'existence des missionnaires français dans le pays, qu'il eût été impossible au gouvernement de fermer les yeux.

Le préfet de police s'était imaginé que la nation entière, roi, ministres, nobles et peuple, accueilleraient avec transport ses rigueurs contre les chrétiens. Il se trompait, et quand il parla de faire juger ses prisonniers, personne ne voulut s'en charger. On assure que dans le conseil qui se tint alors au palais sur cette affaire, Kim Piong-kei-i, vieillard qui avait souvent rempli avec honneur les plus hautes charges de l'État, donna son avis en ces termes : « Il n'est pas bon de persécuter cette religion. Le roi Tsieng-tsong a commencé à poursuivre les chrétiens ; il est mort encore jeune. Son successeur Soun-tsong a suivi la même voie ; il a vu mourir sous ses yeux son fils unique, l'héritier de son trône, et il est mort lui-même à la fleur de l'âge. Le roi Han-tsong a permis lui aussi de tuer les chrétiens, et lui aussi est mort jeune et sans héritier. Non, il n'est pas bon de persécuter cette religion. » Quoi qu'il en soit, la cour parut peu satisfaite de ce qui s'était passé, et les ministres, sans oser infliger un blâme officiel au préfet de police, lui firent demander si lui, magistrat, ignorait que la loi portée par la défunte reine mère défend aucun pillage, aucune confiscation, avant que les coupables soient jugés et exécutés. Finalement, on lui signifia que les tribunaux supérieurs ne s'occuperaient point de ses prisonniers. D'un autre côté, les excès des satellites étaient allés si loin, que la population païenne elle-même, ordinairement peu accessible à la pitié, se montrait indignée, et blâmait hautement l'auteur de tant de maux.

Le persécuteur se trouva alors dans un grand embarras. Relâcher ses prisonniers, c'était se couvrir de honte, et avouer qu'il avait, comme magistrat, commis et fait commettre des crimes et des injustices dignes de mort ; les faire exécuter de sa propre autorité, c'était violer les lois fondamentales du royaume, et il y allait de sa tête et de celles de tous ses parents. Restait, il est vrai, un moyen souvent employé en pareil cas : se défaire de ses victimes, soit en les étranglant secrètement dans la prison, soit en les faisant expirer dans les tortures. Mais leur nombre était trop considérable, et d'ailleurs tout le monde avait les yeux sur lui. Arrêté dans cette impasse, il changea de tactique, et prit le parti de saisir, à quelque prix que ce fût, un ou plusieurs des missionnaires étrangers, afin de forcer par là les ministres à prendre eux-mêmes en main la poursuite du procès des chrétiens. En conséquence, des bandes de satellites furent expédiées dans les diverses provinces. Elles avaient, officiellement, l'ordre de ne rechercher que les étrangers, avec défense de piller ou torturer inutilement les chrétiens.

Cet ordre et cette défense furent exécutés avec plus ou moins de rigueur, suivant le caractère et la disposition des mandarins locaux. Quelques-uns de ceux-ci, sans s'inquiéter du préfet de police, interdirent dans leurs districts respectifs toute espèce de perquisitions. D'autres les tolérèrent, mais en surveillant les satellites de si près, qu'ils ne pouvaient se permettre aucune déprédation. Le plus grand nombre, malheureusement, profitèrent de l'occasion pour assouvir leur cupidité, et leurs satellites firent cause commune avec les agents du persécuteur. C'est alors que furent pillées et dévastées presque toutes les nouvelles chrétientés du sud-ouest. Les tortures arrachèrent aux malheureux néophytes bien des révélations malencontreuses ; les noms coréens des missionnaires, leur signalement, leur manière de vivre, de voyager, d'administrer les chrétiens, tout fut minutieusement écrit, consigné dans les registres de la police, et communiqué aux ministres. Mais Dieu protégea ses serviteurs, et aucun prêtre ne tomba sous la main des satellites. Ils saisirent quelques chrétiens influents, quelques catéchistes ; mais quand ils les conduisirent à la capitale, ils ne reçurent du préfet de police que des reproches sanglants pour leur maladresse, et des menaces terribles s'ils ne réussissaient à saisir au moins un Européen, de sorte que, vexés, humiliés, déçus dans leurs espérances, ils finirent, sous un prétexte ou un autre, par refuser de marcher là ou il les envoyait. Ce magistrat persécuteur, publiquement honni, abandonné par le gouvernement qui affectait de se tenir à l'écart, se croyait perdu, quand par le crédit de quelques amis puissants, il obtint la permission de se démettre de ses fonctions.

Son successeur, homme habile, fit de son mieux pour laisser toute cette affaire s'éteindre sans bruit. Il défendit de continuer les perquisitions, puis, petit à petit, sans bruit et sans éclat, relâcha ceux des prisonniers chrétiens qui n'avaient pas péri dans les tortures, ou que la maladie n'avait pas emportés. Au commencement de septembre, tous étaient rendus à la liberté. Cette persécution, dans la pensée des païens, était un véritable triomphe pour le christianisme, puisque non-seulement l'opinion publique, mais le gouvernement lui-même avaient blâmé son auteur, puisque celui-ci avait perdu sa place, puisque tous les captifs avaient été renvoyés chez eux sans autre forme de procès. Néanmoins, elle avait fait un mal incalculable ; grand nombre de chrétientés étaient complétement ruinées, beaucoup de cœurs se trouvaient refroidis, l'élan qui se manifestait parmi les indigènes pour embrasser l'Évangile était complétement arrêté, et ce qui était plus triste encore, les chrétiens emprisonnés n'avaient pas tous fait honneur à la religion par leur constance. « En un mot, » écrivait Mgr Daveluy, « il nous reste à déplorer pertes sur pertes et ruines sur ruines, et vous concevez facilement le deuil et l'amertume où nous nous trouvons plongés. *Cibabis nos pane lacrymarum, et potum dabis nobis in lacrymis in mensurâ. Exurge Deus, adjuva nos.... ne forte dicant in gentibus : ubi est Deus eorum ?* Vous nous nourrirez d'un pain arrosé de larmes, et dans notre affliction, vous mesurerez l'eau à notre soif. Levez-vous, Seigneur, aidez-nous, de peur que les païens ne disent : mais où donc est leur Dieu ? »

« Quant à moi, continue-t-il, j'ai eu à souffrir peu de privations corporelles, j'en ai été quitte pour me traîner de taudis en taudis. Dès les premiers jours je fis mon sacrifice ; je m'attendais à voir les prisons sous peu de temps. Plus tard, l'espérance de la vie me revint, et divers accidents providentiels me firent penser que Dieu avait d'autres desseins. Le hasard m'empêcha de gagner une retraite que j'avais désignée et où j'avais déjà envoyé quelques effets ; peu de jours après, les païens tombèrent sur ce village et firent une visite minutieuse de toutes les maisons. Si j'avais pu y aller, selon mes désirs, je serais infailliblement tombé entre leurs mains. N'ayant plus de demeure fixe, j'avais caché la principale partie de mes effets chez un chrétien, qui, demeurant dans un village païen, pouvait se flatter de ne pas être inquiété même en temps de persécution. Or, il fut dénoncé par un traître, et les satellites allèrent pour le saisir. Il se trouvait absent ; on prit tout ce qu'il avait, et on vola deux cents francs que j'avais déposés chez lui. Sa mère, par reproches et par menaces, empêcha momentanément les satellites d'entrer dans l'appartement des femmes où étaient mes malles, et pendant que ceux-ci couraient à la piste du maître de la maison, l'arrêtaient et le chargeaient de fers, arriva par hasard un chrétien éloigné, qui parvint à enlever immédiatement les malles, et à les transporter ailleurs. Quand les satellites revinrent, ils firent main basse sur tout ce qui restait. Quelle providence veilla alors sur mon bagage, qui eût été pris sans ce concours de circonstances, et dont la capture eût causé une perte irréparable? Car là se trouvaient réunis, outre mes ornements sacerdotaux, tous les originaux chinois et coréens de l'histoire des martyrs, tous mes travaux sur la langue, et une foule d'autres papiers. Quelques jours plus tard, je gagnai la capitale, suivant, à la distance de quelques lys, les satellites qui venaient de visiter inutilement mon district. J'eus à coucher dans une auberge, et le matin, malgré mes compagnons qui me priaient de ne me mettre en route qu'après le déjeuner, je m'obstinai, sans trop savoir pourquoi, à partir avant le jour. Une heure après mon départ, les satellites, mal reçus du mandarin à cause de leur insuccès, revenaient sur leurs pas et s'installaient dans cette même auberge, où ils passèrent toute la journée. Conclusion : ce que Dieu garde est bien gardé, et pas un cheveu ne tombe de notre tête sans sa permission. »

La persécution terminée, les missionnaires se remirent à l'œuvre pour réparer les maux qu'elle avait causés. C'était chose difficile; ils étaient tous épuisés de fatigue, et l'éveil donné aux passions hostiles ne leur permettait pas de visiter les districts qui avaient le plus souffert. Au choléra avait succédé la famine, et par une suite naturelle, des bandes de brigands ravageaient les provinces. De plus, les deux nouveaux confrères, attendus depuis si longtemps, avaient encore manqué cette année au rendez-vous, quoiqu'une barque coréenne les eût attendus plus de quinze jours, et on était d'autant plus inquiet sur leur sort, que le printemps avait été très-orageux, et qu'une foule de navires chinois, jetés à la côte, avaient perdu la plus grande partie de leurs équipages.

Pendant que pleins d'anxiété et de tristesse, les deux évêques de Corée, et leurs courageux compagnons travaillaient à raffermir leur troupeau un instant dispersé, et à cicatriser les plaies de la persécution, des événements étranges se passaient en Chine, événements dont le bruit et le contre-coup ont ébranlé l'extrême Orient tout entier, et dont l'avenir seul pourra faire comprendre toute la portée. Le 13 octobre 1860, les troupes françaises et anglaises entraient victorieuses dans Péking. Les motifs et les détails de ce brillant fait d'armes sont généralement connus : nous nous contenterons de les résumer ici en quelques lignes.

Aux termes de l'article 42 du traité signé à Tien-tsin le 27 juin 1858, les ratifications devaient en être échangées à Péking. En conséquence, au mois de juin suivant, les ambassadeurs de France et d'Angleterre annoncèrent leur départ au commissaire du gouvernement chinois, et quittèrent Chang-haï pour se rendre dans la capitale du Céleste Empire. Tout faisait espérer qu'ils ne rencontreraient aucun obstacle sérieux, et qu'ils seraient reçus à Péking avec politesse, sinon avec bienveillance; mais on comptait sans la perfidie du gouvernement chinois. L'ambassadeur anglais avait pourtant pris toutes les mesures pour se faire respecter. Une brillante flottille, composée de douze canonnières et de plusieurs autres bâtiments de différentes dimensions, l'accompagnait. La marine française était représentée par les deux vapeurs *le Duchayla* et *le Norzagaray*. Quand cette escadre prit son mouillage à l'embouchure du Peï-ho, le 16 juin, l'entrée de la rivière se trouva fermée par une chaîne en fer et une ligne de pieux. Sommé d'ouvrir un passage, le mandarin répondit qu'il avait reçu de l'empereur des ordres formels, et que jamais navire européen ne pourrait pénétrer plus avant.

Quelques jours s'écoulèrent en pourparlers, et pendant tout ce temps on n'apercevait aucun mouvement dans les forts voisins du fleuve. Le silence y était complet, pas une bannière, pas un homme, de sorte qu'on aurait cru ces forts déserts. Enfin, voyant qu'aucun messager n'arrivait de Péking et que la passe demeurait fermée, les ambassadeurs donnèrent, le 25 juin, ordre aux canonnières de s'ouvrir un passage en forçant les estacades. L'amiral Hope se place au premier rang ; la flottille s'avance, brise la chaîne, enlève quelques pieux, arrive à un second barrage qu'elle emporte de même, mais se trouve arrêtée devant un troisième. Pour comble de difficultés, deux ou trois canonnières, ayant touché, sont obligées de reculer un peu pour se dégager. A ce moment un coup de canon retentit, et un boulet tombe sur le

Plower qui portait le pavillon de l'amiral : c'était le signal attendu. Aussitôt, les tentes qui cachaient les vingt batteries des forts se replient, et une horrible grêle de boulets tombe sur les canonnières les plus avancées qui répondent bravement, mais sans pouvoir causer à l'ennemi de pertes sérieuses. Bientôt la position ne fut plus tenable, trois canonnières coulaient, l'amiral avait reçu deux blessures ; il ordonna de débarquer les troupes afin de marcher à l'ennemi, et par un assaut vigoureux, de le déloger de ses positions. Mais la rive du fleuve à cet endroit est un terrain fangeux où les hommes enfonçaient jusqu'aux genoux ; de plus, les Chinois y avaient creusé de larges fossés remplis de l'eau du fleuve, qu'il fallait passer à la nage, en sorte que les munitions furent bien vite avariées et qu'il ne resta plus aux soldats d'autre arme que la baïonnette. Mais comment s'élancer à la baïonnette à travers un marais d'où l'on avait peine à se tirer ? A neuf heures du soir, on avait perdu quatre cent quatre-vingts hommes tués ou blessés, les canonniers avaient épuisé leurs munitions, et les troupes se rembarquèrent à la hâte. Les ambassadeurs ne pouvant soutenir une lutte aussi inégale, avec des forces qui n'avaient été calculées que pour leur servir d'escorte, se retirèrent, et rentrèrent à Chang-haï le 9 juillet.

Le gouvernement chinois fut enivré de ce triomphe inattendu sur les diables d'Occident : mais pendant qu'il chantait victoire et menaçait les comptoirs européens de Chang-haï, de Canton, etc. et même l'île de Hong-kong, la France et l'Angleterre préparaient le châtiment de son odieuse perfidie.

L'année suivante, à la fin de juillet, les deux ambassadeurs, le baron Gros et lord Elgin, étaient dans le golfe de Pé-tché-ly, avec une flotte considérable qui portait les corps expéditionnaires français et anglais, et quelques jours après, la petite armée alliée entrait en campagne. Les Chinois attendaient à l'embouchure du Peï-ho ; on les y laissa, et l'on alla débarquer à Peh-tang, trois lieues plus haut. Le 14 août, on enleva sans difficulté sérieuse, un camp retranché de troupes tartares, et le 21, le principal fort de Takou fut emporté d'assaut, après un bombardement de cinq heures. Les alliés eurent quatre cents hommes hors de combat, tués ou blessés. C'était beaucoup, vu leur petit nombre, mais il s'agissait d'une position que les Chinois travaillaient depuis deux ans à rendre imprenable, et qui était défendue par l'élite des troupes tartares. Ce succès eut un effet prodigieux, et l'on crut un instant pouvoir considérer la guerre comme finie.

Immédiatement le gouvernement chinois entama des négociations. Après la prise des forts de Takou, les ambassadeurs
alliés étaient remontés jusqu'à Tien-tsin. Ils y trouvèrent des
commissaires impériaux qui les amusèrent quelques jours, en
acceptant toutes les conditions et faisant toutes les promesses
possibles. A leur tête était Kouei-liang, le même qui avait signé
le traité de 1858. Les conférences s'étaient terminées le 7 septembre, et l'on arrêta qu'une escorte d'honneur accompagnerait
les plénipotentiaires à Péking pour la signature définitive du
traité. En conséquence, mille Anglais et trois cents Français
furent désignés pour former cette escorte. Mais au jour fixé pour
le départ, les envoyés chinois avaient disparu. Leur but n'avait
été que de gagner du temps ; ils espéraient que l'armée battue
sur le Peï-ho pourrait se rallier et détruire les barbares. Lord
Elgin et le baron Gros indignés de cette mauvaise foi donnèrent
immédiatement l'ordre de continuer la marche sur la capitale.
Lorsque les troupes arrivèrent près de Yang-tsoun, le 12 septembre, deux nouveaux plénipotentiaires se présentèrent. C'étaient
le prince Tsaï-i, neveu de l'empereur, et Mon, président du tribunal de la guerre. Après quelques pourparlers, les conditions
du traité furent de nouveau arrêtées, et l'on convint qu'il serait
signé à Péking.

Le secrétaire de l'ambassade française, accompagné de plusieurs officiers français et anglais, se rendit, le 17 septembre,
dans la ville de Tong-tchéou pour s'entendre avec les autorités
chinoises, sur toutes les dispositions nécessaires aux besoins de
l'armée, qui devait y arriver le lendemain, et sur l'emplacement
que devait occuper le camp des alliés, pendant le séjour des
ambassadeurs à Péking. Sa mission terminée, il revint, le 18, à
la pointe du jour, laissant à Tong-tchéou ses compagnons,
chargés de tout organiser. Immédiatement après son départ,
ceux-ci furent cernés et faits prisonniers. Quelques heures plus
tard, au moment où les troupes arrivaient à Tchang-kia-wang,
sur la limite indiquée pour leur bivouac, elles se trouvèrent en
présence d'une force tartare de quinze à vingt mille hommes, qui
démasquant soudainement soixante-dix pièces de canon, ouvrirent le feu contre elles. Malgré la surprise d'une attaque aussi
inattendue et aussi odieuse, il ne fallut qu'une heure aux alliés
pour enlever, avec des pertes très-minimes, tout ce qui était
devant eux, et mettre dans la plus complète déroute l'ennemi, qui
laissa quinze cents des siens sur le champ de bataille. Aucune
explication n'ayant été envoyée par les commissaires chinois

pendant les deux jours qui suivirent, les forces franco-anglaises, laissant à leur droite Toug-tchéou qu'elles savaient complétement abandonné, résolurent de continuer leur marche sur Péking. Bientôt on apprit que l'armée tartare, commandée par le vieux général San-ko-lin-tsin, l'ennemi implacable des étrangers, s'était massée sur le canal de la capitale, près du pont de marbre (Pali-kiao), à cinq milles en avant de Tong-tchéou, dans un camp retranché, préparé de longue main, et défendu par une nombreuse artillerie. La lutte s'engagea, le 21 septembre, à sept heures du matin ; à midi le feu de l'ennemi était éteint, et à deux heures les troupes alliées étaient installées dans les tentes du général tartare, qui, après avoir fait des pertes considérables, avait pris précipitamment la fuite. Les deux journées de Tchang-kia-wang et de Pali-kiao valurent aux alliés plus de cent pièces de canon.

Le lendemain, le prince Kong, frère aîné de l'empereur, écrivit aux ambassadeurs que les deux autres plénipotentiaires étaient destitués, et que lui-même était nommé commissaire impérial pour conclure la paix. On lui répondit qu'il fallait avant tout renvoyer les prisonniers européens faits à Tong-tchéou. Ceux-ci n'étant par revenus au camp dans le délai fixé, l'armée alliée continua sa marche, sans rencontrer d'obstacles sérieux. Le 6 octobre, l'armée anglaise campa à un mille de la porte nord-est de Péking. Le même jour, les Français s'emparaient du palais d'été de l'empereur, le Yuen-min-yuen si célèbre dans la poésie chinoise, et livraient au pillage la quantité incroyable d'objets précieux qui y étaient entassés depuis des siècles. Le 8 octobre et les jours suivants, quelques prisonniers européens et une douzaine de cipayes indous furent mis en liberté et regagnèrent le camp, annonçant la mort de plusieurs Anglais et Français qui avaient succombé aux mauvais traitements. Ils ne savaient pas ce qu'étaient devenus les autres prisonniers. On l'apprit plus tard, quand, la guerre terminée, leurs cadavres horriblement défigurés furent rendus par les Chinois.

Enfin, le 13 octobre, Houng-keï, ancien mandarin de Canton, où il avait été en relation avec les Anglais, vient trouver les ambassadeurs. On lui déclara que si Péking ne se rendait pas avant midi, on donnerait l'assaut. Les canons étaient déjà placés, et tout était prêt pour commencer le feu, lorsqu'à midi moins un quart, Houng-keï revint, et annonça que les portes étaient ouvertes, et que le gouvernement chinois renonçait à une défense inutile. Les alliés s'emparèrent aussitôt d'une porte, et montèrent sur les remparts, qui ont soixante pieds de large et sont pavés de grosses pierres. Ils y dressèrent leurs tentes, et y installèrent leur artillerie.

L'empereur avait pris la fuite. Son frère, le prince Kong, ayant montré ses lettres de créance signées avec le pinceau vermillon, les conditions de la paix furent arrêtées avec lui. Les Chinois promirent d'observer le traité de 1858; la ville de Tien-tsin devait être occupée jusqu'à la pleine exécution des articles principaux. Les Anglais obtinrent la ville de Kao-long située sur le continent, en face de l'île de Hong-kong. Dans le traité français on inséra une clause portant que les églises et cimetières possédés autrefois par les chrétiens leur seraient rendus, et l'on commença immédiatement par la restitution de la grande église de Péking, construite sous le règne de Kang-hi. Les plénipotentiaires s'imaginaient naturellement avoir fait une paix définitive ; les missionnaires et les marchands européens habitués à la perfidie innée des Chinois, n'avaient pas une aussi grande confiance. Mais enfin, la leçon était si terrible, le prestige de la dynastie tartare et de la ville impériale était si fortement ébranlé par ce coup inattendu, qu'il y avait tout lieu d'espérer qu'avant de chercher aux chrétiens ou aux Européens une nouvelle querelle, les mandarins intimidés y regarderaient à deux fois.

Vers la fin de l'année 1860, on apprit en Corée les premières nouvelles de l'expédition européenne. « Les diables d'Occident, » disait-on, « sont venus sur de nombreux navires ; ils veulent avec des milliers et des milliers de soldats envahir l'Empire du Fils du Ciel. » La cour était très-inquiète, et un mandarin militaire, assez haut placé, présenta au conseil des ministres un mémoire sur les trois grands dangers que courait le pays, et sur les meilleurs moyens de défense.

Le premier péril était que l'empereur, vaincu par les Européens, ne vint chercher un refuge en Corée, ou, du moins, ne passât par le nord du royaume pour se rendre à une forteresse tartare située sur la frontière du nord-est. L'auteur du mémoire examine par quels chemins il pourrait venir, et conclut qu'il faut fortifier tous les passages et y envoyer des troupes, afin que l'empereur, effrayé par cet appareil de guerre, n'ose pas mettre le pied sur le sol coréen. Le second danger, plus grand que le premier, c'était l'invasion possible des bandits qui peuplent le Nasan-kouk, c'est-à-dire l'étendue considérable de forêts et de terres incultes qui sépare la Corée de la Mandchourie. Autrefois ce pays était soumis nominalement à la Corée, mais des conflits

graves ne cessaient de s'élever entre les individus des deux
nations, les meurtres s'y multipliaient, et le pouvoir central ne
pouvait ni les empêcher ni les punir ; ce que voyant, le gouvernement coréen, vers la fin du dernier siècle, fit évacuer cette
province et défendit à ses sujets d'y habiter. Depuis lors, les
aventuriers chinois s'y sont établis en toute liberté ; une foule de
voleurs et d'assassins coréens, fuyant les tribunaux et les mandarins, les y ont rejoints, et tous ensemble forment des bandes
absolument indépendantes et presque sauvages. Le mandarin en
question indique deux ou trois montagnes où il faudrait à tout
prix élever des forteresses, pour barrer le passage à ces maraudeurs qui, à la première occasion, pourront mettre les provinces
septentrionales de la Corée à feu et à sang.

Enfin il arrive au danger suprême, à celui qui était la grande
préoccupation de tous les esprits, l'invasion des Européens. Il
dépeint en termes très-énergiques les malheurs qu'ils apportent
avec eux partout où ils se présentent : ruine des royaumes,
destruction des plus florissantes cités, dépravation des mœurs,
établissement d'une religion abominable et de coutumes per-
verses, etc... « Mais, » ajoute-t-il, « ils ne sont redoutables que
sur mer. Leurs fusils sont, il est vrai, plus gros que les nôtres,
mais ils n'ont pas même un arc dans toutes leurs armées. Comment tiendront-ils devant nos archers ? Ils peuvent avoir vaincu
quelquefois dans les pays de plaine, où rien ne s'opposait à leurs
évolutions ; mais, dans notre pays montagneux, si nous avons soin
d'organiser des soldats et de bâtir quelques forts sur les chemins
qui conduisent à la capitale, nous les repousserons facilement.
Fortifions au midi Tong-naï (chef-lieu du district le plus voisin
du poste japonais) ; à l'ouest, Nam-lang, Pou-pieng et In-tsiou,
où ils se sont déjà montrés il y a quelques années. Elevons une
citadelle sur la montagne qui domine l'île de Kang-hoa, placée
en travers du fleuve, et si près de la capitale. Leurs vaisseaux
sont trop grands pour remonter facilement le fleuve. Autrefois,
ils n'avaient que deux ou trois navires. Il paraît qu'ils en ont
maintenant au moins dix, mais quelques milliers d'hommes ne
peuvent pas sérieusement nous mettre en péril. » En terminant,
l'auteur fait remarquer que, la religion d'Europe étant très-
répandue dans les provinces méridionales, il importe de prendre
toutes les mesures indiquées à l'insu des prêtres étrangers, afin
qu'ils ne puissent pas les faire connaître à leurs compatriotes.

Ce plan fut accueilli par les ministres et le public avec une
faveur marquée. Le mandarin qui l'avait rédigé obtint imméedia-

tement la haute fonction de préfet général de la police, et chacun s'attendait à le voir mettre lui-même son plan à exécution quand, coup sur coup, se succédèrent les rumeurs les plus alarmantes sur des batailles où auraient péri des centaines de milliers de Chinois. Enfin, au mois de février 1861, par le retour de l'ambassade annuelle, on apprit, à n'en plus pouvoir douter, l'incendie du palais impérial, la prise · de Pékiug, la fuite de l'empereur et le traité imposé par les alliés.

Cet Empire du Milieu, qu'une tradition de dix siècles représentait aux Coréens comme invincible, avait été envahi et vaincu ; ses innombrables légions avaient été mises en pièces par quelques régiments européens ; le Fils du Ciel lui-même, dont la majesté, croyait-on, faisait trembler la terre, avait été obligé d'accorder aux barbares, maîtres de Péking, la liberté de religion et la liberté de commerce ; on avait entre les mains des copies du traité. Dire la terreur folle, la consternation profonde, qui se répandirent de la capitale dans tout le royaume, serait chose impossible. Toutes les affaires furent suspendues, les familles riches ou aisées s'enfuirent dans les montagnes, et l'un des premiers à se cacher fut l'auteur du mémoire susdit, qui abandonna ses fonctions pour mettre sa vie en sûreté. Les ministres, n'osant eux-mêmes quitter leurs postes, firent partir en toute hâte leurs femmes, leurs enfants et leurs trésors. Des mandarins de haut rang se recommandaient humblement à la protection des néophytes, et faisaient des démarches pour se procurer des livres de religion, des croix ou des médailles pour le jour du danger ; quelques-uns même portaient publiquement à leur ceinture ces signes de christianisme. Les satellites, dans leurs réunions, se disculpaient à qui mieux mieux de toute coopération aux poursuites dirigées contre les chrétiens, et aux tortures qu'on leur avait infligées. Le peuple tout entier semblait avoir perdu la tête.

Profondeur des desseins de Dieu ! Si à ce moment un navire français, une simple chaloupe, se fût présentée, exigeant pour la religion la même liberté qui venait d'être stipulée en Chine, on se fût empressé de tout accorder, heureux encore d'en être quitte à ce prix. Cette paix aurait été troublée peut-être comme en Chine et au Tong-king, par des émeutes populaires, par de sourdes intrigues, par des incendies d'églises ou des assassinats de missionnaires, mais elle aurait donné des années de tranquillité comparative, favorisé l'essor des œuvres chrétiennes et la conversion des gentils. Elle aurait fait une large brèche à ce mur de séparation qui existe encore entre la Corée et les peuples chrétiens, et hâté le jour où il tombera pour jamais. Dieu ne l'a pas voulu ! Les navires qui, de la pointe du Chan-tong où ils séjournèrent des mois entiers, n'étaient pas à quarante lieues des côtes de Corée, partirent sans y faire même une courte apparition.

Quand on fut certain du départ de la flotte anglo-française, la panique générale se calma peu à peu, et le gouvernement, revenu de sa frayeur, songea à faire quelques préparatifs de défense pour le cas où les barbares d'Occident seraient tentés de revenir. M. Pourthié écrivait à cette époque : « Ordre secret a été donné aux mandarins de revoir leurs arsenaux militaires et de compléter les rôles de conscription. Or, ces arsenaux sont, en beaucoup d'endroits, tout à fait vides ; il faut recourir à l'histoire ancienne pour savoir qu'il y a eu jadis, dans ces maisons, des armes appartenant à l'Etat ; ou bien, s'il en reste quelque peu, ce sont la plupart des tronçons, des morceaux de fer informes, des pièces couvertes de rouille, le tout inserviable. Presque tous les mandarins ont, peu à peu, vendu, laissé vendre ou égarer ces armes. Cependant, le gouvernement ordonne de tout mettre sur un pied respectable, mais il se garde bien d'assigner des fonds pour couvrir ces dépenses. Dans notre pays, en pareil cas, un fonctionnaire public serait embarrassé et demanderait des fonds ; mais il ne faut pas dire au gouvernement coréen qu'on n'a pas d'argent, ou que tel arsenal est vide ; de pareilles excuses seraient fort mal reçues. Nos mandarins, stylés aux roueries du système administratif de ce pays, s'en tirent sans difficulté. Ils font simplement appeler les plus riches de leurs administrés, dans la classe du peuple, et leur enjoignent de verser une certaine somme, s'ils ne veulent être maltraités ; ceux-ci s'exécutent presque toujours, parce qu'un refus leur attirerait certainement de cruels supplices et peut-être la mort. C'est par de tels moyens que bon nombre de mandarins viennent, en ce moment, à bout de se procurer des lances, des fléaux en fer, des arcs et de mauvais fusils à mèches.

« Vous allez me demander si ce sont là toutes leurs armes ? Ils ont encore en différents endroits quelques canons plus petits que nos petites pièces de campagne ; d'autres canons plus forts sont entassés, dit-on, dans une maison près des murs de la capitale. Ils ont même des bombes qu'ils appellent *Poullang-kui*, terme dont la traduction littérale est *pièce française ;* peut-être est-ce parce qu'ils auront pris quelque bombe des navires échoués du commandant Lapierre, et en auront fabriqué sur ce modèle.

Enfin, ils ont une pièce dont ils ont soin et qui est inconnue à l'artillerie européenne ; c'est une énorme flèche en fer pesant trois ou quatre cents livres et qu'ils peuvent lancer sur l'ennemi à la distance de trois cents pas. Mais il paraît qu'il est très-dangereux d'être près de cette machine lorsqu'on s'en sert, et cela se conçoit, puisqu'il faut deux ou trois hectolitres de poudre pour la lancer une fois. D'ailleurs, ils ne font presque jamais l'exercice avec leurs canons, d'abord, parce que les généraux aiment mieux garder l'argent dans leurs bourses, que de le dépenser à brûler de la poudre ; en second lieu, il paraît que les pièces sont si mal fabriquées, qu'on ne peut faire l'exercice sans que quelqu'une n'éclate et ne cause de fâcheux accidents. »

Pendant que le gouvernement faisait des préparatifs plus ou moins efficaces pour repousser les Européens, quatre nouveaux missionnaires français mettaient le pied sur le sol de la Corée. Nous avons vu que MM. Landre et Joanno avaient fait en 1859 et 1860 deux tentatives inutiles pour pénétrer dans la mission. Nullement découragés par leur insuccès, ils songèrent à en préparer une troisième, et comme les jonques de Chang-haï les avaient deux fois trompés, ils résolurent de partir cette fois du Chan-tong et se rendirent au petit port de Tché-fou. La veille de Noël 1860, ils y furent rejoints par deux jeunes confrères que le séminaire des Missions-Etrangères venait de destiner à la mission de Corée, MM. Ridel et Calais. Ce renfort inattendu les combla de joie ; ils ne doutèrent plus du succès. Voici comment ils racontent eux-mêmes leur expédition :

« Nous trouvâmes facilement à louer une jonque à Tché-fou, et le 19 mars, sous la protection du grand saint Joseph, patron de nos missions de l'extrême Orient, nous fîmes voile pour la Corée. Après deux jours d'une heureuse traversée, nous étions à l'île de Mérin-to, au lieu du rendez-vous. Nous attendîmes quatre jours. Le 25, fête de l'Annonciation, une barque coréenne passa rapidement devant la nôtre, et son équipage voyant à notre mât un drapeau bleu sur lequel ressortait une croix blanche, se mit à faire de grands signes de croix. Quand on vint nous annoncer cette bonne nouvelle à fond de cale, où nous étions blottis, nous récitâmes avec une joie indicible l'hymne d'action de grâces, et nous fîmes à la hâte nos petits préparatifs, bien convaincus que la barque reviendrait nous prendre pendant la nuit. Mais Dieu voulait exercer notre patience. Une nuit, deux nuits, trois nuits se passent, point de barque. Nos Chinois commençaient à murmurer et à parler de retour, car il est défendu aux navires de leur nation, sous des peines très-graves, de séjourner plus d'un ou deux jours près de Mérin-to. Nous avons su depuis qu'un accident arrivé à nos bons Coréens avait causé ce retard inattendu. Eux aussi, tout en réparant leur barque à la hâte, avaient eu beaucoup d'inquiétude. Leurs signes de croix pouvaient n'avoir été compris que comme un salut adressé par eux à des frères chrétiens, dont le drapeau avec la croix leur avait fait connaître la religion. Aussi, par précaution, placèrent-ils sur une haute montagne d'où l'on apercevait notre jonque, une sentinelle qui, à chaque instant, répétait ses signes de croix. L'intention était bonne, mais avec les plus fortes lunettes, il nous eût été impossible de voir cet homme et de comprendre ses gestes.

« Enfin, le jeudi saint 28, à neuf heures du soir, leur petite barque vint accoster notre jonque derrière les rochers de Mérin-to. Ils montèrent à bord et nous présentèrent une lettre de Mgr Berneux, signe auquel nous devions reconnaître nos véritables guides. Le chef était un bon chrétien de Séoul, frère des deux vierges martyres : Colombe et Agnès Kim. On nous transborda immédiatement, on hissa sans bruit les voiles et on mit le cap sur la capitale de la Corée. Cachés tous les quatre dans un compartiment haut d'un pied et demi sur cinq ou six de long et autant de large, nous revêtîmes des habits coréens; mais nous ne pouvions pas métamorphoser aussi facilement les traits de nos visages, aussi passâmes-nous tout notre temps consignés dans cette cage, les uns sur les autres, sous un tas de paille et de nattes destiné à en masquer l'entrée. Cette précaution était nécessitée par le va-et-vient continuel des barques païennes qui nous accostaient à chaque instant. Nous entendions les pêcheurs qui montaient ces barques chanter avec accompagnement de musique. Mais quelle musique! une calebasse ou une moitié de coco, placée dans un seau d'eau et sur laquelle on frappait à tour de bras. La poésie n'était guère plus riche, si nous en jugeons par le refrain qu'ils ne cessaient de répéter et dont nous avons su le sens plus tard. Le voici : « Nous prendrons beaucoup de pois- « sons (bis), -- c'est une bonne chose (bis). »

« Avant de passer la redoutable douane où fut arrêté jadis notre glorieux martyr André Kim, le capitaine ayant entassé sur notre trou toutes les nattes qu'il avait à bord, rassembla ses matelots, récita le chapelet avec eux, et confiant dans la toute-puissante protection de Marie, avança résolûment. On nous héla, les douaniers vinrent à bord, mais Dieu nous gardait ; ils virent dans nos gens de simples pêcheurs incapables de faire de la contrebande et, après avoir échangé quelques paroles insignifiantes, ils regagnèrent leur poste. Nous continuâmes notre route. Après huit jours de navigation, nous arrivâmes sans accident à l'entrée du fleuve qui conduit à la capitale. Un de nos matelots descendit à terre et, prenant un sentier à travers les montagnes, courut annoncer notre arrivée à Mgr Berneux. Le lendemain, nous arrivâmes au pied d'une montagne déserte et éloignée de toute habitation. C'était le lieu où nous devions débarquer. Deux chrétiens déterminés, envoyés de Séoul par Sa Grandeur, nous y attendaient. Nous descendîmes dans une toute petite nacelle, le samedi soir, veille de Quasimodo, et après avoir ramé cinq heures contre le courant, nous mîmes pied à terre. Il était plus de minuit, et il nous restait trois lieues à faire pour gagner la capitale.

« Chaussant à la hâte nos souliers de paille, passant adroitement l'orteil par le trou qui, dans les chaussures coréennes, lui est destiné, la tête couverte d'un grand chapeau de paille, nous suivîmes nos courriers. Le sentier était étroit et escarpé, nous marchions l'un à la suite de l'autre, et dans la profonde obscurité, plusieurs d'entre nous mesurèrent de toute leur longueur le sol de la nouvelle patrie. Un instant, nos conducteurs perdirent leur route, ce qui nous valut un surcroît de fatigues. Enfin, après bien des alertes, nous entrâmes vers quatre ou cinq heures du matin, dans la maison d'un catéchiste, où nous attendaient un bon potage coréen et un verre de vin de riz. Après avoir fumé la pipe de l'hospitalité, nous reprîmes notre route vers le palais épiscopal. Le long d'une étroite ruelle du faubourg, nous rencontrâmes un individu dont le costume un peu extraordinaire n'annonçait rien de bon. Notre premier guide jugea prudent de ralentir le pas, et tout en suivant ce personnage à quelques pieds de distance, il eut soin d'entretenir une conversation bien nourrie avec le catéchiste, afin d'ôter à l'autre l'envie de nous adresser la parole. Nous n'osions ni tousser, ni lever les yeux. Après environ dix minutes, cet homme prit une rue déserte et nous laissa continuer notre chemin. C'était un agent de police qui faisait sa ronde.

« Quelques instants après, nous franchissions la grande porte de l'Ouest et, après avoir traversé quelques rues sales et tortueuses, nous nous trouvâmes en face d'un portail qui s'ouvrit pour nous laisser passer, et se referma subitement derrière nous. Aussitôt des chrétiens, car il n'y avait pas à s'y méprendre, s'approchèrent de nous, enlevèrent nos sandales et nos chapeaux de paille, nous firent arrêter un instant dans une chambre assez simple mais propre, puis nous conduisirent à travers une cour intérieure dans une salle où nous attendaient deux personnages à la barbe longue et épaisse, aux traits vieillis par les fatigues plus encore que par l'âge. C'étaient Mgr Berneux et son coadjuteur Mgr Daveluy. Nous nous jetâmes à leurs pieds, et après quelques instants d'une conversation à voix basse, portes et fenêtres hermétiquement closes, Mgr Daveluy célébra la sainte messe, pour remercier Dieu de notre heureuse arrivée, et lui demander que les quatre nouveaux venus fussent bientôt quatre véritables apôtres.

« Après quinze jours délicieux passés dans la société de nos vénérables évêques, nous dûmes nous séparer, pour aller chacun de notre côté étudier la langue coréenne. Dès la fête de l'Assomption, Mgr Berneux étant avec nous, nous avons entendu chacun une dizaine de confessions, et au moment ou nous écrivons (octobre 1861), Sa Grandeur vient de nous assigner nos districts respectifs. La mission de Corée a été tout récemment dédiée à la très-sainte Vierge, et chaque district porte le nom d'une de ses fêtes. La ville de Séoul, capitale, où demeure le vicaire apostolique, est le district de l'Immaculée-Conception ; celui de Mgr Daveluy porte le nom de la Nativité ; celui de M. Férou est le district de l'Assomption ; le collége où résident maintenant MM. Pourthié et Petitnicolas, s'appelle le collége Saint-Joseph. Nous autres avons eu en partage : M. Ridel, le district de la Présentation ; M. Joanno, celui de l'Annonciation ; M. Landre, celui de la Visitation ; et M. Calais, celui de la Purification... »

De son côté, Mgr Berneux écrivait à M. Albrand, supérieur du séminaire des Missions-Étrangères : « Vous avez appris l'heureux succès de l'expédition de Mérin-to. Mon bateau a enfin rencontré nos quatre confrères. La joie de part et d'autre a été d'autant plus grande que le mauvais succès des années précédentes nous faisait craindre encore pour cette année. Grâce à Dieu, nos craintes ne se sont pas réalisées ; les missionnaires sont entrés ; le bagage a bien couru risque d'être confisqué, mais nous avons perdu seulement la valeur de 2,000 francs. Maintenant, que le travail vienne, les ouvriers ne manqueront pas. La seule difficulté est de trouver un gîte où chacun d'eux puisse être à peu près en sûreté. Nous ferons ce que nous pourrons, et abandonnerons le reste à la divine Providence.

« Ce renfort nous est venu bien à propos. Car, outre que le nombre de nos chrétiens augmente chaque année et que les forces

des anciens ouvriers s'épuisent, la mort encore une fois a fait
dans nos rangs comme dans nos affections un vide qui se rem-
plira difficilement. Le P. Thomas T'soi, notre unique prêtre
indigène, que sa piété solide, son zèle ardent pour le salut des
âmes, et, chose infiniment précieuse, son bon esprit, nous
rendaient si cher : le P. T'soi est mort au mois de juin dernier, lorsqu'après une administration abondante en fruits de
salut, il venait à la capitale me rendre compte de ses travaux.
M. Pourthié, averti le premier du danger où se trouvait ce bon
prêtre, arriva assez tôt pour lui donner les derniers sacrements;
mais il avait perdu l'usage de la parole. Deux mots seulement
trouvaient encore passage sur ses lèvres mourantes : c'étaient les
saints noms de Jésus et de Marie. Le P. T'soi avait été envoyé à
Macao avec le vénérable André Kim, en 1837, par M. Maubant
de sainte mémoire. Doué de talents peu ordinaires, quelques
années d'étude lui suffirent pour parler et écrire très-correctement
le latin. Ayant terminé ses études théologiques, il fut ordonné
prêtre à Chang-haï en 1849, et réussit cette même année à pénétrer en Corée, où pendant douze ans il n'a cessé d'édifier par la
pratique la plus exacte de tous les devoirs d'un saint prêtre, et
de travailler avec succès au salut des âmes. Sa mort me plonge
dans un grand embarras. Le district qu'il administrait renferme
un grand nombre de villages où un Européen pourra difficilement pénétrer sans courir les plus grands dangers. Enfin, Dieu
qui nous l'a enlevé pourvoira à nos nécessités.

« Vous avez appris, Monsieur le Supérieur, l'heureuse issue
de l'expédition de Chine et la partie du traité qui concerne la
religion. Dieu soit loué ! Quant à la Corée, elle a été mise entièrement de côté ; de cela encore que Dieu soit béni, puisque telle
a été sa volonté sainte ! Nous resterons les derniers sur le
champ de bataille ; puissions-nous être destinés par le Seigneur
à clore l'arène où ont si glorieusement combattu nos vénérables
prédécesseurs.

« Malgré la commotion causée par la dernière persécution et
les défections qui en ont été la conséquence parmi les catéchumènes, nous aurons encore à enregistrer cette année au moins
sept cent cinquante baptêmes d'adultes. Le chiffre serait allé
probablement jusqu'à huit cents, si la maladie et des dérange-
ments de toute espèce ne m'eussent obligé à laisser de côté plus
de trente villages qui n'ont pas été administrés. Le nombre
actuel de nos chrétiens est, d'après les listes de cette année, de
dix-huit mille trente-cinq. »

Par le même courrier, Mgr Berneux écrivit en son nom et au nom de tous ses confrères au Souverain Pontife Pie IX, que la révolution italienne, aidée par la complicité du gouvernement impérial de France, venait de dépouiller de presque tous ses états. L'attachement filial au Saint-Siége se trouve infailliblement dans le cœur d'un vrai missionnaire. Plus son poste est éloigné, plus il est dangereux, et plus est vif l'amour qu'il porte au Vicaire de Jésus-Christ. Voici la traduction de cette lettre qui est maintenant, dans le ciel, un des titres de gloire de notre vénérable évêque martyr.

« Très-Saint Père,

« Nous avons été accablés d'une douleur indicible quand, par les lettres récemment apportées de France, mes confrères et moi avons appris ce que des hommes aveugles, poussés par une rage impie, ont osé contre Votre Sainteté et contre la Chaire Apostolique. Pardonnez-nous la liberté que nous prenons d'écrire à Votre Sainteté dans un moment où elle est agitée de si terribles angoisses et abreuvée de tant d'amertumes. L'amour filial nous force de déposer à vos pieds l'expression de la tristesse qui remplit nos cœurs, et l'assurance des prières que sans cesse nous offrons à Dieu et à l'Immaculée Vierge Marie. Du fond de ces régions lointaines, nous ne pouvons, comme l'ont fait unanimement, dit-on, tous les évêques de France, élever la voix pour défendre les droits du Saint-Siége, mais nous ne cessons d'élever vers le ciel nos mains et nos cœurs, priant que le Seigneur se lève, qu'il dissipe vos ennemis, et que dans sa miséricorde, il devienne votre bouclier et votre défenseur.

« Au milieu de toutes ses peines, Votre Sainteté aura certainement éprouvé quelque consolation, en apprenant que la liberté absolue, non-seulement d'embrasser, mais même de prêcher publiquement la Foi, a été assurée dans l'empire chinois par le triomphe des armées française et anglaise, de sorte qu'à l'avenir il n'y a plus à craindre de persécution. Quant à la mission de Corée, personne ne semble s'en occuper ; mais le gouvernement de ce pays sait parfaitement bien ce qui s'est passé en Chine, et comme il tremble de voir les Européens lui déclarer la guerre, nous avons pour l'avenir une espérance sérieuse de paix, de tranquillité, et par conséquent de succès abondants. La persécution qui s'était élevée l'année dernière a complétement cessé ; le champ que nous avons à cultiver fleurit de nouveau, et cette année nous avons donné le baptême à près de huit cents adultes.

« Prosternés aux pieds de Votre Sainteté, les baisant avec un filial amour, le vicaire apostolique et les missionnaires de Corée demandent humblement la bénédiction apostolique.

« De Votre Sainteté,

« Le fils très-humble et très-soumis,

« Siméon-François Berneux,

« *Evêque de Capse.* »

La première impression de terreur causée par la prise de Péking ayant à peu près disparu, il fut facile de voir que rien n'était changé en Corée. Presque aucun de ceux qui, dans leur effroi, s'étaient rapprochés des chrétiens, avaient obtenu des livres de religion, et même commencé à apprendre les prières et le catéchisme, ne persévéra dans le dessein de se convertir. De son côté, le gouvernement persista dans le système de neutralité qu'il suivait depuis longtemps déjà, n'abrogeant en aucune façon les lois iniques portées contre les chrétiens, n'en poursuivant l'exécution par aucun acte officiel, et laissant chaque mandarin à peu près libre d'agir, en cette matière, selon ses opinions et ses caprices personnels. Aussi, dans les derniers mois de 1861, les vexations, les avanies, les persécutions locales, les emprisonnements dont les chrétiens étaient habituellement victimes, recommencèrent de plus belle dans diverses provinces et auraient continué sans interruption, si, au mois de juin 1862, des émeutes populaires n'avaient pendant quelque temps attiré ailleurs l'attention des mandarins. Dans une de ses lettres, M. Pourthié a fait de ces événements un récit rempli de détails curieux, et qui peint au vif plusieurs traits des mœurs coréennes.

« Vous ne sauriez croire dans quelle ignorance je suis ici de la marche du monde. Vous dites qu'en Europe on ne sait rien de la Corée ; nous vous rendons bien la pareille. Tout, même ce qui se passe en Chine, nous est complétement inconnu. Dans les quelques lettres que nous recevons, on s'excuse habituellement de nous donner des nouvelles, en disant que nous les aurons apprises d'ailleurs. Quelquefois même, on a l'audace d'ajouter : les journaux vous apprendront tout cela ; comme si nous recevions des journaux, nous qui avons mille peines à recevoir chaque année quelques-unes des lettres qu'on nous envoie. D'un autre côté, les nouvelles que le gouvernement coréen donne au public sont ou fausses ou insignifiantes. L'ambassadeur annuel reçoit, à son retour de Péking, l'ordre de parler dans tel ou tel sens, de taire ceci, de faire un long commentaire sur cela, et la moindre parole en désaccord avec les ordres qu'il reçoit est punie de la dégradation et même de l'exil.

« La Corée n'a qu'un journal manuscrit, et encore n'est-il que pour la capitale. Les nobles qui y sont abonnés le parcourent quelques instants, et le rendent de suite à l'estafette qui attend à la porte pour le recevoir et aller le communiquer aux autres souscripteurs. Dans ce journal il y a chaque année, au retour des ambassadeurs, une espèce de rapport sur ce qu'ils ont entendu dire en Chine. Autrefois, cette feuille officielle du gouvernement ne pouvait nommer un peuple d'Europe sans y accoler le mot *barbare*; des actes que d'ailleurs nous savions être justes et glorieux y étaient traités de vilenies, de cruautés; les succès européens étaient invariablement transformés en échecs et en désastres. Depuis le traité de Chine, le style de ce journal change peu à peu, on y voit plus de civilité, plus de réserve, et plus de justice rendue aux Européens. Cette année, on les a dépeints comme amis du Céleste Empire, et même comme aidant le régent à se tirer d'embarras avec les rebelles. Mais ces rapports officiels sont très-courts, et surtout ne parlent pas de religion. Les ambassadeurs cependant en ont souvent causé dans leurs salons de réunion. J'ai vu une lettre du vice-ambassadeur qui rapporte au long la promulgation des édits concernant la liberté religieuse ; il insinue même que le régent de Chine et son pupille auraient l'intention de se faire chrétiens. Je ne crois pas que cette dernière nouvelle soit vraie ; mais qu'elle le soit ou non, dès le moment que les ambassadeurs en sont les porteurs, elle serait très-utile à nos néophytes, si elle était connue. Mais on se garde bien de la faire circuler dans le public.

« Quoi qu'il en soit, le gouvernement s'obstine toujours à agir comme par le passé. Il ne provoque pas de persécution générale, mais il voit avec assez d'indifférence que les mandarins, dans leurs districts respectifs, nous fassent la guerre. Si on fait trop de bruit, il pourra conseiller d'agir plus doucement, mais il se garde d'interdire toute poursuite ; au contraire, tant qu'il ne rapporte pas les lois qui condamnent les chrétiens à mort, la persécution est parfaitement légale. Si nous ne souffrons pas davantage, c'est parce qu'une grande partie des mandarins n'exécutent pas la loi ; mais du moment qu'un subalterne cupide et cruel arrive dans un district, la guerre contre les chrétiens com·mence dans ce lieu, sans que le gouvernement réclame, sans même qu'il en ait connaissance. L'hiver dernier a été encore signalé par plus d'une misère de ce genre, mais surtout deux districts ont été très-maltraités. Dans le district de M. Calais, les chrétiens de sept petits hameaux ayant été envahis par une troupe de satellites renforcés d'une horde de maraudeurs, nos néophytes ont perdu leur misérable mobilier, leurs vivres et leurs habits ; beaucoup de maisons ont été livrées aux flammes, les autres sont devenues inhabitables. Les persécuteurs qui avaient envie de piller et non d'emprisonner, n'ont emmené que trois chrétiens qui, après six mois d'incarcération, ont eu le malheur de se délivrer par une apostasie formelle. Dans la province sud-est du royaume, la persécution a aussi grondé dans plusieurs districts, pendant l'hiver et le printemps, jusqu'à la Trinité. Vers cette époque, une préoccupation plus sérieuse a imposé silence à tout le monde ; païens et chrétiens, roi, ministres, mandarins et peuple, tous ont été tenus en haleine par quelques démonstrations populaires assez insignifiantes, quelquefois même ridicules, mais qui ont cependant suffi pour faire trembler le gouvernement et toute la Corée.

« J'avais souvent pensé que le peuple coréen est incapable d'une insurrection qui puisse renverser son gouvernement, et cette pensée, je la puisais dans la connaissance de son égoïsme. Une conjuration se forme-t-elle ? les conjurés semblent rivaliser à qui trahira le premier le secret, pour avoir une récompense du gouvernement. En outre, l'autorité royale est toujours vénérée des Coréens. On ne peut pas entendre le mot rebelle sans lire en même temps, sur la figure de celui qui le prononce, l'horreur que provoque cette idée. Cela explique pourquoi ce pauvre peuple dévore en silence, et sans le moindre acte de résistance ouverte, de longues années d'oppression, d'injustices et d'avanies que je ne vous rapporte pas, parce que vous n'y croiriez pas. Cette fois néanmoins, le peuple a semblé pendant quelques semaines se réveiller de sa léthargie, mais pour retomber plus bas, et rester plus docilement foulé aux pieds, car je doute que, dans deux ou trois mois, les mandarins pensent encore à la frayeur qu'ils ont éprouvée.

« Les causes de ces manifestations populaires ont été l'avidité insatiable et les vols monstrueux des fonctionnaires de toute espèce et de tout grade. Depuis bien longtemps, les ministres, qui sont en Corée de véritables maires du palais, percevaient de forts tributs sur la collation des dignités ; les places étaient littéralement à l'encan. L'abus allant toujours en augmentant, on semble avoir introduit la coutume de faire avancer, par chaque dignitaire nouvellement nommé, une somme égale à ses appointements d'une année. Mais si le gouvernement spécule sur les fonc-tionnaires publics, ceux-ci à leur tour spéculent sur le peuple ; on ne voit de toutes parts que vexations, qu'augmentation des impôts, et qu'un infâme trafic de la justice. La loi exige bien que les mandarins fassent approuver les augmentations d'impôt par le gouverneur de la province, mais cette loi, comme toutes les autres, n'est nulle part observée. Le gouvernement ne se mêle pas de ces minuties. Tous les actes des fonctionnaires inférieurs sont réputés justes, pourvu que de temps en temps de grosses sommes, produit de leurs exactions, viennent attester leur probité et leur adresse. Les impôts ont pris ainsi, dans le courant de quelques années, des proportions démesurées. Le taux légal des impôts est de sept sapèques par *tchien* (mesure qui équivaut à peu près à un are), mais maintenant il n'y a pas de district qui paye simplement le taux légal. Dans le canton où je suis, l'impôt est actuellement fixé à quatorze sapèques par tchien ; d'autres localités payent jus-qu'à quinze, dix-huit, vingt, ou même vingt-cinq sapèques, sui-vant le désintéressement ou l'avidité du mandarin.

« Or, au printemps dernier, le mandarin d'un très-grand dis-trict situé au sud de la presqu'île, assez près de la mer, porta les impôts au taux monstrueux de quatre-vingt-cinq sapèques par tchien. Le peuple exaspéré usa de son droit en députant un lettré pour aller faire des réclamations à la capitale, près du conseil des ministres. Le mandarin ne pouvait ignorer que l'injustice de sa conduite était trop patente pour que le gouvernement n'en fût très-irrité ; il envoya le chef de ses prétoriens à la poursuite du député du peuple qui s'était déjà mis en route, en lui ordon-nant d'empêcher ce voyage à quelque prix que ce fût. Le prétorien fit diligence, rejoignit le député, et ne pouvant, ni par prières, ni par promesses, ni par menaces, le détourner de son voyage, trouva moyen de lui faire avaler de l'arsenic. La victime expira la nuit même, et le peuple apprit sa mort au moment où l'as-sassin rentrait près de son maître. Aussitôt, on se porte en foule à la maison de ce chef des prétoriens, on se saisit de sa per-sonne, on pénètre dans le prétoire où l'on saisit aussi le *tsoa-siou* (petit dignitaire des préfectures qui remplace le mandarin absent) ; on traîne ces deux hommes sur une place voisine, et on les brûle vivants sous les yeux du mandarin. Le bruit même a couru qu'on aurait servi à ce misérable un morceau de la chair rôtie de ses deux employés. L'exaspération populaire loin de se calmer, devint de plus en plus menaçante, si bien que le magis-trat civil et le mandarin militaire prirent la fuite, et personne n'osant pénétrer dans ce district pour prendre leur place, le peuple s'est constitué en république pendant deux ou trois mois.

« Le mandarin voisin était le digne émule de celui dont nous venons de parler. Après avoir, pendant des années, sucé le sang du peuple, et épuisé toutes les ressources de son district, il imagiua un nouveau et ingénieux moyen de battre monnaie. Les veuves forment dans ce pays une classe assez nombreuse, parce que, surtout chez les nobles, la femme ne convole pas à de secondes noces ; leur condition est réputée misérable, digne de pitié et de protection. Notre mandarin ayant un jour lancé un décret qui invitait toutes les veuves à se rendre à la préfecture, celles-ci pensèrent que le magistrat, par pitié, voulait faire quelque chose pour améliorer leur état, et se rendirent toutes à son appel. Lorsque celui-ci les vit rassemblées, il écrivit le nom et le lieu d'habitation de chacune d'elles, et leur tint à peu près ce discours : « Si vous étiez remariées, vous contribueriez de concert avec vos « maris à payer les impôts, et par conséquent vous serviriez le « gouvernement. Maintenant au contraire, étant seules chez vos « parents, vous êtes inutiles à l'État, et vous ne concourez en rien « à la prospérité publique. Afin de vous rendre de dignes sujets « du roi, j'ai pensé que je devais vous soumettre à un impôt par- « ticulier. Ainsi, dès ce jour, vous payerez au mandarin deux « pièces de toile, l'une au printemps, l'autre à l'automne » (ces pièces de toile ont plus de quarante pieds de long.) « L'assemblée féminine ébahie et interdite, fit entendre quelques chuchotements de surprise, mais personne ne se pressait de répondre : « Nous payerons. » Alors le mandarin continua : « Que celles qui « promettent de payer l'impôt passent d'un côté; et celles qui « refusent de payer du côté opposé. » Elles obéirent, mais presque toutes se rangèrent du côté des récalcitrantes. Le mandarin renvoya les premières à leurs maisons, et ordonna d'incarcérer les autres. Mais une veuve en prison est une femme mise dans un lieu de prostitution publiquement connu comme tel. Les parents des veuves emprisonnées, pour ne pas se déshonorer, n'hésitèrent pas à faire un sacrifice, et, pour les délivrer, apportèrent au mandarin les pièces de toile demandées.

« Ces veuves, ainsi mises en liberté, résolurent de se venger d'une façon cruelle, mais qui vous fera bien connaître les mœurs du pays. La mère du mandarin était descendue depuis peu de la capitale pour voir son fils dans son district. Un jour donc, les veuves réunies en grande troupe entrent au prétoire, demandant à haute voix l'honneur de parler à l'illustre dame, et disant que celle qui avait pu engendrer un tel fils devait être une créature bien étonnante, bien supérieure à toutes les autres femmes. Il était évident qu'elles ne voulaient rien moins que la dépouiller de ses habits ; le mandarin justement alarmé, mais ne pouvant, d'après les mœurs coréennes, recourir à la force contre une foule de femmes désarmées et tout à fait inoffensives, fut, pour échapper à l'outrage, obligé d'en venir aux supplications, et à force de prières et de ruses, parvint, ce jour-là, à les éloigner. La mère du mandarin, instruite de ce qui s'était passé, entra dans une furieuse colère et dit à son fils : « Comment, c'est lorsque je « descends en province pour te voir, que tu me fais recevoir un « outrage si sanglant ! et cela dans ta propre maison ! Je pars dès « demain matin ; fais attention que tout soit prêt pour une heure « très-matinale. » Ainsi dit, ainsi fait, et la dame se mit en route avant le lever du soleil ; mais les veuves qui avaient eu connaissance de son projet l'attendaient sur le chemin, et, se précipitant sur le palanquin, la mirent dans un état de nudité complète, en l'accablant des sarcasmes et des quolibets les plus grossiers. Le pauvre mandarin s'est enfermé dans sa maison pour y cacher sa honte ; mais l'affront qu'il a causé à sa mère, et par là à toute sa famille, ne sera jamais lavé aux yeux des Coréens. C'est un homme déshonoré.

« Dans un autre district du midi, le peuple, fatigué par les concussions de son mandarin, fit préparer un repas dans une maison particulière près du prétoire, et alla l'inviter à diner. « Mais pourquoi ? » dit le mandarin surpris. — « Le peuple, » répondit-on, « désire traiter une fois son magistrat ; il n'y a pas « d'autre raison. » Le mandarin, étonné d'une pareille affaire, refusa longtemps, mais enfin, la foule s'opiniâtrant dans sa demande, il se rendit malgré lui. Il entra donc dans la maison et, prenant place à table : « Mais enfin, » s'écria-t-il, « dites-moi à « quel titre et pour quelle raison vous me servez ce repas ? » Un de la troupe répondit pour tous : « Notre mandarin mange bien « les sapèques du peuple sans titre ni raison, pourquoi ne mange- « rait-il pas également son riz sans titre ni raison ? » La leçon était sévère, et le mandarin, couvert de honte, se hâta de quitter le district.

« Ces divers incidents, grossis par la renommée, furent bientôt connus dans tout le royaume, et, de toutes parts, le peuple se hâta de se venger de ses oppresseurs. En moins de six semaines, plus de quarante mandarins avaient été forcés, d'une manière ou d'une autre, à déserter leurs postes ; des attroupements

populaires se formèrent sur plusieurs points ; les maisons d'une
infinité de nobles qui avaient tyrannisé et pillé leurs administrés
furent livrées aux flammes, et dans quelques districts la foule
ameutée fit des ravages considérables. Les prophéties coréennes
annoncent que celui qui détrônera la dynastie régnante s'appel-
lera Tcheung. Or, un maître d'école nommé Tcheung Han-soun-i,
ayant mis en fuite le mandarin, se trouva à la tête du mouvement
populaire de son district. De là une grande alarme dans tout
le royaume. Des commentaires sinistres de la fameuse prophétie
circulaient de toutes parts, annonçant l'incendie de la capitale, et
un massacre général des nobles. Le gouvernement tremblait. L'un
des principaux ministres, Kim Tchoa-keun-i, homme très-borné,
mais respecté pour son intégrité relative, tout en avouant que dans
sa maison on avait malheureusement gagné de très-fortes sommes
en vendant les dignités, présenta à Sa Majesté un projet de loi
pour interdire sévèrement à l'avenir un pareil abus ; mais le beau-
père du roi s'opposa à cette loi en disant que, pour sa part, il rece-
vrait toujours l'argent qui lui viendrait de cette source. Le roi
donc désapprouva le projet, et par une conséquence toute naturelle, le ministre qui en était l'auteur fut disgracié, ainsi que son
fils Kim Piong-ku-i, jusqu'alors tout-puissant à la cour. Kim
Piong-kouk-i, cousin de la reine et de Kim Piong-ku-i, resta seul
en possession du pouvoir. Cependant, tout le royaume était dans
une perplexité inexprimable ; chaque courrier annonçait la défection de quelque district. Les fausses rumeurs, de plus en plus
nombreuses, rapportaient les courses des révoltés, leurs propos
provocateurs, leur nombre fabuleux, leur route tracée jusqu'à la
capitale. Au milieu du tumulte, le ministre Kim Piong-kouk-i,
homme aussi lâche que stupide, était toujours pâle de crainte ;
la tristesse l'empêchait de manger, et cependant il répondait à
ceux qui l'engageaient à consentir à la loi proposée : « Jamais ; il
« faut bien que je vive ; je ne veux pas me condamner à la men-
« dicité. »
   « La vérité était que le peuple, en maints endroits, avait poursuivi les nobles voleurs, et chassé beaucoup de mauvais mandarins ; mais nulle part on n'avait songé à faire une insurrection
générale et à détrôner le roi. Le gouvernement vit bientôt qu'on
ne songeait pas à envahir la capitale ; les courriers des diverses
provinces le rassurèrent sur ce point. Alors on envoya, pour rétablir l'ordre compromis, deux délégués extraordinaires, dans les
deux provinces du midi où il y avait eu le plus de troubles. Ces
délégués, que l'on désigne sous le nom d'*anaik-sa*, munis de pleins

pouvoirs, ont pour mission de consoler le peuple, de réformer les abus de l'administration, et de rendre aux lois leur vigueur. Mais depuis longtemps un anaik-sa, en Corée, ne peut satisfaire le gouvernement qu'en épouvantant le peuple, et en tuant beaucoup de monde. L'un de ces deux délégués ayant voulu agir par les voies de douceur, fut de suite révoqué, envoyé en exil, et remplacé par un monstre de cruauté. Les deux anaik-sa, par ruse, par flatterie, par promesses, par menaces, et par trahison, ont peu à peu dissipé les attroupements ; leurs satellites ont à la dérobée, et pendant la nuit, saisi quelques personnes de tous les districts soulevés, et les ont mises à mort sans distinction et sans jugement.

« Le gouvernement, satisfait, a porté au compte du budget le prix de toutes les maisons brûlées par le peuple. On a ordonné une révision du cadastre aux frais des propriétaires. Ceux-ci ont été écrasés de dépenses, l'État n'y a pas gagné une sapèque, les prétoriens seuls en ont profité. De toutes parts, ils ont trouvé des champs qui n'étaient pas soumis à l'impôt, mais ils gardent pour eux cette connaissance, et perçoivent cet impôt à leur propre compte. Les mandarins n'ignorent pas cette maltôte, mais la race prétorienne est si puissante, qu'ils n'essayent pas de leur enlever le produit de ces vols. Le ministre Kim Piong-ku-i est rentré au pouvoir ; son cousin Kim Piong-kouk-i est incapable de gérer les affaires, et il le sent bien ; aussi laisse-t-il le premier reprendre la puissance pour ne pas être renversé lui-même. Une dernière loi vient d'être proposée pour augmenter l'impôt annuel d'au moins cinq millions, ce qui est énorme pour ce pays, et le peuple, plus faible que jamais, souffre et paye en silence.

« On a découvert ou prétendu découvrir, au mois d'août, une conspiration qui aurait eu pour but de mettre sur le trône un parent éloigné du roi. Le chef du complot, Ni Ha-tchon-i, homme petit, difforme, et sans aucun talent, a, dans les supplices, présenté un billet au premier ministre interrogateur ; celui-ci, après l'avoir lu, l'a de suite brûlé sans rien dire. On prétend que, dans ce billet, Ha-tchon-i disait qu'il avait été engagé à conspirer par la reine Tcho, femme du roi précédent. Cette femme, que tout le monde connait comme très-violente, a déjà plusieurs fois tenté d'empoisonner le roi ; néanmoins, on ne peut ni la tuer ni même l'exiler, parce qu'elle est le nœud de légitimité de succession entre le roi actuel et le roi précédent. La faire disparaître, serait, d'après les mœurs coréennes, abolir la légitimité et déclarer le roi actuel usurpateur du trône. Ni Ha-tchon-i a été condamné à avaler une potion empoisonnée. Le principal de ses complices, Kim Ie-saing-i, cet odieux apostat qui, en 1839, a trahi et livré aux satellites Mgr Imbert, ses deux missionnaires, et un grand nombre de chrétiens, a été décapité. Son corps, coupé en six morceaux et salé pour empêcher la corruption, a été promené dans tout le royaume, afin d'inspirer de l'horreur contre les rebelles. Plusieurs chrétiens ont vu ce cadavre voituré de village en village, et l'on criait devant lui les trois chefs d'accusation : « Il a trahi son maître spirituel (Mgr Imbert), il s'est « révolté contre le roi, il a été impie jusqu'à lever la main sur « son père. »

Pendant ce temps, que devenaient les chrétiens et les missionnaires? Mgr Berneux, dans son compte rendu d'administration pour 1862, raconte, comme il suit, leurs travaux et leurs souffrances.

« Cette année-ci s'est passée péniblement. Quoique le gouvernement semble prendre à tâche de ne pas s'occuper de nous et de nos chrétiens, nous ne laissons pas d'avoir à souffrir beaucoup. Le sang ne coule pas sous la hache du bourreau ; mais on réduit nos néophytes à mourir de misère. La haine des païens contre le nom chrétien, et la cupidité des satellites nous ont poursuivis, dans ces derniers temps, avec un acharnement satanique. La province de Kieng-sang, cette belle province où nous comptions un millier de catéchumènes, où l'Évangile se répandait si rapidement et avec tant de succès, est bouleversée de fond en comble. Le peuple s'est ameuté contre les chrétiens, et a adressé aux mandarins des pétitions tendant à les faire chasser hors de leur territoire. Ces démarches, inspirées par l'enfer, ont presque partout été accueillies favorablement, et aujourd'hui, nos pauvres chrétiens ne sachant où se fixer, errent de côté et d'autre, sans ressources, sans moyens de subsistance. Dans une pareille extrémité, ne pouvant ni recevoir les sacrements, ni même se rencontrer entre eux pour se consoler et s'affermir mutuellement, le découragement s'empare des esprits ; ils perdent le goût de s'instruire, tombent dans le relâchement, pratiquent mal ou négligent tout à fait leurs devoirs, et ne s'occupent plus guère de l'évangélisation des païens. Voici quelques lignes du rapport que m'a adressé Mgr Daveluy, mon vénéré coadjuteur, à qui, depuis la mort du P. Thomas T'soi, j'ai confié l'administration de ce district aussi important que difficile. Vous pourrez, en les lisant, vous faire une idée des obstacles que l'œuvre de Dieu rencontre dans ce pays.

« ..... Au district de Tsil-kok se trouve, très-isolé et à mi-côte d'une énorme montagne, un village où environ quarante personnes reçoivent les sacrements. Dans le *kong-so* (maison qui, à l'arrivée du missionnaire dans un village, se convertit en oratoire et où l'on administre les sacrements), je reçus une lettre m'annonçant la persécution au district de Niang-san ; sept chrétiens venaient d'être accusés, et le mandarin les avait jetés en prison. C'était au fond une affaire d'argent ; et les accusateurs contents d'avoir pillé leurs victimes, n'avaient plus de plaintes à formuler. Le mandarin cependant voulait pousser l'affaire, et en référer au gouverneur. Il en fut heureusement détourné par un de ses parents de la capitale, alors près de lui, et se contenta d'ordonner de brûler deux kong-so, et de chasser les chrétiens de deux villages de son arrondissement. Les prétoriens brûlèrent non-seulement les deux kong-so, mais encore toutes les autres maisons de ces deux villages. Dès lors, je ne pouvais plus songer a faire l'administration de ce district. En même temps, les nobles de Kim-hai faisaient entre eux une çonvention écrite pour mettre tous les chrétiens au ban de la société, et ce district encore me devenait fermé. Les chrétientés de l'arrondissement de Kei-tsiang étaient aussi tracassées par les païens. Enfin deux accusations furent présentées contre les chrétiens au mandarin du Tong-nai qui ne les reçut pas, détourné qu'il en fut par une esclave de préfecture qui a sur lui beaucoup d'influence. Mais les accusateurs ne se tinrent pas pour battus ; ils prirent eux-mêmes leur affaire en main, chassèrent les chrétiens loin de leurs villages, et brûlèrent leurs maisons..... »

« Ces avanies se produisent contre tous les chrétiens de la province de Kieng-sang. Dans celle de Kieng-kei, où se trouve la capitale du royaume, six ou sept villages ont été envahis par les satellites, sans ordre du mandarin. Les maisons ont été pillées ou brûlées, les habitants cruellement battus ou traînés en prison ; d'autres ont pu se racheter en donnant des sommes d'argent qu'il leur a fallu emprunter à gros intérêts, dont ils seront grevés pendant bien des années. Tant de vexations découragent, non pas seulement ceux qui en sont les victimes, mais tous nos chrétiens en général, parce que tous, d'un jour à l'autre, peuvent en éprouver de semblables, dans un pays où personne ne les réprime. Pour peu que ce genre de persécution continue, la mission de Corée, qui, avec un peu de paix, offrirait tant de ressources à la prédication de l'Évangile, cessera de prospérer, et finira par périr entièrement. Priez donc pour que le temps de ces épreuves soit abrégé !

« Tous les missionnaires sont excessivement fatigués et
plusieurs malades. M. Landre a failli mourir au printemps.
MM. Férou et Ridel ont souffert de la fièvre pendant tout l'été.
Mais c'est l'état de M. Joanno qui m'inquiète le plus, je crains
bien que sa poitrine ne soit attaquée, et qu'il ne tienne pas longtemps contre les privations inévitables qui accompagnent en Corée
l'exercice du saint ministère. Pour moi, j'ai passé un été assez
difficile ; j'ai pu néanmoins, tant bien que mal, faire face à toutes
mes occupations, mais combien cela durera-t-il encore ? Je n'ai
plus aucune activité, aucune force, aucune énergie..... »

Vers la fin de mars 1863, un nouveau missionnaire, M. Aumaître,
jetait l'ancre près de l'île de Mérin-to, accompagné de deux élèves
coréens qui avaient fait à Pinang une partie de leurs études. La
mauvaise volonté des matelots chinois ayant retardé son départ
de quelques jours, il ne put trouver la barque coréenne envoyée
à sa rencontre ; l'on sut plus tard que celle-ci, après avoir, pendant quinze jours, louvoyé autour de l'île, fouillé tous les coins
et recoins de la côte, était repartie quelques heures seulement
avant l'arrivée du missionnaire. Une seconde expédition, tentée
trois mois plus tard, eut un meilleur succès, et à la fin de juin,
M. Aumaître put chanter son cantique d'action de grâces, agenouillé sur la terre de Corée, qu'il devait bientôt arroser de son
sang. M. Pierre Aumaître, né le 8 avril 1837, à Aizecq, canton
de Ruffec, diocèse d'Angoulème, était entré au séminaire des
Missions-Etrangères le 18 août 1859 ; il y passa trois ans pour
achever ses études théologiques. Ordonné prêtre le 30 mai 1862,
il fut destiné à la mission de Corée, et partit de France le 18 août
suivant pour se rendre à son poste.

« Vous savez sans doute, » écrivait Mgr Berneux quelques mois
plus tard, « que mon bateau, dans la seconde expédition, a rencontré M. Aumaître au rendez-vous ; j'ai retenu ce cher confrère
près de moi dans ma maison pendant un mois, pour le façonner
un peu au genre des Coréens, et lui faire préparer tous les habits
nécessaires ; après quoi, je l'ai mis en nourrice, si vous permettez
l'expression, dans un village chrétien où il apprendra la langue
bien mieux que s'il était chez moi, où nous parlerions toujours
français. Étant seul avec des Coréens, il faut, bon gré, mal gré,
qu'il se débrouille ; c'est là le seul moyen d'apprendre une langue.
Comme les jeunes missionnaires sont exposés pendant qu'ils
étudient la langue à se laisser aller au dégoût et à la tristesse,
j'ai tâché de le prémunir contre cette tentation ; et pour m'assurer
qu'il avait profité de mes avis, et lui remettre les esprits en place

si besoin était, je suis allé, au mois de septembre, passer une nuit avec lui. Il était content et bien portant. C'est un charmant confrère ; soyez remercié mille fois de me l'avoir envoyé. »

Avant que M. Aumaître eût pu rejoindre Mgr Berneux, les tristes prévisions du prélat sur la santé de M. Joanno s'étaient réalisées. Ce jeune missionnaire, d'un zèle constant et éclairé, d'une régularité parfaite, en un mot, comme le disait Mgr Berneux en annonçant sa mort : l'un de ces hommes que Dieu donne aux peuples dans sa miséricorde, s'en alla, le 13 avril 1863, après deux ans de travaux, recevoir au ciel la récompense de ses vertus. Il fut assisté jusqu'à la fin par M. Ridel qui raconte ainsi ses derniers moments : « Je devais terminer mon administration vers le dimanche des Rameaux. M. Joanno se trouvait alors dans un point de son district assez rapproché de ma résidence, et nous nous étions entendus pour nous rencontrer chez moi. Je me disposais à tout préparer pour la fête de Pâques, afin que notre entrevue fût aussi agréable que possible, lorsque je reçus une lettre qui m'apprenait qu'il était à trois lieues de là, très-malade. Je courus aussitôt auprès de lui ; il ne semblait pas excessivement fatigué, et cependant l'état de la poitrine me fit craindre dès lors quelque catastrophe. Nous causâmes assez longtemps ; deux fois, je fus obligé de le quitter pendant quelques heures pour aller administrer des malades, je revenais immédiatement. La veille de Pâques, je le trouvai tellement abattu que je lui donnai l'extrême-onction, et je passai la nuit avec lui. Pendant tout ce temps il ne cessait de prier ; de ses lèvres s'échappaient de fréquentes oraisons jaculatoires, et de chaleureuses aspirations vers son Dieu. Le danger augmentant, je résolus de dire la sainte messe immédiatement après minuit ; il reçut avec une ferveur peu ordinaire la sainte Eucharistie en viatique ; ensuite il s'assoupit, et ne recouvra plus entièrement sa connaissance pendant une longue agonie qui dura neuf jours entiers. Le lundi, 13 avril, vers midi, deux fois il leva les yeux et les bras vers le ciel, et se mit à sourire ; que voyait-il ? Il eut, vers deux heures, une crise très-grave, je récitai les prières des agonisants ; enfin, le soir vers sept heures et demie, il rendit doucement et sans aucun mouvement sa belle âme à Dieu. »

A cette lettre, datée des premiers jours de septembre se trouve joint le post-scriptum suivant : « Je rouvre ma lettre sous l'impression de la plus vive douleur. Notre pauvre mission est cruellement éprouvée. Les ouvriers ne suffisent pas au travail, et ils nous sont enlevés coup sur coup. Que la sainte volonté de Dieu soir faite ! que son saint nom soit béni ! M. Landre, ce confrère si bon, si zelé, si pieux, est parti pour un monde meilleur. J'avais été appelé auprès de lui une quinzaine de jours auparavant, à cause d'une forte fièvre dont il avait été attaqué, mais au bout de quelques jours, la fièvre ayant disparu, je le laissai en pleine convalescence et commençant à reprendre ses forces. Il était convenu qu'il viendrait me joindre le 20 septembre ; mais, le 16, un chrétien vint m'apprendre qu'il était mort la veille, emporté en quelques heures par une maladie épidémique. Je me mis en route aussitôt, et je rencontrai près du corps Mgr Daveluy qui à la première nouvelle du danger était accouru, mais n'avait pu arriver que deux ou trois heures après la mort de ce cher ami. Nous confondîmes nos larmes, adorant les impénétrables desseins de Dieu sur notre pauvre Corée. Priez et faites prier beaucoup pour nous et nos chrétiens. »

En même temps que le nombre des missionnaires diminuait, celui des chrétiens allait en augmentant. Chaque année, en moyenne, près de mille catéchumènes étaient régénérés dans les eaux du baptême, et s'efforçaient à leur tour de communiquer à d'autres la grâce qu'ils avaient reçue. Comme nous l'avons souvent remarqué dont le cours de cette histoire, les rigueurs injustes exercées contre les chrétiens, en les forçant à des émigrations continuelles, devenaient dans les desseins de la Providence, un puissant moyen d'évangélisation. La persécution de 1860, les troubles, les vexations, les inquiétudes des années suivantes, avaient dispersé beaucoup de néophytes dans toutes les directions. C'était l'orage qui emportait la divine semence aux quatre vents du ciel. Presque partout, ces pauvres chrétiens perdus à de grandes distances, au milieu des païens, réussissaient à former autour d'eux un petit noyau de catéchumènes. La lettre des prières et de quelques chapitres du catéchisme formait toute leur science, mais leur ferveur, leur simplicité, leur zèle à chercher le baptême ou à se préparer aux sacrements, attiraient sur eux la miséricorde de Dieu. Les missionnaires, trop peu nombreux, ne pouvaient les visiter tous; ils passaient quelques jours dans chaque centre un peu important, et repartaient à la hâte. Un séjour trop prolongé eût tout compromis en attirant l'attention des païens ; d'ailleurs le temps manquait. Néanmoins, dans ces haltes si courtes, ils trouvaient toujours, préparés au baptême, quelques adultes amenés à la foi tantôt par la rencontre fortuite d'un livre de religion, tantôt par quelque parole ou par quelque acte des chrétiens qui vivaient dans leur voisinage. C'est surtout dans le sud-est, et dans les provinces septentrionales que se manifestait ce mouvement de conversion.

Voici quelques extraits des lettres où Mgr Daveluy rendait compte de ses deux voyages successifs dans le sud, dont il était chargé depuis la mort du P. Thomas.

« ... Dans ces provinces éloignées, les choses ne se passent point en secret, comme autour de la capitale. Un chrétien errant plante sa tente quelque part ; en moins de huit jours, on connaît sa religion. Les voisins arrivent. « Tu es sans doute chrétien ? — « Oui. — Alors, va-t'en d'ici ; tu ne peux vivre dans notre village « et demeurer avec nous. — Pourquoi ? — Parce que ta religion « est mauvaise. — Pas le moins du monde, au contraire. » Et l'on discute, et le chrétien expose du son mieux ce qu'il sait de la religion. Les avis se partagent, les uns trouvent la chose raisonnable, les autres la rejettent. En fin de compte, si le chrétien trouve un peu d'appui, il demeure, et petit à petit se fait quelques compagnons ; s'il n'a personne pour lui, il faut qu'il aille chercher fortune ailleurs. Voilà comment nos chrétiens qui, au moment de la persécution, étaient renfermés dans trois ou quatre districts, sont aujourd'hui répandus dans seize ou dix-sept districts différents, et font partout des prosélytes.

« Les persécutions locales qu'ils ont à essuyer viennent presque toujours du peuple lui-même ; rarement c'est le mandarin qui en prend l'initiative. Le caractère du peuple étant, par ici, plus tenace et plus fier, les luttes sont plus obstinées ; tout le monde y prend part, pour ou contre, ce qui amène assez souvent de grandes difficultés ; je crois que nos chrétiens sauront y tenir tête. Ce qui me fait surtout espérer pour l'avenir, c'est que dans ces chrétientés nouvelles, la plus grande partie des baptisés sont des hommes, c'est-à-dire des chefs de famille ; leurs femmes ou enfants se font quelquefois longtemps prier pour se convertir, mais par la force naturelle des choses tous viendront petit à petit. Et d'ailleurs, mieux vaut cent fois qu'ils ne se fassent chrétiens que par une conviction personnelle ; ce sera plus stable que s'ils suivaient aveuglément leurs chefs sans savoir pourquoi. Les lieux de réunion manquant de toutes parts, force fut de m'en aller sans avoir pu administrer tous les chrétiens.

« Restait à voir le district de Tong-nai où se trouvent les Japonais, non pas à la ville même, mais à trente lys de là, sur la côte. Cette chrétienté qui ne date que de deux ans, est due à la foi vive d'un vieillard dont Dieu sans doute voulut récompenser les vertus ; elle donne passablement d'espérances. J'aurais dû m'y rendre un peu plus tôt, mais des circonstances qui méritent d'être rapportées m'ont fait retarder cette administration. Dans ce district, deux villages païens s'étaient, peu de temps auparavant, ligués contre les chrétiens, et les avaient dénoncés au mandarin. Celui-ci reçut les dénonciateurs assez froidement, et, persuadé par les paroles d'une esclave de la préfecture, célèbre par son esprit et sa capacité, il refusa d'accepter l'accusation. Quand je pris jour pour me rendre dans ce pays, le bruit s'en répandit dans toute la ville. On y parlait de mon équipage, de mon costume et de mes suivants ; grand nombre de personnes se promettaient de venir voir nos cérémonies, et disaient publiquement : « Cette fois-ci, ce n'est plus un prêtre du pays (le P. Thomas y est allé une fois), « c'est un étranger, et, de plus, c'est un évêque ; il « faut absolument que nous le voyions, ne manquons pas l'occa- « sion. » Quoique les intentions de ces curieux ne fussent nullement hostiles, la rumeur devint si grande que le catéchiste effrayé m'envoya un exprès, la nuit avant mon départ, pour me prier de ne pas me présenter. Tout peiné que je fusse, il fallait bien m'en tenir à son dire, et je fis route pour une autre chrétienté, située dans une direction tout opposée.

« Quelques heures après mon départ, arrivaient deux nouveaux courriers pour m'inviter à venir de suite. Quelle était la cause de ce changement subit ? A peine le premier courrier m'eut-il été expédié, que la ville entière apprit que je n'arriverais pas. Aussitôt un païen, assez influent par sa position et la petite dignité dont il est revêtu, se rend chez notre catéchiste et, après les premières civilités, lui dit : « On prétend qu'après avoir tout préparé pour « recevoir l'évêque, vous l'avez fait prier de ne pas venir, est-ce « vrai ? — Oui. — Mais pourquoi donc ? — C'est que le bruit de « sa visite s'est répandu partout, et que beaucoup de curieux « veulent venir le voir. Telle et telle famille, telles et telles per- « sonnes, se promettent publiquement d'assister à nos cérémo- « nies. Or, devrais-je me priver de voir l'évêque, je ne puis me « décider à le mettre dans une position si fâcheuse. — Ah ! » reprend le païen, « vous êtes bien bon de vous inquiéter pour « de telles gens ; soyez sûr que personne ne viendra porter le « trouble chez vous, et si par hasard quelqu'un le faisait, aver- « tissez-moi et je saurai bien le mettre à la raison. Vous qui êtes « chrétien, comment pourriez-vous vous décider à manquer à « votre devoir annuel ? Cette occasion passée, il n'y aura plus pour « vous moyen de l'accomplir. Croyez-moi ; envoyez de suite un « exprès à l'évêque pour le prier de venir sans crainte. »

« Je fus aussi étonné que satisfait en entendant cette histoire, mais j'étais déjà parvenu dans d'autres parages, et je ne pouvais me rendre immédiatement à cet appel. Je promis seulement qu'après le jour de l'an, je fixerais un jour, ce qui eut lieu, et protégé par ce brave païen, je fis la visite épiscopale sans la moindre difficulté, quoique tous les habitants à peu près fussent instruits de ma présence. La pauvre esclave dont j'ai parlé plus haut voulut se charger elle-même de faire quelques approvisionnements. J'ai su depuis qu'elle eût bien voulu venir me saluer, mais qu'effrayée par ce que les chrétiens lui dirent de ma sévérité de manières, elle n'osa pas se présenter. Il y a là un bon nombre de catéchumènes, parmi lesquels plusieurs hommes capables.

« L'année suivante, je recommençai mon pèlerinage, j'allai même deux journées plus loin du côté de l'est. Je retrouvai tous mes chrétiens en bon état. Ils sont pauvres, les vexations et les avanies sont leur pain quotidien ; mais ils demeurent fermes dans la foi, fervents, assidus à s'instruire et à pratiquer leurs devoirs. Dans quelques localités même, il est nécessaire de modérer leur zèle. Ainsi, depuis la publication en coréen des prières et cérémonies d'enterrement, beaucoup d'entre eux se sont mis à les faire publiquement sans s'inquiéter des païens. Vous imaginez-vous ici, en Corée, un convoi funèbre défilant en plein jour dans les rues, la croix en tête, les assistants chacun un cierge à la main, et récitant des psaumes à haute voix ? Dans quelques localités, il s'en est suivi des rixes et des querelles qui heureusement n'ont pas eu de conséquences trop graves ; dans d'autres endroits au contraire, les païens se sont accordés à trouver nos cérémonies très-dignes et très-belles, et ce spectacle a amené quelques conversions. Ah ! pourquoi nous est-il impossible aujourd'hui d'avoir un prêtre fixé dans ce pays ! quelle abondante moisson il pourrait recueillir ! Pendant trois mois de courses, j'ai baptisé plus de deux cent trente adultes.

« La religion ayant pénétré dans un nouveau district, on me pria de m'y rendre ; je devais y trouver trois chrétiens et bon nombre de catéchumènes. J'en rencontrai plus de quarante ; je ne pus en baptiser que sept, les autres n'étant pas suffisamment préparés, mais leur ferveur promet pour l'avenir. Deux mois après ma visite, les satellites saisirent deux de ces nouveaux baptisés, et les traînèrent devant le mandarin qui, sur leur refus d'apostasier, les fit fustiger cruellement, puis les dénonça au gouverneur de la province. Celui-ci, d'après la pratique actuelle du gouvernement, approuva par une lettre publique la conduite du magistrat subalterne et ordonna d'employer les supplices ; mais en même temps, dans un billet particulier, il dit au mandarin qu'il était un sot, et lui défendit de poursuivre l'affaire. Le mandarin, bien embarrassé, essaya à plusieurs reprises d'ébranler les confesseurs par des menaces. N'en pouvant venir à bout, il ordonna sous main de laisser ouverte la porte de la prison. Mais ils se gardèrent bien de fuir, malgré les instigations des geôliers. Le mandarin envoya le chef des satellites leur dire de sa part qu'ils étaient libres de se retirer chez eux. Ils feignirent de croire que c'était un mensonge et répondirent : « C'est par l'ordre du « mandarin que nous avons été incarcérés : il nous est impossible « de sortir sans son ordre, c'est à lui seul qu'il appartient de nous « délivrer. » Toute la ville connaissait ces détails et riait de l'embarras du magistrat qui, à la fin, tout honteux, envoya un ordre de mise en liberté, bien en règle, signé de sa main et muni de son sceau. Sans doute ces néophytes ne seront pas à l'abri de nouvelles misères, mais leur fermeté est pour nous une grande consolation. »

De son côté, Mgr Berneux écrivait, en novembre 1863 : « Nous faisons des progrès ; Dieu nous bénit plus que jamais. Partout on se remue, on veut connaître notre religion, on lit nos livres, et les conversions se multiplient. Les hautes classes n'ont plus autant de mépris pour ceux qui embrassent le christianisme ; on s'attend à ce qu'il soit prochainement autorisé comme il l'est en Chine. Le district le plus remarquable pour les conversions est celui de Mgr Daveluy, où nous avons eu deux cent trente adultes baptisés. Vient ensuite le mien, où j'ai baptisé deux cent trois personnes. La capitale m'en donne chaque année une centaine. Depuis quelque temps les provinces du Nord, qui jusqu'ici avaient peu ou point de chrétiens, s'ouvrent à l'Évangile. Il n'en restait plus qu'une où le bon Dieu n'eût pas d'adorateurs, quand, au mois de mai dernier, sans que j'eusse reçu à l'avance aucune nouvelle, huit hommes de cette province éloignée m'arrivèrent à la capitale, ayant bien appris les prières et le catéchisme ; je leur ai donné le baptême. Ils travaillent maintenant à convertir leurs voisins.

« La province de Hoang-haï qui, depuis sept à huit ans, n'avait que quelques femmes chrétiennes, et dans une seule ville, s'est remuée plus que toutes les autres; une quarantaine d'individus presque tous hommes très-remarquables par leurs talents ou leur position, ont été baptisés. Il y reste encore une centaine de catéchumènes. Le bruit de toutes ces conversions devait naturellement exciter des persécutions contre ces néophytes ; un certain nombre, en effet, ont été chassés de leur district par le mandarin ; d'autres ont vu leurs maisons démolies par les païens. Ces vexations nuisent un peu au progrès de la foi en effrayant les catéchumènes encore peu solides. J'aurais bien des faits édifiants, admirables, à vous citer, mais le temps me manque. Pour ne pas obliger tous ces chrétiens à venir se confesser à la capitale, et leur épargner la fatigue et les dépenses d'un voyage de cent lieues, je leur avais promis de leur envoyer un missionnaire. Au printemps ce fut impossible ; M. Férou et M. Calais attaqués du typhus, n'étaient pas encore suffisamment rétablis, M. Joanno se mourait, tous les autres étaient occupés dans leurs districts ; il fallut ajourner à l'automne. Au mois de septembre, tout mon monde était harassé. Ne voulant pas compromettre leur santé, j'y suis allé moi-même. Ce voyage de cent lieues tout en pays païen, où il faut loger dans les auberges, était dangereux pour moi surtout, à cause de ma figure anticoréenne. Mais comme personne autre ne pouvait faire cette expédition, et que, d'ailleurs, je ne pouvais laisser ces chrétiens sans sacrements, je jugeai que la volonté de Dieu était que je prisse ce travail pour moi. J'ai visité ces chrétientés naissantes ; ensuite, reconnu par les païens, j'ai été arrêté, injurié, retenu prisonnier dans une auberge, puis relâché moyennant une quarantaine de francs, et me voilà. Il y a trois ans, on m'eût conduit au mandarin, et de là à l'échafaud.

« Ces conversions, qui se déclarent chaque jour sur tous les points du royaume, multiplient le travail et les fatigues et nous prennent un temps considérable, en sorte que nous sommes débordés sans pouvoir faire face à tous les besoins. Obligé de prendre moi-même l'administration d'un assez vaste district, occupé par la correspondance avec les confrères, les nouveaux surtout dont l'inexpérience rencontre à chaque pas des difficultés, par la correspondance avec les chrétiens, et par toutes les affaires de la mission, les vingt-quatre heures de chaque jour ne me suffisent plus. Je m'agite, je m'embarrasse dans cette multitude d'occupations, et rien ne se fait, et c'est au moment où dix nouveaux missionnaires ne seraient pas de trop que les miens me sont enlevés coup sur coup. La nature de la maladie de M. Joanno ne laissait aucun espoir, et m'avait préparé à ce sacrifice. Un autre m'était réservé, d'autant plus pénible qu'il était moins prévu. A mon retour de Hoang-haï, j'ai appris que M. Landre, dont j'arrose le nom de mes larmes, qui faisait tant de bien, est mort presque subitement. Que le bon Dieu soit béni des épreuves auxquelles il nous soumet ! De grâce, envoyez-moi au moins quatre confrères, six même si c'est possible. Je désire envoyer quelques enfants au collége de Pinang, mais je suis arrêté par la difficulté de les faire conduire à Hong-kong. »

Dans cette lettre, Mgr Berneux n'oubliait qu'un détail ; c'est qu'au moment de son arrestation, il avait été cruellement maltraité et avait reçu, en pleine poitrine, plusieurs coups de pied dont il souffrit longtemps. Le saint évêque, heureux de participer au calice d'amertume du Sauveur Jésus, passait cette circonstance sous silence ; mais les lettres de ses confrères ont révélé ce que son humilité voulait cacher.

A la vue de ce mouvement qui, dans toutes les provinces à la fois, se manifestait en faveur de la religion, à la vue de ces conversions importantes qui semblaient le prélude d'une multitude d'autres, les missionnaires bénissaient Dieu, et leur cœur s'ouvrait aux plus magnifiques espérances. Mais les desseins de la Providence divine sont impénétrables. Au commencement de l'année 1864, survint un événement, de peu d'importance en lui-même, qui néanmoins eut pour la religion, en Corée, les suites les plus funestes, et prépara les voies à cette épouvantable persécution qui dure encore maintenant, et a fait déjà d'innombrables victimes. Le roi Tchiel-tsong mourut le 15 janvier, après un règne de quatorze ans, et à sa mort, une révolution de palais fit passer le pouvoir dans les mains d'une famille qui avait toujours été très-hostile aux chrétiens.

M. Pourthié écrivait, en novembre 1863 : « Aujourd'hui, en Corée, grands et petits, mandarins et peuple, tous sont préoccupés ; un souci agite tout le monde, notre roi paraît être sur le point de mourir. Ce n'est pas lui qui règne, mais c'est la famille Kim, à laquelle appartient la reine sa première femme, qui gouverne sous son nom. Néanmoins, comme toutes les fois que nos fantômes de rois disparaissent de la scène, les partis sont plus disposés à élever des prétentions et à lutter contre les familles au pouvoir, l'inquiétude publique est parfaitement légitime. Le roi actuel ne sera, je crois, guère regretté. Quand il fut appelé au trône en 1849, à l'âge de dix-neuf ans, les grands personnages qui allèrent le saluer roi dans son exil à Kang-hoa, le trouvèrent avec des vêtements couverts d'ordures, les mains sales, le visage tout barbouillé du jus d'un melon qu'il mangeait à belles dents. On le lava, et on l'amena à la capitale. Installé dans son palais et reconnu pour roi, il n'a pas fait du mal au peuple, car il n'a rien fait. La famille Kim a toujours eu l'autorité en main, elle a disposé de tout comme elle a voulu ; le roi a signé les décrets qu'on lui a présentés, souvent même sans le savoir, car il est constamment ivre. Chaque jour, il avale une grosse cruche de vin de riz ; des centaines de femmes sont là, pour l'occuper le reste du temps. On prétend que lorsqu'un jeune roi de Corée montre de la fierté, de la fermeté et de l'indépendance de caractère, les grands lui font secrètement boire une potion qui le rend imbécile et inhabile à toutes les affaires. Je ne sais pas si cet on-dit général est vrai, mais je crois qu'une telle précaution est inutile, car ne pouvoir passer sa vie qu'au fond d'un harem, n'avoir d'autres occupations que de manger, boire, dormir, et se vautrer dans une perpétuelle débauche, me semblent des moyens plus que suffisants pour abrutir rapidement l'homme le mieux doué des facultés du corps et de l'esprit.

« Quoi qu'il en soit, tous les Coréens savent que le jeune roi est maintenant sur le bord de la tombe. Il y a quelques semaines, un grand nombre de lettrés étaient réunis à la capitale pour la session d'examens du baccalauréat ; les bruits les plus étranges couraient parmi eux, on allait jusqu'à dire que le roi était mort, quelques-uns même ajoutaient : depuis longtemps. Pour faire cesser ces rumeurs, la cour voulut que le roi se produisît devant les lettrés selon l'usage. Le palanquin royal vint donc s'arrêter à l'extrémité de la vaste enceinte où ils étaient rassemblés, mais personne ne sortait de ce palanquin, et l'on commençait à crier que les ministres voulaient tromper le peuple, et qu'ils avaient envoyé un palanquin vide. Enfin, après bien du temps et des efforts, on produisit à la vue de tous les spectateurs ce pauvre prince démesurément enflé et ne pouvant remuer aucun de ses membres. Les lettrés se dispersèrent dans toutes les directions, en criant : Deuil du royaume ! Deuil du royaume ! Ces cris ont beaucoup fâché les ministres, parce qu'on semblait annoncer la mort du roi lorsqu'il était encore vivant. Quelques jours après, pour la consolation du malade, tous les grands lui ont fastueusement décerné les titres suivants : illuminateur des relations sociales, administrateur intègre, prince d'une vertu parfaite, sage d'une sainteté consommée. Pauvres gens ! En attendant, comme le roi a vu mourir jeunes tous ses enfants, légitimes ou naturels, et qu'il n'a pas d'héritier direct, les intrigues vont leur train. On pense que la famille Kim, aujourd'hui toute-puissante, lui fera adopter un de ses parents, enfant de treize ans, lequel épouserait une fille du ministre Kim Piong-kouk-i. »

Une autre lettre du même missionnaire, écrite quelques mois plus tard, raconte la mort du roi et les curieuses scènes qui la suivirent : « A la fin de l'automne dernier, la maladie du roi fit des progrès effrayants ; les facultés intellectuelles étaient à peu près éteintes, les parties inférieures du corps pourrissaient rapidement, et dans tout le royaume on attendait à chaque instant la nouvelle de sa mort. Ce prince voulait alors se choisir un héritier, mais la famille Kim, pensant qu'au dernier moment elle pourrait elle-même désigner plus facilement ce successeur, et se maintenir ainsi au pouvoir, cette famille, dis-je, s'opposa à ce dessein, et le roi dut en passer par la volonté de ses maîtres.

« Pour bien comprendre ceci, il faut observer que le roi, en Corée, nomme toujours ou du moins est censé nommer son successeur, parmi ses enfants s'il en a, et dans ce cas c'est ordinairement l'aîné qui est préféré, ou, à défaut d'enfants, parmi ses plus proches parents. Si ce choix a lieu le roi étant en bonne santé, il est annoncé à tout le royaume par une grande cérémonie ; mais lorsqu'il n'a lieu qu'au lit de mort, un ministre est nommé exécuteur testamentaire du roi, sous le titre d'*ouon-sang*. Quelquefois le ministre, qui domine et le palais et le roi, laisse mourir le roi, puis, nomme lui-même ouon-sang et roi qui il veut, mais il faut toujours que le décret soit sous le nom du roi mourant ou mort. Le trône se livre par la tradition du sceau royal que reçoit immédiatement l'élu, s'il est majeur. S'il est encore trop jeune pour gouverner, on confie le sceau et par conséquent la régence à la reine que choisit le roi mourant, mais c'est ordinairemeut la plus ancienne des reines qui a ce privilége. Or, maintenant le palais royal de Corée compte quatre reines veuves, savoir : la reine Tcho, mère du roi qui en 1839 a suscité une si cruelle persécution, c'est une ennemie personnelle des Kim : les reines Hong et Pak, femmes de ce même roi : et la reine Kim, femme du roi qui vient de mourir.

« Au commencement de janvier, un mieux sensible s'était manifesté dans la santé du roi, il commençait à marcher un peu. Le 15 de ce mois, se sentant la poitrine plus oppressée que de coutume, il se lève et veut aller se promener dans le jardin du palais. Après quelques minutes de promenade, il crie qu'on lui apporte du vin ; une bonne rasade bue, il essaye encore de se promener, mais bientôt, n'en pouvant plus, il se traîne avec peine jusqu'à sa chambre où il tombe mourant. Le ministre Kim Tchoa-keun-i, son fils Piong-ku-i, ses parents Piong-kak-i, Piong-kouk-i et Piong-pir-i, sont bientôt rassemblés autour du mourant

et délibèrent beaucoup, mais sans savoir à quel parti s'arrêter.
Pendant ce temps-là, le neveu de la reine Tcho, jeune homme
âgé de vingt ans, se promenait devant la chambre du roi, cherchant lui aussi à profiter de la circonstance pour l'avantage de sa
tante et de sa famille. Voyant le trouble et l'air empressé des
ministres Kim, il comprit ce qui se passait, et courant à la chambre
de sa tante, il lui dit : « Que faites-vous ici ? le roi est mort. —
« Que faire? — Emparez-vous du sceau royal, nommez le second
« ministre ouon-sang, élisez tel enfant pour roi en le déclarant
« fils et héritier de votre défunt mari, le roi Ik-tsong. » La reine
Tcho se rend en diligence dans les appartements du roi. Il venait
d'expirer ; les ministres délibéraient, le sceau royal était déjà dans
un pli des jupes de la reine Kim. « Qu'on me donne le sceau, »
crie la reine Tcho. — « Pourquoi vous le donner ? — Qu'on me
« donne le sceau ; ne suis-je pas le chef de la maison ? dans toute
« famille il faut obéir au chef. » Ce disant, elle se jette sur la
reine Kim, et lui arrache le sceau. La jeune reine, soit respect,
soit étonnement, n'ose pas résister ; les ministres terrifiés par la
voix impérieuse et colère de la reine, et ne pouvant porter la
main sur une femme, restent ébahis et immobiles.

« La reine Tcho, une fois en possession du sceau, dit à Piong-
kouk-i : « Écris ce que je vais te dicter. » Ce ministre qui croyait
rêver, se met machinalement en devoir d'écrire, et la reine lui
dicte les mots suivants : « Le roi dit : Le sceau royal sera remis
« à la reine Tcho : le trône est dévolu à Miong-pok-i, deuxième fils
« du prince Heung-song-koun : le ministre Tchong est nommé
« ouon-sang : le ministre Kim est chargé d'aller chercher le roi. »
A peine Piong-kouk-i a-t-il écrit d'une main tremblante ce
décret foudroyant pour sa famille, que la reine le lui prend des
mains ; le ministre Tchong, mandé à la hâte, entre sur-le-champ,
et remplissant ses nouvelles fonctions, lit à haute voix et pro-
mulgue le décret censé provenu du roi mort. La révolution était
faite ; la reine Tcho était régente, elle avait adopté un fils, et les
ministres Kim, à qui leurs tergiversations imprudentes avaient
fait perdre le pouvoir, s'enfuyaient tremblants, pour cacher leur
honte et se mettre en sûreté.

« Maintenant nous voici sous un enfant de douze ans, gou-
vernés nominalement par la reine Tcho, et, en réalité, par le
père du nouveau roi, qui a eu l'adresse de s'emparer de tout le
pouvoir sous le nom de la reine. Ce prince et le roi son fils ont
un caractère brusque, entier, violent, avec un corps petit, frêle et
cependant robuste ; tous deux ont des yeux farouches qui roulent

sans cesse dans leurs orbites. Le nouveau gouvernement affecte de vouloir corriger tous les abus, mais il se fait de temps en temps remarquer par des actes de la tyrannie la plus arbitraire. Beaucoup d'individus ont disparu sans qu'on sache ni pourquoi, ni comment. Pouvons-nous nous croire à l'abri d'un coup de tête? Pour ma part, je suis loin d'être rassuré. »

LIVRE V

.

CHAPITRE I.

Etat de la mission de Corée à la mort du roi. — Arrivée de MM. de Bretenières, Dorie, Beaulieu et Huin. — Martyre de Xavier Tsieun et de
Jean Ni.

A la mort du roi Tchiel-tsong, le pouvoir avait changé de
mains ; les ministres jusqu'alors tout-puissants, avaient été destitués et remplacés. Quel devait être pour la religion le résultat
de cette révolution de palais? On ne le vit pas bien clairement
tout d'abord. Les missionnaires étaient partagés entre la crainte
et l'espérance. Le changement évident qui, depuis plusieurs
années, s'était opéré dans l'esprit du peuple relativement au christianisme, le nombre toujours croissant des conversions, le contre-coup de la terrible leçon infligée à l'orgueil chinois, étaient
autant de motifs d'espérer, mais d'un autre côté la présence au
pouvoir de l'ancien parti persécuteur, le système du nouveau
gouvernement de ne choisir les dignitaires que parmi les Piek,
toujours hostiles à l'Evangile, en laissant de côté les Si connus
pour leur modération relative, et d'autres symptômes encore
pouvaient faire présager de nouveaux et terribles orages. La
lettre suivante, que Mgr Berneux adressait au séminaire des
Missions-Étrangères, au mois d'août 1864, expose clairement
cette situation.

« Les espérances que nous avions conçues de voir bientôt la
religion libre en Corée ne se sont pas réalisées ; nous avons même
été menacés d'une persécution d'extermination. Le roi est mort
en janvier, ainsi que meurent presque tous les rois de Corée,
d'excès de boisson et de débauche ; personne ne l'a regretté. Il
avait le cœur bon, il aimait ses sujets ; mais trop faible pour
s'affranchir des hommes qui le tenaient en tutelle, il fermait les

yeux sur les abus et les malversations de tout genre qui réduisaient le peuple à une misère insupportable. Il est mort sans enfants, et le pouvoir suprème s'est trouvé dévolu à une femme, veuve d'un des rois précédents, la reine Tcho, qui, le jour mème de son avénement, a adopté un enfant de douze ans, fils d'un prince de Corée. La régente a confié le gouvernement du royaume au père de ce nouveau roi. Cet homme n'est hostile ni à la religion qu'il sait bonne, ni aux missionnaires qu'il connaît sous de très-bons rapports ; il n'ignore pas que nous sommes ici huit Européens, il a même parlé de l'évêque en particulier à un mandarin païen avec lequel j'ai quelques relations. C'est à l'occasion d'une lettre des Russes qui demandent à faire le commerce avec la Corée ; il a dit à ce mandarin que si je pouvais le débarrasser des Russes, il accorderait la liberté religieuse. J'ai fait répondre au prince que, malgré tout mon désir d'être utile au royaume, étant d'une nation et d'une religion différente de celles des Russes, je ne pouvais avoir sur eux aucune influence ; que je craignais autant que personne le danger dont était menacé le pays de la part de ces hommes qui, tôt ou tard, trouveraient moyen de s'établir sur le territoire coréen ; mais que le refus constant du gouvernement de se mettre en rapport avec aucune puissance européenne, refus que je m'abstenais de blâmer, ne me laissait aucun moyen de conjurer un danger qu'il était cependant urgent de prévenir. J'ignore si cette réponse a été rapportée au prince.

« Sa femme, mère du roi, connaît la religion, a appris une partie du catéchisme, récite chaque jour quelques prières, et m'a fait demander des messes d'action de grâces pour l'avénement de son fils au trône. Mais, d'un caractère naturellement mou, craignant, aujourd'hui surtout, de se compromettre, elle ne pourra nous rendre aucun service, et je doute qu'elle puisse jamais être baptisée. La nourrice du roi, qui continue à résider au palais, est chrétienne ; je l'ai confessée cette année. Si elle était instruite et un peu capable, elle pourrait nous rendre bien des services, parce que tout jeune qu'il est, le roi, quand il veut une chose, ne trouve personne, pas même la reine régente, qui ose le contredire ; mais cette nourrice est l'être le plus borné que je connaisse, une véritable bûche. On prétend qu'elle a parlé au roi de la religion et des missionnaires européens, et que celui-ci a répondu qu'il se ferait chrétien, et verrait l'évêque ; je n'en crois rien, elle n'est pas de taille à cela. Voilà un côté de la médaille, voyons le revers.

« La reine régente appartient à la famille Tcho, célèbre en Corée par sa haine contre les chrétiens. A son arrivée au pouvoir, elle a éloigné les Kim, tout-puissants sous le dernier règne, lesquels laissant tout aller à vau-l'eau nous étaient par là même favorables, et les a remplacés par des hommes d'un caractère à prendre contre nous les mesures les plus extrêmes.

« De cet amalgame de personnes favorables et hostiles, que pouvons-nous attendre ? je n'en sais rien encore. A la troisième lune, plusieurs pétitions adressées au gouvernement demandaient qu'on ramenât le royaume à la pureté des anciens usages, et qu'on détruisît jusqu'à la racine la religion chrétienne. Le bruit se répandit en même temps dans tout le royaume que la persécution allait éclater ; le jour était fixé au 15 de la troisième lune : tous les Européens, tous les catéchistes, tous les chrétiens un peu influents devaient être arrêtés et mis à mort dans toute l'étendue du vicariat. On prétend même que, le 13, l'ordre fut donné de venir me prendre dans ma maison, connue de la police, mais qu'il fut aussitôt révoqué. Cette nouvelle, que je crois fondée, répandit une grande terreur dans la mission, et beaucoup de catéchumènes, dont la foi était faible encore, ont reculé devant le danger. Le bon Dieu qui tient entre ses mains le cœur des rois a cependant conjuré l'orage ; la persécution n'a pas eu lieu, et j'espère que nous serons assez tranquilles avec le nouveau gouvernement. Le seul district qui ait été sérieusement inquiété est celui de Mgr d'Acônes, la province de Kieng-sang, qui depuis plusieurs années nous a donné de nombreuses conversions. Les satellites lancés à la recherche d'une secte qui s'est formée depuis cinq ans dans cette province, sous le nom de *tong-hac* (doctrine de l'Orient) — pour se distinguer des chrétiens désignés sous le nom de *sen-hac* (doctrine de l'Occident), — les satellites, dis-je, profitant de cette occasion de battre monnaie et de satisfaire leur vengeance, ont arrêté en même temps bon nombre de chrétiens. Beaucoup d'autres ont déserté leurs maisons, leurs champs, et sont réduits par là à une misère extrême. Je n'ai pas de nouvelles récentes de cette province éloignée ; j'ignore où en sont les affaires.

« Nos chrétiens en général paraissent un peu découragés. En voyant la liberté religieuse accordée en Chine, ils espéraient qu'elle leur serait aussi donnée, et qu'ils seraient affranchis de toutes les vexations qu'ils ont à endurer de la part des mandarins, des satellites et des païens ; et bien que leur sort se soit considérablement amélioré depuis dix ans, ils supportent impatiemment ce qui leur reste à souffrir. Les provinces septentrionales ouvertes récemment à l'Évangile progressent toujours ; de nouvelles conversions s'y font, la ferveur y est admirable. Seulement, ces nouveaux chrétiens isolés ont souvent bien des luttes à soutenir dans leurs villages ou dans leurs familles, dont ils sont obligés de se séparer pour émigrer ailleurs.

« La présence d'un missionnaire serait bien nécessaire pour les soutenir et les encourager ; mais à une pareille distance comment envoyer fréquemment un confrère ? L'an dernier j'allai moi-même visiter ces néophytes ; je compte y aller encore dans un mois. Mais ce voyage est fort dangereux ; je m'attends qu'il ne se fera pas sans quelque grave histoire, qui forcera enfin le gouvernement à se prononcer sur le compte des chrétiens et des Européens. A la garde de Dieu ! Vous verrez par le résultat de notre administration, que le chiffre des baptêmes d'adultes qui aurait dû dépasser celui de l'an dernier lui est cependant inférieur ; c'est la suite des bruits de persécution qui pendant plusieurs mois ont couru dans le royaume. »

Après quelques mots sur l'état de santé de chacun de ses missionnaires, sur la nécessité de plus en plus pressante de leur envoyer de nouveaux renforts, Mgr Berneux termine ainsi : « Nos deux imprimeries nous ont donné cette année quatre nouveaux ouvrages ; trois autres seront imprimés l'an prochain. Les livres imprimés sont : — Le *Catéchisme*, 1 vol. — Les *Livres de Prières*, contenant les prières du matin et du soir, les prières pour tous les dimanches et fêtes de l'année, celles du chemin de la croix, du rosaire, et une méthode pour assister à la messe, 4 vol. — Le *Rituel* ou Prières et Cérémonies pour les sépultures, avec une Méthode pour exhorter les mourants et les disposer à une sainte mort, 2 vol. — *Introduction à la Vie spirituelle*, 2 vol. — *Manuel des pénitents*, 1 vol. — *Préparation au baptême*, 1 vol. — *Examen de conscience*, 1 vol. — Enfin, *Exposition sommaire de la Religion à l'usage des païens*, 1 vol. — En tout treize volumes. Ne pouvant pas instruire de vive voix nos chrétiens, que nous ne voyons qu'une fois chaque année et seulement pendant quelques instants, nous tâchons d'y suppléer en répandant les livres le plus possible. Les fruits cependant se font peu sentir encore ; on sait la lettre du catéchisme, mais la doctrine s'apprend lentement. Outre que nos chrétiens se trouvent continuellement en contact avec les païens, qu'ils sont toujours préoccupés des moyens de se procurer le riz nécessaire à la subsistance de leur famille, et qu'ils se voient chaque jour en butte à mille tracasseries ou persécutions, ils sont, en leur qualité de Coréens, bien peu réfléchis et d'un esprit très-léger. Quand on leur expose les vérités de la religion, ils sont frappés, entraînés à l'embrasser, les sacrifices les plus pénibles ne leur coûtent pas ; mais quand on entre dans le détail de chaque vérité, les explications qu'on leur donne sont difficilement comprises, des femmes surtout, et des hommes qui n'ont fait aucune étude. Il faut donc beaucoup de patience au missionnaire ; il faut attendre de Dieu et du temps ce que nous ne pouvons pas faire au gré de nos désirs. »

Les troubles du Kieng-sang, auxquels il est fait allusion dans la lettre que nous venons de citer, éclatèrent quelques jours après que Mgr Daveluy eut terminé la visite des chrétientés de cette province. Cette visite avait, ainsi que les précédentes, donné les plus heureux résultats ; elle s'était faite dans certains districts presque publiquement. Les païens de cette contrée, comme nous avons eu occasion de le remarquer, connaissaient leurs compatriotes chrétiens. Dans plusieurs villages, ils venaient en grand nombre sur le bord de la route, pour contempler l'évêque lors de son passage. Plus d'une fois, quand la maison de réunion choisie par les chrétiens se trouvait trop petite, les païens prêtèrent une des leurs afin que tout pût se faire convenablement. Les mandarins le savaient et gardaient le silence. Ce qui, plus que tout le reste, contribuait à faire taire les préjugés contre la religion et à calmer les passions hostiles, c'était la charité des néophytes pour les malades, le soin respectueux qu'ils prenaient des morts, et la dignité grave des cérémonies de l'enterrement. Voici par exemple comment, cette année-là même, s'était fondée une nouvelle chrétienté.

- Deux néophytes, le père et le fils, habitaient seuls dans un grand village. Le fils étant allé à la capitale essayer un petit commerce, son vieux père tomba malade pendant son absence. Quelques chrétiens des villages environnants se réunirent pour le soigner, et, après quelques jours de souffrances, il mourut entre leurs bras. Aussitôt, ils firent les premières cérémonies de la sépulture, et selon l'usage du pays conservèrent le corps dans un cercueil convenable, jusqu'à ce que le fils pût venir l'enterrer lui-même. Les païens furent très-surpris de les voir se conduire ainsi envers un homme qui n'était point de leur famille, et plusieurs personnes sans enfants s'informèrent avec empressement de la religion qui commandait une telle façon d'agir, protestant qu'elles voulaient l'embrasser pour avoir les mêmes secours à leurs derniers moments. Le fils revint, aussi pauvre qu'il était parti, mais considérant que l'attention publique se portait sur lui, il résolut, pour l'honneur de la religion, de faire les funérailles avec toute la pompe possible. Il invita tous les chrétiens du district, et, au jour fixé, le convoi se mit en marche à l'entrée de la nuit. Une grande croix était portée en tête du cortége ; venaient ensuite deux cents lanternes de papier, allumées, attachées au bout de longues piques, puis, tous les chrétiens chantant leurs prières à deux chœurs. Le village entier accourut ; quelques mauvais sujets ayant été avertir un petit mandarin qui réside dans le voisinage, celui-ci se hâta de venir jouir du spectacle et imposa silence à ceux qui voulaient troubler la cérémonie. « C'est un devoir d'honorer ses parents, » leur dit-il ; « laissez ces hommes remplir ce devoir à leur manière. » Le lendemain, nombre de païens, revenus de leur surprise, voulaient chasser ce chrétien du village, mais d'autres prirent son parti. On en appela au petit mandarin, puis à un mandarin supérieur ; ils ne voulurent pas se mêler de l'affaire, et en fin de compte, ce chrétien resta tranquille dans sa maison où, à l'arrivée de l'évêque, il avait déjà réuni plusieurs catéchumènes.

Mgr Daveluy eut de grandes consolations pendant cette tournée. Il les a racontées en détail dans une longue lettre à sa famille ; nous n'en citerons que quelques extraits. «.... Je rencontrai une catéchumène, veuve, de soixante et quelques années, d'une foi et d'une simplicité admirables. Ayant entendu, par hasard, dire quelques mots de la religion chrétienne, elle avait résolu de l'embrasser ; mais seule, au milieu d'un village tout païen, ne pouvant s'instruire que dans de rares visites à des chrétiens d'un hameau assez éloigné, elle connaissait à peine les vérités fondamentales. Néanmoins elle s'abstenait scrupuleusement de toute participation aux cérémonies païennes, ce qui lui attirait des reproches de ses deux fils et de ses belles-filles. Sur ces entrefaites, la petite vérole envahit le village ; une foule d'enfants avaient déjà succombé, lorsque les cinq enfants de ses fils furent attaqués le même jour. En Corée, les païens font mille superstitions bizarres contre cette maladie ; les fils et les belles-filles de notre veuve voulaient en faire comme tout le monde, mais elle s'y opposa résolûment. Préparait-on sur de petites tables les mets à offrir à la déesse de la petite vérole, elle renversait le tout d'un coup de pied, déclarant que de son vivant on ne souillerait pas ainsi sa maison. Le bruit s'en répandit dans le voisinage ; on la croyait folle, et chacun s'attendait à voir infailliblement périr les cinq petits enfants. Elle, cependant, tenait bon, et ne sachant pas

encore les prières chrétiennes, elle ne cessait au milieu des sarcasmes et des menaces de tous, de répéter ces simples paroles :
« Dieu du ciel, voyez ces petites créatures ; si elles meurent, tous
« les païens vont maudire votre nom et dire que votre religion
« est fausse : conservez-les donc à cause de votre religion. » Dieu
exauça cette âme droite, les cinq enfants furent sauvés. Les fils
et belles-filles de cette veuve ne sont pas encore décidés à se
faire chrétiens, mais ils témoignent le plus grand respect pour le
christianisme, et je compte, dans ce village, sur de prochaines
conquêtes.

    « Un noble assez haut placé eut, pendant un voyage, une lon-
gue conversation sur la religion chrétienne avec un de ses amis ;
il lut quelques livres, et ne put s'empêcher d'admirer cette doctrine et d'en reconnaître la vérité. «Ma position dans le monde, »
ajouta-t-il, « ne me permet pas de pratiquer moi-même tout
« ceci, mais donnez-moi quelques prières, je veux les enseigner
« à ma femme et à ma fille veuve qui n'ont pas les mêmes empê-
« chements. » Il tint parole, et les deux femmes, ravies d'avoir
trouvé un pareil trésor, tâchèrent de pratiquer fidèlement le peu
qu'elles venaient d'apprendre. Un jour la mère dit à sa fille : « Il
« n'est guère possible, au milieu du monde, de suivre parfaite-
« ment ces préceptes divins. Pour moi, retenue par les liens du
« mariage, je ne puis quitter ma position ; mais toi, tu es libre
« puisque tu es veuve, retire-toi dans une bonzerie pour te livrer
« à la méditation, et plus tard, si c'est possible, je t'y suivrai.» On
voit par là combien grande était leur ignorance des choses de la
religion. La fille obéit, se rendit dans une bonzerie, se fit couper
les cheveux, et ne s'occupa plus que de prières et de méditations.
On s'aperçut bientôt qu'elle ne prenait aucune part aux pratiques superstitieuses des bouddhistes en l'honneur de Fô, et sur
son refus de faire comme les autres, on lui refusa la nourriture.
Elle se mit alors à mendier de village en village, comme les
bonzesses, cherchant partout des chrétiens. Mais son costume
même était pour ceux-ci une occasion de la repousser avec mépris.
Enfin, après des dangers de toute nature dont elle fut délivrée par
l'intervention de la Providence divine, elle arriva dans le lieu où
son père avait entendu parler de la religion. Elle se rappelait le
nom du noble qui avait eu avec lui la conversation que j'ai men-
tionnée plus haut ; elle vint mendier à sa porte, et demanda à
pénétrer dans l'appartement des femmes. Les domestiques s'y
opposèrent avec menaces. Le maître de la maison rentrait en ce
moment, et, voyant cette bonzesse, il lui signifia d'un ton colère

de partir au plus tôt. Elle se mit à pleurer en disant : « Si vous « saviez qui je suis, vous ne me traiteriez pas de la sorte, » et, après quelques hésitations, elle fit connaître son nom, sa famille, et ses diverses aventures. On la reçut à bras ouverts, et elle commença à étudier à fond la religion dont elle n'avait encore qu'une idée très-vague. Ceci se passait quatre jours avant mon arrivée. J'eus le regret de ne pouvoir pas encore la baptiser, parce qu'elle n'avait pas l'instruction suffisante ; mais vous voyez quelle fervente chrétienne elle fera plus tard...

« Vous comprenez maintenant pourquoi le démon, jaloux de nos conquêtes, furieux de voir les âmes lui échapper, a tout mis en œuvre pour susciter des obstacles, et semer l'ivraie dans un champ si bien préparé. De là, les troubles et les persécutions locales qui ont suivi, et m'ont empêché l'année suivante de faire la visite habituelle...»

Dans les provinces septentrionales, récemment ouvertes à l'Evangile, les progrès de la religion étaient plus rapides et plus considérables que partout ailleurs. Mgr Berneux, n'ayant aucun missionnaire à y envoyer, y alla lui-même, malgré le triste état de sa santé, malgré les avanies et les mauvais traitements qu'il avait eu à y subir l'année précédente. Son voyage commencé à la fin de décembre 1864, dura vingt-sept jours, pendant lesquels il parcourut toutes les chrétientés sur un espace de cent cinquante lieues. Le zèle, la ferveur des néophytes lui firent trouver douces toutes les fatigues, et quand il rentra à la capitale, il avait eu la consolation de baptiser cent trente adultes.

Une foule de catéchumènes dont l'instruction n'était pas suffi-samment avancée lors de la visite, ou qui n'avaient pu rencontrer l'évêque, vinrent à la capitale, pendant l'été, recevoir le baptême. Ils arrivaient de six, huit et quelquefois dix journées de distance, par petites troupes de cinq ou six personnes, et tous, à leur retour, emportaient quelques livres de religion pour s'instruire eux-mêmes plus à fond, et prêcher l'Evangile à leurs compatriotes païens. Tous ces nouveaux convertis affichaient publiquement leur foi, prétendant que ne pas se cacher était le meilleur moyen de résister aux vexations. Quelques-uns d'entre eux ayant été, au printemps de 1865, maltraités par les satellites d'un petit mandarin, ils se réunirent au nombre de cinquante, et s'en allèrent droit au gouverneur de la province demander justice. Celui-ci, effrayé, n'en admit que cinq à son audience, les fit emprisonner pour la forme, et les relâcha deux jours après. Ils voulaient pousser l'affaire, et venir à la capitale pour en appeler au gouvernement suprême ; Mgr Berneux eut beaucoup de peine à empêcher cette démarche imprudente. Il obtint secrètement pour eux, d'un homme très-haut placé, une lettre de recommandation, et on les laissa tranquilles.

Au milieu de ses occupations continuelles, Mgr Berneux ne perdait point de vue la formation d'un clergé indigène. Il se sentait épuisé de fatigue ; plusieurs infirmités cruelles, entre autres la gravelle, le rendaient souvent incapable de dire la sainte messe. Son coadjuteur et tous ses missionnaires, constamment malades, ne pouvaient suffire aux travaux du saint ministère ; et la nécessité de se créer, dans le pays même, des auxiliaires semblables au vénérable André Kim, ou au P. Thomas T'soi, était plus évidente que jamais. Mais, comme le savent tous les missionnaires qui y ont mis la main, cette œuvre, la plus nécessaire et la plus féconde de toutes, est en même temps la plus lente et la plus difficile. « Notre séminaire, » écrivait le prélat, en février 1865, « notre séminaire me donne bien du souci ; tous ces enfants y perdent la santé et sont obligés tôt ou tard d'abandonner leurs études. J'ai, depuis deux ans, cherché avec Mgr d'Acônes (Mgr Daveluy) à former un second établissement ; impossible de trouver un lieu tant soit peu sûr. J'ai donné la tonsure à l'élève de Pinang revenu il y a quatre ans, et les ordres mineurs à Vincent Nim, l'un des deux qui sont rentrés avec M. Aumaître ; l'autre a défroqué. Mais ces jeunes gens sont faibles et maladifs ; je doute qu'ils vivent assez longtemps pour recevoir la prêtrise. Dans tous les cas, avec une santé pareille, nous n'avons pas grand'chose à attendre de leur ministère. C'est désolant, car des prêtres indigènes nous seraient infiniment utiles. Que n'ai-je dix P. Thomas ! »

Ces quelques lignes se complètent et s'expliquent par ce qu'écrivait, à peu près à la même époque, M. Pourthié, qui depuis son arrivée en mission avait la charge du séminaire. « Je suis encore un des plus robustes, et cependant je ne le suis guère (il crachait le sang depuis plus d'un an) ; huit ans de réclusion dans ma prison, c'est-à-dire dans la cabane qui me sert de collége, m'ont miné tout à fait. Mes élèves aussi sont tous plus ou moins malades, et il n'en peut être autrement. Toujours enfermés, n'osant pas même lire à haute voix, de peur que quelque païen passant près de la maison ne nous entende, nous n'avons que deux chambres pour eux et moi. Ces deux chambres sont séparées par une cloison qui ferme aussi mal que possible, de sorte que l'air et les émanations pénètrent sans difficulté de l'une dans l'autre; aussitôt qu'un seul est malade, nous sommes tous dans un hôpital mal aéré et très-dangereux. Cet hiver, j'ai eu le typhus, je l'ai communiqué aux élèves qui l'ont successivement; aussi, depuis trois mois, il y en a toujours sur le grabat. J'ai un minoré, un tonsuré, deux autres théologiens; quelques autres étudient seulement le latin. Vous comprenez que les lieux et les temps s'opposent à ce que nous ayons un collége nombreux et un peu mieux organisé. »

Au commencement de juin de cette année 1865, la barque expédiée par Mgr Berneux au rendez-vous habituel de l'île de Mérin-to rencontra quatre nouveaux missionnaires. L'expédition offrait plus de dangers qu'auparavant. Outre que le développement de la contrebande sur les frontières avait fait redoubler de sévérité dans la surveillance, on saisissait à cette époque tous les navires pour les corvées du gouvernement. Aussi les nouveaux arrivants, au lieu de venir droit à la capitale, furent-ils obligés d'aller débarquer avec tous les bagages à trente lieues au sud, contre-temps qui occasionna bien des retards et bien des embarras. Mgr Daveluy dont la maison venait d'être détruite par un incendie, était alors dans le Naï-po, se cherchant un gîte pour l'été. Il reçut à temps la nouvelle que quatre prêtres européens venaient de débarquer dans son district; il courut au-devant d'eux, et les trouva entassés, eux et leurs bagages, dans une petite chaumière sur les bords de la mer, où ils pouvaient à peine remuer. Son arrivée immédiate fut un coup de la Providence, car les jeunes missionnaires, trompés par les fausses nouvelles qui couraient dans le Léao-tong, étaient persuadés que la liberté religieuse venait d'être proclamée en Corée, et qu'il n'était plus nécessaire de prendre aucune précaution pour se cacher des païens. S'ils fussent restés seuls, ils eussent été, sans aucun doute, arrêtés le même jour, et Dieu sait quelles terribles suites un tel accident aurait eues pour la chrétienté. Mgr Daveluy partit avec eux sur trois petits bateaux, qui emportaient en même temps leurs effets et les objets d'Europe envoyés à la mission; il gagna un grand village où il y avait de nombreux chrétiens, et de là les expédia successivement à la capitale, avec toutes les précautions voulues.

Voici les noms de ces quatre jeunes apôtres qui, après un séjour de quelques mois seulement en Corée, devaient donner leur sang pour Jésus-Christ avant d'avoir pu lui donner leurs sueurs, et à qui Dieu, dans son infinie bonté, avait résolu d'accorder, dès la première heure, la plus haute récompense que le missionnaire puisse désirer en ce monde, la couronne du martyre. — M. Simon-Marie-Antoine-Just Ranfer de Bretenières, du diocèse de Dijon, né le 28 février 1838, à Châlon-sur-Saône, où ses parents faisaient momentanément leur résidence, était le fils aîné de M. le baron de Bretenières, et appartenait à une ancienne famille, dont les membres se sont longtemps succédé dans les hautes charges de la magistrature de Bourgogne. Méprisant tous les avantages que devaient lui offrir, dans le monde, une naissance illustre, la fortune, et des talents distingués, il entra en 1859 au séminaire d'Issy, et deux ans plus tard, le 25 juillet 1861, au séminaire des Missions-Étrangères, où il fit ses études de théologie. Il fut, ainsi que ses compagnons MM. Beaulieu et Dorie, ordonné prêtre le 21 mai 1864, par Mgr Thomine-Desmazures, vicaire apostolique du Thibet. — M. Bernard-Louis Beaulieu, né le 8 octobre 1840, à Langon, diocèse de Bordeaux, après cinq ans d'études au grand séminaire de Bordeaux, entra diacre au séminaire des Missions-Étrangères le 28 août 1863, et fut ordonné prêtre le 21 mai de l'année suivante. — M. Pierre-Henri Dorie, né à Saint-Hilaire-de-Talmont, diocèse de Luçon, le 22 septembre 1839, n'avait encore reçu que les ordres mineurs lorsqu'il entra au séminaire des Missions-Étrangères, le 13 août 1862. Il fut fait prêtre le 21 mai 1864. — M. Martin-Luc Huin, né à Guyonvelle, canton de la Ferté-sur-Amance, diocèse de Langres, entra au séminaire des Missions-Étrangères le 20 août 1863. Il était prêtre depuis plus de deux ans, et avait exercé avec beaucoup de zèle les fonctions de vicaire dans les paroisses de Melay et de Voisey. — Les quatre missionnaires quittèrent Paris le 15 juillet 1864, et, le 19, s'embarquèrent à Marseille sur un paquebot des Messageries impériales. Arrivés à Hong-kong, vers la mi-septembre, ils furent envoyés à Chang-haï, et de là dans le Léao-tong, pour se mettre en rapport avec le vicaire apostolique de la Corée. C'est là qu'ils passèrent l'hiver, se préparant, par la prière et par l'étude des caractères chinois, aux travaux qui les attendaient.

« Je ne saurais trop vous remercier, » écrivait Mgr Berneux, le 19 novembre 1865, au supérieur du séminaire des Missions-Étrangères, « je ne saurais trop vous remercier de l'envoi des quatre ouvriers que vous nous avez adjoints cette année. J'espère qu'ils nous rendront de grands services ; ils sont contents de l'héritage qui leur est échu ; ils étudient la langue de toutes leurs forces, et, au printemps prochain, ils commenceront à travailler. Mais, de grâce, ne vous en tenez pas là. Envoyez-nous le plus de renforts que vous pourrez. Pour nous mettre un peu à l'aise, il faudrait que d'ici à deux ans nous reçussions dix nouveaux confrères, et nous serons tous très-occupés..... Depuis trois mois et demi je suis pris d'une fièvre quotidienne dont je commence à peine à me débarrasser, je suis sans intelligence et sans énergie. Je m'arrête à bout de forces... »

Cette lettre, la dernière que le saint évêque ait écrite en Europe, donne le résultat de l'administration des sacrements pendant l'année. En voici les chiffres les plus saillants : confessions annuelles, quatorze mille quatre cent trente-trois ; confessions répétées, trois mille quatre cent quatre-vingt-treize ; adultes baptisés, neuf cent sept ; enfants de païens ondoyés, mille cent seize, dont morts, neuf cent quatre-vingt-trois.

Puis, vient le post-scriptum suivant : « J'ai eu tout dernièrement avec le prince régent, par le moyen d'un mandarin, quelques rapports au sujet de la nouvelle instance que font les Russes pour obtenir la permission de s'établir sur le territoire coréen. Le prince a reçu avec bienveillance mes communications. Sa femme, mère du roi, m'a fait prier secrètement d'écrire à notre ministre, à Péking, de venir demander la liberté religieuse. Les grands de la capitale désirent l'arrivée des navires français. Pour moi, je persiste à ne rien faire avant d'avoir conféré avec le régent. Quoique toujours proscrits, notre position est bonne, et je crois que, l'an prochain, nous serons encore plus à l'aise. »

Ces espérances devaient être bientôt cruellement déçues. Du reste, les confrères de Mgr Berneux étaient loin d'être aussi rassurés que lui. « Le père du jeune roi, » écrivait, à la même époque, Mgr Daveluy, « ne s'est occupé jusqu'ici ni de nous ni de nos chrétiens ; mais combien cela durera-t-il ? Il est d'un caractère violent, cruel, méprisant le peuple et comptant pour rien la vie des hommes ; si jamais il attaque la religion, il le fera d'une manière terrible... Cet hiver sera dur à passer. La sécheresse d'abord, puis les inondations, puis, à l'automne, d'effroyables coups de vent, ont ruiné les moissons et causé la disette. Déjà, beaucoup de pauvres gens souffrent de la faim. Or, l'expérience prouve que les temps de famine sont des temps de vexations et de persécutions pour nos chrétiens. Ils sont toujours hors la loi, et par conséquent offrent une proie facile à tous les maraudeurs, et aux pillards qui encombrent les maisons des mandarins. Priez beaucoup pour nous... »

M. Féron écrivait, de son côté : « Le père du roi, régent du royaume, a complétement perdu sa réputation. Ses violences, sa rapacité, le peu de cas qu'il fait de la vie des hommes lui ont complétement aliéné les cœurs. Il s'est engoué des bonzes et de leurs superstitions. Persuadé que la fortune de sa famille tient à ce que son père avait été enterré sur l'emplacement d'une pagode démolie, il a rebâti cette pagode avec un luxe inouï, et fait à d'autres pagodes des largesses inconcevables ; le tout, bien entendu, aux frais du trésor public. Ce printemps, il s'est mis en tête de bâtir un nouveau palais pour son fils. On parle de soixante mille ouvriers employés à la fois rien que pour niveler le terrain. Le plan comporte dix-sept cent soixante-dix-sept chambres. Pour cela, il a fallu lever des impôts fabuleux. Afin de colorer aux yeux du peuple cette extravagante lubie, il a fait publier partout qu'on avait trouvé, enfouie dans la terre, une vieille inscription annonçant que la prospérité du royaume serait inébranlable, quand on aurait reconstruit en cet endroit l'ancien palais, brûlé jadis dans la guerre contre les Japonais. Que l'inscription ait été trouvée, c'est probable ; mais personne ne doute que ce ne soit lui-même qui l'ait préparée et cachée à l'avance. Malgré tout, on a fait semblant de croire à la prophétie, et on a payé. Quelques personnes ont même fait des offrandes volontaires considérables, dans l'espérance qu'il leur en tiendrait compte, et qu'il récompenserait leur zèle par des mandarinats ou autres fonctions publiques. Mais il n'a pas eu la mémoire aussi longue, et ceux qui ont spéculé sur sa reconnaissance ont perdu leur peine et leur argent. Maintenant on dit que les travaux sont suspendus ; probablement il trouve plus simple de garder l'argent que de le dépenser en briques et en mortier. »

Enfin, M. Pourthié, en réponse à diverses questions que lui avait adressées M. Albrand, supérieur du séminaire des Missions-Étrangères, sur l'influence des derniers événements de Chine, sur les chances plus ou moins probables de liberté religieuse, etc... expose comme il suit, avec sa sagacité habituelle, la véritable situation des affaires. Cette lettre, du 20 novembre 1865, est, croyons-nous, la dernière qu'il ait adressée en Europe avant son martyre. Aussi la citons-nous presque tout entière.

« Hélas ! comme vous le dites, nous sommes toujours inaccessibles, toujours en dehors de toute relation avec le reste de l'univers. Il est vrai que la Corée est soi-disant amie de la Chine, et, qui plus est, sa vassale. Il faut qu'elle aille tous les ans chercher en Chine son calendrier comme signe de vassalité ; tous les ans, un ambassadeur coréen va à Péking souhaiter la bonne année à l'empereur chinois et lui offrir certains présents déterminés ; enfin, lorsqu'un roi de Corée meurt, un ambassadeur spécial vient de Chine investir son successeur. Ne croyez pas cependant que les Coréens fassent tout ce que veulent les Chinois ; les envoyés de l'empereur eux-mêmes se font, lorsqu'ils arrivent en Corée, aussi humbles et obéissants que possible, et lorsqu'ils entrent dans la capitale de la Corée, ils ne peuvent voir personne, pas même les maisons, car on couvre tout d'une toile sur leur passage, sous prétexte que les Coréens pourraient manquer de respect au représentant du Céleste Empire, en riant de son bizarre costume. Et d'ailleurs, les deux royaumes fussent-ils plus unis qu'ils ne le sont, la Corée fût-elle dépendante de la Chine au point qu'un ordre émané de Péking dût suffire pour nous donner la liberté, croyez-vous que les ministres chinois donneront jamais cet ordre, ou diront là-dessus le moindre mot aux Coréens, s'ils n'y sont forcés par les Européens ? Supposé même que les ambassadeurs européens voulussent traiter cette affaire avec la cour de Péking, celle-ci répondrait bien certainement que la Corée étant un royaume indépendant, un pays qui a son roi et ses lois distinctes, la Chine n'a rien à voir ou à ordonner dans des matières de cette nature. Et, tout naturellement, les consuls européens prendraient ces réponses chinoises comme des vérités de bon aloi, et se déclareraient satisfaits.

« Non, en fait de liberté, je crois que, pour le moment, nous n'avons d'autres démarches à faire qu'auprès du bon Dieu. Il nous faut remettre tout entre ses mains, accepter de bon cœur les difficultés, les périls, les persécutions, comme et quand il plaira à sa divine Majesté, certains qu'elle nous enverra ce qui est le plus selon sa gloire ; que nous faut-il de plus ? D'ailleurs, j'entends dire assez souvent que cette liberté si désirée, si prônée, et dont la concession en Chine a retenti si loin, pro-mulguée qu'elle était par la voix du canon, j'entends, dis-je, souvent répéter qu'elle procure bien des déceptions, et qu'elle n'a fait que changer la nature des difficultés, sans faire avancer la conversion des peuples aussi vite qu'on l'avait espéré. Avec la liberté, entrent les marchands, gens souvent impies et de mœurs scandaleuses, les ministres des diverses sectes, plus dangereux encore. Or, c'est peu de pouvoir dépenser de fortes sommes d'argent à élever de grandes églises en pierre, si une infinité d'âmes destinées à être les temples de l'Esprit-Saint restent toujours sous l'empire du démon ; c'est peu de pouvoir

515 —

marcher la tête haute dans les rues, si l'on ne peut persuader le cœur d'une population indifférente, souvent même hostile, à des étrangers qui l'ont humiliée.

« Pour nous, nous voici sans églises, offrant le saint sacrifice dans de bien humbles cabanes, ayant pour autel un banc, ou une simple planche : notre petite croix fixée sur un mur de boue, est le seul ornement qui brille sur cet autel ; de la main et même trop souvent de la tête on touche à la voûte de ces oratoires ; la nef, le chœur, les ailes, les tribunes se composent de deux petites chambres dans lesquelles nos chrétiens et nos chrétiennes sont entassés. Néanmoins, en voyant la dévotion, la foi vive et la simplicité avec lesquelles ces pauvres gens viennent adorer Jésus pauvre, et lui offrir les mépris, les outrages, les vexations dont ils sont tous les jours victimes, je ne puis m'empêcher de me dire en moi-même : peut-être un jour ces mêmes fidèles s'assembleront dans de grandes et spendides églises, mais y apporteront-ils ce cœur simple, cette âme humiliée et résignée sous la main de Dieu, cet esprit souple qui ne veut connaître la loi de Dieu que pour lui obéir ? Et nous aussi, peut-être un jour, déposerons-nous l'embarrassant habit de deuil, et alors nous pourrons nous dispenser de patauger continuellement dans la boue et la neige, et les aubergistes nous offriront autre chose qu'une soupe aux algues ou du poisson pourri ; mais quand nous arriverons dans nos villages chrétiens, l'or protestant et le mauvais exemple des Européens, marchands ou aventuriers de toute espèce, n'auront-ils pas éclairci les rangs de ces bons catéchumènes, qui maintenant se pressent en foule dans les cabanes qui nous servent d'oratoires ? Cet élan vers notre sainte religion ne disparaîtra-t-il pas, lorsqu'on verra que les actions des chrétiens démentent leur doctrine ? Maintenant, le corps du missionnaire est malheureux ; il souffre du genre de vie, du climat, du repos et des courses, car lorsque nous lui donnons la clef des champs, nous le fatiguons par trop fort, et quand nous pouvons le faire reposer, nous l'emprisonnons étroitement ; mais en revanche, la divine Providence ménage à l'âme bien des consolations spirituelles que nous ne pourrons peut-être plus goûter sous l'éclatant soleil de la liberté. Vous voyez qu'en cette question, comme dans beaucoup d'autres, il y a du pour et du contre, et que le mieux est de se résigner à tout, soit à la persécution, soit à la paix, soit à la liberté, soit aux coups de sabre. Aussi, sans pencher ni pour l'un ni pour l'autre, je dis seulement au bon Dieu : *Fiat voluntas tua !*

« Vous aurez appris par d'autres, mieux renseignés que moi, que nos administrations annuelles produisent toujours de plus en plus de fruit; nous gagnons sur le paganisme, non-seulement en ce que chaque année nous lui enlevons un millier d'adeptes pour les incorporer dans nos rangs, mais aussi en ce que ceux qui restent païens changent d'idée à notre égard. Cette religion qu'ils détestaient tant, qu'ils croyaient méritoire de détruire, ils la trouvent déjà bonne ou au moins peu nuisible. Si je considère ce qu'était l'opinion publique il y a dix ans, lorsque je suis entré en Corée, et ce qu'elle est actuellement, il me semble que nous avons fait un progrès immense; les loups sont devenus presque des agneaux ; mandarins et peuple, tous inclinent à la tolérance. Cependant nous ne pouvons oublier que cet esprit peut changer d'un jour à l'autre, et si le gouvernement semble toujours pencher à nous laisser tranquilles, celui qui en ce moment tient dans ses mains les destinées de la Corée, le père de notre jeune roi, est l'homme de tous auquel on peut le moins se fier. C'est un maniaque capable, dans un de ses nombreux coups de tête, de déchaîner sur nous une persécution si violente, que chrétiens et missionnaires aient tous disparu de ce monde avant que vous en ayez la moindre nouvelle. »

Après les fêtes de Noël, à la fin de décembre 1865, les missionnaires, selon la coutume, recommencèrent, chacun de son côté, la visite de leurs chrétientés respectives. Mgr Berneux repartit pour les provinces septentrionales. L'œuvre de Dieu y prenait des développements de plus en plus sensibles, et, en quelques semaines, le prélat eut la consolation de baptiser, dans quatre stations seulement, plus de huit cents adultes. Un pareil succès devait exciter la fureur de l'enfer. Dans la province de Hoang-haï, un mandarin, ennemi déclaré de la religion, fit, on ne sait trop sous quel prétexte, arrêter tous les chrétiens de son district. Pour les forcer à l'apostasie, il employa des tortures si cruelles, que plusieurs en moururent quelques jours après, et d'autres restèrent estropiés pour le reste de leur vie. Aucun d'eux n'ayant voulu apostasier, le mandarin les fit dépouiller de tout ce qu'ils possédaient, fit vendre leurs terres et leurs maisons, et les chassa, nus et sans aucune ressource, hors de son district, avec défense, sous peine de mort, d'y jamais rentrer. Expulsés ainsi, au milieu d'un hiver rigoureux, ils allèrent dans les cantons voisins, mendiant leur nourriture, et donnant à tous l'exemple d'une admirable résignation. Dans la province de Pieng-an, le gouverneur fit arrêter deux chrétiens, uniquement parce qu'ils étaient chrétiens. A cette nouvelle, une centaine d'autres accoururent à son palais en criant : « Vous avez mis en prison deux d'entre nous parce qu'ils sont chrétiens ; nous le sommes aussi ; nous professons la même foi, nous adorons le même Dieu ; pour être juste, emprisonnez-nous tous. » Le gouverneur effrayé de leur nombre, et redoutant une sédition, fit ouvrir à la hâte les portes de la prison et les congédia tous.

Dans le Kieng-sang, au sud-est, les affaires prenaient, à la même époque, une tournure beaucoup plus menaçante. Un noble nommé Hoang, du district de Iei-tsieun, mauvais sujet qui avait dissipé tout son bien et se trouvait sans autre ressource que le brigandage, s'entendit avec quelques autres voleurs, pour piller les villages chrétiens de la contrée. Il savait bien que personne n'oserait aller porter plainte au mandarin, parce que devant les magistrats les chrétiens ont toujours tort, quelque juste que puisse être leur cause. Il suffit que leurs adversaires leur reprochent leur religion, pour les mettre dans le plus grand embarras, et les exposer à des avanies et à des mauvais traitements sans fin. Déjà plusieurs villages avaient été dévastés, lorsque les néophytes, poussés à bout, résolurent d'opposer la force à la force, et de se porter mutuellement secours, d'un village à l'autre, contre ces bandits. Hoang, battu une ou deux fois, s'en alla trouver le mandarin de Iei-tsieun qui était de ses amis, et lui demanda un satellite afin d'arrêter un homme couvert de crimes, disait-il, mais qui en réalité n'avait d'autre tort que d'être chrétien et de jouir d'une certaine aisance. Cet homme nommé François Pak, du village de Pou-reki, était honoré de l'estime générale. Hoang, avec ses compagnons, précédés du satellite, arriva au village, et ne trouvant pas François, qui avait eu le temps de s'évader, fit piller, puis incendier toutes les maisons des chrétiens. L'alarme ayant été donnée dans les villages environnants, tous les chrétiens accoururent armés de bâtons, mais ils ne trouvèrent plus que des ruines fumantes, et voyant que les brigands étaient partis, s'en retournèrent chez eux. Deux seulement, Xavier Tsieun et Jean Ni, plus courageux que les autres, se mirent à la poursuite des pillards pour délivrer les femmes et les enfants qu'ils emmenaient prisonniers, et leur arracher au moins une partie des dépouilles. Grande fut leur surprise, en les rejoignant, de trouver parmi eux un satellite, dont la présence indiquait que ce qui s'était fait avait été ordonné par le mandarin. On se jeta sur eux, on leur arracha leurs bâtons, et après les avoir frappés si brutalement qu'ils pensèrent expirer sous les coups, on les traîna devant le magistrat.

François-Xavier Tsieun, originaire du Naï-po, appartenait à une famille de la classe moyenne qui s'était convertie dès le temps de l'introduction du christianisme en Corée. Son père avait longtemps et dignement exercé les fonctions de catéchiste, et lui-même lui avait succédé dans cette charge. Au moment de son arrestation, il demeurait dans le village de Kon-aki, cultivant la terre, et vivant tranquillement avec sa femme et ses trois enfants. Sa science bien connue, la douceur de son caractère, et son zèle pour le salut des âmes, lui avaient conquis l'affection et l'estime de tous. Jean Ni était le fils du catéchiste de Iei-mok-i. Sa famille, chrétienne depuis trois générations, était comme celle de Xavier, originaire du Naï-po. Bien qu'appartenant à la classe moyenne, elle était peu favorisée des biens de la fortune, mais en revanche, elle avait toujours brillé par la foi et le courage de ses membres, dont trois déjà avaient gagné la palme du martyre.

Les satellites, aussitôt après avoir saisi Xavier et Jean, laissèrent aller les femmes et les enfants qu'ils avaient pris dans le village. La capture de ces deux chrétiens marquants leur suffisait. Au tribunal du mandarin, on produisit les bâtons dont ils étaient armés, afin de les accuser d'être des perturbateurs du repos public. La preuve sembla plus que suffisante à ce juge inique qui les fit flageller et mettre à la torture, puis les expédia, la cangue au cou, au gouverneur de la province à Kong-tsiou. La distance était de plusieurs journées de marche, et ils eurent beaucoup à souffrir, pendant la route, de la brutale violence des satellites. Le gouverneur, instruit de l'affaire dans tous ses détails, reconnut leur innocence, mais comme ils étaient chrétiens, avant de les mettre en liberté, il exigea, selon la loi, qu'ils prononçassent d'abord une formule d'apostasie. Sur leur refus énergique, il les fit mettre à la torture. Dans les deux interrogatoires qui suivirent, à quelques jours de distance, Xavier et Jean eurent l'occasion d'exposer nettement devant la foule, les vérités fondamentales de la religion, l'existence de Dieu, ses principaux attributs, la création, la rédemption, les commandements de Dieu, etc... Le gouverneur eût voulu les sauver; il les pressait de dire seulement un mot équivoque qui pût passer pour un acte de soumission au roi. Jean lui répondit avec calme au nom des deux : « Vous arracheriez nos quatre membres en les attachant aux branches d'un arbre, vous couperiez notre chair en lambeaux, vous réduiriez nos os en poudre, que nous n'apostasierions point. — Est-ce du fond du cœur que vous parlez ainsi? — Oui, du fond du cœur. — Mais si je vous fais mourir, vos parents et les autres chrétiens ne chercheront-ils pas à se venger sur moi de votre mort ? — Jamais. » Sur cette assurance, le juge prononça immédiatement la sentence, et afin d'éviter des formalités gènantes et de longs retards, il les condamna à être étranglés dans la prison.

L'exécution se fait habituellement de la manière suivante. Un trou est pratiqué dans le mur de la prison, à un peu plus d'un pied de hauteur. Après avoir mis la corde en nœud coulant au cou du patient, on la passe par ce trou, et à un signal donné de l'intérieur de la prison, le bourreau placé en dehors tire brusquement sur la corde de toutes ses forces. Quand la victime a succombé, on traîne le cadavre au dehors, et on le jette dans les champs où il reste sans sépulture. Au jour fixé, pendant qu'on faisait les derniers préparatifs, les confesseurs demeurèrent quelques instants à genoux, offrant à Dieu le sacrifice de leur vie, puis ils dirent au bourreau : « Quand tu nous auras étranglés, enterre nos corps avec le plus grand soin, car dans quelques jours on viendra te les demander, et tu seras largement récompensé de ta peine. » Puis Xavier dit à Jean : « Tu es le plus jeune, je crains que la vue de mon supplice ne te fasse trop d'impression ; passe le premier, je te suis immédiatement. » Ainsi fut fait, et quelques minutes après nos deux martyrs étaient introduits par les anges dans la cité céleste. C'était vers le 10 de la douzième lune (janvier 1866). Selon la recommandation qui lui avait été faite, le bourreau enterra leurs précieuses dépouilles ; et, le mois suivant, les chrétiens purent les racheter, et leur donner une sépulture honorable.

Quelques semaines après la mort de Xavier, M. Calais passa dans le village de Kon-aki, pour y administrer les sacrements. La famille du martyr vint demander pour lui une messe, à laquelle sa femme et l'aîné de ses fils communièrent. Le missionnaire demanda au second fils, petit garçon de huit ans, où était son père ; l'enfant, levant la main, lui montra le ciel en disant : « Il est là-haut, en paradis. »

Ces martyrs du Hoang-haï et du Kieng-sang, furent les premiers de cette année 1866, glorieuse entre toutes dans l'histoire de la mission de Corée. La persécution cependant n'était pas encore officiellement déclarée, et ces violences isolées n'étaient que les souffles avant-coureurs de la tempête. L'enfer préludait ainsi à ce déchaînement de haine et de férocité sataniques, qui bientôt allait bouleverser de fond en comble l'Eglise coréenne, et la plonger, pour bien longtemps peut-être, dans le sang et les larmes. De son côté, cette Eglise, si souvent et si cruellement éprouvée, préludait, par ces généreuses confessions de foi, à de plus nombreux et plus éclatants triomphes.

CHAPITRE II.

Depuis plusieurs années, les Russes faisaient en Tartarie des progrès inquiétants pour la Corée. D'annexions en annexions, ils étaient arrivés jusqu'à la frontière nord de la province de Ham-kieng, dont un petit fleuve seulement les sépare. En janvier 1866, un navire russe se présenta à Ouen-san, port de commerce sur la mer du Japon, et de là adressa au gouvernement coréen une lettre par laquelle il demandait, d'une manière assez impérative, la liberté de commerce et le droit pour les marchands russes de s'établir en Corée. En même temps, assure-t-on, quelques troupes passaient la frontière du Ham-kieng pour appuyer cette réclamation. Suivant l'usage asiatique, on les paya de paroles. On leur répondit que la Corée, étant vassale de la Chine, ne pouvait traiter avec aucune autre nation sans la permission de l'empereur, et qu'on envoyait immédiatement à cet effet un ambassadeur extraordinaire à Péking.

Cependant l'émoi était grand à la cour, et les ministres ne cachaient point leurs perplexités. Quelques nobles de Séoul, chrétiens assez tièdes d'ailleurs, et dont les familles avaient été disgraciées pendant les persécutions antérieures, crurent trouver dans cette démarche des Russes une occasion excellente d'obtenir la liberté religieuse pour leurs coreligionnaires, et de s'acquérir en même temps une grande renommée d'habileté et de patriotisme. C'étaient Thomas Kim Kei-ho, Thomas Hong Pong-tsiou, le maître de la maison qui servait de résidence habituelle au vicaire apostolique, et Antoine Ni. Ils composèrent entre eux une lettre, pour expliquer que l'unique moyen de résister aux Russes était de faire une alliance avec la France et l'Angleterre, ajoutant que rien ne serait plus facile, par le moyen des évêques européens présents en Corée. Cette pièce rédigée avec toute la maladresse qu'on pouvait attendre de gens aussi peu instruits, fut présentée au régent par le beau-père de sa fille, nommé Tio Kei-tsin-i. Le régent la lut et la relut, puis, sans rien dire, la

Troubles populaires. — Mort de MM. Joanno et Landre. — Arrivée de
M. Aumaître. — Travaux et succès des missionnaires. — Mort du roi
Tchiel-tsong.

[...plusieurs lignes illisibles...]

Persécution de 1866. — Martyre de Mgr Berneux et de MM. de Bretenières, Beaulieu et Dorie. — Martyre de MM. Pourthié et Petitnicolas. — Martyre de Mgr Daveluy et de MM. Aumaître et Huin. — Martyrs indigènes.

intentions..... Oui, il y a une anguille sous roche, mais elle ne se
hâte pas de sortir. Je m'attendais à une entrevue avec le régent,
immédiatement après mon retour, puisqu'on me priait de revenir en toute hâte ; jusqu'à présent il n'y a rien encore. Je pense
qu'elle aura lieu. Mais, dans tous les cas, nous avons fait un pas
immense vers la liberté. Prions le Seigneur et notre bonne Mère
de m'assister en ces graves circonstances. Recommandons aussi
aux chrétiens d'être très-circonspects. »

Hélas! à ce moment-là même, sa mort, celle de tous ses confrères, et la suppression définitive du christianisme en Corée,
venaient d'être résolues. La cour, comme nous l'avons fait
remarquer, était presque toute composée d'ennemis acharnés de
l'Évangile. Plusieurs fois déjà, ils avaient inutilement demandé
qu'on publiât de nouveau les édits de persécution. Ils attendaient
une occasion favorable, et ils ne la laissèrent point échapper.
Il n'était plus question des Russes ; leur navire s'était, dit-on,
retiré, leurs troupes avaient repassé la frontière, et la frayeur
qu'ils avaient inspirée d'abord avait à peu près disparu. D'un
autre côté, l'ambassade coréenne, partie pour Péking en décembre
1865, venait d'envoyer une lettre où il était dit que les Chinois
mettaient à mort les Européens répandus dans l'empire. Cette
lettre arriva à Séoul dans les derniers jours de janvier ; elle fut
comme l'huile jetée sur le feu. Les quatre principaux ministres
se mirent à désapprouver hautement la démarche du régent vis-
à-vis des évêques. « Haine aux Européens! » s'écriaient-ils ; « pas
d'alliance avec eux, ou c'en est fait du royaume! A mort tous les
barbares d'Occident! à mort tous les chrétiens! » Le régent
rappela l'expédition franco-anglaise en Chine, le danger auquel
on s'exposait, l'invasion possible de la Corée, etc... « Non, » lui
répondit-on, « vaines frayeurs que tout cela! N'avons-nous pas
déjà tué plusieurs de ces Européens? Qui a jamais cherché à
venger leur mort? Quel dommage en avons-nous éprouvé? »
Ils faisaient allusion à Mgr Imbert, MM. Maubant et Chastan,
martyrisés en 1839, peut-être aussi aux naufragés qui, à diverses
époques, avaient été impitoyablement massacrés sur les côtes.
Le régent, seul de son avis, se laissa-t-il convaincre par leurs
raisons et entraîner par leur fanatisme? ou bien fut-il forcé de
céder au torrent, pour ne pas risquer sa propre autorité et compromettre sa position? On ne le saura que plus tard, quand les
missionnaires seront rentrés en Corée, et auront pu prendre des
renseignements plus complets sur tout ce qui se passa à cette
époque. Quoi qu'il en soit, il céda, et signa l'arrêt de mort de

tous les évêques et prêtres européens, et la mise en vigueur des anciennes lois du royaume contre les chrétiens.

Mgr Berneux attendait tranquillement qu'il plût au régent de l'appeler, lorsque, le 14 février, des satellites se présentèrent chez lui, à deux reprises différentes, sous prétexte de percevoir une contribution pour le grand palais que le régent faisait bâtir. Cette double visite inspira des craintes à Thomas Hong; il chercha, mais sans pouvoir réussir à la trouver, quelque cachette où l'on pût déposer les valeurs et les objets les plus précieux appartenant à la mission. L'évêque refusa de se choisir une retraite plus sûre. « C'est moi que l'on cherche, » dit-il ; « si je me cache, on fera des perquisitions partout, et il en résultera une persécution générale. » Dans la nuit du 22 au 23 février, les satellites revinrent encore et, à l'aide d'une échelle, montèrent sur le mur et examinèrent toutes les dispositions intérieures de la maison. Cette échelle leur avait été fournie par le domestique de Mgr Berneux, le traître Ni Son-i, qui, non content de livrer son maître, dénonça encore les autres missionnaires dont il connaissait la résidence. A quatre heures du soir, le 23 février, la maison fut tout à coup envahie par une troupe nombreuse de satellites, qui, courant droit à la chambre de l'évêque, le saisirent et le garrottèrent avec des cordes. Puis, voyant qu'il ne songeait nullement à faire résistance, ils le délièrent presque aussitôt, et le conduisirent au tribunal, entre deux soldats qui tenaient chacun une manche de son habit. Six chrétiens qui demeuraient dans la maison, furent arrêtés en même temps; au milieu du tumulte, deux ou trois autres parvinrent à s'échapper. Avant de suivre les satellites, Mgr Berneux déclara au chef de la troupe qu'il le rendait responsable devant le régent de l'argent qui se trouvait chez lui. Il y avait en effet une somme assez considérable, car, outre les économies que l'on faisait depuis quelque temps pour bâtir des chapelles, des écoles, etc..., au premier jour de cette liberté qui semblait si prochaine, on venait de recevoir les allocations annuelles de la Propagation de la foi et de la Sainte-Enfance. Cet officier fit mettre les scellés sur toutes les portes, mais, quatre jours plus tard, le régent envoya piller la maison, et il n'en resta que les quatre murailles.

Après avoir comparu devant le grand juge du tribunal de droite, ainsi nommé parce qu'il se trouve à droite du palais où réside le roi, Mgr Berneux fut conduit au Kou-riou-kan, ou prison criminelle, où sont enfermés pêle-mêle, sur la terre nue, les voleurs et les assassins appartenant aux basses classes. Mais le lendemain ou surlendemain, on le transféra à la prison du Keum-pou, réservée aux nobles de condition élevée et aux criminels d'Etat. Cette prison est moins sale et moins obscure que l'autre; il y a une espèce de plancher. Chaque détenu est placé dans une petite cellule qui n'a aucune communication avec les autres, et de peur que les prisonniers ne puissent se parler à travers les cloisons, on agite continuellement des clochettes suspendues dans toutes les directions, ce qui rend toute conversation à peu près impossible. Cette prison a trois grands compartiments, ceux de l'est et de l'ouest, pour les individus condamnés à l'exil ou à l'emprisonnement perpétuel, et celui du midi pour les condamnés à mort. C'est dans ce dernier que fut placé Mgr Berneux. Marthe Pak a raconté qu'en apprenant l'arrestation de l'évêque, la mère du roi manifesta la plus vive douleur, et fit entendre, en présence de son fils aîné, d'énergiques protestations. « Oui, » criait-elle, « tous les magistrats du royaume se sont réunis contre mon mari pour renverser le trône de mon jeune fils. Quel tort leur ont fait les prêtres de l'Occident? Quel tort leur a fait mon fils? les soldats européens viendront certainement le tuer ici pour venger leurs prêtres. » Mais on ne tint nul compte des larmes et des plaintes de la princesse, et, le 26, Mgr Berneux fut amené devant le tribunal; tous les ministres y étaient réunis.

Dans une cour spacieuse, formant un carré, s'élèvent d'un côté plusieurs tribunes où siégent les juges et d'autres mandarins. Au milieu de cette cour est un chaise solidement fixée, sur laquelle le prévenu est assis la face tournée vers les juges. Les pieds sont liés ensemble au-dessus de la cheville ; le pantalon relevé laisse les jambes à découvert; une autre corde passée au-dessus des genoux les serre l'un contre l'autre; enfin, les bras et les épaules sont tenus immobiles, attachés au dos de la chaise de telle sorte que le patient ne puisse, malgré toutes les tortures, faire aucun mouvement. A ses côtés, quatre, six ou huit bourreaux, debout sur deux lignes, sont armés des instruments de supplice. Le scribe chargé d'écrire les réponses et les dépositions est assis un peu en arrière, derrière un voile. Une compagnie de soldats (environ quatre-vingts), se tient à quelques pas, formant le demi-cercle et faisant face à la tribune des juges. D'autres soldats en plus grand nombre empêchent les curieux d'approcher de trop près. Pendant tout le temps que dure l'interrogatoire, les soldats qui sont auprès du patient font entendre un bruit sourd et cadencé de façon à couvrir ses paroles ou ses cris de douleur. Aux divers interrogatoires que Mgr Berneux eut à subir, deux soldats chrétiens, Jacques So In-kiei-mi et son parent, So Sieng-kiei-mi, se trouvaient être de service et placés assez près de lui. C'est par eux et par d'autres soldats ou employés chrétiens, que l'on a connu les principales réponses des confesseurs, et quelques détails sur leurs souffrances.

« Quel est votre nom? » demanda le juge. — « Tjiang (c'était le nom coréen de Mgr Berneux). — Qu'êtes-vous venu faire en Corée? — Sauver vos âmes. — Depuis combien d'années êtes-vous dans ce pays? — Depuis dix ans, et pendant ce temps j'ai vécu à mes dépens ; je n'ai rien reçu gratis, pas même l'eau ou le bois. » Monseigneur faisait allusion aux calomnies des païens qui prétendaient que les missionnaires, manquant du nécessaire dans leur propre pays, ne venaient en Corée que pour s'enrichir. « Si on vous met en liberté, et qu'on vous ordonne de retourner dans votre pays, obéirez-vous? — Si vous m'y reconduisez vous-même de force, il faudra bien que j'y aille, sinon, non. — Mais nous ne connaissons pas votre pays, comment donc pourrions-nous vous y reconduire? Votre réponse signifie que vous ne voulez point quitter la Corée. — Comme vous voudrez : je suis entre vos mains, et je suis prêt à mourir. »

Le lendemain, 27, nouvel interrogatoire. Cette fois le régent était présent avec son fils aîné. « Quel est votre pays? — La France. — Comment êtes-vous venu en Corée? — En barque. — Qui vous a amené? — Hong Pong-tsiou. (Lui-même l'avait avoué peu auparavant.) — Combien y a-t-il de prêtres en Corée? — Il y a neuf prêtres. (C'était le nombre indiqué par le traître Ni Son-i). — Quel est votre maître de maison? — Hong Pong-tsiou. — Combien avez-vous instruit de personnes? — Un grand nombre. — Où demeurent-elles? — De tous côtés. — Où sont les neuf autres prêtres? — Je n'en sais rien. — Si l'on vous dit de vous en aller, retournerez-vous dans votre pays? — Non, à moins qu'on ne m'y reconduise de force. — Apostasiez ! — Non, certes, je suis venu prêcher la religion qui sauve les âmes, et vous voudriez que je la renie! — Si vous n'obéissez pas, vous serez frappé et mis à la torture. — Faites ce que vous voudrez ; assez de questions inutiles. » L'effet suivit de près la menace. On fit subir au vénérable évêque, entre autres tortures, la bastonnade sur les jambes et la ponçure des bâtons sur tout le corps, principalement sur les côtes. Les os des jambes furent bientôt dégarnis de leur chair, mis à nu et horriblement contusionnés. Son corps n'était plus qu'une plaie. Le supplice terminé, on enveloppa les jambes avec du papier huilé et quelques morceaux de toile, et on le reconduisit en prison.

La même scène se renouvela, à diverses reprises, les jours suivants; mais les forces de Mgr Berneux étaient tellement épuisées et sa voix était devenue si faible, que les soldats chrétiens ne purent recueillir ses paroles. Thomas Hong, prisonnier lui-même, put faire parvenir à Mgr Daveluy un billet où se trouvaient ces mots : « Mgr Berneux est, toujours et partout, plein de dignité et de sainteté. » La sentence de mort fut enfin portée en ces termes : « L'accusé Tjiang refusant d'obéir au roi, et ne voulant ni apostasier, ni donner les renseignements qu'on lui demande, ni retourner dans son pays, aura la tête tranchée après avoir subi les différents supplices. » Quels furent ces supplices? On ne l'a pas su d'une manière bien précise. Une seule chose est certaine, c'est que, de tous les missionnaires martyrisés à cette époque, Mgr Berneux fut le plus souvent et le plus cruellement torturé, probablement parce qu'on savait qu'il était le grand chef des chrétiens.

Après quatre jours passés dans la prison du Keum-pou, le confesseur fut transféré de nouveau dans la prison du Kou-riou-kan, ou prison criminelle ordinaire. C'est là qu'il vit arriver successivement les trois jeunes confrères qui, depuis plusieurs jours, avaient été, sans qu'il le sût, ses voisins de prison dans le Keum-pou, et avaient subi devant les mêmes juges des interrogatoires et des supplices analogues. C'étaient MM. de Brete-nières, Beaulieu et Dorie. Voici les détails que l'on connaît sur leur arrestation.

M. de Bretenières demeurait à la capitale, à quelques minutes de l'habitation de Mgr Berneux, dans la maison du catéchiste Marc Tieng, vieillard de soixante-treize ans, et Paul Phi, neveu de Marc, était son professeur de coréen. Il avait fait dans cette langue des progrès assez rapides, grâce au grand nombre de caractères chinois qu'il avait appris pendant son séjour au Léao-tong, et, dans les mois de janvier et février, il avait pu entendre près de quatre-vingts confessions. Le jour même de l'arrestation de Mgr Berneux, il s'était rendu dans un quartier assez éloigné, où il avait entendu deux confessions et béni un mariage. Le soir, en rentrant, il apprit que le vicaire apostolique venait d'être arrêté. On était à se demander ce que cela signifiait, car on ne croyait pas encore à la persécution. M. de Bretenières ne chercha point à fuir; il se contenta d'envoyer la nouvelle à Mgr Daveluy et aux autres confrères. Le 24, il célébra encore la sainte messe;

ce fut pour la dernière fois. Le 25, de grand matin, la maison fut cernée par les satellites ; on prit le catéchiste Marc Tieng et on le conduisit en prison ; Paul Phi était absent. On n'arrêta point le missionnaire ce jour-là ; on se contenta de laisser une douzaine de soldats pour le garder à vue. Le lendemain, 26, à l'aube du jour, on le conduisit au tribunal. Deux soldats, marchant à ses côtés, le tenaient chacun par l'une des manches de son habit ; une corde rouge, dont on ne se sert que pour les grands criminels, lui liait légèrement les bras sur la poitrine. Aux questions du grand juge, il ne répondit que ces paroles : « Je suis venu en ce pays pour sauver des âmes. Je mourrai avec plaisir. » Pour le reste, il s'excusa sur son ignorance de la langue, car bien qu'il commençât à se faire entendre des chrétiens habitués au langage incorrect des nouveaux missionnaires, il ne pouvait évidemment ni comprendre les païens, ni être compris d'eux. En sortant du tribunal, il fut conduit au Kou-riou-kan, et le lendemain transféré au Keum-pou, dans le même corps de bâtiment que Mgr Berneux, mais dans une cellule à part. Selon la coutume, il subit encore quatre autres interrogatoires. Le régent voulait lui poser lui-même quelques questions ; il y renonça quand il vit la difficulté qu'il avait à s'exprimer. Comme Mgr Berneux, M. de Bretenières eut à subir plusieurs fois différents supplices, principalement la bastonnade sur les jambes et la poncture des bâtons ; on assure qu'après l'évêque c'est lui qui a été le plus maltraité. Au milieu des tourments, il semblait impassible ; les yeux modestement baissés, il priait, sans laisser échapper aucune plainte. Après quatre jours passés au Keum-pou, il fut renvoyé au Kou-riou-kan, où il retrouva Mgr Berneux, et put s'entretenir librement avec lui.

M. Beaulieu qui, lui aussi, avait fait d'assez grands progrès dans la langue coréenne, demeurait dans une petite chrétienté à quelques lieues de la capitale. Il avait déjà pu donner les sacrements à un certain nombre de personnes, et quelques jours avant la persécution, Mgr Berneux, l'ayant jugé capable de commencer l'exercice du saint ministère, lui avait assigné un petit district où il devait faire ses premières armes. Ses préparatifs de départ étaient terminés ; quelques-uns de ses nouveaux chrétiens venaient d'arriver pour le conduire à son poste, lorsqu'il apprit l'arrestation du vicaire apostolique. Il résolut d'attendre un peu, et renvoya les chrétiens chez eux. Mais une partie des habitants du village où il demeurait, gens tièdes et timides, effrayés de ce qui venait d'arriver à la capitale, le prièrent de se réfugier ailleurs, disant que sa présence en ce lieu était connue de trop de monde, et que certainement il en résulterait pour eux de grands malheurs. Il céda à leurs craintes, et alla dans un autre village à trois quarts de lieue de distance, chez un chrétien nommé Ni. La cachette semblait très-sûre, mais le missionnaire fut trahi, et le 27 février au matin, une bande de satellites vint droit à la maison de Ni, s'emparer de sa personne. La voix publique a toujours accusé de cette trahison le domestique de M. Beaulieu, nommé Tjiang, nouveau chrétien, baptisé seulement depuis deux ou trois ans, et qui n'était au service du prêtre que depuis quelques mois. Le fait cependant n'est pas absolument certain.

Après avoir fait cette capture, les mêmes satellites se rendirent au village habité par M. Dorie, à une lieue et demie de distance du premier. Toutes les indications nécessaires leur avaient été données, à la capitale même, par le traître Ni Son-i, domestique de Mgr Berneux. M. Dorie, moins avancé que ses confrères dans l'étude de la langue coréenne, s'était fait avec beaucoup plus de facilité aux usages du pays, et était très-aimé des chrétiens. Au premier bruit des événements, il avait ordonné à son domestique de prendre la fuite, et était demeuré seul dans la maison afin de ne compromettre personne. Il fut arrêté à une heure de l'après-midi.

Le lendemain 28, les missionnaires, portés chacun sur une espèce de civière, les mains liées sur la poitrine avec le cordon rouge, et la tête coiffée du bonnet des grands criminels, furent conduits à la capitale. Ce bonnet, de couleur jaune, a de larges bords en toile qui, rabattus, couvrent la figure et le haut du corps, afin que l'on ne puisse ni voir ni être vu. C'est, dit-on, une précaution contre les troubles ou tentatives de révolte que pourrait provoquer l'arrestation de certains criminels dangereux. Devant les juges, MM. Beaulieu et Dorie, expliquèrent en quelques mots pourquoi ils étaient venus en Corée, et leur ferme résolution de mourir pour Dieu ; quant au reste, ils s'excusèrent de répondre parce qu'ils ne connaissaient pas assez la langue. Enfermés d'abord pendant quatre jours à la prison du Keum-pou, ils passèrent par les mêmes formalités, subirent les mêmes interrogatoires, et souffrirent les mêmes tortures que leurs confrères ; après quoi on les transféra au Kou-riou-kan, où ils retrouvèrent Mgr Berneux et M. de Bretenières.

Qui pourrait exprimer le bonheur des quatre missionnaires lorsqu'ils furent ainsi réunis dans ce cachot infect, qui pour eux était le vestibule du ciel ? Qui nous dira leurs félicitations mutuelles en se voyant couverts de plaies glorieuses reçues pour le nom de Jésus-Christ ? leurs prières, leurs chants de joie, leurs élans d'amour en se préparant au dernier sacrifice ? Enfin se leva le jour du triomphe. Le 22 de la première lune, 8 mars, on les tira de leur prison pour les conduire à la mort. Une foule énorme, avide de voir les prêtres étrangers, s'était rassemblée à la porte du Kou-riou-kan. Les uns regardaient curieusement leur visage, leur attitude ; la plupart riaient et leur prodiguaient de grossières insultes. « Ne riez pas et ne vous moquez pas ainsi, » leur dit Mgr Berneux ; «vous devriez plutôt pleurer. Nous étions venus pour vous procurer le bonheur éternel, et maintenant, qui vous montrera le chemin du ciel? Oh ! que vous êtes à plaindre ! » Les confesseurs furent placés chacun sur une longue chaise en bois, portée par deux hommes. Les jambes allongées et les bras étendus étaient liés solidement à la chaise ; la tête légèrement renversée était fixée par les cheveux. Au-dessus de la chaise, derrière la tête, une planche en bois portait, écrite des deux côtés, l'inscription suivante : « N., rebelle et désobéissant, condamné à mort après avoir subi divers supplices. » Pendant le trajet, les porteurs s'arrêtèrent plusieurs fois pour se reposer. Alors Mgr Berneux s'entretenait avec ses jeunes confrères, ou bien, jetant les regards sur la foule qui les suivait, il disait en soupirant : « Hélas! mon Dieu ! qu'ils sont à plaindre ! »

A la capitale, il y a divers endroits désignés pour les exécutions. Quand on est pressé d'en finir, ou que le nombre des victimes est trop considérable, ou qu'on veut tenir la chose secrète, on peut décapiter dans l'enceinte même du palais, ou sur deux ponts à quelques minutes de distance du tribunal, à l'intérieur de la ville. Mais, le plus communément, on conduit les condamnés à un quart de lieue en dehors de la porte de l'Ouest, à un endroit nommé Nei-ko-ri, c'est-à-dire : rencontre des quatre chemins ; et quand il s'agit de grands coupables, et qu'on veut donner au supplice le plus de notoriété possible, on se rend plus loin encore, sur une grande plage de sable, le long du fleuve, près du village de Sai-nam-to. C'est là que furent amenés les confesseurs.

Les quatre cents soldats qui les accompagnaient se rangèrent sur un demi-cercle, en face de la tente du mandarin dont l'escorte était également très-nombreuse. On dépose les victimes à terre, au centre de ce cercle, au pied d'un grand mât sur lequel flotte un drapeau blanc, puis on les détache de leurs chaises, et on les dépouille de tous leurs vêtements à l'exception d'un simple caleçon. Mgr Berneux est appelé le premier. Ses bras sont liés fortement derrière le dos ; un bourreau replie l'une contre l'autre les deux extrémités de chaque oreille et les traverse, de haut en bas, par une flèche qui y demeure fixée. Deux autres bourreaux aspergent d'eau le visage et la tête, qu'ils saupoudrent ensuite de chaux ; puis, passant deux morceaux de bois sous les bras, le soulèvent, et le montrent aux spectateurs en lui faisant faire huit fois le tour de la place, rétrécissant chaque fois le cercle qu'ils forment en marchant, de manière à ce qu'à la fin du huitième tour, ils se trouvent au milieu du terrain. La victime est alors placée à genoux, la tête inclinée en avant, retenue par les cheveux liés à une corde que tient un soldat. Les six bourreaux, brandissant de longs coutelas, tournent autour en exécutant une danse sauvage et en poussant des cris horribles ; chacun d'eux frappe comme et quand il veut. Au troisième coup, la tête du vénérable évêque roule sur le sol, et tous les soldats et satellites crient à la fois : « C'est fini. » Ou ramasse aussitôt la tête, et selon l'usage, on la place sur une petite table, avec deux bâtonnets, et on la porte au mandarin, pour qu'il puisse constater de ses propres yeux que c'est bien la tête du condamné. Les bâtonnets sont là pour saisir et retourner la tête, dans le cas où celui qui préside à l'exécution voudrait l'examiner de plus près, mais, ordinairement, on ne s'en sert pas. La tête est ensuite rapportée auprès du corps, et fixée par les cheveux à un poteau de quatre ou cinq pieds de haut, sous la planche où est écrite la sentence.

On répéta les mêmes cérémonies, et dans le même ordre, pour chacun des autres missionnaires. M. de Bretenières vint immédiatement après Mgr Berneux ; il fut suivi de M. Beaulieu, et à la fin, M. Dorie, après avoir vu trois fois passer sous ses yeux ces scènes sanglantes, consomma lui-même son glorieux martyre. Les corps restèrent exposés trois jours entiers, après quoi les païens de Sai-nam-to les enterrèrent tous ensemble dans une seule fosse. Quand une exécution a lieu, ce sont les proches parents ou les amis de la victime qui doivent recueillir ses restes, sinon, les habitants du village vers lequel l'exécuté avait les yeux tournés au moment de la mort, sont tenus de lui donner la sépulture. Les chrétiens de la capitale eussent bien voulu enterrer eux-mêmes leurs pasteurs, mais c'était absolument impossible alors ; ils ne purent satisfaire à ce pieux devoir que six mois plus tard.

Mgr Berneux était âgé de près de cinquante-deux ans ; il y avait dix ans qu'il travaillait en Corée. L'histoire des progrès étonnants de la mission, pendant ces dix années, nous a montré ce qu'il était comme vicaire apostolique ; quelques mots sur sa vie privée et sur son caractère personnel, nous le feront connaître et apprécier encore davantage. En annonçant au séminaire des Missions-Étrangères la nouvelle de son martyre, M. Féron écrivait : « A une piété angélique, à un zèle ardent pour le salut des âmes, Mgr Berneux joignait une connaissance profonde de la théologie et une capacité rare pour l'administration. Son activité ne lui laissait aucun repos. Je n'ai jamais pu comprendre comment il suffisait seul à ce qui eût occupé trois ou quatre missionnaires, comment il pouvait entrer dans le plus petit détail de toutes les affaires, spirituelles ou temporelles. Il avait le district le plus vaste, une correspondance très-étendue avec les missionnaires et les chrétiens ; il était le consulteur universel, le procureur de la mission ; il donnait à la prière un temps considérable ; et, néanmoins, quand un missionnaire allait le voir, il semblait n'avoir rien à faire que de l'écouter, de s'occuper de lui, de le récréer par sa conversation pleine d'esprit et d'amabilité. Il n'était pas, ce semble, naturellement porté à l'humilité ni à la douceur. On devinait que, s'il n'eût été un saint, sa fermeté serait devenue aisément de la tyrannie, et sa plaisanterie du sarcasme. Mais la grâce avait tout corrigé. On pouvait le contredire sur tout ; il savait mettre tout le monde à l'aise, et ses lettres à ses missionnaires contenaient toujours quelque mot d'affectueuse tendresse. Sa modestie était portée à un excès qui nous faisait quelquefois sourire, et dont le bon évêque riait le premier, mais sans en rien rabattre. Quant à sa nourriture, lorsqu'il était seul, un peu de riz et quelques légumes, c'était tout. Il s'était interdit le vin de riz dans ses dernières années. Jamais ni la viande, ni le poisson, ni même les œufs ne paraissaient sur sa table, sinon quand il recevait quelqu'un de nous. Alors il faisait tous ses efforts pour bien traiter son hôte, et lui, qui ne mangeait jamais de pain quand il était seul, attendu que les Coréens n'en font point, prenait plaisir à pétrir lui-même et à cuire quelques pains pour les offrir à un confrère qui venait le voir, ou les lui envoyer en province par quelque occasion. Un fait vous donnera la mesure de sa mortification : les cruelles douleurs de la pierre, dont il souffrait habituellement, ne lui faisaient interrompre son travail que quand il était gisant à terre, presqu'à l'agonie. Je l'ai vu passer vingt-quatre heures de suite au confessionnal, et comme je me permettais de le gronder : « Que voulez-vous, » me répondait-il, « ces douleurs m'empêchent de dormir. »

Au moment même où Mgr Berneux et ses confrères recevaient à Saï-nam-to la couronne du martyre, le mandarin Jean Nam, et Thomas Hong Pong-tsiou étaient exécutés à Nei-ko-ri. Jean, après avoir séjourné trois semaines chez son père, s'était mis en route pour revenir à Séoul. Il n'était plus qu'à deux lieues de la ville, lorsqu'il rencontra un chrétien, nommé Philippe Tjiang, qui lui apprit l'arrestation de l'évêque et des missionnaires, et les poursuites dirigées contre lui. Le voyant pâlir à cette nouvelle, Philippe ajouta : « Je suppose qu'en présentant votre supplique au régent, vous avez fait d'avance le sacrifice de votre vie. Vous auriez tort de fuir ou de vous cacher : un mandarin ne se cache jamais quand les satellites viennent l'arrêter. » Jean, trop effrayé pour suivre cet avis, congédia les six hommes qui l'accompagnaient, arracha ses insignes de mandarin, et se réfugia, trois lieues plus loin, dans une auberge du village de Tchoupei-te-ri. Le traître Ni Son-i parvint à découvrir le lieu de sa retraite, et, avec quelques satellites, alla cerner l'auberge jusqu'à l'arrivée d'un petit mandarin de la capitale, qui fit l'arrestation selon les formes légales. Le 2 mars, Jean était enfermé dans la prison du Keum-pou. Devant les juges, il s'excusa d'avoir pris la fuite, sur ce que la religion ne veut pas qu'on s'offre de soi-même à la mort. Il protesta énergiquement contre l'accusation de rébellion, et soutint que la lettre même qu'on lui reprochait était un acte de dévouement à son pays et à son roi. Depuis plusieurs années, Jean, tombé dans la tiédeur, avait négligé de recevoir les sacrements ; mais il répara sa faute par une courageuse confession de foi, et sa constance dans les tortures fut admirable. Plusieurs fois, il entrevit Mgr Berneux et les autres missionnaires prisonniers ; mais on ignore s'il put leur parler et se confesser.

La sentence de mort portée contre lui et contre Thomas Hong fut exécutée le 8 mars. Le cortége qui conduisait au supplice l'évêque et les missionnaires était à peine en route, que deux charrettes, traînées chacune par un bœuf, s'arrêtaient devant la prison du Keum-pou. Sur chaque charrette était une croix grossière. Voici comment se font habituellement ces exécutions. Le condamné, les pieds placés sur un escabeau, est attaché à la croix par des cordes qui lui retiennent les bras et les genoux ; ses cheveux relevés sont fixés par une petite corde, et, au sommet de la croix, est placée la sentence. Aussitôt que la charrette a passé sous la porte de l'Ouest, et se trouve en dehors des murs, on retire l'escabeau, on aiguillonne le bœuf pour le faire courir à travers les pierres du chemin, et bientôt le malheureux patient, dont le corps est déjà à demi broyé par les tortures, se trouve si affreusement secoué qu'il perd connaissance. Arrivés au lieu de l'exécution, les bourreaux coupent les cordes, et laissent tomber à terre leur victime ; puis, ils la dépouillent de tous ses habits, lui lient les bras derrière le dos, et lui placent la tête sur un billot de bois. Un soldat tient la tête par une corde attachée aux cheveux, et aussitôt que le bourreau a accompli son œuvre, il la jette de côté. Les corps de Jean et de Thomas, après être restés trois jours exposés sur le lieu du supplice, furent traînés à quelque distance, dans les champs, où ils demeurèrent abandonnés pendant quinze jours entiers. Alors seulement quelques chrétiens courageux purent les recueillir et leur donner la sépulture. La famille de Jean Nam fut traitée comme une famille de rebelles. Sa femme et ses enfants en bas âge furent exilés à perpétuité dans des prisons différentes ; son fils aîné, âgé de quatorze ans, et son vieux père furent incarcérés à Kong-tsiou, où on les laissa mourir de faim. Des doutes assez graves se sont élevés sur les dispositions de Thomas Hong au moment de sa mort. Il a été impossible depuis de les éclaircir, faute de renseignements certains. Tout porte à croire qu'ils n'ont aucun fondement ; néanmoins il est de notre devoir de les mentionner.

Les têtes de Jean Nam et de Thomas Hong étaient encore attachées aux poteaux de Nei-ko-ri, et la place de l'exécution encore inondée de leur sang, lorsque, deux jours plus tard, le 10 mars, Pierre Tseng et Jean Tjieun, vinrent à leur tour y cueillir la palme glorieuse. Pierre Tseng l'un des chrétiens qui ont bien mérité de l'Église de Corée, appartenait à une famille honorable par sa position et surtout par son attachement à la foi. Sa sœur aînée, ayant consacré à Dieu sa virginité, était morte dix ans auparavant, après une vie édifiante ; son frère cadet était, à Macao, le compagnon d'études du vénérable André Kim et du P. Thomas Tsoi, et son zèle et ses talents annonçaient qu'il serait un jour un digne et saint prêtre, quand Dieu l'appela à lui. Son frère aîné se trouvait en prison pour la foi, à la fin de 1866, quand les Français quittèrent la Corée, et il est plus que probable que, depuis longtemps, il a suivi les traces de Pierre. Quand M. Maubant entra en Corée, il fut frappé de la piété éclairée, de l'intelligence, du tact de Pierre Tseng. Il le prit à son service, et le garda avec lui jusqu'au jour de son martyre. Sur le déclin de la persécution de 1839, Pierre fut arrêté avec quelques autres chrétiens, mais les satellites se contentèrent de leur extorquer de l'argent. Il s'attacha ensuite au service du P. André Kim, l'accompagna dans la frêle barque coréenne qui alla en Chine chercher Mgr Ferréol et M. Daveluy, et fut son fidèle assistant jusqu'à son martyre en 1846. Ensuite Pierre se maria, et s'installa dans un des faubourgs de la capitale. Il faisait un petit commerce, et vivait dans une honnête aisance, employant son temps libre à transcrire des livres de religion ou à fabriquer des chapelets. Il ne perdait aucune occasion d'exhorter les païens ou d'instruire les catéchumènes, et sa vie exemplaire donnait une grande autorité à ses paroles. Mgr Berneux jeta les yeux sur lui pour exécuter le projet, longtemps ajourné, de l'établissement d'une imprimerie. Pierre s'y prêta avec zèle, malgré les dangers d'une pareille œuvre, et pendant quatre ans, il répandit parmi les chrétiens plusieurs milliers de volumes. De là son arrestation.

Pendant le procès de Mgr Berneux, le grand juge, étonné du nombre de livres que les satellites avaient confisqués, demanda au traître Ni Son-i d'où venaient tous ces livres. Celui-ci dénonça Pierre Tseng et son associé imprimeur, Joseph Im, et aussitôt des satellites furent lancés à leur poursuite. Mais en apprenant qu'on venait de saisir l'évêque, Pierre, prévoyant le danger qui le menaçait lui-même, s'était réfugié depuis deux jours dans une auberge à quelque distance. Les satellites, ne le trouvant pas, maltraitèrent cruellement sa femme, mais elle ne voulut point faire connaître la retraite de son mari. Puis, quoique la maison fût gardée la nuit par des soldats, elle parvint à s'échapper, laissant au logis un vieillard impotent, à qui Pierre fournissait gratuitement un gîte et la nourriture, un chrétien nommé Matthieu Ni, gravement malade, dont nous parlerons bientôt, et une jeune servante de quatorze ans. Les satellites se voyant joués, saisirent cette enfant par les cheveux, et avec les plus terribles menaces, la forcèrent de les conduire à l'auberge où Pierre était caché. Ils se jetèrent sur lui, l'accablèrent de coups de pied et de coups de poing, mirent en lambeaux son chapeau et ses vêtements, et le traînèrent devant le juge. L'aubergiste chrétien qui lui avait donné asile, n'eut que le temps de s'enfuir avec sa femme; sa maison fut pillée, puis vendue.

Joseph Im dénoncé en même temps que Pierre demeurait dans le voisinage. Les satellites ne le trouvèrent point, car deux ou trois semaines avant la persécution, il avait vendu sa maison et son imprimerie à Jean Tjieun. Celui-ci fut arrêté à la place de Joseph Im, et conduit au tribunal. Jean Tjieun, lors de la persécution de 1839, après être demeuré un mois entier dans la prison du Kou-riou-kan, avait eu la faiblesse de céder aux tortures et de racheter sa vie par l'apostasie. Après sa mise en liberté, les reproches de sa mère qui était une fervente chrétienne, et l'impossibilité où il se trouvait de confesser son crime puisqu'il n'y avait plus de prêtres en Corée, le firent tomber dans un grand découragement. Il passa ainsi plusieurs années, conservant à peine quelques pratiques religieuses, mais à l'arrivée du P. André Kim, il se convertit, fit une confession générale, et par la ferveur de sa pénitence édifia grandement les chrétiens que sa chute avait scandalisés.

Pierre Tseng et Jean Tjieun subirent, à diverses reprises, les interrogatoires et les tortures accoutumées, c'est-à-dire : la bastonnade sur les jambes et la poncture des bâtons. Pierre surtout eut horriblement à souffrir. Ils refusèrent de répondre à la plupart des questions qu'on leur adressait, et ne voulurent dénoncer personne. Pendant leur séjour au Keum-pou, ils virent plusieurs fois Mgr Berneux, mais on ne sait s'ils purent lui parler. On les conduisit au supplice attachés à des croix, comme on avait fait pour Jean Nam et Thomas Hong. Ils furent décapités de la même manière, et, selon la loi, on laissa les corps exposés pendant trois jours. La femme de Jean parvint, en donnant de l'argent aux satellites, à racheter le corps de son mari, et le fit enterrer près de sa mère sur la montagne No-ko-san. Le corps de Pierre fut jeté dans les champs, pour y être la pâture des animaux immondes et des oiseaux de proie. Mais Dieu le garda, et après quelques jours, les chrétiens purent le recueillir et l'ensevelir dans une même tombe avec Jean Nam, auprès du théâtre de leur commun triomphe.

Quelques mots maintenant de Mathieu Ni que nous avons laissé gisant à terre, presque à l'agonie, dans la maison de Pierre Tseng. Il n'est mort ni en prison, ni sous le sabre du bourreau, et cependant il peut être compté comme une des premières victimes de la persécution. C'est lui d'ailleurs qui, avec François Ni dont nous aurons à raconter le martyre, a ouvert au christianisme les provinces septentrionales de la Corée. Mathieu Ni Teuk-po d'une famille noble, originaire du Hoang-haï, district de Sin-tebeuu, était un lettré de grande renommée, très-versé dans la connaissance des caractères chinois. Il enseignait ces caractères à un certain nombre d'élèves qu'il préparait aux

examens, et par ce moyen, il s'était acquis une petite fortune.
L'ambition le fit aller à la capitale, à la *ville des délices* comme
l'appellent les Coréens ; mais ses espérances furent déçues, et
après avoir mangé tout son bien, il se trouva, en quelques mois,
réduit à l'indigence. C'est là que Dieu l'attendait. Pendant
qu'il essayait de tous les moyens et frappait à toutes les portes
pour trouver un emploi, il entendit parler de l'Évangile, et
quelques livres de religion lui tombèrent sous la main ; son âme
naturellement droite entrevit de suite la vérité ; il l'étudia avec
ardeur, et fut bientôt récompensé de ses efforts par le don de la
foi. Aussitôt, semblable à celui qui a trouvé un trésor et, dans
l'excès de sa joie, court à ses amis et à ses voisins en criant :
« Réjouissez-vous avec moi, » Mathieu Ni, avant même d'être
baptisé, repartit pour son pays, à une cinquantaine de lieues de
la capitale, vivant d'aumônes le long de la route, et se mit à
prêcher ses parents et ses connaissances. Il en convertit une douzaine, leur enseigna les prières et le catéchisme, et revint avec
eux à Séoul, recevoir le baptême des mains de Mgr Berneux.

Le jour de son baptême, il se traça une règle de vie excessivement sévère et dont, depuis, il ne se départit jamais. Il faisait
le chemin de la croix tous les jours, sans exception ; il jeûnait
deux fois la semaine, et le carême tout entier, ne mangeait
jamais de viande, ne buvait du vin que très-rarement et en très-
petite quantité, et pratiquait les plus pénibles mortifications. Il
avait compris que la pénitence est le véritable moyen, non-seulement d'assurer son propre salut, mais de travailler efficacement
au salut des autres. A la capitale, pendant les quelques semaines
qui suivirent son baptême, ce zélé néophyte convertit plus de dix
païens auxquels il donna l'instruction nécessaire. De retour
dans son pays, il procura à une quarantaine d'autres personnes
la grâce de la régénération ; puis, en compagnie de François Ni,
il se mit à parcourir toute la province de Hoang-haï, et gagna
des disciples à Jésus-Christ, dans plus de douze districts où,
auparavant, il n'y avait pas un seul chrétien. De là, il partit seul
pour la province de Pieng-an, l'unique des huit provinces de
Corée où l'Evangile n'eût pas encore pénétré, et le premier il
eut le bonheur d'y créer un certain nombre de prosélytes.
Nous avons dit plus haut quelle abondante moisson recueillit
Mgr Berneux, lorsque, les trois années suivantes, il visita ces
provinces où Mathieu avait semé le bon grain avec tant de zèle.

Rappelé ensuite à la capitale par le vicaire apostolique,
Mathieu Ni fut chargé d'une œuvre aussi importante que difficile,

la création, à Séoul même, d'un collége chrétien pour l'éducation de la jeunesse. En peu de temps, il parvint à réunir jusqu'à douze jeunes gens, auxquels il enseignait les sciences et les lettres humaines, et dont il formait le cœur et l'esprit par l'étude de la doctrine et la pratique des devoirs religieux. Cependant, sa santé allait s'affaiblissant ; plusieurs fois il avait été gravement malade, et le 19 février, quelques jours avant la persécution, il avait reçu l'extrême-onction dans la maison de Pierre Tseng, qui le logeait par charité, car Mathieu n'avait pas de maison à lui.

Quand les satellites vinrent chercher Pierre, le pauvre malade ne cessait de crier du coin où il était étendu : « Et moi aussi, je suis chrétien, prenez-moi. — Que dit ce pauvre idiot ? » répondaient les satellites ; « dans son délire il se débat avec les gens de sa secte. Pourquoi t'emmener ? Afin d'avoir la peine de t'enterrer ? » Les deux jours suivants, il se traîna plusieurs fois jusqu'au seuil de la porte, répétant d'une voix plaintive : « Emmenez-moi, je suis chrétien. » Mais personne n'était plus là pour s'occuper de lui et lui donner un peu de nourriture ; ses forces, épuisées par la maladie et par la faim, l'abandonnèrent tout à fait, et le matin du premier mars il rendit à Dieu sa belle âme. Il était âgé de quarante-quatre ans, et il y avait un peu plus de quatre ans qu'il était baptisé. Le lendemain de sa mort, un païen qui passait dans la rue vit son cadavre, et par pitié, l'emporta et l'ensevelit sur la montagne Ouai-a-ko-kaï, dans le lieu où furent transportés plus tard les corps de Mgr Berneux et des autres martyrs de Sai-nam-to.

Le jour même de l'exécution de Mgr Berneux et de ses compagnons, deux autres missionnaires étaient amenés à la capitale. C'étaient MM. Pourthié et Petitnicolas arrêtés ensemble au séminaire de Pai-rong. Dès le 28 février, un courrier leur avait apporté le billet de M. de Bretenières qui annonçait l'arrestation de l'évêque, et, par ses récits, avait répandu la terreur chez les chrétiens du voisinage. Les missionnaires extrêmement surpris, ne pouvant croire tout d'abord à une persécution aussi soudaine, résolurent d'attendre avant de quitter leur poste. M. Pourthié rassura les néophytes, et leur dit de ne pas se presser d'enfouir en terre les divers objets de religion. La neige épaisse qui couvrait la vallée de Pai-rong et les montagnes environnantes semblait une garantie contre l'invasion subite des satellites. D'ailleurs M. Pourthié, depuis longtemps atteint d'une maladie de poitrine et de crachements de sang, était incapable de s'enfuir. Il écrivait, ce jour-là même, à un de ses confrères : « Je vous trace ces quelques lignes, étendu sur ma natte où les souffrances me tiennent cloué. Que faire dans ces étranges circonstances? S'il faut aller se cacher dans quelque caverne des montagnes, je ne m'en sens nullement la force. »

Le lendemain, plusieurs satellites de la capitale lancés à la poursuite du mandarin Jean Nam, ne l'ayant pas trouvé chez lui, couchèrent par hasard à une auberge distante de Pai-rong de trois quarts de lieues seulement. Ils y rencontrèrent des satellites du district, qui connaissaient la présence des missionnaires dans le voisinage, sans cependant savoir exactement le lieu de leur résidence. Leur plan fut bientôt combiné, et tous ensemble se mirent en route pour les saisir si possible. Sur le chemin, ils virent une vieille femme qui fuyait en pleurant. Ils eurent bientôt reconnu qu'elle était chrétienne, et l'ayant frappée de leurs bâtons, ils lui lièrent les mains derrière le dos, et la forcèrent de les conduire jusqu'au séminaire. Ils y arrivèrent sans que personne les eût aperçus et eût pu donner l'alarme; les deux prêtres furent arrêtés dans leur chambre. Tout d'abord on saisit aussi le vieux catéchiste Joseph Tjiang, qui était nominalement propriétaire de la maison. « Que voulez-vous faire de ce pauvre vieillard? » dit M. Pourthié aux satellites; «laissez-le donc descendre de lui-même dans la tombe; » et il leur donna quelque argent qu'il avait sur lui. Joseph fut aussitôt relâché. Pendant la nuit, M. Pourthié, qui avait les mains liées derrière le dos, parvint à se glisser sans bruit dans un coin où étaient divers papiers importants, et fit signe à un chrétien qui se trouvait à côté de les cacher ailleurs; mais celui-ci par timidité refusa de s'en charger, et tous ces papiers furent pillés avec le reste des effets. Le lendemain, 3 mars, à neuf heures du matin, on plaça les confesseurs chacun sur un bœuf, on leur passa le cordon rouge sur les épaules, mais sans leur lier les mains, on les coiffa du bonnet rouge des grands criminels, et on se mit en route pour la capitale. La distance est de trois journées, mais M. Pourthié était tellement affaibli par la maladie, que les satellites, par égard pour son état, consentirent à faire les étapes moins longues, et l'on mit cinq jours pour arriver à Séoul.

Pendant le chemin, les deux confesseurs tenaient relevés les bords de leur bonnet, et, dans tous les villages et hameaux que l'on rencontra, une foule immense de païens vinrent, avec une curiosité avide, contempler le visage et la tournure des deux maîtres d'occident. Tous étaient stupéfaits de l'air de gaieté et de satisfaction qui paraissait sur leurs traits. A la ville de lang-tsi, un des employés du mandarin regardait d'un air triste ces jeunes hommes que l'on conduisait à la mort. Il s'approcha de M. Petit-nicolas et lui dit à demi-voix : « Maître, si on regarde votre âme, ce que vous faites est bien beau ; mais si on regarde votre corps, c'est bien déplorable. » A ces paroles, inattendues de la part d'un païen, le missionnaire ému lui prit la main en témoi-guage de satisfaction, lui demanda qui il était, et ajouta d'un ton affectueux qu'il ne désespérait pas de le revoir un jour. Dans un autre village, où l'on devait passer la nuit, un groupe de païens causaient entre eux des Européens que l'on mettait à mort, et particulièrement de l'évêque. Quelques-uns répétaient, d'un air moqueur, les calomnies habituelles contre les missionnai-res. M. Petitnicolas s'approcha d'eux, les réprimanda de ce qu'ils jugeaient et condamnaient, d'une manière aussi téméraire et aussi injuste, des maîtres de religion qui jamais n'avaient fait de mal à personne, et parvint à faire cesser leurs propos inconvenants.

Arrivés à la capitale, MM. Pourthié et Petitnicolas furent immédiatement traduits devant le grand juge du tribunal de droite, le même qui avait interrogé leurs confrères. On leur posa les mêmes questions : Vos noms? votre pays? qui vous a ame-nés? qu'êtes-vous venus faire? connaissez-vous l'évêque Tjiang (Mgr Berneux), etc. ; ils y firent des réponses analogues à celles déjà données. « Qu'arrivera-t-il si on vous fait mourir, ajouta le juge. -- Après notre mort, dit M. Petitnicolas, la Corée subira de grands désastres. » Divers témoignages nous apprennent que M. Pourthié, épuisé par la maladie, ne prononça que quelques mots devant le grand juge. M. Petitnicolas portait habituellement la parole. C'est pour cela, peut-être, qu'il fut plus souvent et plus cruellement flagellé, et percé de bâtons pointus. M. Pour-thié, dit-on, ne subit que trois fois cette double torture. On se dispensa envers les nouveaux prisonniers de la plupart des forma-lités légales employées pour les premiers confesseurs. Ils demen-rèrent à la prison du Kou-riou-kan, et ne furent point envoyés au Keum-pou ; leur sentence, rendue presque aussitôt, fut exécutée le troisième jour après leur arrivée. Le 11 mars, on les conduisit à Sai-nam-to, avec les mêmes cérémonies que l'on avait faites trois jours auparavant pour les autres missionnaires, et un grand déploiement de troupes ; tout se passa de la même manière. La tête de M. Pourthié tomba au premier coup, celle de M. Petitnicolas au troisième seulement.

M. Pourthié, provicaire de la mission de Corée, passa au séminaire les dix années de son apostolat. Le ministère actif avait pour lui de grands attraits, mais il n'hésita pas une minute, sur le désir de son évêque, à sacrifier ses goûts personnels pour se dévouer tout entier à l'œuvre si difficile de la formation du clergé indigène. Il avait en outre la charge de trois ou quatre cents chrétiens établis dans le voisinage du séminaire, et grâce à son zèle, cette petite chrétienté était une des plus édifiantes de tout le pays. Il aimait les sciences naturelles, et leur consacrait ses instants de récréation. Il avait recueilli sur la botanique, la géologie, et la zoologie de la Corée, des notes qui auraient rendu de vrais services à la science. Tous ces travaux sont perdus, mais la perte la plus regrettable est celle de ses études sur la langue coréenne, car il venait de terminer une grammaire assez étendue et un dictionnaire latin-coréen-chinois, fruit de dix ans de recherches et d'études continuelles. Ce que les confrères aimaient et admiraient le plus dans M. Pourthié, c'était son abnégation et son humilité. Malgré son titre de provicaire, il se regardait sincèrement comme le dernier des missionnaires, et se traitait toujours comme tel, sans la moindre affectation de fausse modestie.

M. Petitnicolas avait contracté dans l'Inde des infirmités qui l'ont cruellement tourmenté le reste de sa vie. Mais l'énergie de la volonté suppléait chez lui aux forces corporelles. La langue coréenne, si difficile pour tout le monde, ne parut pas l'être pour lui, et, grâce sans doute à l'étude qu'il avait faite des langues de l'Inde, il fut, de l'aveu de ses confrères, celui de tous qui la saisit le mieux et le plus facilement. Il se distinguait surtout par une grande sagacité dans l'administration, et par le tact étonnant avec lequel il débrouillait les difficultés. Son zèle était infatigable : les courses pénibles à travers les montagnes couvertes de neige, la prédication, l'enseignement du catéchisme, la confession des chrétiens, c'était là son élément. Il avait une certaine connaissance de la médecine, et un grand nombre de chrétiens, traités par lui, ont dû la vie aux remèdes qu'il leur avait donnés. Dans les dernières années, les maux de tête, qui l'avaient rendu complétement chauve dès l'âge de trente ans, augmentèrent à ce point qu'il avait souvent des accès de délire qui ressemblaient à la folie. L'administration des chrétiens lui étant devenue presque impossible, Mgr Berneux l'envoya aider M. Pourthié dans le soin du séminaire, et dans ses travaux de linguistique. Ils demeurèrent ensemble près de cinq ans, occupés à la même œuvre, se soignant avec une affection réciproque dans leurs fréquentes maladies, et Dieu voulut consacrer leur amitié en permettant qu'entrés ensemble et le même jour en Corée, ils prissent ensemble le chemin du ciel.

En se rendant au lieu du supplice, les missionnaires étaient accompagnés de deux chrétiens qui suivirent glorieusement leurs traces : c'était Marc Tieng et Alexis Ou. Marc Tieng, d'une famille noble du district de Souen, dans la province de Kieng-kei, était professeur de chinois, lorsqu'en 1839, il fut, par hasard, témoin du martyre de Mgr Imbert et de MM. Maubant et Chastan. Il avait alors quarante-six ans, et regardait la religion chrétienne comme une secte pernicieuse, justement condamnée puisqu'elle interdit les sacrifices aux ancêtres. Néanmoins, frappé de la joie toute céleste avec laquelle les missionnaires et les chrétiens de toute condition allaient à la mort, il eut la curiosité d'étudier la religion qui produisait cet effet merveilleux, et se procura quelques livres. Son âme naturellement droite eut bientôt compris la vérité ; il se rendit en s'écriant : « J'avais cru qu'un chrétien ne pouvait pas être un homme de bien, et maintenant je vois que, pour devenir véritablement homme de bien, il faut être chrétien. » Mgr Ferréol, à son arrivée, trouva en lui une foi si vive et une vertu si éprouvée, qu'il l'institua catéchiste de la capitale, fonction qu'il a remplie, à l'édification de tous, jusqu'à sa mort. Mgr Berneux avait pour Marc une sorte de vénération, et plusieurs fois il dit à ses missionnaires : « Voyez ce vieillard, ses jours sont pleins et sa voie est droite. Je voudrais bien avoir au ciel une aussi belle place que lui. » Son zèle était admirable ; sans cesse il était occupé à instruire les chrétiens et les catéchumènes, à visiter et consoler les malades, à les préparer à la réception des sacrements. Toujours égal à lui-même, toujours le sourire sur les lèvres, il était à toute heure du jour et de la nuit à la disposition de ceux qui l'appelaient, et jamais on ne le vit se mettre en colère. Il était très-pauvre, et comme il ne voulait rien accepter des chrétiens, sa table était plus que frugale, car il n'avait pour vivre d'autres ressources que le travail de sa femme. Tous les chrétiens l'aimaient comme un père et le vénéraient comme un saint.

Quand la persécution éclata, il fit évader son neveu Paul Phi, mais ne voulut point se cacher lui-même, disant qu'après l'arrestation de l'évêque, il était plus nécessaire que jamais pour lui de rester à son poste près de M. de Bretenières, et à la disposition des chrétiens. Nous avons raconté plus haut son arrestation. En allant chez le grand juge, il avait sur les épaules la corde rouge, mais pour la forme seulement, car on ne le lia point, et comme deux soldats tenaient les manches de son habit, le chef des satellites leur dit : « Laissez ce digne vieillard marcher seul et n'ayez nulle crainte qu'il s'échappe, faites-lui seulement escorte, et ne marchons pas trop vite. » Enfermé d'abord au Kou-riou-kan, puis transféré au Keum-pou où il demeura quatre jours, Marc eut à subir les mêmes interrogatoires et les mêmes supplices que nous avons décrits plus haut. On savait qu'il était un des chefs des chrétiens, et l'on employa, à diverses reprises, des tortures extraordinaires pour le forcer à dénoncer ses coreligionnaires ; mais il ne nomma que des personnes déjà mortes, et se contenta de répéter au juge : « Puisqu'à vos yeux la profession du christianisme est un crime digne de mort, j'ai commis ce crime et j'y persiste ; faites-moi mourir. » La sentence prononcée, on le ramena au Kou-riou-kan ; il y demeura jusqu'au 11 mars, et, en ce jour, eut le bonheur d'accompagner au supplice, à Sai-nam-to, MM. Pourthié et Petitnicolas. La tête de Marc ne tomba qu'au quatrième coup de sabre. Elle fut exposée pendant trois jours, suspendue par la barbe, car depuis longtemps Marc était complétement chauve. Sa femme parvint ensuite à racheter ses précieux restes pour les ensevelir honorablement.

Alexis Ou, né au district de Seu-beug dans la province de Hoang-haï, était le troisième enfant d'un lettré célèbre qui, frappé des rares talents de son fils, soigna son éducation d'une manière spéciale. Il avait dix-huit ans, et venait de passer un brillant examen, quand un catéchiste, nommé Jean Kim, lui parla pour la première fois de la religion chrétienne, et alluma dans son cœur un vif désir de l'embrasser. Alexis déclara aussitôt à son père qu'il voulait partir pour la capitale, afin d'y recevoir le baptême, et malgré les larmes, les remontrances et les mauvais traitements, il s'échappa de la maison paternelle et vint, avec quelques autres catéchumènes, se jeter aux pieds de Mgr Berneux. Le saint évêque fut charmé de sa pénétration d'esprit et de ses rares qualités ; mais, prévoyant les tentations terribles auxquelles sa foi allait être soumise de la part de sa famille, il voulut l'éprouver d'abord. Il baptisa tous ses compagnons de voyage et les renvoya dans leur pays, mais il refusa, jusqu'à nouvel ordre, de baptiser Alexis. Celui-ci désolé le supplia, en versant des torrents de larmes, de lui accorder la même grâce, lui promettant qu'avec le secours de Dieu, il resterait ferme dans la foi, quoi que pût faire sa famille. Mgr Berneux chargea Marc Tieng de l'emmener dans sa maison et de l'examiner avec soin, et, huit jours après, sur le témoignage favorable de Marc, il lui accorda le baptême. C'était en 1863. « Rappelez-vous, dit-il au néophyte en le renvoyant dans la maison paternelle, rappelez-vous que vous êtes devenu enfant de Dieu ; gardez-vous de servir le démon, et efforcez-vous de faire participer vos parents à votre bonheur. » Alexis fut très-mal reçu par son père et par ses frères. Chaque jour il avait à subir des injures, et souvent des coups. Il patienta pendant plusieurs mois, puis, craignant sa propre faiblesse, il dit un jour à son père : « Je ne puis renier la religion du maître du ciel. Vous dites que par là je vous déshonore, que je remplis d'amertume chaque instant de votre vie; donnez-moi la permission de m'éloigner. — Tant mieux, répondit brusquement le père, le plus tôt sera le meilleur. » Alexis revint à la capitale, et demanda asile à Marc Tieng. Il passa dans sa maison un an entier, dans une retraite absolue, transcrivant des livres pour gagner sa nourriture, et ne cessant de prier Dieu pour la conversion de sa famille.

Ses prières furent enfin exaucées. Il apprit, par deux chrétiens du Hoang-hai, que son père semblait beaucoup mieux disposé, et qu'il avait plusieurs fois demandé de ses nouvelles et manifesté le désir de le revoir. Il se hâta de retourner vers lui. Quelques jours après son arrivée, son père le prit à part et lui dit : « Tu sais que le roi et les grands du royaume persécutent les chrétiens et les regardent comme dignes de mort, que celui qui embrasse cette doctrine se déshonore en omettant les pratiques religieuses et surtout les sacrifices aux ancêtres ; d'un autre côté, je crois que tu as l'esprit assez éclairé pour ne pas être dupe d'une erreur grossière, et le cœur assez bon pour ne pas contrister de propos délibéré ton vieux père et toute ta famille. Fais-moi connaître les secrets de cette religion ; ne me cache rien. » Alexis, transporté de joie, commença à l'instant même l'explication des grandes vérités chrétiennes, et, la grâce de Dieu aidant, après quelques semaines, son père, toute sa famille, et quelques-uns de ses proches, vingt personnes en tout, reçurent ensemble le baptême. La famille Ou était trop connue pour pouvoir rester impunément dans le pays après sa conversion ; elle émigra dans la province de Pieng-an au district de Non-sai, afin de pratiquer librement sa religion. Le père d'Alexis mourut, quelques mois après, dans d'admirables sentiments de foi.

Quand éclata la persécution, Alexis fut arrêté avec seize autres chrétiens. Le mandarin, qui venait de recevoir de la cour les ordres les plus pressants, sévit contre eux avec la dernière rigueur. Alexis avait déjà le corps tout déchiré et les os de la jambe mis à nu, lorsqu'à un second interrogatoire, il eut la faiblesse de prononcer une parole d'apostasie. On le relâcha immédiatement. A peine sorti du tribunal, il se mit à pleurer, et apprenant par les gens du mandarin l'arrestation de Mgr Berneux et de M. de Bretenières, il s'écria : « Je suis perdu ; à qui maintenant confesser mon crime ? où trouver le pardon ? » Puis, sans le moindre retard, dans l'énergie d'une contrition sincère, il fit panser ses plaies, se procura un cheval et partit pour la capitale. « Laissez-moi, disait-il à ceux qui voulaient l'arrêter, laissez-moi, peut-être est-il déjà trop tard. Je veux confesser ma faute, et, à la capitale où je suis connu des chrétiens, je veux que tous soient témoins de ma honte et de mon repentir. » A peine arrivé à Séoul, il courut chez le catéchiste Marc Tieng, et trouvant la maison pleine de satellites, il se déclara hautement chrétien. On l'arrêta immédiatement, et on le conduisit à la prison du Kou-riou-kan, où il eut le bonheur de rencontrer Mgr Berneux. Fortifié par l'absolution de son péché, et par les exhortations que lui fit ce vénérable prélat qui l'avait enfanté à Jésus-Christ, il supporta les tourments avec une constance inébranlable. Le juge qui savait son histoire, essaya à plusieurs reprises de le gagner. « Jeune comme tu es, tu dois tenir à la vie. — J'y tiens, répondit naïvement Alexis. — Vis donc. — Je ne demande pas mieux. — Oui, mais pour cela tu as une parole à dire, celle que tu as dite déjà. — Oh! non. Je ne veux pas vivre à ce prix. » Et les supplices recommençaient plus violents qu'auparavant. Alexis Ou fut conduit à la mort avec Marc Tieng, à la suite de MM. Pourthié et Petitnicolas, et exécuté avec eux.

Six mois plus tard, au commencement de septembre, la persécution étant un peu assoupie, les chrétiens de la capitale songèrent à donner une sépulture plus convenable aux martyrs de Sai-nam-to. Ordinairement pauvres, ils l'étaient encore bien plus après les désastres de cette terrible année, et ils eurent beaucoup de peine à recueillir entre eux l'argent nécessaire pour acheter des cercueils. Plusieurs femmes donnèrent l'anneau qu'elles portaient au doigt, leur unique ornement. A l'heure marquée, quarante chrétiens arrivèrent la nuit par différents chemins à l'endroit où les martyrs avaient été enterrés. Ils exhumèrent les sept corps, c'est-à-dire, ceux de Mgr Berneux, des cinq missionnaires, et d'Alexis Ou. Celui de Marc Tieng avait été, nous l'avons vu plus haut, racheté par sa femme quelques jours après l'exécution. Ils arrangèrent ces corps en ordre, un à un, chaque tête près du tronc, et les mettant provisoirement à l'abri des animaux, ils s'en retournèrent, car il allait faire jour. Le surlendemain ils revinrent, apportant sept cercueils, des linges, de l'eau bénite, et le livre des prières pour les morts. Ils creusèrent trois fosses très-spacieuses, formant entre elles un triangle. Dans la fosse la plus large, au sommet de ce triangle, ils placèrent d'abord le cercueil de Mgr Berneux, puis à sa droite et un peu plus bas celui de M. de Bretenières, et sur une même ligne avec celui-ci, à gauche de l'évêque, le cercueil d'Alexis Ou. Dans la fosse de droite, ils déposèrent MM. Pourthié et Petitnicolas, et dans celle de gauche MM. Beaulieu et Dorie. Il paraît que la tête de M. Dorie a été changée avec celle de M. Petitnicolas ; les chrétiens qui présidaient à la reconnaissance des corps, n'ayant vu ni l'un ni l'autre de ces missionnaires de leur vivant, ont pu facilement commettre cette erreur. Près de chaque cercueil, on a mis dans des cendres, une petite écuelle renversée, au fond de laquelle est écrit le nom. C'est là, à une demi-lieue au sud de la capitale, sur la montagne appelée Ouai-a-ko-kai, que reposent les corps des martyrs, en attendant le jour de la résurrection glorieuse.

En quelques jours, six missionnaires avaient été mis à mort, mais la rage des persécuteurs n'était pas satisfaite ; ils voulaient en finir de suite avec les prêtres européens. Par les dénonciations de Ni Son-i, ils avaient appris qu'il y en avait au moins neuf en Corée, et le traître leur ayant fourni des indications sur les lieux où ils séjournaient habituellement, des satellites de la capitale avaient été envoyés dans ces diverses directions. Le jour même où MM. Pourthié et Petitnicolas étaient exécutés à Sai-nam-to, Mgr Daveluy fut arrêté à son tour. En quittant la capitale, où il avait été inutilement appelé par le régent, Mgr Daveluy était revenu dans le Nai-po, continuer la visite des chrétientés. Il y était encore occupé, quand un billet de M. de Bretenières lui apprit l'arrestation du vicaire apostolique. Tout d'abord, il ne put croire à une persécution violente, et pensa que le gouvernement tenait à avoir sous la main les évêques et les missionnaires pour mieux se tirer des complications politiques avec les Russes, ou dans quelqu'autre but non encore expliqué. Aussi, voyant que les satellites lancés à la poursuite des Européens commettaient des violences abominables, pillant, frappant, torturant les chré-

propre, puis, pour leur venir plus efficacement en aide, il essaya, sans autre capital que la confiance des chrétiens, diverses spéculations malheureuses, et ne réussit qu'à ruiner ses bailleurs de fonds. Les missionnaires craignant que les rapports qu'ils avaient eus avec lui ne lui donnassent un certain crédit, et ne fussent un piége pour ceux auxquels il empruntait de l'argent, lui fermèrent leur porte. Cet espèce d'ostracisme dura dix ans. En 1858, M. Féron décida Luc à renoncer à toutes ses entreprises, et le prit avec lui comme professeur de chinois. Après quoi, il fut successivement catéchiste de M. Joanno et de Mgr Berneux, et enfin attaché à Mgr Daveluy pour l'aider à la composition et à la correction des livres. Il vivait avec la plus grande frugalité, et tout ce qu'il recevait, soit des missionnaires, soit des chrétiens, était employé à payer ses dettes ; aussi, avait-il recouvré la confiance de tous, et ses créanciers eux-mêmes avaient pour lui beaucoup de respect et d'affection. Il ne voulut point se séparer de Mgr Daveluy, et le suivit en effet jusqu'à la mort. Il avait alors cinquante-deux ans.

Les satellites restèrent deux jours à Keu-to-ri, avant de reprendre le chemin de la capitale. Ils se montrèrent honnêtes et prévenants envers leurs prisonniers, et semblèrent écouter avec plaisir les exhortations qui à plusieurs reprises leur furent adressées. Mgr Daveluy, satisfait de leur façon d'agir, leur distribua quelques centaines de sapèques qu'il avait à la maison. Là-dessus, deux ou trois de ceux qui avaient assisté à l'arrestation de Mgr Berneux, et avaient vu les valeurs assez considérables que le régent avait fait enlever, demandèrent à Mgr Daveluy où étaient ses propres richesses. « Tout ce que j'avais, » répondit le prélat, « a été brûlé, il y a quelques mois seulement, à Panga-sa-kol, lorsque ma maison a été incendiée. — C'est vrai, » dirent quelques autres satellites, « nous avons appris que la maison de l'évêque a été brûlée avec tous les livres et objets qu'elle contenait. » Et comme les premiers murmuraient : « Taisez-vous, » leur cria un des chefs, « vous devriez savoir qu'un évêque des chrétiens ne peut pas mentir. » Au moment de partir, les satellites de la capitale qui étaient venus faire l'arrestation à Keu-to-ri, avaient promis une lettre en forme de sauf-conduit aux habitants de ce village, pour les protéger contre d'autres bandes ; mais ils partirent sans l'avoir écrite, chargeant de ce soin les satellites de Kong-tsiou qui n'en firent rien non plus. Aussi ce malheureux village, l'une des plus importantes chrétientés de la Corée, a-t-il été ensuite traité comme une ville prise d'assaut, et entièrement ruiné.

On ne lia point les confesseurs pour les conduire à la capitale ;
la corde rouge était passée sur leurs épaules, et on les avait coiffés
du bonnet à larges bords. Une joie sainte éclatait sur leurs visages,
au grand étonnement de tous les païens qui accouraient pour les
voir passer. A la ville de Pieun-taik, on leur avait servi un fort
bon dîner gras ; mais c'était jour d'abstinence, ils ne voulurent
point y toucher. Les satellites étonnés en demandèrent la raison,
et quand ils surent que c'était pour obéir à la loi religieuse, ils
s'excusèrent sur leur ignorance, et se hâtèrent de préparer d'autres mets. Arrivés à la capitale, les confesseurs furent conduits à
la prison du Kou-riou-kan. On n'a aucun détail précis sur les
interrogatoires et les tortures qu'ils eurent à subir. On sait seulement qu'ils ne furent point transférés au Keum-pou comme leurs
prédécesseurs, et que devant les juges, Mgr Daveluy, qui possédait à
fond la langue coréenne, fit de fréquentes et longues apologies de
la religion chrétienne. Pour cette raison peut-être, mais surtout
parce qu'il était un des grands maîtres de la religion, il eut à
souffrir plus souvent et plus rudement que ses compagnons la
bastonnade sur les jambes, les coups de planche, et la poncture
des bâtons aiguisés. Le quatrième jour, on porta leur sentence.
Mais le roi était alors malade, et une nombreuse troupe de sor-
ciers, réunis au palais, faisaient pour le guérir mille cérémonies diaboliques ; de plus il devait bientôt célébrer son mariage.
On craignit que le supplice des Européens ne nuisît à l'effet des
sortiléges, et que l'effusion de sang humain dans la capitale ne
fût d'un fâcheux augure pour les noces royales. Ordre fut donné
d'aller exécuter les condamnés dans la presqu'île de Sou-rieng,
canton de Po-rieng, à vingt-cinq lieues au sud de Séoul. On
les emmena de suite, en leur adjoignant un autre confesseur,
Joseph Tjiang, catéchiste de Pai-rong, et maître de maison de
M. Pourthié.

Joseph Tjiang Nak-sio, du village de Neng-tji-tji, district de
Souen, avait été baptisé en 1826, et avait converti presque tous
les membres de sa famille. C'était un chrétien instruit, prudent,
et d'une rare piété, et M. Maubant à peine arrivé en Corée se
hâta de le nommer catéchiste, fonction qu'il exerça toute sa vie.
Quatre fois les persécutions l'obligèrent à se réfugier dans les
montagnes, et à transporter son domicile dans des districts éloignés. Il était établi à Pai-rong depuis douze ans, lorsqu'en 1855,
M. Maistre vint y bâtir le séminaire, et il resta seul chargé des
trois premiers élèves, jusqu'à l'arrivée de M. Pourthié à la fin de
l'année suivante. Depuis lors, il fut tout à la fois le procureur

du collége et le catéchiste de la chrétienté environnante, exerçant
cette double charge avec un zèle, une patience, une ferveur
au-dessus de tout éloge. M. Pourthié disait souvent que Joseph
était son bras droit. Quoique réduit à un état voisin de l'indigence, il ne voulut jamais rien recevoir pour ses services, et il
employait ses moments libres au travail des mains, pour gagner
sa nourriture et celle de sa famille. Nous avons dit plus haut que
M. Pourthié avait, en donnant de l'argent aux satellites, fait
relâcher Joseph, arrêté en même temps que lui. Mais celui-ci ne
quitta point la maison, et le lendemain, au départ des missionnaires, il monta sur un bœuf et les suivit. On avait fait une demi-
lieue lorsque M. Pourthié, tournant la tête, aperçut Joseph. Il
fit des reproches aux satellites, qui le forcèrent à s'en retourner,
Joseph obéit en pleurant. Il resta cinq jours dans sa maison, et
n'ayant plus rien à manger, car les satellites avaient tout pillé, il
alla chercher quelque nourriture chez un chrétien du village de
No-rel-kol, à trois lieues de Pai-rong. Les satellites occupaient ce
village ; Joseph fut reconnu par quelques-uns d'eux, et immédiatement arrêté. Le mandarin de Tsiei-tsieun ayant entendu les
accusations portées contre lui, en référa à la capitale. On lui
répondit : « Si cet homme est véritablement le maître de maison
des prêtres européens, envoyez-le ici ; sinon, faites-le apostasier
et renvoyez-le chez lui. » A toutes les demandes du mandarin,
Joseph répondit en confessant sa foi, et en déclarant que c'était
bien lui, et nul autre, qui était le maître de maison des missionnaires. Vainement ce magistrat, qui, touché de la figure vénérable de Joseph, voulait le sauver de la mort, essaya à diverses
reprises, par lui-même et par ses subalternes, de lui faire changer
un seul mot de sa déclaration ; Joseph y persista. Le mandarin
écrivit de nouveau au gouvernement, et quatre satellites furent
envoyés de la capitale, pour y amener le confesseur. On l'enferma
dans la prison du Kou-riou-kan, et après avoir passé par les
interrogatoires et les tortures d'usage, il fut condamné à mort.
C'est lui, dit-on, qui sollicita et obtint la grâce d'être envoyé au
supplice avec Mgr Daveluy et ses compagnons.

Les cinq martyrs furent conduits à Sou-rieng à cheval. Leurs
jambes, brisées par la bastonnade, étaient enveloppées de papier
huilé retenu par quelques morceaux de toile ; sur la tête, ils
portaient le bonnet jaune, et autour du cou, la corde rouge.
Leurs cœurs surabondaient de joie, et plusieurs fois, au grand
étonnement des satellites et des curieux, ils adressèrent à Dieu
leurs ferventes actions de grâce en chantant des psaumes et des

cantiques. Le jeudi saint au soir, ils étaient arrivés à quelque distance du lieu de l'exécution. Mgr Daveluy entendit les satellites qui formaient entre eux le plan de faire, le lendemain, un assez long détour afin d'aller montrer les condamnés dans une ville voisine. « Non, » s'écria-t-il aussitôt en les interrompant, « ce que vous dites là est impossible. Vous irez demain droit au lieu de l'exécution, car c'est demain que nous devons mourir. » Dieu, qui approuvait le pieux désir de son serviteur de verser son sang pour Jésus-Christ le jour même où le Sauveur a versé son sang pour nous, donna à ses paroles un tel accent d'autorité que tous, chefs, satellites et soldats, ne répliquèrent pas un mot, et lui obéirent ponctuellement.

Le lieu choisi pour l'exécution était une plage de sable sur le bord de la mer. Outre les préparatifs ordinaires, on avait disposé auprès de la tente du mandarin, neuf soldats avec des fusils chargés et prêts à faire feu, en cas de besoin, sur les confesseurs. Deux cents autres soldats formaient la haie, pour maintenir la foule qui accourait de toutes parts. Quelques chrétiens se glissèrent parmi les curieux. Ils racontent qu'au dernier moment, le mandarin ordonna aux prêtres européens de le saluer en se prosternant à terre. Mgr Daveluy dit qu'ils le salueraient à la française, ce qu'ils firent : mais le magistrat blessé dans son orgueil les fit jeter à terre devant lui. Mgr Daveluy fut décapité le premier. Une douloureuse circonstance vint, en prolongeant son agonie, augmenter sa conformité avec le Sauveur souffrant. Après avoir déchargé un premier coup qui fit une plaie mortelle, le bourreau s'arrêta. C'était un calcul de ce malheureux ; il n'avait point fixé le salaire de son œuvre de sang, et refusait de continuer, à moins d'une forte somme. Il fallut que les employés de la préfecture discutassent la question, ce fut long, puis qu'ils s'entendissent avec le bourreau, ce fut plus long encore. Le démon de l'avarice les possédait trop de part et d'autre pour qu'ils fissent attention à leur victime, dont les membres se tordaient convulsivement. Enfin le marché fut conclu, et deux nouveaux coups de sabre mirent le martyr en possession de la gloire. M. Aumaître suivit et reçut deux coups; un seul suffit pour chacun des autres confesseurs. Avant l'exécution, par un raffinement de barbarie ignoble, Mgr Daveluy avait été complétement dépouillé de ses vêtements ; on avait laissé aux autres leurs pantalons, mais, dans la nuit, des misérables vinrent les leur enlever.

Les corps restèrent exposés trois jours, pendant lesquels ni les chiens, ni les corbeaux, qui cependant abondent dans ce pays, n'osèrent en approcher. Le soir du troisième jour, les païens du voisinage les ensevelirent dans le sable, au lieu même de l'exécution. Quelques semaines plus tard, la famille apostate de Luc Hoang vint déterrer son corps. Au commencement de juin, quand la persécution fut un peu assoupie, quelques chrétiens allèrent recueillir les corps des quatre autres martyrs; tous étaient intacts, celui de M. Huin seul portait une légère trace de corruption. Ils apportèrent ces restes précieux près d'un village du district de Hong-san, à trois lieues de la côte, et n'ayant pas le moyen d'acheter des cercueils séparés, ils creusèrent une seule fosse très-large, placèrent sous chaque corps une planche épaisse, et les enterrèrent ensemble.

Il y avait vingt et un ans que Mgr Daveluy était entré en Corée avec Mgr Ferréol, et neuf ans qu'il avait été sacré évêque par Mgr Berneux. Ce dernier ayant été mis à mort le 8 mars, Mgr Daveluy, en vertu de son titre de coadjuteur avec future succession, lui succéda le jour même, et fut vicaire apostolique pendant vingt-deux jours. C'était le cinquième évêque de Corée. Nous avons eu si souvent occasion de parler de ce vénérable prélat, de citer ses lettres, de mentionner ses travaux pour l'histoire des martyrs, pour la composition et la correction de livres pieux en langue coréenne, qu'il est inutile d'y revenir. A un zèle ardent du salut des âmes, à une persévérance infatigable dans le travail, Mgr Daveluy joignait une grande mortification et une résignation parfaite à la volonté divine. Dieu qui aime à purifier et à perfectionner ses élus, permit qu'il fût tourmenté non-seulement par de continuelles infirmités, mais par des peines intérieures très-violentes. Cette dernière épreuve dura plus de cinq ans. Il la supporta avec une patience admirable; il profita de cette croix pour s'unir plus intimement à Jésus crucifié, et mérita ainsi le bonheur d'être mis à mort le même jour que son Sauveur.

M. Aumaître n'était dans la mission que depuis deux ans et demi, M. Huin que depuis huit mois. Dans ce court intervalle, ils s'étaient fait aimer et apprécier de leurs confrères et des chrétiens, par leur piété sincère, leurs vertus et leur ardeur au travail. Dieu qui sonde les cœurs et les reins, se contenta de leur bonne volonté, et les trouva mûrs pour le ciel. M. Huin disait en allant au supplice : « Il ne m'en coûte ni de mourir jeune, ni de mourir d'un coup de sabre ; mais il m'en coûte beaucoup de mourir sans avoir rien fait pour le salut de ces pauvres païens. »

Au mois de septembre 1866, on reçut au séminaire des Missions-Étrangères une lettre de M. Ridel, qui donnait les premiers
détails des événements que nous venons de raconter. Les aspi-
rants étaient à Meudon, dans la maison de campagne du séminaire. Le soir, le supérieur leur annonça qu'en Corée, dans
l'espace de quelques jours, neuf confrères, dont deux évêques et
sept missionnaires, avaient versé leur sang pour Jésus-Christ.
A cette glorieuse nouvelle, un cri de joie sortit de leurs cœurs ;
et aussitôt, improvisant une illumination dans les branches des
grands érables qui protégent la statue de la Sainte Vierge, ils
chantèrent un *Te Deum* d'action de grâces, avec l'invocation,
neuf fois répétée : Reine des martyrs, priez pour nous. Quelles
autres paroles eussent pu célébrer plus dignement un pareil
triomphe? Quelles autres pourraient mieux en clore le récit ?
Oui, nous vous louons, ô Dieu ! vous que chante l'armée des
martyrs aux vêtements sans tache ; vous que la sainte Église
catholique confesse et glorifie jusqu'aux extrémités du monde !
*Te Deum laudamus... ; te martyrum candidatus laudat exer-
citus ; te per orbem terrarum sancta confitetur Ecclesia.*

CHAPITRE III.

La persécution de 1866 avait, dès les premiers jours, sévi avec une rigueur et une rapidité sans exemple. Le 15 février, la plupart des missionnaires de Corée comptaient encore sur la liberté religieuse ; à la fin de mars, la chrétienté écrasée sous une succession de désastres inouïs, était noyée dans le sang de ses pasteurs et de ses principaux fidèles. La rage des suppôts de l'enfer s'était déchaînée, non-seulement à la capitale, mais dans tout le pays. Nous avons raconté la mort des chrétiens qui suivirent les missionnaires au martyre. Voici quelques détails sur cinq de ceux qui, dans les provinces, à la même époque, imitèrent leur constance et partagèrent leur triomphe.

« Je vous envoie, écrivait M. Féron, le 25 septembre 1866, les notes suivantes, malheureusement incomplètes, sur quelques-uns de nos martyrs.

« Paul O Pan-tsi, baptisé en 1857 ou 1858, était de famille noble, mais vivait dans une grande pauvreté à Ki-tsiang-kol, canton de Tsin-tsien. Né dans l'opulence, ne songeant ni à s'instruire, ni à travailler, il avait eu une jeunesse oisive et dissipée, et le défaut de conduite l'avait réduit à la misère. Depuis sa conversion, il supportait la pauvreté avec une résignation chrétienne, et remplissait ses devoirs avec beaucoup d'exactitude. Arrêté le 10 ou 11 mars 1866, par les satellites de Tsiong-tsiou, il fut amené à la prison de cette ville, avec un jeune homme du même village. Il avait déjà subi un interrogatoire et souffert le supplice du *tsioul* ou ploiement des os des jambes, lorsqu'il vit arriver à la prison Paul Pai de qui je tiens les détails suivants. Ils furent interrogés ensemble. Paul O Pan-tsi parla peu, se déclara chrétien, refusa de dénoncer personne, et ne répondit que par des dénégations aux questions concernant les missionnaires. La torture ne lui arracha que quelques soupirs ; elle fut abrégée, parce que ce jour-là le roi offrait des sacrifices. Dans le trajet du prétoire à la prison, un des bourreaux asséna sur la tête du confesseur un coup de bâton qui fit jaillir le sang. Paul se contenta de dire : « Lorsqu'on voudra me tuer, qu'on me tue ; mais, en « attendant, pourquoi me frapper sans l'ordre du mandarin ? » Cette observation lui attira de nouveaux coups et de nouvelles injures. Cependant le mandarin, qui ne voulait pas faire mourir les trois prisonniers, mit tout en œuvre pour leur arracher un acte d'apostasie. Un de ses secrétaires, envoyé dans ce but, demanda à Paul ce que signifiaient les mots : Jésus, Marie, qu'il prononçait au milieu des tourments. « C'est, » répondit-il, « notre manière d'invoquer le secours de Dieu. » Les deux autres prisonniers eurent le malheur de faiblir ; on les relâcha. Paul O Pan-tsi fut étranglé le lundi ou le mardi de la semaine sainte (26 ou 27 mars), à l'âge de plus de cinquante ans. Son corps, recueilli par les chrétiens, a été inhumé dans un terrain appartenant à sa famille.

« Hyacinthe Hong demeurait à Nong-tsiou, canton de Tsik-san. Il était aveugle depuis cinq ans et sexagénaire. Le 15 mars 1866, les satellites entrèrent dans sa maison. Ses premières paroles furent : « Je suis chrétien. — Mais comment as-tu pu apprendre « la religion puisque tu es aveugle ; qui t'a instruit ? — J'ai sucé « l'instruction chrétienne avec le lait de ma mère ; c'est sur ses « genoux que j'ai appris la vraie doctrine. D'ailleurs, il n'y a « que cinq ans que mes yeux se sont obscurcis. — Si tu n'apos- « tasies, nous allons te lier, et on te tuera. — Je ne puis renier « mon Dieu, et il y a longtemps que je désire donner ma vie pour « lui. » On le conduisit à Tsik-san, où il se déclara chrétien, et refusa d'apostasier. Barbe loun, son compagnon de captivité, raconte qu'on ne mit Hyacinthe à la torture qu'une seule fois, mais avec une barbarie atroce. Après l'avoir dépouillé de ses vêtements, lié par les pieds, les mains et les cheveux, les bourreaux le frappèrent avec une extrême violence ; puis, il fut remis en prison, chargé d'une lourde cangue, et resta sept jours dans cet état. Le mandarin lui faisait servir à manger ; mais, comme il y avait dans la prison une quinzaine de chrétiens, hommes, femmes et enfants, auxquels on n'accordait pas la même faveur et qui mouraient de faim, Hyacinthe leur distribuait presque tout ce qui lui était apporté. Désespérant de vaincre sa fermeté, le mandarin de Tsik-san l'envoya à Kong-tsiou, au gouverneur de la province. Le dernier jour du voyage, les satellites, sous prétexte que l'argent leur manquait, le laissèrent sans nourriture : et, durant les cinq jours suivants, c'est-à-dire jusqu'à sa mort, on ne lui donna pas même une goutte d'eau.

« Au dernier interrogatoire, le gouverneur lui fit appliquer la torture. Huit bourreaux (quatre de chaque côté) le frappaient sans relâche; ils ne s'interrompaient que pour laisser au mandarin le temps de lui adresser cette question : « Es-tu encore chré- « tien? — Oui, » répondait le martyr. Et on ne l'entendit même pas pousser un gémissement. Le supplice recommença à trois reprises différentes : c'était toujours la même réponse, bien que plus d'une fois on fût obligé de le délier pour le faire revenir à lui, car la violence des coups lui faisait perdre connaissance. Ajoutons que, la nuit précédente, les satellites l'avaient déjà torturé en lui ramenant la tête jusque sur les pieds passés dans des ceps, tandis qu'il avait les bras étendus en croix. Ce supplice était si douloureux que le patient demanda qu'on le fît cesser; les satellites refusèrent à moins qu'il ne renonçât à se déclarer chrétien. Hyacinthe Hong fut étranglé le lundi saint, 26 mars. Son fils, qui avait pris la fuite, a mieux aimé vivre dans l'indigence que de s'exposer au danger de l'apostasie en réclamant ses biens confisqués.

« Thomas Song, dit Tcha-sien-i, de Keu-to-ri, âgé de vingt-huit ans, était fidèle à ses devoirs, mais d'un caractère assez peu énergique, et ne présageant pas l'héroïsme dont il fit preuve dans la confession de sa foi. Je ne sais pas au juste le jour de son arrestation; elle eut lieu de la manière suivante. Quatre ou cinq jours après l'arrestation de Mgr Daveluy, les satellites de Tek-san avaient pillé les maisons de quelques chrétiens du village de Keu-to-ri. Le mandarin ayant promis de faire restituer les objets volés, Thomas reçut commission de les réclamer. Mais, au lieu de tenir sa promesse, le mandarin l'interrogea sur la religion. Thomas la confessa hardiment, et fut jeté en prison. Là, les satellites le maltraitèrent de telle sorte que, lorsqu'on l'envoya au gouverneur de Kong-tsiou, ils furent obligés de le porter. Chaque jour ils le dépouillaient de ses vêtements, le garrottaient, et le frappaient à coups de bâton. Une fois, l'ayant suspendu par les pieds, ces misérables lui couvrirent le visage d'ordures. En recevant cet ignoble outrage, Thomas dit simplement : « C'est bien! « — Pourquoi ? » demandèrent les bourreaux. — « Parce que « c'est bien pour un pécheur, qui a fait couler le sang de Notre « Seigneur Jésus-Christ. J'avais soif; ce que vous me faites, c'est « pour expier le fiel et le vinaigre que lui ont fait boire mes « péchés. » Une autre fois, on le laissa suspendu si longtemps, que ses compagnons de captivité, émus de compassion, le délièrent, au risque d'être eux-mêmes battus. On voulait frictionner ses membres enflés, et en exprimer le sang corrompu ; il ne le souffrit pas. « Ce n'est pas la peine, » répondit-il. « Du reste, Jésus « et Marie sont venus toucher mes blessures. » Et l'on assure, en effet, que, dès le lendemain, ses plaies étaient cicatrisées.

« On était alors en carême, et Thomas observait avec une scrupuleuse exactitude les jeûnes et les abstinences de l'Eglise, jeûnes et abstinences dont la rigueur était doublée et par ses autres souffrances, et par l'insuffisante nourriture donnée aux prisonniers. De même, rien ne put lui faire omettre aucune de ses pratiques ordinaires de piété. Son oncle, apostat et délateur, lui écrivit pour l'engager à apostasier ; il rejeta la lettre avec indignation, ce qui lui valut un surcroît de mauvais traitements. Touché du regret d'avoir poussé les choses si loin, le mandarin voulait sauver Thomas Song ; mais, ne pouvant obtenir ni un acte, ni même un mot qui lui permît de le renvoyer comme apostat, il s'avisa d'un expédient singulier : ce fut de lui dire que, s'il n'arrachait avec ses dents un morceau de sa propre chair, il le regarderait comme ayant obéi, et le renverrait. « Quand je proteste « que je n'apostasierai jamais, » répondit Thomas, « pourquoi « voulez-vous me faire passer pour apostat ? Mon corps appar-« tient à Dieu, et il ne m'est pas permis de lui faire du mal ; « mais le mandarin a sur moi l'autorité paternelle, et puisqu'il « exige cette preuve de mon attachement à la foi, la voici. » Et d'un coup de dent, il s'arracha un morceau de chair à chaque bras. Ces blessures durent être bien douloureuses : car, après sa mort, on les trouva affreusement envenimées. Il arriva à Kong-tsiou le vendredi ou le samedi saint, et fut aussitôt présenté au gouverneur, qui le fit mettre trois fois de suite à la question. On le remporta sans connaissance, et, le même jour, il fut étranglé dans la prison, ainsi que deux femmes chrétiennes, sur lesquelles je n'ai encore que des détails insuffisants. Leurs corps ont été précieusement recueillis. »

Une lettre de M. Calais donne quelques renseignements sur les deux femmes dont il est ici question. L'une était Suzanne Kim, originaire d'une ancienne famille chrétienne de Tchouk-san dans le Kieng-kei, et femme de Jean Sim. L'autre, dont on ne sait pas le nom, était la veuve d'un nommé Kim. Quand éclata la persécution, Suzanne, se croyant trop exposée dans le village où elle demeurait avec son mari, se retira avec ses trois enfants, dont le plus jeune n'avait que deux mois, auprès de son frère et de sa vieille mère, dans le village de Hai-sa-tong. C'est là qu'elle fut saisie par les satellites avec sa mère, et la veuve de Kim.

D'autres chrétiens arrêtés en même temps apostasièrent, et furent relâchés sur-le-champ. Les trois femmes furent conduites au mandarin, mais, chemin faisant, les satellites voyant que la mère n'avait pas la force de les suivre, s'en débarrassèrent en la renvoyant chez elle. Les deux prisonnières comparurent devant le mandarin de Tsien-an qui, ému de compassion à la vue des petits enfants de Suzanne, employa tour à tour les caresses et les menaces pour obtenir l'apostasie de ces courageuses chrétiennes, sans toutefois les mettre à la torture. A la fin, il les renvoya à Kong-tsiou, chef-lieu de la province. C'était les envoyer à la mort. Suzanne le comprit, et confia ses enfants à un chrétien qui devait les reconduire à leur père. A Kong-tsiou, les deux femmes eurent à subir, à plusieurs reprises, des supplices si cruels, que leurs jambes et plusieurs de leurs côtes furent rompues ; mais elles ne laissèrent pas échapper une plainte. On les reporta à la prison, où on les étrangla le même jour que Thomas Song. Leurs corps, jetés dans les champs, furent ensuite enterrés par les chrétiens dans une même fosse.

Il y eut, en outre, dans les différentes provinces, une vingtaine d'autres martyrs, dont trois dans le Pieng-an, deux dans le Hoang-hai, les autres à Kong-tsiou, à Song-to, etc., mais il a été impossible d'obtenir des documents précis sur leur nombre, leurs noms et les circonstances de leur mort. Ordre était donné dans tout le royaume de brûler les livres et objets de religion que l'on pourrait saisir ; la surveillance mutuelle de cinq en cinq maisons, responsables les unes des autres, était rétablie avec beaucoup de rigueur, surtout dans les grandes villes ; les mandarins devaient par tous les moyens possibles obtenir l'apostasie des chrétiens. La plupart d'entre eux profitèrent d'une aussi belle occasion de satisfaire à la fois leur rapacité et leur haine du nom chrétien. Ils torturèrent cruellement tous les néophytes qui leur tombèrent sous la main, pillèrent et brûlèrent leurs maisons, et les réduisirent à la plus affreuse misère. Beaucoup d'autres mandarins cependant se mirent peu en peine d'exécuter strictement les ordres de la cour. Quelques-uns même, opposés par principe à la persécution, inventèrent des stratagèmes pour tirer les chrétiens d'embarras, et un certain nombre de prisonniers furent, après des interrogatoires insignifiants, relâchés comme apostats, sans avoir en réalité donné aucun signe d'apostasie.

Mais si l'on était disposé, au moins partiellement, à fermer les yeux sur les chrétiens indigènes, et à les laisser provisoirement tranquilles, on ne mettait que plus d'ardeur à poursuivre les missionnaires européens. D'après les dénonciations du traître Ni Son-i, on était sûr qu'il y en avait au moins neuf en Corée ; on soupçonnait l'existence des autres. Aussi, dès le premier jour de la persécution, les ordres les plus sévères furent-ils expédiés à tous les gouverneurs et magistrats ; et de nouvelles lettres venaient, chaque semaine, stimuler leur activité et leur vigilance. Tout d'abord, le gouvernement ordonna de placer, à chaque rencontre de chemins, des guérites pour des gardiens chargés de ne laisser passer aucun voyageur sans l'avoir rigoureusement examiné ; mais, au bout de quelques jours, les soldats s'ennuyèrent de ce pénible service, et, sauf dans le voisinage immédiat de la capitale, laissèrent partout ailleurs les guérites veiller seules. On envoya également à tous les fonctionnaires et agents de l'autorité les signalements des Européens, fournis par Ni Son-i et d'autres apostats, avec promesse de brillantes récompenses pour ceux qui les feraient prisonniers. Nous avons vu que le résultat de ce plan infernal fut, en moins d'un mois, l'arrestation de neuf missionnaires. Les trois autres échappèrent, mais il est difficile de dire ce qu'ils eurent à souffrir dans ces terribles moments. Pourchassés de retraite en retraite par les satellites et les espions, cachés le jour dans des trous de murailles ou dans les rochers les plus inaccessibles des montagnes, errants la nuit dans des chemins écartés et quelquefois impraticables, l'âme déchirée de mille angoisses à la vue de la ruine de leurs chrétientés, du découragement des néophytes, de l'apostasie des faibles, bien souvent ils souhaitèrent de tomber dans les mains des persécuteurs, et, comme ils l'ont avoué depuis, plus d'une fois ils songèrent à se livrer eux-mêmes.

« J'ai tout perdu, » écrivait M. Féron au séminaire des Missions-Étrangères, » j'ai tout perdu, jusqu'à mon bréviaire. Je ne possède plus que les habits qui me pourrissent sur le corps. Je ne puis attendre aucun secours de mes chrétiens qui sont eux-mêmes complétement ruinés. Tous sont frappés d'ailleurs d'une terreur incroyable qui paralyse toutes leurs facultés, et devient pour eux le plus grand péril, car beaucoup auraient passé inaperçus, s'ils ne s'étaient trahis d'avance en prenant la fuite. Inutile de vous raconter comment j'ai vécu pendant tout ce temps. Vous n'ignorez pas ce que c'est que le temps de persécution ; plusieurs d'entre vous le savent par expérience. Mais si cette vie est dure, la Providence divine est bien douce. Je puis dire que j'ai marché de miracle en miracle, allant là où je ne voulais pas, n'allant pas là ou je voulais, et toujours j'ai reconnu que si j'avais fait selon ma volonté, je ne sais pas, ou plutôt je sais très-bien ce qui me serait arrivé. Et puis, dans une cachette obscure et étouffante, on sent le bon Dieu de plus près, et l'on n'échangerait pas volontiers une pareille existence pour une autre plus douce à la nature. »

De son côté, M. Ridel écrivait à sa famille : « En apprenant le martyre de Mgr Berneux, je me mis en route avec quelques chrétiens pour gagner Tsin-pat. Il y avait une rivière à traverser. Un courrier du gouvernement se présente en même temps que nous pour passer. J'entre le dernier dans le bateau, et me tourne à l'avant pour ne pas être reconnu. La conversation s'engage. « Moi, » dit un païen au courrier, « je reviens de Tiei-tchen pour l'affaire de ces coquins d'Européens que l'on a pris à la capitale. Y en a-t-il aussi à Tiei-tchen ? — Oui, » répond le courrier, « il y en avait deux ; j'ai porté l'ordre de les prendre, et ils ont été arrêtés. » Et il se mit à les décrire si bien que je reconnus facilement qu'il s'agissait de MM. Pourthié et Petit-nicolas. Mes chrétiens effrayés ne soufflaient mot ; j'essayais de faire bonne contenance. Le premier interlocuteur ajouta : « A-t-on arrêté aussi leurs femmes ? — Ils n'en ont pas. — Et comment font-ils leur ménage ? — Ah ! je n'en sais rien. Allez leur demander. » Cette réflexion fit rire les chrétiens et empêcha de remarquer leur tristesse trop visible. Arrivé à Tsin-pat, je donnai les sacrements à quelques personnes, je fis enterrer tous mes livres et effets, et je partis le 12 mars, pour aller, je ne savais où, chercher un refuge. André, mon maître de maison, m'accompagnait avec sa femme et ses enfants, et un certain nombre de chrétiens. Le soir même, Tsin-pat était envahi par les satellites de la capitale, avec ordre précis d'arrêter l'Européen qui y résidait habituellement, et toutes les personnes à son service.

« Après avoir changé plusieurs fois de retraite, et dépensé tout ce que je possédais à nourrir les chrétiens qui m'avaient accompagué, j'ai été obligé d'en renvoyer le plus grand nombre, et je suis venu me réfugier dans un petit hameau au milieu des montagnes. J'ai couché quinze jours à côté d'un homme qui avait la fièvre typhoïde, et à la moindre alerte, à chaque visite que recevaient mes hôtes, je me cachais sous un tas de bois. C'est là que, le mardi de Pâques, j'ai appris la mort de Mgr Daveluy. Le soir, les enfants d'André causaient entre eux de cette triste nouvelle. J'entendis Anna sa fille aînée, âgée de douze ans, qui disait à ses jeunes frères : « On va bientôt venir prendre le Père,

avec papa et maman ; on nous emmènera aussi, on nous dira :
Renonce à la religion ou bien je vais te faire couper en morceaux.
Que ferons-nous ? — Moi, » dit le plus grand, « je dirai : Faites
comme vous voudrez, mais je ferai comme papa ; je ne renoncerai
pas au bon Dieu, et si on me coupe la tête, j'irai chez le bon
Dieu. — Et moi, » ajouta l'autre, « je dirai au mandarin : Je veux
aller au ciel. Si vous étiez chrétien, vous iriez aussi au ciel ;
mais, puisque vous faites mourir les chrétiens, vous irez en enfer. »
Alors Anna serrant ses deux frères dans ses bras leur dit : « C'est
bien, nous mourrons tous et nous irons au ciel avec papa et
maman et le Père. Mais pour cela il faut bien prier le bon Dieu,
car on nous fera bien mal. On nous arrachera les cheveux, les
dents, les mains ; on nous frappera avec un gros bâton ; et le
Père dit que si l'on n'a pas bien prié, on ne pourra pas y tenir. »
Quelques instants après, le plus jeune des deux frères alla trouver sa mère : « Maman, est-ce qu'on tuera aussi le petit enfant ?
(son petit frère qui n'avait que quatorze mois)..... » J'ai passé
près d'un mois et demi dans cette retraite, enviant le sort de nos
martyrs, faisant pénitence pour mes péchés qui m'ont privé du
bonheur de partager leur sort, et méditant surtout ces paroles :
Que votre volonté soit faite sur la terre comme au ciel ! J'avais
pu rattraper le *Parfum de Rome*, et, en relisant ces belles pages
dans mes longues journées de loisir, j'y trouvais des tableaux
frappants de notre état actuel. Ne sommes-nous pas, en Corée,
au temps des catacombes ?... Enfin le 8 mai, j'ai eu des nouvelles de M. Féron, qui se trouvait caché à quelques lieues de
moi, et le 15, après un voyage de nuit qui n'a pas été sans
danger, j'ai pu me jeter dans ses bras. »

M. Calais fut, des trois missionnaires, celui qui courut les
plus sérieux périls. « Je m'étais réfugié, » raconte-t-il, « dans la
ville païenne de Moun-kien ; mais un soir, un léger accès de toux
trahit ma présence pendant qu'un païen se trouvait à la maison.
Je partis la nuit même, et guidé par le chrétien qui m'avait
donné asile, je cherchai à regagner par des chemins détournés
le village de Hau-sil où j'avais fait l'administration quelque
temps auparavant. Nous nous égarâmes dans les montagnes, et
vers midi seulement nous aperçûmes Hau-sil à une lieue de distance. Je renvoyai mon guide qui, en arrivant, trouva sa maison
dévastée par les païens, et je continuai ma route en portant mon
paquet sur mes épaules. Je n'avais rien mangé depuis la veille,
j'étais épuisé de fatigue. Vers trois heures, j'arrivai auprès d'un
petit groupe de maisons chrétiennes. Quelques femmes étaient

sur la porte d'une cabane, mais en approchant je vis quatre satellites qui venaient de les arrêter. Je voulus fuir, mais ils me saisirent aussitôt, m'arrachèrent mon paquet, et me demandèrent : « Qui es-tu? D'ou viens-tu? Où vas-tu? » A ces questions, je vis que je n'étais pas reconnu pour Européen, et je gardai le silence. Une des chrétiennes s'approcha alors et leur dit : « C'est mon « beau-père, ne voyez-vous pas qu'il est sourd. Dites-moi ce que « vous lui voulez, et je me charge de le lui faire comprendre. » Les satellites demandèrent de l'argent. On parlementa, et l'on convint d'aller appeler les chrétiens cachés dans la montagne. Celui qui me gardait essaya plusieurs fois de me faire parler. Il me donnait des coups de poing en me criant dans les oreilles : « En- « tends-tu? parle donc. » Les chrétiens, apprenant que le prêtre était arrêté, vinrent en assez grand nombre, et voyant que l'on voulait seulement de l'argent et qu'il n'était pas question de religion, ils se méfièrent de quelque fourberie, interrogèrent les prétendus satellites et les forcèrent à avouer qu'ils n'étaient que des voleurs. Ils les châtièrent et les laissèrent aller.

« Je pus encore entendre quelques confessions, et donner la sainte communion le jour de Pâques. Puis, prévenu que les satellites ne tarderaient pas à arriver à Hau-sil, je partis le jeudi suivant, accompagné du chrétien Thomas Iou, pour me rendre à un autre village. A la ville de Nieun-phong, nous eûmes à passer devant une auberge ; on nous cria : « Qui êtes-vous? Où allez- « vous? » Nous nous contentâmes de presser le pas, mais les soupçons étaient éveillés, et nous fûmes bientôt saisis par cinq satellites, qui se mirent à me considérer de la tête aux pieds, par devant et par derrière, et soupçonnèrent que j'étais un Européen. On nous conduisit à l'auberge pour nous examiner de plus près. Thomas, qui marchait devant, se débattait si violemment que les satellites qui étaient à côté de moi s'avancèrent pour porter secours à leurs camarades. Je profitai aussitôt de la circonstance pour prendre la fuite. « L'autre se sauve, » crièrent-ils tous, et plusieurs se mirent à ma poursuite. Je courais de toutes mes forces, quand ma ceinture, dans laquelle j'avais quelques centaines de sapèques, se déchira et tomba sur les pierres du chemin. Les satellites, à ce son bien connu, se précipitèrent sur le butin, se battirent en le partageant, et ne songèrent plus à moi. Jamais auparavant je n'avais porté d'argent sur moi dans mes voyages; c'était toujours un de mes compagnons qui tenait la bourse; mais le bon Dieu, pour me sauver des mains des méchants, avait permis que je m'en fusse chargé moi-même ce jour-là. Je parvins à gagner un village chrétien ; je n'osai m'y arrêter, et, accompagné d'un ou deux hommes de bonne volonté, je me réfugiai dans un fourré presque impénétrable des montagnes voisines, un vrai repaire de tigres, où je dormis huit jours à la belle étoile, sur la terre nue. Plus tard, je pus arriver à Somba-kol, à travers un pays tout païen, couchant, côte à côte avec six ou huit païens, dans les auberges de la route. Dieu me garda de tout accident. A Somba-kol, je fis l'administration annuelle et distribuai les sacrements ; j'eus même la consolation de baptiser quelques païens adultes, qui ne craignaient pas, en face de la mort, de se déclarer chrétiens. J'ai su depuis que Thomas Iou, sur lequel on avait pris mon Nouveau Testament latin, fut conduit devant le mandarin, lequel, à la vue de ce livre, entra dans une fureur épouvantable contre les satellites qui m'avaient laissé échapper. Thomas subit deux ou trois fois les questions et la bastonnade, mais à la fin, voyant qu'on ne pouvait lui arracher aucune dénonciation contre moi, on le mit en liberté. »

Au mois de mai, la persécution se calma un peu. On recherchait toujours les missionnaires, mais on n'arrêtait plus les chrétiens. Le gouvernement craignait, en maintenant dans le pays une aussi grande agitation, d'empêcher la plantation du riz. D'ailleurs, la sécheresse était extrême ; l'orge, qui est la principale nourriture pendant l'été, menaçait de sécher sur pied ; et les païens eux-mêmes criaient de tous côtés que la cruauté déployée contre les chrétiens avait irrité le ciel, et fait manquer la pluie. Les ennemis de la religion remirent donc à l'automne la réalisation de leurs plans.

MM. Féron et Ridel s'étaient réfugiés ensemble dans un petit hameau de quatre maisons, chez une pauvre veuve chargée de six enfants encore en bas âge. La retraite était sûre, et cette femme, malgré son dénuement, malgré le danger qu'elle courait en leur donnant asile, les avait reçus et les gardait avec une cordialité si dévouée qu'ils y restèrent près de deux mois. La famine régnait dans la contrée ; les pauvres chrétiens du hameau coupaient l'orge encore toute verte, et en faisaient leur nourriture. Les deux missionnaires essayèrent de ce régime, mais dès la première fois, ils éprouvèrent une indisposition si violente qu'il fallut y renoncer. Les chrétiens mirent en commun leurs dernières ressources, vendirent tout ce qu'ils avaient, et parvinrent à leur procurer deux boisseaux de riz.

Vers le 15 juin, MM. Féron et Ridel eurent des nouvelles de

M. Calais, qu'ils croyaient mort dans les montagnes, et purent correspondre avec lui. C'est alors que, d'un commun accord, ils décidèrent que l'un d'entre eux devait gagner la Chine, pour faire connaître les désastres que la mission venait de subir, et travailler, si possible, à y porter remède. M. Féron qui était le plus ancien des trois, et à ce titre remplissait les fonctions de supérieur, désigna M. Ridel pour ce voyage. Le missionnaire obéit, et quitta en pleurant sa chère mission de Corée.

« Nous fîmes préparer une barque, écrit-il, ce qui nous coûta des peines extrêmes; enfin le jour de la Saint-Pierre, je quittai de nouveau M. Féron. Les satellites étaient de tous les côtés, gardaient toutes les routes; les douanes étaient plus vigilantes que jamais, et les soldats de la capitale mettaient les barques en réquisition pour transporter les matériaux destinés à la construction du nouveau palais; tout autant de périls qu'il nous fallait éviter. J'étais caché au fond de mon petit navire, monté par onze chrétiens résolus, et nos craintes furent grandes pendant trois jours que nous naviguâmes à travers les îles qui bordent la côte, mais Dieu vint à notre aide, et le sang-froid de mon pilote nous tira d'affaire. Enfin nous gagnâmes le large; j'avais apporté une petite boussole : je donnai la route pour filer en pleine mer sur les côtes de Chine. Mes pauvres marins n'avaient jamais perdu la terre de vue; quelle ne fut pas leur frayeur lorsque, le soir, ils ne virent plus autour d'eux que l'immensité des mers? Un vent furieux se déchaîna; nous essuyâmes une violente bourrasque et, pendant deux heures, nous eûmes toutes les peines du monde à maintenir notre navire. Figurez-vous une petite barque toute en sapin, les clous en bois; pas un seul morceau de fer dans sa construction; des voiles en herbes tressées, des cordes en paille. Mais je l'avais appelée le *Saint-Joseph*; j'avais mis la sainte Vierge à la barre et sainte Anne en vigie. Le lendemain, point de terre; le troisième jour nous rencontrâmes des barques chinoises : le courage revenait au cœur de mon équipage, mais le calme nous surprit. A la nuit, nous eûmes encore un coup de vent qui dut nous pousser fort loin dans la bonne direction; le vent soufflait par soubresauts de droite à gauche; la mer se gonflait et frappait les flancs de la barque; on ne pouvait voir à deux pas dans l'obscurité, et il tombait une pluie torrentielle. J'admirai le courage de mon pilote; il resta toute la nuit au poste, ne voulant pas céder sa place avant que l'orage ne fût passé, et tenant fidèlement la direction que je lui avais donnée.

« Enfin le vent cesse, les nuages se dissipent ; il ne reste plus que le roulis, et bientôt l'orient en feu nous fait présager une belle journée. Où étions-nous, où avions-nous été jetés par la tempête ? Telle était la question que nous nous posions, lorsqu'un matelot fait remarquer un point noir ; peu à peu il grossit ; c'est une terre dans la direction que nous avions prise ; plus de doute, c'est la Chine. Puis on signale un navire ; bientôt, à ses voiles, on reconnaît un navire européen ; il vient vers nous. J'ordonne de passer tout à côté, et je fais hisser un petit drapeau tricolore que j'avais eu soin de préparer avant de quitter la Corée. C'était un beau trois-mâts ; j'ai appris depuis qu'il était de Saint-Malo, et venait de Tche-fou. En passant, je lui fais un grand salut. Le capitaine qui nous regardait avec attention, très-étonné de voir flotter le drapeau français sur une si singulière embarcation qui n'était même pas chinoise, me répond de la manière la plus gracieuse, puis sur son ordre on met le drapeau. J'attendais avec anxiété ; c'était le drapeau de la France ; trois fois il s'élève et s'abaisse pour nous saluer. Impossible de vous décrire ce qui se passa dans mon cœur. Pauvre missionnaire, depuis six ans je n'avais pas vu de compatriotes ! et en ce moment, perdu au milieu des mers, sans connaître la route, j'aurais voulu rejoindre ce bâtiment, mais ses voiles enflées par un vent favorable l'avaient déjà emporté à une grande distance. C'était du reste pour nous une grande consolation. Tous mes matelots, qui n'avaient jamais vu de navire européen, étaient dans l'admiration. « Père, est-ce « que ce sont des chrétiens ? Si ce navire venait chez nous tout le « monde s'enfuirait ; il prendrait notre pays, et forcerait le roi « à donner la liberté de la religion ; » etc. Bientôt je reconnus la côte ; c'était le port de Wei-haï d'où j'étais parti six ans auparavant. Nous étions sur les côtes du Chan-tong, dans la direction de Tche-fou où je voulais aller. Nous arrivions par conséquent en droite ligne, aussi bien que l'eût pu faire le meilleur navire avec tous ses instruments nautiques. Que la sainte Vierge est un bon pilote ! Il ne nous restait que quelques lieues, mais le vent contraire ne nous permit pas d'aborder ce jour-là. Le 7 juillet au matin, nous vîmes le port, et à midi, nous jetions l'ancre au milieu des navires européens. Aussitôt nous fûmes environnés de Chinois curieux de voir les Coréens qu'ils reconnurent aussitôt ; je descendis et fus immédiatement entouré d'une foule de Chinois qui me faisaient cortége et regardaient avec curiosité mon étrange costume. Les nouvelles que j'apportais firent grande sensation parmi les membres de la colonie européenne. Je me rendis sans retard à Tien-tsin, où je rencontrai le contre-amiral Roze qui commandait la croisière française sur les côtes de Chine. Il me fit un accueil bienveillant, et me promit son assistance. »

Après le départ de M. Ridel, M. Féron alla rejoindre M. Calais et ils restèrent cachés ensemble. L'été se passa assez tranquillement. Comme on était dans une année de famine, on laissa les chrétiens à la culture de leurs champs, tout en leur faisant comprendre que ce n'était qu'une trêve, et que les poursuites recommenceraient aussitôt que possible. Quant aux missionnaires, leur tête était toujours mise à prix. Le 15 août, arriva de Péking un courrier extraordinaire, porteur d'une dépêche secrète, si secrète que l'ambassadeur coréen, un des principaux ennemis de la religion, qui se trouvait alors en Chine, n'en avait pas eu connaissance, car l'on craignait à Péking que les chrétiens n'en fussent informés. Mais en Corée rien n'est secret : la dépêche et la réponse du gouvernement coururent tout le pays, et les missionnaires purent s'en procurer des copies. La dépêche taxait d'imprudence le meurtre des prêtres européens, et conseillait un arrangement avec la France, parce que celle-ci se préparait à porter la guerre en Corée. On ajoutait que, si la Chine n'avait pu résister aux armes françaises, à plus forte raison la Corée ne pouvait-elle espérer de se défendre. Le régent répondit que ce n'était pas la première fois qu'il faisait tuer des étrangers, que c'était son droit, et que personne n'avait rien à y voir. Les faits vinrent bientôt appuyer cette déclaration de principes. Le 2 septembre, une goélette américaine, ayant fait côte à Pieng-an, fut brûlée, et les vingt hommes qui la montaient furent massacrés. On arrêta aussi deux jonques chinoises du Chan-tong, pour s'assurer qu'elles n'avaient pas d'Européens à bord. Il n'y en avait pas, mais on trouva des toiles de coton de fabrication européenne ; l'équipage fut égorgé. Les édits les plus sévères furent renouvelés contre les chrétiens : ordre était donné de les mettre à mort, eux et leurs parents jusqu'au sixième degré, et généralement toutes les personnes qui seraient tenues pour suspectes; des récompenses étaient promises à ceux qui auraient rempli ces ordres. Après la destruction des navires dont nous venons de parler, le régent, convaincu qu'il avait porté un coup terrible aux barbares d'Occident, et qu'il était délivré d'une partie de ses ennemis, allait tous les jours sur une montagne voisine de la capitale rendre grâces au ciel de ce brillant succès. Alors même, Thomas Kim Kei-ho, celui qui, en janvier, s'était le plus activement mêlé aux démarches faites auprès de lui par certains chrétiens à l'occasion de la tentative des Russes, eut la malencontreuse idée de lui écrire de nouveau. Il exposait que les navires en question n'étaient point ceux qui devaient venir faire la guerre à la Corée, que les vaisseaux français ne tarderaient pas à se montrer, et que le meilleur plan était de traiter avec la France, d'abord parce que c'était une nation puissante, ensuite parce que sa religion était vraie et utile à la prospérité des États. Comme on le pense bien, il fut, à cause de cette lettre, immédiatement arrêté.

Thomas appartenait à une famille distinguée par sa noblesse. Plusieurs de ses parents païens occupaient des postes élevés dans la magistrature. Sa mère et son frère aîné avaient subi le martyre dans la persécution de 1839 ; un autre de ses frères était mort en prison pour la foi, à la même époque. Thomas, dans sa jeunesse, avait été un au au service de Mgr Daveluy ; puis, entraîné par l'ambition et l'amour des plaisirs, il avait abandonné à peu près entièrement ses pratiques religieuses. On dit qu'au commencement de 1866 il se convertit, et quelques chrétiens ont affirmé l'avoir vu réciter ses prières, et l'avoir souvent entendu répéter : « Je regrette vivement ma mauvaise conduite ; je ne désespère pas de me sauver, mais pour cela il me faudrait le martyre qui purifie toutes les souillures. » Néanmoins, on ne voit pas qu'il ait alors reçu les sacrements, ce qui lui était cependant facile avant l'arrestation de Mgr Berneux. Devant les juges il confessa courageusement qu'il était chrétien, et subit, à diverses reprises, les plus cruelles tortures avec une fermeté qui étonnait les bourreaux. Il fut conduit au supplice à Sai-nam-to, avec Paul Kim, et un autre chrétien nommé Ni. En chemin et sur le lieu même de l'exécution, il ne cessa d'exhorter ses compagnons à accepter joyeusement la mort. C'était le 8 ou le 10 septembre.

On n'a aucun renseignement précis sur Ni ; tout ce qu'on sait de lui, c'est qu'il était domestique du régent. Quant à Paul Kim, il appartenait à une famille de la plus haute noblesse, et s'était toujours distingué par sa foi et sa ferveur. Depuis six ans il était paralysé de la moitié du corps, et avait perdu l'usage de la parole ; il fallait le soigner comme un enfant. Mgr Berneux a souvent fait l'éloge de la patience héroïque avec laquelle Paul supporta cette terrible épreuve. Au commencement de la persécution, il habitait la maison du mandarin Jean Nam qu'il avait achetée peu de temps auparavant, et après l'arrestation de Jean, il prévit ce qui allait arriver et se hâta de la vendre secrètement. Quelques jours après, les satellites vinrent pour piller la maison, mais ils la trouvèrent occupée par un noble païen. Furieux de leur déconvenue, ils jurèrent de se venger sur Paul Kim, et, en septembre, aussitôt que le régent eut proclamé de nouveau les édits contre les chrétiens, ils le traînèrent devant le grand juge Sin Mien-sioung. Celui-ci, voyant son état d'infirmité, ne lui fit subir aucun interrogatoire ni aucune torture. Il le condamna à mort comme chrétien, et donna ordre de l'exécuter en compagnie de Thomas Kim. Un mois plus tard, les chrétiens lui donnèrent une sépulture honorable auprès des autres martyrs, sur la montagne de Ouai-ai-ko-kai. Dans les quelques jours qui suivirent l'exécution de Thomas et de Paul, quatre autres chrétiens moururent de faim dans les prisons de Kong-tsion. On ne sait pas leurs noms, et l'on n'a aucun détail sur leur martyre.

Nous avons laissé M. Ridel à Tien-tsin, où il avait été informer l'amiral Roze des graves événements dont la Corée venait d'être le théâtre. L'amiral se disposait à porter secours aux deux missionnaires français encore exposés à la mort, quand la nouvelle d'une révolte en basse Cochinchine le força de prendre une autre direction. Il promit à M. Ridel de faire, à son retour de Cochinchine, une descente en Corée. Le missionnaire revint à Tche-fou où il séjourna jusqu'à la mi-août. A cette époque, les Coréens qui l'avaient accompagné demandèrent à retourner dans leur pays. Il en laissa partir huit, et, avec les trois autres, se rendit à Chang-haï pour attendre les événements. Trois semaines plus tard, il reçut de l'amiral Roze l'invitation de se rendre à Tche-fou pour l'accompagner en Corée. Il partit en toute hâte, et arriva le 10 septembre à bord de la frégate *la Guerrière*. Lui-même va nous raconter, dans tous ses détails, l'histoire de cette expédition.

« Il fut décidé que la corvette *le Primauguet*, l'aviso *le Déroulède* et la canonnière *le Tardif*, iraient faire une première reconnaissance sur les côtes de Corée. L'amiral me prit comme interprète pour ce premier voyage, avec mes trois Coréens comme pilotes. Partis le 18 de Tche-fou, nous étions, le 20, dans un groupe d'îles dont les premières sont les îles Ferrières et Clifford, et nous mouillâmes dans la baie du prince Jérôme, à une île qui fut nommée Eugénie. Le 21, l'amiral envoya son aide de camp sur le *Déroulède* pour explorer le chemin de la capitale ; je l'accompagnai. Toujours dirigés par le pilote coréen qui connaissait à fond tous les coins et recoins de la côte, nous passâmes à l'île Boisée, vis-à-vis la petite ville de Seung-tsiong, et de là, par un coude très-accentué, nous entrâmes dans le détroit qui sépare l'île de Kang-hoa du continent. On jeta l'ancre près de l'île, vis-à-vis du village de Kak-kot-si. Là se terminait notre mission. Quelques officiers descendirent à terre, et furent émerveillés de l'aspect du pays. Une grande plaine très-bien cultivée et couverte de rizières, des villages nombreux, et, à une lieue au nord-ouest, les montagnes où se trouve la ville de Kang-hoa. On voyait de loin quelques forts assez bien situés, des canons, mais pas un soldat. La population effrayée s'était enfuie d'abord, mais quelques individus plus courageux revinrent, d'autres les suivirent, et quand on leva l'ancre, les habitants accoururent en foule sur le rivage pour voir ce navire singulier, qui, sans voiles et sans rames, remontait le courant très-rapide en ces parages.

« Le lendemain, nous rejoignîmes le *Primauguet* et le *Tardif*. Tous étaient enchantés des observations faites pendant le voyage, et surtout d'avoir acquis la certitude que le chenal était navigable pour la flotte. Les trois navires se mirent immédiatement en route, mais le *Primauguet* s'étant écarté de la ligne indiquée par le pilote, alla donner sur des rochers. Heureusement, il ne fit pas d'avarie sérieuse, et ne perdit que sa fausse quille ; on décida de le laisser à l'île Boisée. Le 23 était un dimanche, et je célébrai la messe à bord. C'était la première fois que le saint sacrifice s'offrait, en toute liberté, dans le royaume de Corée. Les deux navires prirent ensuite la route de Séoul. Au sortir du détroit de Kang-hoa se trouve l'embouchure du fleuve qui passe à une lieue au sud de la capitale. Nous devions le remonter jusqu'à une distance de six ou sept lieues. J'étais continuellement au poste, traduisant à l'amiral les indications que me donnait le pilote. Enfin, le 25, dans la soirée, on mouilla devant la capitale, à la grande stupéfaction d'un peuple immense qui couvrait les rives du fleuve et les collines environnantes, pour rassasier ses yeux de ce spectacle inouï : des vaisseaux marchant par le feu.

« Le gouvernement coréen avait tenté d'arrêter notre marche. Des jonques avaient été placées à un passage assez étroit, et elles nous tirèrent un coup de canon ; un boulet français, en réponse, coula deux des jonques, et les autres prirent la fuite. Un peu plus loin, une ou deux batteries ouvrirent le feu, mais quelques coups de canon bien dirigés, et un obus, qui éclata à quelques pas des artilleurs, réduisirent tout au silence. On resta un jour devant Séoul, exécutant des sondages, prenant des hauteurs, traçant des

contrebande, et de nous arranger avec une d'entre elles pour nous faire conduire à Tche-fou. J'omets le récit de notre traversée qui fut longue et difficile, à cause des alternatives de calme plat et de vent contraire. Nous sommes arrivés à Tche-fou le 26 octobre. On vient de nous apprendre que le *Primauguet* est attendu de Corée pour le 5 novembre ; il vient chercher les dépêches. Nous espérons profiter de son départ pour rentrer dans notre mission, qui nous est plus chère encore depuis que nous en sommes exilés. »

Revenons maintenant à l'expédition, et donnons d'abord le récit officiel qui en a été publié par le gouvernement. On lisait dans le *Moniteur* du 27 décembre 1866 :

« Le ministre de la Marine et des Colonies a reçu du contre-amiral Roze, commandant en chef la division navale des mers de Chine, des dépêches annonçant la prise de Kang-hoa, ville fortifiée située au nord de l'île de ce nom, et à l'embouchure du fleuve sur les bords duquel se trouve Séoul, capitale de la Corée.

« Parti de Tche-fou le 11 octobre, avec la frégate *la Guerrière*, les corvettes à hélice *le Laplace* et *le Primauguet*, les avisos *le Déroulède* et *le Kien-chan*, les canonnières *le Tardif* et *le Lebrethon*, le contre-amiral Roze mouillait le 13, avec sa division, devant l'île Boisée, à 18 milles de Kang-hoa. Le lendemain, les canonnières remontèrent la rivière Salée (détroit de Kang-hoa), remorquant les embarcations qui portaient les compagnies de débarquement de la *Guerrière* et des corvettes, ainsi qu'un détachement des marins-fusiliers du *Yokohama*. A peine débarqués, nos marins occupèrent les hauteurs sans rencontrer la moindre résistance, et campèrent à 5 kilomètres de Kang-hoa. Le 15, une reconnaissance fut exécutée par une colonne commandée par M. le capitaine de frégate comte d'Osery ; arrivée près d'un fort qui domine la ville, elle fut accueillie par un feu bien nourri de mousqueterie et par celui de deux canons de petit calibre. Après un engagement de quelques minutes, le fort fut occupé, et les Coréens s'enfuirent, laissant un drapeau entre nos mains.

« Le 16, dès huit heures du matin, le contre-amiral Roze, à la tête de toutes ses forces, se présentait devant la ville, qu'entourait une muraille crénelée de 4 mètres de hauteur. Parvenues à une centaine de mètres de la porte principale, nos troupes furent reçues par une fusillade assez vive : mais la muraille fut bientôt escaladée au cri de : Vive l'Empereur ! et l'ennemi nous laissa maîtres de la place.

« Un grand nombre de canons, plus de dix mille fusils, des munitions de toute sorte ont été trouvés dans d'immenses magasins, et démontrent l'importance de la place de Kang-hoa, au point de vue de la défense de la capitale de la Corée. Le contre-amiral Roze a fait inventorier avec soin les magasins, dont il a pris possession au nom de l'État, et qui contenaient également dix-huit caisses remplies de lingots d'argent et des archives officielles.

« Une proclamation adressée aux habitants leur a fait connaître le but que l'amiral s'était proposé en venant châtier le gouvernement coréen, et leur a assuré la protection la plus complète.

« Le blocus du fleuve de Séoul, qui a été notifié aux consuls des puissances européennes en Chine, et la prise de Kang-hoa, devaient produire une profonde impression sur le gouvernement coréen. En effet, la ville de Kang-hoa étant, comme on vient de le rappeler, située à l'embouchure du fleuve de Séoul, commande ainsi la principale voie que le commerce de la capitale est obligé de prendre, particulièrement pour assurer ses approvisionnements de riz. Aussi, dès le 19, le contre-amiral Roze recevait une lettre du roi, à laquelle il s'est empressé de répondre, en faisant connaître les satisfactions qu'il réclame au nom du gouvernement de l'empereur.

« La dépêche qui renferme ces détails est datée du 22 octobre ; à cette date, le contre-amiral Roze était encore dans la ville de Kang-hoa, où il attendait les interprètes (chinois) qu'il avait fait demander à notre consul de Chang-haï. »

Le *Moniteur* du 7 janvier 1867 publiait d'autres dépêches en date du 17 novembre 1866.

« Le contre-amiral Roze ayant voulu s'assurer de l'état du pays, un détachement, commandé par le capitaine de vaisseau Ollivier, sortit de Kang-hoa et rencontra, à quelques kilomètres de la ville, des Coréens en grand nombre, retranchés dans une pagode fortifiée ; l'ennemi, qui avait d'abord fait une sortie, fut repoussé et se hâta de rentrer dans ses retranchements en abandonnant ses morts. Après une fusillade très-vive, dans laquelle nous n'avons eu aucun homme tué, mais qui malheureusement nous a coûté quelque blessés, la colonne rentra le soir même à Kang-hoa.

« Quelques jours après, le contre-amiral Roze, voyant que le gouvernement coréen ne donnait pas suite aux ouvertures auxquelles il avait dû croire en recevant une lettre du roi, se décida à quitter Kang-hoa ; les approches de l'hiver se faisaient d'ailleurs déjà sentir, et il était à craindre que toute navigation de la rivière Salée ne fût bientôt interrompue ; alors il ordonna la destruction de tous les établissements du gouvernement, ainsi que celle du palais du roi, et nos matelots retournèrent à bord des bâtiments mouillés devant l'île Boisée.

« Les caisses renfermant des lingots d'argent, représentant une valeur de cent quatre-vingt-dix-sept mille francs, des manuscrits et des livres qui peuvent offrir quelque intérêt pour la science, ont été dirigées sur Chang-haï, d'où elles seront transportées en France.

« Le contre-amiral Roze annonce également que les deux missionnaires qui étaient restés en Corée sont venus le rejoindre, après avoir réussi à se faire débarquer à Tche-fou.

« La destruction de Kang-hoa, place de guerre importante, des poudrières et des établissements publics que cette ville renfermait, a dû prouver au gouvernement coréen que le meurtre des missionnaires français ne restait pas impuni. »

Telle est la version officielle de l'expédition de Corée. Voici maintenant le récit beaucoup plus détaillé de M. Ridel. Il nous fera connaître, au sujet de l'engagement final près de la pagode, la réalité un peu trop voilée sous les euphémismes de la feuille gouvernementale.

« Le samedi 13 octobre, l'escadre mouillait près de l'île Boisée. Il avait été décidé qu'on s'emparerait d'abord de Kang-hoa; aussi, le 14, les deux avisos et les deux canonnières, remorquant toutes les embarcations où se trouvaient les compagnies de débarquement, remontèrent le détroit. La frégate et les deux corvettes, qui avaient un trop fort tirant d'eau, restèrent à l'ancre. On prit terre auprès du village de Kak-kot-tsi, et le débarquement s'effectua sans qu'il fût besoin de tirer un seul coup de fusil ; il n'y avait pas d'ennemis. A l'approche des Français, presque tous les habitants avaient pris la fuite ; quelques-uns, plus braves, étaient demeurés, mais ils se contentaient de faire de grandes prostrations. On s'établit dans le village. Deux jours après, on entra dans la ville qui avait voulu opposer quelque résistance. Quelques coups de fusil qui tuèrent trois ou quatre Coréens, mirent les autres en pleine déroute ; on brisa la porte à coups de hache. La ville était à peu près déserte ; les troupes occupèrent immédiatement le palais du mandarin, et les magasins du gouvernement.

« On y trouva des armes en abondance, des arcs et des flèches en très-grand nombre, des sabres en fer que l'on ploie sans pouvoir les casser, des casques, des cuirasses d'un beau travail mais excessivement lourdes, environ quatre-vingts canons en cuivre et en fer de différents calibres, mais en assez mauvais état, une quantité considérable de fusils à mèche de toutes les dimensions. Les canons en cuivre se chargent par une cavité située près de la culasse, dans laquelle on introduit une espèce de cartouche en fer ne contenant que la poudre : on n'a vu aucun affût. Quelques-uns des fusils sont à plusieurs coups ; ils ont plusieurs lumières sur le canon, de sorte qu'en mettant le feu successivement à chaque lumière, en commençant par la plus voisine de l'orifice, on a une série de décharges, ce qui doit être très-dangereux. Il y avait aussi des quantités énormes de poudre ; quelques-uns des dépôts ont sauté en produisant des secousses semblables à celles d'un tremblement de terre. On a trouvé également des toiles, des bois de différentes espèces, des vases en cuivre, des ciseaux, des éventails, des pinceaux, des peaux de bœufs et de cochons très-bien tannées, de la cire d'abeilles, de la cire végétale qui se récolte dans le sud de la Corée, des soieries de Chine, du minerai de cuivre, de l'alun, quelques porcelaines de mauvaise qualité, de grandes provisions de poisson sec, et pour plus de cent quatre-vingt mille francs d'argent, en lingots qui ont la forme de galettes.

« La bibliothèque était très-riche. Deux ou trois mille livres imprimés en chinois avec de nombreux dessins, sur beau papier, tous bien étiquetés, la plupart très-volumineux, reliés avec des plaques en cuivre sur des couvertures en soie verte ou cramoisie. J'y ai remarqué l'histoire ancienne de la Corée en soixante volumes. Ce qu'il y avait de plus curieux, c'était un livre formé de tablettes de marbre, se repliant comme les panneaux d'un paravent sur des charnières en cuivre doré, très-bien polies, avec des caractères dorés incrustés dans le marbre, et chaque tablette protégée par un coussin de soie écarlate ; le tout placé dans un joli coffre en cuivre, lequel était à son tour renfermé dans une boîte de bois peinte en rouge, avec ferrements en cuivre doré. Ces tablettes carrées formaient en se développant un volume d'une douzaine de pages. Elles contiennent, au dire des uns, les lois morales du pays, et selon d'autres, dont l'opinion est bien plus probable, les faveurs accordées aux rois de Corée par l'empereur de la Chine. Les Coréens y attachaient un très-grand prix. Dans une autre caisse, on trouva une tortue en marbre parfaitement sculptée, sous le piédestal de laquelle était le sceau royal, ce sceau formidable que les simples Coréens ne peuvent ni toucher ni même voir, et dont la possession a suffi plusieurs fois pour transférer l'autorité royale et terminer des révolutions. Celui que j'ai vu était neuf, et semblait n'avoir jamais servi.

« Dans l'enceinte de la maison du mandarin se trouve un palais royal, car c'est dans la forteresse de Kang-hoa que les rois de Corée se réfugient en temps de guerre. L'emplacement est bien choisi, sur une petite colline boisée qui domine la ville, et d'où l'on jouit d'une vue magnifique sur l'île, la mer, et le continent. L'île de Kang-hoa est très-fertile. On y récolte du riz, de l'orge, du tabac, du sorgho, du maïs, des navets de différentes espèces, des choux de Chine, des châtaignes, du kaki, des glands doux dont les habitants pauvres font une espèce de bouillie, etc.....

« Les Français demeuraient en tranquille possession de la ville, où personne ne les inquiétait. La masse de la population était trop effrayée pour y rentrer, et l'on ne put avoir que très-peu de rapports avec eux. En vain cherchait-on à les rassurer ; ils n'avaient pas l'idée d'une pareille manière de faire la guerre ; ils s'imaginaient que les vainqueurs, en s'emparant d'un pays, devaient nécessairement tout mettre à feu et à sang. Du reste, ils répétaient : « Pourquoi n'allez-vous pas à la capitale ? A quoi vous sert de rester ici ? vous n'aboutirez à rien. Vous voulez tirer vengeance des massacres commis, et vous punissez de pauvres gens qui n'en sont nullement la cause, et qui n'y ont pas pris la moindre part. » Un chrétien put arriver jusqu'à moi, la nuit, au camp de Kakkok-tsi. Il me dit que l'on rassemblait une armée considérable dans toutes les provinces de la Corée, que l'on fabriquait des armes jour et nuit, que l'on ramassait tous les morceaux de fer, même les instruments de labourage, pour en faire des sabres et des piques, que plusieurs points de la côte, entre autres la ville de Tong-tsin, sur le continent, vis-à-vis de Kang-hoa, étaient fortement gardés, et qu'on avait barré le fleuve en coulant une quantité de barques, à une lieue en aval de Séoul. L'amiral, apprenant ces détails, résolut de pousser une reconnaissance dans les environs de Tong-tsin.

« Cent vingt hommes furent envoyés à cet effet ; ils gagnèrent le continent vis-à-vis la porte de Séoul. On nomme ainsi une arche en pierre, de forme ogivale, surmontée d'une toiture en pagode chinoise, qui commande la tête du chemin de la capitale. Autour de cette porte il y a un village et quelques fortifications. Lorsque nos marins voulurent débarquer, ils reçurent à l'improviste une décharge qui leur tua trois hommes. Ils descendirent à terre néanmoins, et se rendirent maîtres de l'endroit après avoir tué quelques Coréens et mis les autres en fuite ; puis, ne jugeant pas prudent de pousser plus loin l'expédition, ils revinrent à bord, et demeurèrent en observation. Le soir, une partie de l'armée coréenne défila au fond de la plaine ; mais quelques obus lancés à propos vinrent, à leur grande surprise, éclater près de leurs rangs. Étonnés et effrayés par l'effet de ces engins inconnus, ils rompirent bientôt leurs rangs et s'enfuirent sur le sommet des montagnes. Ils se montrèrent depuis, à plusieurs reprises, dans une gorge éloignée de deux mille mètres; mais le feu des canonnières les obligeait de se retirer. La nuit ils venaient allumer des feux de bivouac en différents endroits de la plaine, et le jour ils y plaçaient des mannequins habillés, afin de nous faire dépenser inutilement de la poudre et des boulets. Souvent on entendait le bruit de leurs canons; sans doute ils s'exerçaient au tir dans leur camp, derrière les montagnes. On nous a dit qu'ils avaient fabriqué des canons sur le modèle de ceux qu'ils avaient pris à bord de la goëlette américaine, brûlée par eux avec l'équipage, quelques mois auparavant, sur la côte de Pieng-an. Les canonnières étaient postées en différents endroits, pour empêcher la circulation des barques et tenir le blocus de la rivière de la capitale; un certain nombre de jonques furent brûlées; mais les Coréens trouvaient moyen de passer pendant la nuit sur de petits canots.

« Pendant ce temps la persécution sévissait plus que jamais à la capitale et dans les provinces. Le père du roi était furieux : il avait fait écrire, sur les poteaux qui sont à l'entrée de son palais, que tous ceux qui parleraient de faire la paix avec les Européens seraient considérés comme rebelles et immédiatement exécutés. Le général Ni Kieng-ei avait envoyé à l'amiral, dès le 19 octobre, une longue lettre, dans laquelle, après avoir cité plusieurs sentences des anciens philosophes, il disait que ceux qui franchissaient les frontières d'un autre royaume étaient dignes de mort; que les Européens étaient venus chez eux, s'étaient cachés en prenant les habits et en parlant la langue du pays, afin de leur enlever leurs richesses; que par conséquent on avait bien fait de les mettre à mort; que si nous ne partions pas, nous devions craindre que le ciel ne nous punît bientôt, etc... L'amiral répondit qu'il était venu au nom de Napoléon, souverain du grand empire de France; que Sa Majesté dont la sollicitude s'étendait sur tous ses sujets, en quelques lieux qu'ils fussent, voulait qu'ils fussent partout en sûreté et traités comme il convenait à des citoyens d'un grand empire; qu'ayant appris que le gouvernement de Corée venait de mettre à mort neuf Français, il venait demander réparation : qu'on eût donc à lui remettre les trois ministres qui avaient contribué le plus à la mort de ces Français, et qu'on envoyât en même temps un plénipotentiaire pour poser les bases d'un traité. Sinon, il rendait le gouvernement

« Notre position devenait embarrassante. En défalquant les blessés et ceux qui en prenaient soin, il ne restait plus guère que quatre-vingts hommes en état de combattre. Si l'ennemi avait cherché à nous couper la retraite, il aurait pu réussir ou, du moins, nous tuer beaucoup de monde. Les hommes n'avaient pas déjeuné, et le cheval qui portait notre repas avait passé à l'ennemi. Le docteur pansa les blessés : on dressa des brancards où étaient portés ceux qui ne pouvaient marcher, et nous pûmes enfin rejoindre la grand'route. Les hommes valides formaient l'arrière-garde pour maintenir l'ennemi à distance respectueuse. Trois fois les Coréens essayèrent de sortir, mais à chaque tentative, ils perdirent plusieurs hommes, et finirent par renoncer à la poursuite. Du reste, ils étaient satisfaits, et, montés sur les murailles, ils poussaient des acclamations et des cris sauvages, pour se féliciter de leur triomphe sur les barbares de l'Occident.

« Je ne veux porter aucun jugement sur cette affaire. Peut-être cependant y avait-il quelque imprudence à lancer cent soixante hommes, sans un seul canon, contre une forteresse que l'on savait contenir au moins huit cents ennemis. Le premier débarquement et la prise de Kang-hoa avaient offert si peu de difficultés, que l'on s'habituait à aller à l'attaque comme à une promenade. Cependant la résistance que l'on avait rencontrée à la porte de Séoul, aurait pu donner à penser. Heureusement nous n'avions pas un homme tué ; nous revînmes lentement au camp de Kak-kok-tsi, bien tristes et bien fatigués. Tous ont été admirables d'attention et de charité pour les blessés, et j'étais ému jusqu'aux larmes en voyant avec quelle affection toute maternelle, ces marins à rude écorce savaient soigner leurs compagnons. L'amiral qui avait le pressentiment de quelque mésaventure, vint au-devant de nous, avec une partie de son état-major. Il nous rencontra à une demi-lieue du camp. Il fut très-affecté de ce mauvais succès, et adressa quelques paroles d'encouragement à chacun des blessés. Il était nuit lorsque nous arrivâmes.

« Le lendemain, à huit heures du matin, j'appris que l'on avait décidé l'évacuation immédiate. Les troupes qui étaient dans la ville de Kang-hoa y mirent le feu, et se replièrent sur le campement près du rivage. La ville fut entièrement brûlée. Malheureusement ce départ précipité ressemblait beaucoup à une fuite, car ce n'était pas en prévision d'une aussi prompte retraite que l'on avait commencé des travaux de fortification, tant à la ville que sur les collines voisines du camp. On avait voulu emporter de Kang-hoa une grosse cloche en bronze ; elle était à moitié route, elle y resta, et les Coréens ont dû la reprendre comme un trophée de leur victoire. Les troupes s'embarquèrent pendant la nuit, et le matin à six heures nous étions en route. Au coude du détroit, plusieurs forts tirèrent sur nous, et quelques boulets tombèrent à bord, mais sans blesser personne. Les canonnières ripostèrent énergiquement. Un peu plus loin nous revîmes les murs de la pagode, qui n'est qu'à deux kilomètres du rivage. Notre retour fut une grande surprise pour la frégate et les corvettes. Beaucoup d'officiers disaient qu'on aurait dû faire sauter la pagode en la bombardant du rivage; d'autres soutenaient que c'était impossible. En somme, tous éprouvaient une pénible déception, et manifestaient leur dépit en termes assez peu mesurés.

« La nuit suivante, six matelots chrétiens vinrent à bord. Ils me dirent que la persécution était plus violente que jamais, et que le régent avait solennellement juré d'exterminer tous les chrétiens, même les femmes et les enfants. Le 14 de la neuvième lune (fin d'octobre), le catéchiste Jean Pak, noble de la province de Hoang-haï, ainsi que la femme et le fils de François Ni, compagnon de Mathieu Ni dans l'évangélisation des provinces du Nord, avaient été exécutés à Séoul, après avoir souffert d'horribles tortures. Trois jours plus tard, François Ni lui-même, trahi par son frère encore païen, venait d'être mis à mort, en compagnie d'un autre chrétien dont ils ne purent me dire le nom. Le régent, par une dérogation inouïe aux usages du pays, avait choisi un nouveau lieu d'exécution pour ces cinq victimes. On les avait conduites à Iang-ha-tsin, sur les bords du fleuve, à l'endroit même où les deux navires français avaient mouillé, vis-à-vis de la capitale, un mois auparavant. « C'est à cause des chrétiens, » disait la proclamation officielle, « que les barbares sont venus « jusqu'ici ; c'est à cause d'eux que les eaux de notre fleuve ont « été souillées par les vaisseaux de l'Occident. Il faut que leur sang « lave cette souillure. » J'appris aussi qu'à Iang-ha-tsiu même, on avait établi un camp de cinq cents soldats, auxquels on avait donné ordre, s'ils découvraient un chrétien parmi eux, de le tuer sans forme de procès.

« J'eus ensuite des détails sur mes deux confrères, MM. Féron et Calais. Lors de la première expédition, ces mêmes matelots avaient essayé de les amener jusqu'à nos navires, mais ils étaient arrivés deux jours trop tard, et, après avoir erré longtemps dans les îles, ils les avaient déposés sur une barque chinoise qui avait dû les amener à Tche-fou. Il n'y avait donc plus de missionnaires sur cette pauvre terre de Corée ! Je regardais la côte, je ne pouvais en détacher mes yeux. Quand y rentrerons-nous? Et alors que de ruines! Que vont devenir nos pauvres chrétiens? Le régent, exaspéré par l'attaque des Français, enflé de ce qui lui semblera un éclatant triomphe, va tout mettre à feu et à sang. Je passai de tristes instants pendant les quelques jours que l'on resta au mouillage ; mon cœur était abreuvé d'amertume. L'espoir de voir bientôt mes confrères m'encouragea un peu. Ils arrivèrent en effet sur le *Laplace*, qui avait été à Tche-fou chercher les dépêches. Je renonce à décrire leur désolation quand ils connurent l'état des choses.

« En quittant la Corée, la flotte se sépara. La *Guerrière* et le *Kien-chan* allèrent au Japon, le *Laplace* retourna à Tche-fou, les quatre autres navires se dirigèrent sur Chang-haï. Nous y sommes venus nous-mêmes sur le *Primauguet*, dont le commandant et les officiers se montrèrent à notre égard pleins de complaisance et de cordiale attention. Nous avons amené dix Coréens, les trois que j'avais avec moi en quittant Tche-fou, celui qui vint me rejoindre à Kang-hoa, et les six dont je viens de parler. Ils sont ici, habillés à la chinoise, attendant le moment favorable pour regagner leur pays, ou seuls, ou avec quelqu'un d'entre nous. Le retour inattendu de l'expédition, après un pareil insuccès, a étonné tout le monde et excité la verve des journaux anglais. Je vous fais grâce de leurs réflexions à ce sujet. On dit et répète que, pour la sûreté des Européens dans l'extrême Orient, pour rétablir le prestige de leurs armes, il faut absolument que les Français retournent en Corée au printemps prochain avec des forces suffisantes ; sinon, les Anglais et les Américains parlent de faire eux-mêmes une expédition. Qu'en arrivera-t-il? Priez, priez beaucoup pour notre infortunée mission. »

On sait que les Français ne sont pas retournés en Corée, et que les Anglais n'ont pas songé à y faire la moindre expédition. Divers navires des Etats-Unis, échoués sur les côtes de Corée, ayant été brûlés et leurs équipages massacrés, une petite flottille américaine vint, en 1871, afin de négocier un traité pour la protection des naufragés. Le 1er juin, pendant que deux canonnières prenaient des sondages dans la rivière Salée, entre l'île de Kang-hoa et la terre ferme, les Coréens ouvrirent le feu sans déclaration ni sommation préalables. Les canonnières répondirent et firent promptement taire les forts de l'ennemi. L'amiral Rodgers, supposant que ce conflit était l'œuvre de quelque agent subalterne, attendit inutilement pendant dix jours les explications du gouvernement coréen. Le 10 juin, les marins descendirent dans l'île de Kang-hoa et s'emparèrent de trois forts, malgré la résistance des Coréens qui, dit-on, se battirent en désespérés. Les documents officiels trouvés dans un de ces forts, prouvèrent que l'attaque du 1er juin avait été ordonnée et préparée par le gouvernement. On entra en pourparlers. Tout d'abord les Américains offrirent de rendre les blessés et autres prisonniers, sur leur parole de ne plus porter les armes pendant la guerre. Le ministre se contenta de répondre : « Faites de ces hommes ce que vous voudrez ; lorsque vous les relâcherez, nous les punirons sévèrement. » L'amiral Rodgers comprit bientôt que, pour imposer un traité à ces barbares obstinés, le seul moyen était de s'emparer de la capitale. N'osant prendre sur lui une pareille détermination, et n'ayant pas d'ailleurs les forces suffisantes, il dut se retirer, et en référer au gouvernement de Washington. Depuis lors, il n'y a pas eu de nouvelle tentative.

Quelques semaines plus tard, un missionnaire écrivait : « L'expédition américaine a décidément quitté la Corée, et nul doute qu'elle n'ait, comme celle des Français en 1866, laissé aux Coréens l'idée qu'ils ont battu et repoussé les barbares d'Occident. Malgré toutes les explications des journaux de Chang-haï et de Hong-kong, les Chinois eux-mêmes regardent la retraite des Américains comme une défaite. On croit que ceux-ci reviendront en Corée ; mais, en attendant, la pauvre mission reste sous le pressoir, et cette affaire aggravera encore la persécution. »

Les tristes prévisions des missionnaires, après le retour de l'expédition française, ne se sont que trop réalisées. A plusieurs reprises, des Coréens ont réussi à passer la frontière, et ont apporté des nouvelles de l'intérieur. Neuf chrétiens, qui étaient venus aux navires américains dans l'espoir de rencontrer leurs prêtres, ont été envoyés à Chang-haï par l'amiral Rodgers, et ont donné de nouveaux détails. En voici le résumé :

La situation est lamentable. Les chrétiens sont proscrits en masse, comme rebelles, traîtres à leur pays, et partisans des étrangers ; tous leurs biens sont confisqués. Ils n'ont plus, comme par le passé, la ressource d'émigrer dans d'autres provinces pour y cacher leur foi ; une nouvelle loi défend de s'établir dans un district quelconque sans s'être d'abord présenté au mandarin. Toutes les chrétientés sont en ruines, toutes les familles dispersées. De nombreux orphelins tombent aux mains des païens, et seront élevés dans la haine du christianisme ; d'autres, moins malheureux, sont abandonnés sur les routes, comme des rejetons d'une race maudite, pour y mourir de froid et de faim. Les persécuteurs, renseignés par des traîtres, ont mis à mort tous les chrétiens marquants, tous ceux qui par leur zèle, leur science, leur expérience ou leur fortune, auraient pu être un appui pour leurs frères. A la capitale et dans les grandes villes, on se dispense de la formalité de poursuites judiciaires; ceux qui sont reconnus comme étant ou ayant été chrétiens sont traînés à la prison la plus voisine, et aussitôt étranglés. Par un raffinement de cruauté satanique, on cherche à les faire apostasier avant de les mettre à mort, car les païens n'ignorent pas le grand prix que les chrétiens attachent au martyre. Si le confesseur demeure ferme, on le tue sous les yeux des autres pour les frapper de terreur; si, épuisé par les tortures, les membres brisés, il demande grâce et prononce un mot d'apostasie, on le fait sortir, comme pour le mettre immédiatement en liberté, et on le tue à la porte du tribunal. Dans certains endroits, on a mis de côté le sabre et la hache qui fonctionnaient trop lentement au gré des exécuteurs, et l'on emploie un nouvel instrument de mort. C'est une espèce de guillotine formée de deux poutres superposées ; la poutre supérieure en retombant sur l'autre écrase le cou à vingt ou vingt-cinq personnes à la fois. Ailleurs, on creuse des fosses larges et très-profondes où l'on jette les uns sur les autres des troupes de chrétiens tout vivants, puis on entasse sur eux de la terre, des pierres, etc., de sorte qu'ils sont du même coup tués et enterrés. Au mois de septembre 1868, on comptait déjà plus de deux mille victimes de la persécution, dont cinq cents à Séoul même. En 1870, le bruit public, en Corée, évaluait leur nombre à huit mille, sans compter tous ceux qui sont morts dans les montagnes de faim et de misère. Naturellement, il est impossible de contrôler ces chiffres, mais, quelque exagérés qu'on les suppose, ils montrent que le régent veut tenir sa parole, et, en moins de dix ans, anéantir tout vestige de christianisme.

Depuis la fin de l'année 1866, il n'y a plus de prêtres en Corée. Avec le glorieux martyre des neuf missionnaires et l'exil forcé des trois autres, se termine la seconde période de l'histoire de l'Eglise coréenne. Résumons-la en quelques mots.

Depuis l'érection de la Corée en vicariat apostolique, il y a eu dans cette mission : cinq évêques, dont trois martyrs; seize missionnaires, dont neuf martyrs; deux prêtres coréens, dont un martyr. Tous ces ouvriers de l'Evangile nous les avons vus à l'œuvre, instruisant les chrétiens, administrant les sacrements aux néophytes, baptisant les païens, multipliant les livres de religion, constamment sur la brèche pour réparer les maux causés par une persécution permanente, se faisant tout à tous, pour les gagner tous à Jésus-Christ. Les comptes rendus annuels nous ont montré de quels succès Dieu avait daigné couronner leurs efforts. Le nombre des âmes sauvées, des infidèles convertis, des enfants païens baptisés en danger de mort, allait sans cesse en augmentant. L'Evangile, de mieux en mieux connu dans tout le pays, élargissait chaque jour ses conquêtes ; il venait de pénétrer dans les dernières provinces jusque-là fermées à son influence, et tout annonçait un prochain et éclatant triomphe de la vérité sur l'erreur, de Jésus-Christ sur Satan, lorsque Dieu, dont les voies sont impénétrables, a permis à l'enfer de tenter un suprême effort. L'Eglise de Corée a été noyée dans le sang de ses pasteurs et de ses fidèles.

Mais elle sortira du tombeau que ses ennemis croient avoir scellé pour jamais. Jésus-Christ toujours crucifié dans les siens, ressuscite toujours. De nouveaux missionnaires ont été envoyés pour remplacer les martyrs. Ils travaillent maintenant dans le Léao-tong, province de la Mandchourie qui confine à la Corée, et se préparent à profiter de la première occasion pour pénétrer dans leur mission désolée. A M. Ridel est échu le glorieux héritage de MMgrs Berneux et Daveluy. Nommé, par le Souverain Pontife, évêque de Philippopolis et vicaire apostolique de Corée, il est venu à Rome à l'occasion du Concile œcuménique, et y a reçu la consécration épiscopale, le 5 juin 1870 (1). Sa tâche est difficile. La frontière de Corée est devenue aujourd'hui plus infranchissable que jamais. Vainement, depuis le retour de l'expédition française, on a essayé à plusieurs reprises de s'y introduire. M. Calais en 1867, Mgr Ridel lui-même, en 1869, ont couru les plus grands dangers ; ils ont été forcés de reculer, après avoir salué de loin les montagnes de la terre des martyrs. Le nouvel évêque et ses missionnaires recommenceront ces tentatives, et si leurs efforts échouent, si eux-mêmes succombent à la peine et ne peuvent rentrer en Corée, ils auront des successeurs qui y rentreront, et la croix renversée se relèvera, et l'œuvre de la rédemption

(1) Mgr Ridel est né à Chantenay, diocèse de Nantes, le 7 juillet 1830. Ordonné prêtre au mois de décembre 1857, il exerça dix-huit mois les fonctions de vicaire dans la paroisse de la Remaudière. Le 29 juillet 1859, il entra au Séminaire des Missions Etrangères, et partit pour la Corée, le 25 juillet de l'année suivante.

des âmes, un instant interrompue, se poursuivra avec le même zèle et de plus grands succès qu'avant les derniers désastres.

Alors commencera la troisième période de cette histoire. Quand et comment ? Dieu seul le sait. Mais ce qu'elle sera, nous pouvons le prévoir. Elle sera pénible, car il faudra déblayer bien des ruines, guérir bien des plaies, réparer bien des maux. Peut-être sera-t-elle encore sanglante et troublée, car le démon, maintenant vainqueur, ne lâchera pas facilement sa proie. Mais glorieuse et féconde en fruits de salut, elle le sera certainement ; le sang des martyrs n'a pas coulé en vain, et les prières des associés de la Propagation de la Foi, les supplications de l'Église catholique entière sont montées au trône du Dieu des miséricordes. Le Souverain Pontife lui-même nous en donne l'assurance. En apprenant les malheurs causés par la persécution de 1866, Pie IX a daigné écrire aux pauvres néophytes de Corée, pour les consoler, leur expliquer le but providentiel de cette terrible épreuve, leur rappeler les récompenses promises à ceux qui souffrent pour la justice, et les encourager à de nouvelles luttes. Voici les paroles du Vicaire de Jésus-Christ ; elles sont pour l'Église de Corée non-seulement un beau titre de gloire, mais le gage d'une prochaine résurrection.

PIE IX, PAPE.

« A nos fils bien-aimés, salut et bénédiction apostolique.

« Nous avons été émus jusqu'aux larmes, en lisant le récit de cette tempête de maux qui a succédé, pour vous, aux heureux commencements de cette année ; en voyant de quelle manière le sanglier de la forêt a détruit les ceps pleins de vie, et les nou-

PIUS P. P. IX.

« Dilecti filii, salutem et apostolicam benedictionem.

« Ad lacrymas usque commoti fuimus, cum legimus quæ malorum procella exceperit apud vos læta hujus anni exordia; et quomodo luxuriantes palmites novasque propagines vineæ Domini aper de silva exterminaverit. Profecto nisi divina fidei virtus infirmæ naturæ sensus in nobis compescuisset, ærumnæ, vexationes, cædes filiorum nostrorum, qui pastore privati, disjecti, necessariis omnibus ad vitam exuti, errantes in solitudinibus, aut etiam coacervati in ergastulis et morti devoti, malis omnibus opprimuntur, nonnisi gemitus ac lacrymas a paternâ nostrâ caritate elicere potuissent. At, profundum hunc mœrorem non modo temperarunt, sed in canticum laudis converterunt palmæ fortium, qui pro Christi nomine caduca omnia et vitam ipsam dederunt, instaurata rursum in Ecclesia mar-

veaux rejetons de la vigne du Seigneur. Certainement, si la force
divine de la foi n'eût fait taire en Nous les sentiments de la faible
nature, les souffrances, les tribulations, le massacre de Nos
enfants qui, privés de pasteurs, dispersés, dépouillés de tout ce
qui est nécessaire à la vie, errent dans les solitudes, ou sont
entassés dans les prisons et voués à la mort, tous ces malheurs
qui vous accablent n'eussent pu qu'arracher à Notre charité
paternelle des gémissements et des larmes. Mais ce chagrin profond a été adouci, il a été changé en un cantique de louange, par
les palmes des forts qui, pour le nom du Christ, ont donné tous les
biens passagers et leur vie même. La gloire du martyre renon-
velée dans le sein de l'Église, l'espoir d'une nouvelle et plus
abondante moisson qui surgira du sang des martyrs, tout Nous
pousse à une sainte jalousie de votre bonheur, ô vous ! qui êtes
devenus les dignes compagnons de notre divin Maître et de ses
disciples. Ne sommes-nous pas, en effet, les soldats de Celui qui,
étant le Fils de Dieu, n'a cependant voulu vaincre le monde que
par la croix? ne sommes-nous pas les enfants de ceux qui ont
confirmé de leur sang la doctrine de l'Évangile prêchée aux
nations? n'avons-nous pas, comme eux, reçu l'ordre de nous
réjouir au milieu des diverses épreuves, de surabonder de joie
quand on nous hait pour le nom du Christ, quand nous sommes
persécutés pour la justice, parce qu'alors notre récompense est
grande dans le ciel ?

« Oubliez donc votre chagrin, fils bien-aimés, séchez vos
larmes, réjouissez-vous de ce qu'il vous a été donné de payer par
votre vie l'amour infini de Celui qui, pour vous, a livré sa vie, et
s'est donné à vous tout entier. Souvenez-vous que vous êtes nés

tyrii gloria, spes novæ copiosiorisque segetis e martyrum cruore
erupturæ ; omniaque nos compulerunt ad sanctam sortis vestræ
invidiam, qui digui divini capitis nostri ejusque discipulorum asse-
clæ facti estis. Et sane, noune illi militamus, qui licet Filius Dei
esset nonnisi per crucem mundum vincere voluit ? Nonne illorum
progenies sumus qui traditam gentibus Evangelii doctrinam suo
sanguine confirmarunt ? Nonne nos, sicut et illi, jussi sumus gau-
dere cum in tentationes varias inciderimus, et exultare præsertim
dum odio habemur pro Christi nomine et persecutionem patimur
propter justitiam, quia merces nostra copiosa est in cœlo ?

« Luctum itaque, dilecti filii, remittite, supprimite lacrymas,
gaudete datum vobis fuisse, per vitam etiam, infinitum ejus amorem
rependere, qui vitam suam pro vobis posuit seque totum vobis dona-
vit. Memineritis vos cœlo natos esse non terræ, intuemini fulgentes

pour le ciel, et non pour la terre ; regardez ces trônes resplendissants préparés aux vainqueurs ; considérez que ce rien momentané de la tribulation produit un poids éternel de gloire. Pour Nous, bien qu'éloignés, Nous vous accompagnerons en esprit au combat, et par Nos prières incessantes, Nous vous procurerons le plus grand secours que Nous permettra Notre faiblesse. Et de peur que, privés plus longtemps de pasteur, vous ne soyez, comme des brebis dispersées, exposés à un plus grave péril, Nous aurons soin, le plus tôt possible, de remplacer celui qui a déjà reçu la splendide récompense due à ses travaux, par un homme qui ait le même zèle et la même énergie. Nous prions et prions encore Dieu, qui a voulu si cruellement vous éprouver parce que vous lui étiez agréables, de détourner de vous toutes les calamités, de ramener une paix sereine, de vous donner la pleine liberté de le servir, et de compenser les maux que vous avez soufferts par une surabondance de tous les biens.

« En gage de ces grâces divines, en témoignage certain de Notre paternelle et ardente affection, Nous vous donnons à tous, avec grand amour, la bénédiction apostolique.

« Donné à Rome, à Saint-Pierre, le 19 décembre 1866, la vingt-unième année de Notre Pontificat.

« PIE IX. PAPE. »

ibi sedes victoribus paratas, considerate momentaneum et leve tribulationis æternum parare gloriæ pondus. Ex ipsa acerbitate certaminis novos sumite animos. Nos licet dissiti, spiritu aderimus agoni vestro, jugibusque precibus opem, quam pro infirmitate nostra poterimus maximam, vobis feremus : ac ne diutius pastore carentes, veluti palatæ oves, gravins etiam periclitemini, curabimus quamprimum, ut locum illius qui splendidam jam ac dignam laboribus suis mercedem accepit, alius non minoris fortitudinis ac zeli vir subeat. Deum vero qui vos, utpote sihi acceptos, tam dure probare voluit etiam atque etiam rogamus, ut calamitatibus omnibus aversis, reductaque pacis serenitate, plenissimam vobis faciat ei serviendi libertatem, tolerataque damna uberiore honorum omnium copia rependat.

« Auspicem interim gratiarum ejus et paternæ nostræ effusæque dilectionis pignus indubium, apostolicam benedictionem vobis universis peramanter impertimus.

« Datum Romæ apud S. Petrum die 19 decembris 1866; Pontificatus nostri anno vigesimo primo.

(Locus sigilli.) « PIUS P. P. IX. »

FIN.

TABLE DES MATIÈRES

DEUXIÈME PARTIE

De l'érection de la Corée en Vicariat apostolique au martyre de Mgr Berneux et de ses confrères.
1831-1866.

LIVRE PREMIER.

Depuis la nomination du premier Vicaire apostolique de Corée, jusqu'à la persécution de 1839.
1831-1839.

LIVRE II.

La persécution de 1839.
1839-1840.

LIVRE V.

*Depuis la mort du roi Tchiel-tsong jusqu'au retour
de l'expédition française.*
1864-1866.

—

FIN DE LA TABLE DU TOME SECOND.

Le Mans. — Imp. Ed. Monnoyer. — Mai 1874.